DIREITO CONSTITUCIONAL CONTEMPORÂNEO

Organização:
FERNANDO GENTIL GIZZI DE ALMEIDA PEDROSO
LUIZ EDUARDO CAMARGO OUTEIRO HERNANDES
ROBERTO VICTOR PEREIRA RIBEIRO

DIREITO CONSTITUCIONAL CONTEMPORÂNEO

AUTORES

Álvaro Ricardo de Souza Cruz
Amador Paes de Almeida
Enrico Rodrigues de Freitas
Fernando Gentil Gizzi de Almeida Pedroso
Gilberto Bercovici
Guilherme Guimarães Feliciano
Hugo de Brito Machado
Ingo Wolfgang Sarlet
João Santa Terra Júnior
Jorge Miranda
José Carlos Garcia
Julio José Araujo Júnior
Lenio Luiz Streck
Martonio Mont'Alverne Barreto Lima
Maurício Godinho Delgado
Paulo Bonavides
Pedro Felipe de Oliveira Santos
Rafael Vasconcelos Porto
Raimundo Chaves Neto
Roberto Victor Pereira Ribeiro
Sophia Galbas Rezende

2021

EDITORA JusPODIVM
www.editorajuspodivm.com.br

EDITORA *Jus*PODIVM
www.editorajuspodivm.com.br

Rua Território Rio Branco, 87 – Pituba – CEP: 41830-530 – Salvador – Bahia
Tel: (71) 3045.9051
• Contato: https://www.editorajuspodivm.com.br/sac

Capa e Diagramação: Marcelo S. Brandão *(santibrando@gmail.com)*

Imagem de capa: www.shutterstock.com – 132117617

D598 Direito Constitucional Contemporâneo / Organizadores Fernando Gentil Gizzi de Almeida Pedroso, Luiz Eduardo Camargo Outeiro Hernandes, Roberto Victor Pereira Ribeiro – Salvador: Editora JusPodivm, 2021.
560 p.

Vários autores
Inclui bibliografia
ISBN 978-65-5680-203-9

1. Direito Constitucional. I. Pedroso, Fernando Gentil Gizzi de Almeida. II. Hernandes, Luiz Eduardo Camargo Outeiro. III. Ribeiro, Roberto Victor Pereira. IV. Título.

CDD 341.2

HOMENAGEM PÓSTUMA

No perfazer desse ano de 2020, quando elaboramos o projeto acerca dos estudos Constitucionais Contemporâneos, começamos pelo convite do querido professor Paulo Bonavides - personalidade ímpar entre os constitucionalistas e juristas brasileiros. Referência pátria e internacional.

Professor emérito da Universidade Federal do Ceará. Membro Honorário da Academia Cearense de Direito. Autor de inúmeros livros e artigos. Decisivo na criação do Estado Democrático de Direito, uma vez que participou, ativamente, da Constituinte de 1987/1988. Como acertadamente lembrou o Min.Luís Roberto Barroso, manteve a chama do constitucionalismo acesa durante a longa noite da ditadura militar.

Pai. Avô. Inspiração para todos que, de algum modo, dele se cercaram. Reaproximou o Direito e a Ética, ao liderar o movimento pós-positivista no Brasil. Humilde e de um coração gigante, sempre predisposto a auxiliar. Dedicado aos seus alunos. Não por outra razão, nossa obra começa com seus escritos. Não só pela inspiração intelectual e indiscutível conhecimento técnico, que serve de lastro para inúmeras das teorias adotadas pela nossa Suprema Corte, mas, precipuamente, pela sua abnegada e acolhedora essência humana.

Como relembrou o Min. Herman Benjamim, imprimiu seu saber sempre preocupado com a dignidade da pessoa humana. Pautou a solidariedade como razão do Estado e fundamento da sociedade. Até porque, o verdadeiro jurista não vende sua pena, pensamento e alma aos que não respeitam nem a Constituição, nem os seus semelhantes.

Repleto de predicados, aos 95 anos, deixou nosso plano carnal. Mas, não sem antes nos legar um exemplo de jurista e de vida - que ecoará para toda posteridade. Somos, assim, gratos por termos tido o privilégio e a oportunidade de conhecê-lo.

Com indelével carinho,
30 de outubro de 2020

Fernando Gentil Gizzi de Almeida Pedroso
Luiz Eduardo Camargo Outeiro Hernandes
Roberto Victor Pereira Ribeiro

APRESENTAÇÃO DA OBRA

Os organizadores desta obra coletiva (Fernando Gentil Gizzi de Almeida Pedroso, Luiz Eduardo Camargo Outeiro Hernandes e Roberto Victor Pereira Ribeiro) deram-me a honra de escrever breves linhas, à giza de Apresentação, em um livro que marcará o panorama dos estudos de Direito Constitucional, nesta terceira década do terceiro milénio, marcada pela globalização digital e os seus efeitos na criação, interpretação e aplicação do Direito. Aceitei fazê-lo, de forma temerária, após um contacto de Raimundo Chaves Neto, docente e doutorando na Faculdade de Direito da Universidade de Lisboa, que comigo colabora nas sempre árduas tarefas de ensino e de investigação (autor de um importante texto que integra o livro).

Espero corresponder à deferência dos organizadores e à solicitação do amigo, apesar das muitas postulações e preocupações em tempo de urgência jurídica e de emergência constitucional pós-pandemia de covid-19. Escreverei *de um só fôlego*, com a lembrança dos textos que li e que me convocaram para as sínteses de pensamentos acumulados em décadas de estudo e de docência dedicados a uma busca sem fim, mas com esperança, numa Constituição ideal que responda aos problemas contemporâneos e corresponda aos anseios dos que ainda clamam por justiça nas sociedades, nos tribunais, nas famílias, onde seja.

Os jurisprudentes são responsáveis por intervir na situação que o Mundo atravessa. Fazem-no empurrados pelo impulso da cidadania, pela militância política nas causas do Direito como instrumento da Justiça, sabendo que as suas opiniões, a sua atitude, o seu exemplo podem influenciar decisões que moldam o nosso futuro. Sabemos que não nos é permitido o benefício da ignorância, que a expectativa social em nós colocada é muita e que estudamos e escrevemos para realizar a justiça do caso concreto e não para preencher linhas de currículos autorais, por vaidades pessoais ou outro tipo de motivações alheias à causa do Direito.

Foi certamente esse o apelo sentido pelos organizadores e foi essa a responsabilidade sentida pelos autores do livro agora, em boa hora, publicado. Aos organizadores (re)conhecemos a sua inquietude intelectual, a sua dinâmica organizativa e irrequietude institucional. Os autores, respondendo presente ao pedido de colaboração, concretizam a sua fidelidade aos ideais de sempre e renovam os seus vínculos ao Jurídico, naquilo que está na sua essência identitária, a coragem de afirmar onde outros calam e de contraditar o que outros aceitam porque é aceite por todos.

Se me é permitida a distinção, em obediência ao critério romano do *primus inter pares*, quero agradecer e expressar o reconhecimento jurisprudencial devido a todos os autores, nas pessoas de dois eminentes jurisprudentes professores que, com o seu magistério, iluminaram as vidas jurídicas de milhares de alunos numa dedicação sem paralelo à causa da docência jurídica, que foram exemplos de coragem e de generosidade para várias gerações de jovens estudantes, que se empenharam nas lutas cívicas que tinham de ser travadas pela Justiça e pelo Direito, através da luta pela Constituição: Paulo Bonavides e Jorge Miranda.

Reconhecer e congratular os mestres não é uma virtude académica é um dever universitário e uma obrigação política na *res publica* de jurisprudentes. Encargo maior quando se trata de dois professores que, falando o mesmo idioma e partilhando dos mesmos ideais, mostraram que Brasil e Portugal são um só chão onde vive o mesmo povo unido por um forte apego às causas justas e uma sensibilidade comum, partilhada em séculos de convivência, que recusa abusos, injustiças e desigualdades. O Direito é uma construção de pessoas humanas para pessoas humanas, defendendo a humanidade da pessoa e a personalidade do humano, pelo crivo da Justiça. Esses ideais encontraram guarida no constitucionalismo jurídico e é isso que a obra lembra, celebrando a Constituição.

Mas se é assim, não significa que será sempre assim. A obra está organizada com mestria para deixar em aberto, pela competência dos seus autores, as questões tratadas nos textos. A pluralidade de opiniões, de pontos de vista, de teorias, de ideias expostas preenchem o *quantum* de contraditório que caracteriza como Jurídico o resultado final obtido. Esta é, sem dúvida, uma obra jurídica centrada nas temáticas suscitadas na e pela Constituição, mas não em exclusivo dedicada às problemáticas constitucionais.

Convém lembrar que cabe aos jurisprudentes anteciparem os problemas, fazerem análises amparadas pela História e a Filosofia, em perspetiva comparada, das situações porque passam as pessoas e as sociedades no seu tempo, apresentarem diagnósticos fundamentados e terapêuticas adequadas aos problemas referenciados; procurarem a informação devida, construírem o conhecimento necessário e colherem a sabedoria que só o tempo amadurece. Saberem que o Direito é uma cultura universal pela unidade indestrutível da pessoa humana independentemente da sua pertença a um Estado, a um grupo identitário, a uma religião, a uma família. Que o método de criação das regras pode ser científica, mas que não é científica (nem pode ser expressa pelos algoritmos da IA presente nas tecnologias digitais) a sustentação das soluções justas de conflitos que garantem a paz social.

Lendo os vários contributos e lembrando o título da obra *Direito Constitucional Contemporâneo*, importa recordar que a República, a Democracia e o Estado de Direito não são construções jurídico-políticas fixas e eternas, nem a Constituição é uma forma fechada e definitiva de escrever as normas de organização política de uma sociedade. República, Democracia e Estado de Direito implicam uma vontade política comum de educar para a paz, o respeito pelo outro, a efetivação da justiça em combate contra as desigualdades e as discriminações, para formar maiorias eleitorais que conheçam o preço de viver fora de regimes políticos orientados pela regra de direito e que não estejam dispostas a pagar o preço das aventuras dos extremismos e radicalismos populistas e demagógicos nos dois extremos da proposta política.

Uma república fundada nos valores morais da participação política como serviço a todos para a concretização do bem comum em decisões de interesse público implica ensinar cultura clássica, transmitir os melhores exemplos, densificar a honestidade pessoal além do estrito cumprimento da lei em funções públicas de representação. A república dependerá sempre - em cada época, em cada sociedade – do caráter pessoal, da educação cívica, da cultura jurídica, da competência funcional dos decisores que são os titulares de cargos políticos e os critérios de formação das elites. A república não sobrevive sem regras claras de execução rigorosa sobre incompatibilidades, limitação de mandatos, transparência decisória, prestação de contas, consenso político para o equilíbrio entre receitas e despesas públicas.

A república só pode ser governada por eleitos em cargos não vitalícios, com plena participação política de cidadania e sem castas de pertença, sejam quais forem os critérios identitários dessa pertença aceites pela moda, a imposição comunicacional e o politicamente correto. Na república, a lei é igual para todos e a densificação material dessa igualdade tem critérios jurídicos eficazes (tratar igual o que é igual e desigual o que é desigual pela regra da proporcionalidade e da adequabilidade) que excluem a discriminação (em Direito e por Direito, não existem qualificativos – v.g. "positiva" – que mudem a natureza negativa da discriminação). Na república a igualdade não se reduz a uma formalidade legal ou um discurso de oportunidade. A sua vivência, como exigência republicana, com conteúdos jurídicos de eficácia social requer a reciprocidade. Sem ela a igualdade não é um instituto jurídico.

A Democracia impõe respeito pelos limites ético-legais dos poderes separados no Estado por aqueles que os exercem e forte censura política e social para quem os viola ou abusa da confiança dos eleitores considerando como seu o que é colocado ao serviço do titular do cargo para o bom serviço a todos.

A "dignidade das instituições" usada como argumento para vidas de luxo de titulares de cargos políticos pagas com dinheiros públicos está na honestidade, rigor e serviço dessas pessoas e não nos bens que ostentam por estarem nos cargos em que estão. Voltar ao básico e ao simples, pelo pensamento complexo e a democratização do conhecimento, pode ser uma via de futuro.

A democracia não se esgota nas eleições. As eleições são um instrumento para legitimar as instituições que são o suporte quotidiano das Democracias. Cuidar das instituições, exigir aos seus titulares que as respeitem, difundir o seu conhecimento pelo ensino da História de cada uma delas em contexto, explicar as suas finalidades políticas e a estrutura normativa erguida para lhes dar cumprimento, exercer crítica atenta e fazer propostas de alteração para que se mantenham eficazes é um dever de cidadania, em democracia. Garantir a Liberdade (compatibilizando liberdade com igualdade), dar primazia à pessoa humana sobre qualquer coletividade, fazer da igualdade de oportunidades a regra de estabilidade democrática pela coesão social (nas suas múltiplas componentes), erguer serviços públicos de educação, saúde, cultura que efetivem essa igualdade nas nossas sociedades são exigências do Direito na nossa época.

O Estado de Direito vai muito além do Estado Constitucional. A diversidade de fontes e de critérios de legitimidade entre o poder para legislar e governar e a autoridade para criar e interpretar o direito é a base única para a construção jurídica de um Estado de Direito que não se confunda com o direito do Estado. O Direito não vai a votos. A legitimidade dos jurisprudentes para criar, interpretar e aplicar regras jurídicas está na sua *auctoritas*, num saber prudencial feito de experiência e socialmente aceite; a legitimidade para fazer leis e por elas governar as sociedades está na eleição de candidatos com base em programas políticos e no respeito por Leis Fundamentais, que dão juridicidade ao exercício do *imperium*.

O Direito não é o conjunto normativo das Constituições e das leis vigentes em cada Estado que se altera em momentos de revisão constitucional e muda de acordo com as ideologias e causas dos partidos políticos que ganham as eleições e têm maiorias parlamentares para colocar sob a forma de leis as suas ideias programáticas e as suas exigências ideológicas. O Direito vive na liberdade, na criatividade e na cultura humanista dos jurisprudentes. O direito constrói-se na regra (régua) que une o que é comum nas soluções dadas a casos idênticos. Regras feitas a partir de casos para cada caso, abrindo exceções sempre que a regra não leva à solução justa do caso concreto. Exceções que, fundamentadas em cada caso, levam a novas regras quando se multiplicam.

O Estado de Direito requer, por isso, a criação de condições para a existência de jurisprudentes além da reserva jurisprudencial - em redução significativa - nas Universidades. Universidades que, ensinando Direito, não podem ser organizadas como empresas, nem serem meros objetos de negócios, ou – ainda menos – reduzidas a escolas profissionais para alimentar o "mercado de trabalho". O Direito tem de ser ensinado a partir da Justiça, como meta, desenvolvendo o contraditório opinativo, a cultura da fundamentação, o espírito crítico, a inovação metodológica e temática, a ousadia do pensamento, o gosto das palavras na discussão das ideias, a coragem de arriscar a solidão e ostracismo para não ir com a corrente, remando contra a maré.

As Faculdades de Direito não podem ser templos de idolatria científica e de transmissão dogmática, de secundarização cultural, de repetição acrítica de ideias feitas e do pensamento dos professores de serviço (*magister dixit*), de aceitação irrefletida de discursos dominantes, de campos de recrutamento para cargos políticos e rampas de lançamento para candidatos com projetos políticos pessoais sem qualquer compromisso com a Academia e com a liberdade de pensar e de dizer que a caracteriza. A Universidade é o lugar onde se pode dizer tudo (desde que se oiça o contraditório fundamentado daquilo que se diz), mas onde nem tudo se ensina porque não se chama Direito a qualquer indecência positivada em lei, sufragada pela *opinião pública* e aplicada em sentença.

A Constituição, tal como a conhecemos, é um produto da História. O presencialismo institucional que serve o positivismo legalista de Estado na sua pretensão de cristalizar o tempo na norma vigente arruinou a credibilidade da ideia de Constituição como possibilidade de Justiça pelo Direito. Procurando os desafios jurídicos do futuro é preciso equacionar o pós-constitucionalismo em sociedades marcadas pelos efeitos de um modelo de desenvolvimento humano à custa de energias predatórias do ambiente, onde a globalização digital aprofundou as desigualdades sociais e construiu fortunas familiares indecentes; onde o "avanço tecnológico" provocou um "retrocesso humano", com a desumanização das pessoas e a despersonalização do Humano.

Nem a resposta ético-jurídica à maquinação robótica, nem o perigo da artificialização da inteligência humana, nem a exclusão informática dos mais frágeis, nem o sufoco das dívidas públicas estaduais, nem os efeitos das alterações climáticas, nem o combate às pandemias, nem a luta pela Democracia, a Liberdade e a dignidade da pessoa humana se podem fazer – em plena Era Global Digital - no modelo constitucional do Estado nacional soberano. A Humanidade caminha para outros modelos, novos paradigmas e diferentes exigências ao Estado, requerendo novas soluções de Direito, diversas instituições representativas, formas eficazes de aproximação entre governantes e governados e maior celeridade na execução administrativa de medidas urgentes e de direitos pessoais havidos.

Reconhecer isto implica não aceitar o *status quo* vigente ajurídico e *contra natura humanae.* O êxito político do modelo académico e cultural estadunidense – muito mais eficaz que a sua versão económica e militar – americanizou a Universidade e padronizou a cultura geral global pelo modelo MTV. Concretizou-se, assim, o sonho dos *Estados Unidos da Humanidade* pelo modelo USA, da exportação da Democracia binária americana e da globalização de um certo "Ocidente" - como meio de sobrevivência de uma supremacia perdida - fazendo com que se tomem por comuns os problemas e as soluções próprias da sua cultura, da sua sociedade e da sua economia. Quando o modelo global deixou de servir a supremacia anglo-saxónica, mudaram a política para "Nós primeiro" e o mundo voltou aos muros e à culpabilização dos "outros" que são diferentes.

Dos dois lados da Política, as palavras usadas em sentido oposto do seu significado comum (característica de todos os totalitarismos), em discursos "jurídicos" impostos como únicos no espaço público, vigiado por milícias académicas, comunicacionais e digitais, a criação de narrativas sobre factos que negam os factos narrados, as censuras opinativas pela perseguição pessoal e o ostracismo mediático, as chantagens identitárias, a escandalosa afirmação de supremacias raciais, a expressão política de preconceitos, complexos e ressentimentos como normas legais concretizadoras de Justiça - por grupos sem cultura democrática ou compromisso com os valores do Direito, ganharam maiorias eleitorais extremando os campos e reduzindo o papel da Política como meio de evitar o uso da força e a violência na expressão de divergências programáticas em sociedade. A crise de lideranças acentuou-se, o modelo do Estado Social degradou-se, os ideais comuns fragmentaram-se, as ideologias foram substituídas pelas causas avulsas; o discurso mudou de lado permanecendo o mesmo com sentido invertido.

A leitura única da realidade social e a uniformidade da expressão política pela via de um discurso assente na "racialização" grupal e identitária das pessoas, fechadas em comunidades de pertença prefixadas e não pelo exercício livre de escolha, levaram-nos, pela mão de um *totalitarismo doce* voluntariamente aceite por maiorias eleitorais conjunturais, para um retrocesso jurídico cujos efeitos nem podem ainda ser equacionados. O Direito centra-se na pessoa humana e concretiza a Justiça que lhe é devida a partir dela (não da primazia de grupos que integram a sociedade onde vive), organizando juridicamente o Estado como uma sociedade de pessoas livres para fazer escolhas e diferentes nas suas opções, igualizadas pela lei na sua relação com as outras e com o coletivo, com uma pertença comunitária marcada pelo critério político da cidadania pessoal (uma pessoa, um voto) e a eliminação de privilégios e de discriminações em virtude da sua origem ou integração em grupos ou "comunidades".

O conceito jurídico de "comunidade" foi subvertido e transformou-se numa palavra que designa grupos de excluídos da globalização com "orgulho identitário da origem". Uma armadilha discursiva que garante a divisão de pessoas por características inatas, logo por critérios antijurídicos, politicamente inconsequentes, e impede projetos coletivos capazes (pela organização social integrada e a participação político-partidária) de ameaçar o domínio dos donos da tecnologia globalizadora e do discurso comunicado, garantindo a perpetuação das desigualdades e a exclusão dos "comunitários" com a concessão de lentejoulas políticas e de bagatelas jurídicas, para que tudo fique na mesma.

Precisamos de instrumentos eficazes de Direito com validade jurídica, de um novo discurso político, de coragem para a reforma do Estado, de um investimento forte e seguro na prevenção jurídica de crimes e de descriminações, mais que na sua repressão, de fidelidade à causa da Justiça pelo Direito para combatermos, o racismo, a violência contra as mulheres, as crianças e os idosos, para promover os mais frágeis, para conseguir igualizar as oportunidades para todos na meta de partida. Precisamos de fazê-lo já e esse não é um combate fácil para os jurisprudentes responsáveis no Mundo que está.

A linguagem de tom colonial e racial dos que se julgam anticolonialistas e antirracistas e daqueles que os contestam, os seus artifícios retóricos a dispensar prova do afirmado, a busca de legitimidade política em culpabilizações e vitimizações coletivas manteve-os no passado que condenam ou idolatram e a inversão do discurso (que é o mesmo), com expressão política contrária, não levará à criação de estruturas e instituições políticas e de institutos jurídicos capazes de uma Justiça durável, que elimine no presente as discriminações herdadas do Passado (nem a manutenção das que estão o permitirá). Alimenta estatísticas oportunas, reconstrução de memórias coletivas ao serviço da criação de privilégios ou de retrocessos e melhora a vida de alguns poucos mantendo-se a exclusão de quase todos, mas não apresenta resultados compatíveis com as metas que promete concretizar através das soluções que impõe por lei. Presos ao passado e ao seu discurso, avesso ao Jurídico, seremos incapazes de usar o Direito para criar sociedades justas, inclusivas e capazes de enfrentar os desafios que esperam a Humanidade.

A organização política de uma sociedade orientada pelo Direito é um ideal humano prosseguido desde a Antiguidade Clássica numa construção jurídica marcada pela história desse processo que encontra elementos de renovação e outros de contradição (ou de incompatibilidade) com o modelo próprio e localizado de Estados que nascem com a Constituição, no modelo formal de finais do século XVIII inícios do século XIX, que ainda se mantém. A globalização pelo poder - como exportação de um modelo, de um discurso, de um "pacote" de conflitos e de soluções, para outras sociedades com problemas específicos e experiências diversas para a sua solução - não passa de um colonialismo requentado, incapaz de justiça e de universalidade. A discussão sobre o constitucionalismo global e a criação de um Tribunal Constitucional Internacional são uma tentativa vã de manter a "base constitucional" para resolver problemas novos que transcendem a possibilidade do constitucionalismo tal como continua a ser pensado e escrito.

O abuso da liberdade religiosa para criar empresas como igrejas e beneficiar da liberdade de culto para ludibriar incautos fazendo passar como obrigação de fé (a doação de dinheiro sob a capa de donativo religioso, para o fisco) - contributos financeiros de pobres para projetos de enriquecimento pessoal de auto-designados "bispos", com organização político-partidária própria (presente com cargos nas instituições do Estado) e reverência de titulares dos mais altos cargos políticos. Isto em plena normalidade constitucional sem uma resposta adequada do Estado de Direito, mesmo que apenas na indignação sem força política de um *ombudsman* ou Provedor de Justiça. O descrédito do Direito acentua-se e a confiança no poder político afunda-se.

A instrumentalização política dos direitos sociais e a sua submissão a critérios de distribuição da riqueza sem atender à Justiça distributiva, que é o critério jurídico a seguir para os concretizar, revela a ausência de jurisprudentes na definição de políticas sociais públicas. A fiscalidade como forma de promoção da igualdade e de reposição ambiental é desprezada nas propostas de defesa estadual dos mais frágeis entre nós. A solidariedade a implementar pelo Estado é substituída pela caridade de pessoas e instituições. O teletrabalho, o isolamento social pós-pandémico, os novos poderes fáticos da segurança sanitária, os medos herdados do alarmismo comunicacional fragilizaram os meios coletivos de defesa dos trabalhadores e as formas tradicionais de organização sindical, sem uma resposta adequada da legislação laboral.

O combate à corrupção seguiu os caminhos mais fáceis do judicialismo justiceiro com prejuízo dos princípios de processo penal contruídos em séculos de sofrimento de inocentes e após um rosário de injustiças. Políticos apressados a legislar sob pressão da rua e juízes com pouca vocação para a magistratura, mas com excelente talento para o exercício político, não seguiram as reformas processuais e probatórias que se impunham para a eficácia à repressão dos governantes corruptos. O Ministério Público pretende representar diretamente a sociedade sem legitimidade para tal, prescindindo das instituições representativas (porque os titulares são eleitos) do Estado constitucional, únicas que o legitimam na função que tem.

Estes pensamentos aqui registados, suscitados pela leitura dos textos deste livro que trata ainda, com profundidade e fundamento - que é a marca dos seus autores - de tantos outros temas que aqui não consegui tocar, revela também a importância da sua leitura para os juristas das várias profissões jurídicas empenhados, na diversidade das suas opiniões e propostas, numa sociedade justa porque obediente à regra de Direito na forma como se organiza e como disciplina a resolução dos litígios entre as pessoas que a integram. Parabéns renovados aos organizadores e aos autores.

Lisboa, 5 de Setembro de 2020

Eduardo Vera-Cruz Pinto
Catedrático da Faculdade de Direito da Universidade de Lisboa

APRESENTAÇÃO DOS AUTORES

Com relação aos autores, muitos (se não todos!) dispensariam maiores apresentações, haja vista a vasta gama de obras e artigos publicados; o magistério; o notável saber jurídico; a participação em bancas de ingresso em concursos públicos; os altos cargos exercidos dentro de suas instituições etc. De qualquer sorte, para não deixar margem de dúvidas, faremos a apresentação dos mesmos alfabeticamente.

ÁLVARO RICARDO DE SOUZA CRUZ

Doutor em Direito pela UFMG. Procurador da República. Professor da PUC/MG.

AMADOR PAES DE ALMEIDA

Desembargador Federal do Trabalho (SP), professor titular de Direito do Trabalho da Faculdade de Direito Mackenzie, membro da Academia Paulista de Letras Jurídicas (cadeira n. 07), do Instituto Latino-Americano de Direito do Trabalho, autor de várias obras jurídicas.

ENRICO RODRIGUES DE FREITAS

Procurador da República. Procurador Regional dos Direitos do Cidadão - RS. Mestre em Direito pela Universidade Roma 2 - Tor Vergata.

FERNANDO GENTIL GIZZI DE ALMEIDA PEDROSO

Advogado. Doutorando e Mestre em Direito Penal na Pontifícia Universidade Católica de São Paulo (PUC/SP). Membro do Instituto Brasileiro de Direito Processual Penal (IBRASPP), do Instituto Brasileiro de Direitos Humanos (IBDH), da Fundación Internacional de Ciencias Penales (FICP – Madrid) e do International Center of Economic Penal Studies (ICEPS- New York).

GILBERTO BERCOVICI

Livre-docente em Direito Econômico e Doutor em Direito do Estado pela Universidade de São Paulo (USP). Professor Titular de Direito Econômico e Economia Política da Faculdade de Direito da Universidade de São Paulo.

GUILHERME GUIMARÃES FELICIANO

Juiz Titular da 1ª Vara do Trabalho de Taubaté/SP. Presidente da Associação Nacional dos Magistrados da Justiça do Trabalho (ANAMATRA – biênio 2017/2019). Doutor e Livre-Docente pela Universidade de São Paulo. Professor da Faculdade de Direito da Universidade de São Paulo (USP).

HUGO DE BRITO MACHADO

Professor Titular de Ciência das Finanças, Direito Financeiro e Direito Tributário da Universidade Federal do Ceará (UFC). Presidente do Instituto Cearense de Estudos Tributários. Membro da Academia Brasileira de Direito Tributário. Advogado. Ex-Juiz Federal, aposentado do TRF da 5 Região e Ex-Procurador da República.

INGO WOLFGANG SARLET

Professor Titular da Faculdade de Direito e dos Programas de Pós-Graduação em Direito e em Ciências Criminais da PUCRS. Desembargador do TJRS. Doutor em Direito pela Ludwig Maximillians Universität München.

JOÃO SANTA TERRA JÚNIOR

Professor de Direito Penal e Processo Penal em graduações e pós-graduações. Doutorando em Direito Penal pela Faculdade de Salamanca/Esp e Mestre em Direito Penal na Faculdade de Direito da Universidade de São Paulo (Largo São Francisco). Promotor de Justiça integrante do Grupo de Atuação Especial de Combate ao Crime Organizado (2007-2017). Coordenador de Segurança Institucional da Procuradoria-Geral de Justiça do Estado de São Paulo. Membro colaborador do Conselho Nacional do Ministério Público (CNMP) nas áreas de segurança pública e segurança institucional.

JORGE MIRANDA

Professor Catedrático Jubilado da Faculdade de Direito da Universidade de Lisboa – onde continua a lecionar nos cursos de mestrado e doutorado. Professor Catedrático da Faculdade de Direito da Universidade Católica Portuguesa.

JOSÉ CARLOS GARCIA

Juiz Federal desde 1996, Mestre e Doutor em Direito Constitucional pela PUC-Rio, ex-Vice-Presidente da AJUFE – Associação dos Juízes Federais do Brasil para a 2.ª Região (2004-2006).

JULIO JOSÉ ARAUJO JUNIOR

Procurador da República e Mestre em Direito Público pela UERJ.

LENIO LUIZ STRECK

Doutor e Mestre em Direito (UFSC/Universidade de Lisboa), Pós-doutor pela Universidade de Lisboa. Professor Titular da UNISINOS, Professor permanente da UNESA-RJ, de ROMA-TRE (Scuola Dottorale Tulio Scarelli), da Faculdade de Direito da Universade de Coimbra e da Faculdade de Direito da Universidade de Lisboa. Membro catedrático da Academia Brasileira de Direito Constitucional e Ex-Procurador de Justiça do Estado do Rio Grande do Sul. Advogado parecerista.

LUIZ EDUARDO CAMARGO OUTEIRO HERNANDES

Mestre em Direito pela Universidade Católica de Brasília (2017). Atualmente é pesquisador do Centro Internacional de Direitos Humanos de São Paulo (Academia Paulista de Direito). Procurador da República. Co-Coordenador do livro Direito Penal Econômico: Temas Essenciais Para a Compreensão da Macrocriminalidade Atual pela Editora Juspodivm.

MARTONIO MONT'ALVERNE BARRETO LIMA

Doutor em Direito pela Universidade de Frankfurt, professor Titular da UNIFOR e, atualmente, Procurador-Geral do Município de Fortaleza.

MAURÍCIO GODINHO DELGADO

Ministro do Tribunal Superior do Trabalho. Mestre e Doutor pela Universidade Federal de Minas Gerais. Professor da Faculdade de Direito do Centro Universitário do Distrito Federal (UDF).

PAULO BONAVIDES

Professor emérito da Universidade Federal do Ceará. É autor de várias obras, entre elas O Partido Político no Império (1956), Estado Liberal ao Estado Social (1958), Ciência Política (1967), A crise política brasileira (1969), Discursos parlamentares (1979), Direito Constitucional (1980), Estado e formas de estado e governo (1982), Curso de Direito Constitucional (1994) e Textos políticos da história do Brasil (1996).

PEDRO FELIPE DE OLIVEIRA SANTOS

Juiz Federal do Tribunal Regional Federal da 1ª Região. Doutorando em Direito pela Universidade de Oxford. Mestre em Direito pela Universidade de Harvard. Pós-graduado em Direito Internacional Público pela The Hague Academy of International Law. Professor Voluntário da Universidade de Brasília. Professor Titular do Instituto de Direito Público (IDP). Professor Titular da Escola Superior do Ministério Público do Distrito Federal e Territórios. Professor Convidado da Universidade Estadual do Tocantins.

RAFAEL VASCONCELOS PORTO

Juiz Federal Titular da Vara Única da Subseção Judiciária de Poços de Caldas – MG. Foi Advogado e Defensor Público Federal. Mestre em Direito Previdenciário pela Pontifícia Universidade Católica de São Paulo. Doutorando em Ciências Jurídico-Políticas pela Universidade de Lisboa. Professor de Direito Previdenciário e Processo Penal em cursos preparatórios para a magistratura federal. Autor de livros.

RAIMUNDO CHAVES NETO

Professor. Advogado. Mestre em Direito (Universidade de Coimbra). Doutorando em Direito (Universidade de Lisboa). Investigador do Centro de Investigação THD da Ulisboa. Membro da Associação Ibero-americana de Direito Romano (AIDROM). Membro Efetivo do Instituto dos Advogados Brasileiros (IAB. Membro Honorário do Instituto dos Advogados do Ceará (IAC). Sócio-Correspondente em Portugal da Academia Cearense de Direito (ACED). Diretor do Instituto Sílvio Meira em Lisboa (ISM).

ROBERTO VICTOR PEREIRA RIBEIRO

Advogado. Mestre. Presidente da Academia Cearense de Letras Jurídicas e da Academia Brasileira de Direito. Membro do Instituto Brasileiro de Direitos Humanos. Investigador no International Center of Economic Penal Studies (ICEPS-NY). Foi Conselheiro do Tribunal de Ética e Disciplina da OAB/CE (2010-2012). Diretor da Escola Superior de Advocacia do Ceará (2015-2018). Assessor Especial da Procuradoria Geral de Justiça do Estado do Ceará (2011-2015). Assessor Jurídico do Tribunal de Justiça do Estado do Ceará (2010-2011). Coordenador Adjunto da Assessoria Jurídica da Secretaria do Meio Ambiente do Ceará (2015-2016). Advogado Parlamentar (2015-2017). Autor das seguintes obras: "O Julgamento de Jesus Cristo sob a luz do Direito", São Paulo: Pillares, 2010. "O Julgamento de Sócrates sob a luz do Direito", Salvador: Juspdivm, 2020. "O Direito na Literatura", Salvador, Juspodivm, 2020. "Questões Relevantes de Direito Penal e Processo Penal", São Paulo: LEX Magister, 2012. "Voando com os Deuses da História", Fortaleza, S/E, 2004.

SOPHIA GALBAS REZENDE

Monitora da Disciplina Teoria da Constituição na Pontifícia Universidade Católica de Minas Gerais (PUC/MG).

PREFÁCIO

Indubitavelmente, a vida não consiste em apenas alcançar um determinado destino, mas saber apreciar as belezas do caminho. Nessa longa caminhada, recebi um incomensurável presente, acompanhado de uma grande responsabilidade: elaborar o prefácio da obra "Direito Constitucional Contemporâneo", organizado pelos doutores Fernando Gentil Gizzi de Almeida Pedroso, Luiz Eduardo Camargo Outeiro Hernandes e Roberto Victor Pereira Ribeiro.

A realidade social apresentada, com suas profundas complexidades, traz consigo um imenso desafio ao Direito Constitucional que, nas últimas décadas, dividiu-se em duas direções distintas: de um lado, um constitucionalismo funcional ou protetor; de outro lado, um constitucionalismo aspiracional. Enquanto o primeiro modelo, mais identificado com o movimento constitucional oitocentista, vislumbra uma Constituição essencialmente negativa, como um ato consagrador de um conjunto de direitos fundamentais, o segundo modelo, repleto de esperança, objetivos muitas vezes distantes de atingir, a qual a busca por um mundo melhor se torna uma nova constitucional.

Dessa maneira, se no constitucionalismo funcional há uma concentração no contexto presente, sem juízos morais, no constitucionalismo aspiracional pede aos intérpretes e aplicadores da Constituição que compartilhem a tarefa de encarnar um instrumento ativo de construção de um futuro melhor e mais justo.

A Constituição brasileira certamente integra o segundo modelo constitucional acima mencionado, o que faz aumentar os desafios do intérprete e aplicador da Constituição. Transformar as normas constitucionais aspiracionais em preceitos normativos concretos, capazes de transformar a realidade de um país imensamente desigual é uma tarefa árdua, que necessita de uma profunda e detida análise de todos os juristas.

Por essas e outras razões, uma obra como a presente é essencial para compreendermos os ditames constitucionais, aplicando-os à nossa realidade peculiar, de modo a transformar nosso país, cansado pelos séculos de desigualdade social. Se "todos são iguais perante a lei", como determina a Constituição, são muito desiguais durante a vida, cabendo ao intérprete e aplicador da Constituição compreender o alcance da norma constitucional, identificando quais as políticas públicas necessárias. É o que faz Fernando Gentil Gizzi de Almeida Pedroso, no capítulo por ele escrito, cuja conclusão é louvável: "embora traduza um dos pilares do Estado Democrático de Direito, sendo ademais um dos valores centrais da ordem jurídico-constitucional, há muito a ser feito para que galguemos a colimada igualdade concreta, uma vez que, como asseverou Martin Luther King, aprendemos a voar como pássaros, a nadar como peixes, mas não a conviver como irmãos".

Muitas são as obras dedicadas à análise do constitucionalismo contemporâneo. Não obstante, poucas são as obras que unem juristas tão festejados e importantes no cenário brasileiro e internacional. Se sobre o ombro de gigantes conseguimos olhar além do horizonte, através dessa obra conseguimos vislumbrar o presente e o futuro do Direito Constitucional no Brasil.

É inegável que o constitucionalismo contemporâneo apresenta características peculiares, que precisam ser estudadas detidamente. Por exemplo, verifica-se em todo o mundo um processo de recuos democráticos. Ocorre que, ao contrário do que ocorreu no século passado, quando as democracias ruíam de forma abrupta, de inopino, pelo uso desmedido da força, hoje as democracias passam por um lento processo de erosão, muitas vezes realizado pelos detentores do poder. Como afirma o gigante Paulo Bonavides, no capítulo inicial dessa obra, "não volveremos ao passado". Se vivemos tempos de "modernidade líquida", nas palavras do sociólogo polonês Zygmunt Bauman, é necessário reestabelecer a importância de institutos e instituições basilares para o Estado Democrático de Direito. Como afirma Jorge Miranda, no segundo capítulo dessa obra, "democracia exige exercício do poder pelo povo, pelos cidadãos, em conjunto com os governantes".

Se é função do constitucionalista alertar pelos riscos que hoje se apresentam (à democracia, à legalidade e à força normativa da Constituição, por exemplo), também é seu dever ser prospectivo, vislumbrando as possíveis soluções que podem ser apresentadas pelo Direito Constitucional. Dessa maneira, Pedro Felipe de Oliveira Santos, em capítulo dessa obra, aborda as "aspirações do Constitucionalismo Global". O constitucionalismo multinível encontrado na União Europeia é um sopro de esperança contra o constitucionalismo abusivo que se propaga por todo o mundo e encontra eco na América Latina. O apego desmedido às noções de soberania não mais se justifica quando estão em risco os princípios constitucionais democráticos. Se a solução não está pronta, buscar novos caminhos é a tarefa do constitucionalista, como afirma o sobredito autor: "é tempo de realinhar questionamentos, propor novos debates, abrir novas frentes de pesquisa e testar outras instituições".

Nossa Constituição, em regra, prevê os direitos fundamentais através de *princípios*, normas de conteúdo mais amplo, vago, indeterminado. Tal fato aumenta o desafio do intérprete da Constituição, na medida em que deve encontrar os parâmetros de aplicação dos direitos, máxime quando em conflito com outros direitos fundamentais. Em tempos de pulverização da manifestação do pensamento, decorrente das redes sociais, encontrar os seus limites é um desafio para o constitucionalismo contemporâneo. Nessa obra, Ingo Sarlet, depois de afirmar que a liberdade de manifestação do pensamento e a liberdade de expressão "constituem um dos direitos fundamentais mais preciosos e que correspondem a uma das mais antigas exigências humanas", lembra que "não se trata de atribuir à liberdade de expressão (em qualquer uma de suas manifestações particulares) a condição de direito absolutamente imune a qualquer limite e restrição, nem de estabelecer uma espécie de hierarquia prévia entre as normas constitucionais". No mesmo sentido, em capítulo escrito por Álvaro Ricardo de Souza Cruz e Sophia Galbas Rezende, além de "limitações externas" à liberdade de expressão, deve o constitucionalista encontrar as "limitações internas", já quem nem toda palavra deve merecer a proteção constitucional, máxime num tempo marcado por discursos de ódio.

Outrossim, uma das tarefas do constitucionalista é enfrentar um dos grandes problemas enfrentados pelo Direito Constitucional contemporâneo: evitar o chamado "constitucionalismo teocrático". Se a laicidade é um dos pilares do constitucionalismo moderno, a reaproximação entre o Estado e a Igreja é um fenômeno mundial. Em capítulo específico dessa obra, João Santa Terra Júnior aborda tal questão brilhantemente. Da mesma forma, Roberto Victor Pereira Ribeiro igualmente aborda essa temática de forma percuciente e hábil.

Um dos riscos do constitucionalismo aspiracional por nós adotado é transformar o sentimento inicial de *esperança*, quando do exercício do poder constituinte originário, em *desalento*, quando as promessas constitucionais sistematicamente deixam de ser cumpridas. Esse distanciamento da Constituição com a realidade cristaliza pouco a pouco o sentimento de que o texto constitucional não passa de uma coletânea de promessas irrealizáveis. Reacender a chama do constitucionalismo é um poder-dever de todo operador do Direito. Como sugere o *patriotismo constitucional*, de Dolf Sternberger, a união do povo deve se dar em torno dos valores constitucionais, como igualdade, justiça e democracia. Para que isso ocorra, são necessárias obras como a presente, que terá um papel essencial para a construção de um país mais justo.

Flávio Martins

Pós-doutor em Direito Constitucional pela Universidade de Santiago de Compostela, na Espanha.
Doutor em Direito Constitucional pela Universidade Presbiteriana Mackenzie.

SUMÁRIO

PROPEDÊUTICA

CAPÍTULO I
DOS DIREITOS E DEVERES INDIVIDUAIS, COLETIVOS, SOCIAIS E CULTURAIS

CAPÍTULO II
DA ORGANIZAÇÃO DOS PODERES

CAPÍTULO III
ORDEM ECONÔMICA E FINANCEIRA

PROPEDÊUTICA

A EVOLUÇÃO CONSTITUCIONAL DO BRASIL

Paulo Bonavides[1]

Traçando a evolução constitucional do Brasil devemos concentrar todo o interesse indagativo e toda a diligência elucidativa numa sequência de peculiaridades, de ordem histórica e doutrinária, que acompanharam e caracterizaram o perfil das instituições examinadas, designadamente com respeito à concretização formal e material da estrutura de poder e da tábua de direitos cujo conjunto faz a ordenação normativa básica de um Estado de poderes limitados.

De tal sorte que a reflexão há de ocorrer ao redor de temas-chave como poder constituinte e Constituição, separação de poderes, organização unitária e organização federativa do Estado e direitos do homem, cuja universalidade e fundamentalidade, por exprimir parte essencial de todo pensamento político concretizado em termos constitucionais, não pode deixar de ser assinalado com todo o destaque devido.

O Brasil desta análise histórica corresponde assim a um modelo de país constitucional que até aos nossos dias se busca construir, numa longa travessia de obstáculos.

Até agora esse modelo permanece, todavia, inacabado, após cerca de dois séculos de renovadas diligências e sacrifícios; é projeto fugaz sujeito às oscilações da ideia e da realidade com as quais não logrou ainda se compatibilizar. Projeto bloqueado inumeráveis vezes pelas resistências absolutistas, pelo continuísmo e vocação de perpetuidade governista, bem como pelos interesses representativos comprometidos com um *status quo* de dominação que a classe política busca manter inalterável, debaixo de seu jugo, insensível por inteiro ao rápido senão vertiginoso agravamento das desigualdades sociais e regionais, cujo quadro é sobressaltante enquanto

---

1. Professor emérito da Universidade Federal do Ceará. É autor de várias obras, entre elas *O Partido Político no Império* (1956), *Estado Liberal ao Estado Social* (1958), *Ciência Política* (1967), *A crise política brasileira* (1969), *Discursos parlamentares* (1979), *Direito Constitucional* (1980), *Estado e formas de estado e governo* (1982), *Curso de Direito Constitucional* (1994) e *Textos políticos da história do Brasil* (1996).

prelúdio de uma tragédia de sangue e guerra civil, de consequências imprevisíveis.

Vemos iminentes, na senda da política recolonizadora em execução, as batalhas de emancipação do segundo período colonial de nossa História.

Mas essas batalhas hão de ferir-se unicamente se tivermos fibra, coração e alma para arrostar, com as energias do espírito nacional, rememorativo das páginas heroicas do passado, a soberba imperialista dos invasores silenciosos, que ora nos ameaçam dissolver a identidade de povo, apagando os traços, as cores e as raízes de nossa cultura, ou seja, de nossa brasilidade.

O constitucionalismo europeu teve por premissa de luta e contradição o absolutismo de uma sociedade já organizada e estruturada, a saber, a sociedade feudal do *ancien régime.* Tinha história e tradição. Tinha riqueza e cultura. Tinha profundas raízes espirituais.

O nosso constitucionalismo, ao revés, levantou-se sobre as ruínas sociais do colonialismo, herdando-lhe os vícios e as taras, e ao mesmo passo, em promiscuidade com a escravidão trazida dos sertões da África e com o absolutismo europeu, que tinha a hibridez dos Braganças e das Cortes de Lisboa, as quais deveriam ser o braço da liberdade e, todavia, foram para nós contraditoriamente o órgão que conjurava a nossa recaída no domínio colonial.

Sem embargo desses pressupostos negativos, que significaram desníveis qualitativos de iniciação constitucional, tanto de portugueses quanto de brasileiros, houve um processo até certo ponto comum de introdução de instituições representativas e constitucionais no que toca à velha metrópole e à nascente nacionalidade, quando esta estreou os primeiros passos da caminhada para a independência imperial e a criação do Estado.

Com efeito, a fonte doutrinária fora a mesma: o constitucionalismo francês, vazado nas garantias fundamentais do número 16 da Declaração dos Direitos do Homem e do Cidadão de 26 de agosto de 1789. Nesse documento se continha a essência e a forma inviolável de Estado de Direito. Idêntica, por igual, a fonte positiva de inspiração imediata: a Constituição de Cadiz. Fomos tão longe que lhe decretamos a vigência durante 24 horas. Com efeito, entre nós o fraco rei espavorido a outorgou no Rio de Janeiro num triste episódio que mal recomenda a memória política de D. João VI.

A Constituição de Cadiz fora deveras relevante em determinar as bases liberais da primeira Carta Magna de Portugal: a chamada "Constituição vintista" de 23 de setembro de 1822.

O influxo europeu, inglês e continental sobre o constitucionalismo brasileiro é traço marcante dos primeiros momentos de definição do nosso estatuto institucional.

As antigas colônias hispânicas recém-emancipadas ou em processo de emancipação, ao contrário, rompiam com o passado europeu, ou seja, com o velho mundo, deixando de consagrar assim as instituições da liberdade derivadas do mundo inglês ou francês para recolherem e adotarem a grande sugestão republicana, federativa e presidencial de Filadélfia, que seus constituintes lhes sopravam; mas fracassaram por inteiro criando repúblicas fragmentadas, federações desfeitas e governos presidenciais dissolvidos em ditaduras de opressão e caudilhismo.

Só com o advento da república cerca de 70 anos depois é que o Brasil mudava o norte de sua navegação política e aportava no mesmo modelo malogrado das repúblicas vizinhas.

A primeira época constitucional do Brasil, já nos seus primórdios, já na sua trajetória ao longo do Primeiro Reinado, guarda estreitos vínculos com Portugal, redundando numa singular comunhão de textos constitucionais, produto da mesma outorga imperial nos dois países: no Brasil, a Constituição de 1824; em Portugal, a Carta de 1826, cópia daquela que D. Pedro nos concedera e que ele fez chegar à Regência de Lisboa pelas mãos do embaixador inglês.

Foi, diga-se de passagem, um texto, em matéria de limitação de poderes, relativamente bem-sucedido, tanto lá quanto aqui, não obstante o seu baixo grau teórico de legitimidade e suas discrepâncias com a inteireza democrática e representativa do século revolucionário que proclamara os direitos do homem e sagrara a inviolabilidade constitucional da separação de poderes.

A linha originalíssima das nossas nascentes constitucionais se enraíza em fatos históricos que, de início, acompanham os dois povos, decidem-lhe o destino e fazem depois ambos perseverarem na busca de um denominador comum das aspirações nacionais que é o Estado de Direito em toda a sua amplitude e solidez; um objetivo no caso brasileiro ainda por alcançar, decorridos já cerca de 200 anos de malogros institucionais, por obra de uma crise constituinte, instaurada ao começo da nacionalidade e recorrente em distintas ocasiões históricas, fazendo assim instável a base do regime político e jurídico, à míngua de elementos valorativos e espirituais suscetíveis de consolidar a ordem normativa da Constituição.

Antes de passarmos revista àqueles fatos históricos, obedecendo a uma sequência já estabelecida *p*oder constituinte, separação de poderes, organização federativa e direitos fundamentais *f*az-se mister a remissão ao item 16 da Declaração de Direitos do Homem e do Cidadão, onde se lê, em síntese, que é monumento de universalidade e precisão conceitual o programa constitucional da segurança jurídica, da liberdade e da contextura dos direitos fundamentais, conforme eles se vão positivando cumulativamente em distintas dimensões, sem se arredarem todavia do pedestal onde primeiro foram erguidos e sobre o qual assentam o equilíbrio e a certeza de sua continuidade e consistência.

É enorme temos assinalado inumeráveis vezes a importância daquele texto que, trasladado da Declaração de 1789 e incorporado na Constituição francesa de 1791, conserva em nossos dias de globalização, neoliberalismo, liberdades comprimidas e conculcadas, impressionante atualidade. Vale por dogma de todo Estado que garante direitos e separa poderes, configurando na substância e na essência a correta e perfeita imagem do Estado de Direito. Reza o texto, dantes programático, doravante normativo, depois de perpassar todas as idades constitucionais como farol que iluminava e guiava os navegantes da liberdade: "Toute societé dans laquelle la garantie des droits n'est pas assurée ni la séparation des pouvoirs determiné, n'a point de constitution."

O constitucionalismo tem sido a grande jornada do pensamento político e de sua criatividade institucional buscando concreção no ordenamento dos povos que se sentem vocacionados para os regimes e governos da legitimidade democrática e representativa.

Traçar-lhe a trajetória só é possível com os olhos fitos na garantia dos direitos fundamentais de todas as gerações já conhecidas: primeira, segunda, terceira e quarta, e na separação de poderes que tanto incomodam contemporaneamente os arautos do absolutismo e os usufrutuários da autocracia, insubmissos às regras do Estado de Direito.

Em rigor, o constitucionalismo brasileiro não tem um ponto de partida autônomo. Em sua primeira fase, buscando-lhe, portanto, as origens, vamos encontrá-lo inapartavelmente vinculado aos sucessos políticos da velha metrópole. Segue assim um processo que faz mais inteligível e verídico versar o tema debaixo da designação de constitucionalismo luso-brasileiro até sua separação se tornar mais nítida com o fim do Segundo Reinado.

O período de 1808, ano da trasladação da Corte portuguesa ao Brasil, até 1824, data da outorga da Carta do Império, insere episódios constitucionais de suma importância tanto em Portugal quanto no Brasil. Em ambos, a ideia de Constituição e poder constituinte traz o sopro e a vibração das comoções revolucionários do século XVIII. Faz parte efetiva daquele momento de crise existencial que os dois países atravessavam: um porfiando por sobreviver, o outro por emergir como povo e nação.

Portugal e Brasil eram ao mesmo passo duas contradições da História. Com efeito, os princípios de liberdade circulavam nos dois países, mas o quadro político em ambos se apresentava singularmente confuso e contraditório conforme veremos.

Em Portugal a invasão e a ocupação pelo exército de Junot feriam o brio nacional, eram impopulares e provocavam reação armada, mas nem por isso a causa francesa, cifrada nos axiomas da Revolução, deixava de receber a simpatia e o apoio de uma vanguarda liberal que comungava com princípios e ideias de renovação institucional.

Desse grupo partiu em 23 de maio de 1808 a "Súplica" de Constituição a Napoleão Bonaparte; o primeiro documento de aspiração constitucional de língua portuguesa ou, como refere Canotilho, o primeiro "texto sistematizado em jeito de proposta de uma Constituição para Portugal" (J.J. Gomes Canotilho, "As Constituições". *In:* José Mattoso, direção, *História de Portugal,* v. V, p.149).

Diz o insigne constitucionalista de Coimbra que os "suplicantes" não impetravam propriamente a convocação de um poder constituinte da nação senão que se contentavam com uma simples "outorga", uma "carta doada", algo à semelhança da Constituição outorgada por Napoleão ao Grão-Ducado de Varsóvia, enfim, um apelo à introdução de formas representativas e princípios de igualdade civil e fiscal, bem como do axioma da igualdade de todos perante a lei no corpo e na estrutura do Estado.

A "Súplica" queria também uma sociedade com liberdade de imprensa, liberdade de cultos e fomento da instrução pública. Foi a primeira semente do constitucionalismo português, antecipando a ação das correntes do pensamento liberal que desembocaram na conspiração de Gomes Freire em 1817, na Revolução do Porto de 1820 e finalmente na Constituição de 1822, obra das Cortes de Lisboa, as quais tiveram, ao princípio, a presença e a colaboração dos deputados brasileiros, cuja dissidência abriu depois caminho à ruptura definitiva dos laços que podiam ainda conduzir a uma projetada união política do Brasil com Portugal.

As Cortes procederam, porém, de forma hostil aos interesses da nossa emancipação, seguindo política reacionária e desastrosa que levantava a suspeita de estar em curso de execução um plano de recaída nossa no estado colonial.

Se as raízes do constitucionalismo português estavam na "Súplica" a Bonaparte, as nossas se entranhavam no solo da Revolução Pernambucana de 1817, de marcante inspiração republicana. Tinham aliás um significado constitucional mais profundo, colocando diretamente em pauta a questão do poder constituinte com extrema clareza e determinação. Tanto pela natureza do movimento, confessadamente separatista e emancipativo, quanto pelos princípios que o inspiravam, todos derivados da ideologia revolucionária solapadora das monarquias absolutas, a Lei Orgânica da nova República era um projeto superior em substância e qualidade à "Súplica" portuguesa de 1808.

Com efeito, o Governo Provisório da República de Pernambuco decretava em março de 1817 aquela lei constante de 28 artigos e que tinha todas as características de um ato constituinte provisório, semelhante na essência ao decreto nº 1 de 15 de novembro de 1889, mediante o qual se decretou a queda do Império, a instituição da República, o fim do Estado unitário, o advento da Federação e a criação da forma presidencial de Governo.

As Bases pernambucanas antecederam em quatro anos àquelas lançadas em 9 de março de 1821, em Lisboa pelos constituintes "vintistas" de Portugal. Foram formuladas já com o selo de legitimidade da soberania popular, expressamente invocado no texto revolucionário.

Com efeito, o documento de 1817 consagrava fórmulas avançadas de organização do poder, vazadas na doutrina do povo soberano, na convocação de uma constituinte, na tolerância de todas as seitas cristãs, posto que estabelecesse o catolicismo romano por religião do Estado, na proibição de atos de perseguição por motivos de consciência, na garantia e estabilidade da magistratura, na proclamação da liberdade de imprensa, no chamamento à responsabilidade dos governantes cujos atos minassem a soberania do povo e os direitos do homem, equivalente portanto ao instituto que na forma presidencial de governo tomou a designação de *impeachment*, na criação de um Colégio Supremo de Justiça e finalmente no reconhecimento inferido do art. 28 de que a Assembleia Constituinte é a sede do poder legítimo delegado pelo povo.

Tratava-se de um projeto da lavra de Antônio Carlos proposto por instrumento de Governo aos revolucionários de Pernambuco de 1817, e que aparecia no mesmo ano da malograda conspiração de Gomes Freire de Andrade em Portugal à frente de conjurados liberais, todos imolados pela sentença capital do absolutismo.

A Reação triunfara tanto no Brasil quanto em Portugal frente aos sucessos daquele ano. Mas as forças que então sucumbiram às armas do *status quo d*esde logo renasceriam dos dois lados do Atlântico conduzidas pelo mesmo pensamento constitucional de limitação da autoridade governativa: lá, com os civis e militares do Sinédrio, que prepararam a revolução do Porto de 24 de agosto de 1820, a qual, vitoriosa, teve em 1821 o seu coroamento liberal consubstanciado na convocação e instalação das Cortes de Lisboa; aqui, com o decreto do Príncipe Regente de 3 de junho de 1822, que convocava a "Assembleia Geral Brasílica e Constituinte e Legislativa"; meses antes, portanto, que D. Pedro I, às margens do Ipiranga, proferisse, segundo o testemunho da historiografia tradicional, o seu célebre grito de Independência ou Morte, do dia 7 de setembro daquele ano, depois convertido em data comemorativa da nossa emancipação política.

A Constituinte convocada em 22 e instalada em 23 era a fronteira que realmente separava politicamente o nosso destino do de Portugal, rompendo as derradeiras esperanças de estabelecer a comunhão constitucional dos dois Reinos. Esta poderia dantes ter resultado da tarefa constituinte das Cortes de Lisboa, não fora a cegueira reacionária de sua maioria, cujo comportamento hostil ao Brasil ficou patente numa série de decretos, cujo propósito se cifrava em reduzir o grau de nossa autonomia.

A linguagem do decreto de 24 de abril de 1821, por exemplo, arrogante, capciosa e ambígua, inculcava uma retroação colonialista; já não falava em Reino Unido, mas em Províncias Ultramarinas e Estados Portugueses de Ultramar, ao mesmo passo que parecia atentar contra a política de aglutinação do Príncipe Regente, cuja autoridade buscava desconsiderar ou enfraquecer.

Assim é que outro decreto de 30 de setembro de 1821 sujeitava diretamente à autoridade das Cortes os governadores e comandantes de armas das Províncias e, finalmente, o decreto de 12 de janeiro de 1822, extinguia os tribunais criados no Brasil por D. João VI cassando a autonomia judicial do Reino.

Todos esses atos faziam cada vez mais tensas as relações com a Regência, que já não se submetia às medidas de arbítrio provenientes de Portugal e suas Cortes.

Enquanto isso se passava, nas Cortes mesmas, a deputação brasileira forcejava por trilhar os caminhos da união constitucional, ainda depois do escândalo e da indignação provocada pela Representação da Junta de São Paulo de 24 de dezembro de 1821 dirigida ao Príncipe Regente, protestando com toda veemência contra a política de asfixiante centralização levada a cabo pelas Cortes e ao mesmo passo conclamando o Príncipe a não acatar as ordens de retorno a Portugal, como fora determinado por aquela assembleia, obtendo a célebre resposta afirmativa do "Fico".

Os ânimos das Cortes ficaram ainda mais exacerbados depois que o padre Diogo Antônio Feijó, futuro Regente do Império, na sessão de 25 de abril de 1822 fez a sua célebre Indicação, movido do propósito de "consolidar a reunião da grande família portuguesa". Entre outros pontos propunha que o Congresso de Portugal declarasse o reconhecimento da Independência de cada uma das Províncias do Brasil, enquanto não se organizasse a Constituição e que esta obrigaria somente aquelas Províncias cujos deputados "nela" concordassem pela pluralidade de seus votos.

Vejamos como as Cortes e a deputação brasileira em Lisboa reagiram aos dois documentos.

As Cortes viram na Representação da Junta de São Paulo, endereçada ao Príncipe Regente e subscrita, entre outras figuras de relevo, por José Bonifácio de Andrada e Silva, um ato de rebeldia e ofensa à Regeneração Política de Portugal, tanto que propuseram a abertura de processo contra os membros da Junta. Ao mesmo, num recuo aparente, concordavam com a permanência de D. Pedro no Brasil "até a publicação do Ato Adicional, governando, porém, com sujeição às Cortes" (Viveiros de Castro, *Memórias,* apresentada ao Primeiro Congresso de História Nacional. Rio de Janeiro, 1914, p. 94).

No plenário do "Soberano Congresso" ecoavam protestos como os de Fernandes Thomaz, futuro ministro liberal, de grande renome, e deputado pela Beira, ou de Francisco Xavier Monteiro, deputado pela Extremadura; o primeiro com moderação e ironia, mas um tanto resignado diante da separação iminente, asseverava: "passe o Sr. Brasil muito bem, que nós cá cuidaremos de nossa vida", ao passo que o segundo, demonstrando maior exaltação de ânimo, instava por salvar a dignidade nacional embora se perdessem dez Brasis" (Gomes de Carvalho, *apud* A.O. Viveiros de Castro, ob.cit., p. 94).

Alguns deputados brasileiros, surpreendidos talvez pelos termos um tanto passionais da Representação, foram cautelosos na sua reação ao documento da Junta, todavia cingindo-se a condenar os excessos de linguagem contra uma assembleia que ainda lhes merecia respeito por ser órgão do princípio mais avançado da época, a saber, o da soberania popular. Provavelmente por alimentarem a tênue e vaga esperança de restaurar a confiança nas Cortes como assembleia constituinte, capaz de elaborar e executar um projeto de união constitucional dos dois Reinos cuja separação já se lhes afigurava iminente. Ocuparam então a tribuna constituinte num tom conciliatório os deputados Gonçalves Ledo, Campos Vergueiro, Pinto de França e Almeida e Castro, que vinham, contudo, esmaecer a possibilidade de reconciliar as Cortes com um Príncipe que lhes recusava obediência e súditos que aliados a ele engrossavam as hostes dissidentes.

Quanto ao segundo documento – a Indicação de Feijó – as Cortes reagiram com a mesma indignação, não tendo sido sequer submetido a debate e, por determinação do Presidente, o Conselheiro Fortes, remetido a uma Comissão de Negócios Políticos onde ficou engavetada ou "sepultada", consoante relata Viveiros de Castro em sua *Memória* (Viveiros, ob.cit., p. 99-100).

A Indicação de Feijó também repercutiu entre seus colegas da bancada constituinte do Brasil que, sem embargo da tensão produzida por aquela propositura, não arrefeceram, diante de tanta relutância e malevolência das Cortes, em insistir na obra comum de uma Constituição que salvasse a unidade política luso-brasileira.

Movendo-se nesse sentido, em 15 de junho de 1822, Fernandes Pinheiro, Antônio Carlos, Vilela Barbosa e Araújo Lima introduziam no "Soberano Colégio" um Projeto de Artigos Adicionais à Constituição portuguesa constante de 15 artigos, no qual propunham, entre outras medidas de largo alcance, a existência de dois Congressos: um no Reino do Brasil, outro no de Portugal e Algarve, ambos compostos de representantes eleitos pelo povo na forma que a Constituição determinasse. "Tocante à sede do Congresso Brasileiro, ficaria na capital onde o Regente do Reino residia enquanto não se fundasse no Centro do Brasil uma nova Capital".

Além dos Congressos das Cortes especiais, haveria as Cortes Gerais de toda a Nação que se reuniriam na Capital do Império Luso-Brasiliano. Instituía no Reino do Brasil um tribunal supremo de justiça e prescrevia que "as províncias da Ásia e da África Portuguesa declarariam a que Reino queriam incorporar-se para terem parte na respectiva representação do Reino a que se unissem".

O Projeto de Artigos Adicionais à Constituição elaborado pela Comissão Brasileira era o ato final da batalha da bancada constituinte brasileira que passara à ofensiva derradeira em seus esforços de manter a união dos Reinos, cada vez mais ameaçada e comprometida pela intransigência passional das Cortes.

Coube ao deputado de Trás-os-Montes, Ferreira Girão, fulminar o projeto em termos incandescentes: "Não é possível que o sangue deixe de ferver nas veias dos lusitanos perante um projeto que não ouso qualificar em consideração aos seus autores" (Viveiros de Castro, ob.cit., p. 85).

Teve o Projeto uma tramitação penosa e tumultuada. Houve solicitação de novo projeto e quando as Cortes o puseram em discussão na sessão de 7 de agosto de 1822, o deputado Girão, segundo refere Aurelino Leal, pediu o adiamento do debate, até que chegassem informações mais precisas acerca dos sucessos no Rio de Janeiro (A. Leal, *História Constitucional do Brasil*, Rio de Janeiro, Imprensa Nacional, 1915, p. 47). Antônio Carlos requereu a declaração de vacância dos lugares da deputação brasileira às Cortes, ao perceber a inutilidade da nossa presença ali. O "Soberano Congresso" indeferiu-lhe o pedido, mas não pôde prevenir o colapso da tarefa de unificação constitucional que a nossa presença ali afiançava.

Os fatos subsequentes compendiavam o fim daquela projetada aliança fundamental dos dois Reinos: a fuga de sete deputados brasileiros trasladados à Inglaterra, onde em Falmouth expediram o célebre manifesto de 6 de outubro de 1822 dando a Portugal e ao mundo "os motivos que os obrigaram a assim obrar", e a promulgação em 23 de setembro de 1822 da primeira Constituição de Portugal pelas Cortes Extraordinárias e Constituintes da Nação, decretada "em nome da Santíssima e Indivisível Trindade".

Debaixo de coação, 36 deputados brasileiros fizeram ali constar as suas assinaturas. Viveiros de Castro relata nestes termos a insólita ocorrência: "Por escrúpulos de consciência, eles, os representantes das províncias que se libertavam do jugo da Metrópole, não queriam jurar nem assinar a Constituição; as Cortes, porém, não consentiram nesse ato de rebeldia e quase todos os deputados brasileiros cumpriram a aludida formalidade, convencidos de que não havia perjúrio sendo ato praticado sob coação" (Viveiros, ob.cit., p.102-103).

A primeira constituinte brasileira foi, portanto, aquela que se incorporou com a nossa deputação nas Cortes de Lisboa, onde deveria desempenhar a tarefa de escrever a Lei Fundamental de União dos dois Reinos. Constituinte, como vimos, malograda, invalidada e esmagada pelos ditames decisórios provenientes do peso majoritário que fazia onipotente a parcela maior da representação constituinte, formada por deputados portugueses, desfigurando-se assim, desde o começo, a presença e eficácia participativa da nossa bancada. Esta ficava por sua inferioridade numérica incapacitada de exercitar influxos sobre os rumos a serem seguidos por aquele colégio constituinte.

Ali a voz dos deputados constituintes do Brasil, pouca ou nenhuma importância teve na elaboração da Carta; em verdade foram compelidos a subscrever a Lei Maior das Cortes, depois de assistirem à rejeição aniquilante de suas Propostas e Projetos, designadamente aqueles nos quais se resguardava o interesse da nova nacionalidade que irreprimivelmente se formou à sombra do Reino Unido e que procurava, a partir daquele momento de decepção, seguir, como seguiu, a via autônoma de sua própria legitimidade constituinte.

Em suma, nas Cortes de Lisboa o poder constituinte se repartia entre as deputações portuguesa e brasileira, mas o predomínio absoluto da primeira ofuscou, refreou, dominou e inibiu a segunda, que ali desempenhava basicamente função decorativa, colegitimando com sua presença decisões que até mesmo na esfera de interesses mais peculiares e diretos do Brasil lhe eram subtraídas, não podendo assim ter sobre elas eficácia ou jurisdição.

Ao mesmo passo que em Lisboa se sufocara a ação constituinte participativa dos deputados brasileiros, no Rio de Janeiro o quadro não era menos dificultoso, atropelado e entregue às incertezas de um meio político convulsivo, onde também se jogava o destino do Reino Unido e ocorriam episódios extremamente graves para o futuro da Coroa portuguesa.

Não perceberam as Cortes que uma nova nacionalidade nascia do grande parto liberal da monarquia portuguesa consorciada ao elemento nativo, cuja busca de identidade e independência tinha raízes nas lutas coloniais de expulsão dos invasores, passava pela Inconfidência e subia de ponto nos sucessos da Revolução Pernambucana de 1817 até chegar ao momento culminante da Assembleia Nacional Constituinte.

É aí que se nos depara a intervenção simultânea de dois poderes constituintes, cujas relações foram sempre marcadas de indissimulável tensão, de teor competitivo, e perpassadas de mútuos ressentimentos, disputas de supremacia e recíprocas desconfianças, acabando assim por inaugurar uma crise constituinte da qual nunca nos libertamos por inteiro senão de maneira aparente, ocasional e fugaz, mais na aparência que na realidade.

Recidiva ao longo de nossa história constitucional, tal crise se assemelha a um vulcão, ora adormecido, ora em erupção, deitando não raro sua lava fumegante sobre as instituições, e calcinando os edifícios do Império e da República em distintas épocas constitucionais e políticas do passado.

Chegou aos nossos dias como um fantasma que ronda a democracia, o sistema representativo, a separação de poderes.

Quais foram esses dois poderes constituintes?

O poder constituinte originário, dos governados, teve a sua soberania golpeada e embargada, não sendo portanto partícipe da obra criadora das nossas primeiras instituições públicas, como Estado e Nação; e o poder constituinte derivado do absolutismo, o poder constituinte do príncipe que fez a Carta Imperial; ao invés da promulgação, uma outorga; ao invés do ato de soberania de um colégio constituinte, o mesmo ato por obra da vontade e do livre arbítrio de um imperador, que na Carta Fundamental decretara a autolimitação de seus poderes.

Em nenhum outro país da América Latina houve semelhante ato de poder. Ali as constituintes fundaram repúblicas; aqui, neste parte do continente, a constituinte não pôde cumprir sua tarefa, dissolvida que foi pelo Golpe de Estado de 1823. Houve tão somente a metamorfose de uma monarquia absoluta em monarquia constitucional, abrangendo esta ao longo de sua trajetória o Primeiro Reinado, a Regência e o Segundo Reinado; três épocas políticas que marcaram o Império sob a égide da Constituição outorgada, a célebre Carta de 1824.

Durante a fase constitucional do Império inexistiu o controle de constitucionalidade. Em rigor, a Constituição era unicamente na essência a carta programática dos direitos da primeira geração e do princípio da divisão de poderes. Demais disso, a sua flexibilidade escusava grandemente a adoção daquele controle.

Três originalidades teve, porém, o documento produzido pelos juristas do Conselho de Estado e que se transformou na célebre Carta política do Império, outorgada por D. Pedro I e depois trasladada para Portugal com modificações do próprio punho do Imperador, após abdicar o trono português, em favor de sua filha menor, D. Maria da Glória, a primeira rainha constitucional de Portugal. Foi assim que surgiu a Carta de 1826, símbolo e ícone do constitucionalismo português, na estreia de seu confronto e subsequente consolidação frente à cruenta reação dos miguelistas fratricidas, empenhados em restaurar a coroa do absolutismo e fazer outra vez vivas as instituições peremptas do passado e dos privilégios consagrados.

A primeira originalidade residiu na Carta de direitos e na enunciação de deveres. A segunda consistiu em estabelecer com relevância hierárquica superior a constitucionalidade material, definida com extrema clareza e tornada juridicamente de teor mais significativo que a constitucionalidade formal. A terceira esteve na criação de um quarto Poder, concebido primeiro na esfera teórica e importado de pensadores ou juristas franceses, desde Clermond Ferrand a Benjamin Constant.

Teve esse quarto Poder pela vez primeira no mundo das Constituições, segundo é de nosso conhecimento, o seu ingresso na Carta Política do Império. Tudo por obra das circunstâncias, associadas a um perfil de personalidade, tornando-se em seguida a mais venturosa de todas as inovações políticas e constitucionais que ornaram a autoridade imperial durante o Segundo Reinado da monarquia brasileira.

Nossa primeira "ditadura constitucional" ocorreu ao alvorecer do Império. Foi obra do Poder Moderador, configurando, em verdade, um estranho paradoxo, do ponto de vista teórico, porquanto veio a ser exercitada precisamente por aquele Poder que havia sido concebido, teoricamente, pelo menos, como uma espécie de corregedoria dos três ramos em que se divide o exercício da soberania nacional (executivo, legislativo e judiciário).

O pensamento central de seu autor, o publicista Constant, era fazê-lo uma espécie de poder judiciário dos demais poderes, investido claramente nessa tarefa corretiva para pôr cobro às exorbitâncias e aos abusos suscetíveis de abalar a unidade política do sistema. Mas tanto na letra constitucional como na execução, os políticos do império lhe desvirtuaram o sentido e a aplicação.

Desvirtuaram-lhe o sentido, quando o consubstanciam em artigo da Carta como profissão de fé política e normativa de uma concentração de poderes sem paralelo na história dos países hemisféricos, que se constitucionalizaram à sombra dos dogmas da Revolução Francesa ou dos postulados da Revolução Americana. Basta ver a extensão de poderes conferidos a seu titular no art. 101 da Constituição Imperial de 25 de março de 1824.

Desvirtuaram-lhe por igual a aplicação, quando o primeiro Imperador o exercitou em termos absolutos de exceção. Feriu ele desse modo o espírito da Carta, sobretudo a legalidade e a constitucionalidade do regime, ao fazer das Comissões Militares o instrumento repressivo, por excelência, das agitações anti-imperiais e que impopularizou o monarca nas províncias do Nordeste e do extremo Sul. Tudo isso precedeu as manifestações populares mais agudas e ostensivas ocorridas em solo mineiro, e que tiveram por desfecho o ato da Abdicação.

Demais disso, o Poder Moderador era a programação deliberada da ditadura porquanto contrariava a regra substantiva de Montesquieu da divisão e limitação de poderes.

Com efeito, a Carta enfeixava numa só pessoa o Imperador a titularidade e o exercício de dois Poderes. De tal sorte que a Lei Maior criava assim um monstro constitucional. Não criava um órgão legítimo, distinto e capacitado, como seria de sua vocação, a promover a harmonia e o equilíbrio dos Poderes; um órgão que pudera ter sido e nele lhe vislumbramos essa virtude ou possibilidade do germe de uma espécie de judicatura política, capaz de antecipar na práxis e na teoria, por sua ação, preventiva de controle de conflitos, os tribunais constitucionais a quem o século seguinte entregaria os freios de constitucionalidade.

Desse objetivo, porém, nos acercamos depois confusamente por intuição teórica. Basta para tanto refletirmos a fundo acerca do alcance daquela embrionária instituição preconizada por Constant, enquanto fórmula expansiva e aperfeiçoadora, construída sobre os alicerces da obra e do gênio de Montesquieu.

Feitas estas ponderações respeitantes ao regime da Carta outorgada de 1824, cabe assinalar o seguinte:

O constitucionalismo brasileiro do século XX é tão caracterizadamente republicano quanto o do século XIX, que já examinamos, fora imperial. Aliás este se viu marcado por uma única Constituição a de 1824 obra da outorga do Imperador e que regeu o país até 15 de novembro de 1889, quando se deu a queda do Império, e o advento de um novo sistema institucional proclamado naquela data. Graças a esse sistema instalou-se a república e a federação, constantes do Decreto nº 1 do Governo Provisório, cujos membros assumiram os encargos imediatos da nova ordem estabelecida sobre as ruínas da monarquia deposta.

Após um interregno ditatório de dois anos, restabeleceu-se a normalidade constitucional do regime político mediante a promulgação do primeiro Estatuto Fundamental da República.

Estreia-se desse modo o primeiro período do constitucionalismo republicano, que vai perdurar de 1891 a 1930, assinalado, de início, por profundas transformações em relação ao sistema decaído e sem as quais não se lograria a consolidação do poder recém-inaugurado.

Com efeito, a primeira dessas mudanças, de inspiração americana, cifrou-se na adoção do modelo federativo, pelo qual Rui Barbosa com ardente empenho se batera em vão durante os derradeiros anos do Segundo Reinado.

A campanha malograda por uma monarquia federativa atuou decisivamente no ânimo de Rui para convertê-lo, de última hora, em adepto da causa republicana, cuja pregação não constava aliás dos seus escritos políticos estampados na imprensa às vésperas do movimento que derrubou a monarquia. E o mais singular é que este insigne homem público se tornou de repente a cabeça pensante da república, o arquiteto das novas instituições, o criador da fórmula que seu decreto antecipara e logo foi consagrado pela Constituição de 1891, da qual, como se sabe, e já se provou inequivocamente por via documental, fora ele o principal artífice. Das suas luzes e das suas ideias nasceu aquela Carta do Brasil republicano, federativo, presidencialista, arredado da tradição europeia e acercado ao influxo norte-americano, em cuja órbita gira até hoje sob a égide de um presidencialismo constitucional.

As alterações da segunda Constituição brasileira com respeito à Carta outorgada de 1824 foram, portanto, a introdução da república, da federação e da forma presidencial de governo.

A evolução constitucional do país patenteia que nessas três espécies políticas o progresso qualitativo se apresentou basicamente nulo durante o primeiro período republicano, cujas turbações mais de uma vez puseram o regime à beira da ruptura.

Com efeito, as três inovações fundamentais levadas a cabo por inspiração do constitucionalismo norte-americano, cuja excelência Rui professava com ardor, foram de certa maneira decepcionantes e mais uma vez puseram em contraste a diferença da forma à matéria, da ideia à realidade, da teoria à prática.

A república em si mesma não penetrara ainda a consciência da elite governante e da camada social hegemônica, talvez à míngua de preparação, porquanto no diagrama do novo regime os fatos atropelaram os valores; os interesses sobrepujaram as ideias; a destemperança, as vaidades e a soberba calcaram as verdades; as paixões, as ambições e os ódios escureceram o bom senso e a razão. Disso promanou a ditadura militar de Floriano que Rui tanto exprobrou e da qual veio a ser, sem dúvida, a principal vítima.

A solução republicana, ministrada de surpresa, não estava ainda por inteiro presente nem amadurecida no espírito público e no domínio da opinião. O ato institucional de 15 de novembro, se não fora as ditaduras de Deodoro e Floriano e a fereza da repressão, segundo escreviam na época os opositores da monarquia, não teria vingado.

É de recordar que Rui mesmo deixara aberta no decreto nº 1 a porta plebiscitária de um eventual retorno ao regime decaído. Essa porta foi fechada dois anos depois pela Constituição de 1891 em termos definitivos.

Tocante à federação, o sistema logo manifestou na aplicação as suas fraquezas, as suas imperfeições, os seus erros, distanciando-se, por completo, do original norte-americano, de que fora cópia servil.

Durante décadas perdurou a instabilidade, a tensão, a crise, a animosidade, o desequilíbrio nas relações entre a União e os corpos federados. O despreparo destes para o exercício das competências federativas manifestava-se patente, ocasionando assim um quadro político deveras turbulento, marcado por abusos, extravios de poder, intervenções federais e frequente decretação de estados de sítio, fontes portanto de violência e desrespeito contumaz e descarado à liberdade e às competências constitucionais dos entes políticos da federação.

Toda a nossa evolução constitucional, já ao longo do Império, já ao longo da República é entrecortada de crises e rupturas. Não é, como se poderia cuidar à primeira vista, uma evolução tranquila, isenta das tormentas de sangue e violência que se estamparam na crônica de outros povos e nações.

Foi perpassada sempre de grave crise e essa crise chega aos nossos dias, qualificada, com inteira razão, de crise constituinte porque é crise das instituições e da Constituição; não é como seria normal crise na Constituição ou crise meramente constitucional, conforme temos em outras ocasiões assinalado com reiterada frequência.

A Carta do Império, outorgada sobre as ruínas de uma constituinte dissolvida, nasceu debaixo dos protestos constitucionais dos revoltosos da Confederação do Equador, sob o signo da desconfiança e da suspeita de uma restauração absolutista.

Mas por um acaso histórico das circunstâncias, aquilo que tinha tudo de negativo para ser um desastre constitucional, como aliás foi no Primeiro Reinado, prosperou e floresceu depois da Regência durante o Segundo Reinado por obra e temperamento de um rei ilustrado, sábio e prudente que foi D. Pedro II.

Estamos nos referindo ao Poder Moderador, cujo titular, o monarca, enfeixava ilimitadas competências, exaradas nos artigos da Carta e, todavia, se houve com extremo zelo, afastando-se da sedução daquele círculo de autoridade verdadeiramente absoluta que a contradição da Lei Fundamental do Império lhe depositara nas mãos. E, mediante o abrandamento do poder pessoal, fez possível vingar no país um projeto representativo e parlamentar de poder consentido e compartilhado, de inspiração inglesa.

Foi esta, sem dúvida, uma das máximas originalidades da época imperial de nossa História. Modelo aliás deploravelmente atropelado e aniquilado pelo Golpe de Estado republicano, o qual operou uma reviravolta das nossas instituições.

Com efeito, derrubado o Império, Rui Barbosa inaugurou outro farol político e constitucional, aquele do modelo americano, estabelecido pelos fundadores da União Americana. Ergueram os constituintes de Filadélfia o edifício de uma Constituição republicana, presidencialista e federativa. Dela fizemos o traslado numa cópia que serviu tão somente para prolongar ou perpetuar a nossa crise constituinte.

Trocamos o trono inglês pelo Capitólio americano. Troca tão malfeita e tão desastrada que a substituição nada acrescentou de útil ou proveitoso ao aperfeiçoamento da cidadania e à qualidade política das elites cuja decadência ficou patente até chegarem à ingovernabilidade destes dias.

Épocas de federalismo autoritário – uma contradição política em termos – ocorreram no país e oscilaram, durante a Primeira República, da frouxidão dos laços federativos ao extremo arrocho das intervenções centralizadoras, cujo unitarismo contravinha a índole do regime.

Demais disso, o quadro social e político das antigas províncias imperiais, erigidas de repente ao *status* da autonomia federativa, era sobremodo traçado pela força incontrastável dos oligarcas e coronéis que formavam o patronato do poder e recebiam da autoridade central a sagração de sua ascendência na esfera local de governo.

A primeira Constituição republicana foi na aparência, pelo aspecto formal, a mais estável das Constituições do sistema inaugurado em 15 de novembro de 1889.

Durou 39 anos e passou por uma única reforma que aliás veio demasiado tardia, não podendo conjurar o seu colapso na sucessão do presidente Washington Luís, em 1930. Mas a evidência histórica de uma estabilidade que acabamos de referir era de teor apenas aparente, não disfarçando a república constitucional deveras violenta. Com efeito, a violência se instalou com a ditadura de Floriano, quando a república correu o risco de soçobrar e prosseguiu dissimulada nas comoções políticas ligadas à sucessão dos governos presidenciais.

Aqui entra a figura do presidencialismo, a terceira inovação do regime estabelecido pela Carta de 1891. Presidencialismo que tem sido talvez a peça-chave da crise estrutural do sistema. Em verdade, uma das ocasiões mais significativas em que essa crise penetrou a consciência da nação ocorreu com o deflagrar da Campanha Civilista, promovida e chefiada por Rui Barbosa. Valeu como uma cruzada de regeneração dos costumes políticos, até então atados aos vícios de um presidencialismo militarista, deformador da imagem das instituições e que lhes retirava toda a legitimidade.

O mesmo sentido teve depois a Reação Republicana de Nilo Peçanha, bem como as sublevações dos dois 5 de julho da década de 20 e, por derradeiro, culminando o processo, o movimento da Aliança Liberal, a chamada Revolução de 30. Com esta selou-se o destino da Primeira República cujas paredes desabaram, carcomidas na falsidade ideológica das atas eleitorais, suprema e afrontosa contradição da representatividade constitucional do regime.

Uma tempestade política e ideológica, acompanhada de fortes abalos na ordem institucional marcou, a seguir, a década de 30 no século XX. Foi a década mais autoritária da primeira metade dos novecentos. Ficou assinalada do mesmo passo por uma invasão de ideias novas e projetos e fórmulas de mudança, ilustrativas do quadro de instabilidade e efervescência, que teve forte repercussão sobre a índole do ordenamento. Sua tonalidade social, bem distinta das cores do sistema decaído, dava a medida das preocupações transformadoras ínsitas aos titulares do poder emergente.

A cognominada Revolução de 30 significou dessa maneira o ponto de partida e a base de apoio de um ambicioso programa de renovação dos costumes políticos, cujo objetivo maior era o estabelecimento da verdade eleitoral, pressuposto de uma ordem representativa mais legítima, em correspondência com o sentimento nacional vigente.

Depois da escravidão, representou o momento em que o país mais sentiu o peso das injustiças sociais e buscou aparelhar-se para ter seu ingresso na era industrial, valendo-se de instrumentos legais aptos a mitigar as proporções do iminente conflito do trabalho com o capital.

Do ponto de vista político, é de ponderar que a ditadura instalada pelo segundo governo provisório republicano em 1930 durou quatro anos e manifestou desde o começo certo pendor continuísta alimentado pelo seu chefe, cujos desígnios nesse sentido foram embargados por uma corrente empenhada em restaurar, o mais breve possível, a ordem constitucional suspensa desde aquele ano.

Desse movimento de resistência nasceu a malograda Revolução Constitucionalista de 1932, em São Paulo. A derrota militar dos revoltosos em nada obstou o triunfo da causa, logo concretizada e consagrada com o ato convocatório da Constituinte de 1933. Daí resultou logo depois a promulgação da Carta de 1934.

Fechado o interregno ditatório de quatro anos, a Constituição de 1934 inaugurou a Segunda República. Teve ela, contudo, breve e precária existência porquanto promanara de uma ambiência política marcada por mutilações participativas, crises, desafios, suspeitas, incertezas, contestações e ressentimentos.

A Constituinte que a promulgou não auferiu a necessária densidade legitimante que é de exigir de um colégio de soberania. As lideranças do *ancien régime* republicano permaneciam no exílio político, afastadas de toda participação. As forças políticas situacionistas, por sua vez, elegeram presidente da República, por via indireta, o ex-ditador e chefe revolucionário do movimento de outubro de 30, um homem cujo apetite pelo poder o levou, três anos, depois a desferir o golpe de Estado de 10 de novembro de 1937.

O novo interregno republicano de normalidade constitucional ocorreu tão somente na aparência, sobretudo a partir de novembro de 1935, quando rebentaram as quarteladas comunistas do Rio de Janeiro, Natal e Recife, cuja eclosão sobressaltou o país e intimidou as camadas sociais do coronelismo rural e da burguesia urbana ascendente.

A repressão feita, cifrada na Lei de Segurança, no estado de guerra e no Tribunal de Segurança Nacional e nas pressões sobre as duas Casas do Congresso, processando deputados e senadores e expurgando das fileiras militares e civis da sociedade personalidades suspeitas ao regime, vaticinava já o desfecho trágico do golpe de 1937. Este se consumou às vésperas da eleição presidencial direta em que concorriam ao poder as candidaturas de José Américo de Almeida e Armando Sales de Oliveira, o primeiro candidato do Governo, o segundo da Oposição, ambos porém vítimas do braço golpista que inaugurou no país a ditadura do Estado Novo.

À frente desta, Vargas governou o Brasil sem dar sequer execução à própria Carta que outorgou, a célebre "polaca" de autoria do jurista mineiro Francisco Campos.

O regime de exceção caiu em 29 de outubro de 1945, por um golpe militar inspirado no sentimento de redemocratização que se enraizara na consciência nacional ao longo dos anos da presença brasileira na Segunda Guerra Mundial, quando efetivos da Força Expedicionária Brasileira foram aos campos de batalha da Itália enfrentar os exércitos da aliança totalitária do fascismo e do nacional-socialismo.

Pôs-se termo assim a uma flagrante contradição política e ideológica que era a sobrevivência do Estado Novo, de bases ditatoriais, num mundo que emergia das ruínas da guerra, fizera vitoriosa a causa das velhas democracias liberais e passara a reconstruir o contrato social, escrevendo em São Francisco, em 1945, a Carta das Nações Unidas, logo seguida, em dezembro de 1948, da Declaração Universal dos Direitos do Homem.

A Constituição de 18 de setembro de 1946, com seus 218 artigos e 36 disposições transitórias, representou um compromisso das correntes conservadoras da velha tradição republicana e representativa de 1891 com as forças remanescentes do radicalismo liberal de 30. Sobretudo com a facção congressualmente majoritária que provinha do Estado Novo e ressentida ainda com a deposição de seu ditador e o desmantelamento de sua máquina política, ganhara, todavia, contra todas as expectativas, a eleição de 2 de dezembro de 1945. Essa facção conservadora, formada nos quadros da ditadura, mostrava-se disposta a manter sua hegemonia governativa nos moldes da Lei Magna recém-promulgada.

As pressões ideológicas da década já não eram, contudo, tão fortes e os constituintes de 46 lograram escrever uma Constituição com pontos significativamente positivos. Constituição que traduzia equilíbrio e bom senso para as circunstâncias da época, pôde ela atenuar e fazer latente e adormecida durante largos anos de sua vigência o vulcão da crise constituinte, cujas erupções não vieram tão imediatas e de súbito como as que implodiram a Constituição de 1934.

Sem revogar o Estado social do texto efêmero da primeira reconstitucionalização, a Carta de 46 ficou limitada aos termos programáticos de justiça social, não podendo concretizar cláusulas como aquelas que determinavam a participação do trabalhador nos lucros da empresa nem tantas outras exaradas na esfera das relações do capital com o trabalho.

As comoções políticas de raiz social fizeram-na desembocar, por obra da corrupção do regime presidencial, na segunda ditadura do século, a mais longa e perniciosa por haver mantido aberto um Congresso fantoche, debaixo de uma Constituição de fachada outorgada pelo sistema autoritário, que ao mesmo tempo censurava a imprensa e reprimia a formação, pelo debate livre, de novas lideranças, sacrificando assim toda uma geração. Tal aconteceu em 1964 quando o país atravessou durante duas décadas a mais sombria ditadura militar de sua história.

Com a Constituição de 1988 e ligeiras observações acerca da crise em que ela se acha imersa, poremos o ponto final a este despretensioso relato da evolução constitucional do Brasil.

A Constituição de 1988, ao revés do que dizem os seus inimigos, foi a melhor das Constituições brasileiras de todas as nossas épocas constitucionais. Onde ela mais avança é onde o Governo mais intenta retrogradá-la.

Como constituição dos direitos fundamentais e da proteção jurídica da Sociedade, combinando assim defesa do corpo social e tutela dos direitos subjetivos, ela fez nesse prisma judicial do regime significativo avanço.

Fez, por exemplo, do Supremo Tribunal Federal taxativamente um tribunal de guarda da Constituição. Mas ele nesse ponto se autodemitiu da importantíssima e crucial tarefa de concretizar nas controvérsias do sistema, onde as bases da democracia constitucional estavam em jogo, a sua missão protetora de salvaguarda das instituições. Os que ora desfecham um golpe de Estado institucional não são, portanto, molestados pela Justiça constitucional: e permanecem intangíveis, fora do alcance do braço da Lei Suprema, pervertendo, afrontando e despedaçando, cada vez mais, as instituições do país.

Com referência a outro ramo de sustentação da ordem republicana e democrática, a mesma Corte fez vista grossa ao poder que mais pode e que em verdade é o motor constitucional dos demais poderes, atrelando-os às suas irresponsabilidades legislativas e aos seus atentados desrespeitos e desmoralização de decisões judiciais, ostensivamente descumpridas. Aniquilam-se assim por obra do Executivo as bases éticas e jurídicas do sistema. E onde tal acontece, há ditadura, e não há governo. Há despotismo, e não há Constituição. Há obediência, e não há consenso. Há legalidade, e não há legitimidade. E a legalidade que há é, todavia, a força, que enfraquece a dignidade da pessoa humana, a justiça dos direitos sociais, a sobrevivência da democracia, a defesa e proteção do Estado soberano.

Cabe, portanto, na sequência dessas reflexões, fazer esta tríplice indagação:

Até quando a Amazônia permanecerá exposta às lesões da soberania nacional?

Até quando a política ingovernável governará a república?

Até quando o síndico da massa falida no poder liquidará as contas do patrimônio público cifradas nas privatizações alienadoras da riqueza nacional?

São três indagações cruciais que comprometem todos os princípios de sustentação e legitimidade constitucional pertinentes à república criada pela Constituição de 1988.

O ordenamento jurídico vem sendo destroçado em grande parte pelo golpe de Estado institucional desferido por meio de Medidas Provisórias que expulsam do exercício do poder legítimo os dois órgãos paralelos da soberania nacional, o Legislativo e o Judiciário. E assim o governo, sem dar satisfação ao povo, à opinião, ao país e à sociedade, executa a implacável política da recolonização.

Aqui termina, minhas senhoras e meus senhores, a evolução constitucional do Brasil; termina com as omissões da falsa elite representativa, cúmplice silenciosa dos atos que destroem a democracia e o regime. Mas não termina aí a luta do povo brasileiro. A alvorada da democracia participativa se desenha nas linhas do horizonte político e esparge luz sobre as esferas teóricas nas quais se constrói um novo constitucionalismo de luta e resistência, abraçado com o povo, com a cidadania, com as atas da Inconfidência, com a memória da Confederação do Equador, com a campanha abolicionista de Castro Alves, Nabuco e Rui Barbosa, com as Diretas-Já e com as jornadas do *impeachment* que ontem mostraram como as lideranças podem sucumbir. O que jamais poderá sucumbir é o povo brasileiro.

Esta assembleia, este auditório, esta academia de letras passam a certidão de que a Nação vive e sobrevive e mantém intacta a consciência de seus valores, com os quais há de forjar as armas do confronto.

O povo, portanto, dirá sim à democracia e não à recolonização. É esta a mensagem dos nossos 500 anos de presença nos fastos da História.

Não volveremos ao passado porque somos o verdadeiro Brasil do ano 2000, o Brasil que está no vosso sentimento constitucional e na vossa alma e vocação de liberdade.

CONSTITUIÇÃO E DEMOCRACIA

Jorge Miranda[1]

A) *CONSTITUIÇÃO*

1. O constitucionalismo moderno

I – As "Leis Fundamentais" das monarquias anteriores aos séculos XVIII e XIX não regulavam senão muito esparsamente a atividades dos governantes e não traçavam com rigor as suas relações com os governados; eram difusas e vagas; vindas de longe, assentavam no costume e não estavam ou poucas estavam documentadas por escrito; apareciam como uma ordem suscetível de ser moldada à medida da evolução das sociedades. Não admira, por isso, que se revelassem inadaptadas ou insuportáveis ao iluminismo, ou que este as desejasse reconverter, e que as queixas acerca do seu desconhecimento e do seu desprezo – formuladas na Declaração de 1789 ou no preâmbulo da Constituição portuguesa de 1822 – servissem apenas para sossegar espíritos inquietos perante as revoluções liberais e para criticar os excessos do absolutismo.

Diferentemente, o constitucionalismo moderno – produto da rutura histórica ocorrida no século XVIII nas ideias e nos factos, ou apenas nas ideias – tende a sdisciplinar toda a atividade dos governantes e todas as suas relações com os governados; declara uma vontade autónoma de refundação da ordem jurídica; e declarando-a, pretende abarcar todo o âmbito do Estado, através de normas adequadas aos fins assumidos por governantes e governados em cada época histórica.

Como sintetiza Georges Burdeau, a Constituição aparece não já como um resultado, mas como um ponto de partida; já não é descritiva, mas

---

1. Professor Catedrático Jubilado da Faculdade de Direito da Universidade de Lisboa – onde continua a lecionar nos cursos de mestrado e doutorado. Professor Catedrático da Faculdade de Direito da Universidade Católica Portuguesa.

criadora; a sua razão de ser não se encontra na sua vetustez, mas no seu significado jurídico; a sua força obrigatória decorre não do fatalismo histórico, mas da regra de direito que exprime[2].

II – O constitucionalismo moderno adota uma atitude voluntarista perante o Direito em geral e perante a Constituição em especial.

Vontade, porém, implica poder. Vontade de fazer ou refazer a Constituição implica poder constituinte. A Constituição, como ato de vontade, é também ato de poder. E, tomada ou não como um novo contrato social, torna-se incindível da coletividade.

Todavia, a Constituição moderna aspira a ser também produto da razão e serviço da razão. Coeva, no seu início, do jus-racionalismo e do iluminismo, a Constituição vai procurar, mais do que a institucionalização, a racionalização das relações políticas. Esta marca vai atravessar todos ou quase todos os regimes políticos e tipos constitucionais – liberais, do Estado social de Direito, marxistas-leninistas, fascistas – até aos nossos dias. Só os critérios variam consoante as ideologias e as estruturas do país de que se trate.

Decretada em certo momento, voltada para o futuro, esta Constituição teria sempre de revestir a forma de lei, de lei constitucional. E regista-se, com não menor evidência, como coincidem o triunfo da lei como fonte de Direito e o aparecimento da Constituição – e Constituição escrita. Lei significa emanação do Direito por obra da autoridade, lei constitucional emanação do Direito por obra da autoridade constituinte.

Eis então como elementos caraterizadores do constitucionalismo, independentemente das conceções de sucessivos e, por vezes, contrastantes regimes políticos:

a) A Constituição como *fundação* ou *refundação do ordenamento estatal*;

b) A Constituição como *sistematização racionalizadora* das normas estatutárias do poder e da comunidade;

c) A Constituição como *lei*, como conjunto de normas de fonte legal, e não consuetudinária ou jurisprudencial (mesmo se, depois, acompanhadas de normas destas origens).

---

2. *Traité de Science Politique*, IV, 2ª ed., Paris, 1969, págs. 23 e 24.

III – A estes elementos importa acrescentar a supremacia que a Constituição obtém em face de todos os atos e de todas as normas que surjam nesse ordenamento. Disso tem-se logo consciência aquando das Revoluções americana e francesa, por meio de contraposição entre *poder constituinte* e *poderes constituídos*. Vale a pena recordar Hamilton e Sieyès.

Escreve Hamilton: "Nenhum ato legislativo contrário à Constituição pode ser válido. Negar isto seria como que sustentar que o procurador é maior que o mandante, que os representantes do povo são superiores a esse mesmo povo, que aqueles que agem em virtude de poderes concedidos podem fazer não só o que o que eles autorizam mas também aquilo que proíbem. O corpo legislativo não é o juiz constitucional das suas atribuições. Torna-se mais razoável admitir os tribunais como elementos colocados entre o povo e o corpo legislativo, a fim de manterem este dentro dos limites do seu poder. Portanto, a verificar-se uma inconciliável divergência entre a Constituição e uma lei deliberada pelo órgão legislativo, entre uma lei superior e uma lei inferior, tem de prevalecer a Constituição"[3].

Por seu lado, Sieyès referindo-se às leis *constitucionais*, diz que elas são *fundamentais*, não porque possam tornar-se independentes da vontade nacional, mas porque os corpos que existem e atuam com base nelas não as podem afetar. "A Constituição não é obra do poder constituído, mas sim do poder constituinte. Nenhum poder delegado pode alterar as condições da sua delegação"[4].

Levadas às últimas consequências, estas afirmações equivaleriam a considerar a Constituição não apenas como *fundação*, mas também como *fundamentação* do poder público e de toda a ordem jurídica. Porque é a Constituição que estabelece os poderes do Estado e que regula a formação das normas jurídicas estatais, todos os atos e normas do Estado têm de estar em relação positiva com as normas constitucionais, para participarem também eles da sua legitimidade; têm de ser conformes com estas normas para serem válidos.

No entanto, a ideia de Constituição como fonte originária, em termos lógico-jurídicos, do ordenamento estatal, como fundamento de validade das demais normas jurídicas e como repositório de normas diretamente invocáveis pelos cidadãos, não surgiu logo ou da mesma maneira em

---

3. *The Federalist Papers*, 1787, trad. *O Federalista*, Brasília, 1984, págs. 574-575.

4. *Qu'est-ce que le tiers Etat?*, 1789, na edição crítica de Roberto Zappeni, Genebra, 1974, págs. 180-181.

ambas as margens do Atlântico. Uma coisa é a verificação *a posteriori* que a doutrina possa fazer, outra coisa o processo histórico de formação dos imperativos normativos e dos correspondentes instrumentos conceituais.

Nos Estados Unidos, até porque a Constituição de 1787 foi o ato constitutivo da União, muito cedo se apercebeu que ela era também, por isso mesmo, a norma *fundamentadora* de todo o sistema jurídico. Daí o passo acabado de citar de Hamilton (assim como, de certo modo, o art. vi, n.º 2, qualificando-a de "Direito supremo do País"); e daí o corolário retirado, a partir de 1803, pelo Supremo Tribunal de uma faculdade de apreciação da constitucionalidade das leis.

Já na Europa e na América Latina (onde as vicissitudes políticas e constitucionais viriam a ser muito menos lineares e mais complexas que nos Estados Unidos) o caminho para o reconhecimento de um verdadeiro e pleno primado da Constituição foi mais longo, por três razões principais: porque, tendo em conta o absolutismo precedente, toda a preocupação se reportava à reestruturação do poder político (em especial, do poder do Rei); porque prevalecia o entendimento da lei (ordinária) como expressão ou da razão ou da vontade geral; e porque não se quis ou não se pôde instituir senão no século XX formas de fiscalização jurisdicional da constitucionalidade.

2. Da Constituição liberal às Constituições atuais

I – O constitucionalismo moderno desponta, como se sabe, estreitamente ligado a certa ideia de Direito – a ideia de Direito liberal, de liberdade política e de limitação do poder.

O Estado só é Estado constitucional, só é Estado racionalmente constituído, para os doutrinários e políticos do constitucionalismo liberal, desde que os indivíduos usufruam de liberdade, segurança e propriedade e desde que o poder esteja distribuído por diversos órgãos. Ou, relendo o art. 16.º da Declaração de 1789, *"Qualquer sociedade em que não esteja assegurada a garantia dos direitos, nem estabelecida a separação dos poderes não tem Constituição"*.

Em vez de os indivíduos estarem à mercê do soberano, eles agora possuem *direitos* contra ele, imprescritíveis e invioláveis. Em vez de um órgão único, o Rei, passa a haver outros órgãos, tais como Assembleia ou Parlamento, Ministros e Tribunais independentes – para que, como preconiza Montesquieu, o poder trave o poder. Daí a necessidade duma

Constituição desenvolvida e complexa: pois quando o poder é mero atributo do Rei e os indivíduos não são cidadãos, mas sim súbditos, não há grande necessidade de estabelecer em pormenor regras do poder; mas, quando o poder é decomposto em várias funções apelidadas de *poderes do Estado*, então é mister estabelecer certas regras para dizer quais são os órgãos a que competem essas funções, quais são as relações entre esses órgãos, qual o regime dos titulares dos órgãos, etc.

A ideia de Constituição é de uma garantia e, ainda mais, de uma direção da garantia. Para o constitucionalismo, o fim está na proteção que se conquista em favor dos indivíduos, dos homens e cidadãos, e a Constituição não passa de um meio para o atingir. O Estado constitucional é o que entrega à Constituição o prosseguir a salvaguarda da liberdade e dos direitos dos cidadãos, depositando as virtualidades de melhoramento na observância dos seus preceitos, por ela ser a primeira garantia desses direitos.

Mas o constitucionalismo liberal tem ainda de buscar uma legitimidade que se contraponha à antiga legitimidade monárquica; e ela só pode ser democrática, mesmo quando na prática e nas próprias leis constitucionais daí se não deduzam todos os corolários. A Constituição é então a auto-organização de um povo (de uma nação, na aceção revolucionária da palavra), o ato pelo qual um povo se obriga e obriga os seus representantes, o ato mais elevado de exercício da soberania (nacional ou popular, consoante o entendimento que se perfilhe).

II – No século XX o fenómeno constitucional iria sofrer duas vicissitudes decisivas: generalizar-se-ia, universalizar-se-ia; e, simultaneamente, perderia a sua referência (ou referência necessária) a um conteúdo liberal.

Por um lado, todos os regimes adotam uma Constituição (no sentido moderno), desde aqueles que, de uma maneira ou de outra, mantêm Constituições vindas de época anterior e os que consagram evolutivamente exigências sociais (o Estado social de Direito) até aos que pretendem instaurar-se de novo (o Estado marxista-leninista, o fascista e fascizante, o de fundamentalismo islâmico). E, do mesmo modo, todos os Estados que vão acedendo à comunidade internacional se dotam de Constituições como verdadeiros símbolos de soberania.

Deixa de se considerar como padrões fundamentais da vida coletiva as liberdades individuais e a separação de poderes para, ou acrescentar-lhes direitos económicos, sociais e culturais (o Estado social de Direito), ou para acolher diferentes sentidos da pessoa humana e do povo e diferentes tarefas do poder político (o Estado marxista-leninista, o fascista e fascizante e o de fundamentalismo islâmico). Mas, por toda a parte, persiste ou triunfa o desígnio de uma estruturação racionalizada e exaustiva do estatuto do Estado, a vontade de fazer da Constituição uma representação de como devem ser o poder e a comunidade política.

III – O contraste de projetos e de conteúdos, sobretudo ideológicos, das Constituições permite, e recomenda mesmo, algumas classificações.

Uma das mais representativas é a alvitrada por Karl Loewenstein e toma por critério "a análise ontológica da concordância das normas constitucionais com a realidade do processo do poder" e por ponto de apoio a tese de que uma Constituição é o que os detentores do poder dela fazem na prática – o que, por seu turno, depende, em larga medida, do meio social e político em que a Constituição deve ser aplicada.

Seguindo este critério, há Constituições *normativas, nominais* e *semânticas.* As primeiras são aquelas cujas normas dominam o processo político, aquelas em que o processo do poder se adapta às normas constitucionais e se lhes submete. As segundas são aquelas que não conseguem adaptar as suas normas à dinâmica do processo político, pelo que ficam sem realidade existencial. As terceiras são aquelas cuja realidade ontológica não é senão a formalização da situação do poder político existente em benefício exclusivo dos detentores de facto desse poder. Ao passo que as Constituições normativas limitam efetivamente o poder político e as Constituições nominais, embora o não limitem, ainda têm essa finalidade, as Constituições semânticas apenas servem para estabilizar e eternizar a intervenção dos dominadores de facto na comunidade[5].

Poderá, não sem razão, observar-se que a taxonomia constitucional de Loewenstein é elaborada em face de uma Constituição ideal, e não da imbricação dialética Constituição-realidade constitucional, pelo que acaba por ser uma classificação axiológica ligada à concordância entre Constituição normativa e democracia constitucional ocidental. Mas, não sem menos razão, poderá igualmente observar-se que ela vem pôr em relevo as diferentes funções da Constituição por referência àquilo que

5. *Reflections on the Value of Constitutions in our Revolutionary Age*, in *Constitutions and Constitutional Tender after World War II*, obra coletiva, II, Nova Iorque, 1951, págs. 191 e segs.

foi o modelo inicial da Constituição moderna – a Constituição limitativa e garantista liberal; assim como vem, por outro lado, ajudar a captar os diversos graus de efetividade de normas e institutos pertencentes a determinada Constituição.

Independentemente dos juízos de valor a formular sobre a realidade política e independentemente das funções que se reconheça exercerem, duma maneira ou doutra, todas as Constituições, é irrecusável que Constituições existem que se revelam *fundamento* (em concreto) da autoridade dos governantes e que outras se revelam, sobretudo, *instrumento* de que eles se munem para a sua ação; Constituições que consignam direitos e liberdades *fundamentais* perante ou contra o poder e Constituições que os funcionalizam aos objetivos do poder; Constituições que valem ou se impõem por si só e Constituições meramente *simbólicas*, na expressão de Marcelo Neves[6].

3. A pluralidade de Constituições materiais

I – De tudo quanto acaba de se aduzir resulta que o conteúdo da Constituição se relativiza e acusa variações consoante os regimes políticos. E a cada regime – ou seja, a cada conceção básica acerca da comunidade e do poder, dos fins que este prossegue e dos meios de que se serve – vai corresponder um determinado entendimento da Constituição em sentido material.

Consequentemente, a Constituição de qualquer Estado distingue-se da Constituição de outro Estado em razão do regime político que adota; assim como a mudança de regime político que nele ocorra determina uma mudança de Constituição – do desígnio que se lhe atribui, dos termos como enquadra a vida coletiva, dos direitos que garante ou deixa de garantir, da correspondente ordem económico-social.

II – Não é, de resto, só a respeito do regime político que esta pluralidade, simultânea ou sucessiva, de Constituições se apresenta. É também, desde logo, no tocante à forma de Estado e, depois, no tocante à forma de governo, ao sistema de governo e à forma institucional:

---

6. *A constitucionalização simbólica*, São Paulo, 1994, *maxime* págs. 83 e segs.

- forma de Estado ou modo de o Estado dispor o seu poder em face de outros poderes de igual natureza (com coordenação ou com subordinação) e quanto ao povo e ao território;
- forma de governo ou forma de a comunidade política organizar o seu poder e estabelecer a diferenciação entre governantes e governados;
- regime político ou resposta aos problemas de legitimidade, de liberdade, de participação e de unidade ou divisão de poderes;
- sistema de governo ou sistema de órgãos da função política e estatuto dos governantes;
- forma institucional ou expressão institucional e simbólica da representação ou da chefia do Estado.

São, obviamente, diversas, por exemplo, a Constituição de um Estado unitário e a de um Estado federal; a Constituição de um governo representativo e a de um governo jacobino; a de um regime liberal democrático e a de um regime autoritário ou totalitário; a de um sistema parlamentar e a de um sistema presidencial, a de uma monarquia e a de uma república.

Assim como, evidentemente, é diversa a Constituição de um Estado como Estado soberano da Constituição desse mesmo Estado enquanto reduzido a Estado membro de uma federação ou de união real; e vice-versa.

Eis escolhas básicas que se decidem em cada momento histórico.

III – À Constituição em sentido material, estatuto jurídico ou ordenação racionalizante e sistemática do Estado, pode corresponder historicamente um só conteúdo (como acontecia, na ótica do regime político, na era liberal) ou pode corresponder uma pluralidade de conteúdos (como vem sucedendo depois). E esse conteúdo em cada Estado e em cada tempo plasma-se em princípios jurídicos específicos, explícita ou implicitamente – os princípios que, abrangendo também a forma de Estado, a forma de governo, o sistema de governo e a forma institucional, no seu conjunto dão corpo a uma *Constituição material.*

Uma Constituição não se reduz, por certo, a esses princípios, a esses princípios fundamentais. Ela surge, aparentemente, como um somatório de preceitos. Porém, são esses princípios e outros com eles conexos que lhe conferem unidade, identidade e durabilidade, de acordo com um postulado elementar de coerência. Voltaremos a este tema adiante.

IV – *Constituição material* é, pois, o acervo de princípios fundamentais estruturantes e caraterizantes de cada Constituição em sentido material positivo; aquilo que lhe confere substância e identidade; a manifestação direta e imediata de uma ideia de Direito que prevalece em certo tempo e lugar (seja pelo consentimento, seja pela adesão passiva); a resultante primária do exercício do poder constituinte material; e, em democracia, a expressão máxima da vontade popular livremente formada.

Sem se fechar no seu instante inicial ou numa conformação estrita, a Constituição material vem a ser aquilo que permanece enquanto mudam os preceitos ou as regras através de sucessivas revisões ou por outras formas ou vicissitudes. Em dialética constante com as situações e os factos da vida política, económica, social e cultural – com aquilo a que se vai chamando *realidade constitucional* – a necessidade da sua permanência torna-se requisito de segurança jurídica.

Os preceitos ou as regras mudam; os princípios – mesmo se não imunes à evolução e a variações de sentido dentro do seu âmbito imanente – não podem ser afetados. Passar de uns princípios a outros (dos princípios respeitantes à forma de Estado, ou ao regime, ou à forma de governo, ou ao sistema de governo, ou à forma institucional) significaria passar de uma Constituição a outra.

Por isso, tem sido frequente as próprias Constituições, logo no início dos seus textos ou, quando existem, em cláusulas pétreas de limites materiais de revisão, sintetizarem os princípios que dão o seu cerne material. É o que se verifica na atual Constituição portuguesa nos seus arts. 1.º e 2.º e no art. 288.º ou na Constituição brasileira, no art. 1º e no art. 60º, § 4º.

B) *DEMOCRACIA*

4. Democracia e soberania do povo

I – Por democracia entende-se a forma de governo em que o poder é atribuído ao povo, à totalidade dos cidadãos (quer dizer dos membros da comunidade política) e em que é exercido de harmonia com a vontade expressa pelo povo, nos termos constitucionalmente prescritos.

Não é simples titularidade do poder no povo ou reconhecimento ao povo da origem ou da base da soberania. Não basta declarar que o poder em abstrato pertence ao povo, ou que já lhe pertenceu num momento pretérito e que ele o exerceu de uma vez para sempre – donde uma legitimidade de tipo democrático. Nem que o poder constituinte, a aprovação da Constituição positiva, compete ao povo, ficando os poderes constituídos para os governantes.

Democracia exige exercício do poder pelo povo, pelos cidadãos, em conjunto com os governantes; e esse exercício deve ser atual, e não potencial, deve traduzir a capacidade dos cidadãos de formarem uma vontade política autónoma. Mais: democracia significa que a vontade do povo, quando manifestada nas formas constitucionais, deve ser o critério de ação dos governantes[7].

II – Numa análise puramente normativa, sem dúvida o poder, a soberania não pode ser senão um poder do Estado, tal como (mas por maioria de razão) o povo e o território só são povo e território dentro do Estado. O poder não se identifica com o Estado, mas somente o Estado tem poder ou soberania (soberania pessoal e soberania territorial).

A doutrina clássica alemã da soberania do Estado continua válida, desde que assim entendida: a soberania é do Estado como entidade jurídica global e complexa, e não dos órgãos do Estado, nem dos titulares dos órgãos, nem do povo, porque ligá-la aos órgãos – meros centros institucionalizados de formação da vontade – ou aos governantes ou aos governados – indivíduos atomisticamente considerados – significaria fracioná-la em visão unilateral.

Se se conceber o Estado como sujeito de direito, como pessoa coletiva de Direito interno e de Direito internacional, melhor se apreenderá ainda esta inserção da soberania na sua estrutura.

Olhando ao Direito interno, a soberania surge como um feixe de faculdades ou direitos que o Estado exerce relativamente a todos os indivíduos e a todas as pessoas coletivas de Direito público e privado existentes dentro do seu ordenamento jurídico. A definição das condições dessas pessoas, a atribuição da capacidade de direitos, a imposição de deveres e de sujeições, eis então algumas das manifestações do poder político.

O povo não é, porém, objeto da soberania. Configurado o Estado como pessoa coletiva, o povo ou coletividade de cidadãos tem de ser, antes, o

---

7. Sobre toda esta matéria, v. JORGE MIRANDA, *Manual de Direito Constitucional*, VII, Coimbra, 2007, págs. 59 e segs., e Autores citados.

substrato de tal pessoa jurídica. Apenas cada indivíduo ou cada uma das instituições em que os indivíduos se incorporam podem ser objeto de direitos compreendidos na soberania ou, mais rigorosamente, sujeitos de relações jurídicas com o Estado.

Algo de análogo se passa na ordem externa. Soberania aqui equivale ou à própria subjetividade ou personalidade de Direito internacional do Estado ou à capacidade plena de gozo e de exercícios dos direitos conferidos pelas normas internacionais. Um Estado diz-se soberano, como se sabe, quando pode manter relações jurídico-internacionais ou, em sentido mais restrito, quando tem a totalidade daqueles direitos e, assim, participa em igualdade com os demais Estados na comunidade internacional.

III – O que acaba de ser recordado não esgota o exame do poder no Estado, porquanto logo se vê que é imprescindível definir as posições relativas dos governantes e do povo perante ele.

O ponto de clivagem fundamental de todas as formas de governo está nisto. Ou os governantes (certo ou certos indivíduos) governam em nome próprio, por virtude de um direito que a Constituição lhes reserva, sem nenhuma interferência dos restantes cidadãos na sua escolha ou nos seus atos de governantes. Ou os governantes governam em nome do povo, por virtude de uma investidura que a Constituição estabelece a partir do povo, e o povo tem a possibilidade de manifestar uma vontade jurídica e politicamente eficaz sobre eles e sobre a atividade que conduzem.

No primeiro caso, estamos diante de autocracia (com diferentes concretizações históricas, a que correspondem também diversas formas de governo). No segundo caso, diante da democracia.

Poderá talvez atalhar-se que esta distinção não deixa de ser excessivamente formal. A objeção, porém, não procede, pois para qualificar qualquer regime político não basta ler as proclamações constitucionais, importa confrontá-las com as consequências que o Direito, decretado e vivido, extrai das mesmas; e, se se recorrer a uma investigação interdisciplinar para se procurar o suporte real do poder (Chefe do Estado, Parlamento, Executivo, órgãos formais ou partidos, governantes ou classes dominantes, etc.), haverá sempre aí que concluir pela coincidência ou não do efetivo exercício do poder com o título jurídico da sua atribuição ou não ao povo.

IV – Para designar o princípio democrático, a Revolução Francesa cunhou as locuções "soberania do povo" e "soberania nacional", as quais persistem ainda em numerosas Constituições, na linguagem doutrinal e no contraditório político.

Trata-se de uma réplica ou de uma importação do conceito de soberania do príncipe ostentado pelas monarquias absolutas. À ideia de que os reis eram soberanos nos seus Estados, de que não deviam obediência a ninguém, de que eram até superiores a todas as leis, substituiu-se a ideia de que o povo era o único soberano, de que toda a autoridade dele dimanava e que a lei devia ser a expressão da sua vontade. Ao direito divino dos reis sucederia o direito divino dos povos.

Com efeito, se a certa altura, no moderno Estado europeu, se pôde afirmar que os reis eram soberanos foi apenas porque eram os órgãos únicos ou supremos de Estados, que já não dependiam do Papa ou do Sacro Império, nem se compadeciam com autoridades feudais. É sabido que, aproveitando a identificação entre poder central e poder real, os teóricos do absolutismo dos séculos XVI a XVIII quiseram ir mais além e afirmar uma soberania sem limites jurídicos. Mas isso mais não era que um desvio, de que nem sempre se aperceberam os políticos e juristas quando supuseram transferir a soberania dos governantes para o povo.

Por isso, não pode entender-se, apesar da apontada transposição, que a soberania do povo deva ser ilimitada, sob pena de se abrir a porta à democracia absoluta. Pois esta, nas suas principais concretizações conhecidas (jacobina, cesarista e soviética), encontra-se nos antípodas dos princípios enformadores da democracia representativa, por ser tão negadora como a monarquia absoluta das liberdades individuais e institucionais e tão contrária como ela aos processos jurídicos de limitação do poder político que o constitucionalismo se esforçou por instituir.

Por outro lado, tomar a soberania do povo no sentido de supremacia do povo no Estado tem de ser entendido em termos hábeis. Se tal supremacia significa a necessidade de os governantes serem da confiança política do povo que os elege, e se significa mesmo que ao povo incumbe (ou deve incumbir) o poder de tomar certas decisões através de eleição ou referendo, nenhuma objeção há a fazer. Se soberania ou supremacia do povo significa, porém, superintendência sobre os governantes e continua subordinação destes às injunções dos eleitores, então ela é desmentida pelas instituições e pela prática da democracia representativa que, rejeitando o mandato imperativo e procurando assegurar um mínimo de estabilidade governativa, impede os cidadãos de determinar (salvo em caso de referendo) atos em concreto dos governantes.

5. O princípio representativo

I – Não há representação política, quando (para empregar uma expressão de Carl Schmitt)[8] se verifica identidade – seja em monarquia (pura), seja em democracia direta – entre os titulares do poder e os governantes, quando os governados tendem a ser, simultaneamente, governantes ou quando a divisão entre governantes e governados se põe ao nível da distinção dos destinatários de normas jurídicas e não ao nível de uma distinção funcional.

Pelo contrário, representação postula inidentidade e, depois, relação. Ela redunda num fenómeno de relação e de comunicação: para que os governantes apareçam como representantes dos governados tem de haver essa distinção e essa relação.

Para se analisar o seu conceito há que distinguir entre representação do Estado e representação do povo; entre representação de grupos existentes por si e representação de toda a coletividade; entre representação gerada por um ato de vontade e representação decorrente de um facto jurídico ou *ope legis*. Só é representação política em sentido restrito e próprio a representação do povo, e do povo todo, fundada num ato de vontade (a eleição) e destinada a institucionalizar, com variável amplitude, a sua participação no poder.

II – Em primeiro lugar, na representação política não se cuida da representação do Estado:

a) Nem como expressão ou símbolo da unidade do Estado – pois nesse sentido todo o governante representa o Estado e haveria tanto mais representação quanto menor fosse a participação do povo e maior a concentração de poderes num único governante;

b) Nem como essência dos seus órgãos – pois o órgão não representa o Estado,é ou apenas nas ideias – tende a e um elemento do Estado, e os atos que pratica são-lhe diretamente imputados sem distinção de esferas jurídicas;

---

8. *Verfassungslehre*, 1927, trad. *Teoria de la Constitución*, Madrid, 19234 (reimpressão, México, 1966), págs. 236 e segs.

c) Nem como função ou competência cometida pelo Direito positivo a certos órgãos em relações jurídicas em que o Estado intervenha (como o *jus raepresentationis omnimodae* conferido pelo Direito internacional comum) aos Reis e aos Presidentes da República.

Cuida-se, sim, da representação do povo enquanto modo de tornar o povo (ou o conjunto dos governados) presente no exercício do poder através de quem ele escolha ou de quem tenha a sua confiança. A representação política é o modo de o povo, titular do poder, agir ou reagir relativamente aos governantes.

III – Em segundo lugar, representação política implica consideração unitária do povo e realização de fins e interesses públicos (com relevância ou não de outros interesses que realmente existam na sociedade, muitas vezes em conflito). As pessoas nela investidas representam toda a coletividade e não apenas quem as tenha designado (é o princípio explicitado, em Portugal, no art. 152.º, n.º 2, da Constituição).

Mais ainda: não é só cada parlamentar que representa todo o povo, nem são todos os parlamentares que representam cada cidadão; são *todos* os parlamentares que representam todo o *povo* (e daí o art. 147.º, ainda da Constituição portuguesa, ao definir a Assembleia da República como a assembleia representativa de todos os cidadãos portugueses). Se assim não fosse, eles não poderiam deliberar sobre os assuntos do Estado.

Compreende-se, deste jeito, que tenha de se excluir do seu âmbito a representação estamental ou de "estados", vestígio da desagregação medieval da sociedade política; que a doutrina da soberania popular ou fracionada de Rousseau não se compadeça com o sistema representativo; que seja proibido o mandato imperativo; e que a mera representação de interesses, à imagem de uma noção orgânica ou corporativa de povo, só possa aproveitar-se para a constituição de órgãos consultivos, e não para a de órgãos deliberativos do Estado.

Ora, não serão contraditórios com esta ideia de unidade a divisão do território eleitoral em círculos ou distritos, as eleições parciais a meio da legislatura em sistemas de círculos uninominais (previstos em alguns países) e os sistemas de representação proporcional? Não: os círculos ou distritos eleitorais, para lá de expedientes de ordem técnica, servem para personalizar as escolhas dos eleitores e neles existe (ou deve existir, por imperativo da igualdade) uma proporção entre o número de eleitores inscritos e o número de representantes a eleger; as eleições parciais destinam-se a completar a composição efetiva dos Parlamentos em caso de vagas; e a representação proporcional, se espelha a divisão de posições partidárias, assume, do mesmo passo, um papel integrador dentro do contraditório político.

IV – Em terceiro lugar, não há representação política sem eleição, ato jurídico ou feixe de atos jurídicos. Contudo, a inversa não é verdadeira: *v. g.*, além das monarquias eletivas, a eleição de juízes de Tribunais Constitucionais ou de titulares de outros órgãos independentes pelo Parlamento [arts. 163.º, alíneas *h*) e *i*), e 222.º, n.º 1, da Constituição portuguesa].

O elemento volitivo patente na eleição habilita então a falar num mandato, na medida em que são os eleitores que, escolhendo este e não aquele candidato, aderindo a este e não àquele programa, constituindo esta e não aquela maioria de governo, dinamizam a competência constitucional dos órgãos e dão sentido à atividade dos seus titulares (apesar de não lhes poderem definir o objeto).

Um mandato, porém, de Direito público, inassimilável ao mandato de Direito privado. Pois a representação política é uma espécie de representação necessária imposta por lei, ao passo que o mandato representativo civil pressupõe representação voluntária. Nem há transferência de poderes: os representantes eleitos são simples titulares de órgão com competências constitucionalmente prescritas (se bem que uma Constituição democrática seja, direta ou indiretamente, obra do povo e, assim, os poderes dos representantes provenham do povo).

Como escreve Giovanni Sartori, é verdade que na representação política não há *contemplatio domini*, mas há uma *contemplatio electionis* que faz as suas vezes. É verdade que o mandato de deputado não é revogável à vontade pelos seus representados, mas a sua irrevogabilidade não é inamovibilidade e deve considerar-se que, para efeito prático, eleições periódicas correspondem (na expressão de Carré de Malberg) a uma "faculdade intermitente de revogação". É verdade que não há modo de obrigar o representante a ajustar-se ao cargo recebido, mas seria mais exato dizer que a diferença vale *pro tempore* e que a ausência de obrigação direta e formal consegue tão somente impedir a instauração de uma submissão indireta e substancial[9].

---

9. *Parties and Party systems*, Cambridge, 1976, pág. 84.

Diferente da representação política é a *representação institucional*, em que a investidura nos cargos políticos se faria mediante índices reveladores da capacidade de captar a vontade e os interesses da coletividade; por inerência, por cooptação ou por sucessão hereditária (assim, o art. 11º da Constituição imperial brasileira der 1824, o art. 12.º da Carta Constitucional portuguesa de 1826 ao declararem o Imperador e o Rei "representante da Nação").

Mas a representação institucional, se pode ser adequado meio de expressão de determinadas instituições (*v. g.*, a família, as confissões religiosas, certas instituições culturais, as Forças Armadas) e se pode bem articular-se com a *representação de interesses*, nunca cobre toda a riqueza da vida política, nem sequer a das instituições sociais; e revela-se completamente inidónea para a formação de tendências e aspirações gerais e para a tomada de qualquer decisão obrigatória para toda a coletividade. Um Estado corporativo – como pretendeu ser, sem nunca conseguir – o da Constituição portuguesa de 1933 – seria antagónico de um Estado democrático representativo.

6. O princípio representativo e os partidos políticos

I – O peso dos partidos na vida pública reflete-se necessariamente sobre os mecanismos representativos.

Uma tese radical tenderia a afirmar que a representação política se converteu em representação partidária, que o mandato verdadeiramente é conferido aos partidos e não aos parlamentares e que os sujeitos da ação parlamentar acabam por ser não os parlamentares, mas os partidos ou quem aja em nome destes. Por conseguinte, deveriam ser os órgãos dos partidos a estabelecer as posições a adotar pelos deputados, sujeitos estes a uma obrigação de fidelidade.

Esta conceção levada às últimas consequências – com os diretórios, as comissões políticas ou os secretariados exteriores ao Parlamento a impor aos deputados e aos senadores o sentido do voto ou, no limite, a impor a suspensão ou a cessação do seu mandato – transformaria a assembleia política em câmara corporativa de partidos e retirar-lhe-ia a própria qualidade de órgão de soberania, por afinal deixar de ter capacidade de livre decisão. Se a democracia assenta na liberdade política e na participação, como admitir que nos órgãos dela mais expressivos, os Parlamentos, os deputados e senadores ficassem privados de uma e outra coisa?

Estaria ainda bem patente a preterição da igualdade política dos cidadãos. Pois só os que fossem filiados em partidos poderiam (admitindo democraticidade interna) interferir, através dos respetivos órgãos, na condução das atividades parlamentares. Os outros cidadãos teriam o sufrágio reduzido a uma espécie de contrato de adesão.

O entendimento mais correto, dentro do espírito do sistema, parece dever ser outro. A representação política hoje não pode deixar de estar ligada aos partidos, mas não converte os deputados e senadores em meros porta-vozes dos seus aparelhos. Pode dizer-se que o mandato parlamentar é (salvo em situações marginais) conferido tanto aos deputados e como aos senadores como aos partidos; não é aceitável substituir a representação dos eleitores através dos eleitos pela representação através dos dirigentes partidários, seja qual for o modo por que estes sejam escolhidos.

Dando como certo o carácter bivalente da representação política, importa procurar o enlace, o ponto de encontro específico de partidos e parlamentares. E esse enlace não pode ser senão o que oferecem os grupos parlamentares como conjuntos dos deputados e senadores eleitos pelos diversos partidos. São os grupos parlamentares ou bancadas que exercem as faculdades de que depende a atuação dos partidos nas assembleias políticas e só eles têm legitimidade democrática para deliberar sobre o sentido do seu exercício, não quaisquer outras instâncias ou centros de decisão extraparlamentares. E por aqui se afastam quer uma pura conceção individualista, vendo o deputado ou o senador isolado ou desinserido de uma estrutura coletiva, quer uma pura conceção partitocrática em que os aparelhos ou "as bases" se sobrepusessem aos parlamentares e aos seus eleitores.

Nem se excluem, assim, os corolários mais importantes do regime de eleição mediatizada pelos partidos, designadamente quanto à disciplina de voto ou à perda de mandato do deputado ou senador que mudar de partido. Pelo contrário, eles ficam vistos à sua verdadeira luz, a qual, em sistema democrático, só pode ser a da liberdade e da responsabilidade políticas. Pois, se os grupos parlamentares ou as bancadas implicam uma avançada institucionalização dos partidos, são, ao mesmo tempo um anteparo ou um reduto da autonomia individual e coletiva dos deputados e senadores – dos deputados e senadores que, por serem eles a deliberar, mais obrigados ficam a votar, pelo menos nas questões políticas principais (subsistência do Governo, orçamento, leis e tratados mais importantes) conforme a maioria se pronunciou; e a objeção de consciência só se justifica no limite.

Daí também a mais que duvidosa validade jurídica do voto de deputados e senadores seguindo o seu partido e fazendo, ao mesmo tempo, declarações de voto, oral ou escrita, a justificar a posição diferente que prefeririam ter assumido.

7. O princípio da responsabilidade política

I – A representação política implica a responsabilidade política, ou seja, o dever de prestar contas por parte dos governantes, a sujeição a um juízo de mérito sobre os seus atos e atividades por parte dos governados e a possibilidade da sua substituição por ato destes.

Na democracia direta não existe este mecanismo. Por outro lado, a diferença entre a eleição em sistema representativo e a eleição à sua margem está em que, nesta, os eleitos são independentes dos eleitores, e até lhes podem ser considerados ou ficar superiores (como sucedia nas antigas monarquias eletivas e sucede com o Papa em relação ao colégio dos cardeais).

II – Trata-se, antes de mais, de uma responsabilidade *difusa*. O Presidente da República, os senadores e os deputados representam todo o povo; logo, respondem perante todo o povo, e não apenas perante quem neles votou ou perante quem os elegeu, nos diferentes círculos ou distritos.

Nisto se distingue da outra forma de responsabilidade política, a responsabilidade *inter-orgânica* ou *responsabilidade-fiscalização*, que é aquela que se verifica do Governo perante o Parlamento ou perante o Presidente da República, conforme os diferentes sistemas políticos, e que tem como consequência, se efetivada, a demissão ou a cessação de funções.

Responsabilidade difusa, aliás, porque realizada:

a) Através da crítica dos cidadãos no exercício das liberdades fundamentais (em especial, de expressão e de manifestação), o que pressupõe o direito de eles serem esclarecidos objetivamente sobre os atos do Estado e demais entidades públicas e de serem informados pelo Governo e outras autoridades acerca da gestão dos assuntos públicos (art. 48.º, n.º 2, da Constituição portuguesa);

b) Através das eleições no final dos mandatos, *maxime* através de não reeleição ou não recondução ou da não eleição de candidatos que apareçam identificados com os titulares cessantes;

c) Através de eleições para outros órgãos (*v. g.*, de municípios) com significado político relevante.

E, como sublinha Antonio d'Atena, o intervalo entre os atos eleitorais introduz um elemento de racionalização. Limitar a decisão do povo às escolhas periódicas dos representantes significa criar condições para a apreciação dos seus atos menos emotivamente e para que o juízo popular tenha por objeto não tanto cada uma das decisões quanto a complexa atividade por eles desenvolvida ao longo do tempo[10].

Por isso, a revogação popular do mandato adotada em alguns Estados e municípios dos Estados Unidos (*recall*), em alguns cantões suíços ou nas Constituições de Weimar, da Áustria e da Venezuela deve ter-se por excecional; só o não era, porventura, em Constituições marxistas-leninistas estranhas ao princípio representativo (como no art. 65.º da atual Constituição cubana).

III – A responsabilidade política dos titulares de cargos políticos, especialmente dos titulares de cargos políticos executivos, pode assumir contornos de responsabilidade objetiva, na medida em que eles devem igualmente ser considerados solidariamente responsáveis por ações ou omissões graves dos seus subordinados imediatos que afetem o interesse público.

Então, por um princípio de ética, pode vir a impor-se a sua demissão, a sua destituição ou a sua renúncia, consoante os casos.

IV – Mas a responsabilidade política é também uma responsabilidade institucional, quando manifestada através dos poderes e direitos da Oposição, decorrente do exercício coletivo ou em comum daquelas liberdades fundamentais e exigida pela necessidade de se formularem alternativas e alternâncias.

A livre atividade da Oposição individualiza os sistemas políticos pluralistas: aqui, a maioria deve governar e a minoria deve estar na oposição (entendida como fiscalização pública dos atos dos governantes); e, portanto, a Oposição não é de cidadãos individualmente considerados, mas sim a de aglutinados em partidos políticos.

V – Em última análise, responsabilidade política não se destina apenas a corrigir ou sancionar, em nome de princípios e fins prévia e

---

10. *Il principio democratico nel sistema dei principi costituzionali*, in *Perspectivas constitucionais*, obra coletiva, I, Coimbra, 1996, pág. 443.

imutavelmente aceites, a atividade governativa desenvolvida até certo momento. Todos os meios de efetivar a responsabilidade, *maxime* as eleições gerais, servem tanto para o povo avaliar o exercício do mandato dos governantes cessantes como para traçar um novo rumo para o futuro.

Também o povo é livre na responsabilização dos governantes.

8. O princípio da separação de poderes

I – O governo representativo está, por natureza, vinculado ao princípio da separação de poderes. Em primeiro lugar, pela separação entre o exercício do poder pelo povo através das eleições e o exercício do poder pelos governantes (disso tiveram consciência logo os autores liberais, preocupados com a garantia das liberdades). Depois, pela necessidade de equilíbrio entre os órgãos eletivos.

Justifica-se recordar as implicações básicas do princípio:

a) Pluralidade de órgãos de função política, cada qual com competência própria (incluindo de auto-organização) e não podendo nenhum ter outra competência além da fixada pela norma jurídica;

b) Primado de competência legislativa do Parlamento enquanto assembleia representativa, de composição pluralista e com procedimento contraditório e público;

c) Independência dos tribunais, com reserva de jurisdição;

d) Criação de mecanismos de fiscalização ou de controlo interorgânico (e intraorgânico), sejam de mérito ou de legalidade e constitucionalidade;

e) Divisão pessoal de poder, através de incompatibilidades de cargos públicos;

f) Divisão temporal, através da fixação do tempo de exercício dos cargos e de limitações à sua renovação, e divisão político-temporal, por meio da previsão de durações diferentes dos mandatos e de não acumulação das datas das eleições dos titulares de órgãos representativos;

g) Divisão territorial ou vertical, através do federalismo ou do regionalismo político e da descentralização administrativa local;

h) Divisão funcional através da descentralização administrativa institucional (associações e fundações públicas, institutos públicos, universidades públicas).

Por outro lado, está aí uma dimensão *positiva* e uma dimensão *negativa*, de controlo e limitação de poder, no fundo em correspondência com a *faculté de statuer* e a *faculté d'empêcher* de Montesquieu[11]. Donde, a necessidade de um núcleo essencial de competência de cada órgão, apurado a partir da adequação da sua estrutura ao tipo ou à natureza de competência de que se cuida.

II – Ainda na perspetiva da separação de poderes, cabe considerar a relação entre partidos políticos e referendo[12].

O referendo apenas faz sentido – tomado como instituto de propulsão, de correção ou de legitimação de decisões parlamentares – quando nele os cidadãos se sintam plenamente livres de opções e constrangimentos partidários, quando votem só motivados pela sua maneira individual de pensar, integrados ou não em movimentos cívicos de intervenção. Se o resultado referendário tivesse de redundar em mera reprodução das maiorias parlamentares, perderia autenticidade ou sentido.

Em contrapartida, pela mesma razão, o referendo não deveria incidir sobre questões inerentes a um programa de Governo ou de cuja resolução dependesse a subsistência do Governo. Senão, a não ser assim, um Governo derrotado em votação popular teria de pedir a demissão ou o Parlamento teria de ser dissolvido.

O Direito português assegura a grupos de cidadãos a participação nas campanhas referendárias, com os adequados direitos de propaganda. Os partidos não ficam excluídos, mas deveriam aceitar autocontenção e, em nenhum caso, deveriam instrumentalizar esses grupos.

III – Negado em tese e, sobretudo, na prática pelo regime da Constituição de 1933, o princípio da separação de poderes ressurge na Constituição de 1976 com toda a nitidez e com as particularidades decorrentes quer da evolução dos tempos quer das exigências da realidade portuguesa. Não se fala, ao contrário do que sucedia nas Constituições liberais, em

---

11. Recorde-se sempre e releia-se sempre o capítulo VI do livro XI de *De l'esprit des lois*, 1748.

12. Sobre o referendo em geral, v. *Manual* ..., VII, cit., págs. 26 e segs.

"Poderes do Estado". Fala-se em "separação e interdependência dos órgãos de soberania" [arts. 111.º, n.º 1, e 288.º, alínea *j*)] ou em "separação e interdependência de poderes" (no art. 2.º, após 1997).

Já no Brasil continua a distinguir-se o Poder Legislativo, o Poder Executivo e o Poder Judiciário. Todavia, também não numa postura como a do século XIX.

9. Algumas compreensões político-constitucionais

Importa referir – só referir – algumas das visões explicativas (e também prescritivas) do cerne da democracia moderna à luz das respetivas compreensões filosóficas e teóricas: as de Kelsen, Rudolph Laun, Joseph Schumper, Friedrich A. Hayek, Alf Ross, Robert A. Dahl, Karl Popper, Norberto Bobbio, Jurgen Habermas e Gustavo Zagrebelsky[13].

Para Kelsen, a ideia de liberdade é o núcleo da democracia. A igualdade entra também, mas de maneira negativa, formal e secundária: cada um deve ser o mais livre possível, logo todos devem-no ser igualmente; cada um deve participar na formação da vontade geral, logo todos devem participar de forma igual. E existe uma relação entre a posição metafísico-absolutista do mundo e a autocracia e entre a posição crítico-relativista e a democracia[14].

Laun define a democracia como o Estado cuja Constituição positiva não repousa sobre direitos suprapositivos que possuam determinadas pessoas ou determinados grupos de pessoas à competência da soberania ou a uma parte da competência da soberania. A democracia é um Estado livre de direitos dogmáticos de domínio[15].

Segundo Schumpeter, o método democrático é o sistema institucional conducente a decisões políticas, no qual os indivíduos adquirem o poder de estatuir sobre essas decisões na sequência de uma luta concorrencial tendo por objeto os votos do povo[16].

Para Hayek, a democracia é um meio mais do que um fim – um meio de mudança pacífica de poder e de salvaguarda da liberdade individual.

---

13. Ver outros Autores indicados in *Manual* ..., VII, cit., págs. 92 e 93, nota.
14. *Von Wesen und Wert der Demokratie*, trad. *La Démocratie – sa nature, sa valeur*, págs. 104 e 111.
15. *La démocratie – essai sociologique, juridique e de politique morale*, Paris, 1933, pág. 133.
16. *Capitalism, Socialism and Democracy*, 1942, trad. *Capitalisme, Socialiesme et Démocratie*, Paris, 1972, *maxime* págs. 354 e segs.

E a sua vantagem principal não radica no método de selecionar os governantes, mas em que, com a participação ativa de uma grande parte da população na formação da opinião, se amplia o número de pessoas com capacidade para serem eleitas[17].

Para Alf Ross, o tipo ideal de democracia corresponde à forma de governo em que as funções políticas são exercidas pelo povo com um máximo de intensidade, efetividade e latitude, de acordo com os métodos parlamentares[18].

Robert A. Dahl liga a democracia às ideias de igualdade, autodeterminação, racionalidade e maximização das vantagens para os elementos de comunidade política. A democracia atual, de larga escala, surge como poliarquia ou conjunto de instituições indissociáveis da extensão da cidadania e da capacidade de os cidadãos se oporem aos titulares dos cargos políticos e de os afastarem pelo voto[19].

Por sua vez, Karl Popper contrapõe àquilo a que chama a teoria clássica da democracia uma teoria realista. Ela há-de ser o sistema em que os governantes podem ser afastados do poder sem violência, pacificamente, através do voto da maioria[20].

Bobbio sustenta que a democracia é a forma de governo em que vigoram regras gerais (as chamadas regras de jogo) que permitem aos cidadãos (como jogadores) resolver, sem recorrer à violência, os conflitos que nascem inevitavelmente numa sociedade em que se formam grupos cujos valores e interesses são contrastantes[21].

Habermas entende que a democracia há-de ser discursiva e deliberativa. Ela é sinónimo de auto-organização política da sociedade no seu conjunto, implicando, pois, a institucionalização de procedimentos e condições apropriadas de comunicação e o jogo combinado das deliberações institucionalizadas e das opiniões públicas[22].

---

17. *The Constitution of Liberty*, 1959, trad. *La Constitución de la Libertad*, 3ª ed., Madrid, 1978, págs. 144 e segs.

18. *Why Democracy?*, 1952, trad. *Por que Democracia?*, Madrid, 1989, pág. 96.

19. *Democracy and its critics*, New Haven e London, 1989, pág. 96.

20. *Alguns problemas práticos da democracia*, in *Balanço do século*, obra coletiva, Lisboa, 1990, págs. 79-80.

21. *Democracia e Paz*, in *Balanço do século*, cit., pág. 28.

22. *Faktizität und Geltung. Beiträge zur Diskurstheorie des Rechts und des Demokratischen Rechtsstaat*, 1992, trad. *Droit et Démocratie*, Paris, 1997, págs. 320, 321 e 323.

Por fim (entre os Autores indicados), é uma democracia crítica a que Gustavo Zagrebelsky preconiza, assente num espírito de possibilidade e na abertura ao tempo, mediante procedimentos em que o povo não se feche sobre si mesmo; uma democracia em que a decisão popular nada tenha de preconstituído, nem seja irrevisível ou irreversível[23].

C) *DEMOCRACIA E ESTADO DE DIREITO*

10. Democracia representativa e Estado de Direito

Mas a democracia representativa postula Estado de Direito. Postula-o pela sua complexidade organizatória e procedimental, traduzida na separação de poderes e no princípio da competência. Postula-o pela exigência de garantia dos direitos fundamentais: o direito de sufrágio e os demais direitos políticos se valem em si mesmos pelo valor da participação, valem, sobretudo, enquanto postos ao serviço da autonomia e da realização das pessoas.

Não basta proclamar o princípio democrático e procurar a coincidência entre a vontade política manifestada pelos órgãos de soberania e a vontade popular manifestada por eleições. É necessário estabelecer um quadro institucional em que esta vontade se forme em liberdade e em que cada pessoa tenha a segurança da previsibilidade do futuro. É necessário que não sejam incompatíveis o elemento objetivo e o elemento subjetivo da Constituição e que, pelo contrário, eles se desenvolvam simultaneamente.

Há um enlace de dois princípios substantivos – o da soberania do povo e o dos direitos fundamentais – e a mediatização dos princípios adjetivos da constitucionalidade e da legalidade. Numa postura extrema de irrestrito domínio da maioria, o princípio democrático poderia acarretar a violação do conteúdo essencial de direitos fundamentais; assim como, levado aos últimos corolários, o princípio da liberdade poderia recusar qualquer decisão política sobre a sua modelação; o equilíbrio obtém-se através do esforço de conjugação, constantemente renovado e atualizado, de princípios, valores e interesses, bem como através de uma complexa articulação de órgãos políticos e jurisdicionais, com gradações conhecidas.

---

23. *Il "Crucifice" e la Democrazia*, 2001, trad. *A Crucificação e a Democracia*, Coimbra, 2004, págs. 112 e segs.

Como salienta Jurgen Habermas, princípio democrático e princípio do Estado de Direito são princípios co-originários. Um não é possível sem o outro, sem que, por isso, se imponham restrições ao outro. E pode-se exprimir esta intuição de "co-originariedade", dizendo que a autonomia privada e a autonomia pública se postulam uma à outra. São conceitos interdependentes e de implicação material. Para fazer um uso *apropriado* da sua autonomia pública, garantida por direito político, é preciso que os cidadãos sejam suficientemente independentes, graças a uma autonomia privada igualmente assegurada a todos. No mesmo sentido, os membros da sociedade não desfrutarão igualmente de uma igual autonomia privada – as liberdades de ação subjetiva não terão para eles o "mesmo valor" – senão na medida em que, como cidadãos, façam um uso apropriado da sua autonomia pública[24].

Ou, segundo Castanheira Neves, com o "Estado de Direito Democrático" vê-se o Estado democrático a culminar no Estado de Direito, tal como o princípio democrático a realizar-se plenamente no princípio do direito – "só o direito é útil ao povo"[25].

11. O Estado democrático de Direito

É, justamente, aqui que a Constituição aparece como fundamento e não como instrumento de poder. É justamente aqui que se fala em Estado de Direito democrático (art. 1º da Constituição portuguesa) ou em Estado democrático de Direito (art. 1º da Constituição brasileira). As fórmulas não são iguais, a ideia é a mesma.

Os princípios do Estado de Direito democrático ou do Estado democrático de Direito encontram-se, depois, explícita ou implicitamente, consagrados em diversos lugares: princípios da proporcionalidade, da proteção da confiança, da aplicação imediata das normas constitucionais sobre direitos fundamentais, da tutela da justiça, da responsabilidade civil das entidades públicas por danos aos particulares.

Portugal está integrado na União Europeia, a qual elabora normas jurídicas que vigoram na ordem interna. Mas a Constituição precisa que os princípios fundamentais do Estado de Direito democrático, em caso

---

24. *Le paradoxe de l'État de droit démocratique*, trad., in *Les Temps Modernes*, set.-out. de 2000, pág. 78; e, em português, *Teoria Política*, Lisboa, 2015, pág. 133.

25. *Da "jurisdição" no actual Estado de Direito*, in *AB UNO AD OMNES*, obra coletiva, Coimbra, 1998, págs. 226-227.

algum podem deixar de ser respeitados pelos tratados da União Europeia e pelas normas dimanadas das suas instituições (art. 8.º).

12. O princípio da maioria

I – Se o sufrágio é o modo específico de participação política dos cidadãos, a maioria é o critério de decisão – de decisão quer do conjunto dos cidadãos nas eleições e no referendo, quer dos órgãos do Estado de natureza colegial. Governo representativo é *governo de maioria.*[26]

Contrapostos aos sistemas eleitorais maioritários, nem por isso os sistemas proporcionais deixam de observar o princípio: *primo*, porque apenas as candidaturas que atinjam determinado montante ou cifra (em razão do número de parlamentares a eleger por círculo ou distrito eleitoral) obtêm mandatos; *secundo*, porque são as que obtêm *mais votos* que obtêm mais mandatos.

Observe-se, no entanto, que as técnicas maioritárias não são privativas da democracia, nem se esgotam na seara da política. O Direito romano conheceu-as, o Direito canónico deu-lhes expressão e na Idade Média elas tiveram particularíssimas aplicações no âmbito das ordens religiosas e dos municípios. Assim como hoje se encontram nas associações, nas sociedades e em quaisquer entidades coletivas, com mais ou menos adaptações.

II – Por que motivo deve a maioria ser o critério da democracia? Por que devem governar os candidatos que recebem mais votos? Por que deve a lei ter o sentido querido pela maioria?

Está longe de ser pacífica a resposta.

Há quem sustente que se trata de simples ficção ou convenção, de mera regra instrumental ou de preferência. Ou quem, pelo contrário, identifique maioria com manifestação de racionalidade. Mas há ainda quem afirme que lhe subjaz um conteúdo axiológico, seja o princípio da igualdade, seja o princípio da liberdade, seja (porventura) outro.

De harmonia com a ideia de igualdade (que remonta a Aristóteles e que Rousseau levaria às últimas consequências), é porque todos os cidadãos têm os mesmos direitos e devem ter o mesmo grau de participação na vida

26. V. também *Manual* ..., VII, págs. 85 e segs.

coletiva que deve prevalecer a maioria; a vontade do maior número entre iguais converte-se em vontade geral; e esta fica sendo a vontade do Estado.

De harmonia com a ideia de liberdade (especialmente enfatizada por Kelsen), a maioria resulta da autodeterminação dos membros da comunidade política; qualquer decisão imposta deve ser reduzida ao mínimo; tendo de haver uma ordem social, esta não pode estar em contradição senão com a vontade do menor número possível de indivíduos.

Aderimos à necessidade de um fundamento axiológico. Sem este não se explicam nem o consentimento, nem a própria obrigatoriedade da decisão decorrente do voto.

E entendemos que ele se encontra na conexão de igualdade e liberdade. Não numa presunção puramente negativa, de que ninguém conta mais do que os outros, mas no reconhecimento da dignidade cívica de todas as pessoas. Não numa liberdade com separação de uns dos outros, mas numa liberdade com integração numa sociedade de todos. Em suma, na exigência de uma igualdade livre ou de uma liberdade igual para todos.

III – A maioria não é fonte de verdade ou de justiça; é apenas forma de exercício de poder, ou meio de ação.

Não há, nem deixa de haver verdade nesta ou naquela opção política; há só (ou tem de se pressupor que haja) referência ao bem comum. Naturalmente, quando se suscitem problemas de verdade, sejam quais forem – religiosos, morais, filosóficos, científicos ou técnicos – não cabe decisão de maioria.

Por outro lado, a decisão de maioria implica publicidade, não pode ter por objeto questões do foro privado. Tudo está, na prática, em saber deslindá-las.

IV – Tão pouco se admitem decisões de maioria que afetem o conteúdo essencial dos direitos fundamentais ou o conteúdo essencial da própria democracia representativa – mais especificamente, o pluralismo, os direitos das minorias e a possibilidade de alternâncias e de alternativas.

Democracia representativa não é só governo de maioria. Envolve uma dialética necessária de maioria e minoria, sendo a maioria de hoje a minoria de amanhã e a minoria de hoje a maioria de amanhã.

V – As minorias políticas são sempre contingentes e variáveis. Diversas, porque permanentes, são as minorias étnicas nacionais, linguísticas e religiosas - que existem em não poucos Estados e que se repercutem nas respetivas estruturas constitucionais.

Sobre os direitos dos membros destas minorias à proteção contra quaisquer discriminações e à preservação da sua identidade não pode ainda incidir a decisão de maioria.

VI - A decisão da maioria pressupõe a competência para decidir, seja em diferentes escalões de poder (do Estado aos municípios e a entidades infra e supramunicipais), por referência ou não a um princípio de subsidiariedade; seja dentro do mesmo escalão entre os seus órgãos.

Por outro lado, não vale qualquer vontade maioritária, somente vale a que se forme no respeito das normas - constitucionais, legais, estatutárias, regimentais - que a estruturam e regulam. Donde, limites formais ou procedimentais a acrescer aos materiais e aos orgânicos.

Requisitos de regularidade do procedimento hão-de ser, nomeadamente, a convocação da eleição ou da deliberação nos termos previamente estabelecidos com carácter geral, a igualdade de todos os participantes, a liberdade de discussão e de voto, a pessoalidade do voto, a simultaneidade da votação e o rigor no apuramento dos resultados. E, quando se trate de órgãos colegiais, a reunião no tempo e no local próprios e a presença de mais de metade dos respetivos membros (*quorum*).

13. Democracia e justiça constitucional

I - Instrumento de controlo da maioria é a justiça constitucional: controlo dos limites materiais e do procedimento; controlo indispensável, sobretudo, para garantia dos direitos fundamentais.

A legitimidade democrática corresponde a legitimidade do controlo jurisdicional como legitimidade das minorias frente à maioria. Nem se verifica aqui contradição, mas sim complementaridade. A justiça constitucional só se afigura contramaioritária ao inviabilizar esta ou aquela pretensão da maioria, não no contexto global do sistema[27].

---

27. Sob o problema, v. *Manual* ..., VI, 4ª ed., Coimbra, 2013, págs. 142 e segs., e Autores citados.

II – Os Tribunais Constitucionais aparecem, na generalidade dos países, com estrutura arredada da estrutura dos demais tribunais, com juízes escolhidos pelos Parlamentos e (ou) pelos Presidentes da República sem atinência (ou atinência necessária) às carreiras judiciárias (e algo de semelhante sucede, como se sabe, com os Supremos Tribunais no modelo judicialista norte-americano).

Ora, pergunta-se como pode um tribunal com juízes designados desta maneira vir a sindicar os atos daqueles órgãos; como pode a criatura fiscalizar o criador; como pode um tribunal assim composto não reproduzir a composição do Parlamento ou a orientação do Presidente da República. Essa a aporia do Tribunal Constitucional: se lhe falta a fonte de designação por órgãos representativos carece de legitimidade; se a recebe, dir-se-ia ficar desprovido de eficácia ou utilidade o exercício da sua competência.

Mas não. É, justamente, por os juízes constitucionais serem escolhidos por órgãos democraticamente legitimados – em coerência, por todos quantos a Constituição preveja, correspondentes ao sistema de governo consagrado – que eles podem declarar a invalidade de atos com a força de lei. E por eles, embora por via indireta, provirem da mesma origem dos titulares de órgãos políticos que por estes conseguem fazer-se acatar.

Os membros do Tribunal Constitucional não se tomam representantes dos órgãos que os elegem ou nomeiam, não estão sujeitos a nenhum vínculo representativo. Muito pelo contrário, uma vez designados são completamente independentes e beneficiam de garantias e incompatibilidades idênticas às dos demais juízes; para garantia dessa independência, os seus mandatos não coincidem com os dos titulares do órgão de designação, são mais longos e, por princípio, insuscetíveis de renovação; e, quando de eleição parlamentar, de ordinário requer-se maioria qualificada (o que obriga a compromissos).

Num Tribunal Constitucional como o português ou em órgão homólogo (como o Supremo Tribunal Federal no Brasil) podem e devem coexistir diversas correntes jurídicas e jurídico-políticas; e, mesmo se, em órgão parlamentar, se dá a interferência dos partidos nas candidaturas, essas correntes atenuam-se e, aparentemente, diluem-se, em virtude dos fatores objetivos da interpretação jurídica e, sobretudo, em virtude do fenómeno de institucionalização que cria dinâmica e autonomia do órgão.

Nisto tudo (insista-se) reside a especificidade da figura (ou, se se preferir, a sua ambivalência): uma legitimidade de título assimilável à dos titulares dos órgãos de função política do Estado, uma legitimidade de exercício equiparável à dos juízes dos tribunais comuns; uma legitimidade de título, inerente ao Estado democrático, uma legitimidade de exercício, expressão de Estado de Direito. Donde, mais uma vez, Estado de Direito democrático ou Estado democrático de Direito.

14. Os valores da democracia

I – Qualquer forma de governo e qualquer regime político fundam-se em certos valores que, conferindo-lhe sentido, vêm, por um lado, alicerçar o consentimento dos governados e o projeto dos governantes e, por outro lado, construir o referente ideal de todos quantos por ela se batem. Qualquer forma de governo e qualquer regime político liga-se a uma certa Constituição material no sentido atrás indicado.

Assim, por detrás da diversidade de conceções e formulações teóricas, avultam valores políticos sem os quais a democracia aparece desprovida de razão de ser. E eles são (imporia frisar de novo) a liberdade e a igualdade, tal como constam da Declaração de Direitos da Virgínia, da Declaração de 1789, e da maior parte das Constituições de Estado de Direito democrático.

É porque todos os seres humanos são livres e iguais que devem ser titulares de direitos políticos e, assim, interferir conjuntamente, uns com os outros, na definição dos rumos do Estado e da sociedade em que têm de viver. É porque todos são dotados de razão e de consciência (como proclama, por seu lado, a Declaração Universal) que eles são igualmente chamados à participação cívica, capazes de resolver os seus problemas não pela força, mas pelo confronto de ideias e pelo seu sufrágio pessoal e livre.

A liberdade revela-se, portanto, do mesmo passo, fundamento e limite de democracia. Revela-se fundamento, visto que a participação na condução dos destinos comuns pressupõe a liberdade. E revela-se limite, visto que a democracia não pode pôr em causa a liberdade, e a maioria é sempre maioria de conjuntura, não maioria definitiva, pronta a esmagar os direitos da minoria.

II – É ainda em virtude de uma opção pela liberdade, e não, simplesmente, por impossibilidade da democracia direta (de um qualquer seu sucedâneo), que se justifica a democracia representativa, porquanto:

- apenas na democracia representativa se distinguem (sem se cortarem pontes) espaço público e espaço privado, a esfera do Estado e a esfera da sociedade;

- do mesmo modo, apenas na democracia representativa, se distinguem o cidadão e a pessoa na sua vida própria, não deixando esta ser absolvida pelo cidadão total (caso da Atenas antiga e, sobretudo, dos regimes totalitários do século XX);
- apenas a democracia representativa assegura a separação de poderes e a responsabilidade política dos governantes perante os governados;
- somente a democracia representativa propicia o pluralismo e o contraditório (sem prejuízo do compromisso) no âmbito das assembleias representativas.

Não por acaso têm-se dito muitas vezes, que ela não constitui um *minus* no confronto com a democracia direta. Constitui um *majus*.

O FUTURO DA JURISDIÇÃO CONSTITUCIONAL: AS ASPIRAÇÕES DO CONSTITUCIONALISMO GLOBAL NO PARADIGMA DO ENGAJAMENTO COMPARATIVO

Pedro Felipe de Oliveira Santos[1]

1. INTRODUÇÃO

Na introdução de seu paper *The Rise of World Constitutionalism*, Bruce Ackerman propõe ao leitor um exercício de abstração: retroceder à década de 1930 e intuir quais eram as perspectivas do constitucionalismo àquela época. Os prognósticos pareceriam frustrantes: no período crítico entre as duas grandes guerras mundiais, as crises econômica e política que se alastravam pelo Ocidente geraram um descolamento sem precedentes entre as aspirações sociais e o poder das constituições então vigentes de regulação efetiva do processo político. Esse quadro se consubstanciou em vigoroso déficit de legitimidade constitucional em diversos países, dando azo inclusive aos regimes de exceção que floresceram na Europa anos depois. Curiosamente, e na linha contrária à regra geral, a Inglaterra - um Estado sem constituição escrita - gozava de uma democracia pujante, calcada em princípios institucionais historicamente consolidados. Destarte, a fé nas constituições escritas, seja na Europa continental, seja nas Américas, encontrava-se em xeque: o constitucionalismo, nos moldes surgidos das revoluções francesa e americana, parecia uma experiência sem bons prognósticos em longo prazo[2].

---

1. Juiz Federal do Tribunal Regional Federal da 1a Região. Doutorando em Direito pela Universidade de Oxford. Mestre em Direito pela Universidade de Harvard. Pós-graduado em Direito Internacional Público pela *The Hague Academy of International Law*. Professor Voluntário da Universidade de Brasília. Professor Titular do Instituto de Direito Público (IDP). Professor Titular da Escola Superior do Ministério Público do Distrito Federal e Territórios. Professor Convidado da Universidade Estadual do Tocantins. E-mail: pedro.felipe.santos@gmail.com.

2. Ackerman, Bruce, "The Rise of World Constitutionalism" (1997). Faculty Scholarship Series. Paper 129.

Volver o olhar aos dias atuais conduz a uma perplexidade: o constitucionalismo não apenas se reinventou após a Segunda Guerra Mundial, fortalecendo-se nos países já tradicionalmente adotantes de cartas escritas, como também fincou raízes em novas áreas, como na África pós-colonial, nos países asiáticos e na Europa pós-socialista. Constituições escritas que veiculam o pacote formado por *rule of law*, direitos fundamentais e jurisdição constitucional são uma realidade em todos os continentes. As cortes constitucionais tornaram-se *players* poderosos, cuja atuação diretamente repercute no núcleo das questões políticas, econômicas e sociais das democracias, tenham elas quaisquer matizes ideológicos (liberais ou sociais, conservadoras ou progressistas). A doutrina recorrentemente fala em constitucionalismo global e diálogos entre cortes supremas. Por seu turno, o direito comparado recrudesceu e se tornou disciplina importante nas grades curriculares das universidades.

O presente trabalho inspira-se na abstração de Ackerman para responder uma nova provocação: quais os prognósticos do binômio constitucionalismo-jurisdição constitucional para as próximas décadas?

Pensar o futuro é tarefa arriscada. O estudioso de 1930 jamais conseguiria imaginar a sequência de fatos históricos, políticos e econômicos que conformariam as bases do constitucionalismo global do século XXI: a ascendência e o colapso dos regimes nazista e fascista, a Segunda Guerra Mundial, a Declaração Universal dos Direitos Humanos, a guerra fria, a descolonização africana e asiática, o colapso do regime soviético, a redemocratização da América Latina, entre outros marcos relevantes. Por esse mesmo motivo, este empreendimento não consiste em um exercício de adivinhação futurística sem qualquer base empírica, mas decerto em uma reunião simples de aspirações que a doutrina constitucional apresenta hoje, reunidas mediante análise crítica do atual estado da arte. Em outras palavras, pretende-se responder à seguinte indagação: quais reorientações teóricas tornariam o debate constitucional mais responsivo às realidades e às necessidades das diversas culturas políticas?

Para responder a essa pergunta, o presente trabalho divide-se em duas partes. A primeira parte apresenta uma genealogia do paradigma do constitucionalismo global, para explicar os fundamentos históricos, políticos e jurídicos que levaram à popularização do *engajamento comparativo na jurisdição constitucional*, a partir da segunda metade do século XX. Como precursor desse processo, encontra-se o fato de que um conjunto numericamente considerável de países que veiculam constituições escritas, as quais organizam as estruturas do poder político (*power map*), apresentam um catálogo relativamente comum de direitos fundamentais e dispõem de cortes constitucionais que resolvem conflitos morais complexos sob a linguagem dos direitos e dos princípios impessoais, mediante técnicas interpretativas de ponderação.

Por seu turno, a segunda parte, mediante análise crítica do atual estágio da arte – consistente em um período sem precedentes de migrações de ideias constitucionais e de alto grau de judicialização da política –, reconhece duas aspirações do constitucionalismo global. Cada uma dessas aspirações reúne uma plêiade de novos questionamentos que se descortinam do exercício da jurisdição constitucional, e consistem em proposições de análise para o futuro, quiçá reorientações teóricas que as discussões constitucionais podem promover.

A *aspiração metodológico-discursiva* decorre da necessidade de qualificar a metodologia comparativa exercida pelos tribunais em todo o globo, de modo a incentivá-los a reduzir os casos de *transplante acrítico* de soluções constitucionais. Afinal, comparar estruturas constitucionais distintas consiste em tarefa contextual, na medida em que constituições não vigoram no vácuo, mas decerto se encontram imersas em uma cultura política que lhe atribui significado e legitimidade, a qual não pode ser desprezada pelo intérprete.

Por seu turno, a *aspiração político-funcional* decorre da análise do fenômeno da *judicialização da política* e das críticas da doutrina ao modo como as cortes se comportam em face da deliberada transferência de temas sensíveis ao Poder Judiciário. Assim, uma vez que não há necessária conexão entre o grau de intervenção judicial e seus eventuais impactos positivos ou negativos no mundo fenomênico, propõe-se ultrapassar o discurso binário e formalista *minimalismo v. ativismo judicial*. Para esse mister, impõe-se problematizar *(i)* a complexidade da relação entre o Poder Judiciário e as demais instituições políticas, inclusive percebendo novas funções que as cortes constitucionais têm assumido no processo democrático, *(ii)* e o modo como a construção das soluções para os conflitos constitucionais pode ser aprimorada e dinamizada mediante a interação entre técnicas de interpretação, remédios processuais, linguagem jurídica, técnicas de decisão etc.

2. O CONSTITUCIONALISMO GLOBAL NO PARADIGMA DO ENGAJAMENTO COMPARATIVO

Nas últimas décadas, as cortes de todo o globo têm recorrido mais frequentemente a normas e a julgados de Estados estrangeiros e de organismos internacionais para fundamentar decisões em matéria constitucional. O nosso Supremo Tribunal Federal, que historicamente manteve maior alinhamento com as experiências portuguesa, italiana e alemã, na última década diversificou seu engajamento comparativo: citou julgados norte-americanos[3] para fundamentar a decisão que reconheceu a possibilidade de vigência simultânea de paternidades socioafetiva e biológica[4] e a decisão que firmou a constitucionalidade do sistema de cotas raciais da Universidade de Brasília[5]; engajou-se comparativamente na experiência de outras jurisdições para firmar a legalidade da execução provisória da pena após condenação em segunda instância[6]; e, mais recentemente, importou a teoria do *estado de coisas inconstitucional*, originária da Corte Constitucional Colombiana, para determinar injunções estruturais no sistema penitenciário brasileiro[7].

Por sua vez, a Suprema Corte Americana, embora tradicionalmente refratária a pesquisas a experiências alienígenas, considerou elementos comparativos no célebre caso *Roper v. Simmons*[8], que declarou inconstitucional a aplicação da pena de morte a jovens menores de 18 (dezoito) anos. Nesse julgamento, a corte considerou, entre outros argumentos, que apenas sete países (Irã, Paquistão, Arábia Saudita, Iêmen, Nigéria, Congo e China) haviam realizado execuções dessa espécie de 1993 a 2004. No entanto, em diversos julgados anteriores, a corte já havia se engajado comparativamente para preencher o conteúdo da norma constitucional que proíbe pena "cruel e não usual" (Oitava Emenda)[9]. Por fim, as resistências conservadoras – nas últimas décadas, notadamente o Justice Scalia, que recuperou a doutrina originalista – não impediram referências episódicas a julgados de outras cortes, tal como no caso *Printz*, em que o *Justice Breyer*,

---

3. *Grutter v. Bollinger* e *Regents of the University of California v. Bakke.*
4. Brasil. Supremo Tribunal Federal, Recurso Extraordinário n. 898.060, Rel. Ministro Luiz Fux.
5. Brasil, Supremo Tribunal Federal, Arguição de Descumprimento de Preceito Fundamental n. 186, Rel. Ministro Ricardo Lewandowski.
6. Brasil, Supremo Tribunal Federal, Ações Declaratórias de Constitucionalidade n. 43 e n. 44, Rel. Ministro Marco Aurélio.
7. Brasil, Supremo Tribunal Federal, Arguição de Descumprimento de Preceito Fundamental (ADPF) 347, Rel. Min. Marco Aurélio.
8. Estados Unidos da América, Suprema Corte, 543 U.S. 551 (2005).
9. A Oitava Emenda à Constituição Americana determina que *"não poderão ser exigidas fianças exageradas, nem impostas multas excessivas ou penas cruéis ou incomuns"*.

em voto vencido, considerou ser constitucional o polêmico *Gun Control Act*, com base em julgados europeus que veicularam conflito similar[10].

A Constituição da África do Sul dispõe de dispositivo específico que não apenas determina consulta obrigatória ao direito internacional, como também autoriza consulta ao direito estrangeiro para a interpretação de direitos fundamentais. No caso *S v. Makwanyane and Another*, a Corte Constitucional daquele país balizou-se em extensa análise de julgados da Índia, da Alemanha e dos Estados Unidos para julgar inconstitucional a aplicação da pena de morte[11].

Esse fenômeno de migração de experiências constitucionais entre jurisdições[12] foi catalisado a partir da segunda metade do século XX, em reação a um plexo de elementos de natureza histórica, política e jurídica. O elemento histórico consistiu no recrudescimento do discurso dos direitos humanos; o elemento político, no apogeu do modelo constitucionalista americano desde o pós-guerra; o elemento jurídico, na estruturação das cortes constitucionais das democracias liberais, que intensificaram as suas funções interpretativas e passaram a dialogar entre si com mais frequência. Conforme se analisará a seguir, esses três elementos facilitadores encontram-se intimamente interligados.

2.1. O elemento histórico: apogeu do discurso dos direitos humanos no pós-guerra

O recrudescimento do discurso de direitos humanos na comunidade internacional consubstanciou-se numa das principais reações à ressaca totalitarista pós-segunda guerra mundial. Símbolo desse movimento contrário ao trinômio fascismo-nazismo-imperialismo foi a reafirmação de que "todos os indivíduos nascem livres e iguais em dignidade e em direitos", que inaugura a Declaração Universal dos Direitos Humanos (DUDH) de 1948. Por meio do resgate das ideias iluministas e humanistas que remontam ao constitucionalismo moderno, esse documento reforçou a abstrata noção do ser humano como sujeito de direitos dotado de um plexo de relações jurídicas que lhe resguardam a liberdade de agir e a igualdade

10. Estados Unidos da América, Suprema Corte, Printz v. United States, 521 US 898 (1997).
11. África do Sul, Corte Constitucional, ***State v Makwanyane and Another*** (CCT 3/94).
12. Sujit Choudhry, The Migration of Constitutional Ideas. Cambridge: Cambridge University Press, 2006.

de oportunidades, ambos tematizados como elementos centrais de um *standard* mínimo de *dignidade*. Assim como no nascedouro do constitucionalismo moderno, essa dicção consistiu em nova tentativa de controle garantístico do poder político e, por isso mesmo, dirigiu-se primordialmente contra os Estados, enquanto executores, das maiores atrocidades contra indivíduos já realizadas, durante a Segunda Guerra.

A DUDH, embora formalmente sem eficácia normativa, consistiu em marco do Direito Internacional que repercutiu sensivelmente no conteúdo dos constitucionalismos domésticos, especialmente por dois motivos. Primeiro, esse documento introjetou a categoria *dignidade humana* no vocabulário jurídico e na agenda das democracias liberais, sob a forma de *sobreprincípio constitucional*. Segundo, esse documento apresentou um catálogo de direitos inerentes à identidade humana, os quais compõem o núcleo essencial de proteção dos sujeitos. A partir de então, esse catálogo foi paulatinamente incorporado pelos textos constitucionais, em maior ou menor escala, sob as mais diversas formas – direitos fundamentais, direitos programáticos, cartas de direitos etc.

Tais movimentos históricos decorreram do consenso de que a proteção da dignidade humana demandaria a inexorável articulação cooperativa entre instituições domésticas e internacionais. Ganhou força a concepção de constitucionalismo como instância de estabilização da democracia, na medida em que o primeiro deveria funcionar para o resguardo de um núcleo mínimo de direitos fundamentais.

Essa concepção dispôs o constitucionalismo e a democracia em inevitável posição de tensão. Reitera-se: passa a haver fricção entre ambos os institutos, não necessariamente oposição. Afinal, a democracia – tradicionalmente construída como forma de governo majoritário, decorrente da indisponível e intangível vontade popular – deparou-se, por meio do constitucionalismo, com a necessidade de tematizar as aspirações e as necessidades das minorias e, portanto, de inaugurar espaços de tensionamento dialógicos, reflexivos e inclusivos para oportunizar engajamento a todos os cidadãos. A agenda do constitucionalismo pós-guerra, ao albergar o discurso dos direitos humanos, torna-se essencialmente contramajoritária.

Destarte, majoritariedade (democracia) e contramajoritariedade (constitucionalismo) passam a se relacionar em sadia tensão tanto no plano institucional como no plano discursivo.

No plano institucional, o design de alocação de poderes e de funções entre os diversos atores políticos e instituições é formal e informalmente redefinido para reequilibrar os espaços de participação dos mais diversos grupos. Como sintoma dessa influência, as constituições escritas a partir da segunda metade do século XX investiram sobremaneira no perfil contramajoritário do Poder Judiciário e expandiram o escopo da *judicial review*. A criação de cortes constitucionais na Alemanha (1951), na Bélgica (1980), na Hungria (1989), na África do Sul (1993) e em outros cinquenta países, durante a segunda metade do século XX, é reflexo direto desse fator. Por outro lado, mesmo em países que já dispunham de jurisdição constitucional, percebeu-se o incremento das funções de *judicial review* durante o mesmo período, A título de exemplo, esse fato ocorreu no Brasil, com o advento da Constituição de 1988 e das emendas subsequentes, que ampliaram a jurisdição do Supremo Tribunal Federal no âmbito do controle de constitucionalidade.

No plano discursivo, reformulou-se completamente a dinâmica e a linguagem da resolução dos conflitos envolvendo questões morais complexas. Adotou-se um estilo de argumentação conhecido como *rights-based approach*, por meio da qual os direitos – notadamente os direitos humanos – ultrapassaram a sua tradicional função ético-pragmática, para adquirir maior relevância no plano normativo. A partir de então, a jurisdição chama para si a tarefa de implementar os direitos previstos nas constituições escritas em sua máxima efetividade, seja garantindo a respectiva concretização para grupos desfavorecidos, seja determinando a redistribuição do respectivo gozo entre eventuais titulares concorrentes. Nesse sentido, os *direitos* transformam-se no cerne vocabular da argumentação jurídica, perdendo o seu caráter absoluto e reinventando-se como categorias flexíveis e ponderáveis. Nesse ínterim, o *trade off* entre os direitos de liberdade e de igualdade transforma-se na escala argumentativa de solução dos conflitos constitucionais.

Atualmente, *democracia* e *constitucionalismo* parecem ter alcançado um estado de simbiose, como resultado de reiteradas introjeções mútuas de sentidos e de limitações. No plano da linguagem comum, os dois termos praticamente são adotados como expressões sinônimas; no plano institucional, os dois institutos se percebem como indissociáveis segundo o modelo institucional preponderante – não há democracia sem constitucionalismo, e vice-e-versa.

O modelo de constitucionalismo do pós-guerra, calcado no sobreprincípio da dignidade da pessoa humana e na agenda de direitos humanos, influenciou as experiências jurisdicionais em nível global. Embora a permeabilidade de cada jurisdição a esse novo *standard* tenha sido variável, a depender de elementos culturais e estruturais locais, ele decerto obteve extenso alcance e profundo poder transformador. Segundo Weinrib, essa concepção não apenas "reorientou a interpretação de velhas constituições e influenciou o desenvolvimento das tradições constitucionais não escritas"[13], como também "influenciou na modelagem do texto e da interpretação de novas e renovadas constituições"[14].

Quanto a esse último ponto, as constituições confeccionadas durante a segunda metade do século XX – tais como as cartas dos países da Europa Ocidental no pós-guerra; do Sudeste Asiático pós-colonização, nas décadas de 60 e 70; da América Latina pós-militarização e da África pós-colonização, na década de 80; e do Leste Europeu pós-socialista, na década de 90 – incorporaram em sua esfera de normatividade a proteção aos direitos fundamentais, muitos deles categorias homônimas aos *direitos humanos* protegidos na esfera internacional (liberdade, igualdade, liberdade de expressão, liberdade de crença, proibição de penas cruéis etc.).

Esse fator contribuiu diretamente para a formalização de um catálogo de direitos fundamentais relativamente comum entre as democracias liberais, de modo que nações sem qualquer conexão histórica ou institucional passaram a compartilhar uma estrutura básica de proteção dos cidadãos, veiculada sob linguagem unificada.

Por óbvio, a recepção dos direitos humanos ocorreu de forma distinta em cada país, na medida em que o conteúdo a eles atribuído por cada jurisdição também recebeu influxos dos elementos específicos de cada cultura política. A título de exemplo, a liberdade de expressão e a liberdade religiosa assumiram contornos absolutamente dissociados nos Estados Unidos e na Europa Ocidental[15]. No entanto, a vigência de catálogos básicos comuns de direitos humanos facilitou o diálogo comparativo e a migração de ideias entre diversas jurisdições, na medida em que as

---

13. Lorraine E. Weinrib, The postwar paradigm and American exceptionalism, *IN* The Migration of Constitutional Ideas. Cambridge: Cambridge University Press, 2006 (p. 86). Texto original: "It reoriented interpretation of old constitutions and influenced the development of unwritten constitutional traditions".

14. Lorraine E. Weinrib, The postwar paradigm and American exceptionalism, *IN* The Migration of Constitutional Ideas. Cambridge: Cambridge University Press, 2006 (p. 86). Texto original: "It shaped the text and interpretation of new and renovated constitutions".

15. Sobre o tema, vide: Frederick Schauer, Freedom of Expression Adjudication in Europe and the United States: A Case Study in Comparative Constitutional Architecture, in European and US Constitutionalism 49, 68 (Georg Nolte ed., 2005).

cortes passaram a observar, com mais frequência, como outras jurisdições solucionam dilemas morais e conflitos constitucionais de conteúdo relativamente idêntico, seja para incorporar ideias constitucionais alienígenas, seja para rechaçar experiências que não se coadunam com os arranjos institucionais de cada jurisdição. Essa empreitada comparativa ensejou um movimento de fertilizações cruzadas de ideias constitucionais sem precedentes a partir da segunda metade do século XX.

2.2. O elemento político: o imperialismo jurídico estadunidense pós-Segunda Guerra

Um segundo elemento catalisador a que a doutrina constitucional tradicionalmente concedeu pouco peso consiste na influência estadunidense sobre o processo de migração de ideias constitucionais no contexto do pós-guerra.

Constitui fato notório que os Estados Unidos, como um dos grandes vencedores da Segunda Guerra Mundial, tornaram-se, por volta da década de 50, a maior superpotência econômica mundial. Essa circunstância intensificou a sua influência geopolítica sobre as demais democracias liberais, notadamente sobre a Europa ocidental, a América Latina e a África pós-colonial.

Nesse ponto, é curioso perceber que o modelo constitucional que se disseminou globalmente no pós-guerra apresenta características que remontam o modelo constitucional democrático então vigente nos Estados Unidos. *In casu,* não se tratou de uma mera coincidência. A influência econômica exercida pela nação americana se estendeu também para o campo jurídico.

Não se pode desprezar a íntima relação entre economia e direito, como dois microssistemas intimamente interligados à vida social. Os institutos jurídicos e as atividades econômicas mantêm relações tensionais entre si, de naturezas constitutiva e desconstitutiva. A dinamicidade dessas tensões pode ser basicamente descrita por meio de três intuições.

Primeiro, a economia, muito longe de ser absolutamente autônoma, consiste em plexo de atividades em todo o seu bojo constrito por normas jurídicas, que limitam, expandem ou regulam as possibilidades de atuação dos *players* econômicos. Uma vez que *(i)* o direito é mecanismo de controle social, e *(ii)* a atividade econômica é modalidade de conduta interpessoal, qualquer sistema jurídico disporá de um conjunto de normas que definem e delineiam o sistema econômico. Essa intuição é consistente mesmo em relação a países cuja constituição preconiza o absenteísmo estatal na economia. A mera previsão legal de institutos como a propriedade privada e os contratos consubstancia-se, por si só, em marco normativo-estrutural de enquadramento da atividade econômica, capaz de instituir janelas de atuação aos sujeitos de direito. Tais janelas encontram-se limitadas, em maior ou menor grau, tanto pelas normas jurídicas – mediante os requisitos de existência, de validade e de eficácia dos atos jurídicos – como pela cultura política de cada realidade – a partir dos incentivos e dos desincentivos que ela cria.

Segundo, institutos e normas jurídicas são constantemente desenhados, reformados ou revogados para responder a necessidades ou a aspirações econômicas, emergentes a partir da interação – nem sempre sadia – entre agentes econômicos, instituições públicas e privadas, e elementos contextuais de qualquer ordem. A título de exemplo, quando da instituição do direito de propriedade, a cristalização de um conjunto de poderes de um sujeito de direito sobre determinada coisa sob a forma de único plexo normativo objetivou, entre outros aspectos, estabilizar e dinamizar relações jurídicas de natureza econômica. Mais recentemente, os movimentos regulatórios da Administração Pública, a partir da década de 60, e a instituição de parcerias público-privadas, a partir da década de 90, surgiram como reação a determinadas disfunções das atividades privadas e públicas, muitas delas de natureza econômica. Em suma, institutos jurídicos não são criações aleatórias do direito, mas decerto incorporam concepções responsivas a projetos dominantes em cada sociedade.

Terceiro, a economia e a jurisdição constantemente se retroalimentam. Embora seja um truísmo que a jurisdição provoque intervenções das mais variadas formas e graus na atividade econômica, não se pode desprezar que o inverso também ocorre, na medida em que a economia consiste em poderoso *input* da atividade jurisdicional. A economia, como ciência social que estuda a organização e o funcionamento das sociedades, fornece elementos de informação que ajudam o intérprete a preencher o sentido dos diversos textos normativos abertos e, por isso mesmo, consubstancia-se em elemento de convicção indireto da cognição judicial. No entanto, muito mais do que contribuir para a construção da esfera axiológica do direito, a atividade econômica também fornece dados empíricos que permitem ao julgador, com uma razoável margem de probabilidade, manejar critérios de eficiência e de proporcionalidade durante a solução de controvérsias judiciais, especialmente naqueles casos em que se descortinam mais de uma resposta legal aparentemente correta.

A permeabilidade da jurisdição para a economia é variável temporal e contextualmente. A título de exemplo, em tempos de crise, a cognição judicial se torna mais sensível ao argumento econômico, mediante desde a priorização de pautas pró-austeridade pelas cortes até o modo como argumentos consequenciais são tematizados e acolhidos.

Em síntese, considerados os diversos modos como direito e economia se inter-relacionam – a exemplificação acima não pretendeu ser exaustiva –, é possível perceber como a influência econômica dos Estados Unidos corroborou a influência jurídica sobre as democracias liberais. A segunda metade do século XX consistiu em interregno de transplantes de estruturas constitucionais sem precedentes, no âmbito do qual o modelo constitucional americano até então consolidado espalhou-se sobre as diversas jurisdições – antigas e novas – do mundo ocidental. Tal modelo consistiu em pacote que incluía *(i)* catálogo de direitos fundamentais; *(ii)* sistema econômico capitalista; *(iii)* princípios da *rule of law*, da separação de poderes e da governança democrática; e especialmente *(iv)* jurisdição constitucional com poderes qualificados de controle de atos legislativos e executivos, bem como de aplicação de remédios processuais estruturais para o resguardo dos cidadãos em face de abusos estatais – a dificuldade contramajoritária.

O Professor Duncan Kennedy, da Harvard Law School, assevera que pelo menos três itens institucionais que se disseminam a partir do pós-guerra têm fortes raízes norte-americanas: as cortes constitucionais, as jurisdições transnacionais e o mercado jurídico integrado por escritórios e organizações não governamentais (ONGs) com atuação transnacional[16].

---

16. Para o professor Duncan Kennedy, "*along with this conceptual genealogy, each of the main sites for the development of contemporary legal consciouness has a strong U.S. connection. I would include among these sites, first the constitutional courts, with judicial review often of the issues of distribution of power in federal systems as well as over rights against the state, that have come into existence all over the world since 1945. Second, the rise of transnational jurisdictions, in a host of different contexts. [...]. Third, in the world of law practice there is the development of the U.S.-style large international law firm dealing with the issues of the globalized economy, and of a nonprofit NGO sector, equally globalized, understanding itself as constituting the international community or international civil society*". In Duncan Kennedy, "Three Globalization of Law and Legal Thought", in *The New Economic Development: A Critical Appraisal*, ed. David Trubek & Alvaro Santos, 19-73 (Cambridge, 2003), p. 68.

Para ele, "em cada um desses contextos, a influência dos Estados Unidos é manifesta"[17], seja por meio de imposições coercitivas, seja por meio de barganha ou exploração do próprio prestígio como superpotência. Exemplo do primeiro ponto consistiu na instituição de tribunais constitucionais após vitória dos EUA sobre a Alemanha, a Itália e o Japão na Segunda Guerra Mundial, na medida em que o primeiro impôs o próprio modelo de constitucionalismo para os demais[18]. Igualmente, houve "o processo pelo qual a USAID e as instituições financeiras internacionais negociaram com os regimes do Terceiro Mundo desesperados por ajuda financeira, e lhes impuseram *rule of law reforms* como parte do ajuste estrutural"[19].

Duncan Kennedy conclui:

> Por que é que, em um número considerável de sistemas jurídicos nacionais e periféricos, os tribunais constitucionais estabelecidos ao longo de todo o período, desde os anos quarenta (Índia) até os anos 1970 (Portugal, Espanha, Grécia) e os anos 90 (Europa Central, África do Sul), vieram a exercer poder significativo, com sucesso invalidando ações legislativas e executivas? O pano de fundo da hegemonia militar norte-americana, as pressões das instituições financeiras internacionais e dos mercados de capitais mundiais e o prestígio das instituições norte-americanas fazem parte desse fenômeno[20].

Em suma, os transplantes e as migrações de ideias e de estruturas constitucionais provocados pelos Estados Unidos nesse contexto de pós-guerra foram um fator político determinante para a expansão da jurisdição constitucional e de uma pauta relativamente comum de teorias constitucionais entre as diversas democracias liberais.

---

17. Duncan Kennedy, "Three Globalization of Law and Legal Thought", in *The New Economic Development: A Critical Appraisal*, ed. David Trubek & Alvaro Santos, 19-73 (Cambridge, 2003), p. 68.
18. *Id.*
19. *Id.* Texto original: *"Then there is the process by which USAID and the international financil institutions bargain with third world regimes desperate for financial outs, imposing rule of law reforms as part of structural adjustment."*
20. *Id* at 69. Texto original: *"Why is that, in a googly number of pheripheral and semipheral national legal systems, constitutional courts established over the whole period, from the late forties (India) into de 1970s (Portugal, Spain, Greece) and the 1990s (Central Europe, Colombia, South Africa), have to come to exercise significant power, successfully invalidating legislative and executive actions? The background of U.S. military hegemony, the pressures of the international financial institutions and of world capital markets, and the prestige of U.S. institutions are all part of the story".*

2.3. O elemento jurídico: a centralidade no constitucionalismo do pós-guerra

No paradigma do pós-guerra, o juiz se tornou a figura central do constitucionalismo. O poder das cortes de revisar normas emanadas pelos demais braços do Estado, consagrado pela Suprema Corte Americana no célebre *Marbury v. Madison*[21] (1803), disseminou-se por todo o globo, a partir da consolidação de duas premissas teóricas. Primeiro, a constituição, como lei fundamental de um povo, tem autoridade para governá-lo e, por isso mesmo, os princípios que ela encorpa consubstanciam-se na base axiológica essencial para a solução de conflitos de toda ordem. Segundo, os agentes estatais, entre eles os juízes, detém autoridade para interpretar e aplicar os princípios constitucionais quando da solução de conflitos levados ao Estado. Ao realizarem essa tarefa, os agentes estatais contribuem para a concretização e para a preservação da normatividade da constituição.[22]

Marbury v. Madison não inaugurou a *judicial review*, ideia já discutida previamente entre os federalistas (Federalist 78) e plantada na constituição americana[23] (Artigo 3º, Seção 2, Cláusula 2) e no *Judiciary Act*, parágrafo 3º (1789)[24]. Algumas cortes locais já haviam se utilizado desse

---

21. Estados Unidos, Corte Suprema, ***Marbury v. Madison***, 5 U.S. 137 (1803): *"It is also not entirely unworthy of observation that, in declaring what shall be the supreme law of the land, the Constitution itself is first mentioned; and not the laws of the United States generally, but those only which shall he made in pursuance of the Constitution, have that rank.*

    Thus, the particular phraseology of the Constitution of the United States confirms and strengthens the principle, supposed to be essential to all written constitutions, that a law repugnant to the Constitution is void; and that courts, as well as other departments, are bound by that instrument".

22. Vide: Larry Kramer, Understanding *Marbury v. Madison.* **Proceedings Of The American Philosophical Society. VOL. 148, NO. 1, MARCH 2004.**

23. "In all Cases affecting Ambassadors, other public Ministers and Consuls, and those in which a State shall be a Party, the supreme Court shall have original Jurisdiction. In all the other Cases before mentioned [within the judicial power of the United States], the supreme Court shall have appellate Jurisdiction, both as to Law and Fact, with such Exceptions, and under such Regulations as the Congress shall make", U.S. Constitution, Article III, Section 2, Clause 2.

24. The Supreme Court shall also have appellate jurisdiction from the circuit courts and courts of the several states, in the cases herein after provided for; and shall have power to issue writs of prohibition to the district courts [...] and writs of mandamus[...] to any courts appointed, or persons holding office, under the authority of the United States. — Judiciary Act of 1789, § 13.

poder previamente, tal como em *Kamper v. Hawkins* (1793)[25], decidido pela Corte da Virgínia. Tais marcos pavimentaram o caminho para que a Suprema Corte, anos depois, utilizasse, pela primeira vez, do seu poder de revisão de atos legais.

No entanto, a Suprema Corte, durante o século seguinte, exerceu com cautela e discrição o poder de *judicial review* em casos específicos. Somente a partir da segunda metade do século XX, especialmente com o advento da Warren Court, a Suprema Corte exerceu com mais frequência a *judicial review*, mediante a construção de um modelo de interpretação mais criativo e propositivo, relativamente desconectado das interpretações preconizadas pelos *founders*. Esse processo coincide com os dois elementos catalisadores supracitados, especialmente quanto à mudança de vocabulário no exercício da jurisdição constitucional – *rights-based discourse* – e ao aumento da influência americana entre as democracias liberais.

Casos como *Brown v. Board of Education*[26] (1954) e *Loving v. Virginia*[27] (1967), em que a corte invalidou normas estaduais que permitiam a segregação racial em escolas e proibiam o casamento inter-racial, respectivamente, são exemplos clássicos dessa transformação. Sob a liderança do *Justice Warren*, a corte consolidou uma farta jurisprudência sobre direitos fundamentais – direito ao voto, garantias processuais penais, liberdade religiosa, liberdade de expressão, direitos reprodutivos, direito à privacidade etc. – e não hesitou em exercer a *judicial review* para declarar a nulidade de normas que contrariavam a Constituição.

Há uma questão geopolítica nessa análise. No contexto da Guerra-fria, em que havia franca oposição entre dois sistemas de produção – o capitalismo e o socialismo – os EUA deliberadamente pretenderam se mostrar ao mundo como a vitrine de proteção dos direitos fundamentais. Por um lado, havia um consenso de que os direitos humanos e o respeito à dignidade deveriam prevalecer em qualquer regime estatal, em reação às atrocidades ocorridas durante a segunda guerra mundial. Por outro, era necessário construir um modelo concreto e efetivo de proteção de tais direitos. Nesse sentido, nada mais oportuno do que a então maior potência econômica do planeta arrogar para si o protagonismo desse processo, para se tornar não

---

25. Estados Unidos, Kamper v. Hawkins, 3 Va. (1 Va. cases) 20, (1793).
26. Estados Unidos, Suprema Corte, Brown v. Board of Education of Topeka, 347 U.S.483 (1954).
27. Estados Unidos, Suprema Corte, Loving v. Virginia, 388 U.S. 1 (1967).

apenas o modelo econômico e político de sucesso, mas certamente o *leading case* de concretização dos direitos fundamentais. Consectário lógico de se transformar na nação de maior prestígio mundial também é dispor da corte constitucional de maior prestígio, como um farol para as demais jurisdições e, por óbvio, também uma provocação estratégica ao mundo socialista.

Resultado evidente de todo esse processo é a consolidação e a disseminação da ideia americana de que o Poder Judiciário é o intérprete último das constituições e o guardião dos direitos fundamentais nela encartados. Essa tese, que hoje representa um truísmo nas leituras de direito constitucional, consistiu em uma construção teórica lenta, resultado da conjunção de vários vetores jurídicos, políticos e sociais.

Nesse ponto, é curioso perceber que diversas transformações progressistas, em termos de costumes sociais, nas mais diversas democracias liberais, tiveram assento jurisprudencial. Década a década, a partir da segunda metade do século XX, as cortes constitucionais de todo o globo passaram a decidir as grandes questões das esferas social, econômica e política. Nos últimos 30 anos, o Judiciário se tornou o desaguadouro dos conflitos administrativos e políticos. Os teóricos falam que caminhamos para uma anômala juristocracia, em que os juízes se tornaram o superego de uma sociedade complexa, caótica, incoerente e profundamente desigual[28]. Críticos dessa prevalência jurisdicional afirmam que o questionamento central da filosofia do direito até a década de 70 do século passado – *qual a natureza jurídica do direito* – se transformou em *como os juízes decidem.*[29]

Em suma, a centralidade política que as cortes constitucionais adquiriram nas democracias liberais consistiu em importante elemento catalisador do engajamento comparativo, na medida em que se produziu, em todo o mundo, uma rica jurisprudência sobre conflitos constitucionais e dilemas morais, apta a ser compartilhada entre as diversas jurisdições.

2.4. Uma breve síntese: o recrudescimento do direito constitucional comparado

A conjunção dos três elementos catalisadores acima analisados – o apogeu do discurso da normatividade dos direitos humanos, a influência

---

28. Ran Hirschl, Towards Juristocracy: the origins and the consequences of the new constitutionalism. Cambridge, Harvard University Press, 2004.

29. Roberto Mangabeira Unger, *What Should Legal Analysis Become,* 138 (Verso, 1996).

central do constitucionalismo americano sobre as demais democracias liberais e a centralidade das cortes constitucionais no exercício de interpretação da constituição – ensejou o recrudescimento do direito comparado. Com cada vez mais frequência, cortes do mundo inteiro passaram a resolver casos sob o prisma do direito constitucional, emitindo decisões através de um vocabulário comum e recorrendo sem hesitações a importações e a exportações de ideias constitucionais.

Constitucionalistas asseveram a vigência do paradigma do *engajamento comparativo*, no âmbito do qual *(i)* os intérpretes das constituições se dedicam a pesquisar o funcionamento de outros sistemas de jurisdição constitucional e *(ii)* e adotam ideias constitucionais estrangeiras e internacionais como elemento de convicção e de interpretação. Essa empreitada não implica conceder autoridade normativa a elementos jurisdicionais alienígenas, mas decerto implica analisar como outras cortes constitucionais *(i)* exercem procedimentalmente a respectiva jurisdição; *(ii)* constroem cânones de interpretação dos princípios e das regras constitucionais locais; *(iii)* preenchem o sentido das categorias constitucionais abstratas – direitos fundamentais, elementos de ponderação e de proporcionalidade, cláusulas abertas de estruturação do Estado etc.; e *(iv)* solucionam conflitos constitucionais similares. Esse exercício comparativo tem sido hodiernamente um dos principais fatores de migração de ideias constitucionais entre jurisdições.

Na defesa do engajamento comparativo, a professora Vicki Jackson, da Harvard Law School, elenca três circunstâncias que impulsionam esse paradigma[30].

Primeiro, independente das particularidades locais, sistemas constitucionais exercem funções básicas similares em qualquer país – organização da estrutura estatal, alocação de poderes e de funções públicas, definição do grau de intervenção do Estado nas atividades econômicas e sociais, previsão de garantias fundamentais e sistematização da *judicial review*. Ao mesmo tempo, num mundo globalizado, os dramas humanos – as questões morais de relevante discordância, as crises econômicas e políticas etc. – também se repetem em diversos países.

Nesse sentido, não surpreende o fato de que os conflitos sociais levados às cortes, quando traduzidos da *linguagem fática* para a *linguagem dos*

30. Vicki Jackson, Constitutional Comparisons: Convergence, Resistance, Engagement. Harvard Law Review, Vol. 119:109, p. 116.

direitos fundamentais e dos princípios jurídicos impessoais, descortinam conflitos constitucionais não apenas entre as diversas possibilidades de solução do caso concreto, mas entre os *standards* que guiam as escolhas interpretativas[31]. Por isso mesmo, segundo Jackson, "se mais de uma interpretação da constituição é plausível a partir das fontes domésticas, abordagens adotadas por outros países podem fornecer informações empíricas úteis para a decisão acerca de qual interpretação melhor funcionaria"[32].

Segundo, o engajamento comparativo possibilita não apenas o empréstimo de teorias, mas também a depuração das diferenças entre os diversos sistemas constitucionais. Nesse sentido, cabe lembrar que analisar jurisprudência estrangeira não conduz – e nem deve conduzir – necessariamente à importação acrítica de ideias. Em muitas hipóteses, o exercício de comparação conduz o intérprete a rejeitar determinada solução adotada por outro país, consideradas as diferenças contextuais, políticas e culturais, o que tornaria artificial qualquer transplante. A título de exemplo, as categorias "liberdade de expressão" e "proibição de pena cruel", embora sejam compartilhadas por várias constituições, assumem contornos específicos nas mais diversas culturas políticas. Mesmo países vizinhos, como os Estados Unidos e o Canadá, os quais compartilham diversos elementos históricos, construíram concepções bem distintas sobre o conteúdo do direito de "liberdade de expressão", o que não pode ser desprezado pelo intérprete cauteloso. Nesse ponto, na medida em que elucida distinções estruturais e axiológicas entre os países, o engajamento comparativo também funciona para rejeitar importações indevidas de ideias constitucionais.

Terceiro, "direito estrangeiro e internacional podem iluminar as dimensões suprapositivas dos direitos constitucionais"[33]. Afinal, conforme já discutido, diversas categorias constitucionais foram deliberadamente formalizadas sob um alto grau de abstração. A pesquisa comparativa auxilia sobremaneira o preenchimento do conteúdo dos respectivos textos e a

---

31. Vicki Jackson, Constitutional Comparisons: Convergence, Resistance, Engagement. Harvard Law Review, Vol. 119:109, p. 116.

32. Vicki Jackson, Constitutional Comparisons: Convergence, Resistance, Engagement. Harvard Law Review, Vol. 119:109, p. 116. Texto original: *"If more than one interpretation of the Constitution is plausible from domestic legal sources,35 approaches taken in other countries may provide helpful empirical information in deciding what interpretation will work best here"*.

33. Vicki Jackson, Constitutional Comparisons: Convergence, Resistance, Engagement. Harvard Law Review, Vol. 119:109, p. 118. Texto original: *"foreign or international legal sources may illuminate "supra- positive" dimensions of constitutional rights"*.

construção da norma jurídica para cada caso concreto, na medida em que a maioria dessas categorias constitucionais dispõe de conteúdos mínimos universalmente compartilhados – especialmente no que tange aos direitos humanos, aos critérios de proporcionalidade, às teorias de justiça, aos conceitos de equidade e de igualdade, entre outros.

Por sua vez, o Professor Mark Tushnet pontua que o engajamento comparativo permite ao intérprete perceber as *falsas necessidades* do próprio sistema constitucional. Inevitavelmente, o intérprete isolado, ao negligenciar outras experiências constitucionais além das suas próprias, tende a desenvolver a falsa percepção de que *(i)* as estruturas e as doutrinas inscritas na sua própria cultura política formam uma amálgama exclusiva, e que *(ii)* nenhum outro conjunto de estruturas e de doutrinas encaixaria nas especificidades contextuais de seu próprio sistema constitucional. Esse olhar enviesado do intérprete acaba por fossilizar as suas percepções acerca de sua própria estrutura constitucional, na medida em que ele enxerga todas as instituições respectivas como absolutamente *necessárias* e *responsivas* aos elementos contextuais de seu sistema.

Por outro lado, o engajamento comparativo descortina experiências diversas sobre conflitos sociais semelhantes, levando o intérprete a perceber que determinados arranjos locais são, em verdade, *falsas necessidades*. Para Tushnet, a partir dessas percepções, o ponto central da análise comparativa passa a ser a definição de como *(i)* os limites impostos pelas instituições e pelas normas de um determinado país, *(ii)* os limites impostos pela doutrina historicamente construída, *(iii)* os limites impostos pela cultura jurídica e *(iv)* todos os demais limites estruturais se intersecionam de tal forma a reduzir o conjunto de escolhas (sejam elas institucionais, doutrinárias, normativas e judiciais etc.) a apenas uma, qual seja, a escolha atualmente vigente[34].

Nesse sentido, constitucionalistas concordam que o *engajamento comparativo*, muito longe de ser "uma passagem sem volta a uma destinação única"[35], é uma ferramenta avançada para uma profunda reflexão sobre o que a constituição significa para cada nação. Certamente, consiste em método para conhecer melhor a própria cultura política, na medida em que o empreendimento comparativo acaba por descortinar semelhanças e

34. Mark Tushnet, Some reflections on method in comparative constitutional law. In: The Migration of Constitutional Ideas. Cambridge: Cambridge University Press, 2006. p. 81.

35. Vicki Jackson, Constitutional Comparisons: Convergence, Resistance, Engagement. Harvard Law Review, Vol. 119:109, p. 128.

diferenças entre os diversos sistemas constitucionais e, consequentemente, faz o intérprete refletir sobre o próprio sistema, as suas falsas necessidades e os componentes do seu contexto.

3. AS ASPIRAÇÕES DO CONSTITUCIONALISMO GLOBAL NO PARADIGMA DO ENGAJAMENTO COMPARATIVO

Este é o estado da arte atual: um conjunto numericamente considerável de países veiculam constituições escritas, as quais organizam as estruturas do poder político (*power map*), apresentam um catálogo relativamente comum de direitos fundamentais e dispõem de cortes constitucionais que resolvem conflitos morais complexos sob a linguagem dos direitos e dos princípios impessoais, mediante técnicas interpretativas de ponderação. A construção de um paradigma de constitucionalismo calcado sobre estruturas normativas e institucionais similares em diversos países consistiu em elemento estrutural e cultural precursor de pelo menos três circunstâncias: ***(i)*** a aproximação dogmática entre as jurisdições constitucionais, na medida em que as cortes passam a pesquisar como as demais funcionam e decidem; ***(ii)*** a transformação das cortes em desaguadouro dos conflitos morais e políticos de toda ordem e escala; e ***(iii)*** o alto grau de presença do Judiciário na vida social.

Essas três circunstâncias são a base fática do surgimento de três grandes discussões teóricas que atualmente dominam o *mainstream* do Direito Constitucional: ***(i)*** a popularização do fenômeno de "empréstimo de ideias constitucionais"; ***(ii)*** a judicialização da vida social e política; e ***(iii)*** o discurso dicotômico entre as condutas *minimalista* e *ativista* do Poder Judiciário.

Embora não sejam recentes, os doutrinadores constitucionais têm produzido, já há algum tempo, um repertório relativamente comum de críticas à jurisdição constitucional. Lançando o olhar para o futuro, tarefa essencial consiste em analisar criticamente o atual estado da arte e perceber o quanto essas discussões têm efetivamente tematizado as realidades e as necessidades das diversas culturas políticas, de modo a apontar algumas reorientações teóricas – ou novos questionamentos – que poderiam torná-las mais responsivas às novas complexidades que se descortinaram nos últimos anos.

O presente trabalho enxerga duas aspirações do constitucionalismo global, especificamente relacionadas à jurisdição constitucional.

Primeiro, a *aspiração metodológico-discursiva* decorre da percepção de que se tornou comum a prática do *transplante acrítico* de ideias entre as diversas cortes, em que os intérpretes não se incumbem de tematizar elementos contextuais quando do empréstimo de ideias constitucionais. Nesse sentido, propõe-se o refinamento metodológico do engajamento comparativo, tarefa imprescindível para o aumento da sua eficácia persuasiva.

Segundo, a *aspiração político-funcional* propõe ultrapassar o discurso binário e formalista *minimalismo v. ativismo judicial*, a partir da percepção de que não há necessária conexão entre o grau de intervenção judicial e seus eventuais impactos positivos ou negativos no mundo fenomênico. Destarte, impõe-se problematizar *(i)* a complexidade da relação entre o Poder Judiciário e as demais instituições políticas, inclusive percebendo novas funções que as cortes constitucionais têm assumido no processo democrático, *(ii)* e o modo como a construção das soluções para os conflitos constitucionais (técnicas de interpretação, remédios processuais, linguagem jurídica, técnicas de decisão etc.) pode ser aprimorada e dinamizada.

3.1. A aspiração metodológico-discursiva: o combate ao transplante acrítico de ideias constitucionais

A popularização do fenômeno de empréstimo de ideias constitucionais entre cortes do mundo inteiro pareceu vir desacompanhada de uma preocupação metodológica acerca da possibilidade de acomodação de determinadas teorias ou estruturas normativas em culturas políticas distintas. Percebe-se, com cada vez mais frequência, o fenômeno do "transplante acrítico", mediante o qual cortes fazem referência a julgados e a normas estrangeiros sem a devida problematização contextual, o que, em último grau, compromete a efetividade argumentativa e a cientificidade do engajamento comparativo.

São exemplos de transplante acrítico: *(i)* o intérprete, ao se deparar com determinado conflito entre direitos constitucionais, busca na jurisprudência estrangeira casos similares e transplanta a solução neles adotada, sem estabelecer nenhuma consideração contextual; *(ii)* o intérprete direciona a pesquisa à jurisprudência estrangeira, de modo a considerar, como espaço amostral, apenas casos cuja solução coincide com o desfecho que ele previamente decidiu adotar para o caso em decisão; *(iii)* o intérprete restringe a pesquisa a países por ele previamente selecionados, pelos quais ele nutre certa admiração cívica ou alinhamento ideológico, e utiliza elementos estrangeiros como argumentos de autoridade; ***(iv)*** o intérprete limita-se a cotejar trechos normativos de diferentes constituições, sem estabelecer qualquer conexão com elementos da cultura política dos países pesquisados; ***(v)*** o intérprete despreza os textos normativos e os precedentes vinculantes do seu próprio sistema, em privilégio a elementos normativos e precedentes estrangeiros que, em tese, não estariam albergados pelo ordenamento doméstico.

Dois argumentos refutam esses comportamentos. Primeiro, o exercício comparativo é eminentemente metodológico. Segundo, a principal metodologia do exercício comparativo é o contexto. Tão importante quanto o cotejo comparativo em si é a metodologia adotada nesse empreendimento. A metodologia no direito comparado é a chave da eficácia argumentativa da referência a julgados alienígenas.

Normas constitucionais encontram-se mergulhadas no âmbito de uma cultura política específica, a qual consiste em um plexo de arranjos institucionais diversos, compromissos políticos, aspirações de transformação ou de estabilização social, elementos culturais, consensos e dissensos morais. Cada elemento cristalizado no texto constitucional – seja o catálogo de direitos fundamentais, seja o rito do processo legislativo –, ali foi implantado como resultado de uma decisão política que, embora seja passível de crítica, deve ser tematizada pelo intérprete.

Nesse sentido, o exercício de comparação entre dois sistemas constitucionais não pode se restringir ao mero cotejo de textos constitucionais ou à mera citação de casos aparentemente afins para justificar premissas prévias de convicção. Sistemas constitucionais não são apenas textos de norma ou acórdãos de decisão judicial, mas decerto a reunião desses elementos com o contexto no qual eles estão inscritos e os valores aos quais eles pretendem ser responsivos.

A título de exemplo, há evidente déficit de cientificidade ao se comparar o mecanismo de nomeação de juízes de cortes constitucionais em diferentes sistemas sem se tematizar o modo como a estrutura adotada em cada país se relaciona com os demais elementos políticos, históricos e estruturais internos. A eficácia persuasiva do argumento "*no país X, os juízes são escolhidos pelo voto popular e, portanto, o país Y deveria adotar esse procedimento*" é potencialmente reduzida, se desacompanhada de qualquer cotejo contextual. Nesse caso, a crítica ao engajamento comparativo será primordialmente metodológica, pois o raciocínio lógico apresentado conduz à impressão de que a mesma estrutura institucional, uma vez imersa em qualquer das culturas políticas, produz incentivos e desincentivos semelhantes, o que nem sempre pode corresponder à realidade.

Estruturas institucionais satisfatoriamente acomodadas em determinados contextos podem gerar consequências indesejadas se transplantadas acriticamente para outros países. Imagine-se como no Brasil seria recepcionada a prerrogativa da Suprema Corte Americana de decidir sigilosamente quais casos serão apreciados em cada termo, sem qualquer obrigação de justificar o motivo pelos quais determinadas controvérsias foram rechaçadas pelos juízes. Embora essa seja uma tradição no país norte-americano, certamente o histórico da cultura política de progressiva transparência e justificação de julgamentos estabelecida no Judiciário brasileiro não comportaria esse transplante.

Esse mesmo raciocínio se aplica à referência à jurisprudência estrangeira. O conflito constitucional entre liberdade de expressão *versus* intimidade pode assumir conotações absolutamente distintas nos EUA e no Canadá, justamente porque a construção do núcleo essencial de direitos fundamentais, ainda que homônimos, está intrinsecamente ligada a arranjos institucionais e à cultura política locais. Dois textos constitucionais rigorosamente semelhantes, se aplicados em países distintos, geram incentivos e desincentivos distintos, na medida em que se encontram mergulhados em um plexo de elementos históricos, culturais e axiológicos distintos, e, consequente, a eles se atribuem sentidos condizentes com o modo como tais elementos interagem entre si. Afinal, textos constitucionais, por si só, não produzem cultura política, mas formam com ela uma relação de retroalimentação constante, por meio de introjeções mútuas de significados e de limitações.

Em suma, engajamento comparativo pressupõe engajamento contextual. A própria função judicial é eminentemente contextual. Muito mais do que arenas, as cortes são *players* não centrais que interagem com as demais instituições (formais e informais) mediante relações de poder e de razão, dois elementos em constante tensão. Por esse mesmo motivo, a referência a qualquer julgado estrangeiro, como resultado da função judicial, não pode prescindir da análise da conjuntura em que construído.

No entanto, se, por um lado, elementos contextuais consistem em fator que recomenda cautela ao intérprete no ato de transplante de ideias constitucionais, por outro, eles não se podem tornar em uma barreira intransponível para o engajamento comparativo. O ponto nodal da metodologia comparativa envolve a reunião de elementos empíricos e contextuais das culturas políticas pesquisadas, os quais funcionam como evidências que suportam ou infirmam a hipótese conclusiva – a qual absorve ou rechaça, parcial ou integralmente, o transplante constitucional. Esse iter lógico-argumentativo deve ser explicitado pela corte em sua decisão, com o fito de reforçar a eficácia argumentativa da conclusão.

O engajamento comparativo é normalmente apresentado sob a forma de *inferência indutiva*[36]. Trata-se de modalidade lógica pela qual a condição de verdade das premissas, embora não garanta integralmente a verdade da conclusão, baliza a crença na verdade da conclusão em certo grau de probabilidade.

São duas as formas de *inferência indutiva*: a *generalização indutiva* e a *especificação indutiva*[37]. A primeira envolve a generalização a partir de observações de objetos particulares que apresentam propriedade comum. Nesse tipo de argumento, as premissas reportam-se a elementos particulares, para sustentar uma conclusão que veicula uma generalização probabilística inferida de particularidades:

> '$\alpha 1 \ldots \alpha n$' representam um conjunto de indivíduos (Exemplo: países da América Latina);
>
> 'ϕ' representam uma característica percebida nos elementos $\alpha 1 \ldots \alpha n$;
>
> 'θ' representam uma segunda característica percebida nos elementos $\alpha 1 \ldots \alpha n$;
>
> O padrão da generalização indutiva é o seguinte:
>
> ($\varepsilon 1$) $\alpha 1$ corresponde tanto a ϕ e a θ

---

36. Ran Hirschl, Towards Juristocracy: the origins and the consequences of the new constitutionalism. Cambridge, Harvard University Press, 2004.

37. BREWER Scott, **Exemplary Reasoning: Semantics, Pragmatics, and the Rational Force of Legal Argument by Analogy**, Harvard Law Review Vol. 109, No. 5 (Mar., 1996). Artigo publicado por The Harvard Law Review Association. Disponível em: <http://www.jstor.org/stable/1342258?seq=1#page_scan_tab_contents>. Acesso em 15 out. 2015.

_______ Scott, **Scientific Expert Testemony and Intellectual Due Process,** The Yale Law Journal Vol. 107, No. 6 (Apr., 1998). Artigo publicado por The Yale Law Journal Company, Inc. Disponível em: https://www.jstor.org/stable/pdf/797336.pdf?seq=1#page_scan_tab_contents>. Acesso em 15 out. 2015.

_______ Scott, **Logocratic Method and the Analysis of Argument in Evidence**, Artigo publicado 01 September 2011 no Oxford Journal Academic. Disponível em:<https://academic.oup.com/lpr/search-results?page=1&q=Logocratic%20method%20and20the%20analysis%20ºf%20arguments%20in%20evidence&SearchSourceType=1>. Acesso em 10 out. 2015.

(i.e., possui ambas as características ϕ e θ)

[e.g. País 1 tem característica *a* e País 1 tem característica *b*]

(ε2) α2 corresponde tanto a ϕ e a θ

[e.g. País 2 tem característica *a* e País 2 tem característica *b*]

(ε3) α3 corresponde tanto a ϕ e a θ

[e.g. País 3 tem característica *a* e País 3 tem característica *b*]

(ε*n*) α*n* corresponde tanto a ϕ e a θ

[e.g. País N tem característica *a* e País N tem característica *b*]

(ε*n*+1) Há poucos [ou nenhum] indivíduos do grupo α que correspondem a ϕ e não correspondem a -θ

[e.g. Não se observou nenhum país da América Latina que dispõe da característica 1 e não dispõe da característica 2]

h: [Provavelmente] [**Todos ou a maioria**] ϕ's são θ

[e.g. Provavelmente, **todos os países da América Latina de característica 1 são também característica 2**].

Perceba-se que a conclusão alcançada é apenas uma hipótese cuja força argumentativa depende das evidências que lhe antecedem, as quais funcionam como premissa lógica. Quanto mais o intérprete avança na colheita de evidências, mais alto o grau probabilístico de suporte das premissas em relação à hipótese conclusiva.

Outro tipo de inferência é a *especificação indutiva*. Em vez de alcançar uma conclusão sobre a classe indivíduos, ela oferece uma conclusão sobre um específico indivíduo, baseada numa generalização sobre as classes às quais aquele indivíduo pertence. Trata-se de uma forma argumentativa para se realizarem previsões baseadas em evidência empírica. Abstratamente, tem-se a seguinte forma:

(ε1 até ε*n*) α1 até α*n* possuem as características ϕ e θ

[e.g., País 1 até País N dispõem das características 1 e 2]

(ε*n*+1) Foram observados poucos indivíduos do grupo α que dispõem da característica ϕ e não dispõem da característica -θ

[e.g. Não se observou nenhum país da América Latina que não dispõe da característica 2]

Portanto, **hipótese:** Algum indivíduo α*n*+1 provavelmente tem tanto a característica ϕ como a característica θ.

Um país da América Latina que dispõe da propriedade 1 provavelmente tem a propriedade 2.

Qualquer exercício comparativo é formado por um plexo de generalizações e de especificações. No entanto, essas formas lógicas, por si, parecem simplórias considerando a complexidade da argumentação comparativa, uma vez que nem sempre as premissas formam um conjunto harmônico, seja para infirmar, seja para sustentar a hipótese conclusiva. Análise depurada conduzirá à conclusão de que os países possuem mais distinções do que semelhanças, as quais parecem mais os distanciar do que os aproximar. Nesse sentido, as evidências colhidas de cada cultura política formam premissas que ora corroboram, ora infirmam, com distintas forças probabilísticas, a hipótese conclusiva de que determinada ideia constitucional pode ser acomodada em terreno estranho.

A título de exemplo, no exercício da analogia comparativa, o intérprete verificará que dois países ou dois grupos de países compartilham as características A, B e C, o que corrobora a hipótese conclusiva tendente ao empréstimo de determinada ideia constitucional. No entanto, o mesmo intérprete poderá verificar que uma característica D se manifesta distintamente nos dois países, o que diminui o grau de suporte das premissas A, B e C sobre a hipótese conclusiva. Nesse ponto, uma metodologia apurada tematizará todas essas circunstâncias na decisão judicial, e imputará a cada uma delas o respectivo peso probabilístico, seja para reforçar, seja para reduzir o grau de certeza da conclusão. Esse peso probabilístico depende da própria natureza de cada circunstância e deverá ser justificado pelo intérprete. Ao final, esse iter lógico propicia o alcance de uma conclusão fundada em um potencial probabilístico elevado, a qual recepcionará o transplante constitucional, quando as premissas desfavoráveis não reduzirem sobremaneira o grau de eficácia das premissas compartilhadas, ou rejeitará o transplante, quando as premissas desfavoráveis comprometerem o suporte que as premissas compartilhadas oferecem à hipótese conclusiva.

No julgamento do caso *State v. Makwanyane*, a Corte Constitucional da África do Sul, ao declarar inconstitucional a pena de morte naquele país, ofereceu um belo exemplo de engajamento comparativo. Ao verificar as jurisprudências das cortes internacionais e de diversos países, o tribunal africano rejeitou a adoção de entendimentos consolidados pela Suprema Corte Americana e pela Suprema Corte da Índia, as quais acolheram a constitucionalidade da pena de morte. O relator do caso, Juiz Chaskalson, apresentou como premissas de evidência contextual inúmeras semelhanças e distinções entre a cultura política sul-africana e a cultura política desses países. Após, concedeu os devidos pesos a cada premissa, para concluir que havia pouco embasamento para que as ideias inscritas nos países em referência pudessem ser acomodadas sob o manto da constituição sul-africana, que, diferentemente das demais, havia concedido ao direito à vida uma relevância não encontrada nas outras:

> Quando os recursos contra a condenação à morte em tribunais ou tribunais internacionais ou estrangeiros não obtiveram êxito, a Constituição ou o instrumento internacional que serviu de referência previu diretamente a pena de morte ou especificamente estabeleceu que o direito à vida está sujeito a excepções sancionadas por lei. O único caso em que não existiam disposições expressas na Constituição foi a decisão do Tribunal Constitucional húngaro. Naquele caso, o recurso teve êxito e a pena de morte foi declarada inconstitucional
>
> Nossa Constituição expressa o direito à vida sob uma forma não qualificada e prescreve os critérios que devem ser cumpridos para a limitação de direitos entranhados, inclusive a proibição de legislação que anula o conteúdo essencial de um direito arraigado. Ao lidar com o direito comparado, devemos ter em mente que somos obrigados a interpretar a Constituição da África do Sul, e não um instrumento internacional ou a constituição de algum país estrangeiro, e que isso deve ser feito com a devida consideração ao nosso sistema legal, nossa história e circunstâncias, e a estrutura e linguagem de nossa própria Constituição. Podemos derivar assistência do direito internacional público e da jurisprudência estrangeira, mas não estamos obrigados a segui-lo[38].

Perceba-se que a corte sul-africana baliza-se em um elemento da cultura política de natureza formal (a deferência da constituição ao direito à

---

38. África do Sul, Corte Constitucional, ***State v Makwanyane and Another*** (CCT 3/94). Texto original: "When challenges to the death sentence in international or foreign courts and tribunals have failed, the constitution or the international instrument concerned has either directly sanctioned capital punishment or has specifically provided that the right to life is subject to exceptions sanctioned by law. The only case to which we were referred in which there were not such express provisions in the Constitution, was the decision of the Hungarian Constitutional Court. There the challenge succeeded and the death penalty was declared to be unconstitutional.

    Our Constitution expresses the right to life in an unqualified form, and prescribes the criteria that have to be met for the limitation of entrenched rights, including the prohibition of legislation that negates the essential content of an entrenched right. In dealing with comparative law, we must bear in mind that we are required to construe the South African Constitution, and not an international instrument or the constitution of some foreign country, and that this has to be done with due regard to our legal system, our history and circumstances, and the structure and language of our own Constitution. We can derive assistance from public international law and foreign case law, but we are in no way bound to follow it".

vida) para rechaçar o transplante constitucional. A natureza dessa premissa contextual (o próprio texto constitucional) é suficiente para que a corte lhe conceda um peso tal que infirme o peso das eventuais semelhanças entre os demais sistemas que serviram de referência, de modo que o balanceamento entre premissas de semelhança e premissas de distinção conduziu à rejeição da hipótese de transplante constitucional.

Essas considerações iniciais nos permitem a reunião de alguns *standards* de comparação para experiências futuras de jurisdição constitucional.

Primeiro, como já explicitado, o exercício comparativo deve ser guiado metodologicamente, como forma de ampliar a força argumentativa da referência a julgados alienígenas, e evitar que esse empreendimento tenha força meramente retórica ou de falso argumento de autoridade.

Segundo, conforme ensina a professora Vicki Jackson, a legitimidade da pesquisa a precedentes estrangeiros varia de acordo com o conflito constitucional em análise, com a especificidade do texto da constituição doméstica em relação a esse tema e do grau de abertura que o texto constitucional concede a ele[39]. Não se pode transformar o engajamento comparativo em um fetichismo jurisprudencial, de modo a sempre tentar acolher entendimentos estrangeiros de forma acrítica, ainda quando a própria constituição e a cultura política em que ela está inscrita apresentem soluções adequadas e definitivas para os conflitos constitucionais em análise. Quanto maior a abertura textual e a generalidade dos direitos envolvidos no conflito constitucional, maior a probabilidade de a jurisprudência estrangeira oferecer elementos de convicção efetivamente úteis para a solução das controvérsias.

Terceiro, a carga persuasiva do precedente estrangeiro depende de uma combinação entre a coerência interna de seus argumentos, a comparação entre os contextos e as suas origens institucionais[40]. O engajamento comparativo nem sempre resulta no transplante da ideia constitucional, mas também – e possivelmente na maioria das vezes – resulta na rejeição de determinada ideia, consideradas as diferenças contextuais e institucionais. A possibilidade de rejeição não pode significar um desincentivo ao exercício comparativo, na medida em que, conforme já explicitado, o iter lógico dessa empreitada conduz o intérprete a um autoconhecimento maior de

39. Vicki Jackson, Constitutional Comparisons: Convergence, Resistance, Engagement. Harvard Law Review, Vol. 119:109, p. 128.

40. Vicki Jackson, Constitutional Comparisons: Convergence, Resistance, Engagement. Harvard Law Review, Vol. 119:109, p. 128.

seu próprio contexto, bem como a um questionamento acerca das falsas necessidades nele existentes.

Quarto, em consequência ao terceiro *standard*, as operações lógicas de inferência indutiva (generalizações indutivas e especificações indutivas) podem ser de considerável valia para que o intérprete adequadamente explicite as premissas contextuais que adotou para acolher ou rejeitar o transplante de determinada ideia constitucional. Nesse sentido, cabe ao intérprete elencar os elementos contextuais relevantes para a hipótese conclusiva, de modo a lhes conceder o devido peso, tanto no sentindo de corroborar, como no sentido de infirmar a hipótese de transplante constitucional. A correlação entre todos esses elementos e os seus respectivos pesos permitirá ao intérprete concluir se as premissas, de fato, suportam, com elevado grau de probabilidade, a hipótese de transplante constitucional. A adoção de formas lógicas como inspiração na empreitada argumentativa faz o intérprete tomar conhecimento de uma série de premissas implícitas. Torná-las explícitas no texto argumentativo torna o exercício mais transparente e fortalece a eficácia argumentativa, bem como a coerência interna dos argumentos.

Por óbvio, essas sugestões metodológicas padecem de desenvolvimento posterior, mas, de forma preliminar, abrem uma linha de reflexão e de pesquisa necessária para o saudável engajamento comparativo no âmbito da jurisdição constitucional.

3.2. A aspiração político-funcional: a superação do debate minimalismo v. ativismo judicial e o reconhecimento da função catalisadora da jurisdição constitucional

O paradigma do constitucionalismo global fundou as bases estruturais e culturais para uma expansão sem precedentes do poder judicial durante a segunda metade do século XX. Trata-se de fenômeno global. Pode-se fazer uma generalização, no sentido de que, hodiernamente, onde quer que haja democracia e jurisdição constitucional, há considerável grau de poder judicial, independentemente do matiz ideológico adotado pelas respectivas constituições (liberalismo, comunitarismo, conservadorismo, progressismo etc.).

O professor Ran Hirschl elenca cinco explicações para a expansão do poder judicial em democracias liberais[41].

41. Ran Hirschl, *The Political Origins of the New Constitutionalism*, 11 Ind. J. Global Legal Stud. 71 (2004).

Primeiro, a tese da *proliferação democrática* estabelece uma correlação entre *(i)* o encarte de direitos fundamentais nas constituições escritas; *(ii)* a instituição de formas fortes de *judicial review*, e *(iii)* a progressiva independência das cortes em regimes democráticos. Cortes constitucionais poderosas surgiram em países do Sudeste Europeu (1970), da América Latina (1980) e da Europa Oriental (1990) a partir do exato momento em que nações de todos esses continentes passaram por processos de democratização e adotaram constituições escritas que veiculavam o pacote direitos fundamentais e *judicial review*.

Segundo, a tese *evolucionista* funda-se na ideia de que o desenvolvimento da função contramajoritária das cortes constitucionais consiste em estágio avançado do sistema democrático. Na medida em que a doutrina constitucional alcança relativo consenso sobre a necessidade de tematização dos diferentes grupos sociais, com ênfase na proteção das minorias, o próprio vocábulo *democracia* deixa de designar uma espécie de sistema político para designar uma adjetivação ao sistema constitucional. Assim, uma vez que a contramajoritariedade é tarefa que as instituições democráticas de natureza majoritária não conseguem adimplir, o Poder Judiciário arroga essa função, o que se reverte em ampliação de seus poderes institucionais.

Terceiro, a tese *funcionalista* assevera que a expansão das cortes decorreu de reação orgânica à disfuncionalidade e à fragmentariedade dos diversos sistemas políticos, de modo que os juízes, uma vez instados pelos *players políticos*, passam a ocupar espaços vazios de poder deixados pela inação ou ação deficiente dos demais poderes.

Quarto, a tese *econômico-institucional*, de cunho utilitarista, percebe o desenvolvimento de constituições e da *judicial review* como um mecanismo para promover a *rule of law* e garantir a credibilidade do respectivo regime político relativamente à habilidade da burocracia de cumprir e de fazer cumprir contratos, bem como garantir aos investidores um ambiente econômico sustentável e favorável que gere incentivos de investimento, inovação e desenvolvimento[42].

Quinto, a tese do *alcance estratégico* sugere que os detentores de poder político deliberadamente se beneficiam da expansão do poder judicial e, por esse mesmo motivo, promovem-no. Delegar às cortes autoridade

42. Ran Hirschl, *The Political Origins of the New Constitutionalism*, 11 Ind. J. Global Legal Stud. 71 (2004). p. 82.

política é meio para *(i)* reduzir custos de decisão e de transação, *(ii)* alterar a responsabilidade pelo êxito da solução a ser construída para cada conflito constitucional, e *(iii)* reduzir riscos para as elites políticas e para o aparato institucional que elas operam. A transferência de poder às cortes é deliberada e consciente, mais do que um resultado natural e lógico do mal funcionamento orgânico dos arranjos institucionais.

Por isso mesmo, Ran Hirschl relembra que as transições democráticas que aconteceram na segunda metade do século XX foram acompanhadas da elaboração de novas constituições ou de emenda às cartas já em vigor, nas quais se operou encarte de direitos fundamentais e expansão do poder judicial. Em momentos de incerteza política, como ocorre em transições de regime, elites políticas ameaçadas de apeamento do poder estrategicamente encartam suas agendas políticas em normas jurídicas e expandem o poder das cortes judiciárias. Agem, assim, para minimizar as inevitáveis incertezas do processo político. Afinal, como o seu status político é incerto no âmbito do regime que está para se instituir, encartar direitos na constituição preserva a continuidade de seus programas econômicos e sociais, ainda se, no futuro, elas não mais estiverem no controle do processo político. Ademais, transferir poder a cortes independentes e pretensamente imparciais assegura a longevidade dessa agenda política em longo prazo, bem como reduz o poder e a margem de discricionariedade de futuros governos eventualmente controlados por grupos adversários[43].

43. Sobre o tema, vide trecho que o autor Pedro Felipe escreveu em outra obra: "Ran Hirschl lists the four traditional theories that explain the expansion of the judicial power in liberal democracies. The *democratic proliferation thesis* links the entrenchment of rights and strong forms of judicial review in constitutions, and the development of relatively independent judiciaries to the strengthening of democratic regimes. Powerful constitutional courts have arisen in new democracies in Southern Europe (1970s), Latin America (1980s), and in Central and Eastern Europe (1990s). The *evolutionist theory* relies on the counter-majoritarian character of the judicial activity – as an advanced stage of the democracy – to justify the increasing power of the courts. The *functionalist explanation* states that powerful courts are an organic reaction to dysfunctional political systems. The *institutional economics model* "sees the development of constitutions and judicial review as mechanisms to mitigate systemic collective actions concerns such as commitment, enforcement, and information problems". Then, Hirschl proposes a new explanation, the so-called *strategic approach thesis*, which suggests that "power holders may profit from an expansion of the judicial power", since "delegating policy-making authority to the courts may be an effective mean of reducing the decision-making costs, as well as shifting responsibility and thereby reducing the risks to themselves and to the institutional apparatus within which they operate". Therefore, from his perspective,

A título de exemplo, no Brasil, a transição de democrática no final de década de 1980, de fato, coincidiu com um período sem precedentes da expansão do poder judicial (por meio do incremento das competências do Supremo Tribunal Federal e da criação de novos tribunais) e de encarte de direitos fundamentais, nada muito diferente do que se percebeu em outros países.

Em última análise, todas essas circunstâncias favorecem o famigerado fenômeno da *judicialização da política*, pelo qual os atores sociais voluntariamente retiram temas sensíveis da arena política e os levam às cortes. A *judicialização da política* e a *expansão do poder judicial*, embora sejam fenômenos absolutamente distintos, retroalimentam-se continuamente. De um lado, a *judicialização da política* é um fenômeno de origem extrajudicial, na medida em que os *players* deliberada e estrategicamente levam temas ao Poder Judiciário, o qual, em obediência ao artigo 5º, inciso XXXV, da Constituição Federal, não pode se eximir de apreciar alegada lesão ou ameaça a direito. Por outro lado, as cortes, como corpos cuja legitimidade democrática é constantemente questionada, respondem afirmativamente a esse chamado, ocupando os espaços de poder que a própria constituição lhes concedeu institucionalmente, na profundidade dos pedidos processuais que os *players* levam até elas.

Este trabalho não pretende problematizar se o sistema de *judicial review* padece de legitimidade política. Embora a discussão sobre a legitimidade de corpos institucionais não eleitos para decidir temas sensíveis da vida social tenha produzido um rico e necessário debate nas últimas

---

the deferential role played by the executive and the legislative branches in favor of the courts is self-conscious and actor-oriented, rather than a mere result of a random, organic malfunctioning of institutional arrangements.

Instead, he recalls that transitions to democracy are commonly linked to the entrenchment of rights and judicial empowerment. In moments of political uncertainty – such as regime changes – threatened political elites strategically entrench their policy preferences in legal norms and expand the power of the courts "against the changing fortunes of the democratic politics". Since their political status is uncertain under the regime about to start, (i) entrenching rights in the constitution preserves their political, social, and economic agenda, and (ii) giving power to unelected and impartial bodies locks in their project in the long term, as well as reduces the power of future governments, which might be controlled by other political elites" (Pedro Felipe de Oliveira Santos: Beyond Minimalism and Usurpation: Designing Judicial Review to Control the Mis-enforcement of socio-economic rights. LL.M. Thesis. Texto integral).

décadas[44], o argumento de que a teoria política acomoda os instrumentos de *judicial review* parece ter prevalecido, ao menos na realidade prática. Primeiro, a *judicial review* é uma realidade na maioria dos países do globo. Segundo, não há nenhuma evidência de que, em curto ou médio prazo, os arranjos institucionais devam se organizar para extinguir os mecanismos de *judicial review*. Pelo contrário, os *players* políticos estrategicamente continuam a levar temas sensíveis à apreciação do Poder Judiciário e a perceber benefícios nessa prática.

Destarte, ainda os teóricos refratários à ideia de *judicial review* precisam reconhecer que o debate precisa avançar. O professor Richard Fallon, da Universidade de Harvard, afirma que a tese de que *a legitimidade da judicial review deriva dos fins morais substantivos que ela proporciona* infirma o argumento de que *cortes com membros não eleitos não podem agir democraticamente*. Nesse ponto, um sistema de *judicial review* pode ser desenhado de maneira a se evitar que os custos morais de uma eventual intervenção judicial exagerada possam ultrapassar os custos morais resultantes da ausência de qualquer tipo de intervenção[45].

Nesse ponto, um realinhamento teórico a ser considerado consiste em transformar a pergunta "*o sistema de judicial review é politicamente legítimo?*" em "*como os instrumentos de judicial review podem ser (re) desenhados para se garantir uma redução dos custos morais da intervenção judicial?*".

Avançar metodologicamente nessa pergunta demanda a superação da dicotomia minimalismo *versus* ativismo judicial, surgida a partir dos discursos que a crítica constitucional produziu nas últimas décadas.

De um lado, os juristas que se autodenominam *minimalistas* defendem uma postura judicial deferente, seja ao processo democrático, seja à intenção legislativa, seja às escolhas do Executivo, seja às intenções originais dos constituintes – o destinatário da deferência varia a depender da vertente teórica de interpretação. Para esse grupo, de maneira geral,

---

44. A título de exemplo, trabalhos proeminentes nesse debate: contrariamente à *judicial review*, Jeremy Waldron, *The Core of the Case Against Judicial Review*, 115 Yale L. J. 1346 (2006); a favor, Richard Fallon, *The Core Of an Uneasy Case for Judicial Review*, 121 Harv. L. Rev. 1693 (2008); para uma crítica contra as duas posições, Mark Tushnet, *How Different are Waldron's and Fallon's Core Cases for and Against Judicial Review?*, 30 Oxford Journal of Legal Studies 49 (2010).

45. Richard Fallon, *The Core Of an Uneasy Case for Judicial Review*, 121 Harv. L. Rev. 1693, 1756 (2008).

cabe ao magistrado reconhecer e apontar violações à norma, deixando aos demais poderes e atores políticos a adoção das providências cabíveis para a restauração da juridicidade violada.

De outro lado, os juristas que pejorativamente são denominados de *ativistas* defendem que ao juiz cabe não apenas reconhecer violações, mas decerto a adoção dos remédios processuais cabíveis para a o restabelecimento da juridicidade violada, sendo legítima qualquer tipo intervenção judicial para o cumprimento desse mister.

Cada uma dessas vertentes reúne diversas escolas de interpretação constitucional e se utiliza dos mais variados argumentos para fundamentar as próprias posições. Embora as defesas mais comuns estejam relacionadas à legitimidade democrática do Poder Judiciário, como um corpo de membros não eleitos, para promover intervenções na vida social e política, têm ganhado destaque argumentos de natureza consequencial. Minimalistas denunciam que os impactos agregativos e distributivos da postura ativista são geralmente desastrosos, desmantelam políticas públicas em vigor, causam gastos irracionais aos demais poderes e, finalmente, não geram transformações sociais positivas. Por outro lado, ativistas afirmam que a postura de deferência não cria incentivos efetivos para que os demais poderes observem as ilegalidades detectadas pelo Poder Judiciário, o que enseja a persistência do cenário de violação de direitos, cuja concretização permanece à míngua das conveniências administrativa e legislativa.

No entanto, essa resposta binária e generalizada – transplantada das teorias constitucionalistas americanas para todo o globo, sem qualquer crivo crítico-contextual, e balizada em figuras estereotipadas da conduta judicial – reduz uma discussão altamente complexa a uma abordagem meramente formalista acerca da alocação ideal de poderes entre os braços do Estado. Ademais, despreza por completo os concretos arranjos institucionais do sistema político de cada país. Os entusiastas dessa perspectiva binária parecem mais preocupados com o grau de intervenção judicial (baixo ou elevado) do que com a substância da intervenção judicial em si e os seus impactos no mundo fenomênico, como se uma única opção de comportamento judicial (minimalista ou ativista) pudesse contemplar a especificidades dos casos de qualquer microssistema jurídico.

No entanto, um olhar mais atento à jurisprudência das cortes e aos cânones de interpretação constitucional descortinará algumas perplexidades que parecem estar desapercebidas no discurso *mainstream* da crítica constitucional.

Primeiro, conforme pesquisas empíricas recentes têm demonstrado, não há qualquer relação necessária entre o nível da intervenção judicial e o seu impacto positivo ou negativo nas estruturas sociais. Essa relação é estritamente contingente[46]. Não se pode estabelecer qualquer liame entre *grau elevado de intervenção judicial* e *impacto social negativo*, bem como entre *baixo grau de intervenção judicial* e *impacto social positivo*, muito menos o contrário. Sob determinadas circunstâncias contextuais, postura judicial minimalista pode acarretar impactos agregativos e distributivos tão negativos como uma postura judicial de elevado grau.

Segundo, a experiência tem demonstrado que o conteúdo do remédio processual adotado pelo Judiciário em determinado caso, e não o nível de intervenção judicial, define o respectivo êxito. Afinal, como não há qualquer relação necessária entre nível de intervenção judicial e potencialidade de impacto social a ser causado, a natureza da *injunction* e a sua adequação com os fins que se deseja alcançar são os principais elementos definidores do êxito da intervenção judicial.

Terceiro, nenhuma constituição traz em seu texto as regras de sua própria interpretação. Conforme enuncia o Professor Cass Sunstein, "entre alternativas razoáveis, nenhuma abordagem de interpretação constitucional é obrigatória"[47]. Ainda segundo o professor,

> Algumas pessoas acreditam que a própria ideia de interpretação exige que os juízes adotem um método particular para interpretar a Constituição. O problema com essa visão é que, no direito constitucional, a ideia geral de interpretação é compatível com uma gama de abordagens diferentes, e entre elas, nenhuma é obrigatória, no sentido de ter alguma conexão única ou privilegiada com a ideia geral.
>
> [...]
>
> O significado da Constituição deve ser construído em vez de encontrado, não no sentido grandioso (e absurdo) de que ele está inteiramente à mercê [do intérprete], mas no sentido mais mundano de que deve ser resolvido por uma interpretação que ela própria não contém.

---

46. Sobre o tema, ver: David Landau, *The Reality of Social Rights Enforcement*, 53 Harvard International Law Journal, 191, 202 (2012); Katharine G. Young, *Constituting Economic and Social Rights*, 143 (Oxford University Press, 2012); Joanne Scott and Susan P. Sturm, *Courts as Catalysts: Rethinking the Judicial Role in New Governance*, 13 Columbia Journal of European Law, 1, 2 (2007); Mark Tushnet, *Reflections on Judicial Enforcement of Social and Economic Rights in the Twenty-First Century*, 4 Nujs L. Rev. 177 (2011).

47. Cass Sunstein, There is Nothing that Interpretation Just is, Harvard University DASH Repository (Aug. 29, 2014).

> A ideia de interpretação é ampla, e uma série de abordagens se encaixam nela. Entre as alternativas razoáveis, qualquer abordagem particular à Constituição deve ser defendida com o fundamento de que ela faz a ordem constitucional pertinente melhor do que pior[48].

Quarto, e como decorrência lógica do item anterior, não há necessidade de o Poder Judiciário adotar em todos julgamentos uma única vertente de interpretação única - originalista, ou *living constitution,* ou propositivista etc. Cada caso traz particularidades que devem ser consideradas na adoção do remédio constitucional adequado para restabelecer a juridicidade violada, de modo que, em determinadas situações, o Poder Judiciário pode ser justificadamente mais originalista na interpretação constitucional; em outros, *living constitution*, sem que essa diversidade de comportamento signifique incoerência interpretativa. Afinal, as teorias interpretativas não podem ser encaradas como dogmas absolutos. A responsabilidade do intérprete recairá na justificação do método de interpretação adotado, relativamente à sua adequabilidade ideal para a solução do caso concreto e a sua conformidade com a constituição.

Quinto, o argumento consequencial assume relevância na jurisdição constitucional e não pode ser desprezado. A função judicial é contextual. Por sua vez, a jurisdição constitucional também dispõe de natureza política, embora com alto grau de constrição jurídica. Essas constrições são impostas pelos *(i)* limites das competências institucionais do Poder Judiciário estabelecidos na constituição - mais gravosas do que os limites impostos ao legislativo e ao executivo, *(ii)* pelas estruturas institucionais e seu histórico, *(iii)* pelas normas constitucionais e legais, tanto de natureza procedimental, como de natureza substantiva, *(iv)* pela linguagem adotada pela argumentação jurídica (direitos fundamentais e princípios impessoais), entre outros.

Tanto quanto possível, a intervenção judicial deve ser guiada por elementos de convicção empíricos que evidenciem macrossistemicamente as estruturas a serem impactadas e as possíveis interações resultantes desses impactos. Olhar para fora e para frente permite às cortes selecionar, dentre

48. Cass Sunstein, There is Nothing that Interpretation Just is, Harvard University DASH Repository (Aug. 29, 2014). Texto original: *"Some people believe that the very idea of interpretation requires judges to adopt a particular method for interpreting the Constitution. The problem with this view is that in constitutional law, the general idea of interpretation is compatible with a range of different approaches, and among them, none is mandatory, in the sense of having some unique or privileged connection with the general idea".*

os diversos instrumentos processuais possíveis, a *injunction* que melhor se adequa para a solução do conflito constitucional em análise. Nesse ponto, o argumento consequencial, unido aos demais elementos de convicção, qualifica a intervenção judicial.

Sexto, a intervenção judicial deve sempre ser a menos drástica possível para restabelecer a juridicidade violada. Esse aspecto implica que, em determinados casos, justificadamente, a corte pode decidir ser mais minimalista, pois visualiza que uma conduta deferente seja suficiente para a solução do conflito constitucional. No entanto, o judiciário não pode se eximir de adotar remédios mais intensos se, justificadamente, o quadro que se descortina nos autos demonstra que comportamento judicial mais minimalista seja insuficiente para os fins que se deseja atingir. Para tanto, a corte deve reunir elementos que convicção que informem sobre os arranjos institucionais, consistentes no modo como as instituições e os atores políticos formal e informalmente interagem entre si. Destarte, em consequência, poderá antever os incentivos e os desincentivos que cada tipo de injunção enseja aos *players* envolvidos no conflito em análise, o que será determinante na respectiva resolução.

Sétimo, em determinados casos, intervenções resolutórias no conflito constitucional podem ser desastrosas. Julgar um conflito constitucional não necessariamente requer ao judiciário a apresentação de uma resposta resolutiva. É possível ao judiciário decidir devolver o conflito ao processo político, não meramente decidindo "não decidir" - o que seria vedado à luz de nossa Constituição, mas decerto tentando engajar os *players* a assumirem as suas funções institucionais, mediante a promoção de incentivos de atuação institucional coordenada.

Um dos efeitos colaterais da judicialização da política é a desidratação do processo político, pois temas políticos sensíveis são retirados da arena política - por vezes, de forma prematura -e levados às cortes. O Poder Judiciário tem assumido um discurso de isenção de responsabilidade sobre esse fenômeno, considerando que são os próprios atores políticos que levam voluntariamente os casos às cortes. No entanto, não obstante, de fato, as cortes tenham reduzido controle sobre o ajuizamento de demandas, o simples fato de elas disporem do conflito em mãos e poderem decidir o seu rumo é suficiente para imaginar a possibilidade de elas assumirem a tarefa de devolvê-lo ao processo político, em pelo menos duas hipóteses. Primeiro, a corte percebe que o conflito foi retirado da arena política de forma prematura. Segundo, a corte conclui que qualquer tipo de intervenção judicial resolutória tem potencial efeito deletério, seja *(i)* por não conseguir alcançar um cenário em que os custos morais de qualquer intervenção sejam menores do que os custos da ausência de intervenção, seja *(ii)* por não conseguir reunir elementos empíricos suficientes que informem, com razoável grau de justificação epistêmica, a dinâmica dos arranjos institucionais envolvidos e, assim, há inviabilidade de desenhar uma injunção satisfatória para a resolução do problema.

Entretanto, a devolução do conflito constitucional ao processo político não pode vir desacompanhada de um conjunto de incentivos aos *players* envolvidos. Se, por vezes, o Poder Judiciário não é o *locus* ideal para solução de determinados conflitos institucionais, a natureza do processo judicial e o esperado modo de agir imparcial dos magistrados torna as cortes o ambiente propício para o reengajamento pontual de instituições e de atores, com vistas a incentivá-los a alcançarem, por si, uma solução adequada para o conflito, a cujo êxito eles terão maior sentimento de vinculação, justamente por serem os próprios protagonistas do seu alcance.

Nesse sentido, já se tem observado que diversas cortes constitucionais têm assumido, além da função contramajoritária, a função de catalisação do processo político, mediante a qual elas se colocam como árbitros entre os diferentes níveis de governança e de funções institucionais, a partir de três essenciais tarefas: *(i)* garantindo a participação e a interação de todos os *players* envolvidos no conflito; *(ii)* monitorando a adequação epistêmica da base de informações para o processo decisório; e *(iii)* impondo transparência e *accountability* aos procedimentos, como meio de alcance de um processo decisório justificado por parte dos *players*[49].

Por meio desse modelo, as cortes passam a se preocupar, cada vez mais, com o aprimoramento do processo político-democrático, especialmente em ambientes em que se percebe uma fragmentação política elevada, bem como um considerável grau de disfuncionalidade institucional. Nesse sentido, na medida em que percebem a sua influência na alocação dos poderes de barganha entre as partes, os juízes passam a calcular melhor as intervenções judiciais, de modo a incentivar os *players* a aderir às suas

49. Vide Joanne Scott and Susan P. Sturm, *Courts as Catalysts: Rethinking the Judicial Role in New Governance*, 13 Columbia Journal of European Law, 4, 5 (2007); Victoria Nourse and Gregory Shaffer, *Empiricism, Experimentalism, and Conditional Theory*, 40 Legal Studies Research Paper Series, 101, 111 (2014); Charles F. Sabel, *Destabilization Rights: How Public Law Litigation Succeeds*, 117 Harv. L. Rev. 1015 (2004); David landau, *A Dynamic Theory of Judicial Role*, 55 Boston College Law Review, 1501,1503 (2014).

funções institucionais e, de forma coordenada, reavivarem o processo político outrora desacreditado.

Essa abordagem estimula as cortes, cada vez mais, a investirem num exercício de criatividade institucional - por óbvio, sempre nos limites de suas competências institucionais - para desenhar injunções e remédios processuais que se adequem aos diversos tipos de conflitos constitucionais. Experiências exitosas têm sido percebidas em cortes europeias[50], na Índia[51], nos EUA e na Colômbia[52].

Problematizar essas transformações demanda um realinhamento teórico, consistente da superação da visão dicotômica *minimalismo v. ativismo judicial*. A função judicial é muito mais complexa do que a análise que se tem feito das intervenções judiciais balizada apenas no aspecto formalista do grau de intervenção. Qualificar as intervenções judiciais demanda tematizar que *(i)* o grau de intervenção sempre deverá ser o mínimo necessário para restabelecer a juridicidade violada, e que *(ii)* a construção da intervenção judicial adequada resultará de uma combinação epistemologicamente justificada entre diferentes formas de interpretação constitucional, de remédios processuais e de alocação de poderes entre os *players* envolvidos.

4. CONCLUSÃO

Desde a década de 1950, o constitucionalismo se reinventou, incorporou novos significados, significantes e propósitos, e ocupou o espaço decisório do Poder Judiciário. Mais ainda, o constitucionalismo globalizou-se, descortinando uma era de migrações e de fertilizações cruzadas de ideias constitucionais de intensidade sem precedentes.

Impõem-se avançar com o debate constitucional e tematizar as novas problemáticas que o constitucionalismo global apresenta. O futuro da jurisdição constitucional, no paradigma do engajamento comparativo

---

50. Joanne Scott and Susan P. Sturm, *Courts as Catalysts: Rethinking the Judicial Role in New Governance*, 13 Columbia Journal of European Law, 1, 2 (2007).

51. Vicki Jackson and Mark Tushnet, *Comparative Constitutional Law*, 751 (Foundation Press, 2014); Charles R. Epp, *The Rights Revolution: Lawyers, Activists and Supreme Courts in Comparative Perspective* (Chicago Press, 1998); Jamie Cassels, *Judicial Activism and Public Interest Litigation in India: Attepempting the Impossible?* 37 Am. J. Com. L. 495 (1989).

52. David landau, *A Dynamic Theory of Judicial Role*, 55 Boston College Law Review, 1501,1503 (2014).

atualmente vigente, perpassa pelo menos duas aspirações de realinhamento teórico, as quais que visam a qualificar a intervenção judicial no mundo político, econômico e social.

A *aspiração metodológico-discursiva* assevera que, para que o constitucionalismo se torne efetivamente global, é preciso que se respeitem os limites contextuais do engajamento comparativo. Trata-se de um convite para se refletir sobre as possibilidades e as limitações da migração de ideias constitucionais no âmbito da jurisdição constitucional. Essa tarefa impõe às cortes uma metodologia mais apurada no ato de referenciar julgados e teorias estrangeiras, com vistas a evitar o transplante acrítico, prática tão comum entre as cortes hodiernamente.

A *aspiração político-funcional* reconhece que, especialmente em ambientes políticos disfuncionais e com alto grau de judicialização da política e da vida social, o Poder Judiciário pode assumir uma tarefa catalisadora do funcionamento das instituições democráticas, devolvendo ao processo político temas dele retirados prematuramente e provendo incentivos de atuação coordenada a *players* institucionais. Essa aspiração também é um convite para que as cortes reflitam mais sobre o conteúdo das injunções que impõem – e invistam no (re)desenho dos remédios constitucionais. Mais importante do que o grau de intervenção judicial é a substância da injunção em si, os alvos que ela pretende atingir e as estruturas que ela pretende atacar e preservar. Esses elementos não podem ser desprezados pela jurisdição constitucional.

Em suma, quando as formas jurídicas e as teorias críticas parecem não mais responsivas às especificidades e às complexidades do mundo fenomênico, é tempo de realinhar questionamentos, propor novos debates, abrir novas frentes de pesquisa e testar outras intuições. Pensar o futuro demanda abertura ao novo e, principalmente, uma análise crítica do que efetivamente as instituições representam para a cultura política de cada sociedade, bem como do que cada cultura política espera de suas instituições.

BIBLIOGRAFIA

África do Sul, Corte Constitucional, *State v Makwanyane and Another* (CCT 3/94).

Brasil, Supremo Tribunal Federal, Ações Declaratórias de Constitucionalidade n. 43 e n. 44, Rel. Ministro Marco Aurélio.

Brasil, Supremo Tribunal Federal, Arguição de Descumprimento de Preceito Fundamental n. 186, Rel. Ministro Ricardo Lewandowski.

Brasil, Supremo Tribunal Federal, Arguição de Descumprimento de Preceito Fundamental (ADPF) 347, Rel. Min. Marco Aurélio.

Brasil. Supremo Tribunal Federal, Recurso Extraordinário n. 898.060, Rel. Ministro Luiz Fux.

Bruce Ackerman, *The Rise of World Constitutionalism* (1997). Faculty Scholarship Series. Paper 129.

Cass Sunstein, *There is Nothing that Interpretation Just is, Harvard University*, DASH Repository (Aug. 29, 2014).

Charles R. Epp, *The Rights Revolution: Lawyers, Activists and Supreme Courts in Comparative Perspective* (Chicago Press, 1998).

David landau, *A Dynamic Theory of Judicial Role*, 55 Boston College Law Review, 1501,1503 (2014).

David Landau, *The Reality of Social Rights Enforcement*, 53 Harvard International Law Journal, 191, 202 (2012).

Duncan Kennedy, *Three Globalization of Law and Legal Thought*, in *The New Economic Development: A Critical Appraisal*, ed. David Trubek & Alvaro Santos, 19-73 (Cambridge, 2003).

Estados Unidos da América, Suprema Corte, 543 U.S. 551 (2005).

Estados Unidos, Corte Suprema, *Marbury v. Madison*, 5 U.S. 137 (1803).

Estados Unidos, Kamper v. Hawkins, 3 Va. (1 Va. cases) 20, (1793).

Estados Unidos, Suprema Corte, Brown v. Board of Education of Topeka, 347 U.S.483 (1954).

Estados Unidos, Suprema Corte, Loving v. Virginia, 388 U.S. 1 (1967).

Frederick Schauer, *Freedom of Expression Adjudication in Europe and the United States: A Case Study in Comparative Constitutional Architecture, in European and US Constitutionalism*, 49, 68 (Georg Nolte ed., 2005).

Jamie Cassels, *Judicial Activism and Public Interest Litigation in India: Attepempting the Impossible?* 37 Am. J. Com. L. 495 (1989).

Jeremy Waldron, *The Core of the Case Against Judicial Review*, 115 Yale L. J. 1346 (2006).

Joanne Scott and Susan P. Sturm, *Courts as Catalysts: Rethinking the Judicial Role in New Governance*, 13 Columbia Journal of European Law, 1, 2 (2007).

Katharine G. Young, *Constituting Economic and Social Rights*, 143 (Oxford University Press, 2012).

Larry Kramer, *Understanding Marbury v. Madison. IN* Proceedings Of The American Philosophical Society. VOL. 148, NO. 1, MARCH 2004.

Lorraine E. Weinrib, *The postwar paradigm and American exceptionalism, IN* The Migration of Constitutional Ideas. Cambridge: Cambridge University Press, 2006.

Mark Tushnet, *How Different are Waldron's and Fallon's Core Cases for and Against Judicial Review?* 30 Oxford Journal of Legal Studies 49 (2010).

Mark Tushnet, *Reflections on Judicial Enforcement of Social and Economic Rights in the Twenty-First Century*, 4 Nujs L. Rev. 177 (2011).

Mark Tushnet, *Some reflections on method in Comparative Constitutional Law*. In: The Migration of Constitutional Ideas. Cambridge: Cambridge University Press, 2006.

Pedro Santos, *Beyond Minimalism and Usurpation: Designing Judicial Review to Control the Mis-enforcement of socio-economic rights*. Harvard Law School, LL.M. Thesis. Texto integral (2015).

Ran Hirschl, *The Political Origins of the New Constitutionalism*, 11 Ind. J. Global Legal Stud. 71 (2004).

Ran Hirschl, *Towards Juristocracy: the origins and the consequences of the new constitutionalism*. Cambridge, Harvard University Press, 2004.

Richard Fallon, *The Core Of an Uneasy Case for Judicial Review*, 121 Harv. L. Rev. 1693 (2008).

Roberto Mangabeira Unger, *What Should Legal Analysis Become*, 138 (Verso, 1996).

Scott Brewer, *Exemplary Reasoning: Semantics, Pragmatics, and the Rational Force of Legal Argument by Analogy*, Harvard Law Review Vol. 109, No. 5 (Mar., 1996).

Scott Brewer, *Logocratic Method and the Analysis of Argument in Evidence*, Artigo publicado 01 September 2011 no Oxford Journal Academic.

Scott Brewer, *Scientific Expert Testemony and Intellectual Due Process*, The Yale Law Journal Vol. 107, No. 6.

Sujit Choudhry, *The Migration of Constitutional Ideas*. Cambridge: Cambridge University Press, 2006.

Vicki Jackson and Mark Tushnet, *Comparative Constitutional Law,* 751 (Foundation Press, 2014).

Vicki Jackson, *Constitutional Comparisons: Convergence, Resistence, Engagement*. Harvard Law Review, Vol. 119:109.

Victoria Nourse and Gregory Shaffer, *Empiricism, Experimentalism, and Conditional Theory*, 40 Legal Studies Research Paper Series, 101, 111 (2014).

CAPÍTULO I

DOS DIREITOS E DEVERES INDIVIDUAIS, COLETIVOS, SOCIAIS E CULTURAIS

LIBERDADE DE EXPRESSÃO E PUBLICIDADE: ALGUMAS NOTAS EM PERSPECTIVA COMPARADA

Ingo Wolfgang Sarlet[1]

1 - NOTAS INTRODUTÓRIAS

Ao contrário de outras ordens constitucionais[2], a Constituição Federal de 1988 (doravante referida apenas como CF) não adotou o termo liberdade de expressão como o gênero que abarca as diversas manifestações específicas, tais como a livre manifestação do pensamento, a liberdade de consciência e de crença, a liberdade de comunicação (incluindo a liberdade

---

1. Professor Titular da Faculdade de Direito e dos Programas de Pós-Graduação em Direito e em Ciências Criminais da PUCRS. Desembargador do TJRS. Doutor em Direito pela Ludwig Maximillians Universität Munchen.
2. Cf., por exemplo, a Constituição da República Portuguesa de 1976, que, no artigo 37º, 1, dispõe que "todos têm o direito de exprimir e divulgar livremente o seu pensamento pela palavra, pela imagem ou por qualquer outro meio, bem como o direito de informar, de se informar e de ser informados, sem impedimentos nem discriminações; 2. O exercício destes direitos não pode ser impedido ou limitado por qualquer tipo ou forma de censura". Em sentido similar, v., ainda, a Constituição Espanhola, de 1978, cujo artigo 20, §§ 1º e 2º, estabelecem: "Se reconocen y protegen los derechos: a. A expresar y difundir libremente los pensamientos, ideas y opiniones mediante la palabra, el escrito o cualquier otro medio de reproducción; b. A la producción y creación literaria, artística, científica y técnica; d. A comunicar o recibir libremente información veraz por cualquier medio de difusión. La Ley regulará el derecho a la cláusula de conciencia y al secreto profesional en el ejercicio de estas libertades. 2. El ejercicio de estos derechos no puede restringirse mediante ningún tipo de censura previa". No artigo 21 da Constituição da República Italiana, consta que "tutti hanno diritto di manifestare liberamente il proprio pensiero con la parola, lo scritto e ogni altro mezzo di diffusione. La stampa non può essere soggetta ad autorizzazioni o censure". Já a Constituição da Quinta República Francesa (Preâmbulo da Constituição de 1946, combinado com o artigo 11 da Declaração dos Direitos do Homem e do Cidadão de 1789), está enunciado que "La libre communication des pensées et des opinions est un des droits les plus précieux de l'Homme : tout Citoyen peut donc parler, écrire, imprimer librement, sauf à répondre de l'abus de cette liberté, dans les cas déterminés par la Loi". Em todos os casos referidos, a despeito da variação terminológica, percebe-se que a liberdade de expressão assume a condição de gênero, incluindo a liberdade de manifestação do pensamento e seus diversos desdobramentos.

de imprensa), a livre expressão artística, intelectual e científica. Todavia, é possível considerar a livre manifestação do pensamento como assumindo tal condição (cláusula geral em matéria de liberdade de expressão), visto que a manifestação do pensamento poderá ocorrer na esfera da comunicação social, no exercício da atividade intelectual ou artística, ou mesmo dizer respeito à livre manifestação das opções religiosas. Embora se possa afirmar que foi apenas sob a égide da atual CF que as liberdades de expressão encontraram o ambiente propício para a sua efetivação[3], é preciso registrar que tais liberdades se fazem presentes na trajetória constitucional brasileira desde a Carta Imperial de 1824, vivenciando períodos de maior ou menor limitação, como se deu no contexto da assim chamada Ditadura do Estado Novo, cuja Constituição (1937), estabelecia fortes limitações ao exercício da liberdade de expressão, mas também como ocorreu no período da Ditatura Militar de 1964-85.

No âmbito da trajetória do direito constitucional estrangeiro, a liberdade de expressão (manifestação do pensamento) encontrou guarida já na primeira onda do constitucionalismo moderno, figurando, por exemplo, tanto do catálogo de direitos acrescido pela primeira leva de emendas constitucionais à Constituição Norte-Americana, em 1791, quanto nas primeiras constituições da França revolucionária, por influência da própria Declaração dos Direitos do Homem e do Cidadão, de 1789, onde fora consagrada expressamente no artigo 11, tendo, antes disso, sido já prevista na Declaração de Direitos da Inglaterra, de 1688, bem como em documentos similares.

Considerando, contudo, o mote do presente texto, importa aqui destacar como a liberdade de expressão foi objeto de reconhecimento na Lei Fundamental da Alemanha, de 1949, no artigo 5º (1): cada um tem o direito de expressar e difundir livremente a sua opinião pela via oral, por escrito e por imagens e de informar-se a partir de fontes acessíveis em geral. A liberdade de imprensa e a liberdade de informação por meios de comunicação e filmes são asseguradas. Uma censura não poderá ocorrer; (2) Tais direitos encontram limites nas disposições das leis gerais, nas disposições legais a respeito da proteção da juventude e no direito da honra

3. Cf. KOATZ, Rafael Lorenzo-Fernandez, "As liberdades de expressão e de imprensa na jurisprudência do Supremo Tribunal Federal", in: SARMENTO, Daniel; SARLET, Ingo Wolfgang (Coord.), Os Direitos Fundamentais no Supremo Tribunal Federal: balanço e crítica, Rio de Janeiro: Lumen Juris, 2011, p. 391 e ss.

pessoal; (3) Arte, Ciência, Pesquisa e Ensino são livres. A liberdade de ensino não libera da lealdade à constituição.

A atual configuração do conteúdo e alcance da liberdade de expressão, seja nos Estados Unidos, seja na Alemanha ou no Brasil (aliás, seja onde for), para além do teor literal dos enunciados do direito constitucional positivo ou dos textos que integram os sistemas supranacionais de proteção dos direitos humanos, é o resultado (sempre dinâmico) de um complexo processo de regulação estatal (não apenas legislativa) e de (re) construção doutrinária e jurisprudencial. Embora uma série de aspectos comuns, diferenças relevantes podem ser apontadas, não apenas no que diz com o âmbito de proteção da liberdade de expressão, mas também com os seus limites, incluindo o modo pelo qual o exercício da liberdade de expressão se conexiona e outros bens constitucionalmente relevantes. Uma dessas diferenças – evidente numa comparação entre o Brasil e a Alemanha – poderá ser verificada, como mais adiante será objeto de algum desenvolvimento, no que concerne à relação entre a publicidade (como forma de manifestação e difusão de imagens, produtos, serviços, etc.) e a liberdade de expressão. Por exemplo, é de particular relevância saber o quanto a publicidade encontra-se abrangida pelo âmbito de proteção da liberdade de expressão e em que medida nessa seara se faz presente um regime especial para as hipóteses de conflitos entre a liberdade de expressão e outros direitos, interesses e valores com suporte constitucional.

É precisamente nessa perspectiva, da relação entre publicidade e liberdade de expressão, que o presente texto objetiva identificar, sistematizar, apresentar e comentar algumas das principais decisões do Tribunal Constitucional Federal da Alemanha sobre o tema, sem descurar de um olhar comparativo. Por outro lado, para que isso seja viável, necessário, numa primeira etapa, apresentar, ainda que em traços gerais, em que consiste o direito fundamental à liberdade de expressão, para, na sequência, investir na jurisprudência constitucional alemã e, ao final, tecer algumas considerações conclusivas, inclusive em nível comparativo.

2 - A LIBERDADE DE EXPRESSÃO COMO DIREITO FUNDAMENTAL

2.1 - Conteúdo da liberdade de expressão e sua posição no contexto da arquitetura constitucional

No âmbito da CF de 1988, as liberdades de expressão (ou liberdades comunicativas) foram, não apenas objeto de mais detalhada positivação, mas também passaram a corresponder, pelo menos de acordo com texto constitucional, ao patamar de reconhecimento e proteção compatível com um autêntico Estado Democrático de Direito. Com efeito, apenas para ilustrar tal assertiva mediante a indicação dos principais dispositivos constitucionais sobre o tema, já no artigo 5º, IV, foi solenemente enunciado que "é livre a manifestação do pensamento, sendo vedado o anonimato"; Tal dispositivo, que, é possível arriscar, faz às vezes, no caso brasileiro, de uma espécie de cláusula geral, foi complementado e guarda relação direta com uma série de outros dispositivos da constituição, os quais, no seu conjunto, formam o arcabouço jurídico-constitucional que reconhece e protege a liberdade de expressão nas suas diversas manifestações. Assim, logo no dispositivo seguinte, art. 5º, V, "é assegurado o direito de resposta, proporcional ao agravo, além da indenização por dano material, moral ou à imagem"; No inciso VI do mesmo artigo, consta que "é inviolável a liberdade de consciência e de crença, sendo assegurado o livre exercício dos cultos religiosos e garantida, na forma da lei, a proteção aos locais de culto e suas liturgias".[4] De alta relevância para a liberdade de expressão é o artigo 5º, IX, de acordo com o qual "é livre a expressão da atividade intelectual, artística, científica e de comunicação, independentemente de censura ou licença".

Dentre os dispositivos diretamente relacionados com a liberdade de expressão, situam-se diversos enunciados dispersos na Constituição, alguns formulados de modo a assegurar expressamente direitos de liberdade da pessoa humana. É o caso, por exemplo, do artigo 206, II, que dispões sobre a liberdade de aprender, ensinar, pesquisar e divulgar o pensamento, a arte e o saber, no âmbito das diretrizes do ensino. Já no artigo 220, no capítulo da comunicação social, está consignado que "a manifestação do pensamento, a criação, a expressão e a informação, sob qualquer forma, processo ou veículo não sofrerão qualquer restrição, observado o disposto nesta Constituição".

Tais exemplos não esgotam o elenco de disposições constitucionais relacionadas com a liberdade de expressão[5], mas já demonstram o lugar

---

4. Tal dispositivo foi complementado pelos incisos VII e VIII do artigo 5º, voltados à proteção, mas também à delimitação, da liberdade religiosa e de consciência.

5. São também relacionados à liberdade de expressão: artigo 5º, X – são invioláveis a intimidade, a vida privada, a honra e a imagem das pessoas, assegurado o direito a indenização pelo dano material ou moral decorrente de sua violação; artigo 5º, XIV (liberdade de informação): é assegurado a todos o acesso à informação e resguardado o sigilo da fonte,

de destaque e o alto nível de proteção que tais liberdades experimentam na atual CF, devendo ser objeto de referência e algum desenvolvimento no momento oportuno, quando for o caso. Por outro lado, considerando algumas peculiaridades da liberdade de consciência e de crença, assim como da liberdade artística, das liberdades de ensino e pesquisa, bem como das liberdades de reunião e manifestação, tais direitos não serão aqui objeto de análise.

Tal orientação também se aplica, ressalvadas algumas peculiaridades, ao direito constitucional positivo da Alemanha, pois a Lei Fundamental de 1949 (doravante apenas LF) também reconhece e protege (como, aliás, deflui já da transcrição do artigo 5º *supra*) um complexo de liberdades comunicativas, que, como no caso brasileiro, apresentam muitos aspectos em comum mas constituem direitos fundamentais autônomos (liberdade religiosa, liberdade científica, liberdade de reunião e manifestação).

---

quando necessário ao exercício profissional; artigo 5º, XLII (criminalização do racismo): a prática do racismo constitui crime inafiançável e imprescritível, sujeito à pena de reclusão, nos termos da lei; Neste contexto, das disposições constitucionais relacionadas à liberdade de expressão, importa colacionar o art. 139, da CF, que dispõe sobre restrições de tal liberdade durante a vigência do estado de sítio: "Na vigência do estado de sítio decretado com fundamento no art. 137, I, só poderão ser tomadas contra as pessoas as seguintes medidas: III – restrições relativas à inviolabilidade da correspondência, ao sigilo das comunicações, à prestação de informações e à liberdade de imprensa, radiodifusão e televisão, na forma da lei"; No âmbito da ordem social da constituição, destacam-se os artigos 215, que estabelece diretrizes para a proteção e promoção da cultura, dispondo que "o Estado garantirá a todos o pleno exercício dos direitos culturais e acesso às fontes da cultura nacional, e apoiará e incentivará a valorização e a difusão das manifestações culturais; Já campo das diretrizes da comunicação social, o artigo 220 dispõe que „a manifestação do pensamento, a criação, a expressão e a informação, sob qualquer forma, processo ou veículo não sofrerão qualquer restrição, observado o disposto nesta Constituição. § 1º – Nenhuma lei conterá dispositivo que possa constituir embaraço à plena liberdade de informação jornalística em qualquer veículo de comunicação social, observado o disposto no art. 5º, IV, V, X, XIII e XIV; proibição de censura: § 2º – É vedada toda e qualquer censura de natureza política, ideológica e artística; regulamentação de espetáculos públicos e programas de televisão ou rádio: § 3º – Compete à lei federal: I – regular as diversões e espetáculos públicos, cabendo ao Poder Público informar sobre a natureza deles, as faixas etárias a que não se recomendem, locais e horários em que sua apresentação se mostre inadequada; II – estabelecer os meios legais que garantam à pessoa e à família a possibilidade de se defenderem de programas ou programações de rádio e televisão que contrariem o disposto no art. 221, bem como da propaganda de produtos, práticas e serviços que possam ser nocivos à saúde e ao meio ambiente; competência da União para exercer a classificação de diversões públicas e programas de rádio e televisa: Art. 21. Compete à União: XVI – exercer a classificação, para efeito indicativo, de diversões públicas e de programas de rádio e televisão".

Consoante já adiantado, optamos por utilizar o termo genérico liberdade de expressão, como noção que abrange tanto a livre manifestação do pensamento prevista nos artigos 5º, inciso IV, da CF, e no artigo 5 (1) da LF, quanto outras dimensões da liberdade de expressão. A liberdade de expressão, portanto, tal como o sugeriu Jónatas Machado, será aqui trata como uma espécie de "direito mãe"[6], refutando-se uma abordagem compartimentada, tal como alguns costumam estabelecer entre as liberdades de comunicação e de expressão, como sugere parte da literatura especializada[7], muito embora existam diferenças (seja no que diz respeito ao âmbito de proteção, seja no concernente aos limites e restrições) entre as diversas as manifestações da liberdade de expressão consideradas especificamente, como é o caso da liberdade de expressão artística, científica, liberdade de imprensa, liberdade de informação, entre outras. Por tal razão, como já se disse relativamente ao direito constitucional alemão, as diversas posições fundamentais vinculadas à liberdade de expressão serão analisadas não como um mero conglomerado, mas como partes interligadas de uma concepção geral, que reclama uma abordagem sistemática e integrada, preservadas, todavia, as peculiaridades de cada direito fundamental em espécie,[8] o que será considerado nos desenvolvimentos posteriores, quando serão examinados em destaque, após uma parte geral da liberdade de expressão, os aspectos mais relevantes de cada liberdade (direito) em particular.

É amplamente reconhecido que a liberdade de manifestação do pensamento e a liberdade de expressão, compreendidas aqui em conjunto, constituem um dos direitos fundamentais mais preciosos e correspondem a uma das mais antigas exigências humanas, de tal sorte que integram os catálogos constitucionais desde a primeira fase do constitucionalismo moderno[9]. Assim como a liberdade de expressão e manifestação do pen-

6. Cf. Jónatas E.M. Machado, Liberdade de Expressão: Dimensões Constitucionais da Esfera Pública no Sistema Social, Coimbra: Coimbra Editora, 2002, p. 370 e ss.

7. Cf., por exemplo, a senda trilhada, no caso da literatura especializada brasileira, por Edilsom Farias, Liberdade de Expressão e Comunicação. Teoria e Proteção Constitucional, São Paulo: Revista dos Tribunais, 2004, em especial p. 52 e ss, muito embora o necessário registro de que o autor também sustenta um âmbito de proteção amplo de ambas as liberdades, apresentando um leque minucioso de posições jurídicas por elas abrangidas.

8. Cf. Frank Fechner, "Art. 5, Meinungsfreiheit, Pressefreiheit u.a.", in: STERN-BECKER, Grundrechte-Kommentar, Köln: Carl Heymanns Verlag, 2010, p. 530.

9. Cf., por todos, Paulo Gustavo G. Branco, Liberdades, in: Gilmar Ferreira Mendes e Paulo Gustavo G. Branco. Curso de Direito Constitucional, 6ª ed., São Paulo: Saraiva, 2011, p. 296.

samento encontra um dos seus principais fundamentos (e objetivos) na dignidade da pessoa humana, naquilo em que diz respeito à autonomia e livre desenvolvimento da personalidade do indivíduo, ela também guarda relação, numa dimensão social e política, com as condições e a garantia da democracia e do pluralismo político, assegurando uma espécie de livre mercado das ideias, assumindo, neste sentido, a qualidade de um direito político e revelando ter também uma dimensão nitidamente transindividual[10], já que a liberdade de expressão e os seus respectivos limites operam essencialmente na esfera das relações de comunicação e da vida social.

Quanto a este aspecto, embora não seja o caso aqui de aprofundar a questão, importa sublinhar que a relação entre democracia e liberdade de expressão é de um recíproco condicionamento e assume um caráter complementar, dialético e dinâmico, de modo que embora mais democracia possa muitas vezes significar mais liberdade de expressão e vice-versa (mais liberdade de expressão indica mais democracia) também é correto que a liberdade de expressão pode acarretar riscos para a democracia e esta para a liberdade de expressão[11].

Já pelas razões articuladas - para que a liberdade de expressão possa cumprir com sua função numa ordem democrática e plural - é de sublinhar que quanto ao seu âmbito de proteção, a liberdade de expressão abarca um conjunto diferenciado de situações, cobrindo, em princípio, uma série de liberdades (faculdades) de conteúdo espiritual, incluindo expressões não verbais, como é o caso da expressão musical, da comunicação pelas artes plásticas, entre outras[12]. A liberdade de expressão consiste, mais precisamente, na liberdade de exprimir opiniões, ou seja, juízos de valor a respeito de fatos, ideias, portanto, juízos de valor sobre opiniões de terceiros, etc.[13]. Assim, é a liberdade de opinião que se encontra na

10. Neste sentido, v., por todos, MACHADO, Jónatas, p. 237 e ss., que atribui à liberdade de expressão um caráter essencialmente instrumental, portanto, não de um fim em si mesmo.

11. Sobre tal perspectiva, v. MICHELMAN, Frank, "Relações entre democracia e liberdade de expressão: discussão de alguns argumentos", in: SARLET, Ingo Wolfgang (Org.), *Direitos Fundamentais, Informática e Comunicação*, Porto Alegre: Livraria do Advogado, 2007, p. 49 e ss.

12. Cf., MICHAEL, Lothar. MORLOK, Martin. *Grundrechte*, Baden-Baden: Nomos, 2008, p. 126 e, no direito brasileiro, Paulo Gustavo G. Branco, Liberdades, op. cit., p. 297.

13. Cf. EPPING, Volker, Grundrechte, 3ª ed., Berlin-Heidelberg-New York: Springer, 2007, p. 86.

base de todas as modalidades da liberdade de expressão[14], de modo que o conceito de opinião (que, na linguagem da CF, acabou sendo equiparado a de pensamento) há de ser compreendido em sentido amplo, de forma inclusiva, abarcando também, apenas para deixar mais claro, manifestações a respeito de fatos e não apenas juízos de valor[15]. Importa acrescentar, que além da proteção do conteúdo, ou seja, do objeto da expressão, também estão protegidos os meios de expressão, cuidando-se, em qualquer caso, de uma noção aberta, portanto inclusiva de novas modalidades, como é o caso da comunicação eletrônica[16].

Para assegurar a sua máxima proteção e sua posição de destaque no âmbito das liberdades fundamentais, o âmbito de proteção da liberdade de expressão deve ser interpretado como o mais extenso possível, englobando tanto a manifestação de opiniões, quanto de ideias, pontos de vista, convicções, críticas, juízos de valor sobre qualquer matéria ou assunto e mesmo proposições a respeito de fatos[17]. Neste sentido, em princípio todas as formas de manifestação, desde que não violentas, estão protegidas pela liberdade de expressão, incluindo "gestos, sinais, movimentos, mensagens orais e escritas, representações teatrais, sons, imagens, bem como as manifestações veiculadas pelos modernos meios de comunicação, como as mensagens de páginas de relacionamento, 'blogs', etc".[18]

---

14. Cf., SILVA, José Afonso da. *Curso de direito constitucional positivo.* 28º ed. rev. e atualizada. São Paulo: Malheiros, 2007, a liberdade de opinião "resume a própria liberdade de pensamento em suas várias formas de expressão. Por isso é que a doutrina a chama de liberdade primária e ponto de partida das outras. Trata-se da liberdade de o indivíduo adotar a atitude intelectual de sua escolha: quer um pensamento íntimo, quer seja a tomada de posição pública; liberdade de pensar e dizer o que se crê verdadeiro" (Op. Cit., p. 241). Para o autor, aderindo a uma conceituação ampla, a liberdade de opinião "se exterioriza pelo exercício das liberdades de comunicação, de religião, de expressão intelectual, artística, científica, cultural e de transmissão e recepção do conhecimento" (Op. Cit., p. 243).
15. Cf., por todos, MICHAEL, Lothar; MORLOK, Martin. *Grundrechte,* Op. Cit., p. 128.
16. Cf. CANOTILHO, J.J. Gomes; MOREIRA, Vital. *Constituição da República Portuguesa Anotada,* Op. CIt., p. 572, adotando uma concepção ampliada do âmbito de proteção da liberdade de expressão.
17. Cf. J. J. Gomes Canotilho e Vital Moreira. *Constituição da República Portuguesa anotada.* Vol. I. 4ª ed. Coimbra: Coimbra, 2007, p. 572 (consigna-se que para os autores "a liberdade de expressão não pressupõe sequer um dever de verdade perante os factos embora isso possa vir a ser relevante nos juízos de valoração em caso de conflito com outros direitos ou fins constitucionalmente protegidos".
18. Cf., por todos, Rafael Lorenzo-Fernandez Koatz, As liberdades de expressão e de imprensa na jurisprudência do STF, op. cit., p. 399. Para ilustrar, v. o reconhecimento, pelo STF, de proteção para manifestações não-verbais. No HC 83.996/RJ. Rel. Min. Gilmar Mendes.

Uma compreensão elástica do âmbito de proteção esbarra, todavia, em algumas questões polêmicas, como, por exemplo, a negativa de fatos históricos ou mesmo no que diz com a existência de um dever de verdade quanto aos fatos, bem como no tocante aos assim chamados delitos de opinião, visto que nesses casos verifica-se maior controvérsia sobre a sua inclusão no âmbito de proteção da liberdade de expressão. Quanto a tais questões, adota-se aqui a linha de entendimento sustentada por JJ. Gomes Canotilho e Vital Moreira, ao negarem a existência de um dever de verdade quanto aos fatos, bem como ao afastarem, em princípio, qualquer tipo de "delito de opinião", ainda que se cuide de opiniões que veiculem posições contrárias a ordem constitucional democrática, ressalvando, contudo, que eventuais distorções dos fatos e manifestações que atinjam direitos fundamentais e interesses de terceiros e que representem incitação ao crime, devem ser avaliadas quando da solução dos conflitos entre normas de direitos fundamentais[19].

Ainda quanto ao "conteúdo" (âmbito de proteção) da liberdade de expressão, importa destacar alguns aspectos, como – em virtude de sua relevância para o presente texto – o da inclusão da publicidade comercial. Nesse sentido, argumenta-se que assim como o debate político é essencial para a ordem democrática, a publicidade comercial é relevante para a ordem econômica, não se justificando uma divisão estrita entre tais esferas.[20] Embora se trate de questão controvertida, seja no direito norte-americano, seja na Europa, o fato é que a publicidade comercial tem sido, em várias situações, incluída no espectro de proteção da liberdade

---

Julgado em 17/08/2004, tratava-se de habeas corpus impetrado por um réu em ação penal, o qual se utilizou de gestos obscenos após um espetáculo teatral, incorrendo no artigo 288 do código penal. O STF decidiu, por maioria, que manifestações não-verbais, como gestos e exibições, podem ser abarcados pelo âmbito de proteção da liberdade de expressão, sobretudo quando considerado o contexto em que se insere a manifestação. Segundo o relator para o acórdão, min. Gilmar Mendes, "um exame objetivo da querela há de indicar que a discussão está integralmente inserida no contexto da liberdade de expressão, ainda que inadequada ou deseducada". Pela sua relação com a liberdade de expressão, à qual também se aplica tal linha de entendimento, vale também citar a ADI 1.969-4, Rel. Min. Marco Aurélio, julgada em 24.03.99, em que se declarou a inconstitucionalidade de decreto que havia proibido o uso de carros de som, aparelhos e objetos sonoros nas manifestações realizadas na Praça dos Três Poderes, registrando-se, contudo, que o STF entendeu ter havido violação da liberdade de reunião e de manifestação.

19. CANOTILHO, JJ. Gomes; MOREIRA, Vital, Constituição da República Portuguesa Anotada, op. cit., p. 572.

20. HUFEN, Friedhelm. *Staatsrecht II – Grundrechte*. Munique: C. H. Beck, 2007, p. 405-406.

de expressão, como, por exemplo, ocorreu no caso *Casado Coca v. Espanha*, julgado em 1994, onde o Tribunal Europeu de Direitos Humanos entendeu que não haveria motivos para tal exclusão, somente pelo mero fato de a expressão estar motivada pelo interesse de lucro[21]. No âmbito da jurisprudência do Tribunal Constitucional Federal da Alemanha, a publicidade comercial representa também uma manifestação de opinião constitucionalmente protegida, considerando-se ser irrelevante a finalidade - no caso comercial - da manifestação, o que também se aplica à esfera eleitoral[22]. De qualquer modo, tal como ocorre em outras ambiente, a publicidade comercial é submetida - inclusive no Brasil e na Alemanha - a um conjunto de restrições, destacando-se as medidas de proteção do consumidor (v. o caso da proibição legal da publicidade abusiva ou enganosa), bem como, no caso brasileiro, as restrições impostas pela própria CF - artigo 220, § 4º - para a publicidade do tabaco e outros produtos do gênero que possam afetar a saúde pública), restrições que também podem ser encontradas na Alemanha, além das restrições impostas em prol da defesa da infância e juventude ou, em termos mais gerais, naquilo em que a liberdade de expressão publicitária encontra limites nos direitos de personalidade e na própria dignidade da pessoa humana, o que voltará a ser objeto de atenção.

Importa relembrar, que a liberdade de expressão, nas suas diversas manifestações, engloba tanto o direito (faculdade) de a pessoa se exprimir quanto o de não se expressar ou mesmo de não se informar[23]. Assim, em primeira linha, a liberdade de expressão assume a condição precípua de direito de defesa (direito negativo), operando como direito da pessoa de não ser impedida de exprimir e/ou divulgar suas ideias e opiniões, sem prejuízo, todavia, de uma correlata dimensão positiva, visto que a liberdade de expressão implica um direito de acesso aos meios de expressão, o que não significa necessariamente um direto de acesso livre aos meios de comunicação social[24], muito embora tal componente também tenha adquirido uma crescente relevância em vários momentos (no caso brasileiro, por exemplo, o acesso dos partidos políticos aos meios de comunicação

21. Cf. DÍEZ-PICAZO, Luis María. Sistema de derechos fundamentales. 2º ed. Civitas: Navarra, 2005, p. 325.
22. Cf. KLOEPFER, Michael, Verfassungsrecht II, p. 266, colacionando uma série de exemplos.
23. Cf., por todos, Paulo Gustavo G. Branco, Liberdades, op. cit., p. 298.
24. Cf., por todos, CANOTILHO, J.J. Gomes; MOREIRA, Vital. Constituição da República Portuguesa Anotada, Op. Cit., p. 572-73.

para efeitos de divulgação de seus programas, candidatos, etc.), o que será objeto de alguma atenção logo adiante, especialmente no que diz respeito à dimensão objetiva da liberdade de expressão.

Com efeito, também em relação à liberdade de expressão importa enfatizar que ela apresenta uma dupla dimensão subjetiva e objetiva, ou seja, operando como direito subjetivo individual (e mesmo coletivo, a depender do caso), tanto de matriz negativa (implicando deveres de abstenção), como já frisado) e, a depender do caso, direitos subjetivos a prestações, por sua vez, fortemente vinculados à dimensão objetiva, que importa em deveres estatais de proteção, em parte satisfeitos mediante a edição de normas de cunho procedimental e criação e regulamentação de instituições (órgãos) que atuam na proteção e promoção dos direitos, como é o caso, por exemplo, da criação, no plano constitucional, do conselho de comunicação social (artigo 224, CF). Tais deveres de proteção, todavia, também vinculam os órgãos judiciais, aos quais incumbe não apenas zelar para devida consideração dos direitos e interesses postos em causa concretamente no âmbito das relações entre sujeitos privados, mas também controlar a constitucionalidade dos atos estatais que interferem na liberdade de expressão.

2.2 - Algumas notas sobre possíveis limitações à liberdade de expressão e conflitos (colisões) com outros direitos fundamentais

Dada a sua relevância para a Democracia e o pluralismo político, a liberdade de expressão – pelo menos de acordo com significativa doutrina no Brasil – assume uma espécie de posição preferencial (*preferred position*), quando da resolução de conflitos com outros princípios constitucionais e direitos fundamentais[25], muito embora se afirme que no Brasil a teoria da posição preferencial – em que pese consagrada pelo STF quando do julgamento da ADPF n. 130, – tem sido, em geral, aplicada de forma tímida[26], não sendo, de outra parte, reconhecida majoritariamente na

25. Cf., por todos, na doutrina brasileira, Luis Roberto Barroso. "Liberdade de Expressão *versus* direitos da personalidade. Colisão de direitos fundamentais e critérios de ponderação", in: Temas de Direito Constitucional, Tomo III, Rio de Janeiro: Renovar, 2005, p. 105-106.

26. Rafael Lorenzo-Fernandez Koatz, As liberdades de expressão e de imprensa na jurisprudência do STF, op. cit., p.402.

Alemanha, onde a liberdade de expressão não assume uma prévia posição preferencial na arquitetura dos direitos fundamentais.

De qualquer modo, ainda que se admita a doutrina da posição preferencial, não se trata de atribuir à liberdade de expressão (em qualquer uma de suas manifestações particulares) a condição de direito absolutamente imune a qualquer limite e restrição, nem de estabelecer uma espécie de hierarquia prévia entre as normas constitucionais.

Assim, quando se fala de uma posição preferencial o é para a finalidade de reconhecer à liberdade de expressão uma posição de vantagem no caso de conflitos com outros bens fundamentais no que diz com a hierarquização das posições conflitantes no caso concreto, de tal sorte que também nessa esfera - da solução para eventual conflito entre a liberdade de expressão e outros bens fundamentais individuais e coletivos, não há como deixar de considerar as exigências da proporcionalidade e de outros critérios aplicáveis a tais situações, o que se percebe é praticado mesmo pelo STF em algumas situações.

Embora seja inviável esgotar todas as possibilidades (v.g. a problemática do direito de resposta e da indenização por danos imateriais, ambas previstas expressamente na CF, mas não na LF, muito embora na ordem jurídica alemã tais figuras também encontrem guarida), algumas hipóteses envolvendo o problema dos limites e restrições a liberdade de expressão serão analisadas na sequencia, iniciando pela proibição de censura, prevista tanto na CF quanto na LF, embora os respectivos textos constitucionais não sejam idênticos quanto a tal aspecto.

Uma primeira questão diz respeito a (im) possibilidade do estabelecimento de qualquer tipo de censura, proibição expressamente prevista no artigo 5º, IX, da CF, associada à livre expressão da atividade intelectual, artística, científica e de comunicação, proibição que representa uma forte reação do constituinte ao passado recente, nomeadamente aos excessos praticados durante o período da Ditadura Militar, proibição reiterada no artigo 220, § 2º, CF, de acordo com o qual "é vedada toda e qualquer censura de natureza política, ideológica e artística". De qualquer sorte, é preciso reconhecer que a despeito de a censura já ter sido objeto de vedação constitucional anterior, isso não impediu que a censura viesse a ser amplamente praticada, como também ocorreu na vigência da assim chamada Ditadura do Estado Novo (1937-45)[27]. A proibição da censura é

---

27. Cf. aponta Edilsom Farias, *Liberdade de Expressão e Comunicação*, op. cit., p. 186-87.

de tal sorte relevante para a liberdade de expressão que, de acordo com o noticiado por Jónatas Machado, "a liberdade de imprensa é, historicamente, a liberdade perante a censura prévia"[28].

A absoluta vedação da censura que se infere da CF não dispensa uma definição do que seja censura, até mesmo para que seja possível diferenciar as situações à luz do ordenamento jurídico-constitucional. Numa primeira aproximação, por se tratar de uma noção amplamente compartilhada e em relação à qual existe um alto grau de consenso, a censura que se pode ter, de plano e em qualquer caso como absolutamente vedada pela CF, consiste, de acordo com a lição de Jónatas Machado, na restrição prévia à liberdade de expressão realizada pela autoridade administrativa e que resulta na proibição da veiculação de um determinado conteúdo[29]. O quanto outras intervenções prévias (por exemplo, as estabelecidas por conta da proteção de outros bens fundamentais no caso de uma colisão entre estes e a liberdade de expressão) se enquadram na noção de censura e em que medida podem ser (ou não) constitucionalmente legítimas, tem sido objeto de acirrado debate, prevalecendo o entendimento de que para assegurar a proteção das liberdade de expressão a proibição de censura e de licença deve ser compreendida em sentido amplo, de modo a abarcar não apenas a típica censura administrativa, mas também outras hipóteses de proibição ou limitação da livre expressão e circulação de informações e de ideias[30].

O problema de uma definição demasiadamente ampla de censura, como abarcando toda e qualquer restrição à liberdade de expressão, é de que ela acabaria por transformar a liberdade de expressão em direito absoluto, o que não se revela como sustentável pelo prisma da equivalência substancial e formal entre a liberdade de expressão e outros bens fundamentais, pelo menos a dignidade da pessoa humana e os direitos de personalidade. Por outro lado, tomando-se também a liberdade de expressão como abarcando as diversas manifestações que lhe são próprias, a liberdade de manifestação do pensamento, a liberdade de comunicação e de informação (relacionadas com a liberdade de imprensa), a liberdade de expressão artística, apenas para citar as mais importantes, verifica-se que uma distinção entre censura e outras modalidades de restrição (que

28. Cf. Jónatas E. M. Machado, *Liberdade de Expressão*, Op. cit., p. 487.
29. Cf. Jónatas E. M. Machado, *Liberdade de Expressão. Op. cit.*, p. 486-487.
30. Cf., por todos, Edilsom Farias, *Liberdade de Expressão e Comunicação*, op. cit., p. 188.

poderão, a depender do caso, ser constitucionalmente justificadas) é necessária até mesmo para preservar as peculiaridades de cada modalidade da liberdade de expressão. De qualquer modo, na esteira do que entre nós lembra Daniel Sarmento, uma orientação geral importante a ser observada é a de que apenas em hipóteses absolutamente excepcionais são admissíveis restrições prévias ao exercício da liberdade de expressão, quando em causa a proteção de direitos ou outros bens jurídicos contrapostos, visto que a regra geral que se infere da CF é a de que os eventuais abusos e lesões a direitos devem ser sancionados e compensados posteriormente[31], o que ainda será objeto de atenção.

Por ora, considerado o contexto e por se tratar de situação corriqueira e prevista na CF, convém destacar que a classificação indicativa de espetáculos e diversões públicas pela autoridade pública não se confunde com a censura. Com efeito, basta a leitura do texto constitucional para que se perceba que este - pelo menos de acordo com uma interpretação literal - não abre margem para a proibição de um espetáculo, ainda que com o objetivo de proteção de crianças e adolescentes, visto que a teor do artigo 220, § 3º, I, CF, apenas é conferida competência às autoridades responsáveis para que indiquem a faixa etária adequada para cada espetáculo, sugerindo horários e locais para sua apresentação[32]. Ainda sobre tal tópico, verifica-se inexistir jurisprudência do STF a respeito da legitimidade constitucional das Portarias editadas pelo Ministério da Justiça que regulam diversões públicas e programas de rádio e televisão, com efeito indicativo, pois de acordo com o entendimento prevalente no STF, trata-se de um exame de estrita legalidade, e não de inconstitucionalidade, sendo incabível o exame pela via direta. Assim, não há um pronunciamento definitivo do STF sobre o caráter obrigatório ou meramente indicativo da classificação etária[33]. Quanto a tal aspecto, importa notar que ainda pende de julgamento a ADI 2.404/2001, Relator Ministro Dias Toffoli, onde se busca a declaração de inconstitucionalidade do artigo 254, do Estatuto da Criança e do Adolescente, que estabelece uma punição para a transmissão de espetáculo em horário diverso do autorizado.

---

31. Cf. Daniel Sarmento, *Comentários ao artigo 5, IV*, CF, in: José Joaquim Gomes Canotilho, Gilmar Ferreira Mendes, Ingo Wolfgang Sarlet e Lenio Luiz Streck, Comentários à Constituição Federal de 1988, São Paulo: Saraiva e Almedina, no prelo.

32. Cf. Paulo Gustavo G. Branco, Liberdades, op. Cit., p 304.

33. Cf., por exemplo, ADI nº392/1991; RE nº265.297/2005; ADI nº2.398/2007; ADI nº3.907/2007; ADI 3.927/2007.

De qualquer modo, considerando a prioridade absoluta assegurada pela CF aos interesses e direitos das crianças e dos adolescentes e o fato de inexistir direito de caráter absoluto, há que levar a sério a possibilidade de, mediante lei e observados, com todo o rigor, os critérios da proporcionalidade e salvaguarda do núcleo essencial, se limitar a liberdade de expressão ao nível do controle posterior[34], sem que tal restrição, motivada por força de conflito com outros direitos fundamentais de alta densidade axiológica, venha a configurar a hipótese de censura prévia, esta sim categoricamente vedada. Ressalte-se, apenas em caráter informativo, que a LF, como já frisado, refere expressamente a possibilidade de limitações que tenham por objetivo a proteção da infância e juventude (art. 5, 2). Ainda no caso da limitação da liberdade de expressão por conta da salvaguarda de direitos das crianças e adolescentes, verifica-se que o STF tem admitido restrições legais à liberdade de expressão, como, por exemplo, a proibição de divulgação de nome ou fotografia de adolescente infrator, mas, no âmbito de uma ponderação pautada pela proporcionalidade, coibindo, portanto, excessos na intervenção na liberdade de expressão.[35]

Já no campo da publicidade é que se percebe uma reação mais enfática da ordem jurídica no que diz com o estabelecimento de limites ao conteúdo da veiculação, sendo bons exemplos disso, tanto a vedação da publicidade abusiva pelo Código de Defesa do Consumidor, quanto no caso de publicidade que envolva divulgação de produtos que oferecem riscos e perigos para a saúde (v.g. a publicidade do cigarro), bem como as restrições à publicidade na seara eleitoral, tudo a demonstrar que a liberdade de expressão para fins de publicidade ocupa uma posição mais frágil no que diz respeito aos seus limites e restrições.

Particularmente relevante e polêmica é a hipótese de limitações não expressamente autorizadas pela constituição (seja a CF, seja a LF), em virtude de conflitos entre a liberdade de expressão e a proteção de outros direitos e bens jurídicos fundamentais. Que também a liberdade de expressão, incluindo a liberdade de informação e de imprensa (comunicação

34. Nesse sentido v. as ponderações de Paulo Gustavo G. Branco, Liberdades, op. cit., p. 304-5.

35. É o que se constata, por exemplo, no caso da ADI 869-2/DF, Plenário do STF, Rel. Min. Ilmar Galvão, julgada em 04/08/1999, na qual foi reconhecida a inconstitucionalidade de dispositivo legal que impunha pena de suspensão de programação de emissora (por até dois dias) ou de publicação de periódico por até dois números, caso divulgado nome ou imagem de criança ou adolescente infrator.

social), não é absoluta e encontra limites no exercício de outros direitos fundamentais e na salvaguarda, mesmo na dimensão objetiva (por via dos deveres de proteção estatal), de outros bens jurídico-constitucionais, praticamente não é contestado no plano do direito constitucional contemporâneo e mesmo no âmbito do direito internacional dos direitos humanos. Contudo, a controvérsia a respeito de quais são tais limites e de como e em que medida se pode intervir na liberdade de expressão segue intensa e representa um dos maiores desafios, especialmente para o legislador, mas também para os órgãos do Poder Judiciário, a quem compete, no caso concreto, e mesmo na esfera do controle abstrato de constitucionalidade e da legalidade, decidir a respeito. Embora expressamente vedada a censura de cunho ideológico, político e artístico – o que em hipótese alguma aqui se coloca em causa – a própria definição do que é censura para efeitos da vedação constitucional já levanta problemas que não são fáceis de equacionar. Mesmo que se adote uma noção ampliada de censura (que não se limite à compreensão já reproduzida no item 2.4.2), não há como deixar de admitir que a censura, por mais que constitua uma forte (e proibida) intervenção na liberdade de expressão, não equivale, em termos gerais, à noção de limites e restrições. Controle do abuso da liberdade de expressão e censura, são, portanto, noções que devem ser cuidadosamente diferenciadas.

De acordo com o precisa e oportuna síntese de Daniel Sarmento, muito embora a posição adotada pelo Ministro Carlos Ayres de Britto, quando do julgamento da ADPF nº 130, quando sustentou que nenhum limite legal poderia ser instituído em relação à liberdade de expressão, pois as limitações existentes seriam apenas aquelas já contempladas no texto constitucional, cabendo tão-somente ao Poder Judiciário fazer as ponderações pertinentes em caso de tensões com outros direitos, o Ministro Gilmar Ferreira Mendes, no voto condutor que proferiu no Rec. Ext. nº 511.961/SP, observou que as restrições à liberdade de expressão em sede legal são admissíveis, desde visem a promover outros valores e interesses constitucionais também relevantes, e respeitem o princípio da proporcionalidade[36]. Com efeito, ainda que excepcionais, restrições legislativas não expressamente autorizadas, mas que podem ser reconduzidas à CF, pelo fato de terem por fundamento a proteção de outros bens constitucionais relevantes, não podem, pelo menos não de plano, ser afastadas sob o argumento de que sempre constitucionalmente ilegítimas.

---

36. Cf. Daniel Sarmento, Comentários ao artigo 5º, IV, CF, op.cit.

O mesmo se verifica – e a prática nacional, estrangeira e internacional o tem demonstrado – no caso de restrições impostas por decisões judiciais, que, normalmente na solução de conflitos em concreto, buscam promover a concordância prática (harmonização) entre os direitos e princípios conflitantes, aplicando-se sempre a noção dos limites aos limites dos direitos fundamentais e os critérios que daí decorrentes, para o que, contudo, se remete ao item próprio da parte geral dos direitos fundamentais.

Um exemplo de particular relevância no contexto da liberdade de expressão é o da prática do assim chamado discurso do ódio ou de incitação ao ódio (*hate speech*)[37]. Sem que se aqui possa adentrar os detalhes da problemática e nem rastrear as diversas formas de enfrentamento doutrinário e jurisprudencial do tema no direito comparado e internacional, corresponde ao entendimento dominante, no Brasil e em geral no direito comparado, que a liberdade de expressão encontra limites na dignidade da pessoa humana de todas as pessoas e grupos afetados quando utilizada para veicular mensagens de teor discriminatório e destinadas a incitar o ódio e até mesmo a violência. No âmbito do STF, o julgamento mais relevante e que gerou acirrada discussão no próprio tribunal, foi o famoso caso "Ellwanger", no qual se avaliou a possibilidade de, mesmo em face da liberdade de expressão, condenar editor de obras de teor antissemita pela prática do crime de racismo[38].

Em julgado mais recente – embora também e mesmo essencialmente vinculado ao âmbito de proteção das liberdades de reunião e manifestação – o STF, no caso conhecido como a „Marcha da Maconha" [39], ao apreciar a configuração de ilícito penal em virtude de a liberdade de expressão (coletiva, mediante reunião e manifestação) ter sido utilizada para buscar, mediante sensibilização da opinião pública, a descriminalização do uso de drogas leves para consumo próprio, afastou a figura típica da apologia

37. Sobre o tema, v., dentre outros, Daniel Sarmento, "A liberdade de expressão e o problema do "Hate Speech", in: Daniel Sarmento, Livres e Iguais. Estudos de Direito Constitucional, Rio de Janeiro: Lumen Juris, 2006, p. 207-262, bem como, no âmbito da produção monográfica especializada, Samantha Meyer Pflug, Liberdade de Expressão e Discurso do Ódio, São Paulo: Revista dos Tribunais, 2009.

38. CF. HC 82.424/RS, Rel. Min. Maurício Corrêa, julgado em 17/09/2003, habeas corpus impetrado por réu em ação penal na qual estava sendo acusado do crime de racismo em virtude de ter publicado livros contendo manifestações de incitação de ódio contra os judeus, além de buscar desacreditar a ocorrência do genocídio praticado contra povo judeu (Holocausto) durante a Segunda Guerra Mundial.

39. Cf. O julgamento da ADPF 187, Rel. Min. Celso Mello, julgada em 15/06/2011.

de crime, por considerar tal manifestação como coberta pelas liberdades de expressão, reunião e manifestação, não se podendo, como decorre da fundamentação da decisão, confundir manifestação pública em prol da descriminalização de um determinado comportamento com a incitação à prática de tal ato, que, por sua vez, poderia sim, configurar uma hipótese de discurso do ódio ou incitação ao crime não coberta pela liberdade de expressão.

De qualquer sorte, ainda que se possa – como dá conta produção bibliográfica que se produziu sobre o julgado – controverter a respeito dos acertos e dos equívocos da decisão no caso concreto[40], o fato é que o julgado do STF aponta – e quanto a isso de modo correto – no sentido da ilegitimidade constitucional do discurso do ódio e da incitação à violência, preconceito e discriminação, considerando que a liberdade de expressão não contempla "manifestações de conteúdo imoral que implicam ilicitude penal"[41] desde que, é claro, devidamente configurados. Como bem pontua Paulo Gustavo Gonet Branco, em passagem que tomamos a liberdade de transcrever, "contra o discurso de ódio – e também contra a idéia de que a pornografia possa estar incluída no âmbito normativo da liberdade de expressão -, há de se considerar, ainda mais, o efeito inibidor dessas práticas à plena participação dos grupos discriminados em diversas atividades da sociedade civil. A contumaz desqualificação que o discurso de ódio provoca tende a reduzir a autoridade dessas vítimas nas discussões de que participam, ferindo a finalidade democrática que inspira a liberdade de expressão"[42].

Se quanto ao discurso do ódio e a manifestações de cunho claramente antidiscriminatório se verifica – ressalvada, evidentemente, controvérsia sobre quando configuradas tais manifestações – substancial consenso no sentido de admitir restrições mais fortes na liberdade de expressão, outras hipóteses em que a liberdade de expressão entra em conflito com direito fundamentais de terceiros e outros bens constitucionais individuais e coletivos são de mais difícil equacionamento.

---

40. Para uma síntese do julgamento e mesmo com notas críticas sobre a dispersiva fundamentação e a dificuldade de se considerar o julgado como autêntico precedente apto a dar conta do problema do discurso do ódio e situações similares, v. Rafael Lorenzo-Fernandez Koatz, As liberdades de expressão e de imprensa na jurisprudência do STF, op. cit., p. 434 e ss.

41. Cf. referência extraída da ementa (item 13) do Acórdão do HC 82.424 (Caso Ellwanger).

42. Cf. Paulo Gustavo G. Branco, "Liberdades", op. cit., p. 308.

Dentre as situações mais corriqueiras e que já geraram farta jurisprudência no Brasil e no exterior, incluindo a atuação dos Tribunais Internacionais, está a proibição de manifestações (publicações, filmes, etc.) de cunho pornográfico e de manifestações culturais e artísticas consideradas ofensivas à moral, aos bons costumes e mesmo à dignidade da pessoa humana e direitos de personalidade de terceiros. Ao passo que cláusulas gerais como a moral e os bons costumes se revelam como extremamente perigosas para justificar restrições à liberdade de expressão (salvo eventualmente no campo das indicações das faixas etárias, a título de recomendação aos pais de crianças e adolescentes), em geral não se coloca em questão o fato de que a dignidade da pessoa humana, como princípio e direito fundamental, bem como a afetação desproporcional de direitos fundamentais de terceiros, especialmente em se tratando de direitos de personalidade, há de ser sempre considerada na esfera de uma ponderação à luz das circunstâncias do caso.

Avaliando-se, neste contexto, a jurisprudência do STF, verifica-se que este em geral tem sido adequadamente deferente à liberdade de expressão, admitindo intervenções em situações excepcionais e normalmente constitucionalmente justificadas (o que não significa que não se possa questionar o acerto de alguns julgados ou avaliar criticamente os fundamentos das decisões). Com efeito, apenas para referir alguns exemplos, tem sido aceitas manifestações eventualmente impopulares e que possam mesmo ofender o senso comum na esfera da opinião pública, como se deu no caso da "marcha da maconha"[43], assim como admitidas manifestações de cunho humorístico e crítico (charges, publicidade, literatura em geral)[44]. Até mesmo manifestações, que, em outro contexto (v.g. na via pública, em meio a crianças) poderiam ser tidas como ilícitas, por seu tom obsceno e/ou pornográfico, devem ser abarcadas pela liberdade de expressão, ainda

---

43. Cf. O julgamento da ADPF 187, Rel. Min. Celso Mello, julgada em 15/06/2011, em que foi afastada, em homenagem às liberdades de reunião e manifestação, qualquer interpretação do Código Penal que pudesse importar na criminalização da realização da chamada "Marcha da Maconha", que defende a legalização da referida droga. Importa notar que STF distinguiu a proposta de descriminalização de um ilícito penal da incitação ou apologia à prática dos atos que se pretende, por meio da manifestação, ver descriminalizados.

44. Em caráter ilustrativo, cabe referir o julgamento da ADI 4.451, Rel. Min. Ayres Britto, julgada em 02/09/2010, em que a Corte, por maioria, declarou a inconstitucionalidade de dispositivos da Lei 9.504/97, que restringiam o humor nos veículos de telecomunicação, quando se tratasse de programas envolvendo candidatos a cargos eletivos dentro do período eleitoral.

que, na perspectiva dominante, pudessem ser no mínimo rotuladas como sendo impróprias ou de "mau gosto"[45].

Situações particularmente relevantes e que envolvem corriqueiro embate entre a liberdade de expressão e outros direitos fundamentais, diz com os direitos à honra, imagem, intimidade e vida privada. No que diz com os direitos à honra e à imagem (incluindo a reputação), direitos personalíssimos cuja violação inclusive configura ilícito penal, distinguem-se, de plano, os casos que envolvem personalidades públicas, como é o caso de artistas famosos, políticos e outras pessoas, cuja atividade e modo de se portar na esfera pública (v. os casos de pessoas que se expõe - inclusive quanto a aspectos de sua vida íntima - reiterada e voluntariamente nos meios de comunicação) das demais pessoas, de modo a assegurar também níveis diferenciados de proteção da personalidade, a depender do caso concreto de quem é atingido pelo exercício da liberdade de expressão e de como é atingido. Por tal razão, onde houver maior interesse (legítimo) da opinião pública sobre informações a respeito das ações e vida privada de alguém, ou mesmo, como já frisado, o próprio titular dos direitos de personalidade tenha já voluntariamente exposto sua vida privada, justifica-se uma menor proteção - mas não supressão! - da honra, imagem e da vida íntima e privada e um maior espaço para a liberdade de informação e expressão[46].

À vista do exposto, o que se pode afirmar, em caráter de síntese e retomando a perspectiva adotada já na parte inicial deste item, é que boa parte da doutrina e da jurisprudência, notadamente o STF, embora adotem a tese da posição preferencial da liberdade de expressão, admitem não se tratar de direito absolutamente infenso a limites e restrições, desde que eventual restrição tenha caráter excepcional, seja promovida por lei e/ou decisão judicial (visto que vedada toda e qualquer censura administrativa) e tenha por fundamento a salvaguarda da dignidade da pessoa humana (que

---

45. Nesse sentido, v., por exemplo, o caso do HC 83.996-7/RJ, Rel. Min. Gilmar Mendes, julgado em 17/08/2004, no qual, por maioria, foi determinado o trancamento de ação penal por atentado ao pudor instaurada contra diretor teatral que, em protesto contra vaias proferidas pela plateia, expôs suas nádegas ao público. Note-se que o Tribunal considerou o ato atípico, entendendo estar abrangido pelo âmbito de proteção da liberdade de expressão.

46. Cf., por todos, BARROSO, Luis Roberto. "Liberdade de Expressão *versus* direitos da personalidade. Colisão de direitos fundamentais e critérios de ponderação",*Op. cit., p. 115, elencando ainda outros critérios de aferição dos níveis de proteção e realização dos direitos colidentes.*

aqui opera simultaneamente como limite e limite aos limites de direitos fundamentais) e de direitos e bens jurídico-constitucionais individuais e coletivos fundamentais, observados os critérios da proporcionalidade e da preservação do núcleo essencial dos direitos em conflito. Que, em qualquer caso, existindo dúvida a respeito da legitimidade constitucional da restrição é de se privilegiar a liberdade de expressão, segue sendo um parâmetro que não deve cair jamais em esquecimento. Como isso se verifica em matéria de publicidade será versado precisamente no próximo segmento, agora privilegiando, em virtude do objeto do presente texto, a jurisprudência do Tribunal Constitucional Federal da Alemanha.

3 - A JURISPRUDÊNCIA DO TRIBUNAL CONSTITUCIONAL FEDERAL DA ALEMANHA SOBRE PUBLICIDADE E LIBERDADE DE EXPRESSÃO

3.1 - Notas prévias

Das diversas decisões já proferidas pelo Tribunal Constitucional Federal alemão sobre publicidade, é preciso distinguir entre a publicidade profissional, isso é, a levada a efeito por advogados, dentistas, médicos, entre outros, da publicidade comercial (ou mesmo eleitoral) em geral. Isso se verifica pelo fato de o Tribunal Constitucional Federal reconduzir tal tipo publicidade profissional, não à liberdade de expressão, mas sim, ao âmbito de proteção da liberdade profissional. Por tal razão, nos casos de interferência (restrição) na publicidade, cuida-se também de restrição sujeita ao controle de constitucionalidade, inclusive de modo a atender às exigências da proporcionalidade da normativa que dispõe sobre a publicidade que viola os padrões da respectiva profissão. Assim, em diversos casos, o Tribunal entendeu que a proibição da publicidade seria inconstitucional em virtude de violar o direito fundamental à liberdade profissional, não se tratando, no caso, de invocar ofensa à liberdade de expressão[47].

Outra hipótese de relevo, onde também prevaleceu o entendimento de que se trata de situação que diz respeito à liberdade de profissão e não à liberdade de expressão, é a da publicidade de produtos de tabaco, designadamente cigarros e similares, designadamente quando em causa a controvérsia sobre a constitucionalidade das exigências estabelecidas pelo

47. Em caráter ilustrativo, v., entre outras (e para referir caso mais recente), a decisão de 07.03.12, que versa sobre a inconstitucionalidade da proibição de publicidade de clínica dentária.

poder público no tocante às advertências que devem ser inseridas e que objetivam a proteção da saúde do consumidor. Em julgado de 22.01.1997[48], o Tribunal Constitucional Federal apreciou reclamações constitucionais endereçadas contra atos normativos (decretos) que, entre outros aspectos, exigem a inserção nas embalagens de cigarros ou tabaco para a confecção própria de cigarros, além da advertência geral de que "fumar faz mal para a saúde", das advertências específicas no sentido de que fumar causa câncer e que fumar causa doenças cardiovasculares. Tendo em conta que tais obrigações afetam produtores e comerciantes na sua atividade de distribuição de seus produtos, mas não na sua participação no processo de expressão do pensamento e sua difusão, tais exigências devem ser avaliadas, do ponto de vista de sua legitimidade constitucional, com base na liberdade de profissão. Importa sublinhar, ainda, que, de acordo com o Tribunal, a liberdade de expressão alcança relevância para a publicidade comercial quando esta possui um conteúdo valorativo, formador de opinião, ou contém informações que servem à formação da opinião, o que não se verifica na hipótese, de vez que, no caso, o fabricante é obrigado a divulgar, no seu produto, publicidade estatal, não podendo tais informações (sobre os perigos para a saúde) serem imputadas ao fabricante ou comerciante e nem evocam a impressão de que tais opiniões fossem objeto de difusão própria e voluntária por parte daqueles. Em síntese, as referências a título de advertência correspondem à reprodução compulsória de uma opinião identificável como sendo de terceiros, pois de acordo com a normativa impugnada, a embalagem contempla expressamente a referência de que o autor das advertências é o poder público, designadamente, os Ministros da Saúde da União Europeia. De todo modo, embora não se cuide, de acordo com tal orientação, de hipótese subsumida à liberdade de expressão, o Tribunal Constitucional considerou constitucionalmente justificadas as exigências, rechaçando as demandas e concluindo não ter havido violação da liberdade de profissão das reclamantes.

Tendo em conta os exemplos colacionados e as razões ali deduzidas, tais decisões (que envolvem publicidade associada à liberdade profissional) não serão aqui apresentadas e discutidas, considerando precisamente o objetivo da presente coletânea, que privilegia a relação entre publicidade e liberdade de expressão. Antes de seguirmos, todavia, há de ser feito o registro de que tal distinção – entre publicidade protegida por conta da liberdade de profissão e publicidade protegida por conta da liberdade de

48. Cf. NJW 1997, p. 2871 e ss.

expressão – não encontrou eco na ordem jurídico-constitucional brasileira, seja na doutrina, seja na jurisprudência. Além disso, as decisões ilustrativamente referidas demonstram quais os critérios que levam o Tribunal Constitucional Federal a enquadrar a publicidade ou no âmbito da liberdade de profissão ou na esfera da liberdade de expressão. Nos dois casos, todavia, eventual restrição imposta pelo poder público há de ser avaliada a partir dos critérios que determinam a constitucionalidade de intervenções restritivas em direitos fundamentais, seja no que diz com os seus limites (que justificam a restrição), seja no tocante aos limites dos limites, o que, daqui para frente, será então examinado em alguns casos de publicidade tida como enquadrada na liberdade de expressão.

Por outro lado, convém frisar, não temos a intenção de aqui apresentar um inventário exaustivo, mas sim, à luz de alguns exemplos, apresentar, em linhas gerais, como a relação entre publicidade e liberdade de expressão tem sido tratada na jurisprudência constitucional alemã.

3.2 - Os casos "Benetton I e II"

Sob a epígrafe "Benetton I e II" serão agora sumariamente apresentados e avaliados dois julgados do Tribunal Constitucional Federal, respectivamente, de 12.12.2000 e 11.03.2003, que são de particular relevância para o nosso estudo e que, pelos seus pontos de contato (já pelo fato de ambos envolverem publicidade da empresa Benetton), serão tratados em conjunto. Além disso, tais casos assumem relevo também em termos de uma possível análise de direito comparado, pois foram também objeto de controvérsia jurisdicional em outros Estados, como é o caso, v.g., da França e da Itália, o que, todavia, aqui não será explorado em virtude dos limites da presente abordagem.

No primeiro caso (julgado em 12.12.2000), a reclamante, uma empresa jornalística e editorial (que veicula, entre outros periódicos, a revista "Stern", de ampla circulação), impugna dois julgados do BGH (Superior Tribunal Federal) da Alemanha, que chancelaram proibições de publicação e difusão de publicidade da empresa Benetton, em virtude de atentatória aos bons costumes. No caso, eram três as publicidades alvo da controvérsia: a) a fotografia de uma gaivota nadando em águas cobertas por óleo; b) a segunda contendo fotografia de crianças trabalhando de forma pesada em países do terceiro mundo; c) a última veiculando fotografia de um corpo humano desnudo sobre o qual foi aposto um carimbo com os dizeres "HIV positivo". Nos três casos a publicidade veio acompanhada da convencional marca da empresa "United Colors of Benetton". Por força de uma ação proposta pela Central de combate à concorrência desleal a empresa jornalística foi instada judicialmente a suprimir a veiculação das publicidades, recorrendo, ao final, ao Tribunal Constitucional. Vale agregar que a empresa Benetton chegou a contestar tais medidas, sem sucesso, na esfera cível, mas não ingressou com reclamação constitucional.

O Tribunal Constitucional conheceu da reclamação e a julgou procedente, mediante a argumentação que, em apertada síntese, passamos a colacionar. Em primeiro lugar, o Tribunal reconheceu que todas as três fotografias publicitárias correspondem às exigências que fazem incidir a proteção da liberdade de expressão, pois veiculam estados patológicos (trabalho infantil, poluição, exclusão dos soropositivos) e contém simultaneamente um juízo de valor em relação a questões sociais e políticas relevantes, o que não resta alterado pelo fato de a empresa Benetton ter feito uso de uma publicidade estritamente baseada em imagens acompanhadas de sua logomarca. Por outro lado, a proibição imposta à reclamante, pena de uma multa de 500.000 Marcos (aproximadamente 250.000,00 Euros) e mesmo de uma punição por desobediência em caráter alternativo, viola, no entendimento do Tribunal, a sua liberdade de expressão, que não foi suficientemente levada em conta pelo Superior Tribunal Federal (BGH) quando de sua decisão. Com efeito, restrições à liberdade de expressão carecem de uma justificativa constitucionalmente relevante, seja com vistas à proteção de bens comunitários, seja para a proteção de direitos e interesses de terceiros igualmente dignos de proteção. Embora – de acordo com o BGH – a legislação reguladora da livre concorrência vede publicidade que explora os sentimentos da comunidade consumidora mediante a veiculação do sofrimento de pessoas e animais (como no caso), corresponda às exigências dos bons costumes, é questionável se com isso estão sendo protegidos bens individuais e comunitários suficientemente relevantes do ponto de vista constitucional. A mera circunstância (alegada no processo originário) de que as imagens possam ser consideradas chocantes ou de mau gosto não leva necessariamente, como, aliás, tem entendido o próprio BGH, a uma violação dos bons costumes. A restrição de direitos fundamentais (como, no caso, da liberdade de expressão da reclamante) não pode ser justificada pelo fato de que o público não pode ser confrontado com imagens e mensagens que veiculam realidades marcadas pelo sofrimento ou desagradáveis. Ainda de acordo com o Tribunal Constitucional, uma sensibilidade do público livre das mazelas do Mundo não constitui uma razão suficiente para justificar a restrição de direitos fundamentais, o que, contudo, poderá ser avaliado de modo diverso quando se tratar de imagens geradoras de medo, nojo ou que afetem a juventude.

No segundo julgamento (11.03.2003) estava em causa apenas a imagem que retratava uma pessoa desnuda com o carimbo "H.I.V. Positive" e a logomarca United Colors of Benetton, igualmente objeto de proibição de divulgação. No caso, além do argumento de uma concorrência desleal mediante a exploração, contrária aos bons costumes, do sofrimento alheio e da captação da solidariedade do público consumidor, também foi esgrimido o argumento de que a publicidade estaria a violar a dignidade humana dos infectados pelo H.I.V, o que, precisamente, representa o diferencial deste caso. Como na outra ocasião (Benetton I), o Tribunal Constitucional deu provimento à reclamação. De acordo com sua argumentação, embora o Superior Tribunal Federal (BGH) tenha corretamente apontado para a circunstância de que a dignidade humana opera como limite absoluto à liberdade de expressão mesmo na esfera da livre concorrência, tal fronteira não restou ultrapassada no caso concreto. Com efeito, para o Tribunal Constitucional, o que resulta essencial para a valoração de cada manifestação de opinião é a identificação de seu sentido, para o que não se deve partir de intenções do autor da opinião que não sejam perceptíveis por parte de terceiros, mas sim, do ponto de vista do destinatário (receptador) da opinião, mediante a consideração das circunstâncias que possam determinar o sentido da opinião. O modo como determinadas minorias ou maiorias compreendem de fato uma opinião (manifestação) pode ser um argumento, mas não se revela necessariamente determinante. Assim, a finalidade publicitária (e comercial) pode integrar o contexto de uma mensagem de conteúdo socialmente crítico, de tal sorte que publicidade e crítica social não se excluem necessariamente e podem conviver. No caso concreto, o BGH entendeu que em virtude de sua finalidade comercial e por se tratar de publicidade que explora, em proveito econômico próprio do seu autor (Benetton), a desgraça alheia, veiculando, de modo cínico, um apelo à solidariedade, ofende a dignidade humana. Isso, contudo, não obteve a chancela do Tribunal Constitucional, para o qual o BGH não deu à dignidade humana a sua devida interpretação e aplicação no caso, pois apenas o contexto da publicidade e o seu objetivo comercial não implicam uma ofensa da dignidade.

Note-se que para o Tribunal Constitucional, a imagem veiculada apenas expõe o sofrimento e desgraça dos infectados pelo H.I.V., deixando para o observador externo a sua interpretação e valoração, não tendo tal veiculação, por si, conteúdo humilhante ou degradante. Seria até possível, do ponto de vista moral, afirmar ser preferível não tematizar tal mazela humana num contexto comercial, mas isso não constitui uma exigência imperativa da dignidade humana. Ainda segundo a Corte Constitucional germânica, também o argumento do BGH, no sentido de que a publicidade atentaria contra os bons costumes pelo seu potencial de gerar sentimentos de medo e ameaça em virtude da AIDS, ademais de confrontar os infectados pelo vírus de modo não exigível com seu próprio sofrimento, não convence, porquanto a proibição de toda e qualquer publicidade comercial que envolva mensagem tematizando sofrimento ou desgraça alheia, pelo simples fato de objetivar o lucro, não representa uma solução compatível com a liberdade de expressão.

Ainda que se possa, com boas razões, questionar o resultado dos julgados selecionados, o fato é que ainda assim, segue atual o entendimento (no âmbito da jurisprudência constitucional alemã) de que embora protegida pela liberdade de expressão, a publicidade comercial encontra também limites na dignidade da pessoa humana e outros direitos fundamentais, como é o caso dos direitos de personalidade.

Todavia, também nessa esfera, a exemplo do que se verifica nos demais casos em que se cuida de avaliar a legitimidade constitucional de intervenções na liberdade de expressão, ainda que não seja possível falar, no caso da Alemanha, de uma posição preferencial da liberdade de expressão, no sentido de uma prioridade de tal liberdade na arquitetura constitucional, o fato é que o julgamento dos casos "Benetton" sugere pelo menos uma tendência, – indicada por outros julgados do Tribunal Constitucional Federal, como revela o exemplo emblemático dos casos "Caroline de Mônaco[49]" – de que a liberdade de expressão, mesmo na esfera da publicidade, está sendo mais fortalecida, de modo a se imprimir uma exegese restritiva às hipóteses de restrição.

Tal fortalecimento da liberdade de expressão, contudo, há de ser devidamente contextualizado, pois não afasta a incidência de limites,

---

49. Nesses julgados, mais de um, o Tribunal Constitucional Federal acabou negando provimento às reclamações constitucionais impetradas por Caroline de Mônaco (e Hannover) nas quais esta exigia ser protegida em face da divulgação de fotografias (suas e de familiares) retiradas sem sua autorização em periódicos alemães. Embora Caroline de Mônaco tenha sido vitoriosa perante o Tribunal Europeu (que entendeu devesse prevalecer a proteção da vida privada), o Tribunal Constitucional Federal entendeu que se trata de figura pertencente à história contemporânea, que frequentemente se nutre das benesses da exposição pública, de tal sorte que também deveria suportar eventuais desvantagens.

ademais de exigir sejam consideradas as peculiaridades do caso concreto e da respectiva tradição jurídica. Já por tal razão, embora em linhas gerais a posição do Tribunal Constitucional Federal alemão possa servir de parâmetro para a evolução doutrinária e jurisprudencial brasileira, especialmente quanto à distinção entre publicidade que goza da proteção com base na liberdade de expressão e a que não usufrui de tal proteção, a resposta correta do ponto de vista da ordem jurídico-constitucional brasileira poderá ser outra, o que, contudo, não será aqui desenvolvido, mas que desafia maior reflexão.

A LIBERDADE DE EXPRESSÃO E SEUS LIMITES NO MUNDO CONTEMPORÂNEO

Álvaro Ricardo de Souza Cruz[1]
Sophia Galbas Rezende[2]

1 - INTRODUÇÃO

O crescimento exponencial e vertiginoso das mídias e dos meios de comunicação social impõem uma certa atualização do conceito, até então vigente, de liberdade de expressão. No mundo contemporâneo, as informações são difíceis de controlar devido a tais mídias e à globalização, uma rede de comunicações composta por um fluxo intenso e possível (parcialmente) de ser acompanhado em "tempo real" se formou ao redor do globo, e que é composta por notícias e informes sobre os mais diversos lugares e situações.

Essa revolução no campo da informação requer filtro e crítica, já que sua acessibilidade e facilidade de manuseio pode ser deturpada para divulgação de notícias falsas, boatos e opiniões, falácias baseadas em informações superficiais. Algumas mídias utilizam desse mecanismo para modelarem arbitrariamente a opinião pública sobre um determinado assunto, gerando o moderno fenômeno conhecido como *Post Truth*. Por meio dessa pós-verdade, as pessoas estão cada vez mais interessadas em estarem certas do que corretas e assim acabam sendo vítimas de um sistema malicioso que traz como consequência o surgimento de radicalismos e extremismos ideológicos, principalmente em tempos de crise econômica.

O presente texto faz uma reflexão acerca da liberdade de expressão, suas formas e em como influencia, tanto como a tolerância quanto a intolerância. Ficará claro que o conhecimento pode ser disseminado por

---

1. Doutor em Direito pela UFMG. Procurador da República. Professor da PUC/MG.
2. Monitora da Disciplina Teoria da Constituição na Pontifícia Universidade Católica de Minas Gerais (PUC/MG).

diversas formas de expressão, tanto verbais como não-verbais, discursivas e não-discursivas, sonoras e não-sonoras. O texto vai também procurar debater sobre os limites acerca do que pode ser expresso, de como e sobre quem essas noções podem ser exteriorizadas são constantemente discutidos. Nesse sentido, ficará latente que alguns limites estão positivados, distintamente, em países diferentes. Metodologicamente nessa análise desse direito será examinada a partir de súmulas e precedentes relacionados aos limites da liberdade de expressão e aos limites dos limites dessa liberdade de expressão nas Cortes Constitucionais de cada país.

2 - LIBERDADE DE EXPRESSÃO: CONCEITO

Liberdade e responsabilidade são eixos fundamentais das condições de "ser humano". Perceber as consequências de uma ação compõem em geral as discussões sobre Moral e Direito.

O ato de se expressar gera consequências positivas ou negativas, dependendo do conteúdo da informação ou na opinião exposta. Assim como é de direito de todos a liberdade de expressão, também é o dever para com as responsabilidades derivadas de tais atos.

O ditado popular "minha liberdade termina quando começa a do outro" implica que todo indivíduo em sociedade, deve ater-se aos limites estipulados por esta, para não violar os direitos fundamentais do outro. Tendo em vista que cada indivíduo pensa, age e se expressa de diferentes formas, a finalidade dos limites é buscar um equilíbrio na convivência em uma comunidade. E, em virtude da complexidade das sociedades contemporâneas, torna-se imprescindível respeitar o coletivo, bem como a individualidade de cada um.

Como é largamente sabido, nenhum direito fundamental é absoluto e sua relativização deve ser apreendida como um limite normativo explícito ou implicitamente quando de sua aplicação. Nesse sentido, posiciona-se Guillaume Lécuyer (2006, pag. 12 - 13):

> La définition du contenu de la liberté d'expression permet de déterminer les limites qui lui sont apportée. Cela importe doublement. D'un point de vue scientifique, la définition détermine les élements sur lesquels doit s'appuyer la reflexion portant sur les limites apportées à cette liberté par les règles de responsabilité. En outre, d'un point de vue positif, dans l'hypothèse d'une protection de la fondamentalité, elle devrait préciser l'entendue de son rayonnement. [...] S'exprimer consiste à envoyer au monde extérieur un message quelconque, peu

> importe sa qualité ou son importance. L'objet de la liberté d'expression est donc un contenu immatériel, porteur de sens, dont l'information ou l'opnion ne sont que des variétés.[3]

Conforme lição de Isaiah Berlin na obra "Dois Conceitos de Liberdade", a liberdade de expressão deriva da noção geral de liberdade. Ele segue a clássica linha adotada por Benjamin Constant[4], que a classifica entre a dos modernos (negativo) e a dos antigos (positivo).

A *liberdade dos modernos* é a capacidade de auto condução da vida pessoal sem risco de interferência do Estado. Logo, o direito ocidental sustenta que essa liberdade atua no âmbito da legalidade e assume a condição de liberdade "negativa", ou seja, um espaço de ação no qual o Estado estaria proibido de interferir na vida privada.

De um modo geral, as liberdades primárias, relativas à crença, contratual, de trabalho, ambulatorial se incluem aqui. Por outro lado, a chamada *liberdade dos antigos*, também conhecida por liberdade positiva, significa essencialmente a participação/contribuição do cidadão nas discussões públicas. De Aristóteles a Habermas, essa liberdade é essencial para a configuração da ideia contemporânea de soberania política.

Ambas estão consagradas nos planos normativos, interno e internacional, como se pode verificar tanto na Constituição brasileira de 1988 quanto na Declaração Universal dos Direitos Humanos de 1948.[5]

---

3. A definição do conteúdo da liberdade de expressão permite fixar os limites que lhes são inerentes. O que importa dois aspectos. De um ponto de vista científico, o conceito determina os elementos sobre os quais se apoia a reflexão trazida sobre os limites impostos a essa liberdade pelas regras da responsabilidade. De outro, de um ponto de vista positivo, no bojo da hipótese da proteção de sua fundamentabilidade, seria preciso entender seu impacto [...] Exprimir-se consiste em enviar ao mundo exterior uma mensagem qualquer, pouco importando sua qualidade ou conteúdo. Portanto, objeto da liberdade de expressão é um conteúdo imaterial, portador de sentido, cujas informações ou opiniões são das mais variadas formas. (Tradução livre)
4. CONSTANT, Benjamin. **De la liberté des anciens comparée à celle des modernes.** 1819. Disponível em: http://www.panarchy.org/constant/liberte.1819.html. Acesso em: 07 dez. 2017.
5. Conforme artigo 5º, inciso IX, da Constituição da República Federal de 1988 e Declaração Universal dos Direitos Humanos de 1948, no seu artigo XIX: "Todo ser humano tem direito à liberdade de opinião e expressão; este direito inclui a liberdade de, sem interferência, ter opiniões e de procurar, receber e transmitir informações e ideias por quaisquer meios e independentemente de fronteiras".

3 - FORMAS DE EXPRESSÃO

Na obra "Liberdade de Expressão e Discurso de ódio"[6], Samantha Ribeiro Meyer-Pflug sustenta que a liberdade de expressão inclui tanto a exteriorização de pensamentos, ideias, opiniões, convicções, quanto as sensações e sentimentos em suas mais variadas formas, quais sejam, as atividades intelectuais, artísticas, científicas e de comunicação. Qualquer informação implica transferência de informação, envolvendo um emissor, um receptor, uma mensagem e os contextos previstos na sua emissão e na sua recepção.

Do exposto, deduz-se que há dois tipos de formas de expressão: discursivas (verbal) e as não discursivas (não verbal), que podem ser sonoras ou não sonoras. Ambas formas de expressão são de extrema relevância no desenvolvimento de uma sociedade, uma vez que os meios de comunicação permitem à população consegue ter acesso a todo tipo de informação, tornando-se essencial na formação do senso crítico *lato sensu*.

4 - FORMAS DE EXPRESSÃO NÃO DISCURSIVAS

A liberdade de expressão não discursiva se manifesta por qualquer modo de comunicação de pensamento, ideias, de informações e de expressões sejam sonoras ou não. De um modo geral, estão incluídas as múltiplas formas de manifestação artística, dentre as quais, podem se manifestar por linguagem corporal, sonoras (sapateado) ou não sonoras, como a mímica, dança, música, teatro, charges/desenhos, pintura, escultura, entre outras, como "expressão não discursiva".

De um modo geral, as comunicações não-verbais se processam por três suportes. O primeiro, pelo corpo, nas suas qualidades físicas, fisiológicas e principalmente nos seus movimentos, incluindo a expressão facial, o olhar, gestos e movimentos posturais, contato corporal, comportamento espacial, roupas, aspecto físico, dentre outros aspectos da aparência. Estes canais fazem parte de uma categorização denominada "os diferentes sinais corporais". O sapateado exemplifica forma de expressão não discursiva, mas sonora.

O segundo, no homem, ou seja, objetos associados ao corpo como os adornos, as roupas, ou mesmo as mutilações, marcas ou cicatrizes de tatuagens, de rituais ou não. Neste suporte ainda podem ser relacionados

---

6. MEYER-PFLUG, Samantha Ribeiro. **Liberdade de Expressão e Discurso de ódio**. Editora Revista dos Tribunais, 2009. São Paulo – SP.

os produtos da habilidade humana, que podem servir à comunicação. Finalmente, o terceiro suporte se refere a dispersão dos indivíduos no espaço. E este espaço engloba desde o espaço físico, que cerca o corpo até o espaço que a ele se relacione, ao espaço territorial.

Knapp (1982), especialista neste campo das comunicações não-verbais, apresenta um esquema de classificação bem mais detalhado de tais condutas. Esta classificação é dividida em sete áreas de acordo com a literatura ou com as investigações científicas. As áreas são: a) movimento corporal ou cinésica (emblemas, ilustradores, expressões de afeto, reguladores e adaptadores); b) características físicas; c) comportamentos táteis; d) paralinguagem (qualidades vocais e vocalização); e) proxêmica[7]; f) artefatos e g) o meio ambiente.

A compreensão do direito de liberdade de expressão no campo não discursivo apresenta inúmeras facetas e matizes. Sua análise implica conhecer, de modo mais detalhado, algumas situações em que é aplicado. A primeira delas inclui o direito de não se expressar, de se calar, e de não informar. O direito ao silêncio é garantido ao réu pelo art. 5º, LXIII, da CF/88, que dispõe: "O preso será informado de seus direitos, dentre os quais o de permanecer calado, sendo-lhe assegurada a assistência da família e de advogado". O princípio "*nemo tenetur se detegere*" significa que ninguém é obrigado a se auto incriminar ou produzir prova contra si mesmo. O Supremo Tribunal Federal fixou que o direito ao silêncio beneficiará aqueles que estão presos, e garante que no ato da prisão todos devem ser informados do direito de permanecerem calados, e apenas se manifestarem com a presença de seu advogado.

Outro aspecto da expressão não-sonora se volta para a expressão física, como a dança e as variadas formas de expressões corporais, autorizadas, desde que não apresentem atos atentatórios ao pudor. A expressão corporal inclui a nudez. Contudo, praticá-la em público e sem a prévia advertência de sua realização pode caracterizar prática de crime de ato obsceno (artigo 233 do CPB). Destaque-se, todavia, que o conhecido caso "Gerald Thomas" relativizou a criminalização dessa conduta. Nesse precedente, esse conhecido produtor/diretor teatral foi denunciado por expor suas nádegas nuas e por simular ato de masturbação no Teatro Municipal do

---

7. O antropologista Edward T. Hall criou o termo "proxêmica" no ano de 1963. Proxêmica é usada para definir o espaço e a distância pessoal entre indivíduos em um meio social. Cf. HALL, Edward T. A System for the Notation of Proxemic Behavior. **American Anthropologist,** [s.l.], v. 65, n. 5, p.1003-1026, out. 1963. Wiley-Blackwell. http://dx.doi.org/10.1525/aa.1963.65.5.02a00020.

Rio de Janeiro, diante de vaias estrepitosas do público. Curiosamente tal conduta não mereceu tipificação, pois não foi considerado, pelo Supremo Tribunal Federal, como crime de "ato obsceno". A decisão que deferiu o pedido de Habeas Corpus impetrado por Gerald Thomas (então acusado de praticar ato obsceno, previsto no artigo 233 do Código Penal Brasileiro) foi acirrada devido ao empate no julgamento. Após longo debate, a Corte concede a ordem no dia 17/08/2004.[8]

> Outro caso curioso de expressão não-verbal ocorre pela queima da bandeira nacional veicula uma mensagem de protesto. Essa conduta veicula uma mensagem de protesto. No caso *Texas v Johnson, 491 US 397:414*, um militante político queimou a abandeira americana em protesto. A decisão favorável ao militante indignou o Partido Republicano que aprovou uma lei federal criminalizando essa conduta. A reação do legislativo não surtiu efeito, pois mais uma vez a Corte reafirmou sua posição no caso *United States vs Eichmann, 496 US 310 (1990)*, anulando a lei federal recentemente aprovada.
>
> A Corte Constitucional Alemã adota postura idêntica à americana enquanto a Corte Espanhola não considerou lei que criminalizava como inconstitucional a queima de símbolos nacionais. Conforme Cordech (1993), na Espanha, queimar bandeiras é tipificado pelo Código Penal vigente com pena de até 12 (doze) anos de prisão, mas há casos julgados pela Corte Constitucional Espanhola que desafiam essa lei. Por exemplo no caso *STC 63/1993*, um homem foi condenado à prisão, suspensão de cargos públicos e do direito de sufrágio (enquanto estivesse preso) em 1986, por queimar bandeiras espanholas durante uma manifestação em Santiago de Compostela em 1984. Ao recorrer à Corte Constitucional, ele alegou que não havia provas suficientes de que tivesse queimado bandeiras. A Corte deferiu seu pedido e anulou a sentença anterior.

---

8. A votação do STF ficou dividida. O pedido foi julgado improcedente pelo ministro Carlos Velloso, relator, e a ministra Ellen Gracie, entretanto, os ministros Gilmar Mendes e Celso de Mello votaram a favor de Thomas, com fundamentação baseada no Regimento Interno do STF que determina no seu artigo 150 § 3º, que em casos de empate do julgamento de Habeas Corpus, prevalecerá a decisão mais favorável ao réu. Gilmar Mendes diz que: "É difícil admitir, neste contexto, que a conduta do paciente tivesse atingido o pudor do público. Um exame objetivo da querela há de indicar que a discussão está integralmente inserida no contexto da liberdade de expressão, ainda que inadequada ou deseducada". Também salientou que para o STF, a sociedade moderna dispõe de mecanismos próprios e adequados em situações similares a esta. Já a ministra Ellen Gracie entendeu que a conduta do diretor foi "pouco edificante e esteticamente questionável" e, que ele demonstrou desprezo pela opinião do público. O ministro Celso de Mello questiona a configuração de ato obsceno e diz: "tenderia a reconhecer que foi muito mais uma expressão, ainda que grosseira, mas de sua própria liberdade de manifestação e reação às vaias".

O Brasil incrimina a conduta pela Lei 5443/68, legislação ainda do tempo da ditadura.

Se a queima de bandeiras gera dúvidas quanto a representar exercício de liberdade de expressão, incontroversas, contudo, são normas sobre vias de tráfego ou de proteção ao patrimônio ambiental ou turístico que limitavam publicidade visual, como outdoors, painéis eletrônicos, banners, dentre outros.[9] A publicidade por meio de outdoors, banners, painéis eletrônicos e outros podem ser consideradas uma poluição visual, pois causam transtornos à saúde mental da população que trafega naquele local.

A informação é de extrema relevância para as relações de consumo, pois o princípio da oferta e demanda depende da publicidade para lançar/reafirmar um produto no mercado. Essa informação permite que o produto ou serviço seja procurado pelo consumidor, gerando o desenvolvimento econômico daquela região. Contudo, o uso destes meios de publicidade deve ser moderado e lícito, para que não ocorra a poluição do meio ambiente e para que não prejudique a saúde da população.

A tecnologia trouxe benefícios e malefícios à sociedade. A veiculação de publicidade e de informações cresceu exponencialmente nas últimas décadas. E, com essa expansão, o surgimento e proliferação de cyber crimes. A internet é, atualmente, um dos meios mais utilizados para a expressão, devido a velocidade e complexidade na qual são disseminadas as informações ali postadas.

No Brasil, a veiculação pela mídia eletrônica de imagens obtidas ilicitamente tornou-se crime pela lei Carolina Dieckmann (Lei 12.737/2012).[10]

---

9. A definição do que é poluição está prevista no art. 3º, III, da Lei nº. 6.938/81 (Política Nacional do Meio Ambiente/CONAMA). Para os fins previstos nesta Lei, entende-se por: III – poluição, a degradação da qualidade ambiental resultante de atividades que direta ou indiretamente: a) prejudiquem a saúde, a segurança e o bem-estar da população; b) criem condições adversas às atividades sociais e econômicas; c) afetem desfavoravelmente a biota; d) afetem as condições estéticas ou sanitárias do meio ambiente; e) lancem matérias ou energia em desacordo com os padrões ambientais estabelecidos.

10. Segundo o Jornal ESTADÃO Economia e Negócios:

    (DINO – 27 jan., 2017) o Brasil ocupa lugar de destaque no cenário global de cyber crimes. Em 2016, 42,4 milhões de brasileiros foram vítimas de crimes virtuais. Em comparação com 2015, houve um aumento de 10% no número de ataques digitais. Segundo dados da Norton, provedora global de soluções de segurança cibernética, o prejuízo total da prática para o país foi de US$ 10,3 bilhões. Em maio de 2012, o Brasil acompanhou um dos casos mais emblemáticos de crime cibernético cometidos no país: o roubo e a divulgação de mais de 30 fotos íntimas da atriz Carolina Dieckmann. Hackers do interior de

Segundo Cláudio Godoy (2008, p. 35), o direito de imagem trata-se de definição abrangente, que compreende não só os componentes físicos, mas também os morais, que constituem a imagem da pessoa. Godoy (2008, p. 38) afirma que nossa carta declara invioláveis, além da honra e imagem das pessoas, a intimidade e a vida privada das pessoas. Isso consagrou esses direitos da personalidade, tutelando-os de forma expressa.

Via de regra, uma sociedade, que está imersa em redes sociais e que faz uso constante da internet para quaisquer atividades, seja profissional ou pessoal, deve tomar certos cuidados para adequar-se a essa nova situação. É de suma importância para aqueles que fazem o uso deste meio de comunicação, ter a consciência dos riscos e, claro, precaver-se, na medida do possível, para não serem surpreendidos e tornarem-se mais uma vítima destes crimes.

De outra banda, a possibilidade de proibição de buzinas em frente a hospitais se sujeita ao exame da razoabilidade das leis do silêncio noturno, especialmente em áreas residenciais e estabelecimentos comerciais. *A priori*, a constitucionalidade da lei 8364/ 2006 afigura-se não problemática, desde que normas municipais que não restrinjam demasiadamente o limite de sons mecânicos ou manuais.

Conforme o artigo 41 do Código de Trânsito Brasileiro, a utilização de buzina somente é permitida, quando em casos de riscos à segurança viária (evitar acidentes de trânsito) e, em áreas urbanas, para indicar uma manobra de ultrapassagem. A inobservância dessa norma geral configura infração, dentre as elencadas pelo artigo 227, cap. XV, do CTB. No inciso IV desse dispositivo está disposto que usar buzina em locais e horários proibidos pela sinalização é um ato infracional, locais estes, que estejam com a placa de regulamentação R-20, como, por exemplo, os hospitais. Resta evidente que um local onde pessoas estão sendo atendidas devido à problemas de saúde, qualquer tipo de poluição sonora poderá prejudicar esse processo de cura dos pacientes ali presentes.

As questões relativas ao tráfego são pouco controvertidas, mas outras provocam vivo dissenso na sociedade como, por exemplo, questões atinentes à crucificação de uma Travesti no dia do Orgulho Gay e a exposição de um conjunto de hóstias, bem como a quebra de santos em frente ao

---

Minas Gerais e de São Paulo invadiram o e-mail da artista e a chantagearam, por meio de mensagens anônimas, pedindo R$ 10 mil para apagar as imagens. O caso foi parar no Congresso Nacional: a Câmara dos Deputados aprovou e colocou em vigor a Lei nº 12.737, apelidada de Lei Carolina Dieckmann, que tipifica delitos cometidos em meios eletrônicos e na internet.

"Papamóvel" podem ser reconhecidos como crime contra o sentimento religioso (Artigo 208 do Código Penal Brasileiro).

Por evidente que a figura da "cruz" é um ícone do cristianismo. Assim, quando uma travesti desfilou crucificada na parada do dia orgulho gay em São Paulo, enorme polêmica emergiu na mídia sobre os limites da liberdade de expressão. Políticos religiosos, particularmente de cunho evangélico/pentecostal, como Silas Malafaia e Marcos Feliciano, usaram o incidente como palanque/púlpito para condenar a comparação de Cristo com a figura de uma travesti. Contudo, em casos que tais, particularmente em um Estado Laico, qualquer pretensa violação à liberdade de crença religiosa precisa ser muito bem contextualizada. Logo, como a inaugurada "crucificação" pode indubitavelmente assumir uma expressão metafórica/metonímica de atestação de um protesto contra violência cotidiana contra a população LGBT, entendemos desarrazoada a pretensão de que tal atitude possa ser considerada como ilícita.

O mesmo, contudo, não se dá quando um indivíduo atira ao chão uma estátua de gesso, que encarna figura de um santo, poucos metros à frente do percurso do papa móvel. Em nosso ponto de vista, nessa situação incide o tipo previsto do artigo 208 do Código Penal, que criminaliza o ato de escarnecer de crença alheia por motivo de descrença religiosa.

Finalmente, é preciso analisar incidente ocorrido na exposição do "QUEERMUSEU" do Banco Santander, no qual um baú de hóstias trazia inscrições pejorativas contendo palavras de baixo calão de conotação sexual em cada uma delas. Pois bem, em nossa opinião, somente seria possível pensar-se em vilipêndio público de objeto de culto religioso, caso as referidas hóstias já tivessem sido consagradas em rituais sacros. Quando não, a hóstia não assumiria a transmutação a condição de "Corpo de Cristo" (pela fé cristã) e assim não poderia ser considerada objeto de culto religioso. A conduta seria o mesmo que escrever "palavrões" em um qualquer pedaço de pão.

De modo geral, a doutrina brasileira assume a necessidade de uma *prudence balance* entre a liberdade de expressão e a inviolabilidade da liberdade de consciência religiosa. Desse modo, adeptos das chamadas **teorias externas dos direitos fundamentais**, ou seja, aquelas que sustentam a exigência da aplicação do princípio da proporcionalidade, pelas submáximas da adequação, necessidade e ponderação *stricto sensu* em eventuais colisões de direitos fundamentais.

Controvérsias ainda maiores encontram-se no exame da constitucionalidade sobre charges. De modo geral, a sua pilhéria não gera direito de resposta quando expõe a intimidade de pessoas públicas, exceto quando se torna ofensiva à honra, dignidade e especialmente à fé alheia.

Polêmicas ligadas ao Charlie Hebdo em relação à fé Cristã e Muçulmana incendiaram a temática recentemente. Seguramente posições liberais e laicistas tenderam proteger tais manifestações no âmbito da liberdade de expressão, enquanto posições de fundo comunitarista tenderam a criminalizar (pelo menos reconhecerem o dano moral, ou fundamentais à liberdade religiosa). Nos EUA, pelo precedente *Falwell v. Hustler Magazine – 485 US 46 (1988)*, a Suprema Corte Americana considerou lícita a charge grosseira envolvendo aberração sexual. Em sentido contrário, o Tribunal Constitucional alemão considerou inaceitável a charge que desenhou um agente político em posições bestiais (*75, BverfGE, 369*).

Nesse sentido, mais pertinente a colisão entre liberdade de expressão e a de crença religiosa eclodiu em pelo menos 3 situações, tais como as exposições artísticas do "QUEERMUSEU", no museu Santander Cultural (Porto Alegre, cuja extensão foi além do baú de hóstias, como ficará claro mais abaixo), a performance com o homem nu, no MAM (São Paulo) e a exposição dos quadros de Pedro Moraleida, no Palácio das Artes (Belo Horizonte). Foram realizados diversos manifestos contra a censura das exposições supracitadas, com fundamentos na liberdade de expressão artística.

A mostra "QUEERMUSEU", que contava com mais de 270 obras (coleções públicas e privadas), explorava a diversidade de expressão de gênero, acabou cancelada, no dia 10 de setembro de 2017. Protestos em redes sociais e no próprio local alegavam que a arte ali exposta era ofensiva a população, sendo classificada como incentivo à zoofilia, pedofilia, e, ainda, contra os bons costumes da sociedade brasileira. Por sua vez, o Santander Cultural sustentou que a mostra valorizava a diversidade e investia em sua unidade de cultura no Sul do País, para que ela seja contemporânea, plural e criativa. Ainda existia uma possibilidade de a mostra ser apresentada no Rio de Janeiro, entretanto, 30 dias após o cancelamento da mostra em Porto Alegre, o Museu de Arte do Rio (MAR) cancelou as negociações da compra da exposição.

A reação popular de cunho conservador trouxe uma nova reação em sentido contrário, especialmente por parte de seguimentos sociais ligados à produção artística.[11] A acusação central foi a de que a nudez exposta

---

11. CHICO BUARQUE DECLARA APOIO À FRENTE NACIONAL CONTRA A CENSURA. CORREIO BRAZILIENSE. Disponível em: http://www.correiobraziliense.com.br/app/noticia/diversao-e-arte/2017/11/20/interna_diversao_arte,642128/chico-buarque-contra-a--censura.shtml. Acesso em 08 de Dez. de 2017.

nas obras expressava pedofilia/zoofilia. A resposta foi simples: a zoofilia, de matiz religiosa ou de protesto, sempre compôs as expressões artísticas, desde a antiguidade. E, acrescentaram que a mostra em momento algum fazia apologia da pedofilia. Em nosso entender, um claro embate de visões de fundo político constitui o pano de fundo dessa discussão: de um lado, comunitaristas de fundo conservador em termos morais e religiosos e, de outro lado, liberais igualitários.

De outro lado, no Museu de Arte Moderna (MAM), no Ibirapuera, zona sul de São Paulo, ocorreu a performance do artista fluminense Wagner Schwartz, na arte chamada "La Bête" (O Bicho) de Ligia Clark. Wagner se apresentou nu sobre um tatame, manipulando um origami de papel, sugerindo uma interação com os visitantes ali presentes. Esta liberdade de interação entre o artista e os visitantes fez com que algumas pessoas o tocassem (abraços, toques singelos com as mãos, apertos), outras o mudavam de posição (simulando dobraduras de origamis), outras apenas o fotografaram ou filmaram. Em um determinado momento da exposição, uma mãe levou sua filha, ainda muito pequena, para ver a performance de perto.

Segundo vídeo divulgado[12] por fontes ainda desconhecidas, a criança engatinhava no tatame e demonstrava curiosidade ao ver uma mulher adulta tocar os pés do artista. Esta mulher, supostamente a mãe do menor, convidou a criança a tocar no artista. A menina toca rapidamente seus pés, sorrindo, e voltou rapidamente debaixo dos olhares do público.

De acordo com nota divulgada pelo MAM, a sala estava "devidamente sinalizada sobre o teor da apresentação, incluindo a nudez artística". O museu divulgou uma nota dizendo que não tem a menor intenção de cancelar a amostra ou a performance, visto que a arte, ali apresentada, estaria totalmente adequada ao contexto. Afirmou, categoricamente, que a nudez ali exposta não possuía qualquer conotação erótica.

O terceiro incidente ocorreu na exposição "Faça Você Mesmo Sua Capela Sistina" do artista Pedro Moraleida, realizada no Palácio das Artes, em Belo Horizonte. Ela foi alvo de vários protestos envolvendo políticos e cidadãos, sob o fundamento de incentivo à zoofilia, pedofilia, pornografia, drogas e homossexualismo. As manifestações foram feitas de várias formas,

12. INTERAÇÃO DE CRIANÇA COM ARTISTA NU EM MUSEU DE SÃO PAULO GERA POLÊMICA. G1. Disponível em: https://g1.globo.com/sao-paulo/noticia/interacao-de-crianca-com--artista-nu-em-museu-de-sp-gera-polemica.ghtml Acesso em 08 de dez de 2017.

de vídeos, fotos viralizadas na internet até o fechamento da Avenida Afonso Pena em frente ao Palácio das Artes, quase todas lideradas por políticos ligados à Igreja Evangélica.[13]

Dentre os manifestantes estava o vereador Jair Di Gregório, que postou em sua rede social um vídeo recriminando e acusando as obras expostas no local, com frases como: *"Estou aqui fazendo o meu papel para a família brasileira [...] essa mostra não tem nada a ver com a família mineira [...] isso não é arte, é uma aberração [...] eu fui eleito para proteger o povo de Belo Horizonte, pois isso aqui não é arte, vocês estão doidos [...] vou denunciar para o Ministério Público, vou pra cima do Kalil [...]"*, referindo-se a Alexandre Kalil, atual prefeito de Belo Horizonte.

Diante destas acusações, o secretário municipal da cultura, Juca Ferreira, ajuizou uma ação contra o vereador e o juiz da 4º Vara Cível de Belo Horizonte, que, determinou a retirada do vídeo da rede social. De acordo com a decisão, o parlamentar está sujeito ao pagamento de multa de R$ 1.000,00 (mil reais) dia, caso não venha a cumprir a determinação judicial.

Evidenciado os fatos supracitados, a problemática colocada pelas manifestações relaciona liberdade de expressão artística, "bons costumes" e o princípio do melhor interesse da criança e do adolescente. Logo, em nosso sentir, exposições de matizes que tais não merecem proibição ou censura. É preciso ter em mente que arte não se materializa tão somente pela "evocação ao belo". Arte implica, também, ruptura e quebra de padrões estéticos e paradigmas sociais. Por vezes, seu papel é o de denunciar e, por conseguinte, de chocar. Assim, pleitear padrões universais de estética não faz qualquer sentido, pois tal pretensão implicará compreender uma expressão claramente doxática de modo racional/ epistêmico. Superpor o código estético (gostar/ não gostar) ao código jurídico (lícito/ ilícito) soa algo claramente totalitário por parte dos manifestantes.

Como a liberdade de expressão não é um direito absoluto, dentre seus condicionamentos sobreleva o princípio do "melhor interesse da criança", deduzível tanto no texto constitucional, quanto do Estatuto da Criança e do Adolescente. Desse modo, é razoável admitir que exposições com

---

13. JOÃO LEITE TENTA IMPEDIR ESTREIA DE PEÇA E SUSPENDER EXPOSIÇÃO EM BH. UAI. Disponível em: https://www.uai.com.br/app/noticia/artes-e-livros/2017/10/04/noticias--artes-e-livros,214547/joao-leite-tenta-impedir-estreia-de-peca-e-suspender-exposicao--em-bh.shtml

esse tipo de teor mereçam receber a indicação de faixa etária, de modo a preservar seres humanos ainda em formação.[14]

Nesse sentido, a Portaria 1.100 de 2006 do Ministério de Justiça estabelece que, cabe aos pais, no exercício do poder familiar, a responsabilidade e a proteção do menor e estabelece ainda que cenas de nudez, sexo e drogas tornam o local impróprio para o menor, cabendo ao Estado e ao envolvidos do evento fixarem a classificação devida e fiscalizarem a entrada de todos.[15]

O parecer da Procuradoria Federal dos Direitos do Cidadão, órgão do MPF, de autoria da Deborah Duprat e Sérgio Suiama, e uma análise jurídico-constitucional buscando prestar uma contribuição na discussão pública sobre a importância da defesa dos direitos da criança e do adolescente e da liberdade de expressão nas suas diversas formas perante os recentes ocorridos de cerceamento a obras e performance artísticas classificadas como "imorais" ou de natureza "pedófila". Ponto fulcral de tal analise recai sobre o princípio da legalidade formal, ou seja, se o condicionamento da liberdade de expressão poderia ser feito por uma Portaria ou se seria necessária a edição de uma lei específica sobre o assunto.

---

14. "A liberdade de pensamento, de opinião, de sentimentos e sensações se exterioriza por meio da atividade intelectual, artística, científica e de comunicação. São formas capazes de difundir o pensamento. Assegura-se o direito de o indivíduo desenvolver todas as suas potencialidades, sejam elas intelectuais, artísticas ou científicas. A liberdade de expressão, de ideias ou opiniões não envolvem apenas o uso de palavras, mas pode dar-se por meio de gestos, expressões corporais, mídias audiovisuais ou símbolos. A proteção à liberdade artística, por exemplo, implica proibição de o Estado vir a impor na atividade de criação os seus padrões estéticos. A Constituição de 1988 estabelece em seu artigo 5º, IX: [...] – É livre a expressão da atividade intelectual, artística, científica e de comunicação, independentemente, de censura ou licença." (MEYER-PFLUG, 2009)

15. No seu Capítulo I: Do Dever de Exercer a Classificação Indicativa, o artigo 1º dispõe que: O processo de Classificação Indicativa, disciplinado nos termos desta Portaria, integra o sistema de garantias dos direitos da criança e do adolescente, composto por órgãos públicos e organizações da sociedade civil, destinado a promover, a defender e a controlar a efetivação do direito de acesso a diversões públicas adequadas à condição peculiar de desenvolvimento de crianças e adolescentes.

    Da Natureza, Finalidade e Alcance, artigo 2º dispõe que: A Classificação Indicativa possui natureza informativa e pedagógica, voltadas para a promoção dos interesses de crianças e adolescentes, devendo ser exercida de forma democrática, possibilitando que todos os destinatários da recomendação possam participar na condição de interessados do processo de Classificação Indicativa e, de modo objetivo, ensejando que a contradição de interesses e argumentos promovam a correção e o controle social dos atos praticados.

Atualmente, o tema que mais gera mobilização social é a proteção à infância. A própria Constituição determina absoluta prioridade aos interesses da criança e do adolescente, utilizando de forma razoável e eficaz os argumentos jurídicos para identificar os fatores de maior risco referentes à violência sexual infanto-juvenil. Diante dos casos tratados neste trabalho, o ponto conflitante existente neste tema é o acesso do menor a exposições artísticas com conteúdo de nudez. De acordo com o artigo 220, § 2º e § 3º, inciso I da CR/88: *"o direito de crianças e adolescentes a diversões e espetáculos públicos adequados à sua faixa etária **deverá ser regulado exclusivamente por lei federal**, cabendo ao Poder Público "informar sobre a natureza deles, as faixas etárias a que não se recomendem, locais e horários em que sua apresentação se mostre inadequada", sendo vedada "toda e qualquer censura de natureza política, ideológica e artística."*

Posto que algumas artes expressam atos de pedofilia, o parecer explica que o termo "pedofilia" não é uma classificação jurídica e sim própria da medicina. A pedofilia integra outros transtornos como o fetichismo, o exibicionismo, o voyeurismo e o sadomasoquismo, são chamados de transtornos de personalidade, relacionados a comportamentos impulsivos e perversos baseados em fantasias sexuais.

Duprat e Suiama ponderam que:

> É importante enfatizar que o direito penal brasileiro, assim como a maioria dos sistemas penais do ocidente, NÃO criminaliza nem sanciona a pedofilia, concebida como transtorno mental, mas sim a violência sexual (*lato sensu*) contra crianças e adolescentes, em suas múltiplas formas. O motivo dessa distinção é que nosso sistema jurídico não adota, em geral, concepções do chamado direito penal do autor, pois segue a tradição continental europeia vinculada ao direito penal do fato. Em outras palavras, no direito penal brasileiro pune-se alguém por uma ação ou omissão antijurídica, mas não pela mera existência ou desvio comportamental do agente autor da ação.

Todas as ações atentatórias contra a liberdade e a dignidade sexual da criança e do adolescente devem sujeitar-se a análise, em sentido amplo, compreendendo tanto o abuso quanto a exploração sexual, nos ditames do Código Penal Brasileiro e no Estatuto da Criança e do Adolescente.

As exposições supracitadas fizeram, na entrada, a classificação etária adequada para seus visitantes. Além disso, os eventos não eram abertos ao público em geral e nem tampouco ocorriam em espaços públicos. Tudo isso, leva a conclusão de que não houve dolo que pudesse caracterizar ilícito penal, mas apenas o pleno exercício da liberdade de expressão.

Outro caso limite para o conceito de arte e também para o da configuração de sua ilicitude está na discussão sobre "Grafite e Pichação", que foi e ainda é motivo de grandes manifestações nas diversas cidades e capitais do Brasil. A cidade de São Paulo é considerada a capital referência da arte de rua. Entretanto, boa parte da população, não somente em São Paulo, enxerga esta arte como mero ato de vandalismo e poluição visual.

Primeiramente, o conceito de Grafite se difere da Pichação. Grafite é uma forma de manifestação artística em espaços públicos, considerada uma das artes mais democráticas e acessíveis. Em regra, são desenhos feitos em muros expressando opiniões, sentimentos, etc. Seu surgimento foi basicamente na década de 1970 na cidade de Nova Iorque. Desde então, vem ganhando força no mundo, inclusive no Brasil. O Grafite está ligado diretamente à vários movimentos, como, por exemplo, o hip hop, a cultura *black*, dentre outros.

De outro lado a pichação é caracterizada pelo ato de escrever em muros, edifícios, monumentos, vias públicas. Em regra, é uma expressão que faz referência a gangues de rua, ao crime, opiniões, ofensas, etc. Tanto o Grafite como a Pichação são movimentos que refletem a realidade das ruas e, por isso, são consideradas uma arte de rua. Entretanto, somente são permitidas quando há o consentimento do proprietário do local onde será feito a manifestação.

O legislador penal se esforçou em esclarecer e diferenciar essa expressão artística do puro vandalismo por meio da Lei 12.408/2011 que define o tratamento conferido ao grafite e à pichação. Até então, o artigo 65 da Lei nº 9.605/98 (Lei de Crimes Ambientais), considerava crime tanto o ato de pichar quanto o de grafitar, descriminalizando esta última conduta, desde que sua prática ocorra com o consentimento do local da prática em se tratando de patrimônio privado e da autoridade competente quando público o local grafitado. Pessoalmente não vemos razão alguma para não se dar idêntico tratamento à pichação. Assim, o respeito ao direito de propriedade se torna baliza para a licitude de ambas, grafite e pichação.

5 - FORMAS DE EXPRESSÃO DISCURSIVAS

Manifestos, textos, poesia ou prosa, falados ou escritos, filmes, letras de música são todos eles considerados formas de pensamento discursivo.

Curiosamente, a liberdade de expressão é mais ampla no Brasil que nos EUA, particularmente para o réu/acusado, que tem protegido o seu direito de mentir para não se auto incriminar, enquanto nos Estados Unidos, essa conduta é prevista como crime de perjúrio.

Um limite evidente à liberdade de expressão, incontroverso na doutrina e jurisprudência, remete-se a mensagens que provocam noções de violenta quebra de ordem, como o clássico exemplo do sujeito que grita "Fogo!" ou "Arrastão!" produzindo falso alarme em meio à recintos abertos ou fechados, e no meio de multidões. A evidente periclitação da vida e das pessoas impõe esse limite, pois o pânico gerado pode acarretar lesões corporais e até a morte de inocentes.

Pela mesma maneira, outro limite evidente é o exercício de mensagens por meio de tortura psicológica. O *bullying* infantil tem sido legalmente considerado como um limite à liberdade de expressão, pois fere o direito de personalidade e o da intimidade de crianças e adolescente. O termo *bullying* foi proposto pelo pesquisador sueco Dan Olweus, em 1999, após o Massacre de Columbine e significa basicamente que uma criança ou um adolescente esteja sendo vitimizado quando é exposto, repetidamente e por tempo prolongado, a agressões por parte de um ou mais colegas.

O *bullying*, fere o princípio da dignidade da pessoa humana e até mesmo o da alteridade, acarretando consequências inimagináveis às vítimas.[16] Há jurisprudência condenando réus e escolas a pagarem indenizações por danos morais à alunos como é o caso no processo nº 1991721-04.2008.8.13.0024 julgado pelo Tribunal de Justiça de Minas Gerais, no qual durante meses uma aluna do Colégio Santa Dorotéia em Belo Horizonte sofreu *bullying*, esse praticado por um colega de sala.

Após diversas reuniões com a coordenação da escola e a consequente não obtenção de respostas satisfatórias, a aluna devidamente representada pelo genitor ajuizou uma ação de indenização por danos morais contra os pais do colega de sala, tendo em vista que o mesmo era menor na época e contra a própria escola. Os pais do aluno agressor e a escola foram sentenciados a pagar uma indenização por danos morais para a aluna. Em segunda instância a sentença foi reafirmada, mas o valor da indenização

16. Em outubro de 2017 um aluno de uma escola particular de Goiânia atirou contra seus colegas de sala. Ele alega que sofria bullying e por isso decidiu cometer o crime. Disponível em http://www1.folha.uol.com.br/cotidiano/2017/10/1928712-atirador-invade-escola-particular-de-goiania-e-ataca-alunos-e-professores.shtml Acesso em 21 de out de 2017.

foi diminuído de R$ 8.000,00 (oito mil reais) para R$ 6.000,00 (seis mil reais).[17]

A Pesquisa Nacional de Saúde Escolar, feita pelo IBGE em 2015, mostrou resultados em que 21,5% dos alunos de escolas privadas e 19,5% dos alunos de escolas públicas afirmaram que praticaram *bullying* com seus colegas nos 30 dias anteriores à pesquisa. Já sobre as vítimas de *bullying*, o percentual cai para 7,6% em escolas privadas e 6,5% em escolas públicas. Os principais motivos que aparecem entre os que sofreram esse tipo de assédio estão a aparência do corpo (15.6%) e aparência do rosto (10,9 %.).

Outro limite notável à liberdade de expressão encontra-se no nosso texto constitucional, qual seja, a vedação do anonimato. Ela pretende

---

17. APELAÇÃO CÍVEL – AÇÃO DE INDENIZAÇÃO – PRÁTICA DE BULLYING – AMBIENTE ESCOLAR – PRELIMINAR DE INCOMPETÊNCIA DO JUÍZO E CERCEAMENTO DE DEFESA – REJEITADAS – ART. 933 DO CPC – RESPONSABILIDADE DOS GENITORES DO MENOR – COMPROVAÇÃO DA PRÁTICA DO BULLYING – INDENIZAÇÃO DEVIDA – RECURSO NÃO PROVIDO. Não assiste razão aos apelantes ao atestar a incompetência absoluta do Juízo a quo, uma vez que a presente ação indenizatória, foi promovida pela autora (que, por ser menor, foi devidamente representada por seu genitor), em face do Colégio Santa Dorotéia e dos pais do menor, tendo em vista que o mesmo, à época da distribuição da ação, era inimputável, não havendo que se falar em competência da Justiça da Infância e da Juventude. Se o Juiz, ante as peculiaridades da espécie, se convence da possibilidade do julgamento da lide e, no estado em que o processo se encontra, profere sentença, desprezando a dilação probatória, não há que se falar em cerceamento de defesa ante a manifesta inutilidade ou o claro intuito protelatório da coleta de prova. A prática do bullying não é um fenômeno do mundo contemporâneo, mas sim algo existente há algumas décadas, sendo indubitável, no entanto, o crescimento das ocorrências relativas a tal prática nos últimos anos, e, consequentemente, de demandas judiciais requerendo indenização pelos danos sofridos pelas vítimas. Tenho que, especialmente pela imaturidade de crianças e adolescentes, é costumeiro o comportamento repressivo contra colegas em razão de sua classe social, de suas características físicas, da sua raça, e até mesmo, pelo seu rendimento escolar. Tratando-se de conduta praticada por menores, como é o caso dos presentes autos, os pais respondem pelo ato ilícito de seus filhos, conforme dispõem o art. 932, I e art. 933 do Código Civil. Na hipótese de indenização a título de danos morais, deve-se obedecer aos princípios da razoabilidade e proporcionalidade. Não havendo configuração de valor demasiadamente alto a ponto de se falar em enriquecimento ilícito, não deve haver redução deste sob o risco de tornar-se irrisório. V.v.: A fixação da quantia estipulada na r. sentença de R$8.000,00 (oito mil reais), não traduz as diretrizes acima expostas, devendo, assim, ser reduzida para o montante de R$ 6.000,00 (seis mil reais), valor este que encontra-se em consonância com os princípios da razoabilidade e da proporcionalidade. Disponível em http://www5.tjmg.jus.br/jurisprudencia/pesquisaNumeroCNJEspelhoAcordao.do?numeroRegistro=1&totalLinhas=1&linhasPorPagina=10&numeroUnico=199172104.2008.8.13.0024&pesquisaNumeroCNJ=Pesquisar Acesso em 15 de out. 2017.

coibir *notitia criminis* falsa. Contudo, isso, não determina que seja repelida, de plano, a delação anônima. Atendido o princípio da razoabilidade, ela pede por parte da autoridade atuação redobrada na consideração de uma denúncia anônima. E nem poderia ser diferente. Os riscos de prestar informações sobre delitos praticados por Organizações Criminosas, particularmente ligadas ao tráfico de drogas, são elevados. Logo, esse limite não impede situações tais como o "Disque Denúncia".

Obviamente, "trotes" informando acidentes ou crimes falsos para telefones de atendimento público de Corporações Policiais ou de Corpo de Bombeiros são ilícitos que merecem uma atuação maior da justiça na aplicação do Artigo 340 do Código Penal Brasileiro, pois implicam em comunicação falsa à Autoridade. Assim, resultam em um desperdício de esforço e dinheiro que, por vezes, impede, que a Autoridade possa intervir em situações reais. Em reportagem feita pela Globo, em 2008, na cidade de São Paulo, calculou-se que aproximadamente 40% das ligações feitas ao SAMU eram falsas[18] e no Boletim Legislativo nº 36 de 2015 do Senado Federal estima-se que os gastos com os acionamentos indevidos ultrapassam 1 (um) bilhão de reais.

O alto número de acionamentos indevidos aos telefones de emergência traz consequências inimagináveis ao serviço público, que já possui recursos escassos, havendo, assim, uma "seleção" de casos que devem ser atendidos, ponderando a "urgência" dos mesmos. Ao denunciar um crime/ acidente ou uma situação mentirosa qualquer, o infrator acaba retirando recurso de quem realmente necessita. Além do Artigo 340 do Código Penal, que prevê detenção de um a seis meses ou multa, foi sancionada no Estado de Minas Gerais em 23/12/2016 a Lei 22.452[19], propondo a incidência de uma infração administrativa pelo acionamento indevido de telefones de serviços de emergência. Além de sofrer uma sanção penal, o autor pode, então, sofrer uma sanção administrativa em que fica sujeito a pagar até 500 UFEMGS (Unidades Fiscais do Estado de Minas Gerais).[20]

---

18. ATÉ 40% DAS LIGAÇÕES A EMERGÊNCIAS DE SP SÃO TROTES. G1. Disponível em:http://g1.globo.com/Noticias/SaoPaulo/0,,MUL3339165605,00ATE+DAS+LIGACOES+A+EMERGENCIAS+DE+SP+SAO+TROTES.html.
19. LEI DETERMINA MULTA PARA TROTES A SERVIÇOS DE EMERGÊNCIA. ASSEMBLEIA LEGISLATIVA DE MINAS GERAIS. Disponível em https://www.almg.gov.br/acompanhe/noticias/arquivos/2016/12/23_leis_sancionadas_trote_lampadas_economicas.html Acesso em 21 de out. 2017.
20. Em valores atuais cada UFEMG vale 3,2514 reais.

A UNESCO, em 2017, por meio de respostas de questionários aplicados em todos continentes, publicou o estudo "As pedras angulares para a promoção de sociedades de conhecimento inclusivas" sobre a liberdade de expressão, o acesso a informação, a ética e a privacidade na internet. A maioria dos respondentes assinalaram que para existir a liberdade de expressão no ambiente online, ela também deve existir no ambiente *off-line*, formando um amalgama, mas também foi notado uma preocupação com a existência de filtros e bloqueios no ambiente *online* que estejam sendo usados como um limite à liberdade de expressão e ao acesso da informação. Foi constatado que algumas vezes o filtro e o bloqueio são legítimos e atuam como uma censura a alguns tipos de conteúdos que podem ser considerados inadequados, como matérias que possam incitar a violência verbal em um ambiente online, ou até mesmo física em um ambiente *off-line*.

6 - SUJEITOS DO DIREITO À LIBERDADE DE EXPRESSÃO

Pessoas físicas ou jurídicas seguramente são sujeitas desse direito. Veículos de imprensa e de mídia se colocam particularmente nessa condição. Em Fisher (1985), o direito de se comunicar e a liberdade de expressão, corolária a esse direito, são deveres e responsabilidade de alguém que deve garantir e prover condições para que outras pessoas podem exercer esse direito.

Considerando esse direito como uma liberdade negativa, estaremos diante de um típico direito de obstrução do Estado, que não pode arrogar a si o poder de controlar quais mensagens e opiniões sejam válidas ou aceitáveis. Em nosso direito, a censura está vedada (Artigo 220 da Constituição Federal), seja de natureza política, ideológica e artística. Contudo, esse dispositivo não veda a possibilidade de o Poder Público fixar indicativos de faixa etária para filmes e programas de televisão com base no Princípio do Melhor Interesse da Criança e do Adolescente. Mas a vedação de censura proíbe a atuação do CONAR (Conselho Nacional de Auto-regulamentação Publicitária) como selo de qualidade e de ética dos empreendimentos associados. O CONAR em parceria com a ESPM possui um Centro de Referência sobre Liberdade de Expressão criado em 2005 e são o primeiro acervo voltado exclusivamente para a liberdade de expressão no Brasil.

7 - LIMITES À LIBERDADE DE EXPRESSÃO

Existem diversas teorias a respeito da limitação dos direitos fundamentais como a liberdade de expressão, mas as teorias que mais se destacam são as *teorias dos limites imanentes*, e aquela que usa como método a *ponderação de valores*, dependendo assim de uma correta interpretação das normas constitucionais Tais teorias servirão de balizas para o exame que se servirá dos limites em espécie da liberdade de expressão.[21]

Por certo, a própria configuração do direito em si à liberdade de expressão já implica na análise de alguns limites. Contudo, torna-se importante discriminar de modo mais sistemático tal limitação. Nesse sentido, concorrem para tanto as diferentes formas de teorias internas e externas dos direitos fundamentais. Dentro das premissas sobressai a "Teoria dos direitos fundamentais" que de grosso modo preconiza que os limites a qualquer direito já estão previstos pelo discurso de fundamentação do legislador.

7.1 - Livre concorrência

A eficácia do exercício da liberdade de expressão está ligada à difusão de informações de uma determinada sociedade. O sistema de concessão e exploração de radiodifusão no Brasil é o sistema misto, em que as empresas privadas atuam subsidiariamente às empresas públicas na produção de conteúdo para a rádio e para a televisão. Essas empresas privadas estão sujeitas à controle público em diversos graus, já que são concessionários do poder público. As concessões públicas, antes apreciadas apenas pelo Executivo, passaram a ser apreciadas pelo Congresso Nacional com a Constituição de 1988[22]. De acordo com Lopes (1997), houve uma democratização do controle das concessões públicas, já que os representantes do povo podem se manifestar acerca de quais empresas privadas podem explorar o sistema de radiodifusão brasileiro, assim acerca de como elas vão realizar tal exploração. As Organizações Globo, maior rede de comunicação social do país, por exemplo, são uma entidade privada, mas depende de concessão públicas para sua atuação.

21. "É evidente que os direitos constitucionais são como reflexos, refletem uns nos outros, limitando-se mutuamente. A liberdade de imprensa, por exemplo, há que encontrar um limite na honra alheia, e assim em diante. Basta compreender e harmonizar as normas constitucionais. Não há dúvida, porém, que existe um limite intrínseco nos direitos fundamentais, mas sua existência só pode ser compreendida a luz da Constituição." (Carvalho p.29)

22. CONSTITUIÇÃO DA REPÚBLICA FEDERATIVA DO BRASIL. 1988. Artigo 49, XII: "É da competência exclusiva do Congresso Nacional: apreciar os atos de concessão e renovação de concessão de emissoras de rádio e televisão."

O Artigo 12 do Decreto-lei 236/67 traz os limites à propriedade de empresas de radiodifusão no Brasil[23], mas não são computados nesse limite as estações repetidoras e retransmissoras de televisão, que por sua vez, são reguladas pelo Decreto 81.600 de 1978. Já o artigo 220, § 5º da Constituição Federal[24] veda que os meios de comunicação social possam ser controlados, diretamente ou indiretamente, por monopólio ou por oligopólio no Brasil.

A despeito desta proibição cerca de 6 (seis) famílias dominam aproximadamente 70% dos meios de comunicação social no país, de acordo com o fundador do *Wikileaks*, Julian Assange. Entre elas, a Família Marinho (Organizações Globo); Edir Macedo (Grupo Record), Família Civita (Grupo Abril); Sílvio Santos (Sistema Brasileiro de Televisão)[25]. Já o relatório "O País dos Trinta Berlusconi", feito em 2012 pela organização internacional Repórteres Sem Fronteiras (RSF), mostra que praticamente

23. Art 12. Cada entidade só poderá ter concessão ou permissão para executar serviço de radiodifusão, em todo o país, dentro dos seguintes limites:
    I) Estações radiodifusoras de som:
    a – Locais:
    Ondas médias – 4
    Frequência modulada – 6
    b – Regionais:
    Ondas médias – 3
    Ondas tropicais – 3
    sendo no máximo 2 por Estados
    c – Nacionais:
    Ondas médias – 2
    Ondas curtas – 2
    2) Estações radiodifusoras de som e imagem – 10 em todo território nacional, sendo no máximo 5 em VHF e 2 por Estado.
    § 1º – Cada estação de ondas curtas poderá, fora das limitações estabelecidas no artigo, utilizar uma ou várias frequências, que lhe tenham sido consignadas em leque.
    § 2º – Não serão computadas para os efeitos do presente artigo, as estações repetidoras e retransmissoras de televisão, pertencentes às estações geradoras.
24. CONSTITUIÇÃO DA REPÚBLICA FEDERATIVA DO BRASIL. 1988. Artigo 220, § 5º: Os meios de comunicação social não podem, direta ou indiretamente, ser objeto de monopólio ou oligopólio.
25. SEIS FAMÍLIAS CONTROLAM 70% DA IMPRENSA NO BRASIL. BRASIL 247. Disponível em: https://www.brasil247.com/pt/247/mundo/92535/Seis-fam%C3%ADlias-controlam-70--da-imprensa-no-Brasil.htm. Acesso em 15 de out 2017.

10 (dez) famílias ou grupos dominam os meios de comunicação social no Brasil.

O projeto "Os Donos da Mídia", idealizado pelo falecido jornalista Daniel Herz em parceria com o Instituto de Estudos e Pesquisas em Comunicação, desenhava o mapa de controle da comunicação no Brasil. O projeto, fechado em 2016, possui hoje apenas uma página no Facebook. Sua linha investigativa foi sucedida pelo projeto internacional *MOM (Media Ownership Monitor),* que atualmente está realizando uma pesquisa no Brasil sobre quem são os proprietários de mídias. O projeto já foi realizado em diversos países emergentes como Gana e Colômbia e terá seus resultados divulgados no final de 2017.

Caso as estatísticas realizadas por Assange e pelo RSF se confirmem no *MOM*, resta configurado no Brasil a falta da livre concorrência e um claro desrespeito ao Artigo 220 § 5º da Constituição Federal, podendo levar a um limite à liberdade de expressão e reduzindo uma possível pluralidade de opiniões e notícias. A formação de oligopólios na mídia brasileira não é apenas nos meios de radiodifusão, mas acontece também na imprensa e afeta diretamente a audiência. A Pesquisa Brasileira de Mídia de 2016 realizada pelo IBOPE mostra que em questão de audiência a Globo lidera com 56% dos entrevistados e somada ao SBT, a Record e à Band, possuem cerca de 82% de preferência dos espectadores. No mínimo curiosa a omissão do governo, particularmente do Conselho Administrativo Econômico (CADE), no combate à formação de oligopólios no setor de comunicações sociais.

7.2 - Direito de resposta e indenização cível por dano moral ou patrimonial

O direito de resposta é uma reação ao uso indevido da mídia assumido a condição de desagravo ao ofendido. Decorre diretamente do direito à intimidade, particularmente pela necessária proteção da imagem e da honra das pessoas. Ferrigolo (2005) destaca que a França foi o primeiro país a instituir o direito de resposta, por meio da Declaração de Direitos do Homem e do Cidadão de 1789[26] e, atualmente, ainda mantém muitas das suas características que estavam presentes no século XVIII. Ao

26. DECLARAÇÃO DE DIREITOS DO HOMEM E DO CIDADÃO de 1789: Artigo 11. "A livre manifestação do pensamento e das opiniões é um dos direitos mais preciosos do homem: todo cidadão pode portanto falar, escrever e imprimir livremente, à exceção do abuso dessa liberdade pelo qual deverá responder nos casos determinados pela lei".

contrário do Brasil, em que o direito a resposta possui *status* constitucional[27], na França, ele é regulado por leis de imprensa. Observa-se que direito de resposta se agrega ao direito de reparação por danos morais e patrimoniais causados pelo abuso do exercício do direito de liberdade de expressão (Artigo 49 da lei 5250/ 67).

Nesse sentido, a Súmula nº 221 do Supremo Tribunal de Justiça estabelece que *"são civilmente responsáveis pelo ressarcimento de dano, decorrente de dano pela publicação pela imprensa, tanto o autor do escrito quanto o proprietário do veículo de divulgação"*.

Em 2005, o apresentador de televisão João Kleber veiculava em seu programa "pegadinhas" consideradas ofensivas o que gerou polêmica. No mês de outubro, o Ministério Público Federal (MPF), junto a outras 6 (seis) entidades da sociedade civil organizada, ajuizou uma Ação Civil Pública contra a RedeTV, contra o programa "Tarde Quente" apresentado por João Kleber. A ação pretendia que o programa parasse de ser veiculado e que fosse substituído por uma programação educativa e antidiscriminatória.

> No dia 4 de novembro, porém, o curso de uma história que sempre privilegiou o poder político dos "donos da mídia" mudou: o parecer da juíza federal Rosana Ferri Vidor, da 2ª Vara Federal de São Paulo, foi favorável. (SOCIAL, 2007)

Durante 30 (trinta) dias úteis foram veiculados programas educativos relativos aos direitos humanos e produzidos pelas 6 (seis) entidades que ajuizaram a Ação Civil Pública. Assim se configurou a primeira vez em que o direito de resposta foi exercido em um meio de radiodifusão brasileiro e segundo Social (2007), "caracterizando o direito de resposta daqueles que foram violados e desrespeitados."

Outra questão atinente ao presente aspecto impõe limite de expressão ao jornalista empregado por um veículo de imprensa em razão da linha editorial da mesma. Contudo, esse limite pode ser rompido pela chamada *Cláusula de Consciência*, caso a empresa altere sua orientação editorial, impondo sua demissão pessoal, ou despedida arbitrária ou sem justa causa, em razão de violação de sua consciência ou valores morais. Essa liberdade intelectual do jornalista garante uma indenização cível na França desde o advento da lei de 29/03/1935.

---

27. CONSTITUIÇÃO DA REPÚBLICA FEDERATIVA DO BRASIL: Artigo 5º, V. É assegurado o direito a resposta proporcional ao agravo, além de indenização por dano material, moral ou à imagem.

Por outro lado, jornalistas podem sofrer sanções em relação à comentários que contrariem a linha editorial da empresa onde trabalham. Um dos exemplos mais expressivos, é o caso do jornalista e apresentador do Jornal da Globo William Waack, que é acusado de, fora do ar, ter feito comentários racistas. A Globo se esforça para manter uma linha editorial liberal e contra o preconceito e todas suas formas de manifestações, logo, comentários racistas se mostram incompatíveis com essa perspectiva. Portanto, o afastamento provisório de Waack da emissora impõe um limite legítimo à sua liberdade de expressão e não pode ser visto como uma surpresa, mas sim deve ser considerado como uma consequência de seus infames comentários.[28]

Em sentido contrário, as empresas podem impor em contratos de trabalho *Cláusulas de Segredo Profissional*, impedindo que seus ex-funcionários possam se manifestar ou se valer de expertise, técnica ou informações obtidas durante a relação de emprego durante determinado período de tempo.

A súmula 281 do STJ determina que o dano moral não seja avaliado pela Lei de imprensa. Antes da Constituição de 1988, o dano moral era tarifado de diferentes maneiras por diferentes dispositivos e um deles era a Lei de Imprensa de 1967, que tarifava o dano moral cometido por jornalista ou imprensa. Segundo Cavalieri Filho (2012), com a Constituição de 1988 e a reforma do Código Civil em 2002, a indenização por danos morais começa a fazer parte do Direito Civil comum e não de leis especiais, assim a aplicação de privilégio ao veículo de imprensa seria contrária à Constituição que no artigo 5º, X[29], demonstra que a indenização por dano moral é igual para todos, assim, dependendo apenas de valoração e arbitramento pelo magistrado.

7.3 - Direito de propriedade

O direito de propriedade, de acordo com José Afonso da Silva (2005), consiste no direito de usar, gozar e dispor de seus bens, sem prejudicar

---

28. WILLIAM WAACK É AFASTADO DO JORNAL DA GLOBO. G1 https://g1.globo.com/economia/midia-e-marketing/noticia/william-waack-e-suspenso-do-jornal-da-globo.ghtml Disponível em: Acesso em 24 Nov. 2017.

29. CONSTITUIÇÃO DA REPÚBLICA FEDERATIVA DO BRASIL: Artigo 5º, X. "são invioláveis a intimidade, a vida privada, a honra e a imagem das pessoas, assegurado o direito a indenização pelo dano material ou moral decorrente de sua violação."

o interesse social. A propriedade seria a correlação entre bens e titulares, mas sem caráter absoluto ou exclusivo como é visto pelo direito natural.

A liberdade de imprensa dá ao meio de comunicação o direito de publicar sem sofrer censura, o que seria um limite à liberdade de expressão, mas também dá o direito de limitar aquilo que vai ser publicado, assim, a própria imprensa limita a liberdade de expressão, principalmente a de terceiros. Assim, a despeito de críticas de Cass Susstein e de Pablo Salvador Coderch, prevalece a ideia de que terceiros não possam impor unilateralmente ideias ou mensagens a serem publicadas em meios de comunicação social ou na imprensa.

Sobre a função social do direito à propriedade, Salles e Oliveira (2010) expõe que ela deve atender à liberdade de expressão, ou seja, ao ter-se uma propriedade e limitar a liberdade de expressão de terceiros, deve-se também ponderar até que limite a liberdade está sendo cerceada em razão de direito de propriedade ou se está ultrapassando um direito de propriedade e está se tornando um arbítrio. No caso do Brasil, que possui um oligopólio nos meios de comunicação, torna-se perigoso deixar a liberdade de expressão dentro de sua propriedade a livre arbítrio do proprietário, eliminando pluralidades e massificando opiniões.[30]

7.4 - Crimes contra a honra e a vida privada

A liberdade de expressão e a liberdade de imprensa não dão imunidade à ameaça ou ofensa à intimidade alheia. Segundo Leão (1961), a liberdade de imprensa é uma espécie de liberdade de pensamento, que por sua vez é pressuposto para a liberdade de expressão, consistindo no direito de externar e divulgar ideias, independentemente de censura prévia. A interferência do Estado na liberdade de imprensa apenas é justificável quando ela ultrapassa os limites de um legítimo exercício de direitos alheios, como ocorre no caso de crimes contra a honra[31].

30. "As finalidades da funcionalização do direito de propriedade na direção concretizadora do direito à informação e do direito à comunicação devem propiciar a difusão do conhecimento e da criatividade e alargar as possibilidades de formação pública da vontade." (SALLES; OLIVEIRA 2010 p.22)

31. "Desta distinção a honra será:

I – subjetiva ou interior ("innere Ehre") – opinião ou sentimento de uma pessoa sobre seu próprio valor –;

O respeito à intimidade, que é o fundamento para o direito de resposta e para indenizações cíveis, sustenta também a criminalização da calúnia, injúria e difamação, ou seja, dos Crimes Contra a Honra, presentes nos Artigos 138, 139 e 140 do Código Penal Brasileiro.

Caso interessante ocorreu no dia 9 de novembro de 2016, quando o deputado estadual Cabo Júlio (PMDB-MG) foi a plenário na Assembleia Legislativa e referindo-se à deputada federal Maria do Rosário (PT-RS) como "vaca" 3 (três) vezes, ao longo de uma exposição oral. O "motivo" seria um suposto comentário que Maria do Rosário teria feito nas redes sociais defendendo 2 (dois) adultos e 1 (um) adolescente que faleceram ao tentar assaltar 1 (um) Policial Militar aposentado, que dirigia um carro do *Uber* em São Paulo[32]. O motorista reagiu ao assalto e matou os 3 (três) homens. Maria do Rosário acionou a Polícia Federal, a fim de descobrir a verdadeira autoria do comentário, assim como um pedido de queixa-crime por injúria[33] contra o deputado. Cabo Júlio pediu perdão à deputada em setembro de 2017, após a abertura, pelo Ministério Público de Minas Gerais, de um procedimento administrativo contra ele.[34]

No direito comparado, Cordech (1993) relata o precedente *STC 123/1993* em que o jornalista Sr. Ballesteros foi condenado por injúria ao descrever um falecido, em suas reportagens, com um semblante extremamente negativo. Diante da condenação nos primeiros graus de jurisdição, ele recorreu à Corte Constitucional Espanhola argumentando em seu favor o direito a informar quanto cerceamento de sua liberdade de expressão. Julgado como improcedente, a Corte considerou que "*la Constitución no reconoce un pretendido derecho al insulto*" e que não havia se provado a verdade absoluta dos fatos alegados pelo Sr. Ballesteros.

II – objetiva ou exterior – à representação que os outros têm sobre o valor de uma pessoa, a denominada reputação ou bom nome ("gut Ruf"), a consideração externa ou social da pessoa." (SILVA 2000, p. 159)

32. PM QUE DIRIGIA UBER MATA TRES QUE TENTARAM ASSALTA-LO EM SÃO PAULO. G1. Disponível em http://g1.globo.com/sao-paulo/noticia/2016/11/pm-que-dirigia-uber-mata-tres-que-tentaram-assalta-lo-em-sao-paulo.html Acesso em 12 de Out. 2017.

33. Injúria: ofender a dignidade ou decoro de alguém. BITENCOURT, Cezar Roberto. Tratado de direito penal, volume 2: especial: dos crimes contra a pessoa. 12. ed. atual. – São Paulo: Saraiva, 2012. p. 362.

34. CABO JÚLIO PEDE DESCULPA À DEPUTADA MARIA DO ROSÁRIO POR TER SE REFERIDO A ELA COMO 'VACA'. G1. Disponível em: https://g1.globo.com/minas-gerais/noticia/cabo-julio-pede-desculpa-a-deputada-maria-do-rosario-por-ter-se-referido-a-ela-como-vaca.ghtml Acesso em 12 out. 2017.

As imunidades parlamentares consistem em uma série de prerrogativas que garantem aos membros de parlamentos ampla liberdade de expressão no exercício do mandato, funcionam como uma forma de "proteção" aos deputados e senadores permitindo a oposição ao poder executivo e impedindo a coação de parlamentares. No Artigo 53 da Constituição Federal, *caput*, tem-se a imunidade material, chamada também de inviolabilidade, que garante a ampla liberdade de expressão aos parlamentares, assegurando a inviolabilidade civil ou penal por quaisquer de suas opiniões, palavras e votos. Essa inviolabilidade não atinge o âmbito privado, contrariando o que, em 2007, o então deputado estadual de Minas Gerais, Zezé Perrella, afirmou após uma desavença com o árbitro, Wagner Tardelli, em um jogo de futebol[35]. A inviolabilidade abrange apenas o que é coerente com as circunstâncias do mandato e não a vida privada de um parlamentar[36], assim eles podem ser sujeitos ativos de Crimes Contra a Honra. A amplitude constitucional e política dessa temática, por si só, exigiria um texto, o que fugiria do que se propôs o atual.

7.5 - A verdade e o direito a ser corretamente informado

A comunicação social de conteúdo comercial encontra-se limitada pelo artigo 30 do Código de Defesa do Consumidor, que proíbe a propaganda enganosa e obriga o comerciante. Contudo, também a comunicação social de conteúdo cível abrange a divulgação de intencional de informação falsa, pois o "direito de ser informado" tem supedâneo no artigo 5º, inciso XIV da Constituição Federal.

O importante nessa situação não é a busca de uma verdade objetiva e sim a intenção do veículo de narrar a verdade, eis que, mesmo com todos os cuidados e checagem de fontes, a informação pode acabar comprovando-se inverídica. A assunção de erro pelo veículo de comunicação

---

35. ZEZÉ PERRELA ABRE MÃO DE IMUNIDADE PARA ARBITRO PROCESSÁ-LO. UOL. Disponível em https://esporte.uol.com.br/futebol/ultimas/2007/10/09/ult59u132895.jhtm Acesso em 13 de out. 2017.

36. Em 2014, durante uma sessão na Câmara, o deputado Jair Bolsonaro (PP-RJ) ofendeu a deputada Maria do Rosário, falando que apenas não a estupraria porque ela não merece, já que ele a considera "muito feia". Bolsonaro nesse caso, não teve direito a qualquer tipo de imunidade parlamentar, já que mesmo o comentário tendo sido feito em uma sessão na Câmara, ele possui caráter privado. Disponível em: https://g1.globo.com/politica/noticia/stj-mantem-condenacao-de-bolsonaro-por-ofensas-a-maria-do-rosario.ghtml Acesso em 22 de out. 2017.

de modo espontâneo o protege de eventuais ressarcimentos. Logo, esse limite deve ser compreendido como um dever de cautela por parte do emissor de informações.

Os EUA adotavam a doutrina da reportagem neutra ("*Neutral Reportage Doctrine*"), impondo que o veículo centre informações naquilo que alguém disse em especial sobre o evento. Na Espanha, a Corte Constitucional exige na informação o respeito ao princípio da presunção de inocência das pessoas. No Brasil o REsp 164421/RJ (RSTJ, 128/372), sob a relatoria do Ministro Ruy Rosado de Aguiar, condenou o jornalista a indenizar a Federação Equatoriana de Futebol por nota tida ofensiva a sua honra.

7.6 - Discurso de ódio

Desde os trabalhos em torno da Filosofia Analítica da Linguagem, particularmente na Universidade de Oxford, teóricos como John Austin e John Searle fixaram o valor performativo dos atos de fala. Mais do que apenas escrever (semântica), falar é fazer! Certas mensagens ou discursos estabelecem pautas sobre conhecimentos alheios em favor de condutas violentas. Obviamente que o emprego de palavras desagradáveis não está interditado, desde que não assuma a condição de "*fighting words*".

Nesse sentido, a Suprema Corte Americana estabeleceu precedentes no caso *Chaplinsky vs New Hampshire - 315 US 568 (1942)*. Chaplinsky atraiu a ira de uma multidão contra si pelo fato de distribuir panfletos de teor religioso favorável à causa das Testemunhas de Jeová. Preocupados com sua integridade física, o delegado local o interpelou para que suspendesse a distribuição, pelo menos até que "as coisas se acalmassem". Irritado com o pedido, Chaplinsky chamou o delegado de "fascista", vindo a ser preso pelo uso de palavras ofensivas em público.[37]

Para Searle, os atos de fala possuem um valor de verdade, pois as palavras têm força de ação. A segunda reviravolta linguística, mais conhecida como "reviravolta pragmática", atestou claramente que a linguagem tem funções para além da mera denotação/representação, implicando também elemento de performance, ou seja, aquele que proferir a fala irá causar uma reação no ouvinte, que pode ser positiva (gerando sensação de amor/felicidade/diversão) ou negativa (gerando sensação de ódio/raiva/tristeza). Esta força da fala explica as consequências do caso supracitado,

37. Cf. Cantwell v. Connecticut, 310 U. S. 296, 310 U. S. 311; Thornhill v. Alabama.

no qual Chaplinsky ofende o delegado de forma intencional (produz efeito ilocucionário), na pretensão de fazer com que o ouvinte reconheça de imediato a intenção na performance da sua ação.

O falante pretende produzir uma mensagem que seja reconhecida por seu interlocutor, para que o ouvinte reconheça sua intenção de produzir esse efeito. Ele também pretende que esse reconhecimento seja obtido em virtude do fato de que o significado do item que ele profere convencionalmente associa-o com a produção desse efeito.

No tocante ao conteúdo de opiniões, um dos limites propostos e mais controversos é o discurso de ódio (*hate speech*), ou seja, qualquer mensagem que inferiorize ou incite violência contra uma pessoa ou grupo, tendo como suporte caracteres como a racionalidade, crença religiosa, sexo, gênero, raça, etc. A Constituição Federal vigente veda a discriminação de qualquer natureza (artigo 3º). No mesmo sentido, o artigo 10 da Convenção Europeia garante a liberdade de expressão e o Tribunal Europeu de Direitos Humanos vem condenando sistematicamente o discurso de ódio, particularmente em torno da xenofobia disseminado publicamente nos últimos tempos, evidente inclusive em estádios de futebol com condutas racistas por parte do público.

O discurso de ódio acarreta danos físicos e psicológicos às vítimas, tais como baixa autoestima, pressão alta, insônia, depressão extrema. E, lamentavelmente, serve de combustível para agressões físicas e conflitos abertos, tais como recentemente ocorridos em Charlotesville, Virginia. Nessa oportunidade, o governo local pretendia destruir a estátua do general Robert Edward Lee, comandante mais famoso do exército confederado durante a guerra da secessão. Protestos em torno do valor histórico do monumento nos soaria razoáveis, porque a história não se apaga. Ela forja a identidade do sujeito constitucional de um povo.

Contudo, o tom dos protestos foi bem pouco razoável. Grupos de "supremacistas brancos e integrantes da Ku Klux Klan (KKK)" foram para as ruas ofender "negros", "judeus", "católicos" e "imigrantes". E, a reação não tardou. Indignados com as agressões verbais e o discurso de ódio, milhares de pessoas vieram às ruas. O conflito, redundou lamentavelmente em 3 mortes e centenas de feridos.

No entanto, mais lamentável ainda, foi o presidente Donald Trump afirmar que ambos os lados tinham cometidos erros, implicando uma contemporização inaceitável com discurso de ódio. Contudo, no contexto norte-americano, esta postura não pode ser considerada uma novidade, bastando lembrar do caso *Brandenbug vs Ohio (1969)*, quando a Corte Americana absolveu com base no direito da liberdade de expressão, Clarence Brandenbug, que foi filmado conclamando "vingança" contra judeus e negros. A Corte ampliava a noção de liberdade de expressão como um "livre mercado de ideias" sustentando no caso *Schenck vs United States (1919)* pelo juiz Holmes. Nesse mesmo sentido, a absolvição por "queima de cruz" (forma não discursiva de adesão aos ideais da KKK) no caso *Virgínia v. Black* de 2003.

Na Alemanha, *Volksverhetzung* é o conceito no código penal que criminaliza a incitação ao ódio contra qualquer segmento da população. Naquele país, a negação da ocorrência do Holocausto é criminalizada. Ali, a postura da Corte Constitucional tem sido o de repelir o discurso de ódio. Recentemente, o Parlamento aprovou lei que prevê multa de até 50 milhões de euros para sites de redes sociais que não retirarem rapidamente conteúdos agressivos.

A Constituição Brasileira protege a liberdade de expressão e os demais direitos fundamentais do cidadão brasileiro, contudo, não há uma lei expressa proibindo o discurso de ódio. O Supremo Tribunal Federal decidiu sobre um caso histórico que ocorreu no Brasil, envolvendo discurso de ódio e a prática de racismo. A partir desta decisão é foi utilizado a jurisprudência constitucional para delimitar questões relacionadas a esta matéria.

O conhecido precedente *Ellwanger (HC 82424/RS)* negou o argumento de que desconhecer a existência do Holocausto pudesse ser considerado como exercício lícito da liberdade de expressão. E ainda admitiu prática de crime de preconceito (lei 7716/89) considerando raça como um conceito sociológico e não como fruto de consignações eugênicas/biológicas em torno de fenótipo ou genótipo de indivíduos. Especificamente, Siegfried Ellwanger Castan, escritor e sócio da "Revisão e Editora Ltda.", havia publicado uma série de livros disseminando o preconceito contra o povo de origem judaica. Absolvido em primeira instância, Ellwanger foi condenado no Tribunal de Justiça do Rio Grande do Sul por apologia de ideias preconceituosas e discriminatórias contra os judeus, baseado no artigo 20 da Lei 7.716/1989, com redação dada pela Lei 8.081/1990.[38]

38. "Art. 20 Praticar, induzir ou incitar, pelos meios de comunicação social ou por publicação de qualquer natureza, a discriminação ou preconceito de raça, por religião, etnia ou procedência nacional".

Em seguida, impetrou *Habeas Corpus* sustentando que o crime praticado não fora de racismo, mas sim, de discriminação, pois o "povo judeu" não era uma raça e sim uma seita religiosa. O *Habeas Corpus* foi indeferido, e o caso foi parar no Supremo Tribunal Federal, que, por sua vez, teve a seguinte decisão:

> 10. A edição e publicação de obras escritas veiculando ideias anti-semitas, que buscam resgatar e dar credibilidade à concepção racial definida pelo regime nazista, negadoras e subversoras de fatos históricos incontroversos como o holocausto, consubstanciadas na pretensa inferioridade e desqualificação do povo judeu, equivalem à incitação ao discriminem com acentuado conteúdo racista, reforçadas pelas consequências históricas dos atos em que se baseiam. (MEYER-PFLUG, 2009)

A decisão do STF foi dada pela maioria dos votos. A discussão central do habeas corpus impetrado por Ellwanger tinha por questão central se a ofensa se dirigia contra uma raça ou uma religião. Ellwanger queria escapar da tipificação do crime de racismo. No entanto, a maioria dos Ministros entendeu que o conceito de "raça" não era genótipo. Raça seria um conceito sociológico de modo que a ofensa podia ser compreendida como "crime de racismo".

O discurso de ódio manifesta o que Karl Popper[39] designa de "Paradoxo da Intolerância", pois se a tolerância for levada ao extremo de não impedir qualquer discurso, as fissões tolerantes perderão com o tempo o direito de se expressar afastadas pelo crescimento da intolerância. Contudo a Suprema Corte Americana tem, tradicionalmente, sido tolerante com discurso de ódio, particularmente de supremacistas brancos e da KKK (Ku Klux Klan) como garantia da Primeira Emenda e como suporte de sua democracia.

Ainda sobre os efeitos do discurso de ódio, o suposto conceito sobre conservadorismo e bons costumes no Brasil vem sendo questionado diante dos atuais acontecimentos que envolvem arte, política e ideologias. A mídia especula que artistas e feministas fomentam a pedofilia, a zoofilia, a apologia às drogas e que políticos oportunistas estão se promovendo através dessas polêmicas com manifestos baseados em discurso de ódio. A filósofa norte-americana Judith Butler escreveu sobre a experiência vivida

---

39. POPPER, Karl Raimund. **A Sociedade Aberta e seus Inimigos.** 3. ed. Belo Horizonte: Itatiaia, 1998.

em uma recente passagem pelo Brasil, com o objetivo de ministrar uma palestra, que ocorreu por volta das 11h da manhã, no Sesc Pompeia, na cidade de São Paulo/SP. A princípio, o tema da palestra era "The ends of democracy" (Os fins da democracia) fazendo uma ponte para seu tema central "Teoria dos Gêneros". Brevemente conceituando esta teoria, Judith explica que é atribuído, a cada indivíduo no nascimento, um gênero que gera diversas expectativas sobre aquele ser humano no que tange suas possíveis e esperadas opções sexuais, profissionais e religiosas, ainda assim, seu caráter e posicionamento político. Entretanto, estes indivíduos, quando não atendem aquelas expectativas e percebem que as atribuições às quais este vê em si mesmo difere das atribuições que lhes foi dada, gera-se uma frustração que desencadeia em reações autodestrutivas e antissociais. Diante deste conceito, a filósofa questiona: Em que medida jovens e adultos são livres para construir o significado de sua atribuição de gênero? Judith acredita que as pessoas possuem autonomias para moldar suas vidas, dentro das normas sociais, de forma que possam sentir-se livres e realizadas com relação a suas vontades, opiniões e objetivos. Também acredita que instituições sociais, religiosas, educacionais, etc., tem o dever e a capacidade de apoiar e estruturar as pessoas para viverem melhor com seu próprio corpo diante das exigências impostas pela sociedade em busca de uma "vida normal".

A palestra ministrada por Judith teve uma repercussão digna de seu tema, bem polêmica, na cidade de São Paulo, gerando um manifesto na porta do Sesc Pompeia. A polícia separou os manifestantes com um cordão de isolamento para evitar agressões e mais tumulto. De um lado, manifestantes contrários às ideias de Judith fizeram uma "boneca de voodoo", botaram fogo nela aos gritos de "Queimem a bruxa" e posicionaram um carro com o som do hino nacional, de outro lado, manifestantes que foram apoiar a filósofa gritavam "Ih, fodeu, a palestra aconteceu" e manuseavam cartazes com os dizeres: "Vergonhosa é a ignorância, obscena é a violência, imoral é a intolerância". Ao final, membros do Instituto Plínio Corrêa de Oliveira, grupo ligado ao TFP (Tradição, Família e Propriedade), foram aos semáforos com uma gaita de fole e levantaram placas com os seguintes dizeres: "Buzine em favor do casamento como Deus fez = 1 homem + 1 mulher".

Os paradigmas existentes sobre este tema acima tratado são, em regra, "consolidados" pelos bons costumes de uma sociedade, sendo de extrema relevância a tolerância com a liberdade de expressão e seus objetivos. No caso concreto, Judith é livre para expor suas teorias aos que tem o interesse no seu ponto de vista, assim como, são livres os cidadãos que se manifestaram, contra ou a favor da filósofa no dia do evento. Contudo a violência sofrida por ela no aeroporto de Congonhas, quando uma senhora a agrediu com um pedaço de pau, exorbita qualquer direito e se traduz como uma clara forma de discurso de ódio.

7.7 - Direito à vida

Não compreende liberdade de expressão publicar fotografias ou informar o paradeiro de pessoas que estão incluídas em programas de proteção à testemunha, uma vez que esta atitude expõe as testemunhas e vítimas envolvidas no crime, fazendo com que estas se transformem no alvo principal dos acusados.

A Lei 9.807/1999 de Proteção às Testemunhas tem a finalidade de combater os crimes que dificultam ou impossibilitam a produção de provas pela acusação, uma vez que a prova testemunhal é de extrema relevância para apuração dos fatos e deferimento de sentença. Assim como tem o objetivo de preservar o sigilo em relação aos protegidos, para que o depoimento das testemunhas, estejam resguardados. O ponto central é que as vítimas e testemunhas são constantemente ameaçadas na tentativa de se evitar o depoimento das mesmas, causando uma omissão de provas incriminadoras. O programa de proteção estabelecido na lei ora estudada, criou mecanismos importantes postos à disposição da polícia, do Ministério Público e do Judiciário para que estes possam prestar a devida assistência e, também é fornecido o apoio jurídico e proteção à integridade física e psíquica das vítimas e testemunhas que estão sendo coagidas e sofrendo grave ameaças em decorrência do envolvimento no caso concreto.

CONCLUSÃO

O direito de se manifestar livremente pelo corpo, pela fala ou até pelo silêncio, sua ideologia, crenças ou descrenças, opiniões, ideias e pensamentos, é de todos, sem qualquer exceção ou distinção. Poder expressar-se, de diferentes formas, significa ter liberdade, direito este fundamental para a humanidade, para a evolução do ser humano e da coletividade. Grandes filósofos, juristas, cientistas, crentes e descrentes em Deus, entre outros já buscaram descrever a força e o verdadeiro significado da palavra "liberdade". Entretanto, a liberdade vem de um conceito subjetivo para um coletivo, do *stricto sensu* para o *lato sensu*, sendo assim, a complexidade em definir quais formas de liberdade serão mais adequadas a um perfil de sociedade gera um conflito que estará sujeito aos ditames de um ordenamento jurídico para delimitar o exercício desse direito de forma justa e coerente.

O tema aqui trabalhado envolve inúmeras questões do constitucionalismo contemporâneo. Historicamente, revoluções e guerras fizeram com que o mundo repensasse sobre o direito e o Estado, evidenciando a importância dos direitos fundamentais e o valor de uma constituição digna para todos. A liberdade de expressão é uma forma revolucionária que almeja alcançar a todos e globalizar os ideais de uma nação. Luiz Roberto Barroso, em seu voto na *ADI 4815/DF*, entende que a liberdade de expressão ocupa uma *"posição de preferência em relação aos demais direitos fundamentais"*.[40] Eventuais colisões com outros valores constitucionais podem ser solucionadas baseadas na livre circulação de ideias e informações. Entretanto, a liberdade de expressão não goza de poder absoluto, assim, deve-se aplicar no caso concreto ponderando a importância dos demais direitos ali presentes.

O tema liberdade de expressão lida com o fenômeno da horizontalização dos direitos fundamentais, no qual há a aplicação de direitos fundamentais nas relações entre particulares. Da mesma maneira, colisão da liberdade de expressão com outros direitos fundamentais pode ser tratado pelas "teorias externas", particularmente pela incidência, que devem, por meio do princípio da proporcionalidade, equilibrar os anseios individuais com os anseios da sociedade. Pela mesma maneira, o tema pode ser encontrado sob ótica de "teorias internas" nas quais não há espaço para a ponderação, mas sim apenas para que o intérprete encontre, *a priori*, os limites de sua aplicação no próprio texto da Constituição ou da legislação.[41]

---

40. SUPREMO TRIBUNAL FEDERAL. ADI 4815/DF. Relatora Ministra Cármen Lúcia. Disponível em: http://redir.stf.jus.br/paginadorpub/paginador.jsp?docTP=TP&docID=10162709 Acesso 08 de dez 2017.

41. Nas chamadas "teorias internas", o direito fundamental já germina com seus limites propriamente definidos, assim, pode-se falar em limites imanentes, ou seja, fronteiras implícitas, fazendo com que o processo de definição de limites a direitos seja interno a ele. Já nas "teorias externas", os direitos fundamentais e as restrições a eles impostas são separados, e dessa maneira há a necessidade de uma identificação dos contornos de cada direito. Cf. SARLET, Ingo Wolfgang; MARINONI, Luiz Guilherme; MITIDIERO, Daniel. **Curso de Direito Constitucional.** 4. ed. São Paulo: Saraiva, 2015.

Considerando tais "teorias internas", aflora a necessidade de examinar aspectos de núcleo essencial de direitos, tópica e concentricidade em sua qualificação.

O presente artigo não teve pretensão de esgotamento de todos os aspectos da compreensão da liberdade de expressão. Pelo contrário, pretendeu apenas colaborar no sentido de estabelecer a infinitude da sua extensão. Frisa-se que a liberdade de expressão está na essência transcendente do ser humano. O excesso de sua conceitualidade tem-se em si o debate em torno de seus limites, como, por exemplo, no caso da proibição do anonimato. No entanto, traz também um debate profundamente filosófico, pois se em Kant a responsabilidade decorre da autonomia, em Emmanuel Levinas a situação se inverte, fazendo com que a responsabilidade preceda a liberdade.

Logo, debater a temática tornou-se uma necessidade no mundo e no nosso país, que estão cada vez mais intolerantes, misóginos, racistas e homofóbicos. Tornou-se indispensável falar sobre "Direitos Humanos" em um país que pode reduzir/ aniquilar a dignidade humana de presidiários, sob o "mantra" de que "bandido bom é bandido morto". Falar, falar e falar cada vez mais sobre o assunto é o testemunho que damos à convocação de Martin Luther King que diz: "O que me preocupa não é o grito dos corruptos, dos violentos, dos desonestos, dos sem caráter, dos sem ética... O que me preocupa é o silêncio dos bons".

REFERÊNCIAS BIBLIOGRÁFICAS

A LINHA TÊNUE ENTRE ARTE, CRIME DE PICHAÇÃO E GRAFITAGEM. CARTA CAPITAL. Disponível em: http://justificando.cartacapital.com.br/2017/02/02/linha-tenue-entre-arte-crime-de-pichacao-e-grafitagem/ Acesso em 20 de Out de 2017.

ATÉ 40% DAS LIGAÇÕES A EMERGÊNCIAS DE SP SÃO TROTES. G1. Disponível em: http://g1.globo.com/Noticias/SaoPaulo/0,,MUL333916-5605,00 ATE+DAS+LIGACOES+A+EMERGENCIAS+DE+SP+SAO+TROTES.html Acesso em 25 set. 2017.

Barros, P. C.; Carvalho, J. E.; Pereira, B. O. **Um estudo sobre o bullying no contexto escolar**. CONGRESSO NACIONAL DE EDUCAÇÃO – EDUCERE "Políticas e práticas educativas: desafios da aprendizagem, 9., 2009, Curitiba, Brasil. Anais... Curitiba: Champagnat, 2009. p. 5.738-5.757.

BITENCOURT, Cezar Roberto. **Tratado de direito penal, volume 2: especial: dos crimes contra a pessoa.** 12. ed. atual. – São Paulo: Saraiva, 2012.

BRASIL. Constituição (1988). **Constituição da República Federativa do Brasil.** Brasília, DF: Senado, 1988.

BREVES CONSIDERAÇÕES SOBRE O PRINCÍPIO DO MELHOR INTERESSE DA CRIANÇA E DO ADOLESCENTE. Disponível em http://www.editoramagister.com/doutrina_23385195_BREVES_CONSIDERACOES_SOBRE_O_PRINCIPIO_DO_MELHOR_INTERESSE_DA_CRIANCA_E_DO_ADOLESCENTE.aspx.

CABO JÚLIO PEDE DESCULPA À DEPUTADA MARIA DO ROSÁRIO POR TER SE REFERIDO A ELA COMO 'VACA'. G1. Disponível em: https://g1.globo.com/minas-gerais/noticia/cabo-julio-pede-desculpa-a-deputada-maria-do-rosario-por-ter-se-referido-a-ela-como-vaca.ghtml Acesso em 12 out. 2017.

CARTILHA SOBRE PROGRAMAS DE PROTEÇÃO A VÍTIMAS E TESTEMUNHAS AMEAÇADAS. Disponível em http://pfdc.pgr.mpf.mp.br/atuacao-e-conteudos-de-apoio/publicacoes/protecao-a-testemunha/cartilha_protecao_vitimas_testemunhas_pfdc_2013.

CARVALHO, Luis Gustavo Grandinetti Castanho de. **Liberdade de Informação e o Direito Difuso à Informação Verdadeira.** Rio de Janeiro: Renovar, 1994.

CASTRO, Anna Karina Lopes de. **Direito e Moral – Uma visão Kelseniana.** Conteúdo Jurídico, Brasília-DF: 18 dez. 2008. Disponível em: <http://www.conteudojuridico.com.br/?artigos&ver=2.22490&seo=1>. Acesso em: 01 nov. 2017.

CENSURADA EM PORTO ALEGRE. MOSTRA 'QUEERMUSEUM' SERÁ EXIBIDA NO RIO. O GLOBO. Disponível em: https://oglobo.globo.com/cultura/artes-visuais/censurada-em-porto-alegre-mostra-queermuseu-sera-exibida-no-rio-21862328 Acesso em 22 de Out. 2017.

CHICO BUARQUE DECLARA APOIO À FRENTE NACIONAL CONTRA A CENSURA. CORREIO BRAZILIENSE. Disponível em: http://www.correiobraziliense.com.br/app/noticia/diversao-e-arte/2017/11/20/interna_diversao_arte,642128/chico-buarque-contra-a-censura.shtml. Acesso em 08 de Dez. de 2017.

CONSTANT, Benjamin. **De la liberté des anciens comparée à celle des modernes.** 1819. Disponível em: http://www.panarchy.org/constant/liberte.1819.html. Acesso em: 07 dez. 2017.

CORDECH, Pablo Salvador. **El Derecho de La Libertad.** Madrid: Centro de Estudos Constitucionales, 1993.

CRIMES VIRTUAIS AFETAM 42 MILHÕES DE BRASILEIROS. ESTADO DE SÃO PAULO. Disponível em: http://economia.estadao.com.br/noticias/releases-ae,crimes-virtuais-afetam-42-milhoes-de-brasileiros,70001644185 Acesso em 19 Out. 2017.

DELPIZZO, Claúdia Nicolazzi Medeiros da Cunha. **O DIREITO AO SILÊNCIO E SUA INTERPRETAÇÃO PELO SUPERIOR TRIBUNAL DE JUSTIÇA.** 2010. 93 f. Tese - Curso de Curso de Pós-graduação Lato Sensu em Direito Penal e Processo Penal em Parceria Com O Superior Tribunal de Justiça, Centro Universitário de Brasília, Brasília, 2010.

DIREITO AO SILÊNCIO NÃO É ABSOLUTO, DECIDEM EUA. CONJUR. Disponível em: https://www.conjur.com.br/2013-jun-19/direito-incriminado-silencio-limitado-decide-suprema-corte-eua Acesso em 22 de Out. 2017.

FERRIGOLO, Noemi Mendes Siqueira. **Liberdade de Expressão: Direito na Sociedade da Informação:** Mídia, Globalização e Regulação. São Paulo: Pillares, 2005.

FISCHER, Desmond. **O Direito de Comunicar:** Expressão, informação e liberdade. São Paulo: Brasiliense, 1984. Tradução de: Luiz Roberto S. Seabra Malta.

GERALD THOMAS CONSEGUE ARQUIVAR PROCESSO POR ATENTADO AO PUDOR CONJUR. Disponível: https://www.conjur.com.br/2004-ago-17/stf_tranca_acao_penal_concede_hc_gerald_thomas Acesso em 20 de Out. 2017.

GODOY, Claudio. **A Liberdade de Imprensa e os Direitos da Personalidade.** 2º Edição. Editora Atlas, 2008. São Paulo - SP.

HALL, Edward T. A System for the Notation of Proxemic Behavior. **American Anthropologist,** [s.l.], v. 65, n. 5, p.1003-1026, out. 1963. Wiley-Blackwell. http://dx.doi.org/10.1525/aa.1963.65.5.02a00020.

IBGE - Instituto Brasileiro de Geografia e Estatística. **PENSE - Pesquisa Nacional de Saúde do Escolar, 2015.** [online] Disponível na internet via https://biblioteca.ibge.gov.br/visualizacao/livros/liv97870.pdf. Arquivo consultado em 21 de setembro de 2017.

INTERAÇÃO DE CRIANÇA COM ARTISTA NU EM MUSEU DE SÃO PAULO GERA POLÊMICA. G1. Disponível em: https://g1.globo.com/sao-paulo/noticia/interacao-de-crianca-com-artista-nu-em-museu-de-sp-gera-polemica.ghtml Acesso em 08 de dez de 2017.

INTERVOZES E REPORTERES SEM FRONTEIRAS MAPEIAM OS DONOS DA MÍDIA NO BRASIL. REDE BRASIL ATUAL. Disponível em http://www.redebrasilatual.com.br/cidadania/2017/07/intervozes-e-reporteres-sem-fronteiras-mapeiam-os-donos-da-midia-no-brasil Acesso em 16 Out. 2017.

J. L. AUSTIN E OS ATOS DE FALA EM DIFERENTES DOMÍNIOS DE ESTUDO DA LINGUAGEM. Disponível em https://perspectivas.letras.ufg.br/up/298/o/Karla%20Cristina%20dos%20Santos%20Abralin%202009.pdf.

JOÃO LEITE TENTA IMPEDIR ESTREIA DE PEÇA E SUSPENDER EXPOSIÇÃO EM BH. UAI. Disponível em: https://www.uai.com.br/app/noticia/artes-e-livros/2017/10/04/noticias-artes-e-livros,214547/joao-leite-tenta-impedir-estreia-de-peca-e-suspender-exposicao-em-bh.shtml.

JUDITH BUTLER ESCREVE SOBRE SUA TEORIA DE GÊNERO E O ATAQUE SOFRIDO NO BRASIL: Disponível em http://www1.folha.uol.com.br/ilustrissima/2017/11/1936103-judith-butler-escreve-sobre-o-fantasma-do-genero-e-o-ataque-sofrido-no-brasil.shtml.

JUSTIÇA MANDA VEREADOR RETIRAR VÍDEO SOBRE EXPOSIÇÃO POLÊMICA DO FACEBOOK. ESTADO DE MINAS. Disponível em: https://www.em.com.br/app/noticia/politica/2017/10/11/interna_politica,907905/justica-manda-vereador-retirar-video-sobre-exposicao-polemica-do-face.shtml Acesso em 22 de Out. 2017.

KALIL DIZ QUE PARA O SÉCULO 21 EXPOSIÇÃO DE MORALEIDA 'NÃO TEM NADA DE MAIS'. ESTADO DE MINAS. Disponível em: https://www.em.com.br/app/noticia/gerais/2017/10/09/interna_gerais,907287/kalil-diz-que-para-seculo-21-exposicao-de-moraleida-nao-tem-nada.shtml Acesso em 19 de Out. 2017.

LEÃO, Anis José. **Revista de Estudos Políticos:** Limites da Liberdade de Imprensa. Belo Horizonte: Imprensa da Universidade de Minas Gerais, 1961.

LÉCUYER, Guillaume. **Liberté D'expression et Responsabilité.** Vol. 56 Nouvelle Bibliothèque de Thèse. 2004. –Université Panthéon-Sorbonne (Paris I). Paris/França.

LOPES, Vera Maria e Oliveira Nusdeo. **O Direito à Informação e as concessões de rádio e televisão.** São Paulo: Revista dos Tribunais, 1997.

LOREA, Roberto. **Em Defesa das Liberdade Laicas**. Editora Livraria do Advogado, 2008. Porto Alegre – Rio Grande do Sul.

MANIFESTANTES PÕEM FOGO EM BONECA DE FILÓSOFA AOS GRITOS DE "QUEIMEM A BRUXA": Disponível em https://www.buzzfeed.com/alexandrearagao/manifestantes-poem-fogo-em-boneca-de-filosofa-aos-gritos-de?utm_term=.nherANOnD#.bcQKga1DM.

MEYER-PFLUG, Samantha Ribeiro. **Liberdade de Expressão e Discurso de ódio**. Editora Revista dos Tribunais, 2009. São Paulo – SP.

MUSEU É ACUSADO DE PEDOFILIA APÓS INTERAÇAO DE CRIANÇA COM HOMEM NU EM EXPOSIÇÃO. O DIA. Disponível em: http://odia.ig.com.br/brasil/2017-09-29/museu-e-acusado-de-pedofilia-apos-interacao-de-crianca-com-homem-nu-em-exposicao.htm Acesso em 20 de Out. 2017.

O DISCURSO DE ÓDIO QUE ESTÁ ENVENENANDO O BRASIL: Disponível em https://brasil.elpais.com/brasil/2017/11/18/actualidad/1511039404_742600.html.

PARECER DA PROCURADORIA FEDERAL DOS DIREITOS DO CIDADÃO – NOTA TÉCNICA NO 11/2017/PFDC/MPF: Disponível em http://pfdc.pgr.mpf.mp.br/temas-de-atuacao/direitos-sexuais-e-reprodutivos/nota-tecnica-liberdade-artistica-e-protecao-de-criancas-e-adolescentes.

PEIXOTO, M; SOUSA, R. A. F.; ODON, T. I. Combate ao Trote Telefônico: uma questão de emergência. Brasília: Núcleo de Estudos e Pesquisas/ CONLEG/Senado, outubro/2015 (Boletim Legislativo nº 36, de 2015). Disponível em: www.senado.leg.br/ estudos. Acesso em 25 de setembro de 2017.

PM QUE DIRIGIA UBER MATA TRES QUE TENTARAM ASSALTA-LO EM SÃO PAULO. G1. Disponível em http://g1.globo.com/sao-paulo/noticia/2016/11/pm-que-dirigia-uber-mata-tres-que-tentaram-assalta-lo-em-sao-paulo.html Acesso em 12 de Out. 2017.

POLUIÇÃO VISUAL: QUE MAU ISSO FAZ? Disponível em http://sites.uepb.edu.br/biofar/download/v2n2-2008/06-poluicao_visual.pdf.

POPPER, Karl Raimund. **A Sociedade Aberta e seus Inimigos.** 3. ed. Belo Horizonte: Itatiaia, 1998.

PORTARIA N° 1.100, DE 14 DE JULHO DE 2006. Disponível em http://www.anatel.gov.br/hotsites/Direito_Telecomunicacoes/TextoIntegral/NOR/prt/mj_20060714_1100.pdf.

PREFEITO DE BH DEFENDE EXPOSIÇÃO DE MORALEIDA EM MEIO À POLÊMICA SOBRE ARTE. G1. https://g1.globo.com/minas-gerais/noticia/prefeito-de-bh-defende-exposicao-de-moraleida-em-meio-a-polemica-sobre-arte.ghtml Acesso em 22 de Out. 2017.

SALLES, Daniel José Pereira de Camargo; OLIVEIRA, Francisco Cardozo. A Relação entre Propriedade e Liberdade de Expressão na Cultura Digital. **Revista de Estudos Jurídicos Unesp,** São Paulo, v. 14, n. 20, p.9-28, 2010.

SANCIONADO PROJETO DE LEI QUE PUNE QUEM REALIZA TROTES EM SERVIÇOS DE EMERGÊNCIA. HOJE EM DIA. Disponível em: http://hojeemdia.com.br/horizontes/sancionado-projeto-de-lei-que-pune-quem-realiza-trotes-em-servi%C3%A7°s-de-emerg%C3%AAncia-em-minas-1.436132. Acesso em 25 set. 2017.

SARLET, Ingo Wolfgang; MARINONI, Luiz Guilherme; MITIDIERO, Daniel. **Curso de Direito Constitucional.** 4. ed. São Paulo: Saraiva, 2015.

SILVA, José Afonso da. **Curso de Direito Constitucional Positivo.** 25. ed. São Paulo: Malheiros, 2005.

SILVA, Tadeu Antonio Dix. **Liberdade de Expressão e Direito Penal no Estado Democrático de Direito.** São Paulo: Instituto Brasileiro de Ciências Criminais, 2000.

SOCIAL, Intervozes: Coletivo Brasil de Comunicação. **A Sociedade Ocupa a TV:** O caso Direitos de Resposta e o controle público da mídia. São Paulo: Intervozes: Coletivo Brasil de Comunicação Social, 2007. Disponível em: <http://observatoriodaimprensa.com.br/wp-content/uploads/A_Sociedade_ocupa_a_TV.pdf>. Acesso em: 15 out. 2017.

UNESCO. **As pedras angulares para a promoção de sociedades de conhecimento inclusivas**: Acesso à informação e ao conhecimento, liberdade de expressão e ética na Internet global. Paris: Organização das Nações Unidas para a Educação, Ciência e Cultura 7, 2017. Disponível em:

<http://unesdoc.unesco.org/images/0026/002607/260742POR.pdf>. Acesso em: 01 fev. 2018.

WILLIAM WAACK É AFASTADO DO JORNAL DA GLOBO. G1 https://g1.globo.com/economia/midia-e-marketing/noticia/william-waack--e-suspenso-do-jornal-da-globo.ghtml. Disponível em: Acesso em 24 Nov. 2017.

ZEZÉ PERRELA ABRE MÃO DE IMUNIDADE PARA ARBITRO PROCESSÁ-LO. UOL. Disponível em https://esporte.uol.com.br/futebol/ultimas/2007/10/09/ult59u132895.jhtm Acesso em 13 de out. 2017.

ANEXOS

ANEXO A
JURISPRUDÊNCIA ALEMÃ

TRIBUNAL FEDERAL ALEMÃO = BVerfGE 75, 369

ANEXO B
JURISPRUDÊNCIA AMERICANA

US Supreme Court, Brandenburg v. Ohio, US 395: 444

US Supreme Court, Cantwell v. Connecticut, US 310: 296

US Supreme Court, Chaplinsky vs New Hampshire US 315: 568

US Supreme Court, Falwell v. Hustler Magazine US 485: 46

US Supreme Court, Schenck vs United States US 249: 47

US Supreme Court, Texas vs Johnson, 491 US 397: 414

US Supreme Court, Thornhill v. Alabama, US 310: 88

US Supreme Court, United States vs Eichmann US 496: 310

US Supreme Court, Virginia v. Black US 538: 343

ANEXO C
JURISPRUDÊNCIA BRASILEIRA

BRASIL. Tribunal de Justiça de MG. Apelação Civil **1.0024.08.199172-1/001**. Da Décima Quarta Vara Civil. Relator Hilda Teixeira da Costa.

Minas Gerais. 5 de outubro de 2012. Disponível em http://tjmg.jus.br Acesso em 15 de Out de 2017

SUPERIOR TRIBUNAL DE JUSTIÇA, REsp 164421/ RJ. Ministro Relator Ruy Rosado de Aguiar, (RSTJ, 128/372)

SUPERIOR TRIBUNAL DE JUSTIÇA, Súmulas 221 e 281.

SUPREMO TRIBUNAL FEDERAL. ADI 4815/DF. Relatora Ministra Cármen Lúcia. Disponível em: http://redir.stf.jus.br/paginadorpub/paginador.jsp?docTP=TP&docID=10162709 Acesso 08 de dez 2017.

SUPREMO TRIBUNAL FEDERAL, Habeas Corpus 82424/RS, Ministro Relator Mauricio Correa.

ANEXO D
JURISPRUDÊNCIA ESPANHOLA

CORTE CONSTITUCIONAL. *Sentença* n. 123/1993

CORTE CONSTITUCIONAL. *Sentença* n. 63/1993

LIMITES AO EXERCÍCIO DA LIBERDADE RELIGIOSA NO DESEMPENHO DAS FUNÇÕES DO PODER LEGISLATIVO SOB A ÉGIDE DO ESTADO LAICO BRASILEIRO[1]

João Santa Terra Júnior[2]

1. INTRODUÇÃO

Em decorrência do estopim motivacional da religião para a prática de ofensas ao maior bem jurídico humano, a vida, por meio de ataques terroristas, o estudo dos limites do exercício dos poderes estatais no contexto da liberdade religiosa é tema dos mais relevantes na atualidade.

Vivenciamos um confronto bélico global no qual nações uniram-se para combater as ações do autodenominado "Estado" Islâmico, ou seja, de um movimento que pretende fazer nascer um Estado teocrático soberano estruturado na interpretação monocular das bases da religião de Maomé. Em prol da defesa dos conceitos extraídos dessa interpretação religiosa unilateral, e como ferramenta para a estruturação das premissas formadoras desse "Estado" (reconhecimento de um povo, ramificado em um território, submetido a um poder central e regido por normas soberanas), há o uso irracional da força, com a imposição de severas sanções aos que não compartilham das mesmas concepções religiosas (aflições corporais, mutilações, mortes etc.). Nesse contexto, é inequívoco, não há espaço para a mínima garantia de diversidade de pensamento religioso ou, muito menos, para o exercício de culto diverso, materializador de uma crença distinta.

Em resumo, na atualidade, presenciamos o uso dos poderes de um pretenso "Estado" amparados por "embasamentos religiosos", o que consagra a adoção, pelo menos pelos representantes da vertente que vem

---

1. Texto apresentado em novembro de 2015 como exigência parcial para conclusão do crédito "Direito Penal e Religião", no programa de pós-graduação estrito senso em Direito Penal, da Faculdade de Direito da Universidade de São Paulo, Largo São Francisco.

2. Professor de Direito Penal e Processo Penal em graduações e pós-graduações. Doutorando em Direito Penal pela Faculdade de Salamanca/Esp e Mestre em Direito Penal na Faculdade de Direito da Universidade de São Paulo (Largo São Francisco). Promotor de Justiça integrante do Grupo de Atuação Especial de Combate ao Crime Organizado (2007-2017). Coordenador de Segurança Institucional da Procuradoria-Geral de Justiça do Estado de São Paulo. Membro colaborador do Conselho Nacional do Ministério Público (CNMP) nas áreas de segurança pública e segurança institucional.

impondo suas convicções religiosas por meio da força, do modelo de Estado confessional e teocrático.

Contudo, o centro de atenção desse estudo não será a análise das fundamentações religiosas dos atuais ataques terroristas de grande repercussão mundial nos últimos tempos (como, por exemplo, os empreendidos em Paris, França, em 7 de janeiro de 2015 e em 13 de novembro de 2015, em Londres, Inglaterra, em 3 de junho de 2017, ou em Barcelona, Espanha, em 17 de agosto de 2017). Iniciamos a abordagem da problemática por tais ponderações objetivando demonstrar a amplitude da gravidade do uso de fundamentações religiosas para a tomada de decisões estatais. E, considerando que a atividade legislativa é uma das formas de exercício dos poderes do Estado, essa preocupação será constante no desenvolvimento do trabalho, que será focado nos limites da materialização desse poder público em face da adoção brasileira do Estado Laico.

Assim, o trâmite analítico proposto é todo orientado pela consagração, na Constituição de 1988, do Estado laico como modelo para nosso atual Estado de Direito e pelas consequências advindas à liberdade religiosa. Objetiva o enfrentamento de questões decorrentes da adoção, pelo Estado Legislativo, de hipotéticas posturas que contrariem o amplo exercício da liberdade de crença e de culto e que possuam tendência não apenas à restrição do alcance de aplicabilidade dessa cláusula pétrea, mas à sua verdadeira abolição. Serão enfrentados, assim, temas concretos relativos à criação de leis e às orientações religiosas dos parlamentares, bem como outros hipotéticos, concernentes à apresentação de proposta de emenda constitucional objetivando a estruturação de um Estado teocrático, à possibilidade de criação de partido político que contenha, em seu programa partidário, esta finalidade de atuação, e a verificação da existência de limites a eventual poder constituinte originário decorrentes do atual Estado laico brasileiro.

2. O ESTADO LAICO BRASILEIRO E OS FUNDAMENTOS DA LIBERDADE RELIGIOSA NA CONSTITUIÇÃO DE 1998

Dois dos três maiores eventos da história do Brasil[3] são marcos de mutação da tônica da correlação entre a religião e o Estado em nosso ordenamento jurídico-constitucional.

3. Sem minimizar outros fatos históricos que ostentam relevância ímpar para a formação da nossa sociedade e da nossa política, como o fim da ditadura militar e o advento da Constituição de 1988, referimo-nos, no texto, ao descobrimento do Brasil, à independência de Portugal e à proclamação da República.

Com a independência de nosso Estado, em 1822, o Catolicismo Apostólico Romano foi adotado com religião oficial[4], destacando-se a sua submissão a circunstâncias de controle do Império[5]. No final daquele século, em 1889, com a proclamação da República e em face das interseções dos ideais iluministas, consagrou-se a separação entre o Estado e a Igreja, com a proibição da intervenção da autoridade estatal em questões religiosas, a extinção do padroado e a previsão da plena liberdade de cultos, ditames do Decreto nº 119-A, de 7 de janeiro de 1890, liberdade religiosa que foi mantida no artigo 72 da Constituição do ano seguinte.

A liberdade religiosa e laicidade mantiveram-se nas Constituições subsequentes e a atual Carta as ostenta, respectivamente, no artigo 5º, VI, prevendo a liberdade de crença como decorrência da liberdade de consciência e assegurando a liberdade de culto, e no artigo 19, I, ao vedar aos entes federativos o estabelecimento de cultos religiosos ou igrejas, subvenciona-los, embaraçar-lhes o funcionamento ou manter com eles ou seus representantes relações de dependência ou aliança, ressalvada, na forma da lei, a colaboração de interesse público[6].

A opção constitucional pelo Estado laico, na forma da redação do artigo 19, I, estrutura a plena separação do Estado das religiões por meio da imposição de abrangentes vedações: não estabelecimento de cultos ou igrejas, não subvenção, não embaraçar o funcionamento e não manter relação de dependência. Da análise das bases da laicidade estatal brasileira já se poderia extrair o fundamento racional da garantia da ampla liberdade de crença e de culto. Nesse sentido, ensina André Ramos Tavares:

> "A separação entre Estado e religião é concebida como um pressuposto à plena liberdade religiosa, acima desenvolvida. Quer dizer que nos Estados confessionais pode haver, como afirmado anteriormente, liberdade religiosa, mas será ela mitigada em virtude justamente do tratamento preferencial e privilegiado resguardado à

4. Conforme seu artigo 5º, que ainda permitia a existência das outras religiões, desde que seus cultos fossem domésticos, sem forma alguma exterior de templo.

5. Por exemplo, o artigo 102, XIV, da Constituição de 1824, dispunha ser atribuição exclusiva do Imperador nomear bispos, prover os benefícios eclesiástico e conceder ou negar o Beneplácito aos Decretos dos Concílios, Letras Apostólicas e quaisquer outras Constituições Eclesiásticas que não se opusessem à Constituição.

6. Trataremos abaixo da análise do incentivo constitucional ao exercício da liberdade religiosa por meio da concessão da imunidade de impostos às atividades e ao patrimônio dos cultos religiosos, procurando demonstrar não representar contradição com a opção estatal pela laicidade.

> religião oficial. Ter-se-á, nesta última hipótese, provavelmente, mais uma tolerância do que uma plena liberdade religiosa, especialmente no que tange à sua divulgação e práticas. Logo, embora a neutralidade do Estado não seja essencial à existência de pluralidade religiosa, esta só pode aflorar *plenamente* em Estados que adotam o postulado separatista e a postura da neutralidade religiosa."[7]

Se o Estado reconhece seu dever de manter-se isolado das questões religiosas, é, certamente, porque também reconhece a licitude da prática de atos reveladores da liberdade de crença e de culto; não aceitar esse raciocínio seria defender a possibilidade hipotética de, no caso de o Estado identificar o exercício de uma prática ilícita, a sua Constituição estabelecer a vedação à intervenção para fazê-la cessar.

De fato, o isolamento estatal das questões religiosas não pode ser motivo para as considerar um irrelevante jurídico, não apenas em face do passado histórico formador das bases da nossa atual sociedade, mas em decorrência da própria disposição Constitucional que prevê a possibilidade de colaboração do interesse público, na forma de lei, para a consecução dos fins religiosos.

Assim, o Estado brasileiro reconhece, na sociedade, a pretensão à adoção de crenças próprias associada ao desejo de as concretizar conforme a consciência de cada indivíduo. Ademais, ao reconhecer a relevância jurídica ao exercício da liberdade religiosa e ao impor, a si próprio, expressa vedação de criação de óbices ao funcionamento de cultos religiosos, o Estado projeta, consequentemente, aos tutelados, a mesma vedação comportamental. Como assegura Luiz Alberto G. S. Rocha: "É com essa perspectiva que o Estado institucionaliza a liberdade religiosa como uma das mais antigas liberdades civis, pois ela é mesmo o ponto de partida para o reconhecimento de outras liberdades, como a de expressão, de reunião e de pensamento"[8].

O contrário também é possível. Da análise do artigo 5, VI, da Constituição, é possível deduzir, logicamente, a laicidade estatal, afinal, não haveria como conceber a garantia da liberdade religiosa em um Estado que adotasse uma religião própria, que fizesse discriminações em decorrência dessa eleição, que não concedesse tratamento isonômico a todas as crenças, ou seja, que não se mantivesse distante da forma

---

7. Tavares, *Curso*, 2014, p. 489.

8. Rocha, *Notas*, in: Almeida, *Direito Constitucional*, 2011, p. 472.

de gestão dos interesses eclesiásticos e dos seus organismos sociais de manifestação[9].

Portanto, são indissociáveis a laicidade e a liberdade religiosa; se não podem ser tratadas como sinônimos, encontramos, nelas, fundamentos lógicos de existência recíprocos.

Marco Huaco, depois de afirmar que a laicidade é um princípio jurídico encontrado em um plano superior às liberdades de pensamento, consciência e religião, elenca os elementos que considera serem essenciais a ela:

> "a) separação orgânica e de funções, assim como a autonomia administrativa recíproca entre os agrupamentos religiosos e o Estado, b) o fundamento secular da legitimidade e dos princípios e valores primordiais do Estado e do Governo, c) a inspiração secular das normas legais e políticas públicas estatais, d) a neutralidade, ou imparcialidade frente às diferentes cosmovisões ideológicas, filosóficas e religiosas existentes na sociedade (neutralidade que não significa *ausência de valores*, mas *imparcialidade* perante as diferentes crenças), e e) a omissão do Estado em manifestações de fé ou convicção ideológica junto aos indivíduos" (**A laicidade como princípio constitucional do Estado de Direito**. In: *Em Defesa das Liberdades Laicas*. Porto alegre: Livraria do Advogado, 2008, p. 42)[10].

3. CONSEQUÊNCIAS JURÍDICAS DA OPÇÃO CONSTITUCIONAL PELO ESTADO LAICO

Tendo como premissa que o Estado laico é o único modelo capaz de garantir, de modo racional e justo, a concretização da liberdade religiosa e o exercício dos instrumentos capazes de assegurar sua transcendência do texto constitucional para a vida dos tutelados (ou seja, a ampla liberdade de crença e de culto), elencamos algumas consequências jurídicas da sua consagração na Constituição de 1988.

9. André Ramos Tavares parece encampar esse raciocínio ao reconhecer que a separação entre Estado e religião pode ser identificada por previsões normativas expressas, como no caso do artigo 19, I, da atual Constituição brasileira, ou decorrer da proclamação de uma ampla liberdade religiosa (*op. cit.*, p. 489).

10. *Apud* Rocha, *Notas*, in: Almeida, *Direito Constitucional*, 2011, p. 471.

3.1. A obrigatória separação das decisões políticas das questões religiosas

De início ressaltamos a obrigação de necessária separação das decisões políticas das questões religiosas. Se a premissa do Estado laico é a ampla liberdade religiosa, não há como o mesmo Estado aproximar-se de uma religião específica, adotando suas premissas e seus dogmas, ou concedendo a ela específicos benefícios em detrimento a outras crenças e a aqueles que optaram por não seguir nenhuma convicção religiosa. Explica Norberto Bobbio[11] que, no Estado Moderno, nasce e desenvolve-se a doutrina da razão estatal, intimamente vinculada à ideia da primazia da política, sendo que uma das formas que tal primazia manifesta-se é na independência do juízo político frente ao juízo moral, inclusive na superioridade do primeiro sobre o segundo, representada pela existência de uma razão de Estado diferente da razão dos indivíduos; ou seja, que o homem político é livre para perseguir seus objetivos sem estar obrigado a levar em consideração os preceitos morais com os que está comprometido o indivíduo em suas relações com os outros indivíduos. Essa concepção de primazia da política é diversa daquela que sustenta os Estados teocráticos, ou seja, a concepção da primazia do espiritual, que corresponde à doutrina da subordinação completa da ação política às leis da moral, que são os preceitos da religião dominante, subordinação que, segundo Bobbio, reflete-se na figura do príncipe cristão[12].

---

11. *Estado*, 1997, p. 115. Michael Walzer, depois de afirmar que a finalidade da separação entre Igreja e Estado nos regimes modernos é negar poder político a todas as autoridades religiosas, partindo da suposição realística de que todas são pelo menos potencialmente intolerantes, passa a defender uma outra separação decorrente da democracia, a da própria política em relação ao Estado: parte da premissa que os partidos políticos, na competição pelo poder, lutam para concretizar seus programas, que são norteados por suas ideologias, e, ao sagrarem-se vencedores, irão transformar essas ideologias em leis; assim, afirma que essa normatização das ideologias do partido vencedor não pode gerar o nascimento de um credo oficial de religião civil, sob pena de construir-se um Estado totalitário, de modo exatamente análogo à oficialização política de uma Igreja monolítica única (*Da Tolerância*, 1999, p. 105-106).

12. Bobbio, *op. cit.*, p. 115. O objetivo de trazer os ensinamentos de Bobbio é reforçar a necessidade de vedação da simbiose entre Estado e religião, que propicia desigualdades, injustiças e opressões, ou seja, o afastamento dos fins almejados pelo direito. Não se trata de defender um ordenamento jurídico totalmente alijado de preceitos morais. Pelo contrário, o direito, como ciência humana norteada pela regulação de condutas sociais, não pode se afastar de percepções que concedam dignidade ao ser humano,

Nesse contexto de separação das decisões políticas das questões religiosas, deparamo-nos com a previsão constitucional de vedação, aos entes federativos, de instituição de impostos sobre templos de qualquer culto (artigo 150, VI, *b*). Em face dos conceitos do Estado laico, nenhuma contrariedade pode ser constatada. Primeiro porque o benefício tributário é outorgado constitucionalmente em caráter amplo e geral, sem privilegiar a uma crença específica (aquela que poderia se tornar, por exemplo, representativa da religião oficial do Estado); segundo porque não representa ingerência dos interesses das crenças religiosas nas questões estatais, uma vez que a concessão do benefício tributário segue a finalidade de geração de incentivos, ou de não aposição de impedimentos, à concretização de serviços do próprio Estado (há a vedação de instituição recíproca de impostos sobre a renda, patrimônio ou serviços dos entes federativos, com exceção da exploração de atividades econômicas regidas pelas normas de empreendimentos privados - inciso VI, *a*, e § 3º), ao desenvolvimento das funções de poder constituído (não incidência de impostos sobre o patrimônio, renda ou serviços de partidos políticos - inciso VI, *c*, primeira parte), ao exercício de atividades sindicais, assistenciais ou educacionais sem fins lucrativos (inciso VI, *c*, parte final), bem como ao florescimento e disseminação das liberdades públicas, entre elas, a liberdade religiosa, que emana do próprio Estado laico[13] (vale constatar que a não incidência dos impostos para os templos religiosos compreende somente o patrimônio, a renda e os serviços relacionados com as finalidades essenciais, religiosas, no caso, dos templos), a cultural (inciso VI, *d*) e a artística (musical e literária - inciso VI, *e*). Ademais, não se aceita eventual alegação que o benefício não seria isonômico por não abarcar ateus: a não aplicação do benefício a eles decorre da própria impossibilidade fática, uma vez que não optaram pelo seguimento de uma religião; ou seja, esta própria opção pessoal, que

---

como as sensoriais, morais, sentimentais e, para aqueles que aceitam, religiosas, tendo ainda como premissa a constatação que o alcance da justiça perpassa pela não ofensa ao direito de outrem.

13. No âmbito da doutrina tributária também encontramos ensinamento indicando que a razão de existência dessa espécie de imunidade tributária constitucional é assegurar a livre manifestação da religiosidade. Nesse sentido, por todos, Roque Antonio Carrazza: "É fácil percebermos que esta alínea ´b´ visa a assegurar a livre manifestação da religiosidade das pessoas, isto é, a fé que elas têm em certos valores transcendentais. As entidades tributantes não podem, nem mesmo por meio de impostos, embaraçar o exercício de cultos religiosos. A Constituição garante, pois, a liberdade de crença e a igualdade entre as crenças (Sacha Calmon Navarro Coelho), o que, de resto, já vem proclamado em seu art. 5º, VI" (*Curso*, 2002, p. 652).

deve ser respeitada, é o elemento diferenciador lógico e racional para a não incidência do benefício (trata-se de desigual tratamento amparado por um elemento de discriminação que o justifica). Ademais, o benefício em análise tem a função de favorecer o desenvolvimento de uma liberdade pública, razão pela qual seria desarrazoado compreende-lo injusto.

Ressalta-se, ainda, que a obrigatoriedade de separação das decisões políticas das questões religiosas, em decorrência da adoção do Estado laico, serve como elemento limitador do exercício da função legislativa primária, uma vez que impede a motivação religiosa na concretização dessa função pública, especificamente como fundamento para a vedação à edição de leis que tenham como premissa a concessão de tratamento não isonômico às diversas religiões seguidas no Brasil. Com essa conclusão longe estamos de defender a imposição de impedimentos ou restrições à possibilidade de os políticos externarem publicamente suas convicções religiosas: os parlamentares, assim como qualquer cidadão, gozam da tutela da Constituição de 1988 e, assim, possuem ampla liberdade de manifestação de pensamento e de exercício da liberdade religiosa; contudo, em razão da adoção do Estado laico, a figura do indivíduo que "está" parlamentar não pode ser mesclada à figura pública do cargo que ocupa em caráter temporário, cargo este que carrega consigo exatamente a premissa do respeito à opção estatal pela laicidade. Disso decorre a total inconstitucionalidade de proposituras de projetos de lei atentatórias a esse posicionamento constitucional. Essa conclusão pode ser extraída do julgamento de ação declaratória de inconstitucionalidade (ADIn 2.076-5/AC) ajuizada pelo Partido Social Liberal, oportunidade na qual o Supremo Tribunal Federal entendeu que o preâmbulo da Constituição não se tratava de norma central e, assim, não havia obrigatoriedade de reprodução nas Constituições dos Estados-membros, constando, no voto do Ministro Relator Carlos Velloso, que o preâmbulo não estaria situado no âmbito do Direito, mas sim no domínio da política e, desta maneira, refletiria apenas uma posição ideológica do constituinte[14]. Considerando que no preâmbulo há a invocação divina rogando amparo aos trabalhos constitucionais, o entendimento do voto do Ministro Relator confirma que o parlamentar (inclusive o constituinte), tem direito à livre opção por suas convicções ideológicas e religiosas (no caso analisado até mesmo no corpo da Carta Constitucional), contanto que essas convicções não se reflitam em normas centrais do texto Constitucional. Diversos, portanto, são os

14. Barroso; Barcellos, *Preâmbulo*, In: Canotilho [*et. al.*], *Comentários*, 2013, p. 107.

ambientes a serem considerados para a verificação da estruturação das convicções religiosas: um ambiente é o íntimo do parlamentar, campo de afloramento e desenvolvimento da liberdade religiosa; outro é o estatal, inerente à atuação no exercício do cargo que ocupa, onde deve respeitar a opção pelo modelo do Estado laico.

3.2. A laicidade como princípio interpretativo norteador das soluções dos conflitos de interesse

A laicidade, acima da representação de um modelo estatal, é verdadeiro princípio[15] interpretativo norteador das soluções de conflitos de interesses.

Como acima ponderado, a liberdade religiosa encontra seu fundamento de existência na laicidade e, possuindo *status* constitucional a proteção dessa liberdade, tal qual a previsão daquela, ostentam aplicação geral e podem ser invocadas como fonte interpretativa para a solução de lides que tenham como foco os impedimentos ao exercício daquela liberdade ou a transposição das barreiras defensivas do Estado laico.

Vedam, assim, a adoção de decisões estatais, em todas as esferas dos poderes constituídos, que, na solução de conflitos, optem pela concessão de tratamento diferenciado a religiões, alcancem parâmetros discriminatórios de indivíduos em face de suas convicções religiosas ou acarretem ofensas à opção pessoal de não seguimento de nenhuma crença ou culto. De forma concreta: na solução dos conflitos de interesses, a opção do intérprete e do julgador deve ser em prol da concretização do amplo exercício da liberdade religiosa, ou da escolha por não a exercer (ateísmo), uma vez que o nosso Estado de Direito realizou opção nesse sentido ao adotar o Estado laico[16].

---

15. André Ramos Tavares aceita o Estado laico como princípio e, ao fazer sua leitura perante a Constituição brasileira, afirma, de início, que em nossa Carta há o "compartilhamento material" entre Estado neutro e princípio da igualdade, para fins de equacionamento adequado do fenômeno religioso; após, ressalta que a ideia de *identidade*, no plano da liberdade religiosa, deve igualmente ser considerada no plano da proteção estatal: "Há uma nítida imbricação entre determinadas manifestações religiosas no Brasil (e não apenas o catolicismo) com a formação nacional de uma identidade e de uma cultura própria. Nesses casos, o Estado encontra-se obrigado a agir, protegendo essas manifestações em suas diversas dimensões" (*op. cit.*, 2014, p. 497).

16. O que se objetiva, com esta conclusão, é a reafirmação da imprescindibilidade de a garantia da liberdade religiosa ser consagrada na resolução dos conflitos de interesses que tenham por objeto a sua lesão ou o seu cerceamento. Não se oculta, com esse

3.3. A obrigação de o Estado assegurar a liberdade religiosa em decorrência da opção pelo Estado laico

A opção constitucional pela laicidade gera ao Estado a obrigatoriedade de postura positiva assecuratória da manutenção dos alicerces da liberdade religiosa dela decorrente. Por outras palavras, a laicidade pode ser invocada como fundamento da proteção estatal em hipóteses de ofensas ao exercício da liberdade de crença e de culto (feição positiva da intervenção estatal).

A conclusão é lógica: se o Estado brasileiro não adotou uma religião oficial, se houve a consagração, no rol constitucional dos direitos e das garantias individuais, da liberdade religiosa, esse mesmo Estado tem a obrigação de conceder aos seus tutelados os instrumentos aptos à proteção do exercício dessa liberdade; do contrário, a previsão constitucional seria inócua, vazia, sem o mínimo de respaldo concreto na realidade do povo ao qual a Carta Magna é dirigida.

Esse raciocínio decorre do entendimento da Constituição brasileira como pertencente ao rol das Modernas Cartas de Direitos, consagradora de nosso Estado como Liberal Social, no qual, segundo Luigi Ferrajoli[17], podem coexistir normas de direito público de feições negativas, representativas de garantias liberais individuais (garantias negativas), e normas também públicas de feições positivas, materializadoras de garantias sociais (garantias positivas), uma técnica garantista híbrida estruturada na dupla obrigatoriedade de atuação estatal: na proteção dos direitos individuais por vedações impostas ao próprio Estado (no caso analisado, proibição de ofensas às bases da laicidade) e na concretização de direitos individuais por condutas ativas também desse Estado (na hipótese em tela, por meio da prestação da tutela estatal capaz de fazer cessar a ofensa ao exercício da liberdade religiosa). E a lição de Ferrajoli é concretizada com exatidão na própria norma constitucional que fundamenta a liberdade de religião, o artigo 5º, inciso VI, que, além de assegurar o livre exercício dos cultos

---

raciocínio, a existência de hipóteses nas quais os conflitos de interesses apresentados à resolução estatal decorram de eventuais abusos ao exercício da liberdade religiosa geradores de lesões a outros direitos igualmente protegidos constitucionalmente, como a vida, a integridade física, a honra ou a própria liberdade de crença e de culto, situações em que, na verdade, inexistirá justiça se a liberdade religiosa for adotada como escudo para os danos provocados e para o desequilíbrio na paz social.

17. *Direito e Razão*, 2006, p. 794-797.

religiosos (garantia negativa), garante, na forma da lei, a proteção aos locais de culto e às suas liturgias (garantia positiva).

Nesse contexto é possível aceitar as consequências da laicidade como objeto de tutela penal estatal, como fundamento racional para a criminalização de condutas ofensivas ao exercício da liberdade religiosa dela emanada, desde que o ato de criminalização passe, obviamente, por todos os filtros imprescindíveis à outorga da tutela penal necessária (entre tantos, a ofensividade, a intervenção mínima e a adequação social)[18]. Nesse contexto podem ser invocados os ensinamentos de Benjamin L. Berger que, analisando o direito canadense, especificamente os *fundamental freedoms* constitucionalmente previstos na seção 2, estabelece a correlação entre a liberdade religiosa (da seção 2a) e o direito penal, verificando uma feição positiva na instrumentalização dessa tutela criminal para a estruturação de espaços públicos nos quais a diversidade religiosa e cultural possam florescer sem medo e discriminação[19].

4. LIMITES À PRETENSÃO LEGISLATIVA DE CRIAÇÃO DE UM ESTADO TEOCRÁTICO BRASILEIRO

Anteriormente foi salientado que aquele que exerce a função legislativa, enquanto ser humano submetido à ordem jurídica brasileira, goza de todas as garantias e ostenta todos os direitos que emanam da Constituição de 1988 (além das prerrogativas inerentes à função pública

18. O estudo do Direito penal como um instrumento estatal de concretização da proteção da sociedade, como uma verdadeira garantia positiva que o indivíduo tem à sua disposição para ser invocada em hipóteses de ofensas aos seus direitos fundamentais, pode ser encontrado em Lenio Streck: "Protege, portanto, o indivíduo de uma repressão desmesurada do Estado, *mas protege, igualmente, a sociedade e os seus membros dos abusos do indivíduo*. Estes são os dois componentes do direito penal: o correspondente ao Estado de Direito e protetor da liberdade individual, e o correspondente ao Estado Social e preservador do interesse social mesmo à custa da liberdade do indivíduo" (*Entre Hobbes e Rousseau, in*: Streck [*et. al.*] (org.), *Direito Penal em tempos de crise*, 2007, p. 97). No mesmo sentido, Luciano Feldens (*A Constituição Penal*, 2005) e Douglas Fischer (*O que é garantismo penal (integral)?* in Calabrich *et. al.* (org.), *Garantismo*, 2013, p. 29-56).

19. Berger, *Moral Judgment*, 2008. Além dessa feição positiva do direito penal, Berger estuda também uma feição contrária, negativa, de configuração de um direito penal coercitivo e "permeável moralmente" que atua como afronta à liberdade religiosa, bem como uma terceira face de correlação, marcada pela presença constitucional dessa liberdade como fonte para a interpretação do Direito penal.

que ocupa). Nesse sentido, a liberdade religiosa projeta-se também no âmbito do Congresso Nacional, remanescendo como garantia individual dos parlamentares, desde que não propicie a abolição da laicidade estatal.

Jonatas Machado explica que, por vezes, uma ampla proteção da liberdade religiosa é incompatível com uma interpretação rigorosa e rígida do princípio da separação das confissões religiosas do Estado, uma vez que, em um "Estado Constitucional democrático de direitos fundamentais, uma ampla liberdade religiosa entra necessariamente em rota de colisão com as pretensões ideológicas de hegemonia do *consenso secularizado* do republicanismo laicista ou mesmo do liberalismo político"[20]; e isso ocorre exatamente no caso dos parlamentares, na medida em que os cidadãos não deixam de lado as suas convicções religiosas quando participam na esfera do discurso público e no processo político democrático.

Pode-se, contudo, falar em garantia parlamentar coletiva de liberdade religiosa?

4.1. Nomenclaturas de partidos políticos com cunho religiosos

Como acima salientado, a invocação de termo religioso no âmbito político, já na égide de nosso Estado laico, não é fato novo, constante não apenas no preâmbulo da nossa Constituição, mas também na nomenclatura de diversos partidos políticos (de acordo com o sítio eletrônico do Tribunal Superior Eleitoral[21], no final do ano 2015 havia trinta e cinco partidos políticos registrados, sendo que três possuíam menção à palavra "cristão" em suas nomenclaturas: Partido Trabalhista Cristão, PTC; Partido Social Cristão, PSC; Partido Social Democrata Cristão, PSDC).

Apesar de aceitos, pelo Tribunal Superior Eleitoral, os registros desses partidos políticos "cristãos", a concepção dessa possibilidade de nomenclatura partidária sob a égide de um Estado laico não é unânime. Jonatas Machado cita demanda julgada pelo Tribunal Constitucional Português que tinha como objeto de análise da possibilidade de inscrição de partido político homônimo a um brasileiro já devidamente registrado, o Partido Social Cristão, PSC (acórdão nº 107/95); o cerne da discussão era a inserção da palavra "cristão" na nomenclatura partidária e a adoção de um peixe

20. *A jurisprudência*, 2006, p. 118-119.

21. http://www.tse.jus.br/partidos/partidos-politicos/registrados-no-tse, acesso em 25-11-2015.

de cor branca sob um fundo azul como símbolo do partido. A decisão do Tribunal Constitucional foi a seguinte:

> "Partiu-se do princípio de que a mera inclusão da expressão 'cristão' na denominação de um partido político, a despeito do seu conteúdo manifestamente genérico e não necessariamente confessional, seria suscetível de criar uma confusão entre um partido e uma igreja ou entre a política e a religião e de resultar na apropriação exclusiva dos princípios cristãos por uma única força política, como se de um património ideológico se tratasse. Raciocínio idêntico foi aplicado ao símbolo do peixe, originariamente utilizado par a identificação dos cristãos na clandestinidade das catacumbas do Império Romano, embora com base numa argumentação não inteiramente persuasiva."[22]

4.2. A prática de encontros litúrgicos em Casas Legislativas

Outro tema que envolve debates na atualidade é a prática de encontros litúrgicos no seio das Casas Legislativas[23], promovidos pelas denominadas "bancadas religiosas" de parlamentares.

Identifica-se, nessa prática, inequívoca confusão entre a liberdade do parlamentar, revelada pela sua íntima convicção religiosa, e o exercício da função representativa de um dos poderes constituídos do Estado.

Em face do local no qual se concretiza, a liturgia pode ser considerada verdadeira ingerência indevida nas questões centrais do Estado, afrontando, assim, as bases da laicidade. Ainda que a liberdade religiosa do parlamentar (como indivíduo) seja resguardada, o nosso Estado Democrático de Direito é laico, e, como acima salientado, não pode sofrer interferências de convicções de crença e de culto em suas questões centrais.

Sem prejuízo, sendo aquele um ambiente público e não existindo naquele ato litúrgico nenhum propósito de discussão de temas inerentes às finalidades do Poder Legislativo lá desempenhado, não há sustentação constitucional para tal prática naquele específico local; aceitar o contrário seria conferir tratamento privado ao uso de um ambiente público, o que

22. Machado, *op. cit.*, p. 121.

23. http://apublica.org/2015/10/os-pastores-do-congresso/ e http://noticias.uol.com.br/politica/ultimas-noticias/2015/10/19/bancada-evangelica-cresce-e-mistura-politica-e--religiao-no-congresso.htm, acesso em 25-11-2015.

representaria notável contrassenso às próprias finalidades do Estado (e não especificamente à garantia da liberdade religiosa).

4.3. Atos legislativos concretos, ou condutas parlamentares preparatórias às suas práticas, aptos à efetiva abolição do Estado laico ou tendentes à implantação de um Estado teocrático brasileiro

Podemos, ainda, realizar um exercício hipotético e construir situações nas quais se identificam atos legislativos concretos, ou condutas parlamentares preparatórias às suas práticas, aptos à efetiva abolição do Estado laico ou tendentes à implantação de um Estado teocrático no Brasil.

4.3.1. *É possível prosperar projeto de emenda constitucional objetivando a consagração de um Estado brasileiro pautado por orientações religiosas específicas?*

Em face da aglutinação de parlamentares que possuem as mesmas orientações religiosas, não é excessivo exercício de imaginação cogitar a possibilidade de apresentação de projeto de emenda constitucional objetivando a instauração de um Estado brasileiro pautado em orientações religiosas específicas, em desprestígio às demais convicções eclesiásticas[24]. Para tanto, pode-se mesmo imaginar a utilização da interpretação da própria Constituição, enraizada no exercício amplo da liberdade religiosa, como sustentáculo fundamentador dessa proposta; pode o parlamentar imaginar que, se possui liberdade religiosa e se entende que as suas crenças são justas e representam o bem coletivo, está apto a levar tais bases religiosas para o Estado brasileiro; ou seja, a mesma liberdade religiosa que se encontra sedimentada como garantia individual na Carta de 1988 seria empregada como fundamento para a transição do Estado laico para o teocrático.

Aqui a questão é resolvida pela análise dos limites do poder constituinte derivado, na atualidade consubstanciado (depois de escoado o prazo da revisão constitucional) exatamente no exercício de mutabilidade

24. A simples aglutinação de pessoas com as mesmas convicções ideológicas não representa, contudo, fenômeno a ser censurado, se dela não resultar interferência nas bases da laicidade.

das normas constitucionais pela apresentação de proposta de emenda constitucional.

Entre os limites constitucionais materiais ao exercício desse poder há aquele previsto no inciso IV, do § 4º, do artigo 60, que assegura a impossibilidade de figurar como objeto de deliberação a proposta de emenda tendente a abolir os direitos e as garantias individuais.

Sendo a liberdade religiosa inequívoco direito individual do indivíduo, está inserida no patamar das cláusulas pétreas (núcleo constitucional não abarcado pela possibilidade de mutação por emenda constitucional) e, sendo o Estado laico o modelo essencial à concretização social desse direito, a tentativa de sua extinção representará real tendência à abolição daquela liberdade.

Ademais, considerando que a decorrência lógica da laicidade estatal é a outorga da garantia da liberdade religiosa, que, por sua vez, é reconhecida como pertencente ao rol constitucional dos direitos e das garantias fundamentais da pessoa humana, pode-se invocar, como impeditiva à hipotética proposta de emenda constitucional em tela, uma aplicação analógica da doutrina da vedação do retrocesso. Segundo Barcellos, a *vedação do retrocesso* é uma derivação da eficácia negativa dos princípios, particularmente ligada aos que envolvem os direitos fundamentais, que propõe a viabilidade de exigir do Judiciário a possibilidade de invalidade da revogação de normas que, regulamentando tal espécie de princípio, concedam ou ampliem direitos fundamentais, sem que a revogação em questão seja acompanhada de uma política substitutiva ou equivalente[25].

Considerando que a finalidade desse pensamento é assegurar que a conquista advinda da previsão constitucional de um direito ou de uma garantia fundamental não se desnature em razão do exercício de um poder estatal (no caso o Judiciário), poderia ele ser alargado para fundamentar o impedimento à eventual desnaturação de direitos fundamentais por meio do exercício de outro poder constituído, o Legislativo, na hipótese

25. Barcellos, *Anotação preliminar*, *In*: Canotilho [*et. al.*], *Comentários*, 2013, p. 101-102. A respeito da impossibilidade de retrocesso, nesse caso, especificamente ao antigo regime teocrático: "Parece inteligível a perspectiva de que o fundamento principal da secularidade do Estado e do Governo não pode mais retornar aquele momento histórico do *ancien régime*, no qual a legitimidade e os valores sociais básicos buscavam identificação com a doutrina ditada pela Igreja. Hoje tal fundamento é o Estado Democrático de Direito que afirma sua disposição em respeitar a dignidade da pessoa humana e o pluralismo filosófico e político" (Rocha, *op. cit.*, p. 475).

de apresentação de proposta de emenda constitucional tendente à estruturação de um Estado teocrático (o que, da mesma forma, representaria retrocesso à conquista constitucional).

4.3.2. *É possível a criação de partido político que contivesse, em seu programa partidário, expressa finalidade de instituição de um Estado teocrático?*

Dando seguimento ao exercício hipotético, partindo da conclusão da impossibilidade de apresentação de emenda constitucional tendente a abolir o exercício da liberdade religiosa por meio da implantação de um Estado teocrático, indaga-se: seria possível a criação de um partido político que contivesse, em seu programa partidário, expressa finalidade de instituição de um Estado teocrático?

O Estado brasileiro adotou o regime democrático de governo desenvolvido, na maioria das hipóteses constitucionais, pela representatividade partidária. Nesse contexto, os partidos políticos ostentam relevância para a preservação do nosso Estado Democrático de Direito, sendo instrumentos para o desenvolvimento da representatividade política. Apesar de a Constituição de 1988 estabelecer, em seu artigo 17, a liberdade de criação, fusão, incorporação e extinção de partidos políticos, pelo mesmo dispositivo impede tais práticas se ofensivas à soberania nacional, ao regime democrático, ao pluripartidarismo e aos direitos da pessoa humana. A aquisição da personalidade jurídica pelos partidos ocorre na forma da lei civil e seus estatutos devem ser registrado no Tribunal Superior Eleitoral. A Carta Magna ainda concede autonomia aos partidos políticos para definir sua estrutura interna, sua organização e seu funcionamento[26].

O programa partidário é o instrumento responsável pela apresentação, à sociedade, de uma síntese da linha de atuação do partido político, seus objetivos, a visão sobre a sociedade na qual seus fundadores se acham integrados, expondo, enfim, as realizações que almejam seus integrantes

26. O Supremo Tribunal Federal, no julgamento das ADI nº 1.351/DF e ADI nº 1.354/DF (Relator Ministro Marco Aurélio, decisão de 7-12-2006 – informativo STF nº 451, Seção I, p. 1), assegurou, inclusive em relação ao funcionamento parlamentar, que a competência do legislador ordinário não deve ser tomada a ponto de esvaziarem-se os princípios constitucionais elencados no *caput*, do artigo 17, da Constituição (MORAES, *Direito Constitucional*, 2012, p. 279-280).

concretizar por ocasião de sua chegada ao poder[27]. A lei 9.096/1995 fixou, em seu artigo 14, os requisitos mínimos e indispensáveis à elaboração do estatuto do partido político, porém, com relação ao seu programa e aos seus objetivos políticos, indicou serem de livre fixação, desde que observadas as suas disposições normativas e aquelas previstas na Constituição.

O mestre Manoel Gonçalves Ferreira Filho, em 1974, apresentou estudo a respeito dos partidos políticos na democracia brasileira, e, ao analisar a missão do partido, elencou quatro tarefas: a formação política do povo, a preparação dos candidatos, a informação política e a fixação do programa. Com relação à formação política do povo, lançando luzes sobre os pensamentos políticos de Aristóteles e de Montesquieu, com a relevância da ideia de que toda forma de governo presume uma determinada educação dos tutelados, assegura que a formação do povo para a democracia é a primeira tarefa do partido político, que deve difundir os valores que inspiram essa forma de governo e ensinar o apego à liberdade e à igualdade, o devotamento ao interesse geral, ao espírito cívico que ela reclama[28]. Ora, é possível ao partido político concretizar essa missão de ensinar o apego à liberdade se elencar, entre as suas finalidades constitutivas, pretensão diametralmente oposta, ou seja, de eliminação de uma das mais expressivas liberdades públicas, com a estruturação de um Estado teocrático?

Partindo de todas as premissas já lançadas, em especial da constatação de a laicidade ser princípio orientador das práticas estatais e da umbilical interseção lógica entre a garantia da liberdade religiosa e a preservação do Estado laico, a única conclusão possível, em face da expressa vedação do texto constitucional, é a inconstitucionalidade da criação de um partido político que estabeleça, em seu programa, a finalidade de estruturação de um Estado teocrático. Tal finalidade seria inconstitucional por dupla ofensa a preceitos da Carta Magna, seja o que estabelece a garantia de liberdade de crença e de culto, do artigo 5º, VI, seja o do artigo 17, *caput*, que estabelece a vedação da criação de partido político sem resguardo de direito da pessoa humana, no caso, a liberdade religiosa[29]. Nesse contexto,

27. Pinto, Djalma. **Direito Eleitoral: Improbidade Administrativa e Responsabilidade Fiscal.** 3ª edição, São Paulo: Atlas, 2006, p. 95, *apud* Lucon, *Código eleitoral interpretado*, 2011, p. 569.

28. *O partido político*, 1974, p. 16-17.

29. Em decorrência das normas constitucionais comentadas, a lei dos partidos políticos (lei nº 9.096/1995) estabelece que eles se destinam, entre outras finalidades, a defender os direitos fundamentais definidos na Constituição Federal (artigo 1º).

portanto, a vedação à criação do partido político poderia sustentada em face da ofensa à sua razão constitucional de existência e da contrariedade à sua missão democrática, ambas representadas na materialização de ato tendente à extinção da laicidade e, em decorrência, da liberdade de religião.

4.3.3. Caberia a implantação de um Estado teocrático brasileiro por um poder constituinte originário?

A resposta a essa questão hipotética deve ser alcançada com base no estudo do poder político de implantação de uma nova ordem constitucional.

De acordo com Paulo Bonavides, há dois poderes constituintes denominados originários: aquele que emana de movimento revolucionário, que é visível, manifesto, palpável, o poder constituinte do povo, da nação, do Estado em sua manifestação mais profunda, concretizado em uma constituinte com a função principal de criação de um novo sistema jurídico, de um novo regime, de uma nova forma de Estado com um novo complexo de instituições; há, ainda, um outro poder "também tido habitualmente como originário por determinados publicistas", responsável pela elaboração e promulgação do maior número de Constituições, concretizado pela implantação de uma Assembleia Constituinte para a redação de uma nova Carta Magna, a exemplo do ocorrido em 1987 no Brasil, um poder de "menor densidade legitimante, alicerçado nas profundezas intactas da ordem jurídica estabelecida, que ele vem apenas remover, transformar, refazer, por via da legitimidade de uma nova Carta Magna, sem contudo derruir-lhe as bases institucionais, donde procede"[30].

O texto de Bonavides é claro ao demonstrar que o único poder constituinte originário supremo, soberano e ilimitado é o decorrente de revolução. O outro, embora fora da Constituição, padece "de limitações da ordem jurídica quando faz Constituições; limitações, em geral tácitas, mas da mesma natureza jurídica daquelas impostas poder constituinte que está dentro da Constituição"[31], razão pela qual afirma que alguns doutrinadores o entendem, na verdade, derivado (uma vez que advém de um primeiro poder constituinte originário, hipotético, ou fático, que lhe confere legitimidade); esse poder, exatamente pela sua derivação, não pode

30. Bonavides, *A Constituinte de 1987-1988*, in: Canotilho, *Comentários*, 2013, p. 53.

31. *Idem*, p. 53-54.

fundar um regime ou um sistema novo de governo, ou ainda reorganizar o Estado, além dos limites da Constituição que o gerou. Afirma que a nossa Constituição de 1988 é uma Constituinte derivada, uma vez que foi elaborada por uma Assembleia Constituinte com poderes limitados; ocorre que "a constituinte derivada está, desse modo, para a constituinte originária, assim como a regra está para o princípio, o regimento para a lei e a lei para a Constituição; sempre na base de uma inferioridade normativa, qual flui das postulações teóricas que a reflexão de Kelsen fez pacíficas na doutrina e na jurisprudência"[32].

Retornando à hipotética questão proposta, se ela for analisada pela ótica do poder constituinte originário emanado de movimentos revolucionários, a resposta haveria de ser positiva, uma vez que por ele seriam extraídas, de forma absoluta, eventuais profundas raízes da organização social e política que representariam impedimentos à mutação constitucional estudada.[33]

Por outro lado, se a pretensão de instituição de um Estado teocrático brasileiro decorrer do exercício de um poder constituinte materializado por uma Assembleia Constituinte, como visto, ele encontrará limites sócio-políticos tácitos, remanescendo a discussão ao seguinte ponto: saber se a laicidade configura uma das estruturas fundamentais imutáveis pelo exercício dessa espécie de poder constituinte.

Norberto Bobbio entende serem os direitos fundamentais do homem e do cidadão, entre eles o direito à religião, uma limitação ao poder político estatal:

> "La última lucha por la limitación del poder político es la que combatió en el terreno de los derecho fundamentales del hombre y del ciudadano, comenzando por los derechos personales, ya enuniados en la *Magna Charta* (Carta Magna) de Enrique III (1225), hasta los diversos derechos de libertad, religión, opinión política, prensa, reunión y asociación, que constituyen la materia de los *Bill of Rights* de los estados americanos y de las *Declaraciones de los derechos del hombre y del ciudadano* emanadas durante la revolución francesa. Qualquiera que

32. *Idem*, p. 54.

33. "A Constituinte derivada não pode, enfim, estabelecer uma ordem institucional de todo distinta da que já existe. Isto obviamente em virtude dos laços que ainda prendem o colégio constituinte, pelo ângulo jurídico, às raízes profundas da organização social e política, raízes nunca extraídas em termos radicais e absolutos, como só acontece em se tratando da ação de um poder constituinte revolucionário" (*idem*, p. 57).

> sea el fundamento de los derechos del hombre, Dios, la naturaliza, la historia, el consenso de las personas, ellos son considerados como derechos que el hombre tiene en cuanto tal, independentemente del ser puestos por el poder político y que por conseguiente el poder político no solamente debe respetar sino proteger. Según la terminologia kelseniana, estos derechos constituyen límites a la validez material del Estado."[34]

Sob o aspecto do reconhecimento de fundamentos sociais atuais caracterizadores daquelas citadas "profundas raízes" que não poderiam ser transformadas por uma Constituinte derivada, pode-se reconhecer que a realidade social brasileira decorre do pluralismo, identificado pelo reconhecimento da diversidade de pensamentos e da coexistência de ideologias. Tal pluralismo é revelado como uma característica imanente de cada um de nós e, assim, não pode ser desprezado pelo Estado. Nesse sentido é a lição de Gustavo Zagrebelsky, ao elaborar estudo a respeito da "Constituição do pluralismo":

> "O pluralismo não é, todavia, apenas um dado de grande parte das nossas sociedades. É também um dado interno a cada um de nós. O ser humano das sociedades desenvolvidas do século XXI tornou-se complicado. Desejamos tantas coisas e, frequentemente, coisas que, tomadas de modo absoluto, seriam incompatíveis umas com as outras. Também a nossa psique deve ser constitucionalizada entre as diversas tendências que a submetem a tensões: desejamos liberdade e igualdade; segurança e garantias; amor e justiça; rigor e piedade; sociabilidade e solidão; etc. Deve-se encontrar em si um equilíbrio que não sacrifique nada de essencial para si. O pluralismo constitucional reflete-se, assim, no pluralismo da consciência individual, que se predispõe à coexistência e ao compromisso".[35]

Alexandre de Moraes afirma que "a conquista constitucional da liberdade religiosa é verdadeira consagração de maturidade de um povo, pois, como salientado por Themistocles Brandão Cavalcanti, é ela verdadeiro desdobramento da liberdade de pensamento e manifestação"[36].

Da análise das doutrinas citadas e tomando por base o raciocínio empreendido ao longo desse estudo, não há outra conclusão a não ser

34. *Op. cit.*, 1997, p. 138.
35. Zagrebelsk, *Estado Constitucional*, in: Almeida, *Direito Constitucional*, 2011, p. 301.
36. *Direito Constitucional*, 2012, p. 46.

aceitar a impossibilidade de alcance das finalidades existenciais de um Estado sem a adoção da laicidade.

O Estado deve ser concebido para a outorga, ao povo, da paz, do equilíbrio social, do bem-estar coletivo e da proteção necessária ao alcance desses fins. Tais fins são inexequíveis em uma sociedade pautada pela intolerância religiosa, pelas perseguições decorrentes da multiplicidade de ideologias e pela não aceitação das diversidades caracterizadoras de cada um como ser humano único e individualmente reconhecível. O ser humano tem no seu pensamento não manifestado o único bem impassível de cerceamento. Ocorre que, do exercício do pensar, podem advir diversas conclusões a respeito dos mais variados temas da vida. E, na imensidão da amplitude do pensamento, é inequívoco que as conclusões alcançadas por um ser humano acabem distintas daquelas concretizadas na mente de outros.

Portanto, a diversidade cultural, comportamental, ideológica, científica, religiosa, ou qualquer outra materializada como obra do pensar, é inevitável. Sendo inevitável, para a aceitação do ser humano pela sua própria natureza humana (pelo seu pensar), é igualmente inevitável que o Estado que pretenda organizar esse ser humano em premissas justas e harmônicas adote a laicidade como seu fundamento[37]. Acreditando ser verdadeira essa conclusão, afirmamos que o poder constituinte originário, exercido por meio de uma Assembleia Constituinte, encontra, na laicidade, um limite instransponível para o exercício de criação de uma nova Carta de Direitos.

5. CONCLUSÃO

A pesquisa desenvolvida para a formalização deste escrito foi orientada para o alcance de embasadas respostas a questões originadas do manejo da função legiferante e de outras condutas decorrentes do exercício temporário, pelos representantes eleitos pelo povo, de outras atividades correlacionadas a esse poder constituído estatal, em face da neutralidade pública religiosa imposta pela constitucionalização do Estado laico brasileiro.

37. Segundo Rocha (*op. cit.*, p. 473): "Na impossibilidade da existência de um modo de pensar único e, consequentemente, na irrealidade da ideia de que todos devam professar a mesma fé, a tolerância surge como a única alternativa plausível para que a paz entre as pessoas seja possível a partir da "disposição de admitir, nos outros, modos de pensar, de agir e de sentir diferentes dos nossos".

Almejando o acesso a conclusões viáveis, procurou-se empreender um raciocínio lógico-sistemático para a dedução delas. Para tanto, de início, breves apontamentos foram apresentados com relação às normas constitucionais disciplinadoras da distância mantida pelo Estado das questões religiosas, com corte analítico a partir da independência da nossa nação.

Alcançando o advento da atual Carta Magna, ganhou relevo a análise das previsões normativas representativas da opção estatal pelo modelo do Estado laico e a demonstração da umbilical relação existencial entre as bases da laicidade e a consagração da liberdade religiosa.

Na sequência houve ingresso no estudo das consequências estatais da ramificação dos alicerces fático-jurídicos da laicidade, abordagem que objetivou a análise de temas decorrentes da obrigatoriedade de não intervenção estatal em questões religiosas (com estudo da imunidade constitucional material de impostos assegurada pelo artigo 150, VI, *b*, e da possibilidade de a laicidade atuar como elemento limitador do exercício da função legislativa primária), do reconhecimento do Estado laico como princípio norteador de decisões estatais resolutórias de conflitos de interesses, e da feição positiva da prestação estatal voltada à manutenção do alicerce constitucional que sustenta a laicidade.

Por fim, desenvolveu-se a temática central do trabalho, ou seja, a análise dos limites à pretensão legislativa de criação de um Estado teocrático brasileiro, com prévias reflexões acerca da adoção de palavras religiosas nas nomenclaturas de partidos políticos, bem como da realização de liturgias, por parlamentares, no seio de Casas Legislativas; e, após, com amparo em um exercício hipotético de construção de situações nas quais se procurou identificar atos legislativos concretos, ou condutas parlamentares preparatórias a tais práticas, aptos à efetiva abolição do Estado laico, foi discutida a possibilidade de apresentação de projeto de emenda constitucional com essa finalidade, a viabilidade de criação de um partido político que contivesse, em seu programa partidário, expressa pretensão de instituição de um Estado teocrático, e, ao final, a existência de limitações ao exercício de eventuais poderes constituintes originários que, na construção de uma nova Carta de Princípios, almejasse também a mutação da laicidade para a teocracia estatal.

A defesa externada ao longo do texto pela manutenção da opção constitucional pátria pela adoção do Estado laico, com a imprescindível separação do exercício das funções públicas da interferência de ideologias eclesiásticas, teve como norte, acima de tudo, assegurar o respeito ao exercício da liberdade religiosa, que certamente sofreria limitações e ofensas caso houvesse mobilidade constitucional para a estruturação de um Estado teocrático. Discriminações, perseguições e guerras motivadas por intolerância religiosa são eventos sócio-políticos mundiais cíclicos na história da humanidade, que atingiram uma assustadora concretude na era moderna, justificadores da preocupação externada com a criação de ambiente fértil para a potencialização e o desenvolvimento de condutas ofensivas não somente à diversidade religiosa, mas a todo conjunto de direitos fundamentais que escoram a dignidade da pessoa humana.

E externar tais incômodos filosóficos (infelizmente concretizados na realidade mundial) não representa afastamento da convicção relativa à inequívoca (e necessária) interferência dos padrões religiosos na formação da cultura de nosso povo.

A religião é, de fato, ao longo dos tempos, um dos principais fenômenos sociais estruturadores do modo de vida do homem. O apego à transcendência (não necessariamente religiosa) é inerente ao âmago do ser, capaz de lhe demonstrar uma das fontes essenciais de sua identificação como humano. Sendo assim, não há racionalidade na defesa do desligamento do indivíduo de suas convicções ideológicas e religiosas para a condução de suas decisões, sendo mesmo impossível essa dissociação, em termos amplos e completos, no momento do exercício das funções estatais (não há como afastar do ser humano aquilo que lhe configura a essência e a própria natureza).

Ademais, sendo o nosso povo solidificado em padrões regulatórios histórico-sociais identificados, entre outras origens, nos conceitos religiosos, não há como afastar por completo o Estado dessa premissa sob pena de as deliberações dele emanadas não representarem as soluções adequadas à materialização de uma paz social estável.

Contudo, o que não se pode aceitar é (*i*) a ofensa a um dos pilares de sustentação de nosso Estado de Direito, a igualdade, pelo exercício de uma alegada liberdade religiosa; (*ii*) sob o escudo da garantia da concretização dessa liberdade, serem concedidos privilégios a crenças e a cultos específicos e promovidas discriminações e limitações de direitos aos que compartilham orientações eclesiásticas distintas; e (*iii*) a abolição das bases democráticas pluralistas, consagradoras da individualidade, a partir das quais foi sedimentada essa mesma liberdade religiosa, por meio da ingerência estatal indevida nessa seara representativa da essência humana.

Em resumo, se o indivíduo é livre para escolher seguir os preceitos de uma religião e mantê-los, para praticar os ritos inerentes a ela e para professar sua fé, para deixar de ostentar convicções religiosas específicas e adotar outras diversas, bem como para optar pelo não seguimento de nenhuma orientação religiosa, somente por meio da imposição de vedações ao exercício estatal de limitações a essa liberdade, e da exigência de prestações estatais positivas para a eliminação das ofensas por ela sofridas, será possível alcançar alguma racionalidade na aceitação da individualidade humana que tem, no exercício das próprias convicções religiosas, uma das suas formas de representação.

REFERÊNCIAS BIBLIOGRÁFICAS

Barcelos, Ana Paula de. **Anotação preliminar sobre o conteúdo e as funções dos princípios**. In: Canotilho, J. J. Gomes...[*et. al.*]. *Comentários à Constituição do Brasil*. São Paulo: Saraiva/Almedina, p. 97-102, 2013.

________________________; Barroso, Luís Roberto. **Preâmbulo da CR: Função e Normatividade**. In: Canotilho, J. J. Gomes...[*et. al.*]. *Comentários à Constituição do Brasil*. São Paulo: Saraiva/Almedina, p. 105-107, 2013.

Berger, Benjamin. **Moral Judgment, Criminal Law and the Constitutional Protection of Religion**. Supreme Court Law Review, Vol. 41, No. 2, 2008, THE CHARTER AND CRIMINAL JUSTICE: TWENTY-FIVE YEARS LATER, Jamie Cameron, James Stribopoulos, eds., Toronto: LexisNexis Butterworths, 2008.

Bobbio, Norberto. **Estado, gobierno y sociedade: por una teoría general de la política**. Tradução de José F. Fernández de Santillán. 5ª reimpressão. México D.F.: Fondo de Cultura Económica S.A., 1997.

Bonavides, Paulo. **A Constituinte de 1987-1988 e a restauração do Estado de Direito**. In: Canotilho, J. J. Gomes...[*et. al.*]. *Comentários à Constituição do Brasil*. São Paulo: Saraiva/Almedina, p. 53-59, 2013.

Carrazza, Roque Antonio. **Curso de Direito Constitucional Tributário**. 18ª edição. São Paulo: Malheiros Editores, 2002.

Feldens, Luciano. **A Constituição Penal – a dupla face da proporcionalidade no controle de normas penais**. Porto Alegre: Livraria do Advogado Editora, 2005.

Ferreira Filho, Manoel Gonçalves. **O Partido Político na Democracia Brasileira**. Folhetim da Biblioteca de Direito do Estado da Faculdade de Direito da Universidade de São Paulo, 1974.

Ferrajoli, Luigi. **Direito e Razão: teoria do Garantismo Penal.** Tradução de Ana Paula Zomer Sica, Fauzi Hassan Choukr, Juarez Tavares e Luiz Flávio Gomes. 2ª edição revista e ampliada. São Paulo: Editora Revista dos Tribunais, 2006.

Fischer, Douglas. **O que é garantismo penal (integral)?** In: Calabrich, Bruno; Pelella, Eduardo; ______________ (Organizadores). *Garantismo Penal Integral: questões penais e processuais, criminalidade moderna e a aplicação do modelo garantista no Brasil.* 2ª edição. Salvador: Juspodivm, páginas 29-56, 2013.

Lucon, Paulo Henrique dos Santos; Vigliar, José Marcelo Menezes. **Código Eleitoral interpretado: normas eleitorais complementares (Constituição...)**. 2ª edição. São Paulo: Atlas, 2011.

Machado, Jonatas E. M. **A jurisprudência constitucional portuguesa diante das ameaças à liberdade religiosa**. Boletim da Faculdade de Direito. Coimbra, v. 82, p. 65-134, 2006.

Moraes, Alexandre de. **Direito Constitucional**. 28ª edição. São Paulo: Atlas, 2012.

Rocha, Luiz Alberto G. S. **Notas sobre a relação entre o Estado e a Igreja**. In: Almeida, Fernando Dias Menezes de. [*et. al.*] (coord.). *Direito Constitucional, Estado de Direito e Democracia: Homenagem ao Prof. Manoel Gonçalves Ferreira Filho*. São Paulo: Quartier Latin, p. 461-480, 2011.

Streck, Lenio Luiz. **Entre Hobbes e Rousseau – a dupla face do princípio da proporcionalidade e o cabimento de mandado de segurança criminal**. In: ______________ (organizador). *Direito Penal em tempos de crise*, Porto Alegre: Livraria do Advogado Editora, p. 75-110, 2007.

Tavares, André Ramos. **Curso de Direito Constitucional**. 12ª edição. São Paulo: Saraiva, 2014.

Walzer, Michael. **Da Tolerância**. Tradução de Almiro Pisetta. São Paulo: Martins Fontes, 1999.

Zagrebelsky, Gustavo. **Estado Constitucional**. Tradução de Carlos Bastide Horbach e José Levi Mello do Amaral Júnior. In: Almeida, Fernando Dias Menezes de. [*et. al.*] (coord.). *Direito Constitucional, Estado de Direito e Democracia: Homenagem ao Prof. Manoel Gonçalves Ferreira Filho*. São Paulo: Quartier Latim, p. 291-314, 2011.

TER OU NÃO DIREITO À RELIGIÃO - EIS A QUESTÃO!

Roberto Victor Pereira Ribeiro[1]

1. INTRODUÇÃO

Quotidianamente a comunidade jurídica é provocada para demonstrar resultados hábeis que possam amortecer e equacionar os conflitos e litígios existentes na sociedade. Há de se ressaltar, neste sentido, que o fator principal que conduz provocação aos cientistas jurídicos reside na tentativa de melhorar e propiciar um melhor ambiente social para o ser humano. É cediço que uma das manifestações que mais traz tensão entre os concidadãos é a questão religiosa e, por isso, faz-se mister que haja leis e regras norteadoras da conduta humana, bem como paradigmas para os julgadores e os participantes do dia a dia forense. Destarte, apresentaremos uma situação que clama por respostas e, portanto, será nossa intenção *ab initio* cristalinizar essa visão, demonstrando os mais variados posicionamentos jurisprudenciais e doutrinários.

2. APRESENTAÇÃO DO CASO

Sempre me questionei ao fazer a leitura do Art. 5º, VI e VIII, CF/88, de como seria na prática a teoria constitucional dos direitos fundamentais diante de uma situação real e fática. Imediatamente imaginei um cenário em minha órbita cefálica: uma sala de audiências dessas que diuturnamente nós, cientistas jurídicos, visitamos tendo como presidente do recinto e dos trabalhos, ali

1. Advogado. Mestre. Presidente da Academia Cearense de Letras Jurídicas e da Academia Brasileira de Direito. Membro do Instituto Brasileiro de Direitos Humanos. Investigador no International Center of Economic Penal Studies (ICEPS-NY). Foi Conselheiro do Tribunal de Ética e Disciplina da OAB/CE (2010-2012). Diretor da Escola Superior de Advocacia do Ceará (2015-2018). Assessor Especial da Procuradoria Geral de Justiça do Estado do Ceará (2011-2015). Assessor Jurídico do Tribunal de Justiça do Estado do Ceará (2010-2011). Coordenador Adjunto da Assessoria Jurídica da Secretaria do Meio Ambiente do Ceará (2015-2016). Advogado Parlamentar (2015-2017). Autor das seguintes obras: "O Julgamento de Jesus Cristo sob a luz do Direito", São Paulo: Pillares, 2010. "O Julgamento de Sócrates sob a luz do Direito", Salvador: Juspodivm, 2020". "O Direito na Literatura", Salvador, Juspodivm, 2020. "Questões Relevantes de Direito Penal e Processo Penal", São Paulo: LEX Magister, 2012."Voando com os Deuses da História", Fortaleza, S/E, 2004.

realizados, um magistrado togado e investido de poder estatal. Além disso, duas partes como se fossem dois vetores físicos, buscando e pleiteando seus direitos; não importando a natureza da cizânia que estão a dirimir. Diante disso, apresento então os detalhes mais importantes dessa narração: a audiência está transcorrendo normalmente, mas às 17 horas de um dia pressionado por fortes precipitações pluviométricas, um dos causídicos que naquele momento laborava, solicita um aparte: "Excelência, meu cliente é muçulmano e necessita fazer sua *Salat*[2] do entardecer voltado para Meca. Faço esta consideração com fulcro no mais cristalino ensinamento apregoado em nossa Carta Magna na estesia de seu Art. 5º, inciso VI". Destarte é justo que o advogado, no bom uso de suas técnicas profissionais, postule tal direito para seu cliente.

Nesse ensejo, surge a seguinte dúvida: É legal a permissão judicial respeitando o diploma constitucional e permitindo, assim, a oração desde que não afete a outra parte?

3. DIREITO ISLÂMICO

Faz-se necessário antes de adentrarmos na teoria constitucional brasileira e internacional, que façamos nem que seja, *en passant,* um breve histórico do Direito Islâmico e suas idiossincrasias.

O Islamismo é a prática religiosa também conhecida por Muçulmanismo. Trata-se de uma religião monoteísta baseada nos ensinamentos de Maomé – homenageado entre eles como "O Profeta" – contidos no livro sagrado islâmico, o *Corão.*

Para iniciar, devemos informar que a palavra islã significa submissão, portanto daí se depreende a existência de um direito constituído para conduzir a sociedade que se norteia pela obediência, fé e respeito à lei e à vontade de *Allah.* Os seguidores são chamados de muçulmanos – *muslim,* em árabe – aquele que se subordina a Deus.

O desenvolvimento da civilização jurídica islâmica tem suas grandes influências no *Alcorão – Qur' an* – e nas tradições – *hadith* – a lei santa que estabelecia a conduta do muçulmano diante de Alá e seus semelhantes. Destarte, toda a formação jurídica do povo islâmico está configurada nos costumes, na tradição e no Alcorão e suas 114 *suras,* ou seja, capítulos.

O Alcorão não é só reconhecidamente uma obra-prima da literatura árabe, mas também um corpo de doutrina e obrigações com caráter de legislação.[3]

---

2. Oração tradicional dos muçulmanos.
3. RIBEIRO, Roberto Victor Pereira. **Compêndio de História do Direito**. (em prelo)

Segundo João Silva de Souza: "Ainda que na sua essência seja um livro religioso e sublime, o Alcorão, revelado ao Profeta e consolidado após a morte de Maomé, por um de seus seguidores (Abu Bakr), tornou-se o código máximo da organização política, moral e jurídica do Islã".[4]

O Direito Muçulmano é regido por cinco grandes pilares definidos pela *Shária*, ou seja, o caminho que o muçulmano deve seguir enquanto tiver vida. O primeiro pilar é a fé ou *shahada*, que se traduz na frase: Não há outro Deus a não ser Alá, e Maomé é seu profeta. O segundo pilar são as cinco orações diárias praticadas pelos fiéis. Conhecida como *salat*, a oração sempre é feita de forma genuflexa e virada para a cidade de Meca. O terceiro pilar é o pagamento compulsório da taxa chamada *zakat*, reconhecido como o único tributo de fato ditado pelo Alcorão. Essa taxa é paga através de grãos, gado ou dinheiro em espécie. O quarto pilar é a observância do Ramadã, momento em que se pratica um jejum de alimentação desde o nascer do sol ao pôr do sol. O quinto e último pilar é o *Hajj* ou peregrinação a Meca, que precisa ser feita pelo menos uma vez na vida por um muçulmano com condições financeiras e de saúde.

Como tão bem assevera Mário Losano: "O Direito Muçulmano está subordinado ao ritual religioso; por isso a ciência jurídica é vinculada pela Teologia, ainda que estas disciplinas tenham na cultura islâmica uma extensão e uma relação recíproca diferentes das que possuem na cultura ocidental".[5]

O Direito Islâmico é um direito que vincula a moral, a honestidade, a ética e a espiritualidade do sujeito, portanto deve ser tratado com extrema responsabilidade, pois o agente adepto ou tutelado do Direito Islâmico é, acima de tudo, um profundo obediente dos ditames e regras jurídico-religiosas.

Como tão bem explica Juan Zaragueta: "*no moral, que considera a Dios como el legislador y sancionador, en esta vida o en la otra, del orden moral y jurídico, y al 'pecado' o infracción de este orden (que incluye también el religioso) como una ofensa de Dios, que quien cabe recabar su perdón a base del propósito de volver a cometerlo*[6]".[7]

---

4. SOUZA, João Silva de. **Religião e Direito no Alcorão**. Lisboa: Estampa, 1986, p. 29.
5. LOSANO, Mário. **Os Grandes Sistemas Jurídicos**. São Paulo: Martins Fontes, 2007, p. 401.
6. No estudo da moral que considera a Deus como o legislador e o sancionador, sendo nesta vida e na outra, a ordem moral e jurídica e a pecado sendo a infração desta ordem (que inclui o religioso) como uma ofensa a Deus, que é a quem cabe recusar o seu perdão na base de seu propósito de voltar a cometê-lo.
7. ZARAGUETA, Juan. **Vocábulo Filosófico**. Madrid: Espasa-Calpe, 1955, p. 454.

Portanto, o desrespeito aos ditames religiosos traduz para o muçulmano como um ato de extremo desprezo à Deus, criador e organizador das leis e das sanções. Daí porque é necessário trazer à baila essa discussão, pois quando o muçulmano pede para rezar às 17 horas voltado para a Meca, ele não está apenas cumprindo um ditame religioso, mas um ditame jurídico-espiritual, que em caso de não observância traz consequências desastrosas para a sua paz e sua vida.

A *Salat* (oração) para o mulçumano é importantíssima, sendo esta positivada nas suas *Xátrias* (lei) e nas *Fiqh* (jurisprudências), além de estar citada em seu livro maior: O Corão. Na *surata* 2:144, encontramos o preceito de orar (*salat*) cinco vezes ao dia, voltado para Meca (cidade sagrada desta religião). Vale ressaltar, novamente, que o vocábulo *islam*, em árabe, significa "submissão", comportamento este que requer fiel respeito e cumprimento de seus deveres religiosos.

Atualmente, devido aos ditames modernos, é comum se presenciar muçulmanos com um pequeno tapete ou uma esteira pessoal, estendendo-os onde estiver, para que, genuflexamente voltado para Meca, profira sua *salat*. Destarte vislumbramos o quanto é banhada de caráter *vitae religiosum* a forma como é conduzida a vida de um islâmico.

Infelizmente, em dias hodiernos, alguns tribunais vêm operando verdadeira supressão do direito à liberdade religiosa, diminuindo-a e, assim, lesando frontalmente a proteção constitucional que presta guarida a liberdade como um todo. Recentes decisões assistem proteção constitucional apenas ao culto objetivo, ou seja, nos lugares de culto, que pressupõe estarem organizados de acordo com os ditames legais do ordenamento jurídico pátrio. Entretanto, essas decisões de recência, não se dão conta que existem práticas e cultos que transcendem a instalação física dos templos ou igrejas, mormente àquelas de cunho especialmente ligadas às normas de comportamento e moral, como tão bem se reflete na conduta de um muçulmano extremamente obediente aos seus cultos e a sua religião.

Na sabedoria profícua de José Afonso da Silva, "A liberdade religiosa como consta no dispositivo constitucional se segmenta em três partes: liberdade de crença, liberdade de culto e liberdade de organização religiosa".

4. LIBERDADE RELIGIOSA

No pulcro espírito de nossa doutrina pátria, há o entendimento que o aperfeiçoamento constitucional em prol de garantir a liberdade religiosa demonstra, de forma transparente, a evolução racional de uma sociedade preparada para conviver de forma democrática. Neste aspecto faz-se mister salientar que algumas iniciativas, em outras plagas, já foram prósperas neste sentido, tais como a "Convenção Internacional sobre Direitos Civis e Políticos" (1966); "Declaração das Nações Unidas sobre a eliminação de todas as formas de intolerância e discriminação com base na religião ou crença" (1981) e o "Documento final de Viena" (1989). Esses documentos frisam de forma explícita a exposição dos direitos garantidos, dando-lhes caráter universal. De acordo com a corrente majoritária de estudiosos, a mais importante lição deriva da "Declaração Universal dos Direitos Humanos", que em seu dispositivo XVIII, preconiza: "Todo homem tem direito à liberdade de pensamento, consciência e religião [...] e a liberdade de manifestar essa religião ou crença, pelo ensino, pela prática, **pelo culto e pela observância, isolada ou coletivamente, em público ou em particular**". (grifo nosso).

A redação final deste dispositivo vem impregnada de tamanha importância para os estudiosos e defensores da aplicação plena e respeitosa de nossa Carta Maior. Pois a nossa Constituição Federal de 1988, conhecida como a Carta Cidadã, se posiciona da mesma forma, quando defende peremptoriamente a liberdade de culto, sem explicitar ou restringir lugares ou situações.

Não é à toa que nosso Estado é não-confessional desde o pensamento genial de Ruy Barbosa através do Decreto 119-A, em 1890, através do qual o Brasil passou a ser um Estado laico. Neste sentido, ensina Pedro Lenza: "Desde o advento da República, existe separação entre Estado e Igreja, sendo o Brasil um país **leigo, laico** ou **não-confessional**, não existindo, portanto, qualquer religião oficial da República Federativa do Brasil"[8]

Eis aí, caros leitores, o hasteamento máximo da bandeira escolhida pelo Brasil. Bandeira esta que trêmula no pátio sob a égide dos dizeres "Este País republicano não possui uma religião oficial e, portanto, todos os seus nacionais estão livres para crer, descrer, adotar ou aderir a uma organização religiosa seja esta a da sua livre escolha, pois há na República Federativa do Brasil a liberdade à religião, a liberdade de crença e de culto".

Em sendo desta maneira, o Brasil (Estado Federal) tem que se abster de assuntos religiosos que vinculem a nação e o povo, favorecendo, assim, uma religião em detrimento de outra. Portanto, há de se parar para pensar nos feriados religiosos que anualmente existem e a apostação de símbolos religiosos em espaços púbicos. Nestes casos nossa opinião não tergiversa:

---

8. LENZA, Pedro. **Direito Constitucional**. São Paulo: Método, 2009, p. 417.

Nos dias de feriados religiosos católicos, os fiéis de outras religiões devem possuir o direito de dizer se querem ou não trabalhar, se querem ou não cumprir aquele dia de folga, pois o que se vislumbra, no momento, é uma compulsoriedade do Estado no sentido de que todos devem gozar do feriado católico como se praticantes fossem deste segmento religioso. Quanto aos símbolos expostos em espaços públicos, penso que o Estado deveria, através de plebiscitos, consultar a comunidade a respeito desse assunto, ainda não é o ideal, mas, pelo menos, ressoará mais democrático.

Não devemos olvidar que a "Constituição consagra a liberdade religiosa, o que significa um espaço de liberdade de auto-regulamentação religiosa, no qual o indivíduo e as organizações religiosas podem legitimamente se oporem às autoridades constituídas"[9] e as suas regras impostas.

Nesse mister Robert Alexy, na sua célebre obra sobre Direitos Fundamentais, nos ensina que a liberdade religiosa deve ser entendida como um "mandamento de otimização" que deve ser realizado ao máximo, nas condições fáticas e juridicamente possíveis.[10]

Portanto, a nosso ver, insistimos, não vislumbramos óbice jurídico algum para que um fiel, praticante de outra religião, que não seja a católica, possa se insurgir e ir trabalhar no feriado dedicado a este segmento religioso.

Pinto Ferreira ministra o seguinte ensinamento: "a liberdade religiosa é o direito que tem o homem de adorar a seu Deus, de acordo com a sua crença e o seu culto".[11]

Faz-se mister ressoar que a Convenção América de Direitos estabelece em seu art. 12, alínea 2, a seguinte lição: "Ninguém pode ser objeto de medidas restritivas que possam limitar sua liberdade de conservar sua religião ou suas crenças, ou de mudar de religião ou crença".

Portanto, se afere dessa máxima que tanto deve ser ponderado o pedido do muçulmano para orar durante a audiência, cumprindo, assim, seu mandamento religioso-jurídico, como também deve ser visto com respeito a atitude do fiel praticante de outra religião que se nega a gozar os feriados religiosos católicos de nosso calendário brasileiro.

---

9. TERAOKA, Thiago Massao Cortizo. **A Liberdade Religiosa no Direito Constitucional Brasileiro**. Tese de Doutorado defendida em 2010 na Faculdade de Direito da Universidade de São Paulo.

10. ALEXY, Robert. **Teoria de los derechos fundamentales**. Madrid: Centro de Estudos Políticos y Constitucionales. 2º Reimpressión, 2001, p. 607

11. FERREIRA, Pinto. **Comentários à Constituição Brasileira**. São Paulo: Saraiva, 1998

Temos que entender de uma vez por todas que o Estado não pode escolher um caminho religioso para os seus cidadãos. O lado espiritual e religioso da sociedade deve ser respeitado e estimulado na escolha de cada um, protegendo os seus cultos e manifestações.

Jónatas Eduardo Mendes Machado apregoa que a "liberdade religiosa situa-se quando o Estado afasta-se dos domínios das opções de fé e da vivência religiosa e recrimina qualquer forma de coerção e discriminação jurídica".[12]

O grande problema do Brasil em se falando de cultura religiosa reside no fato de que há muito tempo considera-se a nação tupiniquim uma "terra mítica, de salvação, o que demonstra uma marcante presença religiosa em sua formação"[13]

Não foi de forma inócua que a nossa última Constituição, Carta Maior de nossa nação, trouxe em seu bojo, mais precisamente nas razões epílogas do seu Preâmbulo os seguintes dizeres: "Nós, representantes do povo brasileiro, reunidos em Assembléia Nacional Constituinte [...] promulgamos, sob a proteção de Deus, a seguinte CONSTITUIÇÃO DA REPÚBLICA FEDERATIVA DO BRASIL".

É cediço que o Preâmbulo constitucional de 1988 não tem força normativa, nem sequer vinculante, entretanto há de ressaltar que:

> "O Preâmbulo como parte introdutória da Constituição, a qual tem como objetivo apresentar as intenções, objetivos e bases político-filosóficas da Constituição, apresenta em seu corpo elementos caracterizadores fundamentais para o ordenamento jurídico brasileiro: a intenção de assegurar o exercício de direitos sociais e individuais, liberdade, segurança, bem-estar, desenvolvimento, igualdade, justiça, estes como valores supremos de uma sociedade fraterna, servindo também o mesmo como mecanismo de auxílio à interpretação constitucional, tendo em vista o fato de o mesmo apresentar características importantes da ordem jurídica constitucional".[14]

---

12. MACHADO, Jónatas Eduardo Mendes. **Liberdade Religiosa numa Comunidade Constitucional Inclusiva**: dos direitos da verdade aos direitos dos cidadãos. Coimbra: Coimbra, 1996.

13. MORAIS, Márcio Eduardo Pedrosa. **Religião e Direitos Fundamentais: O Princípio da Liberdade Religiosa no Estado Constitucional Democrático Brasileiro**. Revista Brasileira de Direito Constitucional – RBDC nº 18, jul/dez – 2011.

14. MORAIS, Márcio Eduardo Pedrosa. **Religião e Direitos Fundamentais: O Princípio da Liberdade Religiosa no Estado Constitucional Democrático Brasileiro**. Revista Brasileira de Direito Constitucional – RBDC nº 18, jul/dez – 2011.

Destarte, se o Preâmbulo cita a proteção de Deus, deixa-nos a entender que o Estado Brasileiro acredita em um ser que rege a Terra e o Universo e, por isso, permite a todos os seus habitantes e protegidos por seu manto a liberdade de escolher a direção para se chegar a Deus na forma de cada um. Não devemos nem entrar na discussão do ateu, por entendermos que o Preâmbulo não os vilipendia no direito de descrença e de ceticismo.

A liberdade religiosa deve ser alçada à condição de garantia *sine qua non* para a boa convivência humana e para a felicidade dos povos, por isso os Estados devem primar e perseguir, no bom sentido, a inalienabilidade dessas garantias fundamentais de dignidade humana.

Richard Rorty comenta: "a religião é uma abertura para novas possibilidades na busca pela felicidade humana, ou seja, a religião é, para muitas pessoas, um dos meios para se buscar e conquistar a felicidade humana, e este direito deve estar em sintonia com uma sociedade pluralista e dinâmica".[15]

O objetivo de todo Estado deve ser a felicidade de seus concidadãos. Não concebemos o conceito de Estado sem que façamos essa ligação umbilical que se aclara no binômio e na equação: Estado + felicidade humana = dignidade humana.

Somos da opinião indelével de que o Estado deve observar com zelo a responsabilidade de propiciar aos seus nacionais um ambiente harmônico religiosamente, proibindo com todo rigor a intolerância e o desrespeito às diversas culturas religiosas existentes.

Ramón Soriano atesta com veemência: "O Estado tem o dever de proteger o pluralismo religioso dentro de seu território, criar as condições materiais para um bom exercício sem problema dos atos religiosos das distintas religiões".[16]

Em seus expedientes, Gilmar Mendes, Inocêncio Mártires e Paulo G. G. Branco exprimem: "O reconhecimento da liberdade religiosa decerto que contribui para prevenir tensões sociais, na medida em que, por ela, o pluralismo se instala e se neutralizam rancores e desavenças decorrentes do veto oficial a crenças quaisquer."

15. RORTY, Richard. **Uma Ética Laica**. São Paulo: Martins Fontes, 2010.

16. SORIANO, Ramón. **Las Liberdades Públicas**. Madrid: Tecnos, 1990, p. 84.

E complementam: "O reconhecimento da liberdade religiosa também tem por si o argumento de que tantas vezes a formação moral contribui para moldar o bom cidadão".[17]

Decerto, diante de todas as razões supracitadas, compreende-se que a liberdade religiosa é um direito que pertence ao humano e que diante de sua difícil conquista deve ser preservado diuturnamente em todo processo, procedimento e ato jurídico.

Como o próprio texto constitucional de 1988 assevera a liberdade religiosa é gênero que acoberta as espécies: liberdade de crença, liberdade de culto e liberdade de organização religiosa, sendo as três reconhecidamente direitos fundamentais impenhoráveis.

5. LIBERDADE DE CULTO

O grande doutrinador José Afonso Silva nos ensina que "A liberdade de culto compreende a de expressar-se em casa ou em público quanto as tradições religiosas, os ritos, as cerimônias e todas as manifestações que integrem a doutrina da religião escolhida".

Nos colendos acórdãos prolatados por nossos Tribunais de Justiça encontramos um que afirma: "A Constituição Federal assegura o livre exercício do culto religioso, enquanto não for contrário à ordem, tranquilidade e sossegos públicos, bem como compatíveis com os bons costumes". (**RTJ 51/344**).

No caso apresentado, onde um advogado durante aparte em audiência postula ao juiz um breve intervalo onde o seu cliente (muçulmano) possa fazer sua oração voltado para Meca, percebe-se cristalinizadas as sábias lições do grande constitucionalista José Afonso Silva, bem como a ínclita decisão do Tribunal que assegurou o livre exercício de culto desde que não seja contrário à ordem, à tranquilidade e ao sossego comunitário.

Pergunto-lhes: O muçulmano ao proferir sua *salat* vergasta algumas dessas condições impostas? Ele afronta a ordem, a tranquilidade ou o sossego público?

E afirmo: fazer com que o muçulmano seja tolhido desse direito fundamental assistido pela Carta Maior do Brasil é fazê-lo transgredir sua própria razão de viver.

---

17. MENDES, Gilmar Ferreira. COELHO, Inocêncio Mártires. BRANCO, Paulo Gustavo Gonet. **Curso de Direito Constitucional**. São Paulo: Saraiva, 2007, p. 409-410.

Coaduna com nosso pensamento Gilmar Mendes, Inocêncio Mártires e Paulo Gonet Branco: "a constituição assegura a liberdade dos crentes, porque toma a religião como um bem valioso por si mesmo, e quer resguardar os que buscam a Deus de obstáculos para que pratiquem os seus deveres religiosos".[18]

No saber de Alexandre de Moraes:

> "sendo a religião o complexo de princípios que dirigem os pensamentos, ações e adoração do homem para com Deus, acaba por compreender a crença, o dogma, a moral, a liturgia e o culto. O constrangimento à pessoa humana de forma a renunciar sua fé representa desrespeito à diversidade democrática de ideias, filosofias e a própria diversidade espiritual".[19]

Na indagação que fiz logo acima me refiro a uma interrogação de que o muçulmano ao proferir sua *salat* poderia cometer algum atentado à ordem e à tranquilidade. Tal pergunta perde até seu cabimento se colocarmos sob o prisma transparente da Declaração de Direitos dos Homens e do Cidadão, datada de 1789, que em seu artigo 10º consigna: "Ninguém pode ser molestado por suas opiniões, incluindo opiniões religiosas, **desde que sua manifestação não perturbe a ordem pública estabelecida pela lei**". (grifo nosso).

No Brasil não há lei que diga o oposto, aliás, sem querer evitar a linguagem de reforço, pelo contrário há lei defendendo expressamente o direito de professar sua religião aonde quer que seja: aqui, ali ou alhures.

A Declaração dos Direitos dos Homens e do Cidadão, engenho de extrema importância idealizado em plena Revolução Francesa é um documento revestido da mais alta classificação jurídica em termos de direitos fundamentais. Neste sentido, temos de nos curvar às mentalidades avançadas da época e tentar, ao menos, trazer um pouco desse brilho para os dias atuais.

Duguit, jurista francês de escol, defende peremptoriamente a liberdade de culto:

> "toda religião contém um segundo elemento: o rito ou culto. Para que a liberdade religiosa exista, **é preciso que cada um seja inteiramente livre para praticar qualquer culto religioso, que ninguém possa ser molestado por ele, nem impedido, direta ou indiretamente,**

18. MENDES, Gilmar Ferreira. COELHO, Inocêncio Mártires. BRANCO, Paulo Gustavo Gonet. **Curso de Direito Constitucional**. São Paulo: Saraiva, 2007, p. 409-410.

19. MORAES, Alexandre de. **Direito Constitucional**. 10. ed., São Paulo: Atlas, 2002, p. 73.

de praticar o culto correspondente a suas crenças religiosas, e, o inverso. [...] **a liberdade religiosa é, pois, encarada assim, essencialmente a liberdade de culto**".[20] (grifo nosso).

Trocando em miúdos, não há liberdade religiosa se não há liberdade de culto.

Ives Gandra da Silva Martins e Celso Ribeiro Bastos asseveram: "só se tem lesado o princípio constitucional quando o elemento discriminador não se encontre a serviço de uma finalidade acolhida pelo direito"[21]

Dentro da seara do caso apresentado, se o juiz o negar estará diante de uma finalidade do direito? Há malferimento ou proteção a algum fim do Direito? Não seria um dos fins almejados pelo Direito a amortização de conflitos e a busca intransigente do bem-estar das pessoas?

Jorge Miranda responde: "Se o Estado, apesar de conceder aos cidadãos, o direito de terem uma religião, os puser em condições que os impeçam de a praticar, aí não haverá liberdade religiosa".[22]

Na nossa opinião, diante do caso apresentado, pensamos que cabe ao juiz por ser obrigatoriamente conhecedor das leis federais[23], ainda mais da Carta Maior do País[24], fazer a permissão e, assim, conduzir de forma hábil a proteção dos direitos fundamentais.

Nessa percuciência de ideias, faço um intervalo para uma pergunta sem maiores pretensões: caso o juiz negue o direito de oração (culto) ao muçulmano, estaria incorrendo esse magistrado nas disposições do art. 208 do Código Penal? Quando este diploma preconiza: "[...] **Impedir** ou perturbar cerimônia ou **prática de culto religioso** [...]"[25]. (grifo nosso).

Herkenhoff expõe seu pensamento: "A garantia da liberdade religiosa protege as minorias formadas por aqueles que possuem sua crença e tem

---

20. DUGUIT, Leon. **Manual de Derecho Constitucional**. Granada: Comares, 2005, p. 232-233.
21. MARTINS, Ives Gandra da Silva, BASTOS, Celso Ribeiro. **Comentários à Constituição do Brasil**. São Paulo: Saraiva, 1989, v. 2, p. 7.
22. MIRANDA, Jorge. **Manual de Direito Constitucional**. Tomo IV, 2º ed. Coimbra: Coimbra, 1988, p. 359.
23. *Juria novit curia* – O juiz conhece o Direito. Art. 337, Código de Processo Civil.
24. Art. 5º, VI, CF/88: "É inviolável a liberdade de consciência e de crença, sendo assegurado o livre exercício dos cultos religiosos [...]".
25. Art. 208, Código Penal: "Escarnecer de alguém publicamente, por motivo de crença ou função religiosa; impedir ou perturbar cerimônia ou prática de culto religioso; vilipendiar publicamente ato ou objeto de culto religioso: Pena – detenção, de um mês a um ano, ou multa.".

o direito de divulgá-la no âmbito de suas liberdades (não invadindo nem prejudicando crença alheia)"[26].

Convenhamos que o muçulmano, ao se ajoelhar em direção a Meca, não está invadindo crença ou fazendo proselitismo.

Jorge Miranda defende que "o Estado deve permitir ou propiciar a quem seguir determinada religião o cumprimento dos deveres que dela decorrem (em matéria de culto, de família ou ensino, por exemplo)".[27]

Dessa forma, em termos de liberdade de culto acerta o juiz que ao auscultar a outra parte (que assistida por um causídico, deverá, portanto, entender e aceitar os preceitos constitucionais) defere um pequeno intervalo para o muçulmano fazer sua oração.

Dois ensinamentos devem ser postos ao final deste subtítulo:

"A proteção plena das minorias étnicas, culturais, religiosa pertence à atual 'etapa de crescimento' do tipo de Estado Constitucional"[28]. Neste sentido o Brasil cada vez mais vai alicerçando, sedimentando o nosso Estado Democrático de Direito e o Estado Constitucional que assegura e garante direitos fundamentais para a existência humana em sociedade.

"Não se pode confundir secularização com um mundo ou, cultura, sem Deus"[29].

Isto é, o Brasil é um País secular, laico, não-confessional, entretanto, não pode por isso, passar a impor que o mundo não tem Deus e seus seguidores nas mais diversas religiões possíveis dentro da nossa imensa pluralidade. Por isso, os cientistas jurídicos devem permanecer atentos para não castrarem ou alijarem o ordenamento jurídico nem os preceitos de nossa Carta Magna.

CONCLUSÃO

No Brasil, os direitos civis de cidadania ficaram agrilhoados com o estorvo da tradição colonial de modo que a escravidão e os grandes

---

26. HERKENHOFF, João Batista. **Direitos Humanos**: A Construção Universal de uma Utopia. Aparecida: Santuário, 1997, p. 78.
27. MIRANDA, Jorge. **Manual de Direito Constitucional**. Tomo IV, 2º ed. Coimbra, Coimbra, 1988, p. 409.
28. HÃRBELE, Peter. **El Estado Constitucional**. Cidade do México: UNAM, 2003, p. 29.
29. SCHLEGEL, Jean-Louis. A Lei de Deus contra a liberdade dos homens. São Paulo: Martins Fontes, 2009.

senhores feudais escreveram grande parte desta história jurídica. Infelizmente, por isso, essa nação se desenvolveu repleta de fatores totalmente comprometidos com a propriedade, poder privado e com uma regra que negava a condição de ser humano a grande parcela da população. Os direitos civis existiam, em determinados momentos, apenas na lei.

Por isso devemos zelar diuturnamente para que esse exemplo não seja seguido e que os direitos constitucionais atinjam cada vez mais amplitude e abrangência, massificando, assim, a dignidade do ser humano.

Assim, o Brasil não pode buscar evasivas para fugir das questões religiosas usando como argumento a sua condição de não-confessional. Se proceder assim estará cometendo uma grande omissão diante de direitos fundamentais conquistados com muita história de lutas.

Acreditamos que o Estado deve conceder proteção integral aos ritos, costumes e tradições de todas as religiões, principalmente sem vincular sua postura ao nome da religião, mas sim aos objetivos daquela religião. Quando a religião prima pelo engrandecimento do cidadão, buscando o seu aperfeiçoamento e exortando a prática de altruísmo no cotidiano, esta religião deve receber total proteção do Estado, independente de qual seja.

Nós, os cientistas jurídicos, temos que ajudar a resplandecer a noção de que o Estado deve primar pela 'liberdade positiva", apoiando o cidadão a ter o direito inviolável à liberdade de religião e ao direito de possuir espiritualidade. Porquanto, a partir do momento em que a atividade religiosa for manifestada sem obstáculos, a vida e a existência do fiel terão validade, porque o início da liberdade nasce com a possibilidade de se ter um Deus ao qual se quer seguir. Daí a importância lapidar da proteção à liberdade religiosa e de consciência, conseguindo alcançar o zênite em matéria de dignidade humana.

Urge a necessidade de evitarmos, por via oblíqua, que fiéis sejam obrigados a optar entre, de um plano, render-se à intolerância e à intransigência das autoridades que não cumprem os ditames constitucionais, negando-lhes a realização de uma simples oração e, de outro plano, resignar-se em sua fé, conformando-se com a inaceitável sanção de sua sumária exclusão dos dogmas religiosos e morais de sua religião.

Há de se ponderar que a doutrina islâmica reside profundamente nos mais densos porões da alma do seguidor, criando nele um verdadeiro acervo de axiomas ético-morais que não podem ser alienáveis. Como defende Wilson Knoner Campos: "Sua expropriação impõe um desarrazoado e desproporcional sacrifício da integridade subjetiva dos fiéis, a ponto de a renúncia à fé acarretar-lhes insuportável violência psicológica".[30]

Temos que depreender do texto acima explanado que a liberdade religiosa é um dos corolários do Estado Democrático de Direito, visando a tutela exclusiva da consciência religiosa, de ter ou não ter uma crença e protegendo não só os indivíduos que professam uma religião minoritária, mas também àqueles que são crentes dos mandamentos religiosos majoritários, englobando até, por fim, os ateus e agnósticos, assim deve ser a postura do Estado, isto é, hasteando a bandeira impoluta da Liberdade Religiosa.

Na minha humilde opinião creio ser legal, lícito e, sobretudo, respeitoso, conceder um intervalo a critério do juiz permitindo, assim, a oração de um cidadão protegido pela Constituição Federal a fim de que este possa usufruir de sua liberdade para cumprir o dever de orar. Quem sabe, dessa forma, gradativamente, vão se findando os conflitos sociais... Quem sabe?...

O que não se pode deixar ressoar e ecoar é o silêncio sobre religião, porque como ensina Jorge Miranda: "o silêncio sobre religião, na prática redunda em posição contrária à religião".[31]

REFERÊNCIAS BIBLIOGRÁFICAS

ADRAGÃO, Paulo Pulido. **A Liberdade Religiosa e o Estado.** Coimbra: Almedina, 2002.

AFONSO DA SILVA, José. **Curso de Direito Constitucional Positivo.** 19ª ed. São Paulo: Malheiros, 2001.

AFONSO DA SILVA, Virgílio. **A Constitucionalização do Direito:** *Os Direitos Fundamentais nas Relações entre os Particulares.* São Paulo: Malheiros, 2005.

________. **Direitos Fundamentais:** *Conteúdo Essencial, Restrições e Eficácia.* São Paulo: Malheiros, 2009.

ALEXY, Robert. **Teoria de los derechos fundamentales.** Madrid: Centro de Estudos Políticos y Constitucionales. 2º Reimpressión, 2001.

30. CAMPOS, Wilson Knoner. **O Direito Fundamental à Liberdade Religiosa e o Acesso dos Guardadores do Sábado aos Cargos Públicos e à Educação.** Trabalho de Conclusão de Curso apresentado em 2011.
31. MIRANDA, Jorge. **Manual de Direito Constitucional.** Coimbra: Coimbra, 1988, Tomo IV, p. 427.

BENASULY, Alberto. **Liberdade Religiosa y Derechos Humanos.** Barcelona: J.M. Bosch, 2004.

BONAVIDES, Paulo. MIRANDA, Jorge. AGRA, Wagner de Moura. **Comentários à Constituição Federal de 1988.** Rio de Janeiro: Forense, 2009.

CAMPOS, Wilson Knoner. **O Direito Fundamental à Liberdade Religiosa e o Acesso dos Guardadores do Sábado aos Cargos Públicos e à Educação.**

COLLIARD, Claude Albert. **Libertés Publiques.** 7ª ed. Paris: Dalloz, 1989.

COMPARATO, Fábio Konder. **A Afirmação Histórica dos Direitos Humanos.** São Paulo: Saraiva, 2003.

COULANGES, Fustel de. **A Cidade Antiga.** São Paulo: Martin Claret, 2006.

DUGUIT, Leon. **Manual de Derecho Constitucional.** Granada: Comares, 2005.

DWORKIN, Ronald. **Os Direitos Levados a Sério.** São Paulo: Martins Fontes, 2002.

FERREIRA, Pinto. **Comentários à Constituição Brasileira.** São Paulo: Saraiva, 1998.

FLORIA, Juan G. Navarro. **El Derecho a la Objeción de Conciencia.** Buenos Aires: Editorial Ábaco de Rodolfo Depalma, 2004.

FUENMAYOR, Amadeo. **La Libertad Religiosa.** Navarra: Universidade de Navarra Pamplona, 1974.

GRINOVER, Ada Pellegrini. CUNHA FERRAZ, Anna Cândida. **Liberdades Públicas:** *Parte Geral.* São Paulo: Saraiva, 1978.

HÃRBELE, Peter. **El Estado Constitucional.** Cidade do México: UNAM, 2003.

HERKENHOFF, João Batista. **Direitos Humanos:** *A Construção Universal de uma Utopia.* Aparecida: Santuário, 1997.

HESSE, Konrad. **A Força Normativa da Constituição.** (Tradução de Gilmar Ferreira Mendes). Porto Alegre: Sérgio Antônio Fabris Editor, 1991.

LENZA, Pedro. **Direito Constitucional.** São Paulo: Método, 2009.

LOSANO, Mário. **Os Grandes Sistemas Jurídicos.** São Paulo: Martins Fontes, 2007.

MACHADO, Jónatas Eduardo Mendes. **Liberdade Religiosa numa Comunidade Constitucional Inclusiva:** *dos direitos da verdade aos direitos dos cidadãos.* Coimbra: Coimbra, 1996.

MARTINS, Ives Gandra da Silva, BASTOS, Celso Ribeiro. **Comentários à Constituição do Brasil.** São Paulo: Saraiva, 1989.

MARZAL, Antonio. **Libertad Religiosa y Derechos Humanos.** Barcelona: J.M. Bosch y ESADE, 2004.

MENDES, Gilmar Ferreira. COELHO, Inocêncio Mártires. BRANCO, Paulo Gustavo Gonet. **Curso de Direito Constitucional.** São Paulo: Saraiva, 2007.

MICHEL, Thomas. **A Liberdade Religiosa em Questão.** Rio de Janeiro: Fundação Konrad Adenauer, 2005.

MIRANDA, Jorge. **Manual de Direito Constitucional.** Tomo IV, 2º ed. Coimbra: Coimbra, 1988.

MORAES, Alexandre de. **Direito Constitucional.** 10. ed., São Paulo: Atlas, 2002.

MORAIS, Márcio Eduardo Pedrosa. **Religião e Direitos Fundamentais: O Princípio da Liberdade Religiosa no Estado Constitucional Democrático Brasileiro.** Revista Brasileira de Direito Constitucional - RBDC nº 18, jul/dez - 2011.

PIERUCCI, Antônio Flávio. PRANDI, Reginaldo. **A Realidade Social das Religiões no Brasil.** 1ª ed., São Paulo: Hucitec, 1996.

RORTY, Richard. **Uma Ética Laica.** São Paulo: Martins Fontes, 2010.

RIBEIRO, Milton. **Liberdade Religiosa:** *uma proposta para debate.* São Paulo: Mackenzie, 2001.

RIBEIRO, Roberto Victor Pereira. **Compêndio de História do Direito.** (em prelo).

SCHLEGEL, Jean-Louis. **A Lei de Deus contra a liberdade dos homens.** São Paulo: Martins Fontes, 2009.

SILVA NETO, Manoel Jorge. **Proteção Constitucional à Liberdade Religiosa.** Rio de Janeiro: Lúmen Juris, 2008.

SORIANO, Ramón. **Las Liberdades Públicas.** Madrid: Tecnos, 1990.

SOUZA, João Silva de. **Religião e Direito no Alcorão.** Lisboa: Estampa, 1986.

TERAOKA, Thiago Massao Cortizo. **A Liberdade Religiosa no Direito Constitucional Brasileiro.** Tese de Doutorado defendida em 2010 na Faculdade de Direito da Universidade de São Paulo.

WEINGARTNER NETO, Jayme. **Liberdade Religiosa na Constituição:** *Fundamentalismo, Pluralismo, Crenças, Cultos.* Porto Alegre: Livraria do Advogado, 2007.

ZARAGUETA, Juan. **Vocábulo Filosófico.** Madrid: Espasa-Calpe, 1955.

BREVES REFLEXÕES SOBRE O PRINCÍPIO DA ISONOMIA

Rafael Vasconcelos Porto[1]

1. INTRODUÇÃO

É certo que muito já se escreveu (e muito ainda se irá escrever) acerca do princípio da isonomia, em tintas oriundas de penas deveras mais gabaritadas do que a desse autor. De todo modo, peço a indulgência do leitor pelo que talvez represente um excesso de autoestima de minha parte, mas decidi não abjurar a possibilidade de prestar um contributo pessoal, por mais modesto que seja, a um tema que tem, imemorialmente e de modo permanente, me aguçado a curiosidade acadêmica. Destarte, apresento, despretensiosamente, as presentes reflexões, elaboradas a partir de compilações reunidas de leituras pretéritas e recentes – todavia costuradas com algum tempero próprio, pela evidente contraprudência em meramente repetir o que já está dito.

A ideia aqui, como o título já evidencia, não é aprofundar o tema, senão tecer considerações enxutas sobre o princípio que norteia o surgimento dos direitos de segunda geração.

Segundo afirma Paulo Bonavides, o "princípio da igualdade figura entre os temas mais latos e equívocos de quantos a Filosofia, a Ciência Política e o Direito fizeram objeto de suas reflexões, desde a Antiguidade até aos nossos dias. (...) [Isto] decorre da circunstância de que estamos em presença de uma noção aberta, tanto à interferência filosófica como à inquirição política e ideológica, (...) pois em verdade contém o princípio da igualdade uma certa medida essencial de um valor com substrato impossível de se conter em dimensão unicamente jurídica"[2].

---

1. Juiz Federal Titular da Vara Única da Subseção Judiciária de Poços de Caldas – MG. Foi Advogado e Defensor Público Federal. Mestre em Direito Previdenciário pela Pontifícia Universidade Católica de São Paulo. Doutorando em Ciências Jurídico-Políticas pela Universidade de Lisboa. Professor de Direito Previdenciário e Processo Penal em cursos preparatórios para a magistratura federal. Autor de livros.
2. A Constituição Aberta, 3ª Ed., São Paulo: Malheiros, 2004, p. 112.

Com efeito, antes de ser um problema jurídico, a questão da isonomia é um tema metafísico e afigura-se relevante ao estudioso buscar uma compreensão existencial do valor "igualdade" antes de analisar sua institucionalização jurídica, até mesmo porque esta só se deu em virtude da importância que lhe foi (e é) atribuída pelo pensamento filosófico. Os relatos dão conta de que Pitágoras, ainda no período pré-socrático, trabalhava com a ideia de que a igualdade era algo identificado com a justiça, dentro de seu raciocínio sempre pautado pela matemática. Sucintamente, os pitagóricos trabalhavam com a noção de reciprocidade, algo similar ao princípio punitivo de Talião, ou seja, retribui-se o mal ou a injustiça "na mesma moeda", com equivalência. Em Aristóteles, a igualdade encontra uma formulação entrelaçada com a ideia de justiça[3]. Seu conceito de justiça distributiva, construído a partir de um critério do tipo geométrico, é o de uma igualdade de caráter proporcional (na distribuição de bens pelo Estado aos governados, sendo que cada um deve receber a proporção que lhe é devida, é dizer, a cada um o que é seu, conforme sua posição e condição). Já na justiça corretiva, visa-se restabelecer o equilíbrio rompido entre particulares, com enfoque numa igualdade aritmética (diversamente dos pitagóricos, Aristóteles defende que a reparação de uma injustiça deve se dar por meio da restituição ao *status quo ante*). O desenvolvimento do tema da justiça em Aristóteles tem colocação no campo ético, consistindo em saber prático (não basta conhecer em teoria, é preciso vivenciar, realizar), definido como uma virtude[4]. Cabe referenciar, contudo, que a igualdade em Aristóteles é um conceito filosófico de natureza sobretudo formal. Tal filósofo (ou "O Filósofo", como referencia São Tomás de Aquino) acaba relacionando a justiça também com uma concepção de certo modo embrionária de legalidade. O estagirita sustenta, em síntese, que

---

3. Evguiéni B. Pachukanis considera que "o próprio conceito de justiça é apreendido a partir da relação de troca e fora dela nada expressa. Essencialmente falando, no próprio conceito de justiça não se encerra nada de fundamentalmente novo em comparação ao conceito de igualdade entre as pessoas (...). Por isso, é ridículo ver na ideia de justiça um critério autônomo e absoluto. É verdade que, quando usada habilmente, ela oferece maior possibilidade de interpretar a desigualdade como igualdade e, portanto, é especialmente adequada para jogar uma sombra sobre a ambiguidade da forma ética. Por outro lado, a justiça é o degrau por meio do qual a ética desce até o direito. A conduta moral deve ser 'livre'; a justiça pode ser imposta. A coerção que visa a impor a conduta moral busca negar sua própria existência; a justiça, ao contrário, dá publicamente ao homem 'o que lhe é devido'; ela autoriza a realização exterior e um interesse egoísta ativo." (Teoria Geral do Direito e Marxismo, tradução de Paula Vaz de Almeida, 1ª Ed. São Paulo: Boitempo, 2017, p. 161).
4. Ademais, o homem, visto como um animal político por natureza, é um postulado fundamental de sua teoria política.

a lei está condicionada à própria evolução da razão humana exercida em sociedade, pois o justo legal deve ser construído com base no justo natural, enquanto este se realiza no evolver da razão humana. Não há, propriamente, uma oposição entre justiça natural e legal, estando ambas ligadas ao justo político, sendo que este pode ser corrompido.

Franco Montoro[5] aponta como características essenciais do conceito [estrito] de justiça a alteridade (mais de uma pessoa), o *debitum* e a igualdade: "dar a outrem o que lhe é devido segundo uma igualdade" (simples ou proporcional), conforme a lição tomista[6]. Aduz que a identidade é uma relação posta em conformidade com essência, a semelhança de acordo com a qualidade e a igualdade é uma relação ajustada à quantidade, ou seja, é a equivalência de quantidades.

Pachukanis anota que "A ideia de valor supremo e de igualdade entre pessoas humanas tem uma longa história: da filosofia estoica, ela chegou ao cotidiano dos juristas romanos, aos dogmas da Igreja cristã e, em seguida, às doutrinas do direito natural. A existência da escravidão na Roma antiga não impediu Sêneca de chegar à convicção de que, 'se o corpo pode não ser livre e pertencer a um senhor, a alma sempre permanecerá *sui juris*'. Kant, na realidade, não fez grandes avanços quando comparado a essa fórmula, pois, para ele, a autonomia fundamental da personalidade conjuga-se perfeitamente com as perspectivas puramente feudais sobre a relação entre os senhores e os servos (*Gesinde*)."[7].

A igualdade é, portanto, um valor político e filosófico, antes (tanto do ponto de vista lógico quanto cronológico) de se tornar também um princípio jurídico, ou seja, um vetor axiológico incorporado pelo Direito.

2. IGUALDADE PERANTE A LEI

Como princípio jurídico, em sua conotação inicial[8], a ideia de igualdade, como se sabe, pressupunha [apenas] um tratamento equânime dos

5. MONTORO, André Franco. Introdução à Ciência do Direito, 31ª Ed., São Paulo, Revista dos Tribunais, 2014, p. 168.
6. Para São Tomás, "a essência da justiça é a igualdade".
7. *Op. cit.*, p. 154-155 (destaques no original).
8. Não cabe suscitar aqui o debate em torno da igualdade natural entre os homens. Destarte, partiremos da igualdade civil ou jurídica, pensada por Rousseau e que encontrou amparo na Revolução Francesa ("os homens nascem livres e **iguais em direitos**", proclama a Declaração de 1789).

cidadãos no momento de [interpretação e] aplicação da lei, especialmente em sua relação com o Estado[9]. É a dita **igualdade perante a lei**, aos olhos da lei ou formal (*equality before the law, under the law* ou *in the eyes of law*)[10]. Significa em síntese, que todo aquele que se enquadra nos requisitos previstos pela lei[11] deve ser alcançado pelo que ela predispõe[12]. Trata-se de um princípio básico do Liberalismo clássico[13]. Até então, contudo, não

---

9. Fernando Gentil Gizzi de Almeida Pedroso sustenta que "Consoante o perpassar da história, é possível pontuar que, desde as primevas eras, o direito fundamental à igualdade se fez presente – ainda que, timidamente, servindo: a) de lastro para o fomento das religiões; b) como pedra de toque para a Democracia Direta dos Gregos (Século de Péricles, entre VI e IV a.C)1 ou; ademais, c) como estofo para o exsurgir da Magna Charta Libertatum, outorgada por João sem Terra, que trazia em seu bojo a afirmação de que nenhum homem (inclusive o rei) estaria acima da ordem legal." (Direito Fundamental à Igualdade: da evolução à sua concreção! *in* CANÇADO TRINDADE, Antônio Augusto; LEAL, César Barros [org]. Igualdade e Não Discriminação, Curso Brasileiro Interdisciplinar em Direitos Humanos, vol. III, publicado pelo Instituto Brasileiro de Direitos Humanos, Fortaleza, 2014).

10. É célebre, nesse sentido, o discurso – forçosamente moderado – do congressista estadunidense Thaddeus Stevens, entusiasta da abolição da escravatura naquele país, representado no cinema pelo ator Tommy Lee Jones, na épica película hollywoodiana "Lincoln".

11. Luis Roberto Barroso (Temas de Direito Constitucional, Tomo III, Rio de Janeiro: Renovar, 2005) chama atenção para o fato de que o intérprete traz consigo uma bagagem pessoal e inseparável de pré-compreensões. Para tal autor, a questão fundamental consiste em verificar o que torna dois casos semelhantes ou equiparáveis ou, sob ângulo diverso, que elementos do caso concreto podem ser considerados relevantes para o fim de distingui-los e, assim, justificar soluções diferenciadas. E, por evidente, não se trata aqui de qualquer diferença, mas de uma distinção relevante entre os casos, que justifique o tratamento desigual. Um critério já se pode registrar desde logo: a diferenciação entre casos concretos aparentemente idênticos deve ter por fundamento uma distinção contida no próprio ordenamento jurídico, e não decorrer da livre apreciação do aplicador.

12. Conforme José Cretella Júnior (Elementos de Direito Constitucional, 4ª ed. São Paulo: Revista dos Tribunais, 2000), citando João Mangabeira, o "princípio da igualdade, sob a forma de proposição mandamental, pode ser assim expresso: 'Os administrados que preenchem os requisitos prescritos na lei e nos regulamentos têm o direito subjetivo público de exigir o mesmo tratamento por parte do Estado'.".

13. Anota Ferreira Filho (Princípios Fundamentais do Direito Constitucional, São Paulo: Saraiva, 2009) que não se costuma, hoje, ter presente a forte conotação igualitária das revoluções liberais e, particularmente, a de 1789. Esta, por força das críticas socialistas, sói ser apresentada como uma revolução "burguesa", assim inerentemente desigualitária por proceder de uma classe "rica" e servir a seus interesses, sem se preocupar com a classe "pobre". Entretanto, a história de seus antecedentes, bem como de seus primeiros passos, revela claramente a motivação igualitária em seu desencadeamento. Cumpre lembrar que, no *Ancien Régime,* os franceses se distribuíam por três *états* (estamentos). Privilegiados: o clero e a nobreza. O terceiro, o do direito comum, todos os outros (o dito "Terceiro Estado", expressão com que Sieyès iria designar o famoso panfleto no

se trabalhava com a ideia de vinculação do legislador, que passa a ser suscitada apenas em momento mais avançado do constitucionalismo[14].

---

qual lançou a doutrina do Poder Constituinte – o *"Qu'est-ce que Le Tiers État*?"). Estes três estamentos nada tinham a ver com a fortuna de seus integrantes. No terceiro, havia financistas e grandes proprietários extremamente ricos. E também incontáveis pobres e miseráveis, que Sieyès designava nua e cruamente de "ralé". A motivação em prol de uma profunda mudança nas instituições era essencialmente a obtenção da igualdade na condição jurídica. Isto bem se exprime num dos panfletos de Sieyès. Trata-se do *"Essai sur lês privilèges"*, que precede o *"Qu'est-ce que Le Tiers État"*. Três são os aspectos pelos quais, segundo o ensinamento tradicional, se exprime a igualdade jurídica: a igualdade do direito, a uniformidade de tratamento e a proibição da discriminação.

Pachukanis, por sua vez, anota que "No mundo feudal, (...) cada cidade, cada estado, cada corporação vivia segundo seu próprio direito (...). A ideia de um *status* jurídico formal comum a todas as pessoas, a todos os cidadãos, estava completamente ausente nessa época.". Acrescenta, citando Otto von Gierke, que "Estamento, situação patrimonial, profissão, credo, idade, sexo, força física etc. produzi[r]am uma profunda desigualdade de capacidade jurídica.". Destarte, completa, "A igualdade entre os sujeitos era um pressuposto apenas das relações situadas em dada esfera; assim, os membros de uma única e mesma classe eram iguais um perante o outro na esfera dos direitos das classes, os membros de uma única e mesma corporação, na esfera dos direitos dessa corporação, e assim por diante. Nesse degrau, o sujeito de direito, como portador geral abstrato de todas as pretensões jurídicas imagináveis, surge apenas no papel de detentor de privilégios concretos. (...) Os estatutos das cidades consistiam, em parte, em disposições de caráter geral, em parte, na enumeração de direitos e privilégios singulares aos quais eram elegíveis grupos determinados de cidadãos. Apenas com o completo desenvolvimento das relações burguesas o direito adquiriu um caráter abstrato. Todo homem torna-se um homem em geral, (...) todo indivíduo torna-se um sujeito de direito abstrato. Ao mesmo tempo, também a norma toma a forma lógica acabada da lei abstrata geral." (*op. cit.*, p. 126-127). Em outra passagem, esclarece que "o desenvolvimento das formas jurídicas (...) atinge seu ápice na sociedade capitalista burguesa. Esse processo pode também caracterizado como uma dissolução das relações orgânicas patriarcais e sua substituição por relações jurídicas, ou seja, por relações entre sujeitos formalmente iguais perante a lei." (idem, p. 62). Sobre o período romano, Pachukanis anota que "Os antigos romanos, segundo Maine, gostavam tão pouco do *jus gentium* quanto dos estrangeiros aos quais ele se destinava. A própria palavra *aequitas* significava igualdade, embora, provavelmente, essa expressão não lhe atribuísse a princípio nenhum matiz ético, e não há fundamento para presumir que o processo indicado por essa expressão despertasse qualquer coisa além de aversão na mente do romano primitivo. Entretanto, posteriormente, a ética racionalista [fala aqui o autor sobre o universalismo da forma ética – de que todos são iguais -, imposto pela prática das relações mercantis com os estrangeiros] se apresentaria para a sociedade de produção de mercadorias como uma grande conquista e um alto valor cultural (...)." (idem, p. 157-158).

14. Convém ressaltar, contudo, que a evolução disso no EUA seguiu por um caminho diverso, sendo que, naquele país, nunca houve esse "salvo-conduto" pleno para o legislador, ainda que houvesse lá também uma compreensão excessivamente formalista do princípio da isonomia.

Os comentadores da Constituição de Weimar, por exemplo, contendiam em torno do alcance do princípio, pois uma dada corrente considerava que este vinculava apenas os aplicadores da lei, mas não o legislador, no receio de que, do contrário, o Judiciário tomasse o lugar do Parlamento. A corrente oposta (Jellinek, Leibholz, Schmitt, dentre outros) ampliava o contorno vinculativo, a abarcar também o legislador.

3. IGUALDADE NA LEI

No decorrer dos anos vindouros, sedimenta-se a concepção da **igualdade na lei** (para alguns, classificável como material[15]), que significa a vinculação também do legislador, que, em síntese, não pode conferir um tratamento desigual que não encontre um fundamento racional (vedação ao arbítrio) e constitucionalmente adequado. A noção sobre a vinculação do legislador, nesse passo, tem foco específico na vedação a privilégios ou perseguições – estamos aqui, portanto, ainda numa fase anterior, tanto do ponto de vista lógico quanto histórico, da utilização da legislatura para o combate de desigualdades materiais.

Convém desenvolver alguns aspectos mais profundos em torno da aplicação da igualdade na lei. Em síntese, é de se perquirir como e quando uma desigualação na lei – que não visa combater uma desigualdade material[16] – pode ser tida como válida.

15. Há quem defenda (com razão, a meu ver, embora se possa também considerar como uma mera questão de nomenclatura), contudo, que aqui a igualdade é ainda de caráter formal, ou seja, a igualdade formal abarcaria a igualdade perante a lei e também na lei. A igualdade material seria, assim, de caráter concreto, substancial, versando sobre o acesso equânime aos bens da vida ou ao menos de oportunidades, a exigir uma política social de discriminação positiva, que perpassa pelas denominadas "ações afirmativas", quando se está diante de graves iniquidades. Como afirma Pachukanis (*op. cit.*, p. 129), "o princípio fundamental da sociedade burguesa: 'igual oportunidade de acesso à desigualdade'." Ou, segundo o mesmo autor, "A pessoa do proletário é 'igual em princípio' à pessoa do capitalista; o que encontra sua expressão no 'livre' contrato de emprego. Mas é a partir dessa mesma 'liberdade materializada' que surge para o proletário a possibilidade de tranquilamente morrer de fome." (idem, p. 158).
16. Saliento que tal aspecto será visto logo adiante, mas adianto, desde logo, que quanto a ele não teceremos considerações mais aprofundadas, tendo em vista que representaria adentrar num tema demasiado polêmico. Assim, afigura-se cientificamente mais simples estabelecer os contornos da igualdade na lei, o que já permitirá, a quem percebe, visualizar a dicotomia, sem que seja necessário uma tomada de posição, eventualmente até entrincheirando quem discorde, refugindo à proposta fulcral que aqui se desenvolve.

É conhecida a crítica que faz Hans Kelsen à dita igualdade perante a lei: "Com a garantia da igualdade perante a lei, no entanto, apenas se estabelece que os órgãos aplicadores do Direito somente podem tomar em conta aquelas diferenciações que sejam feitas nas próprias leis a aplicar. Com isso, porém, apenas se estabelece o princípio, imanente a todo o Direito, da juridicidade da aplicação do Direito em geral e o princípio imanente a todas as leis da legalidade da aplicação das leis, ou seja, apenas se estatui que as normas devem ser aplicadas de conformidade com as normas. Com isto, porém, nada mais se exprime senão o sentido imanente às normas jurídicas". Pelo mesmo Kelsen, é dito o seguinte acerca da igualdade na lei: "A igualdade dos indivíduos sujeitos à ordem jurídica, garantida pela Constituição, não significa que aqueles devam ser tratados por forma igual nas normas legisladas com fundamento na Constituição, especialmente nas leis. Não pode ser uma tal igualdade aquela que se tem em vista, pois seria absurdo impor os mesmos deveres e conferir os mesmos direitos a todos os indivíduos sem fazer quaisquer distinções, por exemplo, entre crianças e adultos, sãos de espírito e doentes mentais, homens e mulheres."[17].

Destarte, enquanto nada justifica, em princípio, uma aplicação desigual da lei, há o que possa justificar o estabelecimento de diferenças pelo próprio legislador[18]. No ponto, anota Celso Antônio Bandeira de Mello que "Sabe-se que entre as pessoas há diferenças óbvias, perceptíveis a olhos vistos, as quais, todavia, não poderiam ser, em quaisquer casos, erigidas, validamente, em critérios distintivos justificadores de tratamentos díspares"[19]. O mesmo doutrinador aponta como exemplo a estatura. Em princípio, não pode ser um critério diferenciador, *verbi gratia*, para a aquisição de direitos, mas poderia ser para acesso a determinados cargos públicos (de policial, por exemplo). Assim, nos dizeres de Bandeira de Mello, "Dês que se atine com a razão pela qual em um caso o discrímen é ilegítimo e em outro legítimo, ter-se-ão franqueadas as portas que interditam a compreensão clara do conteúdo da isonomia"[20]. Bonavides, citando Konrad Hesse, esclarece que "Um juízo de que duas coisas são iguais deve, por conseguinte, abstrair

17. Teoria Pura do Direito, 6ª Ed., tradução de João Baptista Machado. São Paulo: Martins Fontes, 1998, p. 99.

18. Repito, mais uma – mas pela última – vez, que não estamos aqui cuidando da desigualação proposital que visa atacar uma desigualdade econômica real.

19. O Conteúdo Jurídico do Princípio da Igualdade, 3ª Ed., São Paulo: Malheiros, 2010, p. 11.

20. Idem, p. 12.

das desigualdades conceituais existentes: estas (...) não são essenciais; as características coincidentes, ao contrário, aparecem como essenciais, e o mesmo vale para um julgamento que assinale como desiguais duas situações. A averiguação de que várias relações fáticas são iguais ou desiguais se prende (...) à essenciabilidade ou não-essenciabilidade dos traços peculiares às situações fáticas comparadas: depende (...) do ponto de vista debaixo do qual se faz a comparação". Anota, ademais, o mestre cearense, que Robert Alexy defende ponto de vista equivalente: "jamais dois seres humanos ou duas situações existenciais do homem foram iguais em todos os aspectos. A igualdade, tanto quanto a desigualdade das pessoas humanas e situações, é sempre igualdade, e desigualdade, relativa a determinadas qualidades. Juízos de igualdade, que constatam a igualdade em função de determinadas características, são juízos sobre relações de três (...): 'a' é igual a 'b' em relação à característica 'E' (...). Tais juízos são juízos sobre qualidades parciais (...). O mesmo se aplica aos juízos de desigualdade"[21].

Bandeira de Mello, com maior detalhamento, anota que há três questões que devem ser levadas em conta. Preferimos, por razões didáticas, até convertê-las, por desmembramento, em quatro: a primeira é o elemento que foi tomado como fator de desigualação; a segunda é o objeto da discriminação em si; a terceira é o nexo motivacional entre o fator e a discriminação[22]; e a quarta é a compatibilidade deste nexo com a Constituição[23]. Exemplifiquemos com a seguinte hipótese: o poder público quer selecionar apenas mulheres (elemento: gênero) para contratar para a função

---

21. *Op. cit.*, p. 108. Na última passagem, Bonavides está a transcrever lição de Alexy.

22. Convém destacar, com Bandeira de Mello (*op. cit.*, p. 37) que "é o vínculo de conexão lógica entre os elementos diferenciais colecionados e a disparidade das disciplinas estabelecidas em vista deles, o *quid* determinante da validade ou invalidade de uma regra perante a isonomia".

23. Bandeira de Mello (*op. cit.*, p. 38), basicamente, conjuga os dois últimos aspectos num só, que seria o seguinte: "tem-se que investigar, de um lado, aquilo que é erigido em critério discriminatório e, de outro lado, se há justificativa racional para, à vista do traço desigualador adotado, atribuir o específico tratamento jurídico construído em função da desigualdade afirmada.".

    Luis Roberto Barroso (*op. cit.*, 2005), por outro lado, condensa os dois primeiros itens num só, registrando, assim, que um tratamento diferenciado deve ser examinado sob três enfoques sucessivos, a saber: 1) em primeiro lugar, é preciso identificar o fator de discrimen escolhido pela norma para saber se tal elemento corresponde a uma diferenciação real, relevante e objetivamente existente entre as pessoas, situações ou coisas; 2) em segundo lugar, é preciso que haja um nexo racional e razoável entre a diferença das situações – demarcada pelo elemento de discrimen – e o tratamento diferenciado

de agente penitenciário (objeto: contratação para um cargo público). O nexo motivacional é que tais agentes irão trabalhar em presídios femininos (e os consectários daí decorrentes[24]). Há compatibilidade com a Constituição? Parece que sim, não há inconstitucionalidade, aí, em se discriminar negativamente o homem, por diversas e óbvias razões.

Não se deve perder de vista, de resto, que a análise deve ser pautada no postulado[25] da proporcionalidade, no cotejo entre os dois primeiros aspectos com o terceiro. Em relação ao primeiro aspecto, o elemento - que pode se referir a uma característica singular ou uma pluralidade delas (no exemplo dado, por exemplo, podemos imaginar que a convocação se limitasse a mulheres, dentro de determinado limite etário, com determinada estatura mínima, formação escolar etc.) -, é preciso indagar se poderia ser ele menos restritivo sem que com isso frustrasse o escopo final da regra. Quanto ao segundo aspecto, o objeto, é de se indagar se poderia ser mais restrito. No exemplo dado, não seria possível contratar homens para funções de cunho meramente administrativo, sem qualquer contato pessoal com as reclusas?[26] E, então, a contratação exclusiva de mulheres não

---

aplicado (razoabilidade interna); e 3) em terceiro lugar, ainda que seja racional e razoável o tratamento diferenciado, ele deve estar em consonância com os princípios protegidos pela Constituição federal (razoabilidade externa).

24. Poder-se-ia considerar, em visão ligeiramente distinta, que o objeto é a contratação para o cargo de agente penitenciário em presídios femininos e o nexo motivacional seria apenas os consectários de tal atividade.

25. Colho, no ponto, a classificação de Humberto Ávila (Teoria dos Princípios: da definição à aplicação dos princípios jurídicos, 10ª Ed., São Paulo: Malheiros, 2009), por com ela concordar. A distinção que Ávila faz entre princípios e regras está, em primeiro lugar, no fato de as regras terem diretamente a descrição de um comportamento ou a atribuição de uma competência como objeto, visando apenas indiretamente à obtenção de um fim, ao passo que os princípios visam, inversamente, diretamente à consecução de um fim e influem apenas indiretamente nos modos comportamentais ou nas atribuições de competência necessárias para tal. Ávila também amplia sua concepção com um plano adicional, acrescentando às regras e aos princípios os postulados. Estes não visam, à diferença dos princípios em sentido estrito, à consecução direta de um fim, mas cumprem a função distinta de prescrever e orientar determinados modos de pensamento e argumentação, estruturando, destarte, o modo de aplicação das regras e dos princípios. Por isso, os postulados não se localizam no plano das regras e dos princípios, mas num metaplano, o que leva o autor a qualificá-los como normas de segundo grau ou normas de aplicação. Os postulados (ex.: razoabilidade, eficiência, segurança jurídica) são por vezes denominados princípios, de forma bastante irrefletida.

26. Neste sentido, decidiu o STF, no RExt 150.455, que o elemento "estatura" (altura mínima), embora passível de utilização para a contratação de agentes de polícia, não deveria ser levado em conta na contratação para o cargo de escrivão, tendo em vista ser

poderia se concentrar apenas naqueles cargos que pressupõem o contato pessoal? Em síntese, é preciso aferir também a dosagem da discriminação e não apenas o sentido.

Bandeira de Mello aponta, de forma percuciente, que mesmo aquelas hipóteses expressamente arroladas pela Constituição como insuscetíveis de serem colhidas para fins de discriminação (origem, raça, sexo, cor, idade, conforme rol exemplificativo previsto no art. 3º, IV, da CRFB), poderão o ser em determinados casos, e exemplifica com a seguinte proposição: há uma epidemia em determinada região do país e apurou-se que as pessoas de determinada raça são mais resistentes à doença, pelo que o poder público poderia limitar a contratação de enfermeiros às pessoas daquela raça. O exemplo, que parte de uma característica cuja utilização é deveras polêmica (o que o torna, assim, extremo[27]), demonstra que incide aí larga relatividade, o que transfere a aferição a cada caso. Em suma, como afirma o insigne administrativista, "qualquer elemento residente nas coisas, pessoas ou situações, pode ser escolhido pela lei como fator discriminatório"[28]. O que se deve analisar, friso uma vez mais, é a correlação existente entre o traço diferencial escolhido e o tratamento desigual proposto e verificar sua compatibilidade (ou não) com a Constituição.

Convém deixar registrado, por fim, que a lei pode, em sua formulação abstrata e inicial, parecer lógica e constitucional na discriminação que encampa, mas resultar, na sua aplicação concreta, ou mesmo pelo encadeamento dos fatos, em situação jurídica inaceitável.

---

este escriturário. É de se anotar, contudo, que a CRFB determina, em seu art. 7º, XX, a proteção do mercado de trabalho da mulher, mediante incentivos específicos, ou seja, o discrímen poderia ter tal pauta, mas aí já estaríamos, a meu ver, no campo das ações afirmativas, que não é o que – como já insistentemente dito – estamos a analisar. Com efeito, as ações afirmativas, nos dizeres de Ferreira Filho (*op. cit.*, 2009), são políticas públicas que importariam numa "discriminação positiva" ou "discriminação reversa". Seriam a resposta à discriminação contra esses grupos no passado, resposta a práticas e normas discriminatórias que teriam pesado contra os mencionados grupos e seriam a fonte das desvantagens de que eles hoje padecem.

27. Essas características expressamente mencionadas pela CRFB foram, bem sabemos, utilizadas num passado não tão distante para justificar desequiparações "gratuitas" e "genéricas" (por assim dizer), ou seja, não fundadas num elemento externo específico e excepcional. Assim, o Constituinte as elevou, em destaque, para evidenciar a impossibilidade de que venham a ser assim manipuladas.

28. *Op. cit.*, p. 17.

4. IGUALDADE MATERIAL

A ideia seguiu evoluindo em amplitude, passando a permitir – ou mesmo incentivar – que o legislador leve em consideração as situações de desigualdade material e, com isso, venha a calibrar a legislação para conferir um tratamento desigual que se direcione a reduzir tais diferenças, mas sempre em consonância com os valores estampados na Constituição[29]. Estamos aí – agora indubitavelmente – já no campo da igualdade material. No ponto, é clássica, no Brasil, a definição de Ruy Barbosa[30]: "A regra da igualdade não consiste senão em aquinhoar desigualmente aos desiguais, na medida em que se desigualam. Nesta desigualdade social, proporcionada à desigualdade natural, é que se acha a verdadeira lei da igualdade (...). Tratar com desigualdade a iguais, ou a desiguais com igualdade, seria desigualdade flagrante, e não igualdade real.". Tal concepção incorpora, flagrantemente, a doutrina de Aristóteles, que proclamou, dentro da ideia de justiça distributiva, o tratamento proporcionalmente desigual dos desiguais[31].

A igualdade material é aquela substancial, que se realiza (ou se busca realizar) na prática, no real, não se contentando, assim, com a mera previsão de uma hipótese normativa. Destarte, precisa se valer de diversos instrumentos, não apenas legislativos.

Hodiernamente, cabe destacar as ditas "ações afirmativas" (*affirmative actions*), que são políticas focais que criam situações legislativas de vantagem ou de reserva para grupos historicamente discriminados, segregados e vitimados

---

29. Tal vinculação, contudo, é ainda de caráter exclusivamente negativo, ou seja, o legislador tem uma permissão, mas não uma imposição. Ainda hoje é intensa a controvérsia em torno dos limites de uma eventual imposição, como veremos.

30. É certo que tal afirmação, embora floreada com bastante inflamação, parte de um ponto de vista essencialmente formalista, é dizer, não tem o alcance que muitos hoje lhe querem emprestar.

31. Para Hermann Heller, contudo, a igualdade – fática -, é primordialmente de natureza material e deve ser explicada por um conceito marcadamente sociológico, pois seria um princípio inanimado e inexplicável se analisado de modo alheio à íntima vinculação que possui com a dinâmica social. Em suma, o conteúdo do princípio é determinado pelas representações dominantes na realidade social acerca do que é igual ou desigual, ainda que a Constituição possa fornecer os cânones. Na mesma senda, Robert Alexy salienta que o mais complicado não é estabelecer os pressupostos da ordem, proibição e permissão de um tratamento igual ou desigual, mas sim determinar o que é desigual ou não (o que poderá depender de vários fatores intervenientes, por vezes interdependentes). Alexy e Heller são citados por Bonavides (*Op. cit.*, p. 106).

por exclusão socioeconômica e cultural. Muito embora seja precipuamente reparativa, como descrito, é possível também sua adoção preventiva em determinadas hipóteses. Trata-se de um tema que resguarda enorme complexidade e controvérsias que não são de caráter apenas jurídico, razão pela qual peço vênia ao leitor para não aprofundá-lo aqui, vez que foge à pretensão do ensaio.

5. CONTROLE JUDICIAL

O debate em torno da vinculação do legislador tem como consequência prática outra discussão, subjacente, que se põe em torno dos limites ao exercício do controle judicial – modernamente, em especial aquele feito pela jurisdição constitucional. Com efeito, o princípio da isonomia esteve presente em todas as nossas Constituições, mesmo na do Império e nas outorgadas de 1937 e 1967/69. Não obstante, conforme adverte Paulo Bonavides[32], "foi de último que a igualdade no texto da Constituição deixou de se restringir unicamente àquele espaço abstrato e genérico, onde, aliás, permanece com seu raio de universalidade tutelar, para expandir-se numa esfera fática de regras vinculadas a situações reais, cujo exame doutrinário e conceitual demonstra como o instituto da isonomia evolveu juridicamente, desde os formalismos do Estado liberal até os conteúdos substanciais expressos na materialidade de uma nova concepção de Estado, que cada vez mais protege e ampara interesses da pessoa humana, (...) com aquele grau de fundamentabilidade e eficácia que só a Constituição confere".

De fato, no constitucionalismo clássico, a concepção de igualdade vigente, embora já então concebida como proporcional e relativa (de cunho aristotélico, como vimos), tinha por regra a intangibilidade das situações postas, resultando, ao fim e ao cabo, em deixar ao alvedrio do legislador a possibilidade de implementar ou não a programação evolutiva prevista na Constituição. Com efeito, embora o princípio já assumisse, como direito fundamental (e constitucional), uma hierarquia – axiológica, inclusive[33] – superior ao direito positivo ordinário e, como vetor interpretativo, influenciasse a leitura mesmo dos demais preceitos constitucionais, a vinculação

32. *Op. cit.*, p. 96. Esclareço que me valho, ao longo do presente item, especialmente dos capítulos 8 e 9 da obra.

33. Conforme sacramenta Bonavides (*op. cit.*, p. 101), o princípio da isonomia é "um dos valores mais altos de afirmação democrática da cidadania, de primado do Estado de Direito, de justa e harmônica separação de Poderes, e sobretudo de consagração efetiva do princípio de justiça".

do legislador era essencialmente negativa, ou seja, se limitava apenas ao reconhecimento da inconstitucionalidade de lei que tratasse desigualmente aqueles que eram essencialmente iguais, mas não se avançava sequer para sindicar o tratamento igual conferido a desiguais (é dizer, não se impunha a desigualação dos desiguais) e menos ainda se o tratamento conferido aos desiguais se conformava, em profundidade, à desigualdade existente (bastava, assim, o "aceno", ainda que de rasa efetividade).

A dimensão jurisdicional do princípio seguiu, porém, avançando[34] - paulatinamente e sofrendo resistência das mais diversas (crítica ao ativismo judicial, princípio da reserva do possível etc.), é verdade -, para alcançar, hodiernamente, a concepção de que o constituinte confere ao legislador uma tarefa[35], uma missão da qual ele deve se desincumbir, a qual ele não pode postergar sem uma justificativa plausível[36]. Assim, admite-se hoje o controle judicial, ao menos potencialmente, daquelas duas situações dantes descritas (o tratamento igual conferido a desiguais e a adequação do tratamento desigual conferido a desiguais), principalmente a primeira, já que ela se esgota na busca - e no não encontro - de um fundamento racional, deduzido da natureza das coisas e das máximas de experiência[37], para justificar o tratamento igual ministrado, enquanto a segunda desborda para aspectos deveras mais complexos, de natureza inclusive sociológica, para além de trabalhar com o risco de solapar a autonomia que deve, com limites (é a tal "zona cinzenta"), ser conferida ao legislador[38].

34. Em especial, pelo trabalho da jurisdição, máxime a constitucional.

35. Cabe, aqui, a seguinte consideração de Flávia Cristina Piovesan (Proteção Judicial Contra Omissões Legislativas, São Paulo: Revista dos Tribunais, 1995, p. 32): "A igualdade material não se oferece, cria-se; não se propõe, efetiva-se; não é um princípio, mas uma consequência. O seu sujeito não a traz como uma qualidade inata que a Constituição tenha de confirmar e que requeira uma atitude de mero respeito – ele a recebe através de uma série de prestações.".

36. Isto fica ainda mais evidente diante de uma Constituição como a nossa, que erige como um dos objetivos fundamentais da República "erradicar a pobreza e a marginalização e reduzir as desigualdades sociais e regionais" (art. 3º, III, CRFB).

37. "Natureza das coisas" e "máximas de experiência" são conceitos demasiado vagos e merecem a crítica que se faz no sentido de que dizem pouco ou nada, limitando-se a postergar o enfrentamento direto da questão posta. Não obstante – embora, de minha parte, até acolha a crítica e evite utilizá-los -, à míngua de expressões melhores, tomo a liberdade de me valer aqui delas.

38. No ponto, anota Miguel Reale (*in* O Direito Como Experiência, 2ª Ed. 2ª tiragem. São Paulo: Saraiva, 1999, p. 197) que "No Estado de Direito, caracterizado por sistemas cada vez mais prudentes e eficazes de fiscalização do Poder, a discrição do legislador contém-se

Em linha paralela, pode-se considerar – com Hans Nawiasky, citado por Bonavides – que o princípio da igualdade passou por três fases: na primeira, cuidou-se de solapar privilégios de classes; na segunda, tratou-se de igualdade do Direito; na terceira, a atual, a igualdade avança como critério a ser invocado em relações concretas. É certo que, atualmente, o tratamento jurídico da isonomia "não somente produz uma doutrina consagradora da igualdade material, senão que busca na complexidade das diferenciações presentes a uma contextura social conflitante[39] os critérios de razão e justiça para solver, com a eficácia e a juridicidade dos instrumentos constitucionais, os mais delicados problemas que a isonomia suscita. A corrente que acha que o Estado produz e deve produzir igualdade fática entende que a isonomia é um conceito dinâmico, sujeito, conforme temos visto, a um processo evolutivo, integrativo e aperfeiçoador"[40]. Em síntese, nessa nova formulação, com a participação mais intensa do juiz,

---

dentro de determinados limites (...)[,] mas é inegável que lhe resta sempre um amplo campo de escolha, segundo critérios de conveniência e oportunidade, insuscetíveis de contrasteação jurisdicional". Karl Larenz, citado por Robert Alexy, observa que "em qualquer nível de concreção, são necessárias valorações adicionais que devem ser realizadas, primeiramente, pelo legislador e somente depois pelo juiz dentro dos limites da discrição judicial que lhe compete". Claus-Wilhelm Canaris, também citado por Alexy, considera que "Os princípios permitem exceções e podem entrar em conflito ou contradição; eles não tem pretensão de exclusividade; seu significado real só se desenvolve através de um processo tanto de complementação quanto de limitação recíprocas e eles precisam de princípios subordinados e valorações particulares com conteúdo material independente para sua realização concreta". (Teoria da Argumentação Jurídica. Tradução de Zilda Hutchinson Schild Silva, 3ª Ed. Rio de Janeiro: Forense, 2013, p. 22).

39. Cabe, no ponto, mencionar a lição de San Tiago Dantas (Igualdade perante a lei e due process of law: contribuição ao estudo da limitação constitucional do Poder Legislativo. Revista Forense, v. 116, p. 357-367, Rio de Janeiro, 1948): "Quanto mais progridem e se organizam as coletividades, maior é o grau de diferenciação a que atinge seu sistema legislativo. A lei raramente colhe no mesmo comando todos os indivíduos, quase sempre atende a diferenças de sexo, de profissão, de atividade, de situação econômica, de posição jurídica, de direito anterior; raramente regula do mesmo modo a situação de todos os bens, quase sempre se distingue conforme a natureza, a utilidade, a raridade, a intensidade de valia que ofereceu a todos; raramente qualifica de um modo único as múltiplas ocorrências de um mesmo fato, quase sempre os distingue conforme as circunstâncias em que produzem, ou conforme a repercussão que têm no interesse geral. Todas essas situações, inspiradas no agrupamento natural e racional dos indivíduos e dos fatos, são essenciais ao processo legislativo, e não ferem o princípio da igualdade. Servem, porém, para indicar a necessidade de uma construção teórica, que permita distinguir as leis arbitrárias das leis conforme o direito, e eleve até esta alta triagem a tarefa do órgão do Poder Judiciário".

40. Bonavides, *op. cit.*, p. 98.

abre-se espaço à influência do fator ideológico – não se pode mais querer esconder que as formas técnicas neutrais de interpretação e os critérios marcadamente positivistas, embora úteis, são já insuficientes em determinados, e cada vez mais numerosos, casos -, visto que a construção do caminho hermenêutico dependerá de reflexões especulativas de caráter axiológico, por vezes pautadas na concepção pessoal de justiça.

Por outro lado, a ascensão – essencialmente em termos de eficácia (o que estudaremos em mais detalhes já no próximo item) – dos direitos sociais – que "produzem deveres concretos, necessitam de constantes revisões atualizadoras e impetram a cada passo concretizações materiais de conteúdo"[41] – cria uma dinâmica de funcionamento distinta ao princípio da isonomia, o impulsiona a desempenhar um papel cada vez mais relevante e a ter seus contornos ditados, mais e mais, pela jurisprudência e em perspectiva tópica, "pela necessidade de [se] distribuir justiça fora de esferas abstratas, no âmbito de interesses cada vez mais conflitantes e desarmônicos"[42]. Em suma, a "igualdade na época do constitucionalismo social acha-se atada, por consequência, a um conceito que vincula a isonomia à justiça e à necessidade de solver problemas, (...) as concretizações da máxima isonômica se submetem à delicadeza de um raciocínio hermenêutico em conexidade com o reino do real"[43].

Há outras dificuldades. A verificação da legitimidade do tratamento desigual, mormente quanto a sua intensidade, deve se prender à análise do ato estatal que o impõe (em cotejo com o que busca atacar) ou aos efeitos, inclusive os indesejáveis, que são gerados? Sendo certo que a igualdade fática se produz, inevitavelmente, pela desigualdade jurídica, qual é o nível que se pretende alcançar: o ponto de partida ou o ponto de chegada[44] ou, ainda, *somewhere in the in-between*? Não nos cabe aqui perscrutar tão profundamente, visto que extrapolaria os limites dentro dos quais o presente trabalho se propõe a trafegar, mas pareceu-me

41. Idem, p. 102.
42. Idem, ibidem.
43. Idem, p. 104.
44. Ou seja, se irá levar em conta apenas as desigualdades essencialmente socioeconômicas ou também as de outra ordem, como, por exemplo, aquelas decorrentes das inevitáveis peculiaridades que cada ser humano detém (e, aí, volta-se ao debate em torno do estado de natureza), que poderá levar alguém a, com o mesmo esforço, ir mais longe que outrem. Um meio-termo disto parece estar na formulação de justiça de John Rawls.

importante deixar consignadas tais reflexões, a demonstrar os contornos mais recentes do debate.

6. EPÍLOGO: CONSIDERAÇÕES SOBRE A EFICÁCIA DAS NORMAS CONSTITUCIONAIS SOBRE DIREITOS SOCIAIS

Neste passo, é importante tecermos alguns apontamentos em torno da eficácia das normas constitucionais que versam sobre direitos sociais – inclusive em breve perspectiva histórica, trazendo o raciocínio até o tempo presente. Para chegar ao cerne desse debate, precisamos desenvolver sucintamente algumas noções introdutórias. Em primeiro lugar, convém perpassar rapidamente por alguns aspectos concernentes ao que denominamos "teoria da norma constitucional"[45], avançando, em seguida, à classificação das normas constitucionais conforme sua eficácia e aplicabilidade, para, então, após realizar um enquadramento provisório dos direitos sociais, passar a discutir, aí já de modo um pouco mais detido (e específico), sua eficácia.

É bastante conhecida a tese fundamental de Ferdinand Lassale (corroborada, ao menos em parte, por outros autores, como Georg Jellinek) no sentido de que as questões constitucionais não são jurídicas, senão políticas, já que a Constituição de um país expressa as relações de poder nele dominantes, pois são os fatores reais de poder (militar, social, econômico e intelectual) que formam a verdadeira Constituição, enquanto o documento escrito – a Constituição jurídica – é mero pedaço de papel, é dizer, sua capacidade de regular e de motivar está limitada à sua compatibilidade com a Constituição real, do contrário torna-se inevitável o conflito, cujo desfecho será contrário à Constituição escrita.

Konrad Hesse, por sua vez, na marcante obra "A Força Normativa da Constituição", defende a ideia de que um efeito determinante exclusivo da Constituição real não significa outra coisa senão a própria negativa da Constituição jurídica. Aduz que essa "negação do Direito Constitucional importa na negação do seu valor enquanto ciência jurídica. (...) Se a Ciência da Constituição adota essa tese e passa a admitir a Constituição real como decisiva, tem-se a sua descaracterização como ciência normativa, operando-se sua conversão numa simples ciência do ser. Não

45. Ressalto que não há, porém, maior compromisso com o termo, a ideia é apenas colocar em relevo algumas nuances relacionadas com a norma constitucional, no que ela tem de peculiar e que possa nos interessar no encadeamento do raciocínio subsequente.

haveria mais como diferençá-la da Sociologia ou da Ciência Política. (...) Ao contrário, essa doutrina afigura-se desprovida de fundamento se se puder admitir que a Constituição contém, ainda que de forma limitada, uma força própria, motivadora e ordenadora da vida do Estado". Hesse afirma que uma tentativa de resposta "deve ter como ponto de partida o condicionamento recíproco existente entre a Constituição jurídica e a realidade político-social. (...) Faz-se mister encontrar, portanto, um caminho entre o abandono da normatividade em favor do domínio das relações fáticas, de um lado, e a normatividade despida de qualquer elemento da realidade, de outro." O Direito Constitucional é o ramo do Direito que mais próximo está da Política – na intersecção existente entre o Direito e a Política, se encontra o Direito Constitucional, que se espalha, portanto, entre essas duas searas. A norma constitucional não tem existência autônoma em face da realidade. A sua essência reside na sua vigência, ou seja, a situação por ela regulada pretende ser concretizada na realidade. Essa pretensão de eficácia não pode ser separada das condições históricas de sua realização. Devem ser contempladas as condições naturais, técnicas, econômicas e sociais. Somente assim essa pretensão de eficácia poderá ser realizada. A Constituição procura imprimir ordem e conformação à realidade política e social e adquire força normativa na medida em que logra realizar essa pretensão de eficácia. Somente a Constituição que se vincule a uma situação histórica concreta e suas condicionantes, dotada de uma ordenação jurídica orientada pelos parâmetros da razão, pode, efetivamente, desenvolver-se. A razão possui capacidade para dar forma à matéria disponível. Ela não dispõe, todavia, de força para produzir substâncias novas. Essa força reside apenas na natureza das coisas; a razão verdadeiramente sábia empresta-lhe estímulo, procurando dirigi-la. Onde inexiste força a ser despertada, não pode a Constituição emprestar-lhe direção. A norma constitucional somente logra atuar se procura construir o futuro com base na natureza singular do presente. Para Hesse, o princípio da ótima concretização da norma – ao qual se submete a interpretação constitucional – não pode ser aplicado com base nos meios fornecidos pela subsunção lógica e pela construção conceitual. A interpretação adequada é aquela que consegue concretizar, de forma excelente, o sentido da proposição normativa dentro das condições reais dominantes numa determinada situação. Em outras palavras, uma mudança das relações fáticas pode – ou deve – provocar mudanças na interpretação da Constituição. Todavia, o sentido da proposição jurídica estabelece o limite da interpretação, não podendo a finalidade da norma ser sacrificada em virtude de uma mudança da situação[46]. Em síntese, pode-se afirmar que a Constituição jurídica está condicionada pela realidade histórica. Ela não pode ser separada da realidade concreta de seu tempo. Para Hesse, o Direito Constitucional não é apenas uma ciência da realidade, nem tão somente uma ciência normativa, mas contém essas duas características, sendo condicionado tanto pela grande dependência que o seu objeto apresenta em relação à realidade político-social, quanto pela falta de uma garantia externa para a observância das normas constitucionais. Em verdade, esse fato mostra-se mais evidente na Ciência do Direito Constitucional do que em outras disciplinas jurídicas. Por isso, o Direito Constitucional depende das ciências da realidade mais próximas, como a História, a Sociologia e a Economia. O Direito Constitucional deve explicitar as condições sob as quais as normas constitucionais podem adquirir a maior eficácia possível. Nada seria mais perigoso do que permitir o surgimento de ilusões sobre questões fundamentais para a vida do Estado. Em face do fascínio exercido pela força normativa das relações fáticas, cabe à ciência a missão de recordar o significado da força normativa da norma (com o perdão da redundância)[47].

Pois bem, colocadas tais premissas, cabe-nos agora avançar ao segundo passo de nossas reflexões no presente tópico. Afigura-se importante, assim, abordar a problemática em torno da eficácia e aplicabilidade das normas constitucionais. É importante ressaltar, em primeiro lugar, que não há consenso na doutrina em torno do sentido atribuído aos termos "eficácia", "aplicabilidade" e "efetividade". Embora seja, antes, um problema de teoria geral do direito, é certo que na seara do direito constitucional o debate ganha, em virtude do relevo diferenciado de suas normas, mais complexidade. Não iremos aqui descer às profundezas de tal querela. Vamos nos valer dos termos "aplicabilidade" e "eficácia" como atributos da norma vigente (ou seja, juridicamente existente) e que, assemelhados, dizem respeito à capacidade de produção de efeitos jurídicos, enquanto

46. É talvez por isto, digo eu, que, teoricamente, exige-se que o intérprete oficial da Constituição – o membro da Corte Constitucional, por exemplo –, além da formação jurídica, tenha também formação política, para que possa aferir as consequências reais da decisão a ser tomada.

47. O presente parágrafo é todo construído em torno das ideias defendidas por Hesse na obra "A Força Normativa da Constituição" (tradução de Gilmar Ferreira Mendes, Porto Alegre: Sergio Antonio Fabris, 1991), consistindo, assim, num livre resumo, meu, do pensamento do autor, com algumas citações literais.

"efetividade" diz respeito à eficácia social - e, em minha concepção, também política - da norma.

Bonavides[48] salienta que a teoria clássica, especialmente no EUA, estabeleceu uma dicotomia precursora, embora sem muito aprofundamento, entre disposições constitucionais autoaplicáveis (ou autoexecutáveis) - seriam aquelas que se bastam, por si mesmas, para ter incidência - e não autoaplicáveis (ou não autoexecutáveis)[49]. Anota, ademais, que na Itália, a doutrina constitucionalista clássica costuma dividir as normas constitucionais em programáticas (ou diretivas) e preceptivas (que se subdividem em normas de eficácia imediata e de eficácia diferida), mas isto cria a falsa impressão de que aquelas não seriam dotadas de eficácia jurídica, o que é tecnicamente incorreto. Com efeito, afigura-se válido afirmar, dentro de certo ponto de vista, que não há norma, em sentido estrito, totalmente desprovida de eficácia[50]. Todas as normas contidas na Constituição são jurídicas, conforme se reconhece hoje plenamente, e, portanto, são inegavelmente preceptivas.

No Brasil, é célebre a classificação de José Afonso da Silva. Segundo este clássico constitucionalista, as normas constitucionais se dividiriam em: de aplicabilidade imediata e eficácia plena (não dependem de legislação posterior para que possam operar de forma integral, produzir todos os seus efeitos); de aplicabilidade imediata e eficácia contida (estão suficientemente reguladas, mas há margem para atuação restritiva ulterior do legislador infraconstitucional); e de aplicabilidade mediata e eficácia limitada

48. *Op. cit.*, 2008, p. 241-242.

49. No Brasil, tal classificação foi difundida por Ruy Barbosa e prevalecia até ser superada, em popularidade, pela de José Afonso da Silva. Quanto à possibilidade de aplicação direta pelo Judiciário, Barbosa sustentava, em apertada síntese, que apenas a norma constitucional que não exigisse uma concretização pelo Legislativo poderia ser aplicada diretamente pelo Judiciário. Ingo Wolfgang Sarlet (MARINONI, Luiz Guilherme; MITIDIERO, Daniel; SARLET, Ingo Wolfgang. Curso de Direito Constitucional, São Paulo: Revista dos Tribunais, 2012, p. 163) aponta que, num momento mais avançado e já sob a égide da Constituição de 1934 (de caráter marcadamente social), Pontes de Miranda aprofundou ligeiramente a classificação de Barbosa – para além de se valer de nomenclatura diversa -, chegando a vislumbrar a existência de normas programáticas e a reconhecer que estas possuíam alguma, embora limitada, carga vinculativa. Sarlet destaca, ainda, o importante contributo de Meirelles Teixeira.

50. Há, no mínimo, a revogação das anteriores, de hierarquia equivalente ou inferior, que com ela sejam incompatíveis. Kelsen dizia até mesmo que um mínimo de eficácia é uma condição para que a norma possa ser considerada vigente, válida, embora tal ponto de vista possa ser considerado mais sociológico do que tecnicamente jurídico.

(dependem de legislação posterior para que possam atuar plenamente). Nesta última classe, estão [também] as normas ditas programáticas (na nomenclatura do autor, "definidoras de princípio programático"), nas quais o constituinte apresenta um direcionamento, que dependerá de legislação ulterior, mas também de ações metajurídicas, para serem plenamente desenvolvidas.

É certo que nenhuma outra classificação encontra tanto eco em nossa cultura jurídica (até mesmo o STF já a adotou, embora com nomenclatura ligeiramente diversa), mas convém mencionarmos mais algumas para irmos situando o tema. Maria Helena Diniz, em monografia sobre o assunto, apresenta também uma classificação bastante difundida em nosso país, mas, por apenas desmembrar, segundo entendemos, aquela consagrada por José Afonso da Silva, não nos oferece maior utilidade. Celso Ribeiro Bastos e Carlos Ayres Britto também formularam uma classificação que alcançou certa ressonância, sendo que partiram de um critério diverso, qual seja, o modo de incidência das normas constitucionais. Neste sentido, poderiam ser: inintegráveis pela legislação infraconstitucional; ou integráveis, ou seja, "vocacionadas para um consórcio com a vontade legislativa inferior"[51], o que abrange as restringíveis e as completáveis.

Bandeira de Mello prefere uma classificação das normas constitucionais quanto à imediata geração de direitos para os administrados. Neste sentido, elas seriam: a) as que criam uma situação subjetiva (poder) cujo desfrute independe de uma atuação alheia (embora demande, em geral, uma abstenção, especialmente do poder público); b) as que outorgam um direito cuja implementação depende de uma prestação alheia (em geral, do Estado), delineada e especificada pela norma; c) as que estabelecem uma finalidade a ser cumprida obrigatoriamente (dever) pelo poder público, sem, no entanto, descrever os meios que devem ser adotados para atingi-la. No caso dos dois primeiros tipos, há as que sejam passíveis de restrição pela legislação ordinária, que, assim, lhes definirá a extensão. Já quanto ao último tipo, há casos em que o conteúdo do direito está plenamente delimitado e outros nos quais ele é apenas enunciado de forma imprecisa. Cabe o alerta feito pelo autor, porém, no sentido de que "a imprecisão ou fluidez das palavras constitucionais não lhes retiram a imediata

---

51. *Apud* Ingo Wolfgang Sarlet, *in* MARINONI, Luiz Guilherme; MITIDIERO, Daniel; SARLET, Ingo Wolfgang. Curso de Direito Constitucional, São Paulo: Revista dos Tribunais, 2012, p. 167-168.

aplicabilidade dentro do campo induvidoso de sua significação[52], (...) [pois] Supor a necessidade de lei para delimitar este campo implicaria outorgar à lei mais força que à Constituição"[53].

Ingo Wolfgang Sarlet, por sua vez, aponta que mesmo as normas de eficácia plena ou absoluta (a depender da classificação adotada) - incluídas, de todo modo, até as cláusulas pétreas - podem sofrer restrição pelo legislador infraconstitucional, com o fito de regulamentar a sua fruição por todos. Indica, ademais, que é amplamente reconhecido que nenhuma norma constitucional é completamente despida de eficácia. Assim, conclui que o que há é uma graduação de eficácia, mas sem que se chegue a um limite máximo (eficácia irrestrita) ou mínimo (ausência de eficácia). Após tecer ainda algumas outras críticas, que me parecem igualmente pertinentes, prefere então simplificar sua classificação em: normas de alta densidade normativa (se encontram aptas a, sem intervenção do legislador, produzir seus efeitos essenciais) e de baixa densidade normativa (não possuem por si normatividade suficiente para gerar seus possíveis efeitos mais relevantes)[54]. Em suma, Sarlet verifica a impossibilidade de se adotar

52. É certo que este é um tema muito discutido na Jusfilosofia hodierna, havendo quem discorde veementemente da existência dessas ditas zonas "não cinzentas", mas não haverá de ser aqui o local apropriado para se fazer um debate tão complexo. Saliento apenas que, de minha parte, entendo que há sim limites para o significado das expressões e, inclusive, o tipo de jurisdição que tenho exercido se baseia nessa ideia, ou seja, do desenvolvimento de um trabalho essencialmente técnico, conforme a advertência de Bickel (The Morality of Consent, Yale University Press, 1975, p. 26): *"judges (...) ought never to impose an answer on the society merely because it seems prudent and wise to them personally, or because they believe that an answer (...) arrived at by the political institutions is foolish."*. No ponto, é também percuciente a seguinte observação de Bandeira de Mello (*op. cit.*, p. 51): "(...) as dúvidas e controvérsias se localizam nas franjas do conceito, e não em sua zona central, nuclear. Há um halo de incerteza, uma auréola brumosa. Todavia, (...) há um limite dentro do qual não se poderá duvidar do uso próprio e pertinente da palavra e também um limite a partir do qual não se poderá duvidar do uso impróprio e abusivo da palavra". No mesmo sentido, Barroso (*op. cit.*, 2005) descreve que embora a norma não se identifique com o texto legislado, dele não pode prescindir, pois as possibilidades semânticas que oferece funcionam como ponto de partida necessário da interpretação e limite da sua dimensão criativa. O efeito indicativo do texto tem um sentido positivo, pois aponta para os possíveis pontos de sustentação da argumentação, enquanto que o efeito delimitador ostenta um sentido negativo, na medida em que serve de parâmetro para inabilitar as interpretações desconectadas do texto da norma.

53. *Op. cit.*, 2010, p. 22-26.

54. Idem, p. 172. À p. 174, o autor admite que "toda e qualquer tentativa de classificação das normas constitucionais não terá o condão de abranger todas as manifestações possíveis de eficácia e aplicabilidade, assumindo, em verdade, função preponderante

uma classificação mais, por assim dizer, ousada, pelo que se acautela em torno de uma que, afinal, não chega a dizer muito. De todo modo, como já dito, as críticas que desenvolve me parecem pertinentes. O que ocorre é que, no fim das contas – e em quase tudo -, se levarmos o rigor técnico ao limite, acabaremos por desaguar numa classificação que diz pouco ou nada e, lado outro, perderemos a chance de adotar uma que, embora com falhas, é útil do ponto de vista metodológico.

Afora a classificação proposta por Sarlet, se analisarmos as demais, perceberemos que há, em todas elas, uma classe, ainda que com nomenclaturas diversas, enquadrável dentro da noção de normas programáticas que fora proposta por José Afonso da Silva – embora, ressalve-se, nos recusemos a aderir a todos os consectários que são por ele propostos. De todo modo, é possível reconhecer, se tivermos certa maleabilidade, que há diferenças significativas entre as normas constitucionais programáticas[55] e as demais, que embora não permitam apartá-las completamente – com características que lhes sejam reciprocamente exclusivas -, isto seria possível, contudo, se ficarmos somente no campo da prevalência[56].

---

didática e operacional". Noutra passagem (p. 176), salienta, ademais, que a eficácia, a aplicabilidade e mesmo a efetividade diz respeito à norma propriamente dita e não ao dispositivo (texto), já que é o intérprete/aplicador quem, em muitos casos, irá definir se uma norma tem eficácia limitada ou não. Cita, como exemplo, o direito à saúde na CRFB, durante muito tempo visto como assegurado por norma de eficácia limitada, mas que hoje tem reconhecida, inclusive em várias decisões do STF, sua eficácia plena e aplicabilidade direta.

55. Flávia Piovesan (*op. cit.*, 1995, p. 59) salienta que "as normas programáticas compõem os elementos socioideológicos que caracterizam as Constituições contemporâneas, apresentando matéria eminentemente ético-social. Condicionam a atividade dos órgãos do poder público, estabelecendo verdadeiros programas constitucionais de ação social, a serem desenvolvidos mediante atuação integrativa da vontade constituinte. Apontando aos valores sociais e especialmente ao da justiça social, as normas programáticas indicam o sentido dos fins sociais e do bem-comum que devem guiar o intérprete e o aplicador do direito, ou seja, traduzem sentido teleológico para a interpretação". A identificação desse tipo de norma perpassa também, como não poderia deixar de ser, por uma análise, de natureza estática e gramatical, da própria construção lógica do enunciado normativo, para o que sempre é importante revisitar a obra do professor Lourival Vilanova intitulada "As Estruturas Lógicas e o Sistema de Direito Positivo", ao que convidamos o leitor eventualmente interessado, visto que se trata de discussão que o presente espaço não comporta.

56. Uadi Lammêgo Bulos (Curso de Direito Constitucional, 3ª Ed. São Paulo: Saraiva, 2009, p. 361) aduz que "Seria ingênuo admitir normas constitucionais de idêntica eficácia, sempre prontas para serem aplicadas, porque as constituições são diplomas incompletos. Albergam múltiplos interesses, que derivam de forças antagônicas. Elaboradas em

E há, sim, como já dito, alguma utilidade decorrente dessa classificação, desde que não percamos de vista a advertência magistral de Clèmerson Merlin Clève: "Não se pode correr o risco de fazer dela [CRFB de 1988] uma Constituição normativa na parte que toca os interesses das classes hegemônicas e uma Constituição nominal na parte que toca os interesses das classes que buscam a emancipação"[57]. A nossa ideia é justamente o contrário: após reconhecer as "deficiências" de tais normas, buscar ainda assim a sua máxima efetividade[58].

Convém salientar ainda mais alguns aspectos antes de mergulharmos no âmago do debate. Em homenagem ao princípio da máxima efetividade, acima delineado, é preciso perquirir, à exaustão, todas as possibilidades e potencialidades que as normas constitucionais – e, no que aqui nos interessa, as que versam sobre direitos sociais – carregam em si, ou seja, embora se reconheça a existência das normas denominadas por José Afonso da Silva como possuidoras de aplicabilidade mediata e eficácia limitada, é preciso, em primeiro lugar, limitá-las ao menor número possível e, em segundo lugar, atribuir mesmo às que aí remanesçam certa efetividade normativa. A questão aqui é fundamentalmente de hermenêutica, ou seja, de interpretação e aplicação do Direito, um proceder, portanto, de caráter essencialmente técnico. Neste passo, convém reconhecer, no limite do possível, a aplicabilidade direta, ainda que parcial, das disposições constitucionais (mesmo naqueles casos em que, apesar de faltar a lei integradora, seja possível conferir solução por meio do uso de técnicas clássicas como a

---

ambientes conturbados, a realização de suas promessas e de seus compromissos fica sob os cuidados do legislador ordinário, que, numa etapa futura da vida constitucional do Estado, irá implementar as aspirações cristalizadas no texto supremo.".

57. A fiscalização abstrata da constitucionalidade no direito brasileiro. São Paulo: Revista dos Tribunais, 2000.

58. Salienta Piovesan (*op. cit.*, p. 42-43) que "o drama jurídico das Constituições contemporâneas (...) é a dificuldade de converter a enunciação de princípios na disciplina de direitos acionáveis, em especial quando se trata de direitos sociais relativos à educação, à cultura, à previdência e à saúde, que representam inovação ao Direito Constitucional clássico. O grande problema do Direito Constitucional contemporâneo está em como juridicizar o Estado Social, como estabelecer e inaugurar novas técnicas e instrumentos que efetivamente possam garantir os direitos sociais básicos. Vale dizer, o problema da Constituição dirigente assume relevo quando aponta à eficácia das cláusulas sociais, dos direitos sociais, econômicos e culturais previstos constitucionalmente, o que implica na transformação de estruturas. Em uma só palavra: o desafio de uma Constituição Dirigente é, em grande medida, o desafio de concretização constitucional, que envolve a tarefa de normação ou regulação e aplicação-interpretação.".

analogia, os costumes e os princípios gerais de direito) – o que significa dizer, como consectário lógico, que são prontamente exigíveis, geradoras de pretensões dedutíveis perante o Judiciário. Conforme anota Barroso, "diversas Constituições modernas se viram na contingência de declarar expressamente a aplicabilidade imediata"[59] de alguns de seus preceitos. O faz a nossa CRFB de 1988, em seu art. 5º, § 1º, quanto às normas definidoras dos direitos e garantias fundamentais (de modo semelhante ao que fazem a atual Constituição portuguesa e a Lei Fundamental de Bonn). É certo que tal declaração não é desimportante, pois impõe uma postura hermenêutica ativa em direção ao horizonte que se estabelece, mas é igualmente certo que a declaração, por si, não se presta a superar a natureza das coisas, ou seja, a tornar imediatamente aplicável o que a prática está a revelar não ser possível. É, em suma, uma exortação. De todo modo, numa interpretação literal (e "topográfica"), é possível defender que a aplicabilidade imediata que a CRFB prevê se limita aos direitos e garantias previstos no art. 5º, não se estendendo aos demais, inclusive aos sociais. Não tem sido, ao longo da história, dificultoso, salvo em períodos de exceção, conferir aos direitos individuais (de primeira geração) uma larga parcela de aplicabilidade imediata, o que decorre essencialmente da natureza mesma deles, visto que se traduzem, em geral, numa exigência de abstenção por parte do Estado, o que pode ser facilmente imposto pelo Judiciário. Por outro lado, os direitos sociais, por seu caráter marcadamente prestacional, exigem uma postura ativa por parte do Estado, ou seja, que este entregue um bem ou atividade. É possível, intuitivamente, imaginar as dificuldades daí decorrentes. De todo modo, aqui também é função do jurista apartar, de um lado, as prestações positivas que podem ser exigidas de imediato – com recurso, se necessário, ao Judiciário, preferencialmente por meio de tutela específica e não substitutiva -, daquelas que demandam uma rede de atos mais complexos – prática, econômica ou politicamente – para a devida implementação. Conforme observa Barroso, "os direitos sociais são os que têm percorrido trajetória [histórica] mais ingrata. Sob o aspecto estritamente jurídico, uma das dificuldades que enfrentam é que, frequentemente, vêm eles encambulhados com as normas programáticas, sem que se possa prontamente discriminar as hipóteses em que existem prestações positivas exigíveis". Não obstante, é certo que "existem na Constituição verdadeiros *direitos* sociais, conceptualmente qualificáveis

---

59. *In* O Direito Constitucional e a Efetividade de Suas Normas, 9ª Ed., Rio de Janeiro: Renovar, 2009, p. 139.

como direitos subjetivos, tutelando bens e interesses pronta e diretamente exigíveis"[60]. Em suma, há que se reconhecer o campo dentro do qual os direitos sociais possuem aplicabilidade imediata e aqueloutro dentro do qual não o possuem, em geral por estarem veiculados em normas de caráter programático. Como dissemos, estas, a nosso sentir, existem inegavelmente, sendo que a postura do jurista não deve ser a do devaneio de negá-las (sua existência, digo), mas sim de reduzir ao máximo seu âmbito de existência, ou seja, reconhecer tal caráter ao menor número possível de normas constitucionais.

As normas programáticas seriam, assim, aquelas que veiculam programas a serem implementados pelo governo (e/ou objetivos a serem alcançados), dependendo, em geral, de interposição legislativa[61], mas especialmente de atuação fática do Executivo, sujeitando-se também a condicionantes da realidade econômica (especialmente, solidez financeira do Estado) e social subjacente. Conforme descreve Barroso, "as normas constitucionais programáticas (...) têm por característica (...) esboçar situações idealizadas, prevendo bens jurídicos ou utilidades a serem alcançados, progressivamente, mediante a atuação dos órgãos estatais. Estes, naturalmente, por administrarem recursos escassos, hão de eleger prioridades, e é neste ponto que as formas legítimas de pressão da sociedade civil se tornam decisivas"[62].

Há duas dificuldades proeminentes que daí defluem. Em primeiro lugar, diz respeito à própria eficácia em si das normas constitucionais e dos mecanismos de controle no caso de inobservância. Conforme anota Barroso, "as normas constitucionais, tal como as demais, articulam-se usualmente na dualidade típica *preceito* e *sanção*, quer esta resulte diretamente da regra, quer deflua do sistema em seu conjunto. É precisamente a presença da sanção que garante a eficácia de uma norma

60. Idem, p. 143.

61. De todo modo, a doutrina vem reconhecendo alguns efeitos imediatos que tais normas estão aptas a gerar: condicionam a validade da legislação infraconstitucional presente e futura; estabelecem princípios e diretrizes hermenêuticas; informam e inspiram a concepção de Estado e de sociedade; criam um dever para o legislador e uma legítima expectativa aos cidadãos. Quanto a esta última situação, é certo que a delonga em sua implementação colocará a questão, se levada for, ao crivo do Judiciário, para analisar se os óbices apresentados justificam ou não a inércia, mas isto é algo que analisaremos mais detalhadamente adiante.

62. *Op. cit.*, 2009, p. 128.

jurídica, ensejando sua aplicação coativa quando não é espontaneamente observada"[63]. A problemática aqui resulta do fato de que grande parte das normas constitucionais se dirige ao legislador infraconstitucional – e aí englobamos Executivo e Legislativo -, ou seja, demanda que este pratique atos, dentre os quais estão a promulgação de leis e outros atos normativos, sendo que, no caso de desrespeito, coloca o Judiciário na intrincada posição de exercer um controle sobre os outros Poderes, os quais, diga-se de passagem, detêm também a posição de constituinte reformador. Se isto já é por si só um "campo minado" do ponto de vista político, tudo se torna ainda mais dificultoso quando envolve as normas programáticas, que dizem respeito à implementação de políticas públicas, que – especialmente por gerar gastos, pressupondo tributação – fazem despertar um embate ideológico entre as correntes que disputam concepções sobre o tamanho que deve[ria] ter o Estado.

Por agora, é importante advertir para o fato de que, como anota Bandeira de Mello, "Em cada período histórico os legisladores constituintes, de regra, incorporam nas Leis Fundamentais aquilo que no período correspondente se consagrou como a mais generosa expressão do ideário da época. Fazem-no, muitas vezes, com simples propósito retórico ou porque não se podem lavar de consigná-los. Mas, animados de reta intenção ou servindo-se disto como blandicioso meio de atrair sustentação política ou de esquivar-se à coima de retrógadas, o certo é que geralmente as Cartas Constitucionais estampam versículos prestigiadores dos mais nobres objetivos sociais e humanitários que integram o ideário avalizado pela cultura da época"[64]. E a nossa CRFB de 1988 é um exemplo clássico disso mesmo, do que hoje se convencionou chamar de "constitucionalização simbólica"[65]. Em suma, os constituintes, muitas vezes, se inspiram em

63. Idem, p. 84-85.

64. Eficácia das Normas Constitucionais e Direitos Sociais, 1ª Ed., São Paulo: Malheiros, 2010, p. 09-10.

65. Sobre o tema, calha transcrever a lição de Anabelle Macedo Silva, citada por Barroso (*op. cit.*, 2005): "Pode a legislação simbólica servir para adiar a solução de conflitos através de compromissos dilatórios. A constitucionalização de cláusulas assecuratórias de interesses contraditórios, por exemplo, como ocorre nas Constituições compromissórias contemporâneas, serve para postergar a integral solução de conflitos entre grupos sociais opostos, na medida em que a Constituição, através das normas-princípio, de textura aberta, consegue acolher os interesses de ambos os grupos. A contínua concretização de tais normas compromissórias pode servir como progressiva construção do consenso social acerca do conteúdo das disposições contrapostas. Ao revés, a frustração simplista da efetividade de tais disposições, através de fórmulas superficiais e reducionistas tais

legislação estrangeira de países econômica e até mesmo culturalmente mais avançados, ou – para evitar controvérsias ferrenhas que poderiam travar o desenvolvimento mais acelerado dos trabalhos ou mesmo se furtar a carregar a responsabilidade de tornar rígida (do ponto de vista de reforma legislativa) determinada opção – postergam decisões fulcrais ao incorporarem valores completamente antagônicos – tornando a Constituição algo, de certo modo, híbrido, o que acaba por ser o mesmo de nada dizer a respeito[66] –, ou adotam expressões vagas – belas na construção sintática, mas de pouco ou nenhum conteúdo semântico – que resultam em mera exortação a um futuro distante e imprevisto (se calhar o fado), enfim, transformam o diploma máximo da República em uma carta de intenções (de anseios, de aspirações), muitas delas incongruentes, incoerentes e incompatíveis entre si. O problema é que a Constituição não é uma carta de intenções, é a lei máxima e demanda aplicação, que deve ser, no limite, assegurada pelo Judiciário, a partir de uma interpretação tortuosa de um texto muitas vezes ambíguo[67].

---

como o caráter exclusivamente programático de certas disposições constitucionais, ausência de normatividade de normas-princípio, ilegitimidade do Judiciário decorrente da separação de poderes, dentre várias máximas do rosário da teoria constitucional da inefetividade, induz o fenômeno da constitucionalização simbólica". Já em 1985, sob a égide da Carta passada, Eros Roberto Grau, citado por Piovesan (*op. cit.*, 1995, p. 63-64), alertava "existir um caráter reacionário nas normas programáticas, pois 'nelas se erige não apenas um obstáculo à funcionalidade do Direito, mas, sobretudo, ao poder de reivindicação das forças sociais. O que teria a sociedade civil a reivindicar já está contemplado na Constituição. Não se dando conta, no entanto, da inocuidade da contemplação desses 'direitos sem garantias', a sociedade civil acomoda-se, alentada e entorpecida pela perspectiva de que esses mesmos direitos um dia venham a ser realizados'. (...) A programaticidade sem juridicidade poderá, enfim, converter-se formal e materialmente no maior obstáculo à construção constitucional (...).".

66. Parafraseando novamente Bandeira de Mello (Eficácia..., p. 10), "Este modo de regular acaba tirando com uma das mãos o que foi dado com a outra. Termina por frustrar o que se proclamou enfaticamente. Cumpre, em última instância, uma função escamoteadora, tenha ou não esta intenção adrede concebida".

67. Com relação a questão semelhante, percuciente a advertência de Alfredo Augusto Becker (*in* Carnaval Tributário, 2ª. Edição, Lejus, São Paulo, 2004, p. 15-16): "Em todos os tempos e em todos os Estados, os Ministros sempre tardam muito em baixar do plano olímpico das abstrações, em descer dos problemas abstratos e das soluções abstratas. E quando, passados muitos meses ou anos, finalmente seus pés tocam a terra dos homens, ficam perplexos e irritados ao verem que o antigo problema continua insolúvel e que aquela perfeita solução abstrata é um novo perfeito problema concreto. Já em 1930, o filósofo francês Bergson queixava-se do mau hábito de os homens inteligentes confundirem o possível com o real. O possível são hipóteses múltiplas em qualidade e quantidade porque

Pois bem, como vimos, os direitos fundamentais de segunda geração, os ditos direitos sociais, são, em larga parcela[68] (o que é, talvez, inevitável), previstos em normas constitucionais de caráter programático[69]. Ademais, ainda que aí não se enquadrem propriamente, dependerão, para sua implementação, no mais das vezes, de condições materiais mínimas[70], em vista de que o sujeito passivo, precipuamente, é o Estado e a implementação se faz, em geral, por meio da instituição de serviços públicos (constituindo, assim, uma garantia institucional), que geram, por óbvio, encargos.

A contenda – histórica e por vezes ferrenha – em torno da eficácia das normas constitucionais diz respeito especialmente à(s) possibilidade(s) de aplicação direta (e em que termos e em que graduação) pelo Judiciário[71].

(explica Bergson) o possível é simplesmente o não-impossível e aquilo que (em relação ao futuro) não é impossível de acontecer é de uma multiplicidade quase infinita. Ora, aquilo que afinal aconteceu: o fato real (a hipótese que realmente se realizou) é único e irreversível. E advertiu Bergson que os homens mais propensos a confundir o possível com o real são precisamente aqueles que lidam com números, com a matemática, (...) supõem que a solução abstrata possível seria perfeitamente realizável e que pela simples formulação literal de uma lei (...) tudo já estaria resolvido.".

68. Nem sempre, porém. Há diversos direitos sociais que, embora dependam de interposição legislativa, não se enquadram estritamente como normas programáticas. Um exemplo clássico é o disposto no art. 7º, XI, da CRFB, e no âmbito do Direito Previdenciário, podemos citar (embora gere também um dever) o § 11 do art. 201 (grifei): "Os ganhos habituais do empregado, a qualquer título, serão incorporados ao salário para efeito de contribuição previdenciária e consequente repercussão em benefícios, **nos casos e na forma da lei**". As normas programáticas, em sentido estrito, são aquelas que encampam um fim a ser alcançado. As que mencionamos estabelecem um direito que pode ser imediatamente fruído integralmente, ainda que sua implementação direta pelo Judiciário gere percalços relacionados com limites e conteúdo.

69. Se adotarmos a classificação de Bandeira de Mello, será ainda maior a concentração dos direitos sociais – no caso, entre as normas do tipo "c". Ferreira Filho (*op. cit.*, p. 49-50), ao analisar a natureza desses direitos, declara que são, como as liberdades públicas, direitos subjetivos. "Entretanto, não são meros poderes de agir – como é típico das liberdades públicas de modo geral – mas sim poderes de exigir. São direitos 'de crédito'.". É certo que o § 1º do art. 5º da CRFB assevera que "as normas garantidoras dos direitos e garantias fundamentais têm aplicação imediata", mas tal afirmação serve mais, como já destacamos, para reforçar o peso dos direitos ali consagrados, já que não há como atropelar os fatos.

70. Nessa senda, segundo Bonavides (*op. cit.*, 2004, p. 123), "os direitos sociais básicos não são direitos básicos genuínos, mas direitos de conteúdo variável e relativo, mensuráveis por determinadas exigências materiais impostas pelo grau histórico de desenvolvimento de cada Sociedade".

71. Conforme pontua Ferreira Filho (*op. cit.*, 2009), a doutrina brasileira formada na Primeira República – principalmente pelas lições de Rui Barbosa e comumente aceita – erigia uma barreira à judicialização das questões ditas políticas, o que era entendido como

Pode, assim, parecer que seja algo mais de caráter prático do que teórico, mas isto não condiz com a realidade, pois a disputa esconde um fundo ideológico, especialmente no que tange aos direitos sociais, já que envolve a implementação maior ou menor de um programa escolhido pelo constituinte[72] com o qual alguns concordam - e, portanto, querem a sua máxima efetividade - enquanto outros discordam - e, portanto, querem que continue a ser apenas um projeto a long[uíssim]o prazo, deixado ao alvedrio do legislador infraconstitucional de ocasião[73], ou seja, aos poderosos do dia[74].

---

um corolário da separação dos poderes. Essa doutrina teve de ser revista em face da Lei Magna de 1946, que estabeleceu: "A lei não poderá excluir da apreciação do Poder Judiciário qualquer lesão de direito individual". Em razão disso, a doutrina veio a distinguir entre "atos exclusivamente políticos" (que não afetam direitos individuais) e "atos quase políticos ou não exclusivamente políticos" (que afetam também direitos individuais). Sendo grande a esperança posta no Judiciário na Constituinte que elaborou a CRFB de 1988, houve, por consequência, um alargamento consciente de sua esfera de atuação.

72. Conforme salienta Sarlet (MARINONI, Luiz Guilherme; MITIDIERO, Daniel; SARLET, Ingo Wolfgang. Curso de Direito Constitucional, São Paulo: Revista dos Tribunais, 2012, p. 182-183), a "preocupação com um adequado manejo do problema (teórico e prático, reitere-se) da eficácia e aplicabilidade das normas constitucionais, é sempre também uma preocupação com a sua efetividade".

73. Salienta Barroso (*op. cit.*, 2005), contudo, que as normas programáticas, inclusive por sua natureza de normas-princípio, garantem a permeabilidade do texto constitucional às orientações políticas dominantes a cada tempo, dependendo, por isso mesmo, de integração legislativa para adquirirem plena efetividade. A esse fenômeno de integração da Constituição pelos poderes constituídos, Canotilho dá o nome de abertura vertical da Constituição. A abertura horizontal é igualmente assegurada pela textura aberta dos princípios e se identifica com a expansão da força normativa da Constituição por toda a realidade do Estado, a despeito da impossibilidade de que todas as suas dimensões e circunstâncias sejam diretamente abordadas pelo texto constitucional.

74. Com relação a tal ponto e outros dos quais já tratamos ou ainda abordaremos, importante colher, uma vez mais, a percuciente lição de Sarlet (MARINONI, Luiz Guilherme; MITIDIERO, Daniel; SARLET, Ingo Wolfgang. Curso de Direito Constitucional, São Paulo: Revista dos Tribunais, 2012, p. 183-185): "Tal processo, de efetividade das normas constitucionais, encontra-se na dependência de uma série diferenciada e complexa de fatores, dos quais boa parte é mesmo exterior ao próprio domínio do direito constitucional. (...) Dentre os fatores externos (ao texto constitucional) temos a pressão da dinâmica social e econômica, mas também os impulsos por parte do processo político (...). Uma sociedade fragilizada, com uma economia dependente e em crise, dificilmente assegura os pressupostos para que os direitos sociais previstos no texto constitucional tenham uma eficácia e efetividade em termos sequer próximos dos ideais. Estruturas sociais conservadoras podem obstaculizar a concretização de imposições constitucionais e mesmo de direitos fundamentais. (...) Já no caso dos elementos internos, cuida-se das garantias e instrumentos que a própria constituição oferece para assegurar a sua

Pois bem. Durante muito tempo se discutiu se tais normas, ou melhor, se o descumprimento delas estaria sujeito ao controle judicial. Conforme assinala Bonavides, "os direitos sociais fundamentais até há pouco cabiam nas distintas ordens constitucionais, dentro daquela singular esfera a que se reporta Leibholz – a esfera dos direitos que o Estado 'concede' (*gewährt*) mas não 'garante' (*gewährleistet*)", tendo em vista que eles "produzem deveres concretos, necessitam de constantes revisões atualizadoras e impetram a cada passo concretizações materiais de conteúdo"[75]. Hoje, se reconhece a possibilidade de controle judicial[76], mas subsiste intensa controvérsia em torno das balizas. Podemos dizer que, no limite, uma legislação, especialmente se derrogatória de anterior, que caminhe em sentido contrário aos postulados constitucionais é algo largamente aceito, hoje, como passível de controle, um controle essencialmente negativo. A inércia e especialmente a insuficiência na implementação, contudo, despertam dúvidas bem mais profundas, quer quanto à possibilidade, quer quanto ao tipo de controle (meramente declaratório; constitutivo, quando couber; ou, em sendo o caso, condenatório/mandamental). Indubitável, como bem salienta Bandeira de Mello, que não está dentro do espectro de funções do Legislativo a interpretação das normas constitucionais. Com efeito, "A interpretação que o Legislativo faz da Lei Maior é simples condição do exercício de sua missão própria: legislar dentro dos termos permitidos. Nisto não se diferencia da interpretação das leis que o Executivo necessita fazer para cumpri-las. Porém, (...) A interpretação que fazem é itinerário lógico irremissível para o cumprimento de outras funções. (...) o único a quem assiste – e monopolisticamente – a

---

própria preservação e afirmação, seja em nível de controle de constitucionalidade (...), ou mesmo no concernente a outras garantias, como a previsão de limites formais e materiais ao poder de reforma constitucional, ações constitucionais de proteção dos direitos fundamentais, a regulação de estados de exceção [etc.] (...).".

75. *Op. cit.*, 2004, p. 102.

76. Nesse sentido, arremata Bonavides (idem, p. 109-110): "Desde muito direitos fundamentais de teor igualitário deixaram de ocupar nas Constituições o lugar abstrato das declarações programáticas. Já não são simplesmente um documento de boas intenções do constituinte, de seu idealismo, de sua generosidade de ânimo. Tudo que está na Constituição é jurídico, eis a assertiva que cumpriria fazer se precisássemos de semelhante truísmo para mostrar que o instrumento constitucional não é um texto de literatura política, mas a Lei das Leis, o Código dos Códigos na organização jurídica que fundamenta uma Sociedade.".

função de interpretar normas (...) é o Poder Judiciário."[77]. Não obstante, é certo que, por exemplo, a implementação de um serviço público por meio da via estreita do processo judicial, ainda que coletivo, é algo assaz dificultoso. O direito constitucional contemporâneo tem se ocupado do problema e proposto algumas soluções[78].

---

77. *Op. cit.*, 2010, p. 52. Barroso (*op. cit.*, 2005) – numa consideração, a meu ver, bastante esperançosa, mormente nos dias em que vivemos – ressalta que a democracia representativa sofre grandes críticas, sobretudo por seu déficit de legitimidade nos países em desenvolvimento, onde a exclusão social impossibilita uma participação verdadeira no processo político tradicional. Tomadas em consideração essas premissas, o espaço de concretização oferecido pelo Poder Judiciário pode, em sua visão, até se revelar mais democrático, na vertente da democracia participativa, do que as instâncias políticas tradicionais. Na ordem política não se impõe a igualdade de oportunidades entre partes interessadas, prevalecendo sempre o maior quilate político, a vinculação à vontade majoritária. O Judiciário, efetivamente, pode, e deve, permitir o acesso igualitário ao *judicial process*, dando, assim, proteção a grupos que não estariam em condições de obter acesso ao *political process*, sendo, portanto, o acesso ao processo judicial garantido horizontalmente, diferentemente do acesso ao processo político. Devem, porém, haver limites e controles, sob pena de agigantamento do Judiciário e consequente esvaziamento dos outros Poderes. Não é possível nem desejável a judicialização integral da política. O equilíbrio certamente passa por uma autocontenção do Judiciário, intuitivamente menor quando se tratar de concretizar os direitos integrantes do mínimo existencial, contra os quais a oposição da liberdade de conformação do legislador e da discricionariedade administrativa perdem terreno, sobretudo nos casos em que se apresentarem como suposta liberdade de inação, o que equivaleria a subordinar permanentemente a vontade constitucional aos poderes constituídos.

78. Barroso (*op. cit.*, 2005) assinala que aí está o aparente paradoxo do Direito, sobretudo do Direito Constitucional: conformar a realidade, que impõe limites ao seu poder de conformação. Eis aí o óbice, a ser superado por aqueles que fazem dele, o Direito, uma instância democrática de ordenação e transformação social, mais do que meramente um sistema lógico-formal ou um meio de ganhar a vida. As teorias concretistas têm o mérito de deixar claro o papel criativo desempenhado pelo intérprete na chamada nova interpretação constitucional, na medida em que parte da distinção entre texto e norma, passando esta última a ser compreendida, não mais como ponto de partida, mas sim como ponto de chegada do processo hermenêutico. O aporte de Muller, por sua vez, densifica essa construção teórica, equacionando o já referido condicionamento recíproco entre norma e realidade. A norma passa a ser percebida como o produto da fusão entre o programa normativo – resultado da interpretação dos textos legislados pertinentes, já sob o influxo dos princípios aplicáveis – e o campo normativo – identificado com a porção da realidade social que tanto condiciona a capacidade de produzir efeitos da norma, como é alvo de sua pretensão de efetividade. Na vertente concretista da metodologia estruturante do direito, os conceitos de integração e interpretação guardam tênue distinção, configurando, na verdade, matizes gradativas do processo de concretização, tendo em vista a premissa de que a norma jurídica é produto da fusão do texto da norma e das circunstâncias do caso concreto, operada no curso do processo de concretização.

É certo, como anota Ferreira Filho, que a afirmação de direitos fundamentais é vazia se não for acompanhada ou seguida pelo estabelecimento de garantias. Podem-se distinguir várias espécies de garantias. Num primeiro sentido, amplíssimo, as garantias podem ser vistas no sentido em que os ingleses falam em freios e contrapesos, ou seja, a proteção que resulta do próprio sistema constitucional (daí "garantias-sistema"). Num segundo sentido, ainda amplo, as garantias são o sistema mediante o qual se opera a proteção (são as "garantias institucionais"). Num terceiro sentido, agora restrito, são garantias as defesas especiais atribuídas a determinados direitos (são as "garantias-defesa", ou "garantias-limite", porque são limites à ação do poder). No último, restritíssimo, as garantias são os meios ou instrumentos previstos para a defesa dos direitos fundamentais. É aqui que se situam os chamados remédios constitucionais. São as "garantias instrumentais". Os remédios constitucionais são comprovadamente eficazes para a garantia das liberdades. Com relação aos direitos sociais e de solidariedade, porém, o mesmo frequentemente não se dá[79].

Em sua dissertação de Mestrado, publicada pela primeira vez no ano de 1995, Flávia Cristina Piovesan já demonstrava preocupação com o tema da efetividade das normas constitucionais, especialmente na perspectiva do controle judicial sobre as omissões legislativas: "Este tema alcança relevância peculiar em face do perfil do texto constitucional de 1988, que apresenta um universo extremamente amplo de normas de eficácia limitada e de aplicabilidade mediata ou indireta que dependem, necessariamente, de providências normativas ulteriores para a produção dos efeitos colimados pelo legislador constituinte. Vale dizer, no tocante às normas de eficácia limitada, cabe ao legislador ordinário conferir-lhes executoriedade plena, mediante leis integrativas. (...) Acredita-se que o processo de efetivação das normas constitucionais impõe como necessária a avaliação do modo pelo qual a ordem jurídica enfrenta a problemática da omissão legislativa, que obsta a efetividade das normas constitucionais."[80]. Ressalta, de forma percuciente, que a passagem do Estado liberal para o Estado social inverte a expectativa reinante, que transita, assim, de uma pretensão de omissão estatal para uma de proibição à omissão[81].

79. *Op. cit.*, 2009.

80. *Op. cit.*, 1995, p. 15-16.

81. Diz a autora: "Enquanto a Constituição Defensiva do Estado Liberal é Constituição antigoverno e anti-Estado, a Constituição do Estado Social traz uma sociedade reconciliada com o Estado, que exige sua intervenção em domínios fundamentais. Por isso, em sua

Para além de reconhecer, até o limite, a aplicabilidade direta das normas constitucionais que não vieram a ser integradas pelo legislador infraconstitucional[82], cabe destacar dois mecanismos importantes previstos na CRFB para tutela dessas hipóteses de omissão[83], que são a ação direta de inconstitucionalidade por omissão[84] (abstrata) e o mandado de injunção[85] (concreta). A simples previsão de tais mecanismos já permite divisar a ruptura daquela visão doutrinária de que a omissão legislativa configuraria uma questão estritamente política[86], com o reconhecimento, inegável, de seu caráter [também] jurídico[87].

---

dinâmica, a Constituição Social não se apresenta como um instrumento jurídico de conformação do *status quo*, mas surge como um instrumento de direção e transformação social, bem como instrumento de implementação de políticas públicas." (idem, ibidem).

82. Como refere Barroso, há preceitos (ainda que parcialmente, digo eu) que dispõem de "suficiente teor de normatividade para a sua aplicação direta", mas outros "casos em que a lei complementar é condição *sine qua non* para a operatividade do dispositivo constitucional" (*op. cit.*, 2009, p. 161).

83. Piovesan, citando Jorge Miranda, anota que a inconstitucionalidade por omissão "se verifica sempre que, mandando a norma reguladora de certa relação ou situação praticar certo ato ou certa atividade nas condições que estabelece, o destinatário não o faça, não o faça nos termos exigidos, não o faça em tempo útil, e a esse comportamento se liguem consequências." (*op. cit.*, 1995, p. 81-82).

84. s2º do art. 103 da CRFB: "Declarada a inconstitucionalidade por omissão de medida para tornar efetiva norma constitucional, será dada ciência ao Poder competente para a adoção das providências necessárias e, em se tratando de órgão administrativo, para fazê-lo em trinta dias.".

85. Art. 5º, LXXXI, da CRFB: "conceder-se-á mandado de injunção sempre que a falta de norma regulamentadora torne inviável o exercício dos direitos e liberdades constitucionais e das prerrogativas inerentes à nacionalidade, à soberania e à cidadania".

86. Nas palavras de Barroso, "se um ato, mesmo omissivo, impede o exercício de um direito constitucionalmente previsto, na verdade o está violando, e, portanto, esta não é uma questão estritamente política" (*op. cit.*, 2009, p. 155). Piovesan (*op. cit.*, p. 87) esclarece que "Preocupando-se com a efetividade de seus preceitos, a Constituição de 1988, inspirada na Constituição portuguesa, vem a introduzir mecanismos jurídicos inéditos [na história constitucional brasileira] voltados ao controle da inconstitucionalidade por omissão. Neste sentido, tem-se a criação dos instrumentos do mandado de injunção e da ação direta de inconstitucionalidade (...).".

87. Cumpre salientar, com Barroso (*op. cit.*, 2009, p. 158), que "a simples inércia, o mero não fazer, por parte do legislador, não significa que se esteja diante de uma omissão inconstitucional. Esta se configura com o descumprimento de um mandamento constitucional no sentido de que atue positivamente, criando uma norma legal. A inconstitucionalidade resultará, portanto, de um comportamento contrastante com uma obrigação jurídica de conteúdo positivo".

A eficácia dos mecanismos descritos – e de outros que, embora não especialmente desenhados para tal, podem ser utilizados com o escopo de sanar tais omissões – depende essencialmente da postura adotada pelos julgadores, mormente no âmbito da jurisdição constitucional. Podemos descrever, por exemplo, que o mandado de injunção ganhou, recentemente, contornos mais sólidos na jurisprudência do Supremo Tribunal Federal. Durante muito tempo, contudo, a postura foi a de meramente declarar a mora legislativa, o que não resultava em qualquer efeito prático. Daí, ou seja, da atuação inefetiva do Judiciário, resulta, como descreve Barroso[88], a perplexidade de se reconhecer a existência de um direito destituído de qualquer garantia (sem ação) e a subversão da hierarquia das normas, com a falência da supremacia constitucional, já que o legislador ordinário, pela inércia, logra tornar letra morta a previsão constituinte. Por outro lado, uma postura mais ativa determina o ingresso do Judiciário no campo da atividade regulamentar, quase legislativa, o que ultrapassa as fronteiras clássicas da função que lhe é atribuída e resvala na problemática da falta de legitimidade democrática em vista de que os juízes, no Brasil, não são eleitos[89]. De todo modo, sendo uma opção consagrada pelo Constituinte originário, é certo que o problema é político e não jurídico (mas é, sim, um problema, e de certa gravidade).

Convém referenciar que há quem defenda que o uso do instrumento do mandado de injunção é restrito aos direitos individuais elencados no art. 5º e aos direitos políticos previstos nos arts. 12 a 16, tendo em vista que, conforme o texto constitucional, se dirige a garantir "o exercício dos direitos e liberdades constitucionais e das prerrogativas inerentes à nacionalidade, à soberania e à cidadania". Não nos parece que assim seja, já que "direitos e liberdades constitucionais" é um termo evidentemente amplo, para além do fato de que, para o constituinte, ao menos aqueles previstos no art. 5º gozam já de aplicabilidade imediata e o mandado de

---

88. Idem, p. 160.

89. Trata-se de uma discussão demasiado complexa, bem analisada por Alexander Bickel em *"The Least Dangerous Branch"*, à qual aqui seria inapropriado descermos. Ressalvo, porém, a minha opinião no sentido de que o Supremo Tribunal Federal, cujos membros são escolhidos pelo Presidente da República e referendados pelo Senado Federal, possui, extraída daí mesmo, uma legitimidade indireta, que, inclusive, o torna um Tribunal político-jurídico (ou jurídico-político, como se queira), natural para quem, por ser o intérprete máximo da Constituição, se coloca acima dos demais Poderes.

injunção serve justamente para o caso de ausência de norma reguladora que impeça sua fruição[90].

É certo que na ADI por omissão o próprio constituinte já diz qual é a solução no caso de procedência, qual seja, "será dada ciência ao Poder competente para a adoção das providências necessárias e, em se tratando de órgão administrativo, para fazê-lo em trinta dias". No caso do mandado de injunção, contudo, a CRFB não especifica, o que gera divergências, havendo quem proponha solução semelhante à da ADI e quem, diversamente, entenda que, por se tratar de controle concreto, a saída deve ser o suprimento judicial da norma faltante. O STF relutou, durante muitos anos, a adotar esta última solução – mais drástica do ponto de vista político –, mas, em guinada jurisprudencial relativamente recente, passou a acolher tal raciocínio. Hipótese ainda mais intrincada é aquela em que há a lei, mas ela se revela insuficiente à implementação do direito previsto na CRFB. Nesse caso, em não havendo lei anterior melhor, a declaração de inconstitucionalidade da norma não resolveria o problema, visto que deixaria um vácuo, provavelmente até pior do que a insuficiência até então reinante. É por isto que há quem defenda que – pela análise lógica da tutela que se pode entregar – aí também é cabível o mandado de injunção, mas não há qualquer sinalização do STF no sentido de admiti-lo aí.

REFERÊNCIAS BIBLIOGRÁFICAS

ALEXY, Robert. Teoria da Argumentação Jurídica. Tradução de Zilda Hutchinson Schild Silva, 3ª Ed. Rio de Janeiro: Forense, 2013.

ÁVILA, Humberto. Teoria dos Princípios: da definição à aplicação dos princípios jurídicos, 10ª Ed., São Paulo: Malheiros, 2009.

BANDEIRA DE MELLO, Celso Antônio. O Conteúdo Jurídico do Princípio da Igualdade, 3ª Ed., São Paulo: Malheiros, 2010.

BANDEIRA DE MELLO, Celso Antônio. Eficácia das Normas Constitucionais e Direitos Sociais, 1ª Ed., São Paulo: Malheiros, 2010.

BARROSO, Luis Roberto. Temas de Direito Constitucional, Tomo III, Rio de Janeiro: Renovar, 2005.

---

90. Neste sentido, já decidiu o STF no MI 226-6-PI, ao dizer que nos casos em que a norma constitucional é autoaplicável caberá mandado de segurança contra o fato de a autoridade se recusar a aplicá-la e não o mandado de injunção, que se destina à lacuna legislativa paralisante.

BARROSO, Luis Roberto. O Direito Constitucional e a Efetividade de Suas Normas, 9ª Ed., Rio de Janeiro: Renovar, 2009.

BECKER, Alfredo Augusto. Carnaval Tributário, 2ª. Ed. São Paulo: Lejus, 2004.

BONAVIDES, Paulo. A Constituição Aberta, 3ª Ed., São Paulo: Malheiros, 2004.

BICKEL, Alexander. The Morality of Consent, Yale University Press, 1975.

BULOS, Uadi Lammêgo. Curso de Direito Constitucional, 3ª Ed. São Paulo: Saraiva, 2009.

CLÈVE, Clèmerson Merlin. A fiscalização abstrata da constitucionalidade no direito brasileiro. São Paulo: Revista dos Tribunais, 2000.

CRETELLA JÚNIOR, José. Elementos de Direito Constitucional, 4ª ed. São Paulo: Revista dos Tribunais, 2000.

DANTAS, San Tiago. Igualdade perante a lei e due process of law: contribuição ao estudo da limitação constitucional do Poder Legislativo. Revista Forense, v. 116, p. 357-367, Rio de Janeiro, 1948.

FERREIRA FILHO, Manoel Gonçalves. Princípios Fundamentais do Direito Constitucional, São Paulo: Saraiva, 2009.

HESSE, Konrad. A Força Normativa da Constituição, tradução de Gilmar Ferreira Mendes. Porto Alegre: Sergio Antonio Fabris, 1991.

KELSEN, Hans. Teoria Pura do Direito, tradução de João Baptista Machado, 6ª Ed. São Paulo: Martins Fontes, 1998.

MARINONI, Luiz Guilherme; MITIDIERO, Daniel; SARLET, Ingo Wolfgang. Curso de Direito Constitucional. 1ª Ed. São Paulo: Revista dos Tribunais, 2012.

MONTORO, André Franco. Introdução à Ciência do Direito, 31ª Ed., São Paulo, Revista dos Tribunais, 2014.

PACHUKANIS, Evguiéni Bronislavovich. Teoria Geral do Direito e Marxismo, tradução de Paula Vaz de Almeida, 1ª Ed. São Paulo: Boitempo, 2017.

PEDROSO, Fernando Gentil Gizzi de Almeida. Direito Fundamental à Igualdade: da evolução à sua concreção! *in* CANÇADO TRINDADE, Antônio Augusto; LEAL, César Barros [org]. Igualdade e Não Discriminação, Curso Brasileiro Interdisciplinar em Direitos Humanos, vol. III, publicado pelo Instituto Brasileiro de Direitos Humanos, Fortaleza, 2014.

PIOVESAN, Flávia Cristina. Proteção Judicial Contra Omissões Legislativas, São Paulo: Revista dos Tribunais, 1995.

REALE, Miguel. O Direito Como Experiência, 2ª Ed. 2ª tiragem. São Paulo: Saraiva, 1999.

DIREITO FUNDAMENTAL À IGUALDADE: DA EVOLUÇÃO À SUA CONCREÇÃO!

Fernando Gentil Gizzi de Almeida Pedroso [1]

1. INTRODUÇÃO

1.1 - Gênese axiológica

Consoante o perpassar da história, é possível pontuar que, desde as primevas eras, o direito fundamental à igualdade se fez presente - ainda que, timidamente, servindo: a) de lastro para o fomento das religiões; b) como pedra de toque para a Democracia Direta dos Gregos (Século de Péricles, entre VI e IV a.C)[2] ou; ademais, c) como estofo para o exsurgir da *Magna Charta Libertatum*[3], outorgada por João sem Terra, que trazia em seu bojo a afirmação de que nenhum homem (inclusive o rei) estaria acima da ordem legal.

Entrementes, é digno de nota que tão só no período das revoluções Liberais, em especial com a Revolução Francesa (1789-1799), que tal direito atingiu outro patamar.

Não por outra razão, nos debruçamos sobre aquele momento histórico, muito bem retratado na obra *Les Misérables* (Victor Hugo) - que,

---

1. Advogado. Doutorando e Mestre em Direito Penal na Pontifícia Universidade Católica de São Paulo (PUC/SP). Membro do Instituto Brasileiro de Direito Processual Penal (IBRASPP), do Instituto Brasileiro de Direitos Humanos (IBDH), da Fundación Internacional de Ciencias Penales (FICP – Madrid) e do International Center of Economic Penal Studies (ICEPS– New York).

2. Que, num movimento político-jurídico de estabelecer governos moderados e limitados em seus poderes (Constitucionalismo Antigo), tornou o Estado eletivo e subordinado à Assembleia dos Cidadãos. (FERREIRA FILHO, Manoel Gonçalves. *Curso de direito constitucional*. 12ª ed. São Paulo: Editora Saraiva, 1993. p.7).

3. 15 de junho de 1215. Tal documento, diga-se *en passant,* trouxe à baila o denominado *Rule of* Law – gênese do *due process of law* (devido processo legal) –, que substituiu o pretérito governo dos homens e serviu de inspiração para diversos documentos jurídicos de relevância, como a *Petition of Rights* (1628); *Habeas Corpus Act* (1679); *Bill of Rights* (1689); *Act of Settlement* (1701) e outros.

de certa forma, exterioriza a realidade vivenciada, de maneira um pouco antecedente, pelo Padre francês Emmanuel Joseph Sieyès –, onde o alto clero (1° Estado) e a nobreza (2° Estado) participavam das deliberações políticas, que decidiam o norte do destino de toda nação, sem a participação da Burguesia-Povo (3° Estado), a quem sopesava uma alta incidência tributária.

Daí, a razão da Constituinte Burguesa ("O que é o Terceiro Estado? / *Qu´est-ce que le tier état?*) que, escrita pelo próprio abade Sieyès, com estofo no *supreme power* de John Locke (Dois Tratados sobre o Governo) e no Contrato Social de Jean-Jacques Rousseau, proclamava a insurreição da Burguesia-Povo (3° Estado) para as decisões políticas que diziam respeito a sua própria sina.

Nesse passo, o direito à igualdade, já existente nos Estados Unidos da América (Declaração dos Direitos da Virgínia, de 1776), não tardou a aflorar.

No borbulhar da crise fiscal, somada a insatisfação emergente dos franceses com o rei Luís XVI (guilhotinado em 1793), a população (3° Estado), já inflamada com os ideais iluministas e com a obra de Sieyès, tomou a Bastilha[4] e perpetrou a *Déclaration des Droits de l´Homme et du citoyen* (Declaração dos Direitos do Homem e do Cidadão[5]), onde se trouxe a premissa de que "os homens nascem e são livres e iguais em direitos"[6]

Exsurgiu, deste modo, a chamada Teoria Paritária do direito à isonomia (igualdade formal). *Id est*, nasce o elucubrar de que todos os homens são iguais perante a lei[7] – que foi mecanismo encontrado como forma de se contrapor ao absolutismo, até então, reinante.

Vale dizer! Com estofo no art. 6° da Declaração – "a lei é expressão da vontade geral (...). Ela deve ser a mesma para todos, seja para proteger, seja para punir" –, passou-se a ter uma igualdade absoluta em termos jurídicos.

---

4. 14 de julho de 1789.
5. Aprovado em 26 de agosto de 1789 e votado, em caráter definitivo, na data de 2 de outubro daquele ano.
6. Art. 1° de tal documento.
7. A partir deste momento, têm-se a positivação dos direitos tidos como inerentes ao homem, que, até dado instante, se encontravam mais afeiçoados a reivindicações políticas e filosóficas do que as normas jurídicas obrigatórias, exigíveis judicialmente.

Houve o debelar de uma sociedade pautada em privilégios hereditários e estamentais, traços do vetusto Regime da França pré-revolucionário[8].

Desta sorte, é translúcido que o tratamento legal há de ser igual para todos, independente das condições e circunstâncias pessoais (igualdade como imparcialidade). "Razão pela qual, nesta perspectiva, o princípio da igualdade de certo modo correspondia à exigência da generalidade e prevalência da lei, típica do Estado constitucional de matriz liberal".[9]

Em síntese! Tal fato, além de ter se tornado um marco no estudo do Poder Constituinte, trouxe à baila uma luta pela igualdade, um dos *standards* da referida revolução (*Liberté, égalité, fraternité*) e que, ulteriormente, nas palavras do tcheco Karel Vasak se tornou uma das dimensões[10] (*in casu*, 2ª dimensão) dos direitos fundamentais.

1.2 - Teoria Valorativa.

Ocorre, entretanto, que a igualdade sempre foi um valor que andou de mãos dadas com a noção de justiça, muito embora com ela não se confunda[11].

De tal arte, ante uma sociedade plural e diversificada, notou-se que a igualdade perante a lei (Teoria Paritária), fruto da revolução francesa, trazia, por vezes, certas injustiças, haja vista que nem todos indivíduos apresentam as mesmas características naturais ou, ainda, se encontram nas mesmas condições fáticas.

8. DÍEZ-PICAZO, Luís María. *Sistema de derechos fundamentales.* 2ª.ed. Madrid: Civitas, 2005. Pp.191-192.

9. GARCIA, Maria Glória F.P.D, *Estudos sobre o princípio da igualdade*. Coimbra: Almedina, 2005. Pp36-37 *apud* SARLET, Ingo Wolfgang; MARINONI, Luiz Guilherme; MITIDIERO, Daniel. *Curso de Direito Constitucional.* 2ª.ed. São Paulo: Revista dos Tribunais, 2013. p.539.

10. Calha acentuar que tal divisão em dimensões é meramente acadêmica, pois, obviamente, inadequado seria segregar os direitos voltados aos seres humanos em categorias estanques.

    Vale dizer, nesse passo, que as divisões realizadas pelos estudiosos só reverberam a valorização de determinados direitos em momentos históricos distintos. Até porque, didaticamente, é mais fácil lidar com celeumas em tomos administráveis, bem como, por demais, estatisticamente as discussões fragmentadas apresentam uma melhor absorção do conteúdo exteriorizado.

11. BOBBIO, Norberto. *Igualdade e Liberdade.* Trad. Carlos Nelson Coutinho. 2ª.ed. Rio de Janeiro: Ediouro. p. 14.

Por este motivo, exuma-se das cinzas (tal qual a mitológica ave fênix[12]) a Aristotélica[13] ideia de tratar o igual de forma igual e os desiguais de forma desigual, na medida da desigualdade; uma vez que desde aquele período a isonomia já se encontrava atrelada ao valor justiça - ao conceder algo a cada um de acordo com seus méritos e de exigir de cada um aquilo que sua capacidade e possibilidade permitiam[14].

Como prelecionou Rui Barbosa, na Oração aos Moços, "a regra da igualdade não consiste senão em quinhoar desigualmente aos desiguais, na medida em que se desigualam. Nesta desigualdade social, proporcionada à desigualdade natural, é que se acha a verdadeira igualdade.", uma vez que "tratar com desigualdade a iguais, ou a desiguais com igualdade, seria desigualdade flagrante, e não igualdade real."[15]

Ou seja, ao invés de uma igualdade absoluta em todos planos, exsurge uma Teoria Valorativa, apta a atingir uma igualdade fática[16] (material) por intermédio de um dosador de diferenças - que traz em seu bojo uma função de "auxiliar a discernir entre desigualizações aceitáveis e desejáveis" daquelas "que são profundamente injustas e inaceitáveis."[17]

Decerto, com a exigência de critérios razoáveis e justos (fins constitucionalmente protegidos), há uma compensação das desigualdades, sob o pálio da premissa de que "se não houver uma razão suficiente para a permissibilidade de um tratamento desigual, então o tratamento igual é obrigatório"[18].

Com essa tônica, e pelo fato de a isonomia ser um elemento estruturante do sistema global - conjugada dialeticamente com as dimensões liberais, democráticas e sociais inerentes ao conceito de Estado de direito democrático e social[19] –, o princípio da igualdade foi revalorado no plano

---

12. Pássaro oriundo da mitologia grega que, quando morria, entrava em autocombustão, vindo a renascer, vindouramente, das próprias cinzas.
13. 384.a.C a 322 a.C.
14. ARISTÓTELES. *Ética a Nicômaco.* Os pensadores. São Paulo: Abril Cultural, 1979. p.129.
15. BARBOSA, Rui. *Oração aos moços.* São Paulo: Martin Claret, 2003. p.19.
16. MIRANDA, Jorge; MEDEIROS, Rui. *Constituição portuguesa anotada.* Coimbra: Coimbra, 2005. Vol.I. p. 120.
17. VIEIRA, Oscar Vilhena. *Direitos fundamentais: Uma leitura da jurisprudência do STF.* São Paulo: Malheiros, 2006. P.285 *apud.* NOVELINO, Marcelo. *Manual de Direito Constitucional: volume único.* 8ª.ed. São Paulo: Método, 2013. p.476.
18. ALEXY, Robert. *Teoria dos direitos fundamentais.* São Paulo: Malheiros, 2008. p.411.
19. CANOTILHO, J.J. Gomes; MOREIRA, Vital. *Constituição da República Portuguesa anotada* – Arts.1° a 107.°. 4ª.ed. Coimbra: Coimbra, 2007. Pp.336-337.

internacional, de modo que a Teoria Valorativa foi inserida em diversos tratados e convenções (*v.g.* Declaração Universal de Direitos Humanos[20], Pacto Internacional de Direitos Civis e Políticos[21], Convenção Americana de Direitos Humanos[22], etc.), bem como, pelo efeito prisma, em diversas outras Constituições Nacionais.

2 - DA INFORTUNA DISCRIMINAÇÃO[23]

Nessa vertente, a igualdade, por ser um direito inerente a todo ser humano (como a liberdade[24]), se tornou um direito fundamental. Até porque, trata-se de um valor indissociável à dignidade humana, vinculada a noção de que (de modo universal) todas as pessoas sejam tratadas com igual respeito e consideração.

Calha rememorar, contudo, que apesar da presente codificação do direito à igualdade em diversos ordenamentos pós-revolução francesa,

---

20. 10 de dezembro de 1948. Art.VII: "Todos são iguais perante a lei e têm direito, sem qualquer distinção, a igual proteção da lei. Todos têm direito a igual proteção contra qualquer discriminação que viole a presente Declaração e contra qualquer incitamento a tal discriminação"

21. 16 de dezembro de 1966. Art.26.

22. 22 de novembro de 1969. Art.24.

23. "Toda distinção, exclusão, restrição ou preferência que tenha por objeto ou resultado prejudicar ou anular o exercício, em igualdade de condições dos direitos humanos e liberdades fundamentais nos campos político, econômico, social, cultural e civil ou em qualquer outro campo. Logo, a discriminação significa sempre desigualdade." (PIOVESAN, Flávia. *Ações afirmativas da perspectiva dos direitos humanos*. Cadernos de pesquisa. v.35, n°.124, jan/abr.2005. p.48).

24. Desmiúde! Ambos conceitos, que se encontram interligados desde a revolução francesa, não são isentos de tensões (ainda que se complementem e tragam um equilíbrio entre as posições fundamentais de todos os indivíduos).

    É que a liberdade (e os direitos da liberdade) garante ao indivíduo o direito a diferença e a desigualdade, o que sobeja em um potencial conflito entre a pretensão de liberdade na esfera da vida social, por um lado, e, por outro uma exigência de igualdade social. (KLOEPFER, Michael. *Verfassungsrecht II – Grundrechte*. Munchen: C.H. Beck, 2010. p.199 *apud* SARLET, Ingo Wolfgang; MARINONI, Luiz Guilherme; MITIDIERO, Daniel. Ob.cit. p. 541).

    Noutro dizer! "A exigência política de maior liberdade social possível conflita com a exigência política de maior igualdade social possível, visto que a liberdade social também é a liberdade do mais forte e a igualdade social é justamente a igualdade de oportunidades por parte do mais fraco". (PIEROTH, Bodo; SCHLINK, Bernhard. *Grundrechte, Staatsrecht II*. 20ª.ed. Heidelberg: C.F. Muller, 2004. p.108 *apud idem ibidem.*).

historicamente, o ser humano tende a se vincular a diferenças, as empregando, inclusive, como fonte de discriminação (infelizmente!).

Tão só como recordação, é possível trazer à luz as discriminações havidas (e, ainda, vividas) por motivos de:

a) Religião.

Uma das discriminações mais antigas, e que se estende até os dias hodiernos.

Para ilustrar, podemos ponderar a intensa perseguição de cristãos, que hoje é feita muitas vezes por países de gênese islâmica.

É que, logo no eclodir da religião cristã, houve uma verdadeira caça destes por judeus (de cuja religião o Cristianismo era visto como uma ramificação) e pelos imperadores do Império Romano (que controlavam grande parte das terras onde o cristianismo primitivo se distribuía) – estes, diga-se *en passant*, muitas vezes se aproveitavam dos cristãos capturados para realizar a alegria de sua sociedade, uma vez que eles eram colocados nos coliseus para vivenciarem batalhas ou serem degustados por leões.

Do outro cunho da moeda, na época das trevas[25] (Idade Média), no período das inquisições[26], a Igreja Católica, visando combater o sincretismo religioso, responsabilizava qualquer indivíduo dotado de credos distintos daqueles exigidos como hereges.

Como consequência, delações anônimas conduziram milhares de pessoas tidas como feiticeiras, seguidores de Satã, a arderem como achas

---

25. Tal tipologia, que traduz em sua entranha o debate entre a luz e a escuridão, foi trazida da expressão *saeculum obscurum*, de Caesar Baronius em 1602.

26. Tratava-se, em verdade, de um tribunal religioso, competente para julgamento das heresias religiosas ou crimes contra a fé cristã.
Fôra instaurado no ano de 1200 pelo Papa Inocêncio III, no perfazer da guerra contra os albigenses. Como é notório, sequer havia direito ao réu de defesa, uma vez que, como se lapidava o pensamento da época, "se o imputado era inocente, não precisava de defensor e, se culpado, era indigno de defesa" (TOURINHO FILHO, Fernando da Costa. *Processo penal*. 8ª.ed. São Paulo: Saraiva, 1986. p.93). Assim, de forma autoritária, cabia ao pretor o cargo de julgar e acusar, num processo arbitrário e violento. Extrai-se, daí, que ao magistrado tudo era possível. Quiçá, ainda, cumpriria a ele desempenhar as funções de 'defesa' do acusado. Nessa senda, se engendra o princípio de CARPSÓVIO: *judex supplere debet defensiones ex officio*. (MARQUES, José Frederico. *Estudos de direito processual penal*. Rio de Janeiro: Forense, 1960. p.23).

vivas em fogueiras[27] ou, ainda, em momento posterior, a passarem por árduas provas (Ordálias ou Juízos de Deus) das quais os réus deveriam sair com vida, incólumes ou ilesos por graça divina – já que a função do pretor era desempenhada pelo Criador do Universo.

Como exemplificação destes Juízos de Deus, temos: a) o ato de o réu (eventual herege) caminhar sobre brasas durante algum tempo ou colocar a mão em um braseiro, de modo que sua resistência às chamas seria determinante de sua sinceridade; b) em temperatura inversa, também se encontrava o teste da água fria, onde o réu era lançado em um reservatório de água. Se submergisse, era tido como inocente ou titular do direito pleiteado; caso voltasse à tona, seria ele considerado culpado[28]; c) outrossim, havia a prova das serpentes. O herege era colocado entre répteis, acreditando-se que somente seria picado se efetivamente fosse um criminoso[29]; d) como derradeiro exemplo, na antiga Pérsia, para se descobrir a verdade, havia a denominada prova do arroz. Para tanto, a parte deveria rapidamente engolir certa quantidade desse alimento, ainda cru. Se, ao final, não conseguisse ela digerir o cereal – antes de pontuar certa declaração –, estaria a parte indo em sentido antípodo ao da verdade.[30]

Recentemente, no século passado, houve um momento histórico em que a lei se tornou a única fonte de direito. O *jus* se reduziu a *lex*[31]. Debelou-se, para muitos jurisconsultos daquela época, a necessidade de compreensão dos demais ramos do saber, como a sociologia, história,

27. Mero adendo de cunho cultural.
Naquele período, as pessoas que traduziam certa aptidão com o braço esquerdo, denominadas de *sinistras* (canhotas em italiano), eram equiparadas a feiticeiros. Portanto, ardiam vivas como brasa na fogueira. Com o perpassar dos tempos, o vocábulo fôra introduzido em nosso idioma, significando "que prevê acontecimentos ruins, funesto, agourento; (...) que causa o mal; terrível, assustador; desastre, acidente, dano" (HOUAISS, Antônio; VILLAR, Mauro de Salles e FRANCO, Francisco Manoel de Mello. *Minidicionário Houaiss da língua portuguesa.* 2ª edição. Rio de Janeiro: Objetiva, 2004. p.683). Desta feita, se atentarmos a antinomia existente entre a palavra canhestro – desajeitado, sem habilidade – e destreza – agilidade de movimentos, aptidão, habilidade –, nota-se uma aversão, empregada de maneira inconsciente hoje em dia, oriunda daquela época.
28. MORAIS, Paulo Herber de; LOPES, João Batista. *Da prova penal.* Campinas: Julex Livros LTDA., 1978. p.12.
29. Idem, ibidem.
30. MARQUES, José Frederico. *Estudos de direito processual penal.* Ob.cit. p.291.
31. FERRAZ, Tércio Sampaio. *Introdução ao Estudo do Direito.* 3ª edição. São Paulo: Editora Atlas, 2001. p.24.

filosofia, e todas outras matérias que alicerçavam o âmago daquilo exposto *in lege*.

Emergiu, desta forma, um Estado Legalista[32] que, pautado na pura teoria do direito[33], começou a elaborar leis com diversas arbitrariedades e abusos, se intrometendo, *exempli gratia*, nos mais recônditos círculos da vida humana.

Aflorou, daí, o Partido Nacional Socialista[34] (*National Sozialist* / Estado Nazista), sectário e intolerante como as demais ditaduras, que absorveu inteiramente a personalidade humana e anulou todos os valores individuais.

Como um de seus escopos, houve a promoção da busca por judeus – que eram submetidos a: a) trabalhos forçados em funestos campos de concentração (*v.g.* Auschwitz-Birkenau, Dachau, Buchenwald, dentre

---

32. Na evolução dos Estados, o positivismo – de regras impostas para dirimir conflitos e pacificar pessoas – passou a ser empregado como instrumento de justificação de regimes autoritários.

    Como pontificavam Benito Mussolini e Rocco, *"la dottrina fascista nega il dogma della sovranitá populare, che é ogni giorno smentido della realtá, e proclama in sua vece il dogma della sovranitá dello Stato"* (MALUF, Sahid. *Teoria geral do Estado*. Revista e atualizada pelo Prof. Miguel Alfredo Malufe Neto. 26ª.ed. São Paulo: Saraiva, 2003. p.141).

    Cumpre ressaltar. O Estado se tornou criador exclusivo do direito e da moral, não encontrando limites morais ou materiais à sua autoridade. Por isso, dizia-se, inclusive, que todos os cidadãos e seus bens pertenciam ao Poder Público. É que, como reflete Thomas Hobbes, A*uctoritas, non veritas facit legem*. Ou seja, a lei é vontade, não vale por qualidades morais e lógicas, mas precisamente como ordem. (MARINONI, Luiz Guilherme. *Teoria geral do processo*. 3ª ed. rev. e atual. São Paulo: Revista dos Tribunais, 2008. v I. p.27).

    Daí, aquela máxima: "Tudo dentro do Estado, nada fora do Estado, nada contra o Estado".

33. Nos lapidados manifestos do pranteado HANS KELSEN, "quando designa a si própria como 'pura', teoria do Direito, isto significa que ela se propõe a garantir um conhecimento apenas dirigido ao Direito e excluir deste conhecimento tudo quanto não pertença ao seu objeto, tudo quanto não se possa, rigorosamente, determinar como Direito". (KELSEN, Hans. *Teoria pura do direito.* 5ª edição. São Paulo: Editora Martins Fontes, 1996. p.1).

34. Amiúde. Deve-se salientar que, naquele período histórico, a Europa se encontrava conquistada pelo galanteador luminar totalitário. Não por outra razão, referido pensamento se difundiu com certa celeridade por aquele continente.

    Antes mesmo da assunção ao poder de ADOLF HITLER (o fuhrer), acoroçoado por seu partido Nazista, BENITO AMILCARE ANDREA MUSSOLINI (o Duce), já havia alicerçado os ideais do Fascismo na Itália. Ademais, não se pode olvidar, outrossim, da participação de ANTÓNIO DE OLIVEIRA SALAZAR, em Portugal, e FRANCISCO PAULINO HERMENEGILDO TEÓDULO FRANCO Y BAHAMONDE, na Espanha.

outros 20 mil); b) experimentos, como os da ignóbil figura de Joseph Mengele (o anjo da morte / *Todesengel*) e de Sigmund Rascher (médico da força aérea / *Deutsche Luftwaffe*); e c) a mortes nefastas, em campos de extermínio, voltados para o excídio em massa muitas vezes realizado por envenenamento em câmaras de gás.

Com o findar da 2ª Grande Guerra Mundial, o saldo foi de 50 milhões de mortos, sendo 6 milhões só de judeus.

b) Raça

A discriminação racial, *pari passu* a religiosa, foi marcante no perpassar dos tempos. E, de igual maneira, é realizada com certa frequência até a presente data.

De tão estrutural, arraigada nos costumes da população, muitas vezes passa desapercebida. Isso quando não leva ao equivocado negacionismo. A falsa percepção de inexistência discriminatória – mesmo com a usual prática de abordagens violentas contra pessoas negras[35]; com os olhares de maiores desconfianças dirigidos, por agentes de segurança, contra tal idiossincrasia ou, ainda, com deliberações judiciais que (em tempos atuais) destilam racismo institucional ao trazerem a questão da raça para asseverar a participação de determinada pessoa como integrante de organização criminosa[36].

Referida luta, portanto, externada pelo recente movimento "black lives matter" não é nova. Mas, com toda certeza, serve para trazer à tona mazelas pretéritas.

35. Em abordagem similar a perpetrada em face de George Floyd, em Minneapolis, uma mulher negra, de 51 anos de idade, teve seu pescoço pisado por agente da polícia militar, em 30 maio do presente ano, no Bairro de Parelheiros, zona sul da cidade de São Paulo.

36. Notícias de 12 de agosto de 2020 (e acessadas em mesma data) acerca da decisão prolatada na 1 Vara Criminal de Curitiba. A) Justiça cita raça ao condenar réu negro por organização criminosa (https://g1.globo.com/pr/parana/noticia/2020/08/12/juiza-diz-em-sentenca-que-reu-negro-era-seguramente-integrante-de-grupo-criminoso-em-razao-da-sua-raca.ghtml); b) "Seguramente integrante do grupo criminoso, em razão da sua raça" (https://www.migalhas.com.br/quentes/331923/seguramente-integrante-do-grupo-criminoso-em-razao-da-sua-raca-afirma-juiza-ao-condenar-homem); c) "Seguramente integrante do grupo criminoso, em razão da sua raça", escreve juíza ao condenar homem negro no Paraná (https://politica.estadao.com.br/blogs/fausto-macedo/seguramente-integrante-do-grupo-criminoso-em-razao-da-sua-raca-escreve-juiza-ao-condenar-homem-negro-no-parana/); dentre outras mídias.

Nesse panorama, não há como olvidar o período da recente escravatura, onde africanos eram retirados coercitivamente de suas terras, de seus lares e do seio de sua família. Como mercadorias, atravessavam o Atlântico rumo ao novo mundo, onde seriam adquiridos (como se propriedades fossem) de acordo com sua procedência, idade ou, ainda, suas condições físicas e habilidades profissionais.

Em verdade, muitos aqui nem chegavam. Eram vitimados pelos tratos que recebiam dentro dos navios, uma vez amontoados em condições desumanas. Outros tantos, faleciam em razão de doenças, como o escorbuto (*scorbutus*), que além da tumefação purulenta das gengivas e dores nas articulações, causava a não cicatrização das feridas e hemorragias. Aos mortos, restava serem lançados ao mar.

Aos que aqui chegavam, a vida terrena se encontrava cheia de sacrifícios vindouros. É que, além do angustiante percurso até então realizado, os escravos em terra eram vendidos e segregados de seus companheiros de viagem ou do restante de suas famílias. Recebiam, a partir deste momento, destinos diferentes, mas com igual condição de vida: a desumana.

Eram, nessa vereda, submetidos a trabalhos forçados nas fazendas de cana ou nas minas de ouro. Sem períodos de descanso ou outras benesses, chegavam a trabalhar de quatorze a dezesseis horas corridas. Para dormir, restavam as senzalas, sujeitos ao frio, umidade e a pouca higiene. E, ademais, com o escopo de evitarem fugas, mal podiam se movimentar, uma vez que tinham que descansar acorrentados.

Aos "fracos", que não suportavam as condições impostas, bem como aqueles que se contrapunham a este sistema, sobejava o castigo físico, geralmente perpetrado por açoites até que o escravo perdesse seus sentidos. Havia, ainda, outros mecanismos sancionatórios, como a tortura psicológica realizada pela máscara de flandres (que impedia os escravos de beberem) e a pena de morte.

Infeliz, de mais a mais, era a vida das escravas, pois, além da lida similar àquela já professada, muitas vezes eram subjugadas pelos senhores da terra (ou seus capatazes) a com eles praticarem relações sexuais forçadas.

A escravidão, tamanho o trato animalesco realizado, chegou a um ponto insustentável. Deste modo, diversas leis no mundo vieram a conceder a libertação do escravagismo.

O Brasil, não estanque a este fenômeno global, traduziu este processo de maneira paulatina, com a concreção da: a) Lei Eusébio de Queirós

(1850[37]), fruto de pressão da Inglaterra pelo *Bill Aberdeen*, que punia os traficantes de escravos; b) Lei do Ventre Livre (1871[38]), que dava liberdade aos filhos dos escravos que nascessem a partir daquele ano; c) Lei dos Sexagenários / Lei Saraiva-Cotegipe (1885[39]), que concedia a liberdade aos maiores de sessenta anos; e, por fim, d) Lei Áurea (1888[40]) que, assinada pela Princesa Isabel[41] e pelo ministro da Agricultura Rodrigo Augusto da Silva, aboliu o escravismo em nossa pátria.

Nos Estados Unidos da América, a libertação da escravidão se fez com a Proclamação da Emancipação (1863), realizada por Abraham Lincoln no transcorrer da guerra da Secessão (guerra civil americana), onde os estados escravistas do Sul (Confederados) almejavam a separação (secessão) dos demais estados do norte.

Ocorre, entrementes, que com a vitória dos estados do norte, somada a ocupação militar dos estados do sul (até 1877), fomentou-se naquela região vencida o surgimento de grupos com a finalidade de segregação racial, atuando, muitas vezes, por intermédio da perseguição violenta de negros (antigos escravos).

Dentre tantos grupos, o de maior relevância foi o da Ku Klux Klan[42] (KKK), que, inicialmente (1865), tinha por finalidade obstar a integração dos negros recém-libertados. Com o advento temporal, tal desiderato permutou para uma eventual supremacia branca, acarretando a concreção de diversas atrocidades, indo de linchamentos a execuções sumárias de afrodescendentes - precipuamente.

Mutatis mutandis, no berço do mundo, a África do Sul também reverberou a segregação racial pelo regime do Apartheid (1948-1994), onde uma divisão dos habitantes em grupos raciais era imposta.

O direito de voto sopesava a uma minoria branca, detentora do poder político e econômico do país. Aos negros, grande maioria, recaia tão só a obrigação de obedecer a legislação separatista.

37. 4 de setembro de 1850.
38. L. 2.040, de 28 de setembro de 1871.
39. L. 3.270, de 28 de setembro de 1885.
40. Lei Imperial n°3.353, de 13 de maio de 1888.
41. Isabel Cristina Leopoldina Augusta Micaela Gabriela Rafaela Gonzaga de Bragança e Bourbon.
42. Em seu auge, por volta de 1920, chegou a possuir cerca de 4 milhões de membros.

Verbi gratia: a) a Lei de Áreas de agrupamento (1950), que de forma coercitiva retirou muitos cidadãos de suas residências, haja vista a impossibilidade de raças distintas permanecerem vivendo lado a lado – delimitou-se, destarte, a localidade em que cada raça deveria permanecer; b) a Lei da Imoralidade, que no mesmo ano tornou crime relações sexuais entre pessoas de raças diferentes; c) a Lei de Reserva dos Benefícios Sociais (1953), que trazia em seu corpo a reserva de locais públicos para cada raça (e.g. como placas, em praças, com a inscrição: "somente para brancos"), etc.

Tal fato perdurou por quase cinquenta anos, vindo a findar por intermédio de um plebiscito fomentado pelo então presidente Frederick Willem de Klerk (ganhador do Nobel da Paz, em 1993, ao lado de Nelson Mandela), onde 69% da população branca deliberou no sentido de debelar tal regime.

Nos tempos contemporâneos, a discriminação racial ainda se faz presente. No primeiro semestre do ano de 2014, três fatos ocorreram em regiões distintas e eclodiram no epicentro dos noticiários globais.

O primeiro episódio se deu em 12 de fevereiro de 2014. Numa partida da competição Copa Libertadores da América, em Huancayo (Peru), a torcida da equipe Real Garcilaso emitia sons de macaco toda vez que o jogador brasileiro Tinga, do Cruzeiro, relava na bola. Empós tal episódio, tamanha sua frustação, Tinga declarou: "por mim, eu deixaria de ganhar qualquer título para que não houvesse desigualdade".

Em lapso não distante, no mês de abril, dia 27, foi veiculada pela TMZ o áudio de uma conversa do dono da equipe de basquete Los Angeles Clippers, Donald Sterling, com sua namorada V.Stiviano. O diálogo entre ambos se restringiu a recriminação dele pelo fato de sua amada ter retirado uma foto ao lado de um negro: Magic Johnson, um dos maiores nomes daquele esporte. Durante o colóquio, ademais, chegou a rogar para que ela não levasse negros para assistir aos jogos do Clippers.

Como penalidade, a Liga Americana de Basquete afastou o dono da franquia da NBA – uma vez que aquela não havia sido a primeira vez em que Donald Sterling se envolveu com situação similar – e, em contraproposta, nomeou Dick Parson (que é negro!) como diretor-executivo interino daquela equipe.

Enfim, por incrível que pareça, na mesma data (27 de abril), na cidade de Villarreal (Espanha), durante a partida de futebol entre os times de Barcelona e Villarreal, um torcedor local arremessou uma banana em direção ao lateral-direito da seleção brasileira, Daniel Alves. De maneira irreverente, e inesperada, o jogador abaixou-se e, depois, digeriu o alimento a ele lançado. O jornal Marca, em data subsequente ao evento, ponderou: "convivo há 11 com a mesma coisa na Espanha".

Em 2017, em Charlottesville, policiais americanos mataram negros desarmados e rendidos. Episódio que, infelizmente, acaba de se repetir com George Floyd. Daí, as indagações: até quando tais eventos hão de perdurar? Há algo que possa ser feito, judicialmente, para acabar com indesejados episódios?

c) Sexo.

Ainda que existentes outras discriminações a serem pontuadas (como a xenofobia, vinculada a origem das pessoas, *v.g.*), decidimos tratar como derradeira forma de discriminação a intolerância sexual.

É hialino, antes de tudo, que embora iguais em dignidade, o ser humano apresenta diferenças biológicas entre sexos. A genética, hoje em seu auge, está aí para desmistificar tais complexidades, determinando a razão de fenótipos tão distintos.

Entretanto, antes do exsurgir desta recente ciência, cuja terminologia só foi dada em 1908 por William Bateson (em carta direcionada para Adam Sedgewick), as diferenças havidas entre os grupos sexuais (masculino e feminino) serviam de estofo para as mais variadas discriminações.

Nesse cipoal, estudos antropológicos sustentam que nas sociedades primitivas a própria divisão laboral já era apta a indicar a vetusta visão de inferioridade feminina. Quiçá pela tônica muscular, as mulheres ficavam restritas a atividades interiores, enquanto, de outro turno, aos homens competiam as funções de caça e guerra. Nascia, assim, a origem do patriarcalismo.

Durante o Império Romano, um dos berços da civilização, a situação das mulheres piorou. Equiparadas a uma coisa, só adquiriam sua autonomia com as mortes de seu genitor e de seu marido.

Já no período da inquisição, retratado neste artigo, estima-se que entre 75% a 90% dos mortos pelos crimes de epidemia e más colheitas eram mulheres, razão pela qual, consideradas bruxas / feiticeiras, eram lançadas às fogueiras.

Tal panorama só começa a se alterar no perfazer do século XIX. Com a revolução industrial e o engatinhar do capitalismo, as mulheres, já organizadas em sindicatos, passaram a pleitear melhores salários e melhores condições de serviço. Infelizmente, para referida evolução, tão só em uma Indústria têxtil, em Nova Iorque (1857), centenas de trabalhadoras foram incineradas - situação similar, diga-se *en passant*, foi a razão do dia internacional da mulher se dar em março. É que, no referido mês, em 1911, um incêndio na fábrica têxtil Triangle Shirtwaist, igualmente em Nova Iorque, ceifou a vida de mais de 100 operárias, que não conseguiram se furtar em razão da precariedade do local.

De qualquer modo, é digno de nota que este caminhar pela igualdade entre homens e mulheres foi paulatino. Em 1879, as mulheres nem sequer podiam cursar nível superior. De mais a mais, o código civil de 1916, em sua origem, considerava as mulheres relativamente incapazes, havendo a necessidade de ratificação de seus maridos para que seus atos tivessem validade na órbita civil - talvez pelo fato de as ordenações Filipinas pontuarem a "fraqueza de seu entendimento".

Em 1932, por demais, a mulheres passaram a ter o direito de voto, ainda que de modo opcional, haja vista que a obrigatoriedade deste só veio em 1946 - mesmo ano, curiosamente, em que o biquíni (muito criticado) foi usado pela primeira vez pela stripper parisiense Micheline Bernardine.

Cansadas da opressão vigente, em um ato que se tornou um marco do feminismo, quatrocentas mulheres do *Women´s Liberation Movement* (WLM) saíram às ruas em 7 de setembro de 1968, em Atlantic City (EUA), e depositaram seus sutiãs, sapatos de salto alto e espartilhos em frente ao teatro onde ocorria o concurso de Miss América - evento tido como uma forma de exploração comercial das mulheres.

Empós denotado episódio, que recebeu o nome de "queima dos sutiãs" (apesar de nenhum deles ter sido queimado, de fato), María Estela Martínez de Perón assume a presidência da Argentina, e se torna, nesse passo, a primeira mulher a presidir um país.

Nos dias atuais, embora muitos direitos tenham sido alcançados (como a igualdade entre homens e mulheres, art.5°, I, CRFB; igualdade de direitos e deveres entre os cônjuges, art.226, § 5°, CRFB, etc.), é necessário professar que a desigualdade sexual se faz presente, porém, agora, implicitamente.

Com espeque em quadros estatísticos recém-avaliados, ainda que as mulheres alcancem 41% da força de trabalho atual, tão só 24% dos cargos de chefia existentes são ocupados por elas.

Ademais, apesar de nossa bíblia política proibir diferença de salários, de exercício de funções e de critério de admissão por motivo de sexo (art.7°, XXX, CRFB), no que concerne ao salário, mesmo exercendo a mesma função, é apontado que as mulheres recebem 71% do valor adquirido pelos homens.

3 - OS INSTRUMENTOS DE EFETIVAÇÃO DA IGUALDADE E NÃO DISCRIMINAÇÃO

De maneira sucinta, é digno de nota que apesar de no jogo de xadrez o rei e o peão voltarem para a mesma caixa, as discriminações continuam a se perfazer (ainda que proibidas no direito das gentes - *v.g* Convenção sobre a eliminação de todas as formas de discriminação racial[43] - e em nossa Constituição - *v.g.* art. 5°, XLI, CRFB[44]).

Deste modo, não basta que a igualdade seja assegurada tão só empós a morte das pessoas. Faz-se necessário que além dos textos constitucionais (ou de tratados, convenções), seja garantida uma igualdade palpável.

Razão pela qual, emergem veículos aptos a garantir uma isonomia concreta, seja no plano interno ou no plano internacional (*Droit des gens / Volkerrech / Law of Nations*), de acordo com duas estratégias: a) promocional, que visa propulsionar o avanço do direito a igualdade; e b) repressiva / punitiva, cujo objetivo é proibir, punir e, assim, eliminar as diferenças.

Verbera-se desta forma que ambos os mecanismos se complementam, sendo interdependentes um do outro.

Como denota Flávia Piovesan[45], a medida repressiva (fundamental para que se garanta o pleno exercício dos direitos civis e políticos, como também dos direitos sociais e econômicos e culturais) é, por si só, insuficiente. Daí, a sua combinação com a vertente promocional se faz indispensável, com a inserção e inclusão de grupos socialmente vulneráveis nos diversos espaços sociais.

É nessa toada, diga-se de passagem, que veremos a perpetração de tais instrumentos de efetivação da igualdade - tanto no ordenamento jurídico interno como numa esfera macro, pelo direito das gentes.

---

43. Resolução 1904 da Assembleia Geral da ONU, de 20 de dezembro de 1963. Que, desde seu preâmbulo, traduz o fato de a "doutrina de superioridade baseada em diferenças raciais é cientificamente falsa, moralmente condenável, socialmente injusta e perigosa, inexistindo justificativa para a discriminação racial, em teoria ou prática, em lugar algum."

44. "A lei punirá qualquer discriminação atentatória dos direitos e liberdades fundamentais".

45. Ob.cit. p.49.

3.1 - A efetivação da igualdade no plano interno

3.1.1 - Ações afirmativas / Discriminações positivas

Conforme visto até aqui, abordar o direito à igualdade é concretizar comparações – com o estabelecer de um ponto de referência para tanto. Isso porque, deste modo, se torna possível vislumbrar as desigualdades e concretizar, na medida do possível, medidas diferenciadas tendentes a debelar[46] ou, ao menos, atenuar as diferenças havidas (Teoria valorativa).

Decerto, desmiuda-se, nesse ponto, a obrigação do Poder Público de distribuir direitos e benefícios voltados à criação de condições materiais de igualdade (isonomia distributiva), uma vez que a própria Magna Carta traçou como um dos objetivos fundamentais da República Federativa do Brasil (art. 3°, III, CRFB) a adoção de medidas tendentes à redução das desigualdades sociais (art.170, VII, CRFB) e regionais (arts.43; 165,§ 7°; e 170, VII, CRFB).

Cumpre dizer! O direito à igualdade apresenta uma perspectiva positiva, impelindo o Poder Público a promover: a) igualdade entre pessoas em determinadas situações (arts. 7°, XX; e 37, VIII, CRFB); b) o acesso igual às prestações de bens, serviços, etc.; bem como c) a concreção de discriminações positivas / ações afirmativas, onde há uma atuação estatal (seja na esfera fática ou normativa) focada na imposição constitucional de uma igualdade de oportunidades.

Nessa alheta, com o fito de se alcançar uma isonomia concreta, emergem determinadas políticas públicas (ou programas privados), ainda que de caráter temporário[47], com o desiderato de diminuir as desigualdades. A esse fenômeno, deu-se o nome de ações afirmativas (fruto da Teoria do Impacto Desproporcional, elucubrada pela jurisprudência Estadunidense).

---

46. Preleciona Joan Scott que a luta pela igualdade não significa "ausência ou eliminação da diferença, mas sim o reconhecimento da diferença e a decisão de ignorá-la ou de levá-la em consideração" (SCOTT, Joan. O enigma da igualdade. *Estudos Feministas*. Florianópolis, n°13 (1), jan./abr., 2005. p.15).

47. A temporariedade reside no fato de as ações afirmativas, em regra, terem certo tempo de duração, uma vez que tais políticas devem ser extintas ao se alcançar o resultado por elas pretendido.

    Digno de nota, todavia, a existência de certas exceções a ela (regra da temporariedade). Isso porque, as políticas públicas direcionadas aos grupos indígenas ou pessoas com deficiência tem caráter permanente (NOVELINO, Marcelo. Ob.cit. p.485).

Noutra palavra, sob a concessão de algum tipo de vantagem compensatória (daí, sua outra tipologia: discriminação positiva / inversa), as ações afirmativas são medidas jurídicas adotadas em favor de grupos objetivamente discriminados de forma injustificada (*v.g.* hipossuficiência econômica, debilidade física, por cunho racial, etc.) e podem sopesar em favor de minorias (*v.g.* deficientes) ou maiorias (*v.g.* mulheres), desde que proporcionando um favorecimento temporário até se atingir a isonomia concreta.

Traduzem, assim, um poderoso instrumento de inclusão social. São medidas especiais que tendem a acelerar o processo pela igualdade, muitas vezes remediando as condições resultantes de um passado de discriminação.

Com a justificação constitucional de galgar uma igualdade fática, cumpre uma finalidade pública essencial para o projeto democrático: assegurar a pluralidade social (art.1°, V, CRFB). Isso, além de cunhar a ideia de que a igualdade deve "moldar-se no respeito à diferença e à diversidade"[48].

Crível que, para o emprego dessas políticas compensatórias, há de se preencher alguns requisitos. Por intermédio de um estudo prévio, é imprescindível valorar as peculiaridades locais. De igual maneira, deve-se analisar a condição de os beneficiários destas ações não possuírem mecanismos de integração num futuro próximo, de modo que a discriminação seja tamanha a ponto de dificultar substancialmente (ou, talvez, impedir) o acesso destes grupos as mais variadas esferas sociais[49].

Isso porque, desta forma, dificulta-se a existência de "medidas aparentemente neutras sob o ponto de vista discriminatório, quando de sua aplicação" e que trazem, em seu cerne, "efeitos nocivos e particularmente desproporcionais para determinados grupos de pessoas"[50]. Medidas, estas, aptas a acarretarem uma discriminação reversa, haja vista que poderiam prejudicar outros grupos de modo a colocá-los em situação de desvantagem perante os demais segmentos sociais, fomentando, ao invés da igualdade almejada, uma real ojeriza por aqueles beneficiados.

---

48. PIOVESAN, Flávia. Ob.cit. p.50.

49. KAUFMANN, Roberta Fragoso Menezes. *Ações afirmativas à brasileira: necessidade ou mito? Uma análise histórico-jurídico-comparativa do negro nos Estados Unidos da América e no Brasil*. Porto Alegre: Livraria do Advogado, 2007. p.221. *apud* NOVELINO, Marcelo. Ob.cit. p.484.

50. SARLET, Ingo Wolfgang; MARINONI, Luiz Guilherme; MITIDIERO, Daniel. Ob.cit. p.553.

Id est, hoje em dia não se discute mais a possibilidade de serem realizadas ações afirmativas, dada sua concreção positiva nos Estados Unidos da América, Europa e, hodiernamente, no Brasil. Daí, o único ponto, ainda, que resta a ser discutido são os critérios utilizados (e, eventualmente, o modo) para se aferir o rol de beneficiários destas medidas.

Transposto este introito, calha adentrar nas principais políticas públicas (ações afirmativas) aplicadas em nossa pátria.

a) Em favor de grupos raciais.

Ao lado das bolsas de estudo e dos ensinos profissionalizantes, exsurge como uma das principais ações afirmativas o sistemas de cotas, que consiste na reserva de um percentual de vagas para grupos discriminados (*v.g.* 20% das vagas oferecidas nos concursos públicos realizados pela administração pública federal devem ser destinadas a candidatos negros[51]; a cota eleitoral de gênero, que dispõe que cada partido ou coligação preencherá o mínimo de 30% e o máximo de 70% para candidaturas de cada sexo[52], etc.).

Tal tema, diga-se *en passant,* ganha projeção quando as referidas cotas são destinadas a grupos raciais. Até porque, estatisticamente, o Brasil, em razão do largo período de escravatura e da miscigenação dela havida, é composto em sua maioria por cidadãos negros e pardos.

De qualquer modo, apesar do maior contingente da população brasileira ser afrodescendente, as referidas cotas não se sedimentam em solo pacífico, isento de críticas. Em verdade, há verdadeira e acalorada digladiação acadêmica sobre referido tema.

Nas trincheiras doutrinárias, desta sorte, apresentam-se dois posicionamentos, com ponderações válidas para ambos luminares[53].

Em um primeiro momento, contrário ao sistema de cotas, há o raciocínio de que tais medidas apresentam um cunho imediatista, sem aptidão

51. L.12.990, de 10 de junho de 2014.
52. Art.10, § 3°, da L.9504, de 30 de setembro de 1997.
53. Se ao trazer fundamentos para ambos os lados é "politicamente incorreto", necessário se faz observar os sábios dizeres de Martin Luther King – pastor negro que foi preso por falar sobre o racismo. "A covardia coloca a questão: é seguro? O comodismo coloca a questão: é popular? A etiqueta coloca a questão: é elegante? Mas a consciência coloca a questão: é correto? E chega uma altura em que temos que tomar uma posição que não é segura, não é elegante, não é popular, mas o temos de fazer porque a nossa consciência nos diz que é essa a atitude correta".

para execrar o problema da disparidade racial de modo definitivo. Ou seja, se trataria de um mero sistema de maquiagem do problema, ao invés de um instrumento para sua real solução.

De mais a mais, ainda para denotado elucubrar, as reservas de vagas viriam a vilipendiar os princípios constitucionais da igualdade, da não discriminação e do devido processo legal. Isso porque, haveria indiscutível lesão ao direito de pessoas não inseridas no grupo beneficiado por estas ações, fato que sobejaria na indesejada discriminação reversa.

Como lastro de tal pensar, traz-se a ilustração do caso Blake (regentes da Universidade da Califórnia vs. Allan Blake), julgado em 1977 pela Suprema Corte norte-americana. É que, conforme consta, ante a reserva de 16 vagas das 100 (da escola de medicina) para membros de minoria em desvantagem educacional e econômica, se sustentou que "todo cidadão tem o direito constitucional de não sofrer desvantagem, pelo menos na competição por algum benefício público, porque a raça, religião ou seita, região ou outro grupo natural ou artificial ao qual pertença é objeto de preconceito ou desprezo[54]".

Vale pontuar. Para esta percepção, as cotas raciais fomentariam o racismo e ódio em relação aos negros.

Caso similar é aquele refletido por William Douglas[55], no que concerne ao sistema de cotas para concursos públicos. É que, ainda que favorável[56] às cotas para faculdades, estágios e até em programas de bolsas, para ele, não há como elas serem observadas em concursos públicos, sem que haja o fomento a uma discriminação reversa.

Em seu pensar, diferente do que se crê, as cotas para os concursos não traduzem uma evolução das cotas existentes para as universidades. Isso porque, enquanto as primeiras preparam para competir, as outras debelam a competição, onde ela é indispensável a bem do serviço público e dos seus destinatários. Ora, o cargo público não seria forma de ajudar alguém, mas "para alguém (servidor público) ajudar o cidadão". De tal

---

54. DWORKIN, Ronald. *Uma questão de princípio.* São Paulo: Martins Fontes, 2000. p.448. *apud* NOVELINO, Marcelo. Ob.cit. p.485.

55. DOUGLAS, William. *A propósito das cotas nos concursos públicos*. Disponível em: ≤http:www.atualiadesdodireito.com.br/williamdouglas/2014/04/02/a-proposito-das-cotas-nos-concursos-publicos≥, Acesso em: 14 de junho de 2014.

56. William Douglas é membro da Educadro, Oscip franciscana que luta pela inclusão social.

arte, almeja-se o mais preparado para aquela função, razão da existência de um concurso público.

Ademais, prossegue em seu luminar, o correto é assegurar uma meritocracia nessa situação. Pois, se assim não o for, o negro aprovado em um concurso público carregará a pecha, por toda carreira, de não ser bom o suficiente, mas mero aprovado pelas cotas.

De qualquer modo, antes de se permutar para o outro cunho da moeda, se faz necessário trazer algumas ponderações extremamente válidas:

a) A *limine*, imprescindível observar a inexistência de critérios objetivos válidos para asseverar se determinado indivíduo é, ou não, negro.

Exemplifica-se! No ano de 2007, dois irmãos gêmeos (univitelinos), filhos de pai negro e mãe branca, se inscreveram para o vestibular da Universidade de Brasília (UnB) utilizando o sistema de cotas (com o fundamento de que a nota de corte dos cotistas seria mais baixa). Ocorre, entretanto, que uma banca formada para a avaliação daqueles que seriam beneficiados pela ação afirmativa, ao analisarem as fotos anexadas na ficha de inscrição, julgaram que um dos irmãos (Alex) seria merecedor daquela política compensatória, enquanto o outro (Alan) não.

b) Por demais, o critério racial, por si só observado, viria a colaborar precipuamente com negros de poder aquisitivo elevado, que tiveram melhores condições educacionais por frequentarem escolas de melhor qualidade.

Tal fato, de clareza solar, traria a injustiça de afastar aqueles mais necessitados dentre eles. Razão pela qual, há necessidade do reexame deste programa. Daí, a melhor solução, proposta pelo Min. Gilmar Mendes, é a de que o critério racial deveria ser cumulado com algum outro requisito, como a hipossuficiência econômica (por exemplo), de modo a evitar situações indesejáveis onde negros de boas condições socioeconômicas e de estudo se valham da política compensatória, numa "atitude arrivista, de aproveitar-se do modelo para aboletar-se em vagas" e "esquivar-se da concorrência legítima"[57].

Em posição contraposta a ora esboçada, se apresenta o outro cunho da moeda: o elucubrar favorável às cotas raciais.

---

57. STF – RE 597.285/RS, rel. Min. Ricardo Lewandowski (09.05.2012). (Informativo 665/STF). De igual modo, *vide:* STF – ADPF 186/DF, rel. Min. Ricardo Lewandowski (25 e 26.04.2012)

Num primeiro argumento (justiça compensatória), é necessário observar que o abismo social existente entre a população branca e negra não se deve necessariamente à formulação de políticas abertamente discriminatórias empós a Lei Áurea e a proclamação da república. Ocorre que, no momento em que o ex-escravo, recém liberto, adquire sua alforria (manumissão), todos papéis e posições na ordem social já estavam determinados por preferências de cor.

Deste modo, e também pelo extenso período de escravagismo, as ações afirmativas havidas pelo sistema de cotas raciais tentam compensar injustiças pretéritas cometidas, por particulares ou pelo governo, em face de fantasmas do passado.

Ou seja, com pálio num dos objetivos fundamentais da República Federativa do Brasil, que preconiza a construção de uma sociedade livre, justa e solidária (art.3°, I, CRFB), as políticas públicas realizadas por intermédio de cotas raciais visam reparar os danos perpetrados em relação aos negros, "por meio do resgate de uma dívida histórica, como no caso decorrente da escravidão".[58]

Até porque, se observarmos, a maior parte do contingente daqueles desfavorecidos socioeconomicamente é composta por negros – fruto da marginalização histórica pós-escravismo. Consoante pesquisa concretizada pelo o Instituto de Pesquisa Econômica e aplicada (Ipea), em um estudo publicado em 17 de novembro de 2005 sobre a desigualdade entre raças, dos 10% mais pobres da população, 64,6% são negros (e, passados nove anos desta estatística, tal panorama pouco se alterou).

Outro argumento válido, de mais a mais, se dá justamente pelo fato de que tais indivíduos, por que não tiveram as mesmas oportunidades, não se encontram em mesmo patamar de condições que os brancos.

Razão da legítima reivindicação de, por intermédio de tais ações, buscarem benefícios, vantagens e posições que teriam possuído se não houvesse a desigualdade existente. Noutro dizer! Busca-se, por essas políticas públicas, a existência de uma igualdade substancial, com a redução de desigualdades fáticas, por intermédio de uma "promoção de

---

58. KAUFMANN, Roberta Fragoso Menezes. *Ações afirmativas à brasileira: necessidade ou mito? Uma análise histórico-jurídico-comparativa do negro nos Estados Unidos da América e no Brasil*. Porto Alegre: Livraria do Advogado, 2007. p.222. *apud* NOVELINO, Marcelo. Ob.cit. p.486.

oportunidades para aqueles que não conseguem se fazer representar de maneira igualitária[59]" (justiça distributiva).

Por derradeiro, com a distribuição de oportunidades e com a compensação das atrocidades de um passado que não pode ser esquecido, alcança-se um dos fundamentos da República Federativa do Brasil: o pluralismo social (art.1°, V, CRFB), com uma sociedade mais diversificada, aberta, tolerante, miscigenada e multicultural.

É, portanto, aqui que reside o último argumento favorável às cotas raciais: o da promoção da diversidade.

Destarte, ainda que haja ponderações a serem observadas (como as feitas acima), o sistema de ações afirmativas voltadas ao benefício de grupos raciais traz em seu bojo um imperativo democrático deveras válido. Isso porque, de suas entranhas se extrai uma justiça social com carga de aliviar "um passado discriminatório e a fomentar no presente e no futuro transformações sociais necessárias."[60]

b) Em favor das mulheres.

É recente a aquisição de diversos direitos e garantias para as mulheres, que, até 1932, não possuíam nem sequer direito ao voto.

Tais transformações jurídicas e normativas daí advindas exsurgiram, tão só, por intermédio de políticas públicas, que buscavam a promoção de oportunidades iguais e uma isonomia concreta, fática, entre a relação de homens e mulheres.

Foi desta forma, diga-se de passagem, que a nossa constituição passou a incorporar diversos direitos e garantias fundamentais, recebendo o ápodo de Cidadã por Ulysses Guimarães (que presidiu a Assembleia Nacional Constituinte).

Decerto, daí a razão de o art.7°, XX, CRFB professar a proteção do mercado da mulher, mediante incentivos como o estímulo a sua contratação, a não discriminação de sexo para o exercício de atividades e a igual remuneração.

---

59. Idem. p.225. *apud* idem ibidem.

60. PIOVESAN, Flávia. A compatibilidade das cotas raciais com a ordem internacional e com a ordem constitucional brasileira. Disponível em: ≤http:www.stf.jus.br/arquivo/cms/processoAudienciaPublicaAcaoAfirmativa/anexo/cotasSTF2010rev1_Flavia_Piovesan.doc≥. p.9. *apud* NOVELINO, Marcelo. Ob.cit. p.487.

De igual modo, quiçá pelo efeito prisma da Constituição (oriunda da filtragem constitucional / contaminação virótica da Constituição) complementada por tais ações afirmativas, eclodiram no ordenamento jurídico pátrio diversas legislações com o desiderato (*mens legis*) de tutela às mulheres.

À guisa de exemplos, perlustra-se: a) a L.9029, de 13 de abril de 1995, que proíbe a exigência de atestados de gravidez, esterilização, e outras práticas discriminatórias para efeitos admissionais ou de permanência da relação jurídica de trabalho; b) a L.9504, de 30 de setembro de 1997, que dispõe que cada partido ou coligação preencherá o mínimo de 30% e o máximo de 70% para candidaturas de cada sexo (art.10, § 3°); c) a L.11340, de 7 de agosto de 2006 (Lei Maria da Penha[61]), que trouxe mecanismos para coibir a violência doméstica e familiar contra a mulher, pois, não raras vezes, por ser mais fraca fisicamente, sofre abusos físicos e psicológicos.

c) Em favor de pessoas com deficiência.

A jurisprudência e a doutrina, vez ou outra, têm adotado diversas tipologias para se referir a pessoas em condições deficitárias (*v.g.* pessoa portadora de deficiência, pessoa com necessidades ou direitos especiais, pessoa com deficiência, etc.). Neste ponto, importante destacar que mais relevante do que a terminologia a ser adotada é a real percepção de deficiência, de estar faltando algo.

Como adverte Hugo Nigro Mazzilli, 10 % da população do mundo têm algum tipo de deficiência[62]. Nesse passo, ao invés de "meras alterações de nomenclatura, que muitas vezes fazem mudanças fáceis, mas mascaram problemas", devemos mesmo é "combater firmemente a discriminação com ações concretas, não apenas recorrer a eufemismos"[63].

---

61. Nome da Lei dada para homenagear Maria da Penha Maia Fernandes, que, em 1983, foi vitimada (por duas vezes) pelo seu então marido Marco Antonio Heredia Viveros.
    Em razão das lesões por ela sofridas, no ambiente mais inesperado de todos (seu próprio lar) e oriunda de tiros disparados por seu próprio esposo enquanto ela dormia, Maria da Penha veio a ficar paraplégica, presa a uma cadeira de rodas.
62. Pela Organização Mundial de Saúde – OMS, só no campo da deficiência física, estima-se que haja meio bilhão de pessoas em todo o mundo (http:www.un.org/french/esa/social/disabled/). No Censo brasileiro de 2000, que apresenta outra metodologia e outros critérios para definição de deficiência, apontou-se que cerca de 24,5 milhões de pessoas tem algum tipo de incapacidade – o equivalente a 14,5% da população do País (O Estado de São Paulo, 9 de maio de 2002, p.C-9).
63. MAZZILLI, Hugo Nigro. *A defesa dos interesses difusos em juízo*. São Paulo: Saraiva, 2011. p.685.

Até porque, de Esparta (onde bebês deficientes eram sacrificados, lançados de precipícios – *apothei*) para os dias contemporâneos, as deformações congênitas, amputações traumáticas e as debilidades físicas, sensoriais ou cognitivas (permanentes ou transitórias) muitas vezes não encontram o amparo necessário da sociedade, que, pelo contrário as discriminam ora de forma clara, ora de forma dissimulada – por intermédio de piadas depreciativas e ditos mordazes.

Em verdade, ao que parece, muito dessa discriminação se perfaz pelo fato de os cidadãos se esquecerem que a subnutrição, os acidentes de trânsito ou do trabalho, o uso de drogas, a falta de uma política pré-natal ou sanitária adequada, estão entre as principais causas para o surgimento de debilidades intelectuais, motoras, sensoriais, funcionais, orgânicas, sociais ou de personalidade.

De qualquer maneira, nesse esteio, emergem ações públicas para uma maior guarida aos deficientes, seja no cerne constitucional (*v.g.* art.37, VIII, CRFB, que assegura percentual dos cargos e empregos públicos para pessoas portadoras de deficiência) ou no âmbito legal – este, permeado de exemplos: a) a L.7853, de 24 de outubro de 1989, que disciplinou a proteção das pessoas portadoras de deficiência e sua integração social, bem como de sua defesa sob o aspecto transindividual; b) a L.8213, de 24 de julho de 1991, que assegurou aos deficientes, desde que habilitados, de 2 a 5% das vagas para trabalho nas empresas com mais de 100 empregados; c) a L.8742, de 7 de dezembro de 1993, que reconheceu o benefício de prestação continuada em favor de pessoa portadora de deficiência que comprove não possuir meio de prover a própria manutenção e não tê-la provida pela família; d) a L.8899, de 29 de junho de 1994, que concede passe livre às pessoas portadoras de deficiência no sistema de transporte coletivo interestadual; e) a L.10048, de 8 de novembro de 2000, que dá atendimento prioritário às pessoas portadoras de deficiência física, entre outras, bem como impôs requisitos de acessibilidade em seu favor; etc.

3.1.2 - Mandado constitucional de criminalização

Como pontuado, para que haja uma isonomia concreta, fática, se faz imperioso lançar mão de duas estratégias interdependentes (complementares): a) promocional, que visa propulsionar o avanço do direito a igualdade; e b) repressiva / punitiva, cujo objetivo é proibir, punir e, assim, eliminar as diferenças.

Deste modo, passada as ações afirmativas (que apresentam percepção promocional), é imprescindível analisarmos os denominados mandados constitucionais de criminalização (que detêm idiossincrasia repressiva).

Antolha-se! O poder constituinte originário, ao elaborar nossa bíblia política, esquadrinhou o que havia de essencial para a nação e o exteriorizou no corpo da Constituição. Ocorre que, tamanha a quantidade de matérias relevantes, nossa Magna Carta se tornou extensa (analítica /prolixa), de modo a não poder verticalizar grande parte do conteúdo nela tratado - encargo, este, que restou a ser regulamentado pela lei infraconstitucional[64].

É, neste ponto, que emergem os mandados constitucionais de criminalização, onde, para a proteção de determinados valores jurídicos imprescindíveis, a constituição traça a obrigatoriedade de o Poder Legiferante vir a atuar com a criação de normas aptas à tutela de certos bens / interesses e a incriminação de condutas tendentes a vilipendia-los.

Isso porque, diante da importância de certas matérias, o poder constituinte originário (por bem) achou melhor externar aquilo que, em seu texto, possuía dignidade penal e deveria receber a tutela do Estado - frente a possibilidade (e porque não, risco) de o Poder Legislativo não abordá-las com devido cuidado.

Desta sorte, nascem os mandados constitucionais, que podem ser:

a) expressos, onde fica clara a necessidade de se criminalizar determinada conduta. *v.g.* art.5° CRFB: a) XLI, a lei punirá qualquer discriminação atentatória dos direitos e liberdades fundamentais (v.Dec.5397/05); b) XLII, a prática do racismo constitui crime inafiançável e imprescritível, sujeita a pena de reclusão nos termos da Lei (v.L.7716/89); c) XLIII, a lei considerará crimes inafiançáveis e insuscetíveis de graça ou anistia a prática da tortura, o tráfico ilícito de entorpecentes e drogas afins, o terrorismo e os definidos como crimes hediondos, por eles respondendo os mandantes, os executores e os que, podendo evita-los, se omitirem (v.L8072/90, L9455/97, L11343/06); d) XLIV, constitui crime inafiançável e imprescritível a ação

64. De passagem, esta é a morada dos conceitos estudados sobre eficácia das normas constitucionais, onde se consagram: as de eficácia plena, limitada / relativa complementável, contida / redutível / restringível (José Afonso da Silva); absoluta / supereficazes (Maria Helena Diniz); de eficácia exaurida / esvaída (Carlos Ayres Britto); autoexecutáveis / bastantes em si, não autoexecutáveis (Rui Barbosa e Thomas Cooley).

de grupos armados, civis ou militares, contra a ordem constitucional e o Estado Democrático (v.L7170/83); etc.

b) implícitos, onde a ordem de criminalização se mostra velada. *v.g* art.5° CRFB: a) caput, todos são iguais perante a lei, sem distinção de qualquer natureza, garantindo-se aos brasileiros e aos estrangeiros residentes no país a inviolabilidade do direito à vida, à liberdade, à igualdade, à segurança e à propriedade, nos seguintes termos (nesse passo, ilustra-se com os arts. 121/128 do CP, que trazem os crimes contra a vida); b) VI, é inviolável a liberdade de consciência e de crença, sendo assegurado o livre exercício dos cultos religiosos e garantida, na forma da lei, a proteção aos locais de culto e suas liturgias (v.Título V do Código Penal Brasileiro); c) X, são invioláveis a intimidade, a vida privada, a honra e a imagem das pessoas, assegurado o direito a indenização pelo dano material ou moral decorrente de sua violação (v.Arts.138/145 CP); d) XXII, é garantido o direito a propriedade (v.Título II CP); etc.

Decerto, uma vez presente a promoção do bem de todos, sem preconceitos de origem, raça, sexo, cor, idade e quaisquer outras formas de discriminação como um dos objetivos fundamentais da República Federativa do Brasil (art.3°, IV, CRFB), surge como mandado constitucional de criminalização a L.7716, de 5 de janeiro de 1989 (Lei Caó), que definiu os crimes resultantes de preconceito de raça ou de cor, etnia, religião ou procedência nacional.

No mesmo diapasão, apresenta-se o art.140, § 3° do CP, que tipifica como crime a injúria preconceituosa - que verbera mais austeridade no seu tratamento jurídico-penal em relação à injuria simples[65]. Tal modali-

65. Como adverte Fernando de Almeida Pedroso, a sanção aqui imposta é equiparável a prevista para muitos crimes contra a vida (auto-aborto – art.124 CP, homicídio culposo do Código Penal – art.121, § 3°) e para uma lesão corporal de natureza grave (art.129, § 1° CP).

Deste modo, para não fazer "germinar ou vicejar uma injustiça, a injúria discriminatória deve ser apreciada *cum grano salis* na sua identificação com o respectivo figurino típico, instando sejam introduzidas estreitas limitações à sua configuração jurídica.

Não será suficiente ao aperfeiçoamento da injúria qualificada pelo preconceito, destarte, que alguém ultraje outrem pejorativamente chamando-o de negro, baiano, judeu, macaco, africano, carcamano, etc., fato que simplesmente trará a descortino a injúria na sua modalidade simples.

Sempre será necessário agregar-se ao simples dolo de ofender a incolumidade moral alheia o elemento subjetivo do injusto, a conferir-lhe maior amplitude e contundência, consistente numa manifestação do sentimento de revelar, de forma prevalecente, a

dade específica da injúria pune aquele que ofende a dignidade ou decoro da vítima com o emprego de referências a raça, cor, etnia, religião ou a condição de pessoa idosa ou portadora de deficiência.

De qualquer forma, é digno de nota que a presente qualificadora da injúria não se confunde com o delito de racismo, trazido pela L.7716, de 5 de janeiro de 1989 - apesar de já possuirmos um julgado da 1ª turma do STF (ARE n.983.531 AgR-DF, de 21 de agosto de 2017) equiparando os efeitos de ambos atos deletérios.

Isso porque, além das consequências práticas (crime imprescritível, inafiançável e perseguida mediante ação penal pública incondicionada), o racismo traduz uma espécie de segregação (de pôr à margem da sociedade) em função da raça, cor, etnia, religião ou procedência nacional. Enquanto, de outro turno, a injúria preconceituosa (que é prescritível, afiançável e perseguida por ação penal pública condicionada à representação da vítima) é praticada por intermédio de xingamentos envolvendo a raça, cor, etnia religião ou origem da vítima.

Numa exemplificação clara e simples, Rogério Sanches Cunha ilustra a seguinte situação: xingar alguém fazendo referências à sua cor é injúria racial (*v.g.* caso do jogador Grafite, que em uma partida de futebol da Copa Libertadores da América, em 13 de abril de 2005, foi xingado de macaco por Leandro Desábato); por outro lado, impedir alguém de ingressar numa festa por causa da sua cor é racismo[66].

Verbere, nessa senda, o alargamento da aplicabilidade da Lei Caó. Em princípio, com o caso Ellwanger, onde se discutiu o direito da liberdade de expressão v. a tipificação do art.20, da L.7716/89 - em face da obra *Holocausto: Judeu ou Alemão?* (CASTAN, S.E. Porto Alegre: Revisão, 1988).

A Suprema Corte, ante a tal questionamento (HC82424/RS), trouxe que a negação de fatos históricos incontroversos "consubstanciadas na pretensa inferioridade e desqualificação do povo judeu, equivalem à incitação ao discrimen com acentuado conteúdo racista, reforçadas pelas consequências históricas dos atos em que se baseiam". Aliás, "explícita conduta do agente responsável pelo agravo revelador de manifesto dolo, baseado na equivocada

---

intenção de ferir não apenas a pessoa particularmente considerada e propriamente dita, mas de discriminá-la pela sua raça, etnia, religião, etc" (PEDROSO, Fernando de Almeida. *Direito Penal: parte especial.* São Paulo: Método, 2008. pp.424-425).

66. CUNHA, Rogério Sanches. *Direito Penal: parte especial.* 3ª.ed. São Paulo: Revista dos Tribunais, 2010. p.96.

premissa de que os judeus não são só uma raça, mas mais do que isso, um segmento racial atávica e geneticamente menor e pernicioso".

Nessa vertente, "o direito à livre expressão não pode abrigar em sua abrangência, manifestações de conteúdo imoral que implicam ilicitude penal. (...) O preceito fundamental da liberdade de expressão não consagra o direito à incitação ao racismo, dado que um direito individual não pode constituir-se em salvaguarda de condutas ilícitas, como sucede nos crimes contra a honra". (HC 82.424, rel Min. Moreira Alves, Relator para acórdão: Min. Maurício Corrêa, Tribunal Pleno, j.17-09-2003).

Deliberou-se, portanto, que racismo, antes de tudo, "é uma realidade social e política, sem nenhuma referência à raça enquanto caracterização física ou biológica, refletindo, na verdade, reprovável comportamento que decorre da convicção de que há hierarquia entre os grupos humanos, suficiente para justificar atos de segregação, inferiorização e até de eliminação de pessoas".

Fora com estofo nessa linha teórica que o STF, em 13 de junho de 2019, aproveitando-se de ausência normativa (ADO 26 e MI 4733), ampliou novamente o campo de atuação da Lei Caó - tornando-a apta a punir os atos de homofobia e transfobia enquanto inexistir mandamento legal específico para tal desiderato.

Derradeiramente, ainda que não atinente à Lei 7.716/89, é fruto de mandado constitucional de criminalização, sob o pálio da promoção do bem de todos, sem preconceitos de origem, raça, sexo, cor, idade e quaisquer outras formas de discriminação (um dos objetivos fundamentais da República Federativa do Brasil - art.3°, IV, CRFB), a recente L.12.984, de 2 de junho de 2014, que define como crime a discriminação dos portadores do vírus da imunodeficiência humana[67] (HIV) e doentes de aids[68] - dentre tantos outros exemplos possíveis.

3.2 - A efetivação da igualdade no plano internacional

De maneira inicial, é inconfutável que o direito à isonomia, por ser inerente aos homens, foi reconhecido (de acordo com o local de sua previsão)

67. Qualquer pessoa infectada pelo vírus e que na grande maioria das vezes está totalmente saudável.

68. Fase da infecção, de onde surgem inúmeras doenças oportunistas geradas pela deficiência do sistema imunológico do doente, resultado da ação do vírus.

como direito fundamental, se inserido nas Constituições dos Estados; ou como direito humano, quando previsto em tratados internacionais.

Apesar desta distinção tipológica, é digno de nota que, seja no âmbito interno ou na esfera do *Droit des gens* (*Law of Nations / Volkerrech*), há uma intensa luta para se proteger denotado direito.

Até porque, os direitos humanos (dentre eles o direito à igualdade) refletem um construído axiológico, a partir de um espaço simbólico de luta e ação social.[69] Traduzem processos que abrem e consolidam a busca pela dignidade humana.[70] São, decerto, "um dado construído, uma invenção humana, em constante processo de construção e reconstrução"[71], que simbolizam a lei do mais débil (fraco) contra a lei do mais forte, "na expressão de um contrapoder em face dos absolutismos, advenham do Estado, do setor privado ou mesmo da esfera doméstica".[72]

Daí, a morada de sua finalidade: como paradigma e referencial ético a orientar a ordem internacional.

Aliado a este fito (de modo que não retomemos a barbárie do totalitarismo, como o Nazismo, que negou o valor pessoa humana como fonte do Direito), surge a ideia de que a proteção dos direitos humanos não deve se reduzir ao domínio reservado do Estado, haja vista o fato deste tema revelar verdadeiro (e legítimo) interesse internacional.

Id est, passa-se a ter o ser humano como o fim do direito (não mais o meio). Flexibiliza-se o conceito de soberania nacional (indo da concepção de Hobbes – soberania centrada no Estado – para a de Kant – centrada na cidadania universal), de modo que os direitos humanos transcendem

---

69. PIOVESAN, Flávia. "Proteção dos direitos sociais: desafios do sistema global, regional e sul-americano". In: CORREIA, Fernando Alves; MACHADO, Jônatas E.M; LOUREIRO, João Carlos. (coord.). *Estudos em homenagem ao Prof. Doutor José Joaquim Gomes Canotilho.* Coimbra: Coimbra, 2012, 3.v. p743.

70. FLORES, Joaquín Herrera. *Direitos humanos, interculturalidade e racionalidade de resistência.* Mimeo. p.7 *apud* PIOVESAN, Flávia. "Proteção dos direitos sociais: desafios do sistema global, regional e sul-americano". Ob.cit. p.743.

71. ARENDT, Hannah. *As origens do totalitarismo.* Trad. Roberto Raposo, Rio de Janeiro, 1979. A respeito, ver também: LAFER, Celso. *A reconstrução dos direitos humanos: um diálogo com o pensamento de Hannah Arendt.* São Paulo: Cia das Letras, 1988. p.134. *apud.* Idem. p.744.

72. FERRAJOLI, Luigi. *Diritti fondamentali – um dibattito teórico, a cura di Ermanno Vitale.* Roma/Bari: Laterza, 2002. p.338. *apud.* Idem ibidem.

as fronteiras dos Estados, dada a valorização das pessoas humanas como novo interesse global.

Nessa vereda, empós a Declaração Universal dos Direitos Humanos (de 10 de dezembro de 1948), delineada pela Carta das Nações Unidas, criam-se diversos instrumentos internacionais de proteção a estes direitos. Forma-se, sobretudo em razão da consciência ética compartilhada entre os Estados contemporâneos, um sistema (integrado por tratados internacionais) voltado a salvaguarda de direitos mínimos aos seres humanos[73] (mínimo ético irredutível).

Para uma maior tutela, conjuntamente com o sistema normativo global, emergem sistemas regionais de proteção (particularmente na Europa, América e África[74]) que colimam internacionalizar os direitos humanos nos planos regionais. Nesta perspectiva, sob o *axio* da Declaração Universal, tais sistemas interagem em benefício dos indivíduos protegidos. Diga-se de passagem, se complementam inclusive com o sistema nacional de proteção, proporcionando a maior efetividade possível na tutela e promoção de direitos fundamentais.

Nesse ponto, vislumbra-se que o direito existe para proteger a pessoa humana (v. princípio do *pro omine*), não devendo haver restrições formais entre o direito nacional e o direito das gentes, de modo que sempre se aplique ao ser humano a norma que a ele lhe seja mais protetiva (vasos comunicantes / cláusulas de retroalimentação, denominados, no direito interno, de diálogo das fontes / de complementaridade – com espeque em Erick Jaime).

É neste prisma, de igual modo ao já externado, que emergem no plano internacional as políticas promocionais (que propulsionam o avanço do direito a igualdade) e repressivas / punitivas (cujo objetivo é proibir, punir e, assim, eliminar as diferenças) para que se galgue uma igualdade fática.

Nesse sentido, a existência da: a) Convenção sobre a eliminação de todas as formas de discriminação racial (que, no art.1°, parágrafo 4°, prevê a possibilidade de discriminação positiva mediante a adoção de medidas especiais de proteção ou incentivo a grupos ou indivíduos, com o escopo de promover sua ascensão na sociedade até um nível de equiparação com

---

73. MAZZUOLI, Valério de Oliveira. *Direito internacional público: parte geral.* 7ª.ed. São Paulo: Revista dos Tribunais, 2013. p.186.

74. Há um incipiente sistema árabe e a proposta de um sistema regional asiático (v. Carta Asiática de Direitos Humanos, em 1997, sob a forma de uma declaração feita por expressivas ONG´s).

os demais); bem como a b) Convenção sobre a eliminação de todas as formas de discriminação contra a mulher[75] (que traz a possibilidade de Estados concretizarem ações afirmativas temporárias, com o desiderato de acelerar o processo de igualização de status entre homens e mulheres) e a c) Convenção relativa aos direitos das pessoas com deficiência (único tratado internacional que foi recepcionado com status, material e formal[76], de norma constitucional em nosso ordenamento).

---

75. Na órbita das Nações Unidas há, ainda, a Declaração de Pequim (1995) e, no âmbito da Organização dos Estados Americanos (OEA), existe a Convenção Interamericana para prevenir, punir e erradicar a violência contra a mulher (1994).

    Desmiude! Para a convenção Interamericana, entende-se por violência contra a mulher qualquer ato ou conduta baseada no gênero, que cause morte, dano ou sofrimento físico, sexual ou psicológico à mulher – tanto na esfera pública quanto na esfera privada (art.1°).

    Daí, destaca Erival da Silva Oliveira, "a discriminação contra mulher significa toda distinção, exclusão ou restrição baseada no sexo e que tenha por objeto ou resultado prejudicar ou anular o reconhecimento, gozo, exercício, pela mulher, independentemente de seu estado civil, com base na igualdade do homem e da mulher, dos direitos humanos e das liberdades fundamentais nos campos político, econômico, social, cultural e civil ou em qualquer outro campo." (OLIVEIRA, Erival da Silva. *Direito constitucional: direitos humanos.* 2ª ed. São Paulo: Revista dos Tribunais, 2011. p.71)

76. Inexiste, em nosso ordenamento, dispositivo que pontue acerca da hierarquia de tratado internacional no Brasil.

    Nesse passo, com a EC 45/04 e a inclusão do § 3°, art.5 CRFB, competiu ao STF (RE 466343/SP) se posicionar sobre o assunto. E, assim o fazendo, o Min. Gilmar Mendes (e maioria do STF) deliberou no sentido de que tratados de Direitos Humanos tem hierarquia supralegal (podendo ter status constitucional) e os demais tratados comuns tem hierarquia de lei ordinária.

    Ocorre que, conforme adverte Valério Mazzuoli, esse luminar de status de lei ordinária aos tratados comuns é bastante criticado.

    Isso porque: a) o STF fez pouco caso com relação a responsabilidade do Estado Brasileiro, pois admite que um compromisso internacional perca vigência em virtude da edição de lei posterior que com ele conflite (ou seja, viabiliza que, sem denúncia, um tratado possa unilateralmente ser revogado por um Estado-parte); b) por demais, tal fato sinaliza uma má-fé no âmbito internacional, já que pela Teoria do ato próprio (*venire contra factum proprium non valet*), o Congresso Nacional, ao aprovar um tratado internacional, assume uma obrigação negativa de não legislar em sentido contrário as obrigações assumidas. Deste modo, se o Congresso Nacional assim o fizer (legislar), estaria obrando em oposição a conduta que teve anteriormente. (v. MAZZUOLI, Valério Oliveira. Ob.cit. pp.91-100).

    Desta forma, a solução seria andar na esteira do art.5°CP e art.1°CPP, concedendo, a tais tratados comuns, hierarquia supralegal (Note! Os de Direitos Humanos, independentemente de sua internalização por maioria qualificada, teriam status constitucional material; e, empós sua internalização, com aprovação congressual qualificada, teriam status constitucional material e formal).

4 - CONSIDERAÇÕES DERRADEIRAS

Em breve síntese, o direito à igualdade, que sempre esteve embutido dentro das mais diversas acepções de justiça – desde a antiguidade –, pugna pelo tratamento justo por intermédio de um regulador de diferenças.

Veda-se, nessa vertente, o emprego arbitrário de tratamentos iguais para aqueles que se encontram em situações manifestamente desiguais ou, ainda, diferenciações destituídas de justificação razoável, baseadas em critérios discriminatórios, preconceituosos ou injustificáveis.

De igual modo, proíbe-se a discriminação (sentido negativo do princípio da igualdade) e fomenta-se a insurgência do Poder Público (Estado intervencionista / social) para, por intermédio de ações afirmativas (discriminações positivas), compensar, ou quiçá eliminar, as desigualdades de natureza social, cultural e econômica (acepção positiva do referido axioma).

Isso porque, embora traduza um dos pilares do Estado Democrático de Direito, sendo ademais um dos valores centrais da ordem jurídico-constitucional, há muito a ser feito para que galguemos a colimada igualdade concreta, uma vez que, como asseverou Martin Luther King, aprendemos a voar como pássaros, a nadar como peixes, mas não a conviver como irmãos.

REFERÊNCIAS BIBLIOGRÁFICAS

ALEXY, Robert. *Teoria dos direitos fundamentais.* São Paulo: Malheiros, 2008;

ARISTÓTELES. *Ética a Nicômaco.* Os pensadores. São Paulo: Abril Cultural, 1979;

BARBOSA, Rui. *Oração aos moços.* São Paulo: Martin Claret, 2003;

BOBBIO, Norberto. *Igualdade e Liberdade.* Trad. Carlos Nelson Coutinho. 2ª.ed. Rio de Janeiro: Ediouro;

CANOTILHO, J.J. Gomes; MOREIRA, Vital. *Constituição da República Portuguesa anotada* – Arts.1° a 107.°. 4ª.ed. Coimbra: Coimbra, 2007;

CUNHA, Rogério Sanches. *Direito Penal: parte especial.* 3ª.ed. São Paulo: Revista dos Tribunais, 2010;

DÍEZ-PICAZO, Luís María. *Sistema de derechos fundamentales.* 2ª.ed. Madrid: Civitas, 2005;

DOUGLAS, William. *A propósito das cotas nos concursos públicos*. Disponível em: ≤www.atualiadesdodireito.com.br/williamdouglas/2014/04/02/a--proposito-das-cotas-nos-concursos-publicos≥, Acesso em: 14 de junho de 2014;

FERRAZ, Tércio Sampaio. *Introdução ao Estudo do Direito*. 3ª edição. São Paulo: Editora Atlas, 2001. p.24;

FERREIRA FILHO, Manoel Gonçalves. *Curso de direito constitucional*. 12ª ed. São Paulo: Editora Saraiva, 1993;

FRANCO, Francisco Manoel de Mello; HOUAISS, Antônio; VILLAR, Mauro de Salles. *Minidicionário Houaiss da língua portuguesa*. 2ª edição. Rio de Janeiro: Objetiva, 2004;

HOUAISS, Antônio; VILLAR, Mauro de Salles; FRANCO, Francisco Manoel de Mello. *Minidicionário Houaiss da língua portuguesa*. 2ª edição. Rio de Janeiro: Objetiva, 2004;

KELSEN, Hans. *Teoria pura do direito*. 5ª edição. São Paulo: Editora Martins Fontes, 1996;

LOPES, João Batista; MORAIS, Paulo Herber de. *Da prova penal*. Campinas: Julex Livros LTDA., 1978;

MALUF, Sahid. *Teoria geral do Estado*. Revista e atualizada pelo Prof. Miguel Alfredo Malufe Neto. 26ª.ed. São Paulo: Saraiva, 2003;

MARINONI, Luiz Guilherme; MITIDIERO, Daniel; SARLET, Ingo Wolfgang. *Curso de Direito Constitucional*. 2ª.ed. São Paulo: Revista dos Tribunais, 2013;

__________. *Teoria geral do processo*. 3ª ed. rev. e atual. São Paulo: Revista dos Tribunais, 2008. v I;

MARQUES, José Frederico. *Estudos de direito processual penal*. Rio de Janeiro: Forense, 1960;

MAZZILLI, Hugo Nigro. *A defesa dos interesses difusos em juízo*. São Paulo: Saraiva, 2011;

MAZZUOLI, Valério de Oliveira. *Direito internacional público: parte geral*. 7ª.ed. São Paulo: Revista dos Tribunais, 2013;

MEDEIROS, Rui; MIRANDA, Jorge. *Constituição portuguesa anotada*. Coimbra: Coimbra, 2005. Vol.I.;

MIRANDA, Jorge; MEDEIROS, Rui. *Constituição portuguesa anotada*. Coimbra: Coimbra, 2005. Vol.I.;

MITIDIERO, Daniel; SARLET, Ingo Wolfgang; MARINONI, Luiz Guilherme. *Curso de Direito Constitucional.* 2ª.ed. São Paulo: Revista dos Tribunais, 2013;

MORAIS, Paulo Herber de; LOPES, João Batista. *Da prova penal.* Campinas: Julex Livros LTDA., 1978;

MOREIRA, Vital; CANOTILHO, J.J. Gomes. *Constituição da República Portuguesa anotada* - Arts.1° a 107.°. 4ª.ed. Coimbra: Coimbra, 2007;

NOVELINO, Marcelo. *Manual de Direito Constitucional: volume único.* 8ª.ed. São Paulo: Método, 2013;

OLIVEIRA, Erival da Silva. *Direito constitucional: direitos humanos.* 2ª ed. São Paulo: Revista dos Tribunais, 2011;

PEDROSO, Fernando de Almeida. *Direito Penal: parte especial.* São Paulo: Método, 2008;

PIOVESAN, Flávia. *Ações afirmativas da perspectiva dos direitos humanos.* Cadernos de pesquisa. v.35, n°.124, jan/abr.2005;

_________. "Proteção dos direitos sociais: desafios do sistema global, regional e sul-americano". In: CORREIA, Fernando Alves; MACHADO, Jônatas E.M; LOUREIRO, João Carlos. (coord.). *Estudos em homenagem ao Prof. Doutor José Joaquim Gomes Canotilho.* Coimbra: Coimbra, 2012, 3.v;

SARLET, Ingo Wolfgang; MARINONI, Luiz Guilherme; MITIDIERO, Daniel. *Curso de Direito Constitucional.* 2ª.ed. São Paulo: Revista dos Tribunais, 2013;

SCOTT, Joan. O enigma da igualdade. *Estudos Feministas.* Florianópolis, n°13 (1), jan./abr., 2005;

TOURINHO FILHO, Fernando da Costa. *Processo penal.* 8ª.ed. São Paulo: Saraiva, 1986;

VILLAR, Mauro de Salles; HOUAISS, Antônio; FRANCO, Francisco Manoel de Mello. *Minidicionário Houaiss da língua portuguesa.* 2ª edição. Rio de Janeiro: Objetiva, 2004.

AS COTAS RACIAIS E A INTERPRETAÇÃO ACERCA DE AÇÃO AFIRMATIVA NO SISTEMA JURÍDICO BRASILEIRO

Raimundo Chaves Neto [1]

As cotas raciais, por representarem uma modalidade de ação afirmativa, são criadas com o intuito de atenuar a desigualdade social existente entre brancos e negros.[2]

Entretanto, problemas na aplicação e interpretação destas normas legais já causaram e ainda causam no Brasil indícios de injustiça, o que nos faz despertar para a legitimidade da presente ação afirmativa[3].

O nosso tema apresenta-se como incômodo para a sociedade brasileira, pois muitos intelectuais (também pseudointelectuais), para defenderem a implantação das cotas raciais, falam de uma dívida histórica com os negros que deve ser reparada, enquanto estas cotas, para alguns, já causaram prejuízos e injustiças, pois alegam que pessoas competentes e qualificadas perdem vagas nas universidades e nos empregos para pessoas menos capacitadas.

Nos dias atuais, as relações de um Estado, independentemente de ser socialista ou capitalista, não se limitam às questões internas.

---

1. Professor. Advogado. Mestre em Direito (Universidade de Coimbra). Doutorando em Direito (Universidade de Lisboa). Investigador do Centro de Investigação THD da Ulisboa. Membro da Associação Ibero-americana de Direito Romano (AIDROM). Membro Efetivo do Instituto dos Advogados Brasileiros (IAB. Membro Honorário do Instituto dos Advogados do Ceará (IAC). Sócio-Correspondente em Portugal da Academia Cearense de Direito (ACED). Diretor do Instituto Sílvio Meira em Lisboa (ISM).
2. No mesmo sentido: LESME, Adriano. "Cotas raciais"; *Brasil Escola*. Disponível em <http://brasilescola.uol.com.br/educacao/sistema-cotas-racial.htm>. Acesso em 12 de junho de 2016.
3. A pessoa que pretende o benefício deve assinar um termo de autodeclaração da sua raça e, eventualmente, submeter-se a uma entrevista. Conforme noticiado no ano de 2007, uma das mais conceituadas universidades do país (UnB – Universidade de Brasília) autorizou, após este processo de seleção, que um rapaz pudesse concorrer pelo sistema de cotas, enquanto o mesmo direito foi negado ao seu irmão gêmeo idêntico (duplo verdadeiro).

A constante interação mundial entre os países[4], oriunda da globalização, está pautada na mútua ajuda e num relacionamento com os demais membros da comunidade internacional com objetivo principal de manter um equilíbrio, tanto nos relacionamentos comerciais quanto pelo auxílio da cooperação internacional.

A designação Tratado é geralmente utilizado para definir os acordos obrigatórios celebrados entre sujeitos de direito internacional, regulados pelo Direito Internacional[5].

Podemos identificar como pessoas jurídicas (pessoas coletivas) de direito internacional público os Estados soberanos (por similitude está incluída a Santa Sé) e as organizações internacionais em sentido estrito (...). O Estado, como efeito, não tem apenas precedência histórica: ele é antes de tudo uma realidade física, um espaço territorial sobre o qual vive uma comunidade de seres humanos[6].

O Estado brasileiro, por ser dotado de personalidade jurídica internacional, também é dotado de capacidade para celebrar tratados e acordos internacionais, que como ente soberano, expressando sua vontade de forma expressa e legítima, obriga-se em relação a estes em sua total observância[7].

Ao ser celebrado um tratado internacional e ratificado em sede interna, o país está obrigado a cumpri-lo tanto no âmbito internacional quanto no âmbito interno.

De acordo com a UNESCO[8], os Estados que ratificassem passariam a ter que condenar a discriminação racial e comprometeriam-se a adotar

---

4. Vale salientar que esta interação, por vezes, ocorre obrigatoriamente por razões mundiais. De acordo com o texto de TEBAR, Wilton B. C.; e AMARAL, Sérgio Tibiriçá. *Brasil e os tratados internacionais: alusão às regras de direito internacional e de direito interno*. http://intertemas.unitoledo.br/revista /index.php/ETIC/article/viewFile/2399/1924. Acesso em 5 de março de 2016.
5. No mesmo sentido: HENKIN, Louis. *Constitutionalism, democracy and foreign affairs*. New York: Columbia University, 1990, p. 59.
6. De acordo com o mesmo raciocínio de REZEK, Francisco. *Direito Internacional Público*11. São Paulo: Saraiva, 2008, p. 151.
7. Nas palavras de REZEK, Francisco. *Direito Internacional Público*11. São Paulo: Saraiva, 2008, p. 224: "Atributo fundamental do Estado, a Soberania o faz titular de competências que, precisamente porque existe uma ordem jurídica internacional, não são ilimitadas; mas nenhuma outra entidade as possui superiores".
8. Ver o endereço eletrônico http://unesdoc.unesco.org/images/0013/001393/139390por.pdf. Acesso em 6 de setembro de 2016.

uma política de eliminação da discriminação racial em todas as suas formas e de promoção de entendimento entre as diversas raças existentes.

Com este objetivo, todo Estado comprometer-se-ia a não efetuar ato ou prática de discriminação racial, tomando medidas válidas contra uma pessoa ou organização qualquer que infringisse esta regra.

O Decreto Legislativo nº 23, de 21 de junho de 1967, publicado no (D.O.U. 23/06/67), aprovou a Convenção Internacional sobre a Eliminação de Todas as Formas de Discriminação Racial, aprovando a Convenção Internacional sobre a Eliminação de Todas as Formas de Discriminação Racial, adotada pela Resolução número 2.106 da Assembleia-Geral das Nações Unidas, de 21 de dezembro de 1965[9].

O Decreto 65.810/68[10] promulgou a Convenção Internacional sobre a Eliminação de todas as Formas de Discriminação Racial no dia 8 de dezembro de 1969.

Por exigência legal desta Convenção, a expressão "discriminação racial" passou a significar qualquer distinção, exclusão restrição ou preferência baseadas em raça, cor, descendência ou origem nacional ou étnica que tem por objetivo ou efeito anular ou restringir o reconhecimento, gozo ou exercício num mesmo plano, em igualdade de condição, de direitos humanos e liberdades fundamentais no domínio político econômico, social, cultural ou em qualquer outro domínio de vida pública.

Os Estados condenam a discriminação racial e comprometem-se a adotar imediatamente, através dos meios apropriados, uma política de eliminação da discriminação racial em todas as suas formas e promoverem de promoção de entendimento entre todas as raças.

Em cumprimento às obrigações fundamentais dos Estados, o Brasil comprometeu-se a proibir e a eliminar a discriminação racial em todas

9. Ao falarmos da ordem jurídica portuguesa, de acordo com o sítio eletrônico http://www.gddc.pt/direitos-humanos/textos-internacionais-dh/tidhuniversais/pd-eliminacao-discrimina-racial.html, em Portugal: Aprovação para adesão: Lei n.º 7/82, de 29 de Abril, publicada no Diário da República I Série-A, n.º 99/82; Depósito do instrumento de adesão junto do Secretário-Geral das Nações Unidas: 24 de Agosto de 1982; Aviso do depósito da Carta de confirmação e adesão: Aviso do Ministério dos Negócios Estrangeiros publicado no Diário da República, I Série, n.º 233/82, de 8 de Outubro; Entrada em vigor na ordem jurídica portuguesa: 23 de Setembro de 1982.

10. Texto disponível na íntegra em http://www2.camara.leg.br/legin/fed/decret/1960-1969/decreto-65810-8-dezembro-1969-407323-publicacaooriginal-1-pe.html. Acesso em 6 de julho de 2016.

suas formas e a garantir o direito de cada uma à igualdade perante a lei sem distinção de raça, de cor ou de origem nacional ou étnica, principalmente no gozo do direito a tratamento igual perante os tribunais ou qualquer outro órgão que administre justiça e no acesso à educação e à formação professional[11].

A Lei nº 12.711/2012 instituiu a garantia da destinação de reserva da metade das vagas por curso e turno nas 59 universidades federais e 38 institutos federais de educação, ciência e tecnologia a alunos oriundos integralmente do ensino médio público, em cursos regulares ou da educação de jovens e adultos. O restante das vagas permaneceu para ampla concorrência[12].

As vagas reservadas às cotas foram divididas igualmente em dois grupos, ambos provenientes da escola pública[13], levando em conta, ainda, o percentual mínimo correspondente ao da soma de pretos, pardos e indígenas, de acordo com o último censo demográfico do Instituto Brasileiro de Geografia e Estatística (IBGE).

A lei, inicialmente, era aplicada para quem estudou em escolas públicas[14] no Ensino Médio, assim como em colégios militares.

O critério da raça será autodeclaratório, como ocorre no censo demográfico e em toda política de afirmação no Brasil, enquanto a renda familiar deverá ser comprovada através de documentos, sob regras estabelecidas pela instituição e recomendação de documentos mínimos pelo MEC (Ministério da Educação e Cultura).

---

11. De acordo com o artigo V do Decreto 65.810/68, disponível em www2.camara.leg.br. *Idem*.

12. Conforme informações fornecidas pelo Ministério da Educação e Cultura. Endereço eletrônico www.mec.gov.br. Acesso em 30 de abril de 2016.

13. Embora o Tribunal Regional Federal da 4ª Região tenha se decidido por obrigar a Universidade Federal do Rio Grande do Sul (UFRGS) em matricular no curso de Música uma estudante aprovada pelo sistema de cotas destinado à escola pública, mesmo ela tendo cursado parte do Ensino Médio em instituição privada. De acordo com o sítio eletrônico: http://zh.clicrbs.com.br/rs/noticias/noticia/2015/08/estudante-de-escola--particular-consegue-vaga-de-cotista-na-ufrgs-4824038.html. Acesso em 23 de abril de 2016.

14. De acordo com a Lei de Diretrizes e Bases da Educação (LDB), Lei nº 9394/96, artigo 19, inciso I: "As instituições de ensino dos diferentes níveis classificam–se nas seguintes categorias administrativas: inciso I – públicas, assim entendidas as criadas ou incorporadas, mantidas e administradas pelo Poder Público".

A supracitada lei determina o mínimo de aplicação das vagas, mas as universidades federais têm autonomia para, através de políticas específicas de ações afirmativas, criar reservas de vagas extras.

Independentemente da polêmica acerca da existência ou não de fatos morais, de sua natureza e de como descobri-los e de qual seria sua relação com as crenças morais, Rawls constrói uma teoria normativa que pode ser aceita tanto por realistas como por antirrealistas. Uma das razões desta provável aceitação é a não afirmação tampouco negação dos fatos morais na teoria da justiça como equidade[15].

Determinada teoria moral pode propor um critério de justo sem estar comprometida com uma fundamentação metafísica ou uma justificação epistêmica tradicional. Procurei frisar que a estratégia de justificação prática responde à necessidade do critério normativo para os juízos morais, sem vincular-se, obrigatoriamente, à sua realidade e verdade.

Nesta Análise, cremos que Rawls apresenta um modelo de justificação coerentista diferenciado por não estar baseado na estreita relação entre justificação e verdade; antes, aponta para a possibilidade da justificação da regra a partir de sua razoabilidade, isto é, a partir de seu próprio uso na cultura pública de uma sociedade democrática, isto é, a partir de um pano de fundo justo (*background justice* nas palavras do autor).

A razão de ser do pluralismo razoável não conta como uma afirmação sobre a realidade de fatos morais e possibilita o consenso sobreposto de diversas doutrinas abrangentes razoáveis. Justifica-se assim porque está construída no valor da tolerância, na aceitação dos limites da razão e do juízo, ajudando a redefinir o conceito central de imparcialidade e levando a uma justificação pública e estabilidade social e legitimidade.

A justiça, enquanto Equidade, exige partir de um ponto de vista social comum, sendo este ponto de vista comunitário que irá sustentar a existência de critérios morais objetivos para os indivíduos em sociedade. Pode-se dizer que Rawls faz uso de uma ontologia social holista que é inovadora e que não pode ser rotulada nem como realista e nem como antirrealista,

---

15. Abordaremos através da Resenha Crítica realizada por Denis Coitinho Silveira e Tiaraju Molina Andreazza, em: SILVEIRA, D. C., *Construtivismo político: além do realismo e antirrealismo*. Revista ethic@ – Florianópolis v. 10, n. 1, p. 1 – 25 Jun. 2011; e SILVEIRA, Denis Coitinho; et ANDREAZZA, Tiaraju Molina, *Resenha Crítica de HEDRICK, Todd. Rawls and Habermas: reason, pluralism, and the claims of political philosophy. Stanford, California: Stanford University Press, 2010*; Revista ethic@. Florianópolis, v. 11, n. 1, Jun. 2012, pp. 183 – 201.

pois iríamos reduzi-la naquilo em que apresenta sua novidade, consistente na afirmação de que ocorre o falseamento de um problema ao se debater ideais entre realistas e antirrealistas[16].

Apesar de defender a plausibilidade e a força de ambas teorias, tal como Hedrick, somos propensos a ver o projeto de Rawls como problemático em razão de seu descritivismo.

Podemos evidenciá-lo na distinção dos motivos para a rejeição do fundacionalismo, pois Habermas teria um motivo teórico com sua defesa de uma razão procedimental, em que a razão prescreve o processo para a determinação da validade das crenças, mas não pode antecipar o resultado desse processo, enquanto vemos Rawls a ter somente um motivo mais prático com a preocupação da legitimação de um sistema político.

Hedrick defende que a validade de uma concepção de justiça autossustentada depende de uma aceitação reflexiva por cidadãos razoáveis, sendo a teoria da justiça como equidade válida pela sua harmonia com as intuições morais-políticas ponderadas[17].

Configura-se como um problema o método do equilíbrio reflexivo, pois os princípios de justiça representam apenas uma extensão consistente de intuições razoáveis que tornam possível o benefício mútuo e a cooperação social, ou seja, os princípios são descritivos e não normativos[18].

Este raciocínio contrasta fortemente com o sistema de justificação de Habermas uma vez que o seu sistema de direitos está orientado por uma teoria da racionalidade comunicativa que conta com as aspirações

---

16. A obra de Hedrick apresenta um objetivo pouco modesto, qual seja investigar comparativamente os projetos de John Rawls e Jurgen Habermas no que diz respeito aos modelos de justificação dos princípios políticos num contexto de pluralismo moral, apontando, de forma sistemática e erudita, tanto para os pontos de aproximação como para suas diferenças específicas. No mesmo sentido: HEDRICK, Todd. *Rawls and Habermas: reason, pluralism, and the claims of political philosophy*. Stanford, California: Stanford University Press, Resenha de Denis Coitinho Silveira e Tiaraju Molina Andreazza. 2010, p. 183.
17. Conforme HEDRICK, Todd. *Rawls and Habermas: reason, pluralism, and the claims of political philosophy*. Stanford, California: Stanford University Press, 2010, p. 19. No mesmo sentido SILVEIRA, Denis Coitinho; et ANDREAZZA, Tiaraju Molina, *Resenha Crítica de HEDRICK, Todd. Rawls and Habermas: reason, pluralism, and the claims of political philosophy. Stanford, California: Stanford University Press, 2010*; Revista ethic@. Florianópolis, v. 11, n. 1, Jun. 2012, p. 185.
18. Conforme HEDRICK, Todd. *Idem*, p. 20. No mesmo sentido SILVEIRA, Denis Coitinho; et ANDREAZZA, Tiaraju Molina, *Idem* p. 185.

universais do discurso para validação da regra, representando o presente modelo a caracterização de uma doutrina englobante[19].

Ocorre um elucidativo sumário da crítica descritivista, apontando para um problema de normatividade em dois sentidos: a justificação pelo equilíbrio reflexivo é descritivista e não normativa e o conteúdo da justiça como equidade estaria determinado pelas doutrinas abrangentes, o que tornaria a premissa de autonomia falsa, descortinando uma interdependência entre valores públicos e privados[20].

Há uma forte tensão do argumento moral da posição original com os aspectos empíricos do consenso sobreposto, uma vez que na posição original, as partes, que são representantes de pessoas, devem escolher os princípios de justiça a partir de restrições formais, tais como a situação de igualdade para a escolha garantida pelo véu da ignorância e no consenso sobreposto há apenas um apelo para a cultura política e história constitucional como substitutos funcionais que seriam condições contrafactuais para o acordo a respeito do que é politicamente justo[21].

Podemos identificar uma ausência normativa, pois a justiça como equidade usa apenas uma justificação pragmática e contextual, ao gastar muito tempo afirmando o que acreditamos e tempo insuficiente dizendo o que nós deveríamos crer.

Hedrick, acerca do paradigma *freestanding* (autonomia realizada por condições iguais ofertadas) realiza forte crítica, ao propor uma concepção autossustentada de justiça para ser a base para a cooperação social em uma sociedade pluralista[22].

Hedrick aborda fortemente os métodos do construtivismo não-metafísico de Rawls e o reconstrutivismo pós-metafísico de Habermas.

Partindo da observação de dois problemas de incompatibilidade que estariam conectados na justiça como equidade a partir de sua virada política: existência de uma reivindicação quase-descritivista sobre quais

19. De acordo com HEDRICK, Todd. *Idem*, pp. 24 – 25. No mesmo sentido SILVEIRA, Denis Coitinho; et ANDREAZZA, Tiaraju Molina, *Idem* p. 185.

20. Conforme HEDRICK, Todd. *Idem*, p. 32 – 33. Conforme SILVEIRA, Denis Coitinho; et ANDREAZZA, Tiaraju Molina, *Ibidem*.

21. De acordo com HEDRICK, Todd. *Idem*, p. 37 – 38. No mesmo sentido SILVEIRA, Denis Coitinho; et ANDREAZZA, Tiaraju Molina, *Idem* p. 186.

22. Conforme HEDRICK, Todd. *Idem*, p. 61 – 65. Conforme SILVEIRA, Denis Coitinho; et ANDREAZZA, Tiaraju Molina, *Idem* p. 187.

concepções de justiça podem ser mutuamente aceitáveis pelas pessoas de uma certa descrição (pessoas razoáveis) e uma solução metafísica que fundamenta o consenso sobre uma norma moral última, sendo isso incompatível com o projeto de autonomia igualitária. A referida ideia não se apresenta como metafísica, porém, faz uso de um conteúdo substantivo, o que remete a uma dependência epistêmica do público em relação ao privado[23].

Primordialmente, podemos demonstrar que o método de Habermas pode evitar estes problemas em razão de seu reconstrutivismo e procedimentalismo. Uma reconstrução procura capturar a estrutura de um processo racional que produz determinado resultado, assim como um juízo, sem fazer uso de intuições morais para construir princípios da justiça[24].

Afora esta questão, uma teoria procedimental de Habermas instrumentaliza uma concepção geral de validade normativa que indica uma incompatibilidade substancial com as doutrinas abrangentes.

Há uma vantagem prescritiva no modelo habermasiano, visto vez que o princípio do discurso é tomado como ponto de articulação da ordem legal democrática, resultando um tipo de argumento chamado de reconstrução racional que, mesmo não sendo diretamente prescritivo, apresenta-se filosoficamente viável em um ambiente pós-metafísico e capaz de dar critérios normativos conectados à teoria social[25].

O modelo de constitucionalismo de Rawls seria contratualista porque ele seria um estágio justificacional posterior àquele do acordo: a institucionalização seria uma etapa de aplicação dos princípios, já tomados como justificados em virtude de um pacto jurídico prévio[26].

Um indivíduo, ao perceber que o outro é patriota, pode razoavelmente acreditar que o desacordo na aplicação é de *bona fides* e não anula um mútuo comprometimento aos mesmos princípios fundamentais[27].

---

23. Conforme HEDRICK, Todd. *Idem*, pp. 81 – 82. No mesmo sentido SILVEIRA, Denis Coitinho; et ANDREAZZA, Tiaraju Molina, *Idem* p. 189.
24. De acordo com HEDRICK, Todd. *Idem*, p. 83. No mesmo sentido SILVEIRA, Denis Coitinho; et ANDREAZZA, Tiaraju Molina, *Idem* p. 190.
25. Conforme HEDRICK, Todd. *Idem*, pp. 90 – 102. No mesmo sentido SILVEIRA, Denis Coitinho; et ANDREAZZA, Tiaraju Molina, *Idem* p. 190.
26. Conforme HEDRICK, Todd. *Idem*, p. 158. No mesmo sentido SILVEIRA, Denis Coitinho; et ANDREAZZA, Tiaraju Molina, *Idem* p. 194.
27. De acordo com HEDRICK, Todd. *Idem*, p. 181. No mesmo sentido SILVEIRA, Denis Coitinho; et ANDREAZZA, Tiaraju Molina, *Idem* p. 195.

A discrepância essencial é que o modelo de Rawls é apenas reconciliador, mas não crítico. Por estar subordinada às doutrinas abrangentes e à razão privada, como estabelece a crítica do descritivismo.

As ações afirmativas como ponto de partida abrem a discussão da aplicabilidade dos direitos garantidos aos cidadãos de um Estado[28].

A discussão jurídica surgida com o advento das ações afirmativas de cotas raciais para ingresso nas universidades públicas no Brasil traz à baila a relativização do mérito individual e dos critérios objetivos postos para acesso ao ensino público superior. Isto evidencia que o contexto dos direitos sociais tem perpassado pelo debate da sua importância e da sua efetividade.

A decisão tomou por fundamentação a obrigatoriedade do Estado de compensar as desigualdades sociais cumprindo o designo da dignidade humana. Outros questionamentos abrem-se a partir daí para os objetivos do presente trabalho: o Estado deve distribuir justiça? o que vem a ser justiça? quais os critérios devem ser utilizados para a distribuição da justiça? O estudo das obras de Kelsen, de Rawls, e Walzer pretenderam ao menos estabelecer alguns parâmetros para estas questões. Kelsen em "A Ilusão da Justiça" discutiu as concepções platônicas de amor, verdade e justiça com o intuito de analisar o caráter do direito positivo.

WALZER contribui para o debate com a sua visão de igualdade através da obra *Esferas da Justiça*[29]. O referido autor, sob uma nova perspectiva, também dedica-se a criticar o modelo de justiça apresentado por Rawls. Para ele, Rawls propôs uma distribuição de justiça partindo de um ponto de vista universal sem considerar que o meio social e as concepções históricas e culturais de cada sociedade. Chama de simplório o critério

28. Este subtema que abordará o sistema de justiça e o sistema dos direitos foi inspirado no artigo de MOTTA, Maria Carolina Carvalho, *O Sistema de Cotas e o Estado como Garantidor de Justiça Social: debate entre positivismo jurídico, liberalismo e comunitarismo* em: SOBREIRA FILHO, Enoque Feitosa; SILVEIRA, Clóvis Eduardo Malinverni da; FREITAS, Lorena de Melo, Grupo de Trabalho Filosofia do Direito do Conselho Nacional de Pesquisa e Pós-Graduação em Direito. XXIII Encontro Nacional do CONPEDI/UFSC, 2014. pp. 152 – 181.

29. Conforme a obra: WALZER, Michael. *Esferas da Justiça: uma defesa do pluralismo e da igualdade*. Trad. Jussara Simões. Trad. Cícero Romão Dias Araújo. São Paulo: Martins Fontes, 2003; No mesmo sentido: RAMOS, César Augusto. *A crítica comunitarista de Walzer à teoria da justiça de John Rawls*. Em: FELIPE (Org.) *Justiça como Equidade*. Florianópolis: Insular, 1998, p.231-243.

de igualdade de Rawls, propondo um modelo complexo que também considere novas perspectivas.

O Estado neste formato deve criar mecanismos distributivos para a equidade na distribuição de nacionalidade, trabalho, segurança, lazer, reconhecimento e poder político. Ao vislumbrarmos a teoria da justiça e a teoria dos bens, percebemos que elas determinam parâmetros de distribuição de justiça dentro do Estado, entretanto cada uma delas apresentou sua própria concepção para atingir um ideal de igualdade social.

Para atingir esta igualdade, torna-se imprescindível viabilizá-la através de ações afirmativas. Mas a questão final que se coloca é se o argumento da igualdade de oportunidades que se vale para o acesso à educação superior deve se estender, por exemplo, ao acesso ao emprego público através da instituição de cotas nos concursos públicos, pois este exercício do Estado na sociedade plural moderna é complexo demais.

Concluímos que a busca deste equilíbrio entre a validade da norma jurídica e a entrega da justiça social aos seus cidadãos configura-se como o grande desafio jurídico a ser identificado e transposto.

Sob uma análise superficial, podemos afirmar que pobreza é entendida como fruto da ação dos homens, sendo resultado das formas como estes pensam, interpretam e direcionam a construção da história, da forma como aceitam os padrões mínimos de sobrevivência de cada indivíduo presente na sociedade[30].

Entendemos que no Brasil, a pobreza não surge em decorrência da falta de recursos e sim da desigual distribuição destes, pois é um país rico, mas que apresenta grandes índices de desigualdade no mundo.

Ao compararmos o grau de desigualdade de renda no Brasil e o que ocorre em outros países, concluímos não só que a desigualdade brasileira é uma das mais elevadas em todo o mundo, mas também contribui a entendê-lo como um país com renda *per capita* relativamente elevada, mas que mantém cerca de quarenta por cento da sua população abaixo da linha de pobreza[31]

30. No mesmo sentido, apresentamos o esclarecedor artigo de WLODARSKI, Regiane; CUNHA, Luiz Alexandre, *Desigualdade social e pobreza como consequências do desenvolvimento da sociedade*. IX Simpósio Internacional Processo Civilizador. Ponta Grossa (Paraná). 2014.

31. Dados expostos por FARIA, V. E. *Brasil: Compatibilidade entre a estabilização e o resgate da dívida social,* in Pobreza e Política Social. CADERNOS ADENAUER, nº 1. São Paulo: Fiocruz, 1999, p. 21.

Devemos entender a pobreza no Brasil como decorrência da desigualdade social.

As ações humanas são determinadas pelas relações de interesse presentes na sociedade, são estas que determinam a devida forma de organização da vida social. "Se a memória é plena, o passado é sempre contemporâneo do sujeito (volta a ser presente deslocado para o plano da imagem e do valor) e corresponde à necessidade do juízo, de sua correção e verdade, à convicção absoluta de que se sabe e julga"[32].

A desigualdade social e a pobreza construíram e foram construídas pelo nosso processo histórico, estando presentes muitas vezes nas principais pautas de discussão, porém, não como objetos de efetivas ações que buscassem a erradicação destes problemas.

Podemos diagnosticar acerca da análise referente à estrutura da pobreza que o Brasil não é um país pobre, porém um país extremamente injusto e desigual[33].

Apesar do crescimento económico demonstrado, o Brasil ainda não gerou resultados satisfatórios para reduzir a pobreza. Claro que a questão económica desenvolve importância crucial, entretanto para erradicar a pobreza no Brasil é necessário definir uma estratégia que eleja como prioridade a redução das Desigualdades sociais.

A escravidão no Brasil foi introduzida pela necessidade de mão-de-obra.

Antes da Lei Áurea, alguns dispositivos legais foram editados[34], conforme falaremos de alguns como o Bill Aberdeen, Lei Eusébio de Queiroz, Lei do Ventre Livre, Lei dos Sexagenários, além da própria Lei Áurea.

---

32. No mesmo sentido a citação de VAITSMAN, J.; GIRARDI, S. *A Ciência e seus Impasses debates e tendências em filosofia, ciências sociais e saúde*. Rio de Janeiro: Editora. 1999, p. 123.

33. No mesmo sentido: BARROS, Ricardo Paes de, HENRIQUES, Ricardo e MENDONÇA, Rosane. (1999), *O combate à pobreza no Brasil: dilemas entre políticas de crescimento e políticas de redução da desigualdade*, in R. Henriques (org.), Anais do Seminário Desigualdade e Pobreza no Brasil, Rio de Janeiro, IPEA, Agosto, 2000.

34. Grande era o número de portugueses que retornavam a Portugal, por volta dos anos 1820 e que pretendiam manter os escravos sob sua propriedade. Entretanto o Alvará de 1761 determinava que os escravos que pisassem o solo português seriam declarados livres. De acordo com SEIXAS, Margarida, *Pessoas e Trabalho no Direito Português (1750-1878): escravo, liberto e serviçal*. AAFDL. Lisboa, 2016, pp. 443-444.

Contrariamente ao que se acreditou durante bastante tempo, a lei de 1831[35] não permaneceu como "letra morta", como legislação caduca, ao longo do século dezenove, principalmente na segunda metade.

No ano de 1833, os ingleses encerraram o ciclo da escravidão em todas as suas colônias, posicionando-se a partir de então como defensores do abolicionismo. Em 1845, foi aprovada a Bill Aberdeen. Esta lei visava combater o tráfico de escravos no Atlântico Sul, permitindo que as embarcações da Marinha Real britânica apreendessem navios negreiros que seguissem para o Brasil[36].

A Lei Eusébio de Queiroz, de 4 de setembro de 1850, convém ser interpretada no contexto das exigências feitas pela Grã-Bretanha ao governo brasileiro que tinham como objetivo acabar com o tráfico de escravos. A lei concedia o direito à marinha de aprender qualquer embarcação com escravos que tivesse como destino o Brasil[37]. Porém esta lei não surtiu efeitos instantâneos, inclusive houve um aumento significativo do tráfico interno de escravos. Apenas nos idos da década de 1870, com ao aumento da fiscalização, começou a faltar mão-de-obra escrava no Brasil. A partir de então, os grandes agricultores começaram a buscar trabalhadores assalariados, principalmente em países da Europa, o que coincide com a época das grandes imigrações rumo ao Brasil.

Já no ano de 1871, a Lei do Ventre Livre (que objetivava a abolição gradual da escravidão) foi aprovada no Brasil. A exemplo de outras leis de diferentes sociedades escravistas, a abolição se daria através da liberdade do ventre escravo[38].

Em 28 de setembro de 1885, o projeto 12 de maio, após a aprovação senatorial, foi assinado pelo imperador do Brasil e recebeu o nome de Lei Saraiva-Cotegipe, ou comumente chamada de Lei dos Sexagenários.

---

35. Na esteira dos bons comentários acerca da referida lei: COTA, Luis Gustavo Santos, *Não só "para inglês ver": justiça, escravidão e abolicionismo em Minas Gerais*. História Social, n. 21, 2011, pp. 65 – 92.

36. No mesmo sentido PETRIN, Natália em http://www.estudopratico.com.br/bill-aberdeen/. Acesso em 19/4/2016.

37. Conforme RODRIGUES, Jaime. http://www.suapesquisa.com/historiadobrasil/lei_eusebio_queiros.htm. Acesso em 5 de abril de 2016.

38. De acordo com LAIDLER, Christiane, A Lei do Ventre Livre: interesses e disputas em torno do projeto de "abolição gradual". http://www.casaruibarbosa.gov.br/escritos/numero05/FCRB _Escritos_5_9_ _christiane_laidler.pdf. p. 169. Acesso em 6 de maio de 2016.

Esta lei, no senso comum é considerada uma "piada de mal gosto"[39] para com os escravos brasileiros, pois estes dificilmente chegavam aos sessenta anos de idade, já que a expectativa de vida era de apenas quarenta anos.

No dia 13 de maio de 1888, por meio da Lei Áurea, a liberdade formal finalmente foi alcançada pelos negros no Brasil. Esta lei, assinada pela Princesa Isabel, aboliria de vez a escravidão no Brasil.

Comumente no Brasil confundimos os conceitos estruturantes das iniquidades sociais: desigualdade, pobreza e exclusão.

O conceito de desigualdade social refere-se à distribuição diferenciada, numa escala de mais a menos, das riquezas produzidas ou apropriadas por uma determinada sociedade, entre os seus participantes[40].

Pobreza, entretanto, significa a situação em que se encontram membros de uma determinada sociedade desprovidos de recursos suficientes para viver dignamente, ou que não apresentam as condições mínimas para suprir as suas necessidades básicas, que constituem-se, sempre, de definições sociais e históricas, apresentando variantes temporais e especiais.

Esta "destituição material"[41], a que se deveria acrescentar a dimensão da destituição simbólica, embora próximos, estes termos *desigualdade* e *pobreza* são evidentemente distintos e, nem sempre, subordinados um ao outro.

Por exemplo, um determinado país pode apresentar uma grande desigualdade na distribuição de suas riquezas sem que haja pobres, apesar de esta situação ser rara. Pode, ainda, ter uma pequena escala de diferença na distribuição das riquezas, mantendo a maioria da sua população pobre.

Os conceitos de *desigualdade* e *pobreza* são diversos entre si e igualmente diferentes do conceito de *exclusão social*, pois este encontra-se mais próximo, apesar de a ele se opor, ao de *coesão social*.

39. Conforme ressalta SABA, Roberto. A Lei dos Sexagenários no Debate Parlamentar (1884-1885). Texto integrante dos Anais do XIX Encontro Regional de História: Poder, Violência e Exclusão. ANPUH/SP – USP. São Paulo, 08 a 12 de setembro de 2008. Disponível em Cd-Rom.

40. Na esteira de OLIVEIRA, Luciano. *Os excluídos existem? Notas sobre a elaboração de um novo conceito*. Revista Brasileira de Ciências Sociais, nº 33, p. 49-61, fevereiro de 1997.

41. De acordo com o termo utilizado por ABRANCHES, S. H. *Política Social e Combate à Pobreza: A teoria da prática*4, in Política Social e Combate à Pobreza. Rio de Janeiro: Jorge Zahar Editor, 1998.

Esta condição de excluído geralmente nos é atribuída pelo mundo exterior, sem que para tal tenhamos contribuído direta ou mesmo indiretamente.

Numa perspectiva sociológica de Durkheim, a exclusão social seria um dos efeitos secundários do processo de ruptura dos laços de solidariedade orgânica, próprios da sociedade moderna, por vezes substituídos por laços de solidariedade tradicional refeitos.

Na obra 'Porque falham as nações"[42] o texto conceitua que as instituições políticas inclusivas são: sociedade pluralista, *rule of law,* democracia e mídia independente, que surgem do conflito entre elites e cidadãos.

As instituições econômicas inclusivas, por outro lado, são: concorrência, propriedade privada e garantia dos contratos, que permitem a "destruição criadora", a qual acaba por favorecer a inovação e o empreendedorismo[43].

A definição acerca das sociedades virtuosas permanece essencial porque, se mesmo aquelas que os autores definiram como virtuosas não puderem ser consideradas bem sucedidas, a divisão entre círculos virtuosos[44] e viciosos[45] apresenta-se menos decisiva.

O discurso na presente obra pode apresentar-se como conservador, principalmente ao elogiarem[46] a Revolução Gloriosa em comparação à Revolução Francesa, pois como argumento pode parecer que o importante para a definição do ciclo virtuoso não é a possibilidade de inclusão por meio das instituições, mas o contínuo funcionamento da sociedade capitalista com crescimento econômico.

Acreditamos que a instituição inclusiva e não a extrativa é o que define o sucesso ou o fracasso das nações. Os autores estadunidenses acertam, no nosso entendimento, na análise de que a hipótese central do sucesso

---

42. A presente obra, no nosso entendimento trouxe novas questões para analisarmos o desenvolvimento econômico e social dos países: ACEMOGLU, D. e ROBINSON, J. *Porque falham as nações*7. Trad. Artur Lopes Cardoso. Lisboa. Temas e debates (Reimp. 2015), 2013, p. 194.
43. De acordo com análise realizada por PROL, Flávio Marques, *Instituições, desenvolvimento e inclusão*. Rev. direito GV vol. 9 no 1 São Paulo Jan./June 2013.
44. De acordo com as definições acerca de Círculo Virtuoso em ACEMOGLU, D. e ROBINSON, *idem*, pp. 361 – 400.
45. *idem*, pp. 400 – 437.
46. *Ibidem*, pp. 128 – 129.

ou do fracasso das nações somente é baseado na análise das instituições inclusivas, mas acreditamos que aliados a esta questão unem-se os resultados econômicos e da estabilidade política.

Sob uma nova análise, mesmo que não sejamos integralmente adeptos da definição sobre o que são instituições inclusivas, é impossível avaliar se determinado arranjo institucional é melhor que outro por si só. Ele será melhor se trouxer melhores resultados econômicos e ordem política.

Concluímos que a característica inclusiva das instituições no Brasil pode ser um bom instrumento, mas em relação aos resultados econômicos e a estabilidade política ela é decisiva para este sucesso.[47]

A ação afirmativa[48] é criada para tentar oferecer igualdade de oportunidades a todos. Apresenta-se de três tipos. Inicialmente é criada com o objetivo de reverter a representação negativa da raça negra. Também vale no intuito de promover a igualdade de oportunidades entre os que tiveram oportunidades diferentes. Finalmente presta-se a combater o preconceito e o racismo.

No ano de 2012, a maior corte de justiça brasileira, o Supremo Tribunal Federal, decidiu por unanimidade que as ações afirmativas constituem-se como regras constitucionais e representam políticas essenciais para a redução de desigualdades e discriminações existentes no país.

Ressalte-se que as políticas de ações afirmativas não são atribuições apenas governamentais. Também a iniciativa privada, assim como organizações sociais sem fins lucrativos são agentes de suma importância neste processo, atuando em conjunto, oferecendo suporte complementar junto aos entes estatais.

Entendemos que, pelo facto de as ações afirmativas já serem realizadas, estas não devam ser vistas como uma manifestação paternalista do Estado

47. No mesmo sentido, apesar de não concordar com as instituições inclusivas como único motivo de sucesso das nações: PROL, Flávio Marques, *Instituições, desenvolvimento e inclusão*. Rev. direito GV vol. 9 no 1 São Paulo Jan./June 2013.

48. De acordo com a Secretaria de Políticas de Promoção da Igualdade Racial (Seppir), órgão do Ministério da Justiça e Cidadania que trabalha em parceria com diversos entes do governo e da sociedade na elaboração, execução e acompanhamento de ações afirmativas em várias áreas, dentre elas: saúde, educação, trabalho, juventude e mulheres, e que define: "Ações afirmativas são políticas públicas feitas pelo governo ou pela iniciativa privada com o objetivo de corrigir desigualdades raciais presentes na sociedade, acumuladas ao longo de anos." Sítio eletrônico www.seppir.gov.br/. Acesso em 15 de maio de 2016.

brasileiro ou que devam criar dependência nos que são beneficiados. Estas representam ações necessárias para a correção de desigualdades. Ou seja, logo que estas desigualdades desapareçam, as referidas ações devem deixar de ser necessárias

Acreditamos que as aparências enganam quando se trata de atribuirmos identidades raciais aos indivíduos[49].

Raças humanas não existem[50], pois estes conceitos são somente criações sócio-políticas, ou "uma das formas de identificar as pessoas em nossa própria mente"[51].

Acreditamos que produzir a separação racial do Brasil não consiste em benefício para a sociedade brasileira. Esta acaba por ser a consequência das cotas raciais nas universidades.

Os defensores das cotas a protegem sob o pretexto de promoção da inclusão social, um objetivo que figura quase como consenso nacional, mas não têm nenhum interesse em políticas de melhorias do ensino público, repudiando, inclusive medidas provisórias criadas por universidades que oferecem oportunidades exclusivas (que não contemplam a cor da pele) para candidatos provenientes de escolas públicas[52].

Diariamente, o Brasil se refaz de desastres políticos, corrupção e de outras mazelas sociais. Os indivíduos tomam uma decisão tácita de permanecer sob a vivência do princípio da igualdade política e jurídica constante no pacto social[53].

---

49. De acordo com MAGNOLI, Demétrio, *Fábrica do Racismo*. Sítio eletrônico: /pages/revistapangea /show_news. asp?n=329&ed=1. Acesso em 6 de maio de 2016.

50. Concordamos plenamente com MAGNOLI, Demétrio, *Uma gota de sangue – História do Pensamento Racial*1. São Paulo, Edit. Contexto, 2009, p. 15: "Raça é, precisamente, a reivindicação de um gueto. O nome desse gueto é ancestralidade. A vida de um indivíduo que define o seu lugar no mundo em termos raciais está organizada pelos laços, reais ou fictícios, que o conectam ao passado. Mas a modernidade foi inaugurada por uma perspectiva oposta, que se coagula nos direitos da cidadania. Os cidadãos são iguais perante a lei e têm o direito de inventar seu próprio futuro, à revelia de origens familiares ou relações de sangue. A política de raças é uma negação da modernidade".

51. De acordo com a lição de SOWELL, Thomas, *Race and Culture*. New York. 1994. Apud Schwarcz, Lilia Moritz, *Racismo no Brasil*. São Paulo., Publifolha, 2010, p. 35.

52. Na esteira de MAGNOLI, Demétrio, *Fábrica do Racismo*. Sítio eletrônico: /pages/revistapangea /show_news. asp?n=329&ed=1. Acesso em 6 de maio de 2016.

53. Conforme declara MAGNOLI, Demétrio, *Fábrica do Racismo*. Sítio eletrônico: /pages/revistapangea /show_news. asp?n=329&ed=1. Acesso em 6 de maio de 2016: "A fábrica das raças e do racismo oferece a proposta de se responder "não" a esse "plebiscito

Quando levantamos uma discussão acerca da educação brasileira, vale lembrar que só em meados do século vinte o processo de expansão da escolarização básica no país começou, e que a sua expansão, em termos de rede pública de ensino, deu-se no fim dos anos 1970 e início dos anos 1980[54].

Estatisticamente, o Brasil encontra-se no 53º lugar em qualidade de educação, entre 65 países avaliados (PISA)[55]. Mesmo contando com o programa social que incentivou a matrícula de 98% de crianças entre 6 e 12 anos, 731 mil crianças ainda estão fora da escola (IBGE). O analfabetismo funcional[56] de indivíduos entre 15 e 64 anos foi registrado em 28% no ano de 2009 (IBOPE)[57]; 34% dos alunos que ingressam no 5º ano de estudos ainda não sabem ler (Todos pela Educação)[58]; 20% dos jovens que concluem o ensino fundamental, e que moram nas grandes cidades, não dominam o uso da leitura e da escrita (Todos pela Educação).

cotidiano". Seus gerentes estão dizendo que há duas nações no Brasil – e que no lugar do princípio da igualdade podemos, no máximo, conviver sob um frágil arranjo diplomático de distribuição de benesses e privilégios entre "nações étnicas" separadas pelo abismo da cultura"

54. De acordo com BRUINI, Eliane Da Costa. *Educação no Brasil*; *Brasil Escola*. Disponível em <http://brasilescola.uol.com.br/educacao/educacao-no-brasil.htm>. Acesso em 19 de abril de 2016.

55. De acordo com informações do INEPE (Instituto Nacional de Estudos e Pesquisas Educacionais Anísio Teixeira) de 2010: O Programa Internacional de Avaliação de Alunos (em inglês: Programme for International Student Assessment – PISA), também chamado popularmente no Brasil de Enem Internacional, é uma rede mundial de avaliação de desempenho escolar, realizado pela primeira vez em 2000 e repetido a cada três anos. É coordenado pela Organização para a Cooperação e Desenvolvimento Econômico(OCDE), com vista a melhorar as políticas e resultados educacionais.

56. O analfabeto funcional consiste no indivíduo que apenas consegue ler e assinae o próprio nome, entretanto é incapaz de desenvolver tarefas complexas de interpretação e de crítica social, pois entendemos que este analfabetismo também se estende ao campo político.

57. A IBOPE Inteligência (anteriormente Instituto Brasileiro de Opinião Pública e Estatística) é uma das grandes empresas de pesquisa de mercado da América Latina e do mundo.

58. De acordo com WERLE, Flávia O. C., *Políticas de avaliação em larga escala na educação básica: do controle de resultados à intervenção nos processos de operacionalização do ensino*. Unisinos, Vale do Rio dos Sinos. 2011: "Todos pela Educação (TPE) é uma organização sem fins lucrativos composta por diversos setores da sociedade brasileira com o objetivo de assegurar o direito à Educação Básica de qualidade para todos os cidadãos até 2022, ano que se comemora o bicentenário da independência do Brasil".

Ao encararmos as estatísticas, muitos podem se tornar críticos e até se indagar com questões a respeito das melhorias, chegando à conclusão que "se a sociedade muda, a escola só poderia evoluir com ela!"[59]. Talvez o bom senso sugerisse pensarmos dessa maneira. Porém, podemos notar que a evolução da sociedade, de certo modo, faz com que a escola apenas se adapte a esta nova realidade, mas de maneira reflexiva e nunca inovadora, não sendo garantida a elevação do nível da educação.

Nesta questão toda ainda temos os baixos salários pagos aos professores como empecilho à boa educação no país.

A nossa discordância quanto ao sistema de cotas deve-se a uma razão lógico-histórica. A grande riqueza do Brasil é o seu povo miscigenado, que possui virtudes dos povos da Europa, África e América. Criar uma divisão racial no Brasil é um crime histórico. Além disso, a universidade tem como fim primordial a transmissão do conhecimento e a pesquisa. Tentar transformá-la em meio de ascensão social é desvirtuar e empobrecer esta digníssima instituição criada na Idade Média.

O tema "Abolição da Escravatura Brasileira" pode ser estudada sob diversas óticas: econômica, sociológica, cultural, além de diversas outras[60].

A nossa abordagem jurídica constata que a abolição consistiu em um processo histórico-jurídico, não apenas em terras brasileiras ou portuguesas. Também vale salientar que a escravidão ao longo da história da humanidade não contemplou apenas as pessoas negras.

Os grupos sociais não podem se reorganizar segundo critérios de cor. Já tivemos experiências semelhantes, como o nazismo. Até mesmo nos dias de hoje vemos as disputas por conta de discordâncias religiosas históricas que separam grupos e geram a violência[61].

As cotas sociais[62] decorrem do abismo existente entre as escolas privadas e públicas do ensino básico que proporcionam, o que gera oportunidades desiguais aos estudantes de classes econômicas distintas.

---

59. De acordo com o bom questionamento de BRUINI, Eliane Da Costa. *Educação no Brasil*; *Brasil Escola*. Disponível em <http://brasilescola.uol.com.br/educacao/educacao-no-brasil.htm>. Acesso em 19 de abril de 2016.

60. *Idem*.

61. No mesmo sentido: NORONHA, Ibsen, *idem*, p. 92.

62. De acordo com o Instituto de Pesquisa Helllo Research. http://g1.globo.com/educacao/noticia/2015/07/cotas-sociais-tem-aprovacao-maior-do-que-raciais-aponta-pesquisa.html. Acesso em 7 de março de 2016. "No caso das cotas sociais, os pesquisados se

As supracitadas cotas possibilitam que candidatos das classes inferiores acessem as vagas que antes apenas eram conseguidas pelos filhos das famílias mais abastadas.

A nossa sociedade brasileira despertou para a questão de tentar remover esta abissal discrepância entre as classes sociais, portanto não haverá outra maneira senão permitirmos e incentivarmos que pessoas mais pobres, independentemente da sua cor ou "raça", aceda às grandes universidades e cursos do país[63].

Acreditamos que a inadequada interpretação da Resolução 2106 da ONU pela legislação brasileira, ocasiona um caos social no Brasil, pois o nosso direito pátrio acaba por criar regras jurídicas baseadas no *soft law*[64], sob a alegação de que está apenas ratificando regras de Direito Internacional (caráter vinculativo), enquanto aquelas não são constringentes.

Os brasileiros demonstram ser mais favoráveis que sejam adotadas as cotas sociais[65] como forma de incluir do que cotas raciais. Com base nesta mesma pesquisa, 48% dos pesquisados apoiam a política de cotas sociais no ensino superior, enquanto 38% aprovam o uso de cotas raciais.

A grande maioria da população tem muita dificuldade para distinguir cotas socias e cotas raciais.

As cotas raciais configuram-se como as destinadas a pessoas autodeclaradas pretas, pardas ou indígenas. Já cotas sociais, conforme já mencionado

---

posicionaram diante da pergunta dos entrevistadores sobre se apoiam a reserva de vagas para alunos que frequentaram o ensino público. Já quando o levantamento abordou as cotas raciais, eles opinaram sobre reserva para afrodescendentes e minorias étnicas. A pesquisa ouviu mil pessoas, maiores de 16 anos e em 70 cidades de todas as regiões do país".

63. No mesmo sentido: FERNANDO, Buglia, *Por que sou a favor das cotas sociais e raciais*. Disponível em https://www.infoenem.com.br. Acesso em 2 de julho de 2016.

64. Quanto ao termo *soft law*, nas palavras de NASSER, Salem H. *Fontes e Normas do Direito Internacional – Um Estudo Sobre a 'Soft Law'*. São Paulo: Editora Atlas, 2006, p. 25: "Normas jurídicas ou não, dotadas de linguagem vaga, ou de noções com conteúdo variável ou aberto, ou que apresentam caráter de generalidade ou principiológico que impossibilite a identificação de regras específicas e claras; as resoluções e decisões dos órgãos das organizações internacionais, ou outros instrumentos por elas produzidos, e que não são obrigatórios; instrumentos preparados por entes não estatais, com a pretensão de estabelecer princípios orientadores do comportamento dos Estados e de outros entes, e tendendo ao estabelecimento de novas normas jurídicas."

65. De acordo com o Instituto de Pesquisa Helllo Research. http://g1.globo.com/ educacao/noticia/2015/07/cotas-sociais-tem-aprovacao-maior-do-que-raciais-aponta-pesquisa.html. Acesso em 7 de março de 2016.

no parágrafo 15, podem ser destinadas para egressos de escolas públicas ou para quem possui baixa renda.

Acreditamos que há uma grande hipocrisia na questão do racismo no Brasil, pois parece que temos tempo para discutir a pobreza, mas não temos para discutir o racismo. Esta é apenas mais uma das grandes limitações da nossa sociedade[66].

66. A crítica é relativa à preocupação em erradicarmos tanto a pobreza quanto o racismo. No mesmo (ou quase) entendimento de Nelson Fernando Inocêncio da Silva, coordenador do Núcleo de Estudos Afro-Brasileiros (Neab) da Universidade de Brasília (UnB), citado em Instituto de Pesquisa Helllo Research. http://g1.globo.com/ educacao/noticia/2015/07/ cotas-sociais-tem-aprovacao-maior-do-que-raciais-aponta-pesquisa.html. Acesso em 7 de março de 2016.

DIREITOS SOCIAIS E DEMOCRATIZAÇÃO DA JUSTIÇA: INTERVENÇÕES DIALÓGICAS NO SUL GLOBAL

Julio José Araujo Junior[1]

1. INTRODUÇÃO

A tensão entre jurisdição constitucional e democracia é um tema que move acirradas discussões cerca da legitimidade do Poder Judiciário para decidir conflitos, especialmente os casos difíceis[2], sem ter sido eleito para tal tarefa e por correr o risco de contrariar a vontade majoritária. No campo dos direitos sociais, cuja faceta prestacional é dotada de uma maior indeterminação normativa e complexidade, a justiciabilidade é objeto de reflexões e críticas[3], mas pode perfeitamente contribuir para o aperfeiçoamento da democracia, mediante a garantia de acesso a prestações sociais fundamentais, sobretudo em favor daqueles que estão sub-representados no processo político[4].

---

1. Procurador da República e Mestre em Direito Público pela UERJ. Email: juliojaraujo@gmail.com.

2. Cf. DWORKIN, Ronald. Hard Cases. **Harvard Law Review**, v. 88, no. 6, April, 1975, p. 1057–1109.

3. Cláudio Pereira de Souza Neto elenca as principais: principiológicas, institucionais, econômicas e a crítica da desigualdade. As críticas principiológicas defendem uma rígida separação de poderes (crítica liberal) ou a ilegitimidade do Poder Judiciário para contrariar a premissa majoritária (crítica democrática). No que se refere às críticas institucionais, estas se referem à escassez de recursos públicos (crítica financeira), aos efeitos sobre o planejamento da política pública (crítica administrativa) e à falta de capacidade institucional do Judiciário (crítica técnica). A crítica econômica prega a análise "consequencialista" de casos que envolvam direitos sociais, e a crítica da desigualdade apontam impactos desiguais da intervenção em favor das classes médias. Cf. SOUZA NETO, Cláudio Pereira de. A Justiciabilidade dos Direitos Sociais: Críticas e Parâmetros. In: SOUZA NETO, Cláudio Pereira de; SARMENTO, Daniel (coords.). **Direitos sociais***:* Fundamentos, Judicialização e Direitos Sociais em Espécie. Rio de Janeiro: Lumen Juris, 2008, p. 515-551.

4. Cf. _______. Direitos sociais, Estado de Direito e Desigualdade: Reflexões sobre as críticas à judicialização dos direitos prestacionais. **Quaestio Iuris**, vol. 08, nº 03, Rio de Janeiro, 2015, p. 2106.

Além disso, a judicialização pode ser também um fator de desbloqueio de canais de participação, já que permite a discussão de temas e políticas que podem estar sendo negligenciados pelo Poder Executivo. Outros supostos obstáculos, como a reserva do possível e o impacto orçamentário, devem pressupor que todos os direitos - e não apenas os sociais - têm custo e merecem ser avaliados à luz da ponderação e não de forma prévia, sob pena de o seu conteúdo ser esvaziado injustificadamente[5].

Este trabalho pretende discutir as possibilidades de atuação judicial criativa para assegurar a implementação de direitos sociais, abrindo-se a possibilidade de o ativismo judicial adotar remédios fortes e ao mesmo tempo ser dialógico e deferente às capacidades institucionais de outros poderes, sem, porém, omitir-se quanto ao seu papel singular na concretização de direitos. Para tanto, analisam-se as soluções adotadas pelas cortes constitucionais da África do Sul, da Índia e da Colômbia sobre temas como direito à moradia, direito à alimentação e direitos sociais da população *desplazada* ("deslocados internos"), respectivamente, e as formas de acompanhamento do cumprimento das decisões.

Nos próximos três próximos tópicos, serão analisados os casos enfrentados por cada Corte. Na sequência, haverá uma avaliação geral das medidas adotadas e de seus efeitos positivos e negativos. A posição adotada é a de que as Cortes não podem dispor do seu papel de efetivadora de direitos fundamentais, porém, diante da insuficiência de um modelo monológico, devem buscar arranjos institucionais que sejam dialógicos, de forma a fortalecer a participação social em torno da efetivação do direito.

Ao não abrirem mão do dever de implementação de direitos sociais, as Cortes analisadas adotaram um ativismo judicial dialógico[6] para casos

---

5. Nesse sentido: SARLET, Ingo Wolfgang. Os Direitos Sociais como Direitos Fundamentais: Contributo para um Balanço aos Vinte Anos da Constituição de 1988. In: SOUZA NETO, Cláudio Pereira de; SARMENTO, Daniel; BINENBOJM, Gustavo. **Vinte anos da Constituição Federal de 1988**. Rio de Janeiro: Lumen Juris, 2009, p. 500.

6. Utiliza-se aqui a expressão ativismo judicial tendo em conta o seu caráter multidimensional, que comporta atuações legítimas ou ilegítimas, conservadoras ou progressistas, de uma Corte, na esteira da conceituação de Carlos Alexandre de Azevedo Campos, no sentido de que ativismo judicial é o "exercício expansivo, não necessariamente ilegítimo, de poderes político-normativos por parte de juízes e Cortes em face dos demais atores políticos, que (a) deve ser identificado e avaliado segundo os desenhos institucionais estabelecidos pelas constituições e leis locais; (b) responde aos mais variados fatores institucionais, políticos, sociais e jurídico-culturais presentes em contextos particulares e em momentos históricos distintos; (c) se manifesta por meio de múltiplas dimensões de

estruturais, em diferentes graus, com vistas a construir soluções que conferissem efetividade aos direitos sociais e compatibilizassem a atuação do Judiciário com a legitimidade democrática de outros poderes. Para tanto, buscaram travar um diálogo interinstitucional e incrementar a participação popular de forma mais ativa do que nos mecanismos tradicionais de representação. Sem embargo, o Judiciário não se furtou, especialmente nos dois últimos casos, a cobrar a concretização dos direitos e a avaliar o cumprimento da decisão e a eficácia das medidas na sua implementação.

2. ÁFRICA DO SUL: O DIREITO À MORADIA E A ANÁLISE DA RAZOABILIDADE DA POLÍTICA PÚBLICA

Na África do Sul, a segregação residencial era uma marca da política do apartheid: a população negra era impedida de ser dona e ocupar terra fora das áreas reservadas pela lei. O fim do regime trouxe novos ventos à África do Sul e uma nova Constituição que, na seção 26, estabelece o direito de toda pessoa a uma moradia adequada (26.1), devendo o Estado tomar medidas legislativas e outras que forem necessárias, conforme os recursos disponíveis, para conseguir a realização progressiva desse direito (26.2). O texto ainda estabelece que ninguém pode ser desalojado de sua casa, nem esta pode ser demolida sem ordem judicial, devendo ser analisadas todas as circunstâncias relevantes, estando proibida a legislação que permita remoções forçadas (26.3)[7].

A Corte Constitucional sul-africana já se debruçou em várias oportunidades sobre as condições básicas do direito à moradia e acerca dos deveres estatais na sua implementação, tanto no que se refere às remoções forçadas de ocupações (obrigações negativas), mesmo aquelas consideradas ilegais, como no que diz respeito ao desenvolvimento da política pública

práticas decisórias". Nos casos narrados, o exercício do ativismo serviu à concretização de direitos e à aceleração de processos inclusivos, de caráter progressista. Cf. CAMPOS, Carlos Alexandre de Azevedo. **Estado de Coisas Inconstitucional**. Salvador: Juspodivm, 2016.

7. "S.26 Housing: (1) Everyone has the right to have access to adequate housing. (2) The state must take reasonable legislative and other measures, within its available resources, to achieve the progressive realization of this right. (3) No one may be evicted from their home, or have their home demolished, without an order of court made after considering all the relevant circumstances. No legislation may permit arbitrary evictions". ÁFRICA DO SUL. Constituição da República. Disponível em: <**https://www.gov.za/DOCUMENTS/CONSTITUTION/constitution-republic-south-africa-1996-1**> Acesso em 15 out. 2017.

estatal (obrigações positivas). Os casos *Port Elizabeth* e *Grootboom* são fundamentais, respectivamente, para elucidar o entendimento do tribunal.

No caso *Port Elizabeth*, a Corte analisou um pedido da prefeitura de Port Elizabeth para reintegrar a posse de uma área ocupada dezenas de pessoas em uma área particular[8]. A prefeitura alegava que havia elaborado um programa de moradia, porém se recusava a conferir um tratamento preferencial àqueles ocupantes, pois alegava que isso prejudicaria outras pessoas que estavam na mesma situação e esperavam o atendimento. Ao analisar o caso, a Corte enfatizou os valores de dignidade humana, igualdade e liberdade. Destacou a interdependência dos direitos de propriedade (seção 25) e de moradia (seção 26), e enfatizou que os últimos devem ser entendidos no contexto de negação de acesso ou privação de direito de propriedade no passado. Ou seja, segundo o tribunal, a seção 25, que garante o direito de propriedade, também fortalece a situação das pessoas que estão na situação precária das ocupações informais, devendo o Estado agir para garantir condições de acesso à terra.

A Corte destacou ainda a correlação entre a fome, a falta de moradia e o respeito aos direitos de propriedade: i) não são direitos autoexecutáveis, pressupõem a adoção de medidas legislativas e administrativas para progressivamente prover moradia adequada – os direitos da seção 26.3 são mais defensivos que afirmativos (o proprietário não pode estar autorizado a fazer tudo o que quiser); ii) a remoção é possível, por força da seção 26.3, ainda que resulte em perda de casa; iii) há, porém, a necessidade de buscar soluções concretas no caso sobre os problemas que eventualmente possam advir da remoção. A Corte afastou uma preferência em abstrato dos direitos de propriedade sobre os direitos de não ser desapossado. Quanto à avaliação de alternativas, entendeu que esta deve ser analisada caso a caso, mas deve haver uma preocupação especial com aqueles que têm uma necessidade desesperada de alívio.

Para assegurar a mediação judicial, foi aplicado o conceito de *ubuntu*, que já havia sido utilizado pela Corte em outros casos, que combina a herança cultural da maioria da população, direitos individuais e filosofia comunitária. Levou também em consideração o fato de o Município ter deixado de agir durante todo o tempo e, de maneira repentina, ter buscado a reintegração. Considerando essa situação de anos, sem diálogo, concluiu não parecer justo e equitativo ordenar a remoção dos ocupantes.

---

8. Corte Constitucional da África do Sul. Port Elizabeth Municipality v. Various Occupiers. 2004 (12) BCLR 1268 (CC).

Este posicionamento foi reforçado em outros julgamentos[9], que sublinharam a necessidade de engajamento do Estado em um diálogo com os ocupantes e a perspectiva de acomodação alternativa, independentemente de a solicitação de remoção ser exercida por parte pública ou privada, devendo ainda haver um compromisso significativo pelo poder público com os que se encontram nesta situação. Embora o tribunal tenha analisado o direito à moradia nesses casos sob uma perspectiva eminentemente negativa, e não prestacional, o raciocínio adotado é significativo por levar a sério o direito à moradia como um fator capaz de impedir certas posturas estatais e de particulares que seja indiferente à realidade social concreta, analisando-o não só em pé de igualdade com o direito de propriedade, mas como um corolário deste.

No caso *Grootboom*, os deveres prestacionais do Estado quanto a este direito foram examinados, ante o teor das seções 26 e 28[10] da Constituição e os contornos da política pública já delineada. O tribunal dedicou-se, neste caso, a examinar a razoabilidade da política para as pessoas em situação de necessidade desesperada. Irene Grootbom morava em barracos com um grupo de 510 crianças e 900 adultos em uma área conhecida como *Wallacedene*. A área era parcialmente alegada, não havia água tratada e apenas 5% dos barracos tinham eletricidade. Esperavam há pelo menos sete anos uma resposta do poder público quanto à concessão de moradia de baixo custo. Provocou-se então o Judiciário com o pedido de abrigo básico temporário ou moradia enquanto não houvesse a acomodação permanente, com base na seção 26, e garantia de alimentação básica, abrigo, atendimento de saúde e serviços sociais às crianças, nos termos da seção 28.

Ao examinar o caso[11], a Corte ressaltou a importância do direito à moradia e a legitimidade de ocupações em situações como esta, e enveredou para uma análise de razoabilidade das medidas adotadas pelos entes estatais. Observou que há deveres das esferas de governo (nacional, provincial e local) que devem ser cumpridos de forma coordenada,

9. A título exemplificativo: Corte Constitucional da África do Sul. Occupiers of 51 Olivia Road, Berea Township and 197 Main Street, Johannesburg v. City of Johannesburg and others, CCT 24/07; Residents of the Joe Slovo Community, Western Cape v. Thubelisha Homes and others 2010 (3) SA 454 (CC); City of Johannesburg Metropolitan Municipality v. Blue Moonlight Properties 39 Ltd. and Another, (CCT 37/11) [2011] ZACC 33.

10. Esta seção trata dos direitos sociais das crianças.

11. Corte Constitucional da África do Sul. Government of the Republic of South Africa. & Ors v Grootboom & Ors 2000 (11) BCLR 1169. (CC)

por meio de programa abrangente que estabeleça as responsabilidades e assegure o financiamento apropriado e a disponibilização adequada de recursos humanos. O contorno preciso e o conteúdo das medidas seriam primariamente uma questão legislativa e do Executivo, devendo tais órgãos assegurar, porém, que as medidas em questão fossem razoáveis, não cabendo ao Judiciário analisar se outras medidas mais desejáveis ou favoráveis poderiam ter sido adotadas, ou se o dinheiro público poderia ter sido mais bem gasto, mas tão somente se as medidas adotadas foram razoáveis.

Ao analisar a política pública prevista em lei, a Corte reconheceu que foram definidas atribuições entre os entes e meios para a efetivação do direito, porém constatou que não havia qualquer previsão expressa para facilitar o acesso a moradias temporárias às pessoas que não tivessem qualquer acesso ou que viviam em condições intoleráveis. Diante da falta de previsão de recursos para pessoas cuja situação ensejava uma necessidade desesperada, entendeu que estava ausente a razoabilidade nas medidas adotadas e determinou que o Estado implementasse com os recursos disponíveis um programa coordenado e abrangente, de forma progressiva, para realizar o direito de moradia adequada. O programa deveria incluir medidas razoáveis para fornecer alívio às pessoas sem teto e que viviam em condições intoleráveis e em situações de crise. Por fim, o tribunal conferiu à Comissão de Direitos Humanos o papel de monitorar e relatar o cumprimento da decisão, com base em suas atribuições constitucionais.

A admissão da justiciabilidade dos direitos sociais não foi acompanhada da definição de um núcleo mínimo essencial para cada direito. Segundo a Corte, esta tarefa seria muito complexa, podendo variar conforme fatores como renda, desemprego, disponibilidade de terras, a história socioeconômica de um lugar e as circunstâncias locais e nacionais. Discordou, assim, do esforço realizado pelo Comitê de Direitos Econômicos e Sociais ao interpretar o pacto que cuida do tema na esfera internacional[12]. No caso, considerou que não havia informação suficiente para determinar o núcleo essencial do direito à moradia. Quanto à previsão da seção 28(1)(c), rechaçou o argumento de que haveria direitos à parte

12. No comentário Geral nº 03, o Comitê de Direitos Econômicos e Sociais da Organização das Nações Unidas ressaltou a existência de um núcleo mínimo essenciais de obrigações em direitos sociais. ORGANIZAÇÃO DAS NAÇÕES UNIDAS. Comitê de Direitos Econômicos e Sociais. Comentário Geral nº 03. Disponível em: <http://www.dhnet.org.br/dados/cursos/dh/br/pb/dhparaiba/2/c3.html> Acesso em 15 out. 2017.

para as crianças, que fossem independentes dos direitos de seus pais, de modo que sua incidência autônoma só poderia ocorrer se as crianças não estivessem sob o suporte dos pais ou da família.

A avaliação de razoabilidade contida na decisão pressupõe a observância de alguns critérios, como (i) o caráter integral, coerente e coordenado do programa; (ii) a disponibilidade de recursos financeiros e humanos; (iii) a previsão de necessidades e metas de curto, médio e longo prazo; (iv) a existência de concepção razoável; e (v) a transparência.

A decisão em *Grootboom* ganhou notoriedade no meio acadêmico, em razão da solução apresentada, que se preocupa com a efetividade de direitos sociais sem interferir na forma como o poder público vai estabelecer os contornos da política e do próprio direito social à moradia. Por exemplo, Cass Sunstein considera que a decisão se equilibra entre a proteção contra arbitrariedades da Administração e o *pedigree* democrático da atuação governamental em face de recursos limitados[13]. Isso porque ela opta por afastar a existência de um direito individual social exigível para conferir exigibilidade à obrigação de elaboração e execução de programa que atenda de forma razoável às prescrições constitucionais. Em outras palavras, o tribunal não cobra que todos tenham abrigo, mas que o Estado encaminhe mais recursos e mantenha um plano de alívio emergencial com definição de prioridades em favor daqueles que mais precisam[14].

Rebatendo a visão positiva sobre a decisão, Theunis Roux argumenta que o mecanismo procedimental adotado, que se limitou a avaliar o que não poderia razoavelmente ser deixado de fora do programa de moradia, provocou a não realização de justiça no caso e a não avaliação concreta das prioridades governamentais[15]. Por adotar um caminho formal, abs-

---

13. SUNSTEIN, Cass R. Social and Economic Rights? Lessons from South Africa. **John M. Olin Program in Law and Economics Working Paper**, nº 124, 2001, p. 12. Disponível em: <:http://chicagounbound.uchicago.edu/law_and_economics > Acesso em 19.11.2016.

14. Ao analisar as tensões entre propriedade e direitos sociais na Constituição da África do Sul, Tom Ginsburg e Rosalind Dixon (2013) utilizaram a metáfora dos "Insurance swaps" (trocas de risco de seguro) para apontar que duas facções opostas concordam em delegar às Cortes a tarefa de definir, como intérpretes de boa-fé, as barganhas que serão realizadas para definir os bens jurídicos. A postura da Corte teria sido útil para evitar negar sistematicamente uma outra parte, afastando noções absolutistas do escopo dos direitos sociais ou núcleos essenciais. Ao mesmo tempo, confere à Corte a possibilidade de garantir esses direitos, em vez de simplesmente ser deferente.

15. ROUX, Theunis. Understanding Grootboom – A Response to Cass R. Sunstein. **Constitutional Forum**, 2002, p. 41-51.

trato e procedimental, em favor de pessoas cuja força política na arena democrática é menor, *Grootboom* teria enfrentado com moderação as limitações do Judiciário quanto à capacidade institucional e eventual infração à separação de poderes[16].

Com efeito, a não definição de um núcleo essencial do direito à moradia que possa servir de parâmetro para a avaliação da efetividade da política fragiliza, na prática, o acompanhamento do cumprimento das decisões. Apesar dos cuidados da Corte com o *pedigree* democrático, ela limitou-se a questionar se as medidas eram razoáveis, deixando de examinar outras possibilidades de medidas mais capazes de assegurar uma aplicação mais efetiva dos recursos públicos em favor da implementação do direito à moradia.

A abordagem utilizada enfatiza a análise das justificações do Estado, mas não no impacto da privação vivenciado pela comunidade reclamante. Uma abordagem substantiva da razoabilidade ou um teste de proporcionalidade demandaria uma análise mais aprofundada sobre os impactos da medida quanto à desigualdade no acesso ao direito, exigindo do Estado que demonstrasse o esgotamento de todas as alternativas razoáveis para garantir que os grupos desfavorecidos tivessem a satisfação de suas necessidades básicas, inclusive por meio da adoção de medidas paliativas, na esteira do Comentário Geral nº 03, do Comitê de Direitos Econômicos e Sociais.

Outro aspecto relevante diz respeito à falta de supervisão do cumprimento do julgado. Em 2003, o governo sul-africano aprovou um programa de moradia para pessoas em situações de emergência, mediante a inclusão de um capítulo no Código Nacional de Moradia, mas não houve desde então qualquer análise sobre a razoabilidade do programa pelo tribunal. Em 2008, oito anos depois da decisão, a senhora Grootboom faleceu[17], ainda sem teto, a despeito de um acordo que havia sido feito entre as partes e de informes produzidos pela Comissão de Direitos Humanos cuja apreciação foi negada pela Corte, sob o fundamento de não possuir jurisdição de seguimento para o caso[18].

---

16. STEWART, Linda. Adjudicating Socio-Economic Rights under a Transformative Constitution. **Penn State International Law Review**: 2010, Vol. 28: No. 3, Article 13, 495.

17. JOUBERT, Pearlie. Grootboom dies homeless and penniless. **Mail and Guardian**. 08 ago. 2008. Disponível em: <**http://mg.co.za/article/2008-08-08-grootboom-dies-homeless--and-penniless**>. Acesso em 23 nov. 2016.

18. GARAVITO, César Rodríguez; FRANCO, Diana Rodríguez. **Juicio a la exclusión**: El impacto de los tribunales sobre los derechos sociales em el Sur Global. Buenos Aires: Siglo Veintiuno Editores, 2015, p. 495.

Em suma, a jurisprudência da Corte Sul-Africana sobre direito à moradia indica uma preocupação clara em concretizar os comandos constitucionais, o que se depreende pela fundamentação e pela não hierarquização quanto a outros direitos, como o de propriedade. Essa postura tem efeitos simbólicos, com repercussão em novas demandas no tribunal sobre este tema e na maneira como as medidas do Poder Público serão questionadas, além de ter acarretado nova previsão legislativa sobre o tema. Contudo, os remédios adotados são moderados, pouco atentos aos resultados e à efetiva mudança social provocada pela decisão, conferindo ao Executivo e ao Legislativo uma margem de atuação praticamente incontestável, já que os direitos não podem ser questionados diretamente por pessoas e grupos que se encontravam na mesma situação da senhora Grootboom.

3. O DIREITO À ALIMENTAÇÃO NA ÍNDIA: COMISSÃO DE ACOMPANHAMENTO E MOBILIZAÇÃO SOCIAL

Berço de lutas anticoloniais no século XX, a Índia, que conquistou sua independência somente em 1947, é um país singular pelo gigantismo numérico da sua população, composta por diversos grupos étnicos e marcada por altos índices de pobreza e concentração de renda. Um dos temas que mais aflige a população é a fome: segundo dados da FAO, cerca de 195 milhões de pessoas – quase a população brasileira – padece de problemas de desnutrição e subnutrição[19]. Embora elevados, tais índices já foram até maiores e vêm sendo reduzidos, graças a uma forte mobilização da sociedade civil, impulsionada por uma decisão da Suprema Corte daquele país.

Embora mencione em seu preâmbulo a garantia de justiça social, econômica e política, a Constituição indiana, de 1949, não trata especificamente de direitos sociais, mas de princípios que funcionam como metas de orientação da política estatal. Segundo o art. 37 do texto constitucional, as previsões que tratam dessas políticas não são justiciáveis. Sem embargo, desde os anos 80 e principalmente nas últimas duas décadas, a Suprema Corte vem entendendo que os direitos sociais, econômicos e culturais formam parte do direito à vida, previsto no art. 21. Um exemplo é o direito à alimentação adequada: para a Suprema Corte, apesar de não estar previsto expressamente, o texto constitucional realça o direito à vida (art.

19. Organização das Nações Unidas para a Alimentação e a Agricultura. The State of Food Insecurity in the World. 2015. Disponível em: <http://www.fao.org/3/a-i4646e.pdf>. Acesso em 23 nov. 2016.

21), e estabelece diretrizes para o Estado assegurar condições adequadas de vida (art. 39-a), além de respaldar o incremento da nutrição (art. 47).

Em abril de 2001, a União do Povo pelas Liberdades Civis (*People's Union for Civil Liberties* - PUCL -, em inglês) provocou a jurisdição constitucional daquele país sobre o tema da fome e da desnutrição[20]. A ação inicialmente dizia respeito ao estado de Rajastão e tratava também da população afetada pela seca, mas posteriormente foi estendida a todos os Estados do país[21]. Na ação, a PUCL destaca que, a despeito do cenário de falta de fornecimento de alimentos, a Índia continha estoque suficiente para abastecer aquela população. Segundo a ação, enquanto muitas pessoas viviam abaixo da linha de pobreza, cerca de 50 milhões de toneladas de alimentos seguiam armazenados por todo o país. A ação relata ainda que não havia disponibilidade de comida nos postos de distribuição pública e que cerca de 36% da população vivia abaixo da linha da pobreza. Os grãos, distribuídos pelo departamento público, eram destinados desde 1997 apenas às pessoas que estavam abaixo da linha de pobreza, porém a definição das pessoas que estavam nessa condição era suscetível à corrupção dos agentes locais[22], inviabilizando o acesso de muitos ao programa.

A Suprema Corte da Índia entendeu que o tema do direito à alimentação estaria incluído no direito à vida, o que lhe autorizava a apreciar o caso e a emitir decisões de urgência (*interim orders*) com vistas a assegurar a sua implementação. Desde a primeira manifestação até 2005, mais de 70 decisões já haviam sido proferidas[23]. Ainda não foi proferido o julgamento definitivo, e o caso está em andamento há mais de quinze anos. Ao analisar os pedidos, a Corte preocupou-se, de início, com a situação de grupos vulneráveis (idosos, pessoas com deficiências, pessoas pobres, mulheres grávidas) e determinou a imediata abertura dos postos do sistema público

20. Suprema Corte da Índia. PUCL vs Union of India and Others. PUCL, Writ Petition (Civil) No. 196 of 2001.

21. Inicialmente a ação era movida contra o Governo Central da Índia, a Corporação Alimento da Índia (FCI) e outros seis governos estaduais pela falha das ações contra a seca. Mas, no curso da ação, foram incluídos todos os Estados da Federação.

22. KRISHNAN, Preethi; MANGALA, Subramaniam. Understanding the State: Right to Food Campaign in India. **The Global South** 8(2), 2015, p. 111.

23. As decisões estão disponíveis no sítio eletrônico da "Human Rights Law Network", um escritório de direitos humanos na Índia: <**http://www.hrln.org/hrln/right-to-food/pils-a-cases/255-pucl-vs-union-of-india-a-others-.html**> Acesso em 23 nov. 2016. O sítio da People's Union for Civil Liberties (<**http://www.pucl.org/**>) também contém diversas informações sobre o caso.

de distribuição de alimentos[24]. Pediu mais informações dos Estados e passou a expedir as decisões de urgência sobre o tema. Em novembro de 2001, a Corte estabeleceu de forma mais detalhada certas medidas, com vistas à efetiva implementação de programas sociais, as quais passaram a ter monitoramento permanente. Cabe destacar as principais:

> i) Sistema de distribuição pública: havia um programa de distribuição de alimentos a preços subsidiados em determinados centros públicos. Toda família teria direito a um cartão de acesso ao programa, porém havia diferenciações conforme a condição ("abaixo" ou "acima" da linha da pobreza). Essa diferenciação gerava críticas, pois as classificações não eram confiáveis, devido a falhas e fraudes na identificação dos beneficiários. A Corte afastou a exclusividade do cartão para pessoas abaixo da linha da pobreza, com vistas a garantir a universalização do acesso;
>
> ii) Almoços nas escolas: na ordem de 28 de novembro de 2001, a Corte estabeleceu a obrigação de refeições cozidas nas escolas primárias, com índices de nutrição pré-estabelecidos, e um conteúdo mínimo de 300 calorias e de 8 a 12 gramas de proteína por dia em cada escola, por no mínimo 200 dias. O início da execução dessa medida deveria ter ocorrido em 6 meses, mas os Estados levaram muito mais tempo para cumpri-la. Houve, então, um acompanhamento da questão e cobrança por parte da Corte e campanhas da sociedade civil que geraram resultados[25]. Entre 2004 e 2005, a maioria dos Estados já a havia, com benefício a cerca de 60 milhões de crianças[26]. Apesar dos avanços no estabelecimento de refeições, ainda há debates sobre a qualidade da comida;
>
> iii) Serviços Integrados de Desenvolvimento da Criança (*Integrated Child Development Services*, em inglês, cuja sigla é ICDS): este é o maior programa do país e cuida de crianças menores de 6 anos. O programa estende-se a meninas adolescentes, mulheres grávidas e mães lactantes. Os serviços são fornecidos nos centros ICDS, conhecidos como *anganwadis*. A cobertura não era universal e a qualidade do serviço era ruim. O objetivo da Corte foi atingir universalização com

24. Esta primeira decisão foi proferida em 23 de julho de 2001.
25. MURALIDHAR, S. India: Las expectativas y los retos del cumplimiento judicial de los derechos sociales. In: LANGFORD, Malcolm (ed.). **Teoría y jurisprudencia de los derechos sociales***:* Tendencias emergentes em el derecho internacional y comparado. Bogotá: Siglo del hombre editores y Universidade de los Andes, 2013, p. 201.
26. GARAVITO, César Rodríguez; FRANCO, Diana Rodríguez. **Juicio a la exclusión**: El impacto de los tribunales sobre los derechos sociales em el Sur Global. Buenos Aires: Siglo Veintiuno Editores, 2015, p. 221.

> qualidade dentro de um tempo razoável, por isso estabeleceu a implementação plena do programa, com a garantia de fornecimento de 300 calorias para cada criança de até 6 anos de idade, com 8 a 10 gramas de proteína. Cada adolescente mulher deveria receber 500 calorias e 20 a 25 gramas de proteína e cada mulher grávida deveria receber 500 calorias e 20 a 25 gramas de proteína. Esta ordem recebeu pouca atenção por muitos anos. Até 2004, praticamente nada havia sido feito. Uma série de audiências foi realizada na Corte naquele ano e foram estabelecidas novas ordens: determinou-se o aumento do número de *angawadis* e estabeleceu-se que a meta de "uma rupia por criança" por dia fosse aumentada para "duas rúpias por criança" por dia, não devendo os serviços ser restringidos quando os beneficiários fossem pessoas abaixo da linha de pobreza[27]..

Diante da constatação de que muitas decisões não eram cumpridas e necessitavam de monitoramento, a Corte nomeou, em 2002, dois comissionados para avaliar o andamento de suas ordens em relação à questão alimentar, e determinou a instalação de escritórios de apoio a esses profissionais, a serem custeados pelo Estado. Incumbiu a esses comissários o poder de avaliar e fiscalizar as decisões de urgência, além de organizar audiências públicas para ouvir a sociedade civil organizada. Desde então, eles elaboram relatórios, cobram o cumprimento de decisões da Corte e recebem dados sobre fome e desnutrição e queixas dos cidadãos[28]. A Suprema Corte Indiana também ordenou que os comissionados atuassem em sinergia com as organizações não-governamentais (ONGs). Para facilitar essa relação, a Corte também requisitou a escolha de conselheiros em cada estado, que devem incrementar o poder de governança dos atores sociais na aplicação dessas ordens.

O que impressiona na postura da Suprema Corte indiana é a forma como o tribunal não se furtou a proferir diversas decisões provisórias – inclusive ampliando cada vez mais o objeto do processo – e o fato de ela continuar vinculada ao caso, sem julgamento final, por mais de quinze anos, adotando medidas de monitoramento e estimulando a participação contínua da sociedade civil, com o apoio dos escritórios de comissionados.

A atuação da Corte abriu uma grande possibilidade de mobilização social pela efetivação do direito à alimentação. Cada assunto discutido

---

27. Esta decisão foi proferida em 29 abril de 2004.
28. Há um sítio eletrônico que contém informações sobre o trabalho dos comissionados. Disponível em <http://www.sccommissioners.org>. Acesso em 25 nov. 2016.

passou a ser encarado como um direito: a refeição nutritiva na escola, o funcionamento adequado do sistema público de distribuição, a existência de centros de distribuição em cada vizinhança, entre outras medidas. Após a decisão da Corte, deu-se início à campanha "right to food" (campanha pelo direito à alimentação), por meio de uma rede descentralizada de organizações e ativistas, que teve um papel fundamental no engajamento das instituições estatais e na promulgação de uma lei abrangente sobre o direito à alimentação, além de ter atuado na resistência ao posicionamento crítico à política de subsídios que instituições internacionais como o Fundo Monetário Internacional (FMI) e a Organização Mundial do Comércio (OMC) adotaram[29]. A campanha vai além da distribuição de comida, trazendo demandas sobre a nutrição das crianças, garantias de emprego e direitos territoriais.

A participação dos comissionados no acompanhamento e monitoramento das decisões, associada ao reconhecimento pela Corte do trabalho das entidades não- governamentais, permitiu o envolvimento e o engajamento da sociedade civil e da própria mídia indiana na concretização desse direito. Como resultado dessa ampla mobilização jurídica e social, houve um incremento de certos programas e o tema passou a ser objeto de lei, aprovada em 2013 (*National Food Security Act*), que prevê quantidade mínima de alimentos, a previsão de um PDS universal e atenção especial a grupos vulneráveis[30].

Houve uma relativa melhora quanto ao número de pessoas subnutridas no país. De 1990 a 2016, o percentual da população que correspondia a

---

29. KRISHNAN, Preethi; MANGALA, Subramaniam. Understanding the State: Right to Food Campaign in India. ***The Global South 8***(2), 2015, p. 112.

30. A lei prevê a garantia de 5 quilogramas de alimentos como arroz e trigo, por pessoa, em um mês, a preços subsidiados e incorporou algumas das demandas da campanha: a) previsão de um PDS universal, que não diferencie grupos de pessoas baseado no status de pobreza: embora não tenha sido recomendado um posto de distribuição universal, prevê o atendimento de 75% da população rural e 50% da população urbana, o que é mais inclusivo que o sistema anterior (art. 3.2); ii) adoção de uma dimensão de gênero: as mulheres devem ser consideradas chefes de família na destinação de alimentos (art. 13.1); iii) previsão de nutrição suplementar para mulheres grávidas e mães lactantes, além de benefícios decorrentes da maternidade na quantia de 16 rúpias por mês por seis meses (art. 4). A lei é minuciosa acerca da quantidade de alimentos para cada região e do estabelecimento de padrões nutricionais para pessoas e grupos vulneráveis, especialmente crianças e mulheres grávidas e lactantes. ÍNDIA. National Food Security Act, de 10 de setembro de 2013. Disponível em: <http://indiacode.nic.in/acts-in-pdf/202013.pdf> Acesso em 15 out. 2017.

pessoas subnutridas era de 23%, número que chegou a 15% no período 2014-2016. Segundo a FAO, a evolução dos dados na Índia deve-se à extensão do programa de distribuição. Ainda assim, a Índia ainda ocupa o segundo lugar no ranking mundial de pessoas desnutridas[31].

O caso mostra que o processo judicial pode, sim, ser um aliado na efetivação de direitos sociais. A transformação social, contudo, não se opera isoladamente. O caso criou um "argumento jurídico" para a sociedade pelo direito à alimentação. O tratamento dos programas e das medidas governamentais como direito conferiu outro patamar ao tema. A caminhada da sociedade civil e dos movimentos sociais contribuiu para esse convencimento. Outro mérito da atuação da jurisdição constitucional consistiu no reconhecimento do direito de acesso de pessoas que se situam abaixo da linha de pobreza ao núcleo essencial irrenunciável do direito[32].

O julgamento, que ainda não foi concluído, aponta para a insuficiência de uma postura monológica da Corte e o vigor de uma atuação dialógica, sobretudo em razão do caráter indeterminado das obrigações e da necessidade de acompanhar um processo longo de implementação e monitoramento de resultados. Diferentemente da Corte sul-africana, a Suprema Corte indiana procurou estabelecer obrigações mínimas para o Estado e contornos ao conteúdo do direito, como a quantidade mínima de calorias e proteínas a ser oferecida a cada criança e valores mínimos de custeio, sem deixar de estabelecer medidas como o funcionamento de postos de distribuição e o acompanhamento da sua real efetivação. Além disso, não se contentou com uma análise de mera razoabilidade e o fato de haver recursos e alimentos estocados enfraqueceu o argumento do custo dos direitos.

Apesar do vigor da interação entre a decisão e a sociedade civil e o vigoroso sentimento constitucional criado, gerando um efeito de pressão sobre os governos[33], os efeitos da decisão não são plenos. Houve um

---

31. Organização das Nações Unidas para a Alimentação e a Agricultura. The State of Food Insecurity in the World. 2015. Disponível em: <http://www.fao.org/3/a-i4646e.pdf>. Acesso em 23 nov. 2016.

32. MURALIDHAR, S. India: Las expectativas y los retos del cumplimiento judicial de los derechos sociales. In: LANGFORD, Malcolm (ed.). **Teoría y jurisprudencia de los derechos sociales***:* Tendencias emergentes em el derecho internacional y comparado. Bogotá: Siglo del hombre editores y Universidade de los Andes, 2013, p. 202.

33. MAHEDRA, S. Dev. **Right to food in India**. Centre for Economic and Social Studies, Working Paper nº 50, August, 2003, p. 42.

atendimento adequado para aliviar situações muito graves, mas a política pública não se desenvolveu da mesma maneira[34]. Em lugares onde as ONGs estão mais presentes, elas aproveitaram a oportunidade para garantir a concretização dos direitos, porém onde existe pouca mobilização social e não há um governo sensível a essas pautas, as medidas judiciais não foram capazes de assegurá-los, limitando-se a garantir um impacto limitado de alívio temporário contra a fome e a desnutrição. A aprovação da lei, por isso, pode garantir resultados mais permanentes e uniformes.

Colocar o tema na agenda e manter o acompanhamento do caso foram os grandes méritos da Corte. Houve, de fato, a ampliação dos canais de participação, porém a manutenção do caso na jurisdição constitucional, mesmo após a promulgação da lei e a concretização de alguns direitos, tende a acarretar uma permanente intromissão jurisdicional na atuação do Executivo, acirrando a tensão democrática e inviabilizando a construção de novas políticas a partir da lei. Uma vez ativados os canais de participação, a saída de cena da Corte pode ser benéfica para a definição de responsabilidades, inclusive políticas. Como a intervenção da Corte foi satisfatória e produziu alguns resultados, o fato de estes não serem plenos não afeta sua credibilidade, uma vez que a complexidade da questão demanda esforços contínuos e permanentes, podendo o caso ser encerrado agora e reapreciado no futuro, após nova provocação.

4. O DIREITO DOS *DESPLAZADOS* COLOMBIANOS: ESTADO DE COISAS INCONSTITUCIONAL E OS MECANISMOS DE SEGUIMENTO

Apesar do contexto turbulento em que foi promulgada, a Constituição colombiana de 1991 é fruto de processo constituinte marcado por ampla participação e pelo pluralismo, com o envolvimento de grupos de guerrilha desmobilizados, povos indígenas e minorias religiosas. A Corte Constitucional, criada pelo novo texto, foi depositária dessas esperanças e vem desempenhando um papel firme na defesa de direitos fundamentais.

Os chamados *desplazados* (deslocados internos) são as vítimas dos conflitos armados instalados no país, fenômeno que cresceu nos anos 80 e 90 de forma significativa e de forma ainda mais intensa no início dos anos 2000, quando da expansão de grupos paramilitares e da ruptura de

34. NEFF, Emma C. From Equal Protection to the Right to Health: Social and Economic Rights Public Law Litigation, and How an Old Framewor Informs a New Generation of Advocacy. **43 COLUM J.L. & SOC. PROBS**, v. 151, 2010, p. 175.

diálogos de paz com os grupos guerrilheiros. O deslocamento interno ocorre dentro das fronteiras nacionais, individualmente - e não em massa -, sendo a população obrigada a abandonar intempestivamente seu lugar de residência e suas atividades econômicas habituais para fugir da violência, em situação de extrema vulnerabilidade.

Em 2002, alcançou-se o número de 400.000 novos deslocados, contabilizando um número total de cerca de 2 milhões de pessoas[35]. Para atender às vítimas deste conflito, o Estado colombiano agiu de forma abrangente pela primeira vez em 1995, por meio da criação de um programa nacional. Em 1997, foi editada a Lei nº 387, que dispõe sobre medidas para a prevenção do deslocamento forçado, a atenção, proteção, consolidação e estabilização socioeconômica dos deslocados internos. Apesar da legislação, segundo informes repassados à Corte Constitucional, 61% da população desplazada não havia recebido apoio governamental no período compreendido entre 2000 e junho de 2001. As condições básicas de vida dessas pessoas estavam longe de satisfazer os direitos reconhecidos nacional e internacionalmente, sendo que 92% não tinham necessidades básicas satisfeitas, e 80% se encontravam em situação de indigência, bem como 63,5% possuíam condições inadequadas de moradia, além de haver baixos índices de alimentação e de acesso à educação da população escolar deslocada.

Até 2004, a Corte constitucional havia se debruçado sobre alguns casos de maneira pontual. Naquele ano, diante da condição de extrema vulnerabilidade dos *desplazados*, a Corte reuniu 108 ações de tutela[36], referentes a 1.150 núcleos familiares de população deslocada, e examinou a política, com o fim de avaliar concretamente o seu alcance e os impactos sobre essa população[37]. Para tanto, valeu-se da premissa da Lei n.º 387

---

35. GARAVITO, César Rodríguez; FRANCO, Diana Rodríguez. **Cortes y cambio social**: Cómo la Corte Constitucional transformó el desplazamiento forzado em Colombia. Bogotá: Dejusticia, 2010, p. 55-56.

36. Prevista no art. 86 da Constituição, a ação de tutela permite a proteção imediata de direitos fundamentais que estejam ameaçados pela ação ou a omissão de qualquer autoridade pública. O procedimento é sumário e tem revisão obrigatória pela Corte Constitucional, que seleciona algumas das tutelas para analisar e fixar a jurisprudência sobre direitos fundamentais.

37. Os demandados foram instituições e funcionários nacionais e locais, como a Rede de Solidariedade Social, os ministérios da Economia, de Proteção Social, de Agricultura, de Educação, o Serviço Nacional de Aprendizagem (SENA), o Instituto Colombiano de Reforma Agrária e alguns governadores e prefeitos das áreas em que residiam os

de que os *desplazados* mereciam um tratamento preferencial do Estado, sob pena de perpetuação da vulnerabilidade dos direitos fundamentais ou de seu agravamento[38].

A Corte tratou não apenas de direitos civis e políticos, mas também dos seguintes direitos econômicos, sociais e culturais: direito à vida em condições de dignidade, tendo em vista as circunstâncias sub-humanas associadas à mobilidade; direito à saúde, em conexão com o direito à vida, não só por dificuldades de acesso, mas também porque as condições de vida que eram forçados a aceitar tinha um alto potencial para minar seu estado de saúde ou agravar suas enfermidades; direito ao trabalho e à liberdade de escolher profissão ou ofício, especialmente no caso dos agricultores que se viam forçados a migrar às cidades e, por conseguinte, abandonar sus atividades habituais; direito a uma alimentação mínima, tendo em vista os altos níveis de pobreza extrema a que chegam grande parte das pessoas *desplazadas*, o que lhes impedia de satisfazer suas necessidades biológicas mais essenciais; e direito a uma moradia digna, pelo fato de ter de abandonar seus próprios lares ou lugares habituais de residência e submeter-se a condições inapropriadas de alojamento.

A Corte ressaltou que a vulneração dos direitos havia persistido no tempo, sem atuação das autoridades para corrigir os defeitos dessa proteção. O tribunal destacou que o governo central havia destinado recursos financeiros inferiores às necessidades da política e muitas das entidades territoriais não detinham recursos próprios para atender os programas. Apontou a necessidade de destinar o orçamento necessário para que os direitos fundamentais dos *desplazados* tivessem plena realização, devendo as diferentes entidades nacionais adotar, em prazo razoável e dentro de suas respectivas competências, as medidas corretivas para assegurar os recursos orçamentários.

Ativista, o tribunal afastou suposta violação à separação de poderes, pois a decisão estaria levando em conta os instrumentos legais que tratam da política de atenção à população *desplazada*, bem como o desenho da política e os compromissos assumidos pelas distintas entidades, apelando ao princípio constitucional de colaboração harmônica entre os distintos ramos do poder para assegurar o cumprimento dos deveres de proteção efetiva dos direitos de todos os residentes no território nacional. Embora

---

demandantes.

38. Corte Constitucional da Colômbia. Sentencia T-025 de 2004.

não fosse o causador direto do fenômeno, o Estado teria o dever de proteger a população afetada e, por isso, estaria obrigado a adotar uma resposta à situação. Ao analisar as políticas públicas de atenção a essa população, a Corte entendeu ser cabível avaliar se o Estado, por meio de ações ou omissões no desenho, na implementação, no seguimento ou na avaliação destas, havia contribuído de maneira constitucionalmente significativa ao desconhecimento dos direitos fundamentais das pessoas em condição de deslocamento.

A capacidade institucional dos órgãos e entes territoriais de atender a essa população foi considerada precária, tendo em vista o desenvolvimento frágil de regulamentação da política, quanto à implementação, ao seguimento e à avaliação da gestão, como a falta de um plano, inexistência de metas específicas e a não repartição de funções e responsabilidades.

A Corte reconheceu, ainda, a existência de um "estado de coisas inconstitucional[39]", ante a presença dos seguintes fatores: i) vulneração massiva e generalizada de vários direitos constitucionais, com a afetação de um número significativo de pessoas; ii) garantia do direito em questão apenas em razão de propositura de ações de tutela[40]; iii) não edição de medidas legislativas, administrativas ou orçamentárias necessárias para evitar a vulneração dos direitos; iv) a existência de um problema social cuja solução comprometia a intervenção de várias entidades e requeria a adoção de um conjunto complexo e coordenado de ações, exigindo um nível de recursos adicional relevante; v) se todas as pessoas afetadas pelo mesmo problema acudissem à ação de tutela para obter a proteção de seus direitos, haveria uma inflação judicial.

---

39. Este conceito já havia sido adotado em outros casos, como o que tratou da população carcerária e do sistema penitenciário (Sentencia T-153/1998), o da filiação previdenciária de professores no fundo nacional do magistério (SU-559/1997) e a omissão no pagamento de pensões no Departamento de Chocó (SU-090/2000), , A Corte se baseou no art. 27 do Decreto nº 2.591/91, que, ao regular a tutela, prevê que o juiz estabelecerá os demais efeitos do julgado para o caso concreto e manterá a competência até que esteja completamente restabelecido o direito ou eliminadas as causas da ameaça, e mediante a observância de requisitos como a violação massiva, generalizada e sistemática de direitos fundamentais (i), o fato de haver a responsabilidade de vários órgãos (ii) e a continuidade das violações (iii). Foi somente no caso dos *desplazados* que a Corte efetivamente reteve sua jurisdição e adotou mecanismos de seguimento, como se verá adiante.

40. A pessoa que pleiteava o reconhecimento como *desplazada* só o recebia se pleiteasse uma manifestação judicial nesse sentido.

Reconhecido o "estado de coisas inconstitucional", impôs-se, por um lado, a adoção de medidas positivas para conseguir uma igualdade real de condições e oportunidades entre os associados – o que a Corte chama de "cláusula de erradicação das injustiças presentes"[41]. Por outro, determinou-se que o Estado se abstivesse de adiantar, promover ou executar políticas, programas ou medidas ostensivamente regressivos en matéria de direitos econômicos, sociais e culturais, que contribuíssem ao agravamento da situação de injustiça, de exclusão ou de marginalização que se pretendia corrigir.

Para definir o nível mínimo de satisfação dos direitos constitucionais das pessoas *desplazadas*, a Corte fez uma distinção entre o respeito ao núcleo essencial dos direitos fundamentais dos deslocados e a satisfação, por parte das autoridades, de certos deveres prestacionais derivados dos direitos reconhecidos em nível internacional e constitucional em favor dessa população. No primeiro caso, as autoridades não poderiam, em hipótese alguma agir de forma tal que desconhecesse, lesionasse ou ameaçasse o núcleo essencial dos direitos fundamentais das pessoas *desplazadas*. Quanto aos deveres prestacionais, a maior parte dos direitos reconhecidos pela normatividade internacional e pela Constituição às pessoas deslocadas impõe às autoridades, pelas circunstâncias em que se encontram os *desplazados*, obrigações claras de caráter prestacional, que necessariamente implicam um gasto público.

Entre os vários dispositivos da decisão, a sentença contém três ordens principais: i) a formulação de um plano de ação coerente para ocupar-se da emergência humanitária das pessoas desplazadas e para superar o estado de coisas inconstitucional; ii) o dever da administração de calcular o orçamento necessário para implementar tal plano de ação e de explorar todos os caminhos possíveis para efetivamente intervir na quantidade calculada nos programas para as pessoas *desplazadas*; e iii) a garantia da proteção do mínimo vital da maioria dos direitos básicos, como alimentação, educação, terras e moradia.

A Corte não se limitou a declarar de modo genérico a existência de violações massivas dos direitos. Com base nas experiências anteriores de pouca efetividade das decisões mais ambiciosas e detalhadas que declararam o estado de coisas inconstitucional, conservou sua jurisdição sobre

41. Este conceito foi adotado nas seguintes decisões: Sentencia T-177/1999; Sentencia T-840/1999; Sentencia T-772/2003.

o assunto e assumiu a tarefa de levar adiante um processo de seguimento detalhado e contínuo do desempenho do Estado depois da Sentença T-025. Para tanto, emitiu diversas ordens específicas para que o Estado criasse um plano de ação para superar o estado de coisas inconstitucional, procurasse garantir o orçamento necessário para executar o plano e garantisse os direitos básicos da população desplazada.

Os mecanismos principais de acompanhamento foram as audiências públicas, as sessões técnicas (regionais e informais), a sala especial de seguimento e as decisões de seguimento ("autos"). Até abril de 2014 já haviam sido realizadas 20 audiências, todas abertas ao público. As sessões técnicas, regionais e informais começaram a ser realizadas em 2010, com enfoque mais específico e mais voltado às comunidades, tendo ocorrido sete sessões desde 2010. Entre janeiro de 2004 e abril de 2014, houve a instauração de 289 *autos*, que são processos específicos para monitorar a implementação das ordens, solicitar informes e ações concretas de atores específicos, além de adotar indicadores baseados em direitos para avaliar o progresso da realização dos direitos das pessoas *desplazadas*.

No início, as providências concentravam-se mais na identificação de responsabilidades e providências gerais, mas hoje há discussões sobre o desenvolvimento de indicadores para medir o avanço do cumprimento das obrigações e a vigilância mais próxima da atuação do governo. Em 2009, o *auto* nº 08 constatou a permanência do estado de coisas constitucional, sobretudo em questões relacionadas a acesso a terras e formas de reparação. Em 2011, foi aprovada a Lei de Vítimas e Restituição de Terras (Lei nº 1448), que se inspira nos princípios da justiça transicional e estabelece um conjunto de medidas judiciais, administrativas, sociais e econômicas (individuais e coletivas) para assegurar os direitos à verdade, justiça e reparação. Esta lei reconhece oficialmente a existência do conflito armado e a relevância do direito internacional humanitário no caso. Desde então, a Corte vem se dedicando a assegurar a implementação da lei à luz da jurisprudência já estabelecida.

Segundo Cézar Rodríguez Garavito e Diana Rodríguez Franco[42], a decisão da Corte de reter a sua jurisdição no caso provocou diversos efeitos, diretos e indiretos, de natureza material e simbólica. Houve o

42. GARAVITO, César Rodríguez; FRANCO, Diana Rodríguez. **Cortes y cambio social**: Cómo la Corte Constitucional transformó el desplazamiento forzado em Colombia. Bogotá: Dejusticia, 2010, p. 44-45.

efeito desbloqueador da burocracia estatal, por meio da pressão sobre o governo mediante autos e reuniões de seguimento, o que foi corroborado pela atuação de órgãos autônomos de controle, como a *Defensoría del Pueblo*. Com isso, os recursos orçamentários triplicaram já em 2004, atingindo número dez vez maior em 2014. Além disso, a decisão permitiu finalmente o desenho da política pública nacional e o estabelecimento de mecanismos para implementar e supervisionar os programas, culminando na lei de vítimas.

A participação popular foi outro efeito claro: a Corte estimulou diretamente o diálogo entre os organismos públicos e as organizações da sociedade civil mediante audiências e recebimento de informes. Indiretamente, as ONGs se organizaram e montaram uma comissão informal de seguimento da política pública sobre deslocamento forçado que faz um seguimento sistemático e permanente da evolução das políticas sobre deslocamento e a implementação das ordens da sentença, em diálogos com agência das Nações Unidas, com os organismos de controle, as organizações da população desplazada e as de base[43].

Houve também efeitos socioeconômicos, relativos às condições de vida dos *desplazados* após a sentença. Constatou-se uma melhora material nos dados sobre saúde e educação, com benefício a cerca de 80% da população desplazada, porém a implementação de outros direitos sociais continua insatisfatória, sobretudo moradia e agricultura. Ademais, há efeitos simbólicos, pois os membros e organizações adotaram a linguagem de direitos para estruturar suas reclamações futuras, o que leva a um outro efeito, o de reestruturação do marco: ajudou-se a redefinir a maneira como se compreende o deslocamento forçado, que deixou de ser visto como "mero" efeito colateral do conflito armado para ser tratado como um problema de violação de direitos fundamentais, inclusive na imprensa[44].

Por mais que tenha mantido a jurisdição sobre o caso, estabelecido indicadores e cobrado uma atuação governamental mais permanente

43. GARAVITO, César Rodríguez; FRANCO, Diana Rodríguez. *Juicio a la exclusión*: El impacto de los tribunales sobre los derechos sociales em el Sur Global. Buenos Aires: Siglo Veintiuno Editores, 2015, p. 83/84.

44. A criação de um argumento jurídico, nos moldes do caso indiano, ocorreu com bastante intensidade neste caso também. A atuação da Corte deu visibilidade ao caso e até criou um "campo sociojurídico" do deslocamento, em que atores sociais e estatais interagem sobre o tema.

em relação aos *desplazados*, a Corte se mostrou mais cautelosa e menos expansiva do que em casos como o da situação carcerária[45]. Ao adotar remédios dialógicos, passou de um ativismo expansivo a um mais principiológico, temperado, atento aos espaços democráticos, o que favoreceu a cooperação do Legislativo e do Executivo, porém manteve a vigilância sobre o cumprimento das ordens e sobre o atendimento dos prazos.

5. JURISDIÇÃO CONSTITUCIONAL NO SUL GLOBAL: DIREITOS SOCIAIS COM DEMOCRACIA

Os casos indicam um caminho para o papel do Judiciário na efetivação de direitos sociais que, sem deixar de levar a sério as críticas - sobretudo as de falta de legitimidade democrática e de incapacidade institucional -, assume uma posição relevante na implementação desses direitos, reconhece sua justiciabilidade, indica remédios e realiza mecanismos de seguimento, com permeabilidade aos anseios da sociedade civil.

Nesses países do sul global, a justiciabilidade dos direitos sociais não é contestada. Ao contrário, é legitimada pela Constituição (exceto na Índia) e pela jurisprudência consolidada da Corte constitucional (nos três casos). A atuação judicial na efetivação desses direitos é, portanto, um fato amparado pela decisão constituinte de conferir às instituições a aptidão de fazer atuar concretamente o comando abstrato da norma constitucional[46]. Isso ganha importância ante o caráter profundamente desigual desses países - que sofrem com a fome, a falta de moradia e os conflitos armados - e a necessidade de romper com a percepção de "neutralidade do *status quo*", ou seja, com a ideia de que o Estado só é neutro quando legitima as desigualdades já existentes - quando não interfere na

---

45. Neste caso, a Corte proferiu várias ordens e estabeleceu prazos curtos para cumprimento quanto às deficiências administrativas e orçamentárias, mas não apontou nenhum mecanismo de seguimento para acompanhar o cumprimento da decisão. Houve remédios fortes, com ordens detalhadas como "suspensão imediata de contrato de renovação de uma das maiores prisões de Bogotá", formulação de plano integral, em três meses, para a renovação das prisões existentes e a construção de novas" e "término, em quatro anos, do confinamento das pessoas que esperavam julgamento nas mesmas prisões em que estavam pessoas já condenadas", porém sem maior efetividade. Corte Constitucional da Colômbia. Sentencia T-153/1998.

46. BARROSO, Luis Roberto. **O direito constitucional e a efetividade de suas normas.** 6ª ed. Rio de Janeiro e São Paulo: Renovar, 2002, p. 280.

distribuição injusta da renda, por exemplo – e é abusivo quando induz transformações – correções – na realidade social[47].

Ter como diretriz a ampliação dos canais de participação e a permeabilidade às diversas forças sociais, sobretudo àquelas sub-representadas, é o desafio que se põe ao Judiciário no sul global para conferir densidade democrática às suas decisões e ao processo de seguimento em casos estruturais de grande impacto. Deve ser entendido, neste contexto, que a democracia não se limita às formas majoritárias de representação, alcançando também outros mecanismos de participação e deliberação, que comportem aspectos como o engajamento cívico dos cidadãos no processo de tomada de decisões, a participação direta e ativa, a construção de consensos, a atuação coletiva e a reivindicação de que o domínio político não deve se restringir às instituições formais do Estado[48]. Tal percepção acentua-se em contextos em que a omissão inconstitucional é flagrante e as políticas públicas se mostram praticamente inexistentes, devido a fatores como corrupção, invisibilidade e ineficiência.

Considerando tais aspectos, a pergunta a ser respondida não diz respeito à possibilidade ou não de intervenção judicial, mas a como o Judiciário deve intervir para combater a neutralidade do *status quo* com maior eficácia, melhorando as condições de vida das pessoas, especialmente as mais pobres e vulneráveis. Formulando em termos mais precisos: que tipo de ativismo judicial pode responder melhor às objeções clássicas de ilegitimidade democrática ou incapacidade institucional nos casos de violações massivas de direitos?

A Corte da África do Sul foi a que adotou, no caso *Grootboom*, a estratégia mais cautelosa para equilibrar o papel da Corte e a atuação do Executivo e do Legislativo. Reconheceu fundamentadamente a omissão estatal e a violação ao preceito constitucional, porém não admitiu um núcleo mínimo do direito e adotou critérios meramente procedimentais de razoabilidade para avaliar a política estatal. Além disso, o remédio previsto na decisão conferiu ao Estado uma posição confortável para estabelecer a política pública sem maior controle quanto a uma melhor efetivação do direito ou à possibilidade de melhores resultados. A Corte tampouco realizou qualquer medida de seguimento para analisar a razoabilidade das

47. SUNSTEIN, Cass R. **A Constituição parcial**. Trad. Manassés Teixeira Martins e Rafael Triginelli. Belo Horizonte: Del Rey, 2009.

48. FERES JUNIOR, João; POGREBINSCHI, Thamy. **Teoria política contemporânea**. Rio de Janeiro: Elsevier, 2010, Ebook. Kindle edition.

medidas adotadas, o que tornou menos efetivo o comando judicial. Mesmo assim, a decisão produziu o efeito direto da inclusão de um capítulo na lei sobre moradia e efeitos indiretos na mobilização de outros grupos quanto à provocação da Corte sobre o mesmo direito.

No caso do direito à alimentação da Índia, a Suprema Corte agiu, desde o início, de forma incisiva, declarando o direito fundamental e estabelecendo contornos ao seu conteúdo, ainda que por meio de decisões provisórias. Mediou o diálogo do Estado com a sociedade civil e, provocada pela atuação técnica dos comissionados, estabeleceu metas aos órgãos. Sem invadir as esferas de atuação dos poderes, a Corte apontou caminhos a serem preenchidos pelos governos para garantir um núcleo essencial do direito à alimentação. Houve, apesar da incompletude dos resultados, o efeito de colocar o assunto na agenda como um direito, a partir de uma campanha de mobilização nacional, e a aprovação de uma lei extremamente detalhada sobre obrigações estatais no tema.

A decisão colombiana em favor dos *desplazados* guarda semelhanças com a indiana, porém, por ser definitiva, é mais completa acerca do cenário de violação massiva de direitos que acarretou o estado de coisas inconstitucional. A Corte analisou dados, informações governamentais e identificou a violação de diversos direitos fundamentais, inclusive sociais. A inovação do tribunal na sentença T-025 foi manter a sua jurisdição no caso e acompanhar os passos adotados pelo governo em seu cumprimento, com uma sala de seguimento especial. Os chamados *autos* modelaram os comandos iniciais e permitiram a formatação de indicadores para a efetivação dos direitos e das políticas públicas. Ao mesmo tempo, a realização de audiências públicas e sessões específicas, o reconhecimento da atuação de entidades da sociedade civil e de uma comissão constituída para o tema conferiram à Corte uma ciência ampla do problema e a porosidade social para seguir pressionando o governo em favor das medidas que determinava. A lei de vítimas, aprovada em 2011, avalizou a jurisprudência da Corte e consolidou a mudança do patamar de tratamento dos *desplazados* – de efeito colateral do conflito a vítimas com direitos fundamentais violados.

Em todos os casos, mas especialmente nas decisões da Índia e da Colômbia, a postura das Cortes foi bastante dialógica, no sentido de proferir uma decisão que não esgotasse as possibilidades de atuação do outro poder e que estivesse atenta às suas capacidades institucionais para implementar direitos e políticas públicas. Esta postura contribui para a superação das críticas de ilegitimidade democrática e de incapacidade institucional. As Cortes indiana e colombiana transformaram os processos em verdadeiras arenas permeáveis à participação social, as quais não abrangem apenas atores jurídicos e contam com uma variedade de sujeitos com conhecimento relevante para o processo, como movimentos sociais, especialistas acadêmicos, ONGs e entidades internacionais de direitos humanos.

A priorização da discussão em torno dos direitos foi o ponto alto dos dois últimos casos. Contrapondo-se à visão mais procedimental da Corte sul-africana, mais deferente à decisão governamental com base no critério da razoabilidade, as Cortes indiana e colombiana optaram por um modelo que põe em questão a efetividade não só dos direitos, mas também das próprias decisões. Ambas buscam, em primeiro lugar, a implementação de direitos, mas não adotam uma postura monológica tradicional, ou seja, não se limitaram a afirmar com ênfase o direito, preocupando-se com o momento de aplicação da decisão. Eis o grande diferencial da atuação dialógica e dos mecanismos de seguimento: as Cortes colocaram a discussão de direitos em primeiro plano e, mesmo ciente do seu custo e das capacidades institucionais dos entes, procuraram acompanhar o cumprimento da decisão para aferir se havia a priorização na alocação de recursos e na concretização de políticas públicas.

Nessa esteira, a lógica da intervenção dialógica reconhece que as decisões podem até não ter efetividade plena, mas não devem ser ignoradas. O que está em jogo é assegurar que a progressiva realização dos direitos sociais não seja letra morta. O processo de acompanhamento não tolhe as atribuições de cada poder, e sim reforça o papel de cada um deles. Uma ordem detalhada, como a da sentença sobre o sistema carcerário da Colômbia, mostrou-se menos eficaz que uma decisão que, reconhecendo o núcleo mínimo dos direitos, esboçou fins e procedimentos e cobra a destinação de recursos orçamentários para desenho e implementação das políticas.

A intervenção judicial, nesses casos, contribuiu para o desbloqueio das políticas públicas e para a melhor articulação entre órgãos, enfrentando um cenário de paralisia que é recorrente em países do sul global, notadamente em pautas cujos maiores interessados em sua defesa estão sub-representados no processo político.

A complexidade e a magnitude dos casos conduzem à constatação de que é muito difícil para uma Corte adotar os mesmos esforços em um número grande de casos. Esse tipo de acompanhamento deve ser reservado para casos singulares, que digam respeito a um conjunto amplo da sociedade e que tenham repercussão social e coletiva. O conceito de estado de coisas inconstitucional é um bom parâmetro para legitimar uma atuação deste porte para as Cortes. Não há dúvida, porém, que a porosidade social e a priorização de direitos, em detrimento da ideia de governabilidade e de argumentos econômicos, podem ser a tônica na intervenção judicial dialógica para qualquer caso.

6. CONSIDERAÇÕES FINAIS

Mirando a realidade do Sul Global, pensar em direitos sociais é refletir sobre as possibilidades de transformação efetiva de realidades fortemente desiguais, contra as quais a Constituição ofereceu remédios, os quais nem sempre são tratados com a devida prioridade. Em todos os âmbitos, os debates sobre esses direitos são invariavelmente travados à luz dos custos para a sua efetivação e da escassez de recursos. No Judiciário, os argumentos da falta de legitimidade democrática e da falta de capacidade institucional emergem como obstáculos.

A atuação das Cortes da África do Sul, da Colômbia e da Índia mostram novas fórmulas para conferir judicialmente efetividade a esses direitos e garantir uma agenda positiva para sua concretização. Isso não significa fechar os olhos às críticas formuladas à jurisdição constitucional. Trata-se, em verdade, de adotar uma intervenção judicial dialógica que ponha em destaque o debate sobre os direitos, com ampla participação social e recurso a subsídios técnicos do Estado e da sociedade civil, e não sobre as escusas governamentais. Nesse contexto, a ideia de implementação progressiva dos direitos sociais é concretamente adotada, por meio do acompanhamento próximo e permanente das medidas estatais na implementação do direito, permitindo avanços e evitando o desvio nos rumos da política pública.

Diante disso, importa saber se os direitos serão implementados e se farão parte da agenda governamental. Em realidades tão marcadas pelo descaso quanto a direitos como alimentação, moradia e violações massivas em conflitos armados, as Cortes não pretenderam ocupar o lugar dos outros poderes, mas tão-somente exigir que estes não silenciassem – nem se mantivessem "neutros" – sobre aquele cenário de injustiça social.

REFERÊNCIAS

BALKIN, Jack M. *Living Originalism.* Cambridge, Massachusetts: Harvard University Press, 2011.

BARROSO, Luis Roberto. *O direito constitucional e a efetividade de suas normas.* 6ª ed. Rio de Janeiro e São Paulo: Renovar, 2002.

_________. A razão sem voto: O Supremo Tribunal Federal e o governo da maioria. In: SARMENTO, Daniel (coord.). *Jurisdição constitucional e política.* Rio de Janeiro: Forense, 2015, p. 26.

BIKO, Steve. *I write what I like:* a selection of writings. Johannesburg: Picador Africa, 2004.

BRANDÃO, Rodrigo. *Supremacia judicial versus Diálogos Constitucionais:* A quem cabe a última palavra sobre o sentido da Constituição? Rio de Janeiro: Lumen Juris, 2012.

CAMPOS, Carlos Alexandre de Azevedo. *Estado de Coisas Inconstitucional.* Salvador: Juspodivm, 2016.

CITTADINO, Gisele. *Pluralismo, Direito e Justiça Distributiva: Elementos da Filosofia Constitucional Contemporânea.* Rio de Janeiro: Lumen Juris, 1999.

DIAS, Jefferson Aparecido; MACHADO, Pedro Antonio de Oliveira. Capitalismo, crises, democracia e a Constituição brasileira. *Revista de Direito Brasileira,* São Paulo, SP, v. 15, n. 6, p. 94- 115, set./dez. 2016.

DWORKIN, Ronald. Hard Cases. *Harvard Law Review,* v. 88, no. 6, April, 1975, p. 1057–1109.

__________. *O direito da liberdade:* A leitura moral da Constituição norte-americana. Trad. Marcelo Brandão Cipolla. São Paulo: Martins Fontes, 2006.

__________. *A raposa e o porco-espinho:* justiça e valor. Trad. Marcelo Brandão Cipolla. São Paulo: Editora WMF Martins Fontes, 2014, p. 593.

ELY, John Hart. *Democracia e desconfiança:* Uma teoria do controle judicial de constitucionalidade. Trad. Juliana Lemos. São Paulo: Martins Fontes, 2010.

FERES JUNIOR, João; POGREBINSCHI, Thamy. *Teoria política contemporânea.* Rio de Janeiro: Elsevier, 2010, Ebook. Kindle edition.

FIGUEIREDO, Ivan Pinheiro. Entre o todo e o sujeito: condições para a construção de uma agenda positiva de direitos humanos. *Revista de Direito Brasileira*, São Paulo, SP, v. 14, n. 6, p. 80 – 88, maio/ago. 2016.

GALEANO, Eduardo. *Las venas abiertas en América Latina.* 76ª ed. Buenos Aires: Siglo XXI editores, 2004.

GARAVITO, César Rodríguez; FRANCO, Diana Rodríguez. *Cortes y cambio social:* Cómo la Corte Constitucional transformó el desplazamiento forzado em Colombia. Bogotá: Dejusticia, 2010.

__________. *Juicio a la exclusión*: El impacto de los tribunales sobre los derechos sociales em el Sur Global. Buenos Aires: Siglo Veintiuno Editores, 2015.

GARGARELLA, Roberto; COURTIS, Christian. El nuevo constitucionalismo latinoamericano: promessas e interrogantes. In: BALDI, César Augusto (Coord.). *Aprender desde o Sul:* Novas constitucionalidades, pluralismo jurídico e plurinacionalidade. Aprendendo desde o Sul. Belo Horizonte: Fórum, 2015.

GINSBURG, Tom; VERSTEEG, Mila. Why do countries adopt constitutional review? *The Journal of Law, Economics, and Organization*, Vol. 30, No. 3, 2013, p. 587-622.

GINSBURG, Tom; DIXON, Rosalind. The South African Constituional Court and SocioEconomic Rights as 'Insurance Swaps'. *University of Chicago Public Law & Legal Theory Working Paper No. 436*, 2013, p. 01-29.

GOMES, Juliana Cesario Alvim. *Por um constitucionalismo difuso*. Salvador: Juspodivm, 2016.

HABERMAS, Jurgen. *Direito e democracia:* entre facticidade e validade. Volume I. Trad. Flávio Beno Siebeneichler. Rio de Janeiro: Tempo Brasileiro.

HIRSCHL, Ran. The Political Origins of Judicial Empowerment Through Constitutionalization: Lessons from Four Constitutional Revolutions. *Law & Social Inquiry*, Vol. 25, No. 1, 2000, p. 91-149.

__________. *Towards Juristocracy*: *The Origins and Consequences of the New Constitutionalism*. Cambridge, Massachusetts and London: Harvard University Press, 2004.

HOLANDA, Sérgio Buarque de. *Raízes do Brasil*. 26ª ed, 15ª reimpressão. Companhia das Letras: São Paulo, 2002.

HOLMES, Stephen; SUNSTEIN, Cass R. *The Cost of Rights*: Why Liberty Depends on Taxes. New York and London: W. M. Norton, 1999.

KRISHNAN, Preethi; MANGALA, Subramaniam. Understanding the State: Right to Food Campaign in India. *The Global South* 8(2), 2015, p. 101-118.

KRUUSE, H. *Life in the Suburbs After 'Grootboom'*: The Role of Local Government in Realising Housing Rights in the Eastern Cape. LLM thesis, Rhodes University, 2008.

LANDAU, David Evan. *Beyond Judicial Independence:* The Construction of Judicial Power in Colombia. Doctoral dissertation. Harvard University. Graduate School of Arts & Sciences. 2015, p. 01-365. Disponível em <http://nrs.harvard.edu/urn-3:HUL.InstRepos:14226088>. Acesso em 25 nov. 2016.

LÓPEZ, Javier Ocampo. *História Básica de COLOMBIA*. Bogotá: Plaza & Janés, 1994.

MAHEDRA, S. Dev. *Right to food in India.* Centre for Economic and Social Estudies, Working Paper nº 50, August, 2003.

MALDONADO, Daniel Bonilla. Introducción. In: _____(comp.). *Geopolítica del conocimiento jurídico.* Bogotá: Siglo del Hombre Editores y Universidad de los Andes, 2015.

MÁRQUEZ, Gabriel García. *Cien años de soledad.* 3ª ed. Buenos Aires: Debolsillo, 2004.

MENESES, Maria Paula de. Ampliando las epistemologías del sur a partir de los sabores: Diálogos desde los saberes de las mujeres de Mozambique. *Revista Andaluza de Antropología*, nº 10, mar. 2016.

MIGNOLO, Walter D. El pensamiento decolonial: desprendimiento y apertura. Un manifesto. *In:* CASTRO-GÓMEZ, Santiago; GROSFOGUEL, Ramón (eds.). *El giro decolonial*: Reflexiones para una diversidad epistémica más allá del capitalismo global. Bogotá: Siglo del Hombre Editores, 2007.

MURALIDHAR, S. India: Las expectativas y los retos del cumplimiento judicial de los derechos sociales. In: LANGFORD, Malcolm (ed.). *Teoría y jurisprudencia de los derechos sociales:* Tendencias emergentes em el derecho internacional y comparado. Bogotá: Siglo del hombre editores y Universidade de los Andes, 2013.

NEFF, Emma C. From Equal Protection to the Right to Health: Social and Economic Rights Public Law Litigation, and How an Old Framewor

Informs a New Generation of Advocacy. *43 COLUM J.L. & SOC. PROBS*, v. 151, 2010, p. 151-181.

ORGANIZAÇÃO DAS NAÇÕES UNIDAS. Programa Mundial de Alimentos. *Vulnerabilidad a la Inseguridad Alimentaria de la Población desplazada por la violencia en Colombia.* 2003.

PEREIRA, Jane Reis Gonçalves. Representação democrática do Judiciário: reflexões preliminares sobre os riscos e dilemas de uma ideia em ascensão. *Jurispoiesis (Rio de Janeiro)*, Ano 17, vol 17, 2014, p. 343-359.

_______. Direitos sociais, Estado de Direito e Desigualdade: Reflexões sobre as críticas à judicialização dos direitos prestacionais. *Quaestio Iurus*, vol. 08, nº 03, Rio de Janeiro, 2015, p. 2080-2124.

PEREIRA, Jane Reis Gonçalves. O Judiciário como impulsionador dos direitos fundamentais: entre fraquezas e possibilidades. *Revista da Faculdade de Direito da Uerj*, Rio de Janeiro, n 29, 29, jun. 2016, p. 127-157.

POST, Robert; SIEGEL, Reva. Roe Rage: Democratic Constitutionalism and Backlash. *Harvard Civil Rights-Civil Liberties Law Review*, nº. 42, 2007, p. 373-433.

QUIJANO, Aníbal. Colonialidad Del poder, eurocentrismo y America Latina. In: LANDER, Edgardo (org.). *La colonialidad del saber*: eurocentrismo y ciencias sociales. Perspectivas Latinoamericanas. Buenos Aires: Clacso, 2000.

ROUX, Theunis. Understanding Grootboom – A Response to Cass R. Sunstein. *Constitutional Forum*, 2002, p. 41-51.

SÁNCHEZ G., Gonzalo. Los estudios sobre la Violencia: balance y perspectivas. In: SÁNCHEZ, Gonzalo; PEÑARANDA, Ricardo (comps.). *Pasado y presente de la violencia em Colombia.* 3ª ed. Medellín: La Carreta Editores, 2015.

SANTOS, Boaventura de Sousa. *Epistemologías del Sur.* Revista Utopía y Praxis Latinoamericana, Año 16, n. 54, jul/set, 2011, p. 17/39.

SARLET, Ingo Wolfgang. Os Direitos Sociais como Direitos Fundamentais: Contributo para um Balanço aos Vinte Anos da Constituição de 1988. In: SOUZA NETO, Cláudio Pereira de; SARMENTO, Daniel; BINENBOJM, Gustavo. *Vinte anos da Constituição Federal de 1988.* Rio de Janeiro: Lumen Juris, 2009.

SARMENTO, Daniel. A Proteção Judicial dos Direitos Sociais: Alguns Parâmetros Ético-Jurídicos. In: SOUZA NETO, Cláudio Pereira;

SARMENTO, Daniel (orgs.). *Direitos sociais*: fundamentos, judicialização e direitos sociais em espécie. Rio de Janeiro: Lumen Juris, 2008.

______. *A dignidade da pessoa humana*: conteúdo, trajetórias e metodologia. Belo Horizonte: Fórum, 2016, p. 293.

SCHWARZ, Roberto. As ideias fora do lugar. In: _____; *Cultura e Política*. 3ª ed. São Paulo: Paz e Terra, 2009, p. 59-83.

SHANKAR, Shylashri. The Embedded Negotiators: India's Higher Judiciary and Socioeconomic Rights. In: MALDONADO, Daniel Bonilla. *Constitutionalism of the Global South*: The Activist Tribunals of India, South Africa, and Colombia. New York: Cambridge University Press, 2013.

SOUZA NETO, Cláudio Pereira de. A Justiciabilidade dos Direitos Sociais: Críticas e Parâmetros. In: SOUZA NETO, Cláudio Pereira de; SARMENTO, Daniel (coords.). *Direitos sociais:* Fundamentos, Judicialização e Direitos Sociais em Espécie. Rio de Janeiro: Lumen Juris, 2008.

SOUZA NETO, Cláudio Pereira de; SARMENTO, Daniel. *Direito Constitucional:* Teoria, história e métodos de trabalho. 2ª ed. Belo Horizonte: Fórum, 2014.

STEWART, Linda. Adjudicating Socio-Economic Rights under a Transformative Constitution. *Penn State International Law Review*: 2010, Vol. 28: No. 3, Article 13, 487-512.

SUNSTEIN, Cass R. The Minimalist Constitution. *In:* BALKIN, Jack M.; SIEGEL, Reva B. (eds.). *The Constitution in 2020*. Oxford: Oxford University Press, 2009. Ebook Kobo. Posição 2 de 9.

SUNSTEIN, Cass R. Social and Economic Rights? Lessons from South Africa. *John M. Olin Program in Law and Economics Working Paper*, nº 124, 2001. Disponível em: <:http://chicagounbound.uchicago.edu/law_and_economics > Acesso em 19.11.2016.

SUNSTEIN, Cass R. *A Constituição parcial*. Trad. Manassés Teixeira Martins e Rafael Triginelli. Belo Horizonte: Del Rey, 2009.

VERA, Oscar Parra. *Justiciabilidade de los derechos económicos, sicuakes y culturales ante el sistema interamericano*. México: Comisión Nacional de Los Derechos Humanos, 2011.

VERMULE, Adrian. *Judging under Uncertainty: an institutional theory of legal interpretation*. London: Harvard University Press, 2006.

VIEIRA, Oscar Vilhena. A desigualdade e a subversão do Estado de direito. In: SARMENTO, Daniel; IKAWA, Daniela; PIOVESAN, Flavia (coords.). *Igualdade, diferença e direitos humanos.* Rio de Janeiro: Lumen Iuris, 2008.

VILLEGAS, Mauricio Garcia. *Constitucionalismo aspiracional:* Derecho, Democracia y ambio social em América Latina. Revista Análisis político nº 75, Bogotá, mayo-agosto, 2012, p. 89-110.

TUSHNET, Mark. *Taking the Constitution away from the Courts.* New Jersey: Princeton University Press, 1999.

WALDRON, Jeremy. The core of the case against judicial review. *The Yale Law Journal*, New Haven, 2006, p. 1346-1406.

WHITTINGTON, Keith E. Constitutionalism. In: ______; KELEMEN, R. Daniel; CALDEIRA, Gregory A. (eds). *The oxford handbook of law and politics.* Oxford: Oxford University Press, 2008, p. 281-299.

YEPES, Rodrigo Uprimny. A judicialização política na Colômbia: casos, potencialidades e riscos. Trad. Pedro Soares. *SUR – Revista Internacional de Direitos Humanos*, Vol. 6, 2007, p. 52-69.

ASSASSINATOS NO CAMPO E CRIMINALIZAÇÃO DOS MOVIMENTOS SOCIAIS: UM PARADOXO DEMOCRÁTICO

José Carlos Garcia[1]

A Comissão Pastoral da Terra – CPT, entidade ligada à Igreja Católica no Brasil, acompanha e organiza os dados quanto aos conflitos agrários e à violência no campo desde 1985. Desde então edita seus conhecidos relatórios anuais, com justiça tidos como os mais precisos e detalhados sobre o tema no país. Naquele ano, segundo o primeiro relatório anual da CPT, ocorreram 768 conflitos no campo, de variados tipos (por terra, com boias-frias, trabalhistas, sindicais, em decorrência da seca, conflitos envolvendo garimpo, agrotóxicos e outros), envolvendo cerca de 567 mil famílias. 216 pessoas foram assassinadas no campo, 125 delas especificamente em conflitos em disputa pela terra[2], com destaque para os estados do Maranhão, Pará, Goiás, Minas Gerais, Bahia e Paraná. Lembremos que, àquela época, vivíamos a transição do fim do regime militar pós-1964 para um governo civil, ainda que eleito indiretamente, após a derrota da campanha pelas Diretas-Já. Vivíamos os anos finais da falsa legalidade do sistema jurídico da ditadura, ainda não havia sido convocada a Assembleia Nacional Constituinte, não tínhamos a Constituição democrática de 1988.

Quase 33 anos depois, os dados não autorizam qualquer celebração. Apesar de um significativo decréscimo de patamar após a redemocratização (com um assombroso pico de 71 assassinatos em 2003), estes números voltaram a crescer, e agora de modo alarmante, a partir de 2014, não por acaso o momento em que se iniciam as articulações para a ruptura com a normalidade institucional do país em preparação para o

1. Juiz Federal desde 1996, Mestre e Doutor em Direito Constitucional pela PUC-Rio, ex-Vice-Presidente da AJUFE – Associação dos Juízes Federais do Brasil para a 2.ª Região (2004-2006), filiado à Associação Juízes para a Democracia – AJD.
2. Fonte: Conflitos de Terra no Brasil – 1985, Comissão Pastoral da Terra, pp. 15 e 17, disponível em https://tinyurl.com/cptconflitos1985, acesso em 15/02/2018.

golpe midiático-parlamentar de 2016. Em 2017, anunciou a CPT, foram 65 mortes no campo[3].

A raiz da violência especificamente contra lideranças sem-terra é difícil de ser precisada, por ser evidentemente multicausal: a sociedade brasileira é profundamente violenta em todas as suas dimensões, físicas e simbólicas, e no quadro de uma das sociedades mais desiguais do planeta, o uso da violência física contra as populações mais desfavorecidas, despidas de poder e recursos materiais e políticos, é uma constante. Seguramente a enorme concentração da propriedade da terra no país, aliada à profunda vinculação que esta concentração tem com os recursos de poder na sociedade, estão no topo da cadeia explicativa – onde poucos têm terras demais, muitos nada têm, e as reivindicam: é a organização dos despossuídos e dos famintos, e não sua existência, o que efetivamente obriga a sociedade a se manifestar (STÉDILE & FERNANDES, 1999: 113). Também é difícil de ser precisada no tempo, pois vem da antiga economia predominantemente agrária e rural do país anterior à Revolução de 1930, mas prossegue através dos vários ciclos de industrialização que lhe são posteriores[4].

Entretanto, parece-me razoável articular mais diretamente dois aspectos do problema que parecem bastante interligados: a concentração de terra sem perspectiva efetiva de uma reforma agrária ampla e a organização dos trabalhadores sem-terra e suas formas concretas de luta pela terra. A elevada concentração fundiária implica a necessidade de levantar cercas e vigiá-las, do ponto de vista de quem está dentro, e a necessidade de organizar-se e derrubá-las, do ponto de vista de quem está fora. É nas linhas destes aramados que encontraremos as expressões estatísticas da violência rural e as sucessivas violações a direitos humanos em relação a trabalhadores rurais, trabalhadores sem-terra e suas lideranças.

A concentração de terra e de poder econômico e político dela decorrente se traduz ainda como concentração do poder narrativo, do poder de contar a sua história e de torná-la real e influente na opinião pública. Por duas vezes procedi a levantamentos sobre o tipo de notícia veiculada pela grande mídia nacional acerca do Movimento dos Trabalhadores Rurais Sem Terra, o MST: entre junho de 1996 e julho de

---

3. https://www.cptnacional.org.br/publicacoes-2/destaque/4183-balanco-da-questao--agraria-brasileira-em-2017, acesso em 25/02/2018.

4. A respeito, ver GARCIA, 1999 e 2013.

1998, durante a elaboração de minha dissertação de mestrado, e entre 18 de agosto e 6 de dezembro de 2009, durante a elaboração da tese de doutorado, para fins de atualização daquele primeiro acompanhamento[5]. Nas duas oportunidades, ficou evidenciada a forma unilateral de tratamento do MST, sem apresentação de visões ou opiniões diferenciadas, problematizadoras ou matizadas, ou que relativizassem as manifestações claramente negativas que os veículos acompanhados traziam sobre o movimento – o que se via era apenas a construção de uma imagem sobre ele de agressividade e extremismo.

Cuidando-se de um movimento que adota meios espetaculosos de intervenção social, com ocupações de terras e de prédios públicos ou bloqueios de estradas, seria natural que sua presença na imprensa ensejasse controvérsia e debate, que houvesse opiniões variadas sobre ele e suas formas de atuação, ou ao menos que os dirigentes do movimento fossem chamados a explicar-se e a dar sua versão dos fatos nos grandes veículos, sinal elementar de bom jornalismo ("ouvir os dois lados da notícia"), mas nada disso apareceu nos estudos mencionados.

O período de cerca de quatro meses relativo ao levantamento mais recente, de 2009, limitado aos jornais Folha de São Paulo e O Globo, foi marcado por quatro grandes eventos envolvendo o MST, com grandes hiatos de cobertura fora dos períodos imediatamente subsequentes a eles: o assassinato, com um tiro nas costas e por integrante da Brigada (Polícia) Militar, do militante sem-terra Elton Brum da Silva, em São Gabriel, interior do Rio Grande do Sul, em 21 de agosto[6]; a ocupação e

---

5. Em ambos os casos, a finalidade não era a de proceder a um levantamento estatístico sobre o tratamento do MST pela mídia, e sim o de buscar o sentido geral da construção de uma representação social sobre ele, no sentido em que Howard Becker usa a expressão (BECKER, 1994). Para maiores detalhes sobre metodologia e abrangência daqueles levantamentos, veja-se GARCIA, 1999 e 2013.

6. O Ministério Público ofereceu denúncia contra o PM Alexandre Curto dos Santos pelos disparos de espingarda calibre 12 que vitimaram Elton Brum da Silva, como incurso no delito previsto no art. 121, § 2.°, IV, do Código Penal (homicídio qualificado pelo uso de recurso que dificulte ou torne impossível a defesa do ofendido, no caso, atirar pelas costas). O juiz da comarca de São Gabriel, entretanto, nos autos do processo n.° 031/2.09.0002390-0, recebeu parcialmente a denúncia, apenas quanto ao delito de homicídio, sem a qualificadora, o que foi objeto de recurso ministerial julgado procedente à unanimidade, em 12/05/2010, pelo Tribunal de Justiça do Rio Grande do Sul, decisão esta já transitada em julgado (processo n.° 70035067362) – o tribunal, entretanto, frisou que considerava apenas os aspectos estritamente processuais, sem adentrar no mérito das acusações, já que a denúncia não pode ser recebida em parte, mas apenas recebida

desocupação da área da Fazenda Santa Henrique, da Cutrale, em Borebi, interior de São Paulo, entre 27 de setembro e 7 de outubro; as tentativas, a final bem sucedidas, de instalação da CPI mista do MST, entre setembro e dezembro daquele ano[7]; e a ocupação e desocupação da Fazenda Maria Bonita, do banqueiro Daniel Dantas, em 4 de novembro, em Eldorado dos Carajás, no Pará.

À exceção do primeiro episódio, que, por motivos evidentes, implicou uma abordagem mais moderada pelos veículos em questão, nos demais as matérias tendiam a marcar imagens negativas para o Movimento, conferindo-se um destaque muito maior a episódios envolvendo o MST e atos de violência (atribuídos a ele ou não) – o que poderia em tese ser justificado pelo fato de que, nestes casos, a matéria envolve evidente interesse jornalístico, mas que não explica porque somente este tipo de ação do MST gera interesse jornalístico.

Merece destaque, no período monitorado, a iniciativa presente na edição de 5 de dezembro de 2009 da Folha de São Paulo, em que dois articulistas, Zander Navarro e Plínio de Arruda Sampaio, foram chamados a escrever sobre a reforma agrária, o primeiro fazendo-o de forma contrária, e o segundo, a seu favor, em artigos sequenciais e de página inteira. Em que pese a inspiração aparentemente democrática e jornalisticamente correta de "ouvir os dois lados da história" (como dissemos, extremamente rara em se tratando de MST), percebe-se uma tendência à

---

ou rejeitada em sua totalidade. Conforme consulta no sítio do Tribunal de Justiça do Rio Grande do Sul (http://www.tjrs.jus.br) realizada no dia 03/03/2018, o processo foi objeto de decisão de desaforamento, dados os riscos tanto para a segurança do réu quanto para a realização de um julgamento imparcial na comarca de origem. O pedido foi acolhido pelo Tribunal de Justiça, que determinou a remessa do processo para uma das varas do Tribunal do Júri de Porto Alegre. Em 21/09/2017 ele foi condenado a 12 anos de prisão, com a preventiva decretada no próprio julgamento.

7. Em que pese a aprovação do requerimento de criação da CPMI do MST em 21 de outubro de 2009, assinado originalmente pelos deputados do DEM Onyx Lorenzoni (RS) e Ronaldo Caiado (GO) e pela senadora do mesmo partido Kátia Abreu (TO) – tarefa facilitada após a ocupação da fazenda da Cutrale e o episódio da derrubada de alguns pés de laranja da fazenda com tratores dirigidos por militantes do movimento – a comissão somente veio a ser formalmente instalada em 9 de dezembro, em virtude de impasses na indicação de nomes para integrá-la. Após inúmeras vicissitudes de procedimento, a comissão restou encerrada no dia 31 de janeiro de 2011, sem aprovação de seu relatório final. Para maiores detalhes sobre o andamento da CPMI do MST, ver página do Senado Federal na internet (http://www.senado.gov.br/atividade/materia/detalhes.asp? p_cod_mate=93831).

redução maniqueísta de um conjunto de questões complexas – a estrutura fundiária brasileira, suas modificações, a luta pela terra e a forma como é travada, os impasses entre agronegócio e agricultura familiar, seus desdobramentos nas questões climática e ambiental, na produção de alimentos e de *commodities*, seus respectivos papéis na estrutura econômica do país – a duas posições antagônicas, em vez da abertura da possibilidade de múltiplas e variadas perspectivas de análise que podem ter pontos convergentes e divergentes entre si.

Conquanto não tenha procedido a uma atualização destes levantamentos, é seguro que qualquer tentativa de o repetir hoje encontraria os mesmos resultados. Não por obra de qualquer espécie de prestidigitação acadêmica de minha parte, mas porque a conjuntura recente do país tem sido marcada por um agravamento do processo de criminalização dos movimentos sociais em geral[8], com severa redução de espaços de expressão para vozes dissonantes do discurso oficial de que "as instituições funcionam normalmente depois de 2016", com rasgos eventuais de censura pura e simples[9]. Voltaremos ao tema das representações sobre o MST e o movimento dos sem-terra em geral mais adiante. Por ora, iremos avaliar

---

8. O tema vem sendo objeto de várias reflexões acadêmicas (apenas exemplificativamente, http://biblioteca.clacso.edu.ar/ar/libros/osal/osal24/12sanson.pdf,http://www2.marilia.unesp.br/revistas/index.php/aurora/article/view/2363,http://hdl.handle.net/10438/10519 ou https://tinyurl.com/doaj-crim-movsocs, todos com acesso em 05/03/2018), e foi objeto até mesmo de denúncia perante a Comissão de Direitos Humanos e Legislação Participativa do Senado (https://tinyurl.com/senado-criminalizacao-movssocs).

9. O Carnaval de 2018 no Rio de Janeiro foi marcado por intensa politização e denúncia de desigualdades sociais no desfile das escolas de samba do Grupo Especial, tendo-se sagrado campeã a Unidos da Beija-Flor, com um enredo mais focado na corrupção, e vice-campeã a Paraíso do Tuiuti, com apenas um décimo a menos, em um desfile que expressava claramente o golpe parlamentar de 2016, o papel da mídia na manipulação da opinião pública e o ataque frontal aos direitos sociais e trabalhistas. Um dos destaques de um carro alegórico desta última escola, chamado "Vampiro Neoliberalista", encarnava um vampiro com faixa presidencial, em clara alusão a Michel Temer. Segundo noticiado pela grande imprensa, teria havido pressão direta do Palácio do Planalto para que o destaque não desfilasse com a faixa presidencial, em injustificável intromissão política na livre manifestação da crítica própria do enredo desenvolvido pela escola (segundo https://tinyurl.com/elpais-censura-faixa-tuiuti e https://tinyurl.com/oglobo-censura-faixa-tuiuti, por exemplo, acessos em 05/03/2018). Até mesmo a liberdade de cátedra passou a ser ameaçada, com a tentativa do MEC de instaurar processos judiciais e investigações contra professor da Universidade de Brasília que ofereceu disciplina optativa sobre "O golpe de 2016 e o futuro da democracia no Brasil" (https://tinyurl.com/https-oglobo--univscursogolpe, acesso em 05/03/2018), ainda que a iniciativa do governo pareça ter

a eventual vinculação da incidência de assassinatos de lideranças rurais com a dinâmica de conflitos no campo.

Ao analisar onze anos de jurisprudência do Supremo Tribunal Federal - STF e do Superior Tribunal de Justiça - STJ sobre a forma de atuação do MST[10], a conclusão a que cheguei foi a de que o único aspecto efetivamente levado à tematização jurisdicional sobre aquele movimento não se prende propriamente às suas demandas verbalizadas, às suas pautas de reivindicações, e sim à sua forma de atuação e protesto. Dito de outro modo, não é o seu discurso racional e formal que é submetido ao crivo judicial, mas quase que exclusivamente seu discurso simbólico, consubstanciado em suas formas mais tradicionais de luta, notadamente, as **ocupações**.

Não foi o MST quem inventou ocupações de terra e acampamentos como forma de luta pela reforma agrária, mas ele sem dúvida os ressignificou inteiramente no contexto histórico mais recente desde o seu nascimento. A prática das ocupações de terra remonta aos movimentos camponeses pré-1964, e elas, juntamente com os acampamentos às margens de estradas, já eram utilizadas como estratégias de sensibilização para a necessidade de reforma agrária naquele período[11].

---

gerado o efeito inverso: várias outras universidades revolveram replicar o curso oferecido pela Universidade de Brasília (https://tinyurl.com/estadaovariasunivsgolpe, acesso em 05/03/2018).

10. Esta análise foi feita em minha tese de Doutorado. Foram vistos acórdãos cíveis e criminais do STF e do STJ proferidos entre 01/01/2000 e 31/12/2010, mas a análise final, pelas razões metodológicas lá explicitadas, se ateve à eleição de decisões-tipo referentes às ocupações sob o aspecto cível, dada sua maior incidência estatística, ainda que com breve análise dos acórdãos criminais. Parti de uma base de dados bruta de 1.271 acórdãos, sendo 346 do STF e 925 do STJ, que acabaram redundando em 80 acórdãos para exame final (30 do STF e 50 do STJ). Dentre estes, onze foram eleitos, com base nos critérios metodológicos lá expostos, como decisões-tipo cujos votos foram mais detidamente analisados: seis Mandados de Segurança no STF, julgados entre 15/06/2000 e 09/04/2008, e a ADIn 2.213 DF, ajuizada em 26/05/2000 e cujo mérito ainda não foi julgado, mas que teve o pedido de liminar em cautelar indeferido em 04/04/2002; no STJ, foram selecionados dois Recursos Especiais, um Agravo Regimental em Recurso Especial e um Agravo Regimental em Medida Cautelar, julgados entre 04/05/2006 e 04/03/2010. A propósito, ver GARCIA, 2013.

11. Parte deste histórico e da análise de dados aqui apresentada constam de minha tese de doutorado (GARCIA, 2013). Naquele trabalho, entretanto, o levantamento sobre conflitos agrários e sua correlação com o número de assassinatos de trabalhadores rurais findava

Desde antes da criação formal do MST[12], como nas mobilizações de 1978/1979 na reserva de Nonoai, no Rio Grande do Sul, as ocupações de terra estavam no centro de seu leque de formas de atuação. Como exemplo histórico fundamental da adoção da tática de acampamentos de famílias de agricultores ao longo das estradas, podemos resgatar o acampamento de Encruzilhada Natalino, no Rio Grande do Sul, em março de 1981, que reuniu cerca de 300 famílias, rapidamente evoluindo para 600 em maio daquele ano. Em 1984, a maioria dos acampados teve acesso à terra.

Com o nascimento e o crescimento do MST, nos anos 80 do século passado[13], houve uma recuperação desta antiga forma de mobilização[14],

---

em 1999. Aqui, ele foi atualizado com os relatórios posteriores da Comissão Pastoral da Terra – CPT sobre o tema. No momento em que este artigo era redigido, o último relatório anual disponível era o relativo a 2016.

12. Para uma breve história do MST, ver, dentre outros, GARCIA, 1999, pp. 45-56.

13. Oficialmente, o MST nasceu em um Encontro Nacional realizado em Cascavel, no Paraná, no ano de 1984, com representantes de 12 estados brasileiros. O I Congresso Nacional de Trabalhadores Rurais Sem Terra ocorreu em 1985, com a presença de cerca de 1.500 delegados de todo o país, onde se começou a estabelecer o conjunto de normas e princípios organizativos do Movimento. A conjuntura nacional era de intensa mobilização social, com a campanha das Diretas-Já e a eleição, ainda que por via indireta, do primeiro Presidente civil desde o golpe militar de 1964.

14. De acordo com Lygia SIGAUD (2005: 255): "Esse tipo de ocupação constitui fato novo na história brasileira. As ocorridas no período anterior a 1964, como as do Rio Grande do Sul e do estado do Rio de Janeiro, não tinham as mesmas características e amplitude das que se generalizaram nos últimos vinte anos, nem se tornaram a forma adequada de demandar desapropriação de terras". No artigo citado a autora trata de uma forma específica de atuação, a *forma acampamento*, além de situar o histórico e contexto desta forma de luta na região canavieira de Pernambuco. Não se trata aqui, de modo algum, de divergir de sua abordagem, mas antes de dizer outra coisa, ou seja, que havia uma referência histórica a acampamentos e ocupações de terra como formas de protesto pela reforma agrária antes mesmo de 1964, ainda que aquelas manifestações não apresentassem as mesmas características nem se articulassem com a conquista da terra da mesma forma que as ocupações atuais. O que Sigaud procura fazer é estabelecer os contornos da *forma acampamento*, em especial a partir de suas pesquisas na Zona da Mata pernambucana. *Forma*, no sentido utilizado pela autora ao se referir aos *acampamentos*, parece remeter à noção de *modelo* ou *tipo ideal* weberiano, ou seja, a tipos gerais que são construídos a partir da presença de um certo número de elementos ou de relações entre eles, e que dão suporte às análises empíricas em sociologia, onde são testados. São tipos ideais não porque correspondam a qualquer idealização em sentido normativo (de fato, supõem mesmo o entendimento de que, na vida real, tais tipos conceituais não são, ou não precisam ser, inteiramente correspondidos pelas ações concretas que buscam elucidar), mas porque correspondem a

especialmente a partir de 1988, quando o Movimento passa a ver a luta pela reforma agrária como algo mais amplo do que a simples conquista da terra, referindo-a a um complexo de políticas e medidas governamentais destinadas a alterar a estrutura fundiária do país, e quando assume a disposição de resistir às ordens de desocupação da terra, passando a produzir diretamente nas áreas invadidas.

Dentre as primeiras grandes ocupações promovidas pelo Movimento, destaca-se a ocupação da Fazenda Annoni, em outubro de 1985, quando cerca de 6.500 pessoas provenientes de quase 50 municípios gaúchos ocuparam aquela propriedade rural de 10 mil hectares que já havia sido desapropriada em 1974 para assentamento de agricultores desalojados pela construção da barragem de Passo Real, mas que ainda não havia sido desocupada pelo antigo proprietário; ou ainda a ocupação da Fazenda São Juvenal, na região central do Rio Grande do Sul, em 1987, aparentemente o início da disposição dos sem-terra em resistirem às desocupações das áreas invadidas, segundo Zander NAVARRO (1996: 62-105)[15].

A concretização da efetiva disposição de permanência na terra ocorreu na ocupação da Fazenda Santa Elmira, em 1989, um dos primeiros grandes confrontos do MST com a Polícia Militar no Rio Grande do Sul. Um novo conflito extremamente violento foi registrado em agosto de 1990 na Praça da Matriz, no centro de Porto Alegre, quando cerca de 450 sem-terra ocupavam a praça e a Brigada Militar pretendeu desalojá-los, deixando o saldo de um soldado morto e dezenas de pessoas feridas.

O gráfico abaixo busca demonstrar a evolução do número de conflitos de terra entre 1990 e 2016 e sua eventual relação com o crescimento do número de assassinatos no campo (o eixo vertical esquerdo se refere ao número de conflitos, enquanto que o direito, ao de assassinatos).

---

uma tipologia abstrata baseada na constatação empírica da relevância daquelas ações ou relações – como "feudal", "patrimonial" ou "burocrático", exemplos dados pelo próprio Weber. "A casuística sociológica", diz ele, "somente se pode construir a partir destes tipos puros (ideais)" (WEBER, 1996: 17).

15. Naquela ocasião, os agricultores foram expulsos por cerca de 400 fazendeiros organizados, não havendo sequer a presença da Brigada Militar (PM gaúcha).

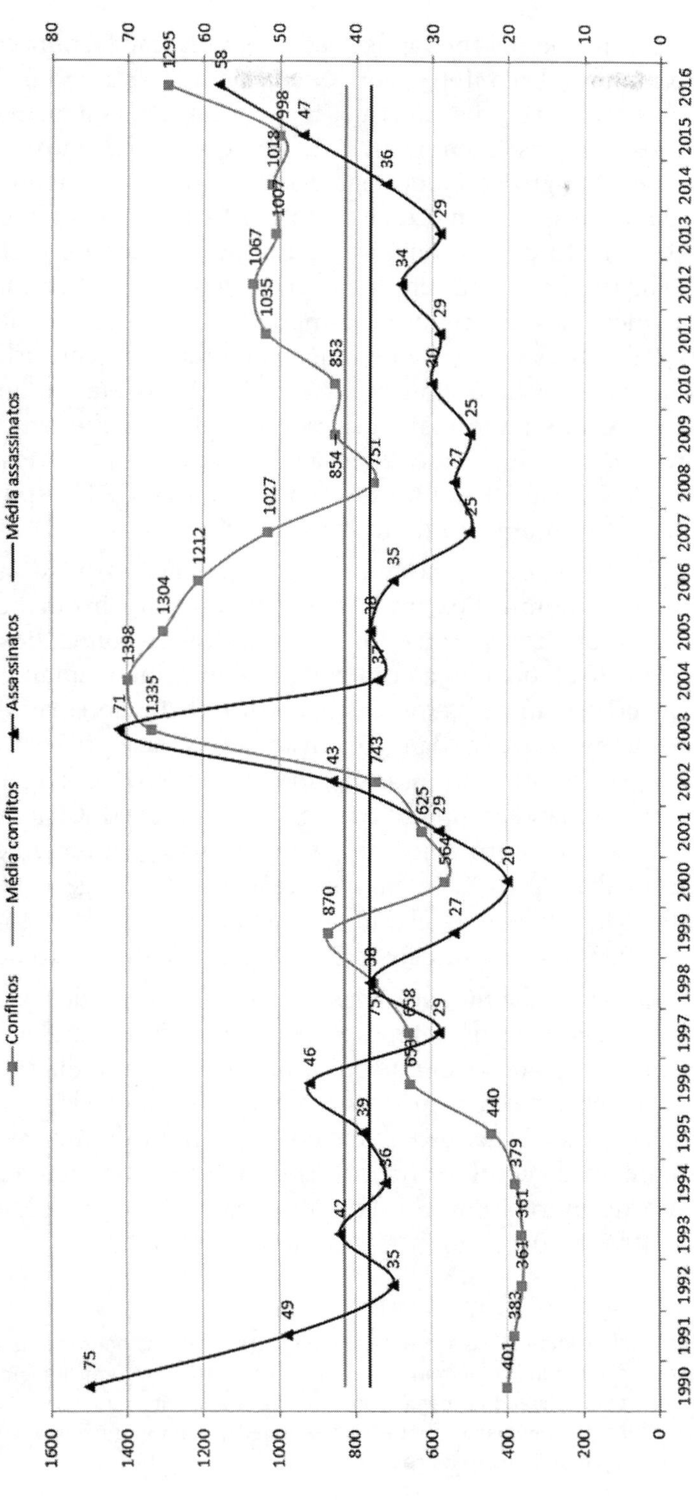

Fonte: Comissão Pastoral da Terra

Org.: José Carlos Garcia

Nota-se que nos primeiros anos após a redemocratização há uma certa estabilização no número de conflitos, com queda significativa no número de assassinatos (1990 a 1994), que passa a oscilar em torno da linha média. Em seguida temos um crescimento tanto de uns quanto de outros, em que as linhas respectivas grosso modo seguem uma à outra, ao menos até 2000. A partir daí se observa um crescimento muito expressivo tanto de conflitos agrários quanto de assassinatos no campo, entre 2000 e 2003, quando ambos voltam a cair, mas em ritmos diferentes, com uma maior acentuação na redução de homicídios no campo do que no decréscimo de conflitos rurais. Os índices se mantêm em queda ou relativamente estabilizados até 2013, quando volta a subir muito significativamente o número de assassinatos, em ritmo muito mais acelerado do que o crescimento do número de conflitos, até a evidente explosão do número de mortos no campo nos anos de 2015 e 2016, últimos anos em que a CPT dispunha de dados completos, ao momento de redação deste texto.

Outra visualização relevante neste gráfico é que, após o pico tanto de conflitos quanto de homicídios em 2003 (início do primeiro mandato do Presidente Lula), observa-se uma redução drástica de homicídios no campo entre 2004 e 2014, quando a cifra volta a subir ininterruptamente. Mesmo com oscilações, o número de assassinatos de trabalhadores rurais se mantém consistentemente abaixo da média histórica naquele período, que coincide com o intervalo entre a segunda metade do primeiro Governo Lula até o fim do primeiro mandato da Presidente Dilma Rousseff. O número de conflitos de terra, por outro lado, que se mantinha consistentemente abaixo da linha média até 2002 (com a exceção de 1999, ligeiramente acima daquela linha), permaneceu claramente acima dela, ainda que com oscilações, desde 2003 (com a exceção de 2008, ligeiramente abaixo dela).

Ainda que a dinâmica de flutuação das linhas indicadoras dos números de conflitos e assassinatos no campo pareçam evoluir em paralelo em grande medida, mesmo quando subindo ou descendo em ritmos diferentes, a indicação de uma relação direta entre estes fenômenos que dela poderia derivar resta algo problemática. Se dividirmos o número de mortes em cada ano pelo número de conflitos ocorridos no mesmo ano, obteremos um índice médio de mortes por conflitos que, para o mesmo período considerado (de 1990 a 2016) nos dará o seguinte gráfico[16]:

16. Este gráfico de modo algum indica a quantidade de mortes havidas em cada conflito. Ele apenas estabelece um índice para medir eventual correlação entre os números de mortes e de conflitos, facilitando a percepção sobre se o aumento ou diminuição do número de assassinatos pode validamente ser relacionado, e em que medida, com o aumento ou diminuição do número de conflitos.

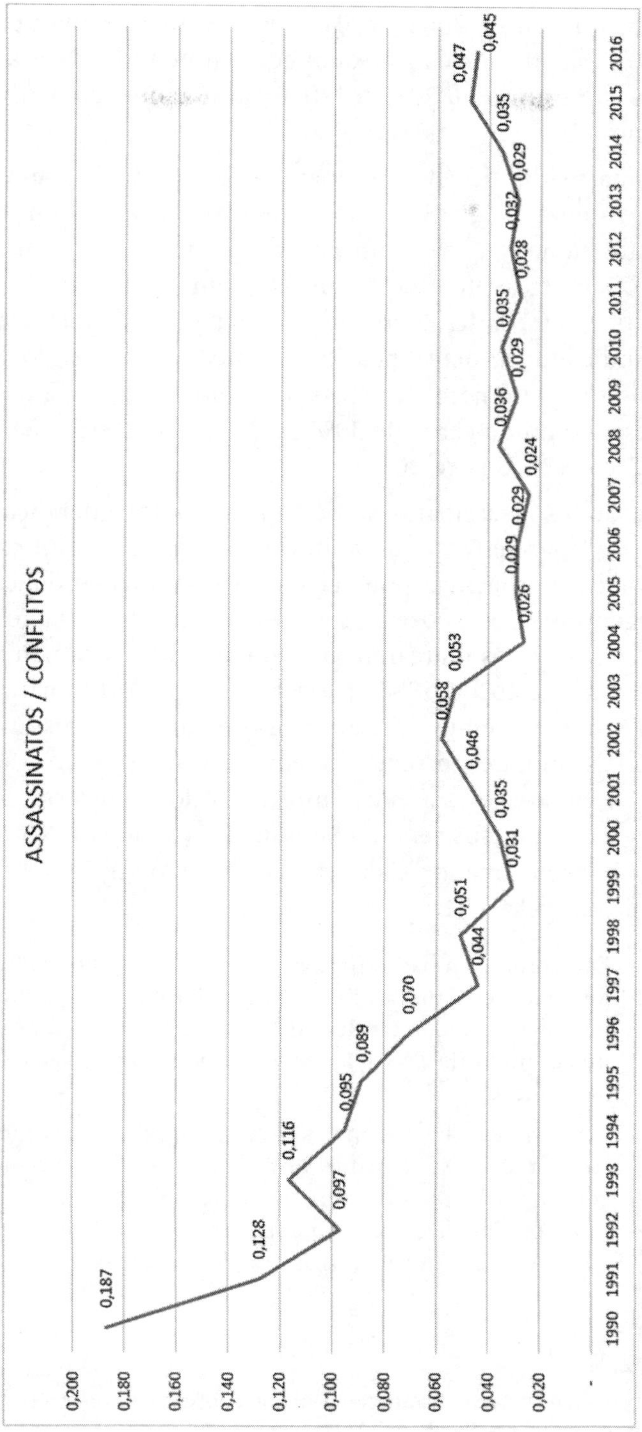
ASSASSINATOS / CONFLITOS
0,200
0,180
0,160
0,140
0,120
0,100
0,080
0,060
0,040
0,020
-
1990 1991 1992 1993 1994 1995 1996 1997 1998 1999 2000 2001 2002 2003 2004 2005 2006 2007 2008 2009 2010 2011 2012 2013 2014 2015 2016
0,187
0,128
0,097
0,116
0,095
0,089
0,070
0,044
0,051
0,031
0,035
0,046
0,058
0,053
0,026
0,029
0,029
0,024
0,036
0,029
0,035
0,028
0,032
0,029
0,035
0,047
0,045

Nota-se que entre 2004 e 2014, este índice se mantém na faixa entre 0,020 e 0,040 mortes por ocupação, mudando para a faixa imediatamente superior em 2015 e 2016, ainda que com leve declínio neste último ano.

Para uma média de 38 assassinatos por ano nos 27 anos indicados no gráfico, os anos de 2015 e 2016 apresentam respectivamente 47 e 58 mortes. Estes números só foram superados, no período analisado, em 1990, com 75 mortes, em 1991, com 49, e em 2003, com 71. Ainda que fora do gráfico, a CPT divulgou dados parciais sobre violência no campo em 2017, indicando a ocorrência de 65 mortes, mantendo a tendência de crescimento no número de assassinatos no campo[17]. Trata-se de uma taxa de crescimento de cerca de 30% de 2014 para 2015, 23% entre 2015 e 2016 e 12% de 2016 para 2017.

Muitos destes assassinatos são dirigidos contra lideranças do movimento, de modo seletivo e organizado, mas parte significativa destas mortes ocorre em chacinas praticadas ora por forças policiais, ora por milícias organizadas por fazendeiros. Dois grandes massacres relacionados a conflitos agrários marcaram profundamente a segunda metade dos anos 1990: em agosto de 1995, o ocorrido em Corumbiara (RO), que deixou doze mortos, sendo dez sem-terra (dentre os quais, uma criança) e dois policiais militares; o segundo, em abril de 1996, em Eldorado dos Carajás (PA), que deixou dezenove mortos, todos sem-terra. Esta prática, que parecia ir aos poucos sendo abandonada, voltou com força em 2017. Segundo o já mencionado "Balanço da Questão Agrária Brasileira em 2017", publicado pela CPT,

> De acordo com dados parciais da Comissão Pastoral da Terra (CPT), foram 65 pessoas assassinadas em conflitos no campo no ano de 2017, muitos com requintes de crueldade. Esse índice confere ao Brasil o infeliz título de País mais violento para as populações camponesas no mundo.
>
> Observamos que nos anos anteriores os homicídios caracterizavam-se por uma seletividade nos alvos – assassinatos de lideranças, com a finalidade de intimidar os demais que ousassem lutar. Em 2017, porém, vivemos a generalização da violência no campo e uma antiga prática retornou: os assassinatos em massa, a chacina, como o

17. A propósito, ver https://www.cptnacional.org.br/publicacoes-2/destaque/4183-balanco-da-questao-agraria-brasileira-em-2017, acesso em 25/02/2018.

> método perverso de aniquilar todos os focos coletivos de resistência no campo.
>
> Foram exemplos: a Chacina de Colniza, no Mato Grosso, em abril, quando nove posseiros do assentamento Taquaruçu do Norte foram torturados e assassinados por pistoleiros a mando de madeireiros da região; a Chacina de Vilhena, em Rondônia, ocorrida no mês de maio, quando três trabalhadores rurais foram mortos por lutarem pela Reforma Agrária; o Massacre em Pau D'Arco, no Pará, também ocorrido em maio, onde Policiais Militares e Civis do estado assassinaram 10 camponeses; o Massacre em Lençóis, na Bahia, ocorrido em julho, quando oito quilombolas foram assassinados na comunidade de Iúna.
>
> Além dos episódios com vítimas fatais, outros ataques violentos foram vividos pelas comunidades do campo, como o caso do povo indígena Gamela, que sofreu tentativa de extermínio por pistoleiros ligados a fazendeiros da região por causa de disputa territorial no município de Viana, no Maranhão. Cerca de 13 índios foram feridos, sendo um alvejado pelas costas e com as mãos decepadas. Esses casos representam uma parcela da violência no campo, protagonizada pelo poder privado e pelo próprio Estado brasileiro e seu modelo de desenvolvimento que vitimaram centenas de milhares de famílias camponesas em todo o País.

O retorno de antigas práticas de violência e a tendência de crescimento do número de mortes no campo para níveis muito acima da média histórica sugere uma nova onda de agressões a populações camponesas no Brasil, com precarização radical de seus direitos mais fundamentais. A resposta estatal tradicional, em todo caso, parece adstrita não ao combate à violência e aos assassinatos no campo, mas à restrição ainda mais severa aos direitos daquelas populações, à sua auto-organização e à estruturação de suas formas de luta. O fenômeno não é novo[18].

Para FERNANDES, WELCH & GONÇALVES (2012), o primeiro governo Fernando Henrique Cardoso (1995-1998) tentou promover uma política de assentamentos rurais de modo a atender os movimentos em luta pela reforma agrária, como o MST. Com isso, esperava resolver o problema

18. Segundo Antônio Canuto, membro da Coordenação Nacional da Comissão Pastoral da Terra, os 1.645 assassinatos registrados pela CPT entre 1985 e 2012 foram reunidos em 1.239 processos no Judiciário, dos quais somente 101 casos foram julgados (8,1% do total), com a condenação de apenas 22 mandantes e 79 executores. Fonte: http://www.mst.org.br/Relat%C3%B3rio-da-CPT-revela-aumento-de-assassinatos-de-trabalhadores--do-campo, acesso em 10/07/2013.

fundiário, mas o número de ocupações crescia na mesma medida dos assentamentos[19]. Diante do fracasso dessa investida, o presidente Fernando Henrique Cardoso, em seu segundo governo (1999-2002) teria decidido reprimir as ocupações através da edição de medidas provisórias que proibissem as desapropriações das áreas ocupadas. Ainda segundo aqueles autores, essa iniciativa efetivamente diminuiu o número de ocupações, mas também o de assentamentos, já que sem a pressão dos movimentos sociais as desapropriações deixaram de ocorrer[20].

A primeira tentativa de estabelecer uma norma limitadora especificamente para as ocupações de terras pelos movimentos sociais ligados à reforma agrária parece ter ocorrido ainda na segunda metade do primeiro governo Fernando Henrique Cardoso: o Decreto n.° 2.250/97, de 11 de junho de 1997, editado cerca de dois anos após o massacre de Corumbiara e no ano seguinte ao de Eldorado dos Carajás, e que impedia a vistoria em imóveis objeto de ocupação[21]. Esta regra, entretanto, teve sua aplicabilidade esvaziada pela ausência da Portaria regulamentadora ali mencionada, a cargo do Presidente do Incra. O número de ocupações, como se vê no gráfico acima, cresceu entre 1997 e 1999, ao passo que o número de assassinatos, que havia caído de 1996 para 1997, voltou a subir naquele ano e no seguinte, voltando a cair em 1999.

Em 04 de maio de 2000 foi editada pelo mesmo Presidente da República a Medida Provisória n.° 2.027-38, que conferia nova redação ao art. 2.° da Lei 8.629/93, impedindo a vistoria em caso de ocupação pelo prazo de dois anos, dobrado em caso de reincidência, além de outras

19. Os números para o período são os seguintes: 1995 – 186 ocupações e 389 assentamentos (média de 0,48 ocupações por assentamento); 1996 – 450 ocupações e 471 assentamentos (média de 0,96 ocupações por assentamento); 1997 – 500 ocupações e 711 assentamentos (média de 0,7 ocupações por assentamento) e finalmente 1998 – 792 ocupações e 758 assentamentos, com média de 1,04 ocupações por assentamento. Fonte: Relatório DATALUTA 2011.

20. Para este período, houve 856 ocupações e 672 assentamentos em 1999, ou 1,27 ocupações/assentamento; 519 ocupações e 431 assentamentos em 2000 (média de 1,20); 273 ocupações e 483 assentamentos em 2001 (0,57) e 269 ocupações e 395 assentamentos no ano seguinte, com média de 0,68 ocupações por assentamento. Fonte: Relatório DATALUTA 2011.

21. Art. 4.º O imóvel rural que venha a ser objeto de esbulho não será vistoriado, para os fins do art. 2.º da Lei nº 8.629, de 25 de fevereiro de 1993, enquanto não cessada a ocupação, observados os termos e as condições estabelecidos em portaria do Presidente do Instituto Nacional de Colonização e Reforma Agrária – INCRA.

limitações[22]. Curiosamente, tanto o número de ocupações, quanto o de assassinatos no campo, haviam caído entre 1999 e 2000 (o de assassinatos atingiu o menor número deste recorte temporal, 20 mortes no campo, em 2000).

Depois de várias reedições[23], o texto finalmente estabilizou-se com a Medida Provisória n.° 2.183-56, de 24 de agosto de 2001, ainda em vigor, a qual, naquilo que aqui nos interessa, em seu art. 4.° introduziu os seguintes parágrafos no art. 2.° da Lei n.° 8.629/93:

> Art. 2º A propriedade rural que não cumprir a função social prevista no art. 9º é passível de desapropriação, nos termos desta lei, respeitados os dispositivos constitucionais.

(...)

§ 6º O imóvel rural de domínio público ou particular objeto de esbulho possessório ou invasão motivada por conflito agrário ou fundiário de caráter coletivo não será vistoriado, avaliado ou desapropriado nos dois anos seguintes à sua desocupação, ou no dobro desse prazo, em caso de reincidência; e deverá ser apurada a responsabilidade civil e administrativa de quem concorra com qualquer ato omissivo ou comissivo que propicie

22. Art. 2º (...)
    § 6º O imóvel rural objeto de esbulho possessório ou invasão motivada por conflito agrário ou fundiário de caráter coletivo não será vistoriado nos dois anos seguintes à desocupação do imóvel.
    § 7º Na hipótese de reincidência da invasão, computar-se-á em dobro o prazo a que se refere o parágrafo anterior.
    § 8º A entidade, a organização, a pessoa jurídica, o movimento ou a sociedade de fato que, de qualquer forma, direta ou indiretamente, auxiliar, colaborar, incentivar, incitar, induzir ou participar de invasão de imóveis rurais ou de bens públicos, ou em conflito agrário ou fundiário de caráter coletivo, não receberá, a qualquer título, recursos públicos.
    § 9º Se, na hipótese do parágrafo anterior, a transferência ou repasse dos recursos públicos já tiverem sido autorizados, assistirá ao Poder Público o direito de retenção, bem assim o de rescisão do contrato, convênio ou instrumento similar.
23. A medida provisória n.° 2.027-38, de 04 de maio de 2000, sofreu sucessivas reedições até a final, de n.° 2.183-56, de 24 de agosto de 2001, a saber, as medidas provisórias 2.027-39, 2.027-40, 2.027-41, 2.027-42, 2.027-43, 2.027-44, 2.027-45, 2.027-46, 2.109-47, 2.109-48, 2.109-49, 2.109-50, 2.109-51, 2.109-52, 2.109-53, 2.183-54 e 2.183-55. Como a MP 2.183-56 foi editada antes da publicação da Emenda Constitucional n.° 32 (isto é, antes de 12 de setembro de 2001), ela permanece em vigor até que medida provisória ulterior a revogue explicitamente, ou até deliberação definitiva do Congresso Nacional, nos termos do art. 2.° daquela Emenda.

o descumprimento dessas vedações. (Incluído pela Medida Provisória nº 2.183-56, de 2001)

§ 7º Será excluído do Programa de Reforma Agrária do Governo Federal quem, já estando beneficiado com lote em Projeto de Assentamento, ou sendo pretendente desse benefício na condição de inscrito em processo de cadastramento e seleção de candidatos ao acesso à terra, for efetivamente identificado como participante direto ou indireto em conflito fundiário que se caracterize por invasão ou esbulho de imóvel rural de domínio público ou privado em fase de processo administrativo de vistoria ou avaliação para fins de reforma agrária, ou que esteja sendo objeto de processo judicial de desapropriação em vias de imissão de posse ao ente expropriante; e bem assim quem for efetivamente identificado como participante de invasão de prédio público, de atos de ameaça, sequestro ou manutenção de servidores públicos e outros cidadãos em cárcere privado, ou de quaisquer outros atos de violência real ou pessoal praticados em tais situações. (Incluído pela Medida Provisória nº 2.183-56, de 2001)

§ 8º A entidade, a organização, a pessoa jurídica, o movimento ou a sociedade de fato que, de qualquer forma, direta ou indiretamente, auxiliar, colaborar, incentivar, incitar, induzir ou participar de invasão de imóveis rurais ou de bens públicos, ou em conflito agrário ou fundiário de caráter coletivo, não receberá, a qualquer título, recursos públicos. (Incluído pela Medida Provisória nº 2.183-56, de 2001)

§ 9º Se, na hipótese do § 8º, a transferência ou repasse dos recursos públicos já tiverem sido autorizados, assistirá ao Poder Público o direito de retenção, bem assim o de rescisão do contrato, convênio ou instrumento similar. (Incluído pela Medida Provisória nº 2.183-56, de 2001)

Aparentemente, segundo os dados, a norma limitadora não surtiu qualquer efeito prático. Talvez até tenha surtido efeito reverso: em 2001 e 2002, tanto conflitos quanto assassinatos no campo cresceram, estes num ritmo maior do que aqueles; e em 2003 tivemos um crescimento exponencial de conflitos agrários, com a segunda maior cifra do período, 1.335 (somente superada pelos 1.398 do ano seguinte) e também a maior quantidade de homicídios do período avaliado – 71 mortes.

Aqueles dispositivos normativos visavam expressamente estabelecer uma limitação à eficácia das mobilizações sociais no campo, em especial no que se refere às ocupações de terras pelos movimentos sociais que lutavam pela reforma agrária. Ainda em 1997, o Presidente Fernando

Henrique Cardoso chegou a fazer declaração pública em que "alertava" a sociedade sobre os riscos da "baderna" e da escalada dos conflitos sociais, salientando que "as invasões repetidas de prédios públicos e de propriedades particulares são ações coordenadas com objetivos políticos que constituem abusos antidemocráticos", e que a "sociedade não quer a desordem. Pedras, paus e coquetéis *molotov* são argumentos tão pouco válidos quanto as baionetas. Só que menos poderosos" (CARDOSO, 1997). Apesar dos anos de consolidação democrática, este discurso é visivelmente marcado pelo temor do retrocesso que ainda permeava o discurso político no período, reaparecendo ocasionalmente.

As normas restritivas inseridas pela Medida Provisória 2.183-56, de 2001, foram objeto da ADIn 2.213/DF, ajuizada em 25/05/2000 pelo Partido dos Trabalhadores e pela Confederação Nacional dos Trabalhadores na Agricultura - CONTAG contra aspectos da Lei 8.629/93[24], o que engloba o já mencionado § 6.° do art. 2.° desta Lei, que veda a realização de vistoria em áreas ocupadas. A decisão que indeferiu a liminar por 7 votos a 3 (vencidos os Ministros Sepúlveda Pertence, Marco Aurélio e Ilmar Galvão) continha tons fortes de "defesa da propriedade e da ordem civilizatória contra a barbárie e os abusos cometidos por movimentos sociais"[25]. Curiosamente, entretanto, esta decisão não implicou qualquer modificação significativa na jurisprudência do STF sobre o tema, cuja postura prática continuou sendo aquela sustentada pelos votos vencidos neste julgamento, ou seja, de que a norma restritiva somente incidiria se e quando a ocupação interferisse concretamente na produtividade da terra. O critério geral adotado pela Corte passou a ser o do momento da ocupação: se ela se realiza após a vistoria, não interfere de modo algum nem na produtividade, nem na possibilidade da vistoria mensurá-la; se ocorre antes da vistoria, uma série de condicionantes passa a ser

24. A ação objetiva a declaração de inconstitucionalidade de dispositivos da Medida Provisória n.° 2.027-38, de 2000, que introduziram o art. 95-A e parágrafo único na Lei 4.504/64 e os §§ 6.°, 7.°, 8.° e 9.° no art. 2.° da Lei 8.629/93. A liminar na respectiva cautelar foi indeferida em 04/04/2002, mas até o dia 25/02/2018 a ADIn ainda não havia sido julgada, encontrando-se conclusa ao Relator, Min. Celso de Mello, desde 02/02/2018. De relevante em seu andamento, nos últimos anos, apenas a juntada do parecer da Procuradoria Geral da República, em 07/04/2015, pelo conhecimento parcial da ação e, na parte conhecida, pela sua improcedência. Andamento disponível no site do STF na internet. http://www.stf.jus.br/portal/processo/verProcessoAndamento.asp, acesso em 25/02/2018.

25. Ver GARCIA, 2013.

considerada pelo Tribunal, especialmente a área efetivamente ocupada, se grande ou pequena em relação à totalidade da propriedade a ser desapropriada: pequena a área ocupada, ainda que anterior à vistoria, a ocupação é tida como não relevante para fins de determinação da produtividade do imóvel[26].

Esta posição perdurou ao menos até o julgamento do MS 24.764/DF, em 06/10/2005, ou seja, por cerca de três anos e meio após a conclusão do julgamento da MC na ADIn 2.213, quando, por 6 votos a 4, o critério de dimensão da área ocupada e anterioridade ou não da ocupação em relação à vistoria passou a ser substituído pela definição em concreto sobre a representatividade ou não da área ocupada em face da área total do imóvel e sua efetiva influência na mensuração da sua produtividade, considerando mais a relevância desta área ocupada para a preservação da produtividade (saber, por exemplo, se ela inibe ou não o ingresso na fazenda, ou o acesso a fontes de água, ou a caminhos para escoamento da produção) do que sua dimensão.

Logo, ainda que o STF tenha modificado os critérios específicos de que se serve para analisar a consequência jurídica da ocupação na desapropriação para reforma agrária, o fato concreto é que sua jurisprudência manteve-se estável quanto à necessidade de que se demonstrasse que a ocupação afetara a produtividade da terra para que repercutisse negativamente no processo desapropriatório. Esta conclusão, que me parece bastante lógica e razoável, e bem fundada no sentido geral das normas definidoras da Reforma Agrária na Constituição (e que, em certo sentido, não criminaliza *a priori* as ocupações de terra, nem lhes nega efeitos jurídicos relevantes mesmo em favor dos ocupantes, como a desapropriação para fins de reforma agrária), não foi suficiente, entretanto, para que a representação social do MST e de seus militantes sofresse qualquer alteração ou matização: eles seguiram sendo apresentados pela grande mídia como uma horda de baderneiros e inimigos da democracia, da Constituição e da propriedade.

Segundo FERNANDES, WELCH & GONÇALVES (2012), após a posse de Lula na Presidência da República para seu primeiro mandato, em 2003, o número de ocupações voltou a crescer, já que MST, CONTAG e todos os demais movimentos pela reforma agrária esperavam que ela

26. Para uma análise mais detalhada dos votos proferidos no julgamento da MC na ADIn 2.213 e sua eventual repercussão na jurisprudência do STF sobre o tema, tanto antes quanto depois do julgamento do MS 24.764/DF, ver GARCIA, 2013.

finalmente fosse realizada, vez que ela fora prometida em todas as suas campanhas presidenciais (1989, 1994, 1998 e 2002). Como vimos, aquele ano marca o recorde de mortes no campo para o período analisado e o segundo maior número de conflitos agrários.

Ainda conforme estes autores,

> Em 2003, o governo [Lula] formou uma equipe de estudiosos e membros dos movimentos camponeses, coordenada pelo militante veterano Plinio de Arruda Sampaio, para elaborar o segundo Plano Nacional de Reforma Agrária – II PNRA. Todavia, a correlação de forças que havia elegido Lula e mesmo o próprio Partido dos Trabalhadores – PT não tinham a intenção de enfrentar os ruralistas e o agronegócio. Paralelamente à elaboração do II PNRA pela equipe do Sampaio, havia outra equipe do Ministério do Desenvolvimento Agrário – MDA elaborando outro plano que atendesse aos interesses do governo. Duas diferenças entre os planos foram: quantidade de famílias a serem assentadas e a forma principal de arrecadação de terras. Enquanto o plano *"Plínio"* definia um milhão de famílias a serem assentadas em terras a serem desapropriadas, o plano do MDA também definia o assentamento de 400 mil novas famílias e em torno de 500 mil famílias em terras a serem regularizadas e 130 mil em terras a serem compradas (Brasil, 2003). O II Plano Nacional de Reforma Agrária, elaborado pela equipe de Sampaio, foi rechaçado pelo governo Lula que adotou o plano do MDA. Esta atitude demonstrava que a reforma agrária prometida não seria cumprida. De fato, assim foi. Em 2010, no Brasil havia mais de oito mil assentamentos onde vivem mais de um milhão de famílias. A maior parte dessas terras são áreas regularizadas, ou seja, as famílias já viviam nestas terras e receberam seus títulos. O governo denominou este procedimento de incorporação à reforma agrária. Nas duas gestões do governo Lula (2003-2006/2007-2010) a regularização fundiária predominou em seu plano de reforma agrária (Fernandes, 2010). As ocupações de terra têm sido uma importante forma de pressão para a realização da reforma agrária, que resultou em assentamentos em todo o território nacional (FERNANDES, WELCH & GONÇALVES, 2012: 42-43).

O que a sequência de dados e a evolução dos fatos acima resumida procura evidenciar é que a tentativa de estabelecer meras limitações jurídico-normativas à mobilização social e uma repressão de cunho jurídico-policial a conflitos sociais está fadada ao fracasso, ao menos em um contexto democrático – a conflitividade social nasce de demandas concretas de grupos sociais determinados, e mesmo que o poder estabelecido busque criar normas mais restritivas ao espaço de atuação destes movimentos, os conflitos continuarão ocorrendo em função de sua base material real. Os limites evidentes das iniciativas repressivas rapidamente aparecerão, com a constante ressurgência dos problemas abafados por normas meramente proibitivas. A única função eficaz destas medidas é a de gerar ou ampliar o estigma social sobre aqueles grupos sociais mobilizados, emprestando uma espécie de legitimação jurídica retroativa (ou retroalimentadora) para a representação social construída, em especial pela grande mídia, de que as pessoas envolvidas naqueles conflitos são desordeiros e baderneiros, e os movimentos em questão, criminosos ou terroristas. Não parece desmedido, nesse contexto, supor que a consolidação de uma tal representação social sobre os movimentos sociais exerça um papel relevante, ainda que coadjuvante, no aumento da violência contra seus militantes, à medida em que torna atos de violência física, eventualmente letal, contra eles, aparentes reações naturalizadas e esperáveis, mais derivadas dos abusos dos movimentos do que dos abusos dos agressores.

Para compreendermos melhor como se dá esse processo de criminalização do MST, e de boa parte dos movimentos sociais junto com ele, é preciso tentar compreender porque os sistemas de produção de sentido elegem aspectos determinados da atuação dos movimentos para apresentá-los não como realidades dinâmicas e complexas, sem dúvida passíveis de que suas estratégias sejam debatidas na esfera pública, e sim como fenômenos estáticos e monolíticos, uniformes e homogêneos, reduzidos não apenas a uma de suas características, mas, de fato, a uma certa e precisa interpretação desta característica que não pode ser debatida na esfera pública, apenas aceita como premissa de avaliação[27]. Para isso, precisamos compreender o que representam para o MST as ocupações, que estão sempre no centro destas representações, e porque apenas elas são tematizadas em juízo.

---

27. A questão que suscito não é que as pessoas gostem ou não gostem do MST, concordem ou não com suas estratégias, defendam ou não a reforma agrária ou as ocupações: é apenas que os atores sociais sejam reconhecidos em sua plenitude e complexidade, em suas contradições e vários matizes, e principalmente que tenham a mesma voz que seus detratores para defenderem e justificarem publicamente suas ações. Apenas este grande "contraditório" público pode fomentar uma esfera pública informada e esclarecida, e a produção de representações sociais não discriminatórias ou preconceituosas. Esta lógica, obviamente, transcende em muito o MST e aplica-se não só à totalidade dos movimentos sociais, mas a muitos outros atores sociais.

A utilização da ocupação pelo MST como forma de luta prende-se diretamente a dois aspectos indissociáveis que ela apresenta para o movimento: sua **utilidade** como instrumento de luta para obter os assentamentos e sua centralidade na construção de uma **identidade** própria para o movimento e seus militantes.

Como instrumento de luta para a conquista da terra, Lygia SIGAUD (2005) enfatiza que o Estado brasileiro jamais pôs em curso uma política de desapropriações de terras destinadas à reforma agrária, fosse ela tópica ou em larga escala, ainda que a Constituição e a regulamentação pós-1993 o permitissem, e que na ausência de uma tal política, o governo federal depende estritamente da indicação das áreas passíveis de desapropriação pelos movimentos sociais:

> as fazendas desapropriadas são aquelas que foram ocupadas. Basta cotejar as listas de desapropriações feitas nos últimos três governos (Itamar Franco, Fernando Henrique Cardoso e Lula), e fornecidas pelo Incra, com as das ocupações e dos acampamentos fornecidas pelos movimentos para constatar a relação estreita entre desapropriações e ocupações (SIGAUD, 2005: 270).

Segundo Bernardo Mançano FERNANDES (2001), a ocupação tornou-se uma importante forma de acesso à terra, já que, no período de 1986 a 1997, aproximadamente 77% dos assentamentos implantados nas regiões Sul e Sudeste, nos estados de Mato Grosso do Sul e Goiás, e nos estados do Ceará, Alagoas, Sergipe e Pernambuco, originaram-se de ocupações de terra. Os dados relativos a números de ocupações e assentamentos no período estudado em minha tese de doutorado (2000-2010) permitem uma correlação, ainda que nem sempre direta, entre número de ocupações[28] e de assentamentos:

28. Os números de ocupações nestes gráficos divergem dos números de conflitos por duas razões básicas: primeiro, porque "conflitos" envolvem outras formas de conflitividade no campo, não apenas ocupações (logo, evidentemente será maior que o número destas); em segundo lugar, porque a fonte utilizada para a comparação entre conflitos e mortes no campo foram dados da CPT, ao passo que a fonte dos dados sobre ocupações e assentamentos, como indicado, é o Relatório Dataluta Brasil.

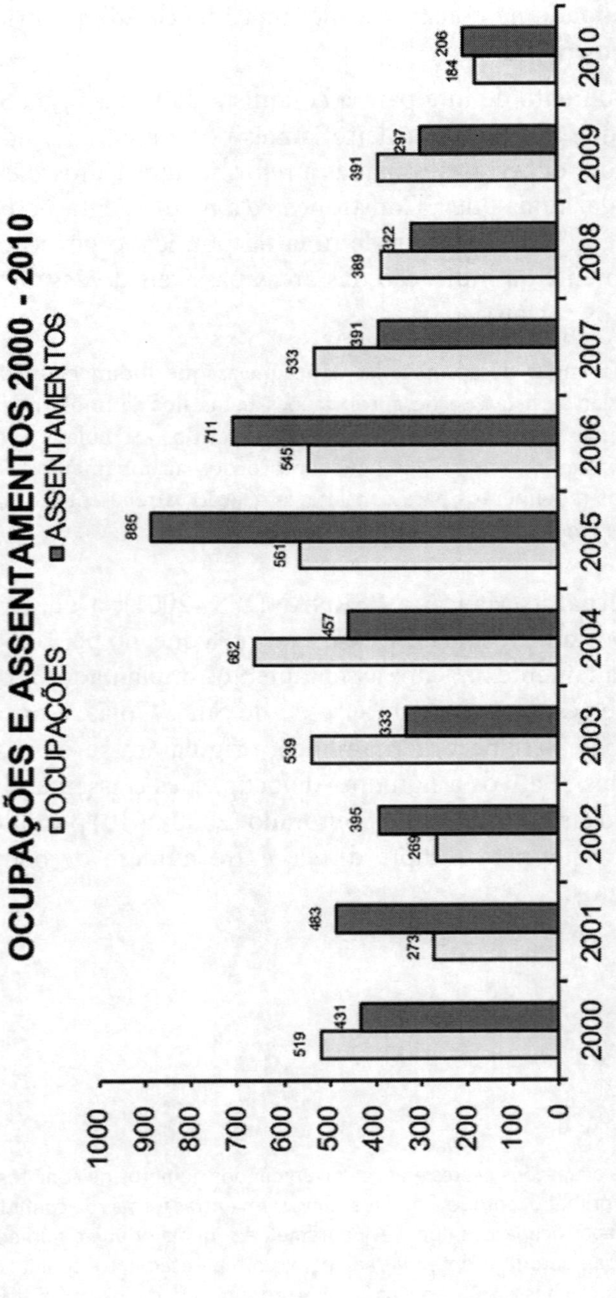

Fonte: Relatório Dataluta Brasil 2011

Org.: José Carlos Garcia

Em cinco dos onze anos considerados, o número de assentamentos superou o de ocupações (2001, 2002, 2005, 2006 e 2010), enquanto que em todos os demais, essa relação se inverte. Esses dados nos permitem estabelecer uma relação matemática geral entre o número de ocupações por assentamento para o período, dividindo-se o número das primeiras pelo dos segundos, indicando-nos a correspondência entre número de ocupações e número de assentamentos em cada ano. Os resultados, que podem ser conferidos no gráfico a seguir, variarão entre um mínimo de 0,57 ocupações/assentamento, em 2001, até um máximo de 1,62 ocupações/assentamento, em 2003, equivalendo a uma amplitude de cerca de 2,8 vezes entre o mínimo e o máximo. Apesar da grande variação no número de ocupações/assentamento, como se vê no gráfico abaixo, computando-se as médias do período encontramos uma impressionante correspondência de praticamente uma ocupação por assentamento (precisamente 1,2 ocupação por assentamento):

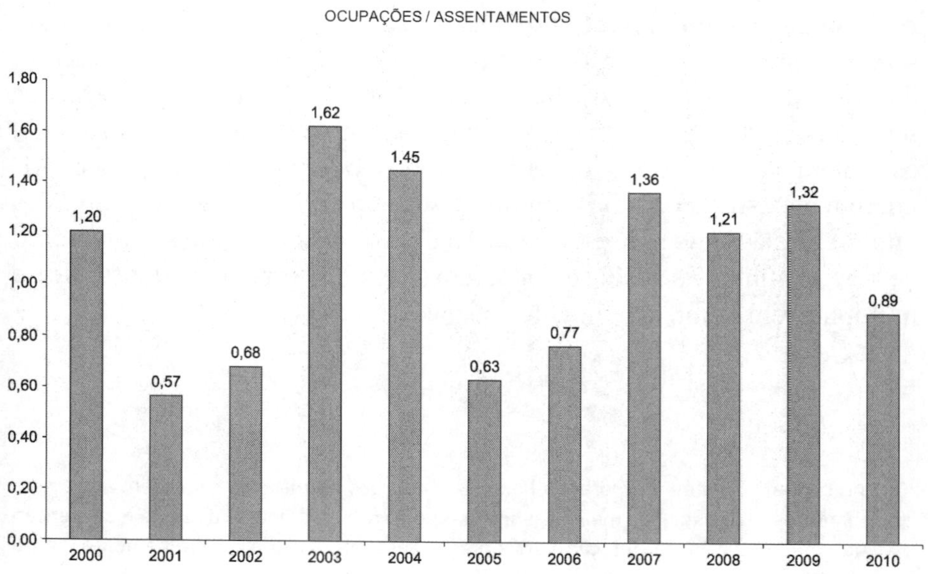

Fonte: Relatório Dataluta Brasil 2011
Org.: José Carlos Garcia

Os números acima consistem em um exercício aritmético: eles não expressam o número de vezes que uma determinada propriedade precisou ser ocupada, desocupada e reocupada antes de ser desapropriada, não especifica se as ocupações ocorreram na mesma área ou em área próxima dos assentamentos e, portanto, não servem para estabelecer uma relação de causação direta entre **aquelas** ocupações e **aqueles** assentamentos[29]. Contudo, a matemática nos ajuda a perceber a relação de uma ocupação para cada assentamento como média geral em um período recente de mais de uma década[30].

Logo, mesmo que a flutuação anual desta relação me permita dizer, ao menos estatisticamente, que o *nível de eficiência* da utilização de ocupações de terras como meio de mobilização social e obtenção de terras tenda a variar de ano para ano, conforme inúmeros elementos de conjuntura, e os gráficos acima poderiam ilustrar isso de modo geral, a conclusão a que se pode chegar ao se observarem as médias em cortes temporais mais largos é a de uma estreita relação entre número de ocupações e número de assentamentos, à proporção global em torno de um por um.

SIGAUD (2005) chama a atenção para o fato de que não há apenas uma correlação objetiva entre as ocupações e a identificação das áreas para desapropriação e assentamento, e sim uma verdadeira **dependência recíproca entre movimentos sociais e Estado**, segundo a qual o Estado serve-se da atuação do Movimento para esta dupla identificação, tanto de áreas por desapropriar, quanto de pessoas a assentar, que serão os sem-terra participantes das ocupações e acampamentos. Por outro lado, os movimentos, dentre os quais o MST, dependem do Estado para continuarem a existir, na medida em que o sucesso da estratégia de ocupações implica diretamente também o sucesso de sua capacidade de recrutamento de novos militantes dispostos a terem acesso à terra e, portanto, de se multiplicarem como movimentos sociais.

29. Ao contrário, é até muito provável que as ocupações listadas não se refiram aos assentamentos realizados nos mesmos anos, já que é comum a necessidade de manutenção de conflitos de longa duração para obter a desapropriação e o assentamento, como inclusive indicado em alguns dos acórdãos analisados em GARCIA, 2013.

30. Esta relação é tão consistente que, se expandirmos a análise destas mesmas médias matemáticas para um período bem mais longo, da redemocratização formal do país em 1988 até 2010, o que também foi levantado em minha tese, elas não se alterarão substancialmente: segundo dados da mesma fonte, o número de ocupações seria então de 8.310, para um total de 8.493 assentamentos no mesmo intervalo, o que nos daria uma média de 0,98 ocupações/assentamento, em que pesem todas as variações anuais na relação entre estes dois indicadores. Estes detalhamentos estatísticos podem ser obtidos a partir dos Relatórios DATALUTA Brasil na internet. No caso do Relatório 2011, utilizado para a obtenção de todos os dados aqui referidos, ele pode ser encontrado em http://www2.fct.unesp.br/nera/projetos.php, acesso em 01/07/2013.

No que respeita ao segundo aspecto, o caráter simbólico que as ocupações desempenham como articulador de uma identidade para o movimento, é mais uma vez SIGAUD (2000), em seu estudo sobre a chegada da *forma acampamento* na Zona da Mata de Pernambuco, quem frisa que os acampamentos apresentam vários elementos comuns, que se articulam como símbolos identitários, fundamentalmente a *lona preta* (de fato, um pedaço grande de plástico preto que cobre as barracas) e a bandeira do Movimento hasteada. Outros elementos lhes são ainda bastante recorrentes: são geralmente montados em locais elevados, próximos à mata e aos cursos d'água, sendo visíveis a alguns quilômetros de distância; as barracas são geralmente alinhadas em ruas paralelas; cada barraca pertence a uma família de trabalhador, apesar de eventualmente abrigar indivíduos sós; nem todos os ocupantes permanecem todo o tempo nos acampamentos, saindo ocasionalmente para trabalho eventual; a adesão ao acampamento pode ser feita por representação, desde que fique alguém ligado ao ocupante na barraca (filho, pai, parente), mas a associação ao acampamento é sempre vinculada à barraca (SIGAUD, 2000: 82).

Todos estes elementos diferenciam os acampamentos organizados pelo MST, normalmente ligados a ocupações em que se reivindicam desapropriação da área ocupada, de outras formas de mobilização de outras organizações ou movimentos pela reforma agrária, ou mesmo de ocupações organizadas por outros movimentos. Como já se disse, a ocupação é uma forma de mobilização aglutinadora e que "desmascara a lei":

> Outro aspecto da ocupação, este do ponto de vista da nossa organização, é que ela é fundamental, é a essência do movimento. O que o MST faz é aglutinar pessoas. Imagine fazer um acampamento abrindo inscrição. Seria uma loucura, pois isso não tem nada de unidade. É por isso que não dá certo quando algum sindicato faz inscrições por meio de cadastro, porque não tem nada que una as pessoas.
>
> (...)
>
> A ocupação dá esse sentido de unidade às pessoas, para lutarem por um mesmo objetivo. Passar pelo calvário de um acampamento cria um sentimento de comunidade, de aliança.
>
> (...)
>
> Outro aspecto é que ele desmascara a lei. Se não ocupamos, não provamos que a lei está do nosso lado. É por essa razão que só houve desapropriações quando houve ocupação. É só comparar. Onde não tem o MST, não tem desapropriação. Onde o movimento é mais fraco, menor é o número de desapropriações, de famílias beneficiadas. A lei

> só é aplicada quando existe iniciativa social, essa é a norma do direito. Nossos alunos aprendem isso no primeiro dia de aula. A lei vem depois do fato social, nunca antes. O fato social na reforma agrária é a ocupação, as pessoas quererem a terra, para depois se aplicar a lei. Nesse sentido, o sociólogo Fernando Henrique Cardoso tem consciência. Ele afirmou: 'Eu não condeno o movimento de vocês. É justo. Se não fizer pressão, não sai'. (STÉDILE & FERNANDES, 1999: 114-115)

Este processo de identificação simbólica nas formas de atuação de movimentos sociais está longe de ser um aspecto localizado no Brasil, como já frisei noutra oportunidade[31], mas é indiscutivelmente um aspecto constitutivo do uso das ocupações pelo MST. É neste nível que as ocupações articulam pretensão de eficácia na reivindicação da terra, efetivando uma reforma agrária que é prevista na Constituição e na Lei, mas que somente ocorre onde há pressão popular e geração de conflitos sociais, com a construção de um espaço simbólico de identidade, onde pessoas e grupos sociais desempoderados se reconhecem reciprocamente em uma prática comum de luta pela terra e de constituição coletiva como cidadãos que **reivindicam a aplicação da lei pela denúncia simbólica da sua frustração**. Disputam coletivamente, desta maneira, uma **atribuição de sentido à lei** que difere daquela que deriva do *fluxo normal* (no duplo sentido de *usual* e de *normalizador*) de relações de exclusão, de dominação, de opressão.

É talvez por isso que, como vimos, não são os discursos verbalizados pelo MST, malgrado suas extensas pautas de reivindicação, que são predominantemente tidos em conta na judicialização dos conflitos de que participa nos tribunais superiores (e nem mesmo no espaço que a grande mídia corporativa lhe dedica), e sim o *discurso simbólico* que ele estrutura a partir de suas **práticas** e de sua **intervenção social**. Assim, pode-se dizer, mais uma vez com SIGAUD, que:

> As ocupações de terras com montagem de acampamentos constituem uma linguagem simbólica, um modo de fazer afirmações por meio de atos, e um ato fundador de pretensões de legitimidade. Ao promover uma ocupação e um acampamento, o movimento diz ao Incra que deseja a desapropriação das terras, ao proprietário, que quer suas

31. À época, busquei traçar um paralelo entre as ocupações de terra pelo MST e as estratégias de greve de ocupação traçadas por duas diferentes correntes do movimento sindical francês nos anos 1960-1970, sob o ponto de vista da construção simbólica de identidades destes movimentos. A propósito, ver GARCIA, 2013, e PENISSAT, 2005.

> terras, e aos outros movimentos, que aquela ocupação tem um dono. Essa linguagem é bem compreendida por todos: o Incra entende que há um pedido de desapropriação e desencadeia o processo, o proprietário percebe a possibilidade de ficar sem suas terras e age na defesa de seus interesses, solicitando a reintegração de posse, e os outros movimentos respeitam a bandeira do concorrente e não ocupam aquela terra. Com o ato de ocupar, os movimentos legitimam suas pretensões à desapropriação e ao reconhecimento de que aquela ocupação é sua. Ao montar sua barraca, o trabalhador diz que quer a terra. Essa afirmação está dirigida ao Incra, que no momento de selecionar os futuros parceleiros irá contabilizar os que se encontram debaixo da lona preta; ao movimento, que o incluirá em suas listas a serem apresentadas ao Incra; e aos demais que se encontram no acampamento, que irão reconhecê-lo como alguém que quer a terra. A barraca legitima a pretensão de pegar a terra; é a prova material do interesse a ser contemplado no momento da redistribuição das terras. O estar debaixo da lona preta é representado como um sofrimento que torna aqueles que a isso se submetem merecedores da recompensa terra. (SIGAUD, 2005: 269)

São também suas ações espetaculosas, em especial as ocupações de terra, que se situam no centro das estratégias de criminalização do MST e demais movimentos de luta pela terra. Em muitos casos, as acusações transcendem a simples indicação de crime e envolvem a etiquetagem dos movimentos sociais como *terroristas*, com toda a carga política e moralmente negativa que esta expressão tem após o início da chamada *guerra ao terror* pelos EUA que se seguiu ao 11 de setembro de 2001. Haveria algum grau de fundamento nesta pesada imputação? É razoável supor que movimentos sociais que reivindicam terras para trabalho e que, como estratégias de mobilização, ocupam terras improdutivas ou pouco produtivas, ou prédios públicos, ou que bloqueiam estradas, pratiquem, ao utilizar tais expedientes, atos de terrorismo, incompatíveis com uma Constituição democrática, tendo-se em conta a persistência e a abrangência de discursos de amplo alcance social que identificam o MST com grupos armados ou terroristas[32]?

32. São infindáveis os exemplos, mas podemos indicar as acusações de que o MST consistiria em grupo armado pela derrubada da democracia em Petry & Oinegue, 1998: 44, ou em Prates, 2005, ou mesmo sua comparação com a Ku Klux Klan, em Jornal O Globo, 12 de junho de 2008, p.12. Note-se, ainda e apenas exemplificativamente, notícias como "Líder do DEM: MST é 'Farc brasileira' mantida pelo governo" (http://tinyurl.com/ny4659g, acesso em 27/03/2013), sobre declarações de parlamentar que é conhecida

Para dar conta deste aspecto, farei algumas considerações sobre o efetivo enquadramento do MST como movimento social e sua distinção, quaisquer que sejam os aspectos polêmicos de suas intervenções públicas, com redes terroristas.

Em outra ocasião[33], já procurei relacionar estes dados e a forma de tratamento ao movimento com aspectos do discurso conservador e da formação do Estado no Brasil e suas possíveis ressignificações diante do quadro combinado de "guerra ao terror" pelos EUA e seus aliados e de "guerra ao crime organizado" no Brasil e em vários outros países periféricos. Limitar-me-ei, aqui, ao estabelecimento das distinções fundamentais entre a caracterização de movimentos sociais e organizações terroristas, segundo os critérios mais tradicionalmente aceitos nas ciências sociais.

Aparentemente, o fundamento para a disseminação deste tipo de crítica no Brasil residiria no fato que movimentos como o MST se dirigiriam

---

liderança de ruralistas, "MST e Farc alimentam polêmica entre vices" (http://tinyurl.com/n7dsclo, acesso em 27/03/2013) ou "Índio bate em Dilma por MST e Farc em debate de vices" (http://tinyurl.com/kqsumhh, acesso em 27/03/2013), sobre repercussão desta assimilação até mesmo no debate entre os principais candidatos à Vice-Presidência da República em 2010, ou "À espera dos bárbaros: país permanece sem estratégia antiterror" (CHIMANOVITCH, 2013), sobre, dentre outros aspectos, as dificuldades políticas tanto do governo quanto de parte importante da oposição em fazer aprovar no Brasil ainda antes da realização da Copa do Mundo e dos Jogos Olímpicos uma lei antiterror adequada, que não penalize igualmente atentados terroristas e protestos de movimentos sociais, ainda que eventualmente mais radicais (também disponível em http://tinyurl.com/lvdrphq, acesso em 27/03/2013).

33. Como disse então, a "hipótese com a qual procuro trabalhar aqui é a de que esta relação entre articulação de um discurso conservador sobre os movimentos sociais em geral, os do campo em particular e o MST especificamente, e um texto constitucional que, em tese, o rechaçaria, ganha sentido através de uma tradição de pensamento conservador no Brasil, de cunho marcadamente totalitário, e que encontra em aspectos da obra de Francisco Campos sua expressão mais elaborada, e de que este discurso que, apesar de entranhado na lógica de construção do Estado brasileiro depois da Era Vargas e da ditadura pós-1964, já tendia a ser visto em alguns espaços urbanos como algo atrasado, algo remetido a um passado a ser superado, ganha novos ares de modernidade com o ressurgimento da figura de Carl Schmitt no cenário mundial após os atentados de 11 de setembro de 2001 nos EUA" (GARCIA, 2009: 13). Naquele texto, ainda inédito e que foi elaborado como monografia de conclusão do curso de Teoria Constitucional Contemporânea ministrado pelo professor José Ribas Vieira, ao longo do Doutorado, indicava como essa conexão Campos-Schmitt se mostrava atual para a contextualização da criminalização dos movimentos sociais, servindo-me de algumas pontuações de Zaffaroni para este fim. O levantamento atualizado sobre a forma de tratamento do MST na imprensa e os dados do Ibope aqui apresentados foram originalmente tratados naquele texto.

mais para o confronto político e o estabelecimento de agendas políticas do que propriamente para o atendimento às suas reivindicações mais imediatas. Se o que o MST deseja é distribuição de terras para seus integrantes, por que há dirigentes profissionais do Movimento que não são sem-terra, ou que não estão assentados? E por que suas pautas de reivindicação extrapolam tanto os limites estreitos do que seria uma reforma agrária? E por que eles participam de protestos sobre temas que não os atingem diretamente?

Tais críticas parecem, de fato, partir de uma confusão, deliberada ou não, sobre o que sejam **movimentos sociais**, aquilo que os caracteriza e os distingue de outras formas de ação coletiva[34]. Sem dúvida não se pode dizer que exista uma única definição do que sejam *movimentos sociais*, e a referência a uma das muitas possíveis definições ou conceituações implicaria a necessidade de um posicionamento crítico em relação ao paradigma a que ela se prende[35]. Extrapolaria muito o âmbito deste trabalho uma tentativa de mapeamento do conjunto de polêmicas sobre este conceito, mas creio ser legítimo dizer que, grosso modo, a existência de confrontos políticos e a superação de suas reivindicações materiais imediatas, bem como a capacidade de manterem a permanente possibilidade de geração de agendas políticas, são traços geralmente comuns senão em

---

34. Digo que a confusão pode ou não ser deliberada na medida em que ela se produz e se reproduz a partir de sujeitos com níveis de informação inteiramente diferentes e que podem ou não apresentar motivações estratégicas na definição de seu agir e de seus discursos. Quando vemos, por exemplo, intelectuais ou a grande mídia reproduzindo estas críticas, é bem menos aceitável operar com a ideia de que haja desconhecimento sobre o alcance das definições (ou das correspondentes polêmicas) teóricas sobre o tema, e a possibilidade de que haja interesse estratégico deliberado na ampliação da confusão intelectual se robustece. Diferentemente, se pensamos na produção de opinião pública como um processo complexo de adesão de indivíduos ou grupos a determinadas formulações socialmente construídas e disseminadas, adesão que pode se basear tanto em critérios racionais quanto em não racionais, comumente em um amálgama complexo deles, e ainda, no caso brasileiro, tendo-se em conta as precariedades estruturais ligadas ao nosso sistema de ensino formal, então o caráter intencional da confusão conceitual se reduz.

35. "...poucos autores se dedicaram a definir ou a conceituar o que entendem por movimentos sociais. Acrescente-se a esta lacuna a profusão de tipos e espécies de movimentos sociais que têm sido tratados da mesma forma, além da não-diferenciação entre movimentos propriamente ditos, lutas, protestos, revoltas, revoluções, quebra-quebras, insurreições e outras formas de ações coletivas. (...) Desde logo afirmamos que não há um conceito sobre movimento social mas vários, conforme o paradigma utilizado." (GOHN, 2008: 13)

todas, pelo menos na grande maioria e nas mais relevantes definições de movimentos sociais.

Para DIANI (1992: 02), os movimentos sociais consistem em um amplo processo pelo qual diferentes atores, sejam indivíduos, grupos informais ou organizações, constroem, através de ações conjuntas ou comunicações compartilhadas, uma definição comum sobre eles próprios como partes de um mesmo lado em um conflito social. Ele procura mapear os elementos de aproximação e diferenciação entre os conceitos de **movimento social** nos principais campos teóricos de sua análise desde os anos 1960, que agrupa genericamente em quatro grandes ramos, identificados por autores de grande influência: o que ele chamava das então mais recentes expansões da perspectiva do "Comportamento Coletivo", representadas por Turner e Killian; as várias aproximações genericamente identificadas como "Teorias da Mobilização de Recursos", que ele sintetiza nos conceitos de movimentos sociais de Zaid e McCarthy; a perspectiva do "processo político", com base na conceituação de Tilly; e finalmente o campo dos "Novos Movimentos Sociais", representado por Touraine e Melucci.

Após apresentar conceitos utilizados por todos estes autores para **movimento social**, DIANI (1992: 06) salienta que:

> As definições introduzidas acima enfatizam ao menos quatro aspectos da dinâmica dos movimentos sociais: a) redes de interação informal; b) compartilhamento de crenças e solidariedade; c) ação coletiva em questões conflituosas; d) ação que se apresenta em grande parte fora da esfera institucional e da rotina de procedimentos da vida social[36].

Em síntese, movimentos sociais somente existem quando implicam auto-organização de indivíduos ou grupos na definição ou estruturação de temas políticos ou reivindicações que lhes são relevantes, em cujo processo os próprios participantes ou aderentes se definem a si mesmos e estabelecem uma dinâmica de conflitos, com isso determinando qual o campo de conflito, de que lado eles estão e quem são seus adversários. Portanto não será a existência de conflitos, mesmo agudos, que indicará que determinados coletivos não são caracterizados como movimentos sociais, pois estes movimentos organizam-se precisamente para participarem de

36. "The definitions introduced above emphasize at least four aspects of social movement dynamics: a) networks of informal interaction; b) shared beliefs and solidarity; c) collective action on conflictual issues; d) action which displays largely outside the institutional sphere and the routine procedures of social life." (*op. loc. cit.*).

forma mais vantajosa, ou menos desvantajosa, de tais confrontos. Para utilizarmos uma definição mais próxima do campo teórico de Charles Tilly, anteriormente mencionado:

> O confronto político surge como uma reação a mudanças e restrições políticas em que os participantes reagem a uma variedade de incentivos: materiais e ideológicos, partidários ou baseados no grupo, de longa duração ou episódicos. A partir dessas oportunidades e usando repertórios conhecidos de ação, pessoas com recursos limitados podem agir de forma contenciosa - embora esporadicamente. Quando suas ações se baseiam em densas redes sociais e estruturas conectivas e recorrem a quadros culturais consensuais e orientados para a ação, elas podem sustentar essas ações no conflito com opositores poderosos. Em tais casos - e *apenas* em tais casos - estamos diante de um movimento social. (TARROW, 2009: 27; grifo no original)

Para CEFAÏ (2009), que parte de uma abordagem inspirada no pragmatismo de Chicago e em uma releitura de Dewey,

> As organizações de movimentos sociais foram tratadas durante muito tempo como 'infraestruturas materiais de mobilização', máquinas de guerra mais ou menos eficazes contra o adversário, ou jazidas de capital social para se investir e rentabilizar. Essa visão se complexificou com o tempo. Elas são também meios de sociabilidade, onde emergem ocasiões de encontro que moldam as formas de coexistência. São agenciamentos de objetos, normas e pessoas que ordenam o que os membros podem fazer, ver ou dizer. Elas constituem ambientes práticossensíveis, que fixam hábitos de cooperação e de conflito e que fornecem parâmetros de experiência cognitiva e normativa. Elas são indissociavelmente vetores de concentração de capitais materiais e humanos, incubadoras de redes de ativistas, chocadeira de empreendimentos de militância, geradores de energia simbólica, instâncias de representação coletiva.[37]

---

37. "Les organisations de mouvements sociaux ont longtemps été traitées comme des 'infrastructures matérielles de mobilisation', des machines de guerre plus ou moins efficaces contre l'adversaire ou des gisements de capital social à investir et à rentabiliser. Cette vue s'est complexifiée avec le temps. Elles sont aussi des milieux de sociabilité, où émergent des occasions de rencontre et qui façonnent des formes de coexistence. Elles sont des agencements d'objets, de normes et de personnes qui ordonnent ce que les membres peuvent faire, voir ou dire. Elles constituent des environnements praticosensibles, qui fixent des habitudes de coopération et de conflit et qui fournissent des repères d'expérience cognitive et normative. Elles sont indissociablement des vecteurs de concentration de capitaux matériels et humains, des incubateurs de réseaux d'activistes, des

Segundo SCHERER-WARREN (2009), a questão da territorialidade e da reterritorialização de espaços de conflito ainda é o palco dos conflitos mais acirrados nas sociedades contemporâneas, estabelecendo-se a necessidade de uma conexão entre as dimensões geográfica e sociológica para perceber mais adequadamente estas realidades. Trabalhando a partir de uma análise do MST e do MTST (Movimento dos Trabalhadores Sem-Teto), ela resgata primeiramente a noção de *coletivos em rede*, que se referem a conexões entre organizações empiricamente localizáveis e que podem ser segmentos de redes mais amplas. Para que estes coletivos em rede se transformem em movimentos sociais em rede, três dinâmicas sócio-político-culturais coletivas devem se concretizar: a formação de uma identidade coletiva ou identificação em torno de uma causa comum; a definição de uma situação de conflito e de seus adversários; e a construção de um projeto ou utopia de mudança:

> A possibilidade da construção de sujeitos e da transformação destes sujeitos em atores politicamente ativos nas redes não transcorre como uma necessidade imediata da vivência de carências. A carência por si só não produz movimentos sociais. O movimento resulta do sentido coletivo atribuído a esta carência e da possibilidade de identificação subjetiva e da subsequente possibilidade de criação de símbolos de representação em torno dela (p. ex: as músicas, o boné, a bandeira, etc. no MST). Neste processo há que se considerar o reconhecimento recíproco sobre a vivência da exclusão ou da discriminação dos sujeitos e a tradução desta vivência em novos valores coletivos dos grupos, na definição dos conflitos geradores da exclusão e dos principais adversários políticos. Resulta também da subsequente transformação dos sujeitos em atores políticos, da respectiva transformação das carências em demandas, destas demandas em pautas políticas e das pautas políticas em ações de protestos, calcados em projetos e utopias de mudança. (SCHERER-WARREN, 2009: 115-6)

Note-se que, ao se analisarem o que diferencia movimentos sociais de redes terroristas pelos critérios mais relevantes, o que faço mais uma

---

couveuses d'entreprises militantes, des générateurs d'énergie symbolique, des instances de représentation collective" (*op. loc. cit.*). Há uma versão deste artigo em português (CEFAÏ, Daniel. "Como nos mobilizamos? A contribuição de uma abordagem pragmatista à sociologia da ação coletiva". Trad. Bruno Cardoso. Rio, Dilemas, v. 2, n. 4., abr-mai-jun 2009, pp. 11-48, disponível em http://revistadil.dominiotemporario.com/doc/Dilemas4Art1.pdf, acesso em 27/03/2013).

vez com o apoio de SCHERER-WARREN (2009: 113), percebe-se não ser possível qualquer confusão entre eles:

MOVIMENTOS SOCIAIS E REDES TERRORISTAS

Tipos	Visibilidade Pública	Estratégia	Objetivos	Empoderamento
Movimentos sociais	Esfera Pública	Redes de informação	Emancipação	Sociedade Civil
Redes terroristas	Células clandestinas	Nós das redes-guetos	Coerção ilícita	Grupos fundamentalistas

O reiterado discurso de criminalização ou de assimilação de movimentos sociais, inclusive o MST, a terroristas, cumpre a função estrutural de justificar previamente medidas de contenção de protesto e manifestação de modo incompatível com as liberdades previstas na Constituição. Por um lado, eles visam autorizar o uso formalmente legítimo da força estatal contra estes movimentos, e, por outro, justificam reações desproporcionais a suas ações que usualmente redundam em aumento dos números de violência no campo.

Se em passado recente o debate sobre uma lei antiterror no Brasil, exigida para o fim de realização dos grandes eventos esportivos no Brasil nos últimos anos (Copa do Mundo de 2014 e Jogos Olímpicos de 2016), levantava preocupações quanto à não criminalização indevida de manifestações e protestos e movimentos sociais, ainda que eventualmente mais radicais (e que redundou na Lei nº 13.260, de 16 de março de 2016), hoje vemos iniciativas legislativas com o expresso intuito de punir, como se terroristas fossem, movimentos que ocupam imóveis urbanos ou rurais[38]. Atravessamos um preocupante momento da vida nacional em que convivemos com o sucateamento acelerado e em diversos níveis dos mais elementares direitos constitucionais, fundamentos de uma ordem democrática, como o direito de protesto e de manifestação.

A aprovação do *impeachment* da Presidente Dilma Rousseff sem fundamento jurídico válido e por atos praticados por vários governadores e ex-presidentes no país[39], as iniciativas de revisão da forma de exploração do pré-sal, com ampla abertura para o capital internacional, a reforma da legislação trabalhista, com grave fragilização dos direitos dos trabalhadores e precarização do trabalho, a apresentação da proposta de reforma da Previdência sem regras de transição e com abrupta redução das condições de aposentação de todos os trabalhadores, a aprovação da Emenda Constitucional 95, que engessa o orçamento a ponto de quase inviabilizar

---

38. Refiro-me ao artigo de CHIMANOVITCH (2013), já mencionado na nota 32, e ao PL 9.604/2018, apresentado à Câmara Federal em 21/02/2018 pelo deputado federal Jerônimo Goergen (PP/RS), que dispõe sobre o que considera "abuso do direito de articulação de movimentos sociais, destinado a dissimular atuação terrorista". Este projeto visa inserir parágrafo no art. 2º da Lei nº 13.260, de 16 de março de 2016, que disciplina os atos de terrorismo, com o seguinte teor: "§ 3º O disposto no parágrafo anterior não se aplica à hipótese de abuso do direito de articulação de movimentos sociais, destinado a dissimular a natureza dos atos de terrorismo, como os que envolvem a ocupação de imóveis urbanos ou rurais, com a finalidade de provocar terror social ou generalizado". O § 2.° mencionado pelo projeto exclui do conceito de terrorismo manifestações políticas e movimentos sociais, exatamente o que o deputado agora quer inserir na Lei, e tem o seguinte teor: "§ 2.° O disposto neste artigo não se aplica à conduta individual ou coletiva de pessoas em manifestações políticas, movimentos sociais, sindicais, religiosos, de classe ou de categoria profissional, direcionados por propósitos sociais ou reivindicatórios, visando a contestar, criticar, protestar ou apoiar, com o objetivo de defender direitos, garantias e liberdades constitucionais, sem prejuízo da tipificação penal contida em lei."
39. Ver GARCIA & AZEVEDO, 2016, e GARCIA, 2016b.

muitos serviços públicos essenciais, o crescimento do nível de repressão a protestos públicos e a intervenção federal na área de segurança pública do Rio de Janeiro, sem que as estatísticas demonstrassem qualquer piora tão expressiva em quadro infelizmente crônico há décadas[40], tudo isso indica um ataque simultâneo e em conjunto aos fundamentos da democracia que, com todos os seus defeitos e precariedades, fomos capazes de construir nos últimos 30 anos.

O incremento da violência no campo é capítulo a ser compreendido neste contexto. A tese de que os assassinatos no campo derivam do aumento dos conflitos agrários e das ocupações não se sustenta estatisticamente em uma avaliação de mais longo prazo.

Voltando aos gráficos do início deste texto, podemos verificar que nos primeiros anos após a promulgação da Constituição da redemocratização tínhamos um baixo nível de conflitividade no campo, mas com um número de homicídios extremamente alto. Entre 1990 e 1995, para uma média de pouco mais de 387 ocupações por ano, contávamos 46 assassinatos por ano em média (com o ano de 1990 no recorde absoluto do período entre 1990 e 2017, com 75 assassinatos). Vê-se que o número de conflitos se mantém estável, muito abaixo do que viria a ser a linha média do período, enquanto o número de assassinatos cai drasticamente para algo próximo ao que se tornaria a respectiva linha média. Ainda que em boa medida as linhas de conflitos e mortes mantenha curvas relativamente simétricas (tendendo a indicar uma relação entre elas, no sentido de que quanto maiores os conflitos, maior o número de mortes, ou vice-versa), de 2004 a 2014 passamos por longo período em que a alta conflitividade no campo

40. O Decreto 9.288, de 16 de fevereiro de 2018 decretou intervenção federal restrita à área de segurança pública no estado do Rio de Janeiro até 31 de dezembro do mesmo ano, tendo sido nomeado interventor, o General de Exército Walter Souza Braga Netto, com o objetivo de "pôr termo a grave comprometimento da ordem pública no Estado do Rio de Janeiro" (§ 2.° do art. 1.° do Decreto). Especialistas em segurança pública e em direito constitucional, entretanto, questionam tanto as circunstâncias para a intervenção, já que houve recuo em vários indicadores de violência entre os Carnavais de 2017 e 2018 e o próprio interventor nomeado minimizasse, na primeira coletiva após assumir o cargo, que a situação fosse tão grave (http://www.isp.rj.gov.br/Noticias.asp?ident=395 e http://brasil.estadao.com.br/noticias/rio-de-janeiro,ha-muita-midia-diz-interventor-que-vai-comandar-seguranca-do-rio,70002192234, por exemplo, acessos em 05/03/2018), quanto a constitucionalidade da medida ou de aspectos dela (exemplificativamente, https://www.conjur.com.br/2018-fev-16/intervencao-federal-rio -inconstitucional-nao-dara-resultados e http://agenciabrasil.ebc.com.br/politica/noti cia/ 2018-02/intervencao-federal-levanta-polemicas-juridicas-alertam-professores-de, acessos em 05/03/2018).

não se expressou num número particularmente elevado de mortes no contexto histórico: o número de conflitos visivelmente se mantém muito acima da linha média do período, com a exceção de 2008, ao passo que o número de assassinatos, conquanto ainda alto e inaceitável, se mostra estável bem abaixo da linha média – isto é, o número de mortes no campo não necessariamente cresce para acompanhar o crescimento de um nível alto, porém estável, de conflitos agrários.

O número de mortes só volta a subir em paralelo ao contexto de ataque à democracia, de crescimento da intolerância em todos os níveis e de ascenso dos discursos de ódio de variados matizes[41]. A curva ascendente do número de mortes somente acelera para além da linha média do período 1990-2016 nos últimos dois anos registrados, 2015 e 2016 (e, sabemos pelos dados parciais, também em 2017).

A triste correlação que aquele gráfico nos mostra não é tanto entre número de mortes e número de conflitos, correspondência que parece povoar o senso comum e a mídia, mas que falha em vários cortes temporais possíveis, e sim entre expansão e retração de direitos: enquanto a fase de redemocratização, em que vivemos a ampliação de direitos advindos da Constituição, implica uma convergência para o centro da linha média do número de mortes violentas no campo (alta, mas estável) a partir de 1992 (com um pico em 2003 pelos motivos já expostos acima), com as ameaças e ataques a estes mesmos direitos a partir de 2015, e principalmente de 2016, ela volta a crescer vertiginosamente para cima da linha média.

Isto fica ainda mais claro quando se analisa o segundo gráfico, de assassinatos por conflito, que estabelece especificamente esta correlação e a demonstra falsa: o índice obtido inicia a série em absurdos 0,187, função das 75 mortes de 1990, mas depois cai consistentemente (com pequenos soluços em 1993 e 1998) até 1999; realiza uma pequena curva ascendente entre 2000 e 2004, e depois, ainda que com o crescimento do número de conflitos no campo, segue solidamente estável por dez longos anos, somente voltando a subir ao fim da série, com os ataques aos direitos sociais e às liberdades civis, no bojo do processo de *impeachment* e logo depois dele.

Note-se que sequer falamos de períodos com maior ou menor número de assentamentos, que poderiam sugerir uma redução específica da

41. Dentre vários exemplos possíveis, http://www.ibdi.org.br/site/artigos.php?id=300, https://nacoesunidas.org/em-dia-internacional-onu-pede-que-paises-combatam-discursos-de-odio/ ou http://www.bbc.com/portuguese/brasil-38563773, acessos em 05/03/2018.

desigualdade no campo: conquanto os dados de que dispomos aqui não abranjam todo o recorte temporal de 1990 a 2016, o gráfico de assentamentos e ocupações que apresentamos anteriormente (2000 a 2010) demonstra que os números de assentamentos somente superaram significativamente os de ocupações nos anos de 2005 e 2006, mas foram decrescendo ao longo da década. Além disso, vimos, com base em FERNANDES, WELCH & GONÇALVES (2012), que os assentamentos no período contemplavam mais acentuadamente os de regularização, e não apenas os que punham término a efetivos conflitos fundiários.

Ou seja, ainda que fosse alta a conflitividade rural entre 2004 e 2014, e baixo ou decrescente o número de assentamentos, ao menos até 2010, o número de mortes mantinha-se estável. O aumento do número de mortes não parece derivar, portanto, diretamente nem do número de conflitos, nem do número de assentamentos.

Minha hipótese de trabalho, não passível de demonstração empírica nos limites deste texto, é a de que este aumento deriva da fragilização do arcabouço jurídico protetivo das minorias e setores sociais marginalizados e da ampliação dos discursos de ódio observada nos últimos anos, coincidentes com a curva ascendente do gráfico respectivo, em que se cria um clima de potencialização do estigma sobre os movimentos sociais e dos setores sociais que eles organizam, de aprofundamento da representação social negativa sobre eles e de justificação indireta do uso da violência em geral, e contra eles, em particular. Um clima que poderíamos chamar, inspirados em AGAMBEN (2004) e BOAVENTURA DE SOUZA SANTOS (2010), de crescimento do **fascismo social**, que visa à uniformização da opinião e ao silenciamento da crítica (GARCIA, 2016a)[42].

Sob este prisma, não há dúvida de que a simultaneidade da criminalização dos movimentos sociais em geral, e do campo em particular, a tentativa de tratá-los como "guerrilheiros" ou "terroristas", ao mesmo tempo em que é crescente o número de militantes e lideranças sem-terra mortos no país, se apresenta como um grave paradoxo democrático. Ao fundamento de que a democracia não pode conviver com a agressão de militantes que dissimulam atos terroristas como se fossem atos de protesto, em "abuso de organização de movimento social", não apenas se perpetua, mas se aprofunda a lógica de décadas de construção de uma

42. https://www.conjur.com.br/2016-abr-05/jose-garciajuizes-nao-sao-combatentes-corrupcao-garantes-lei, acessado em 03/03/2018.

representação social estigmatizante e preconceituosa com movimentos sociais e setores populares que contam apenas do seu lado os mortos da pretensa "guerrilha no campo".

Protestos, manifestações e mesmos atos de desobediência civil são ou deveriam ser, em uma democracia, possíveis geradores de *inputs* para o sistema jurídico, interagindo com ele desde fora, a partir do mundo da vida[43] e das desestabilizações que provocam na esfera pública[44]. O desafio de uma tal abordagem é o de manter abertas as fronteiras entre jurídico e não jurídico, entre sistêmico e não sistêmico, ao mesmo tempo negando a colonização do mundo da vida pela lógica do subsistema legal e permitindo alguma migração da racionalidade e dos desejos expressos pelos atos de protesto para o interior do sistema, mesmo sabendo que, nesta passagem, os filtros sistêmicos atuarão sobre estas demandas, racionalidades e linguagens (HABERMAS, 1997b).

Abrir o sistema jurídico à influência das ruas, das ocupações e dos protestos não é nem a sua colonização por aquele sistema, nem a fragilização do próprio sistema. Ao contrário, é assegurar o fluxo legitimador do Direito como forma de mediação democrática da liberdade. Aquela

---

43. O mundo da vida é o horizonte no qual a ação comunicativa se realiza, consistindo, como diz HABERMAS (1996: 126), no "local transcendental no qual falante e ouvinte se encontram, onde podem reciprocamente sustentar que seus enunciados adaptam-se ao mundo (objetivo, social ou subjetivo), e onde podem criticar e confirmar aqueles apelos de validade, estabelecer suas discordâncias e chegar a acordos" [*"Lifeworld is, so to speak, the transcendental site where speaker and hearer meet, where they can reciprocally raise claims that their utterances fit the world (objective, social or subjective), and where they can criticize and confirm those validity claims, settle their disagreements, and arrive at agreements"*.]

44. "Esfera ou espaço público é um fenômeno social elementar, do mesmo modo que a ação, o ator, o grupo ou a coletividade; porém, ele não é arrolado entre os conceitos tradicionais elaborados para descrever a ordem social. A esfera pública não pode ser entendida como uma instituição, nem como uma organização, pois ela não constitui uma estrutura normativa capaz de diferenciar entre competências e papéis, nem regula o modo de pertença a uma organização, etc. Tampouco ela constitui um sistema, pois, mesmo que seja possível delinear seus limites internos, exteriormente ela se caracteriza através de horizontes abertos. A esfera pública pode ser descrita como uma rede adequada para a comunicação de conteúdos, tomadas de posição e *opiniões*; nela os fluxos comunicacionais são filtrados e sintetizados, a ponto de se condensarem em opiniões *públicas* enfeixadas em temas específicos. (...) A esfera pública constitui principalmente uma *estrutura comunicacional* do agir orientado pelo entendimento, a qual tem a ver com o *espaço social* gerado no agir comunicativo, não com as *funções* nem com os *conteúdos* da comunicação cotidiana" (HABERMAS, 1997a: 92).

colonização se dá apenas quando formas de regulação sistêmica penetram nestas manifestações e procuram organizá-las de modo a submetê-las a imperativos sistêmicos (FRANKENBERG, 1992), não quando, contrariando tendências de fechamento e autorreprodução sistêmicas, são os sistemas que absorvem e processam demandas, reivindicações e interpretações que brotam da sociedade civil. Isso decorre, no âmbito de uma análise vinculada à teoria da ação comunicativa – portanto crítica à teoria dos sistemas – ao caráter ambíguo jogado pelo Direito em sociedades complexas: ele não apenas deve produzir expectativas estáveis ou reduzir frustrações na sociedade, mas também facilitar o entendimento entre interesses distintos no âmbito do mundo da vida e coordenar as consequências de ações no nível sistêmico:

> Como um contraconceito para mundo da vida – a esfera de interação mediada pela linguagem cotidiana – a categoria *sistemas* aqui denota a organização não normatizada de ações propositivo-racionais. No contexto deste modelo de sociedade em dois níveis e nas condições de integração sistêmica e social que lhe é paralela, o direito joga um papel-chave ambíguo. O direito como 'mediação', enquanto paradigma do formal, guia 'a' sociedade a serviço da solução objetiva de problemas, ditados por imperativos sistêmicos. O direito 'institucional', por outro lado, opera a serviço do mundo da vida. Ele coordena a ação ao formatar procedimentos legais que institucionalizam demandas fundamentais e formas de aproveitá-las argumentativamente[45] (FRANKENBERG, 1992: 21).

Portanto, ainda que sem dúvida atos de desobediência, ou qualquer outra forma de protesto ou manifestação como se queira compreender as ocupações de terras praticadas pelo MST, não possam ser reduzidos a um *discurso jurídico*, sua inequívoca existência como *discurso simbólico* deve ser incorporada às análises jurídicas sobre o fenômeno, porque a prática de tais atos:

45. "As a counterconcept to the lifeworld – the sphere of interaction mediated by everyday language – the systems category here denotes the norm-free organization of purposive-rational action. In the context of this two-tiered model of society and the condition of systemic and social integration that are parallel to it, the law plays an ambiguous key role. 'Medial' law, while the paragon of formal, guides 'the' society in the service of objective problem solving, dictated by systemic imperatives. 'Institutional' law, on the other hand, operates in the service of the lifeworld. It coordinates action by shaping legalistic procedures that institutionalize fundamental demands and ways of cashing them in argumentatively." (*op. loc. cit.*)

não pode ser reduzida ao modelo positivo/negativo. Nem se trata simplesmente de uma 'comunicação sobre a lei' ou de um caso da 'prática gerando paradoxos jurídicos'. Porque diferentemente de Antígona, o desobediente tipicamente não está preocupado em provar que a norma transgredida seja inválida. (…) A discussão não é estritamente sobre direito positivo mas sobre as bases de legitimidade das decisões do governo, das medidas administrativas, ou das decisões da maioria. Mais concretamente, é sobre as bases normativas para instalar armas nucleares ou, no passado, para a escravidão. As normas transgredidas são tipicamente o 'meio' para o transporte simbólico do protesto. E enquanto a desobediência civil, como pública, não-violenta, normativamente justificada, e limitada, e portanto como um protesto *discursivo*, continuar 'suspenso entre legitimidade e legalidade', ela sinalizará 'o fato de que a democracia constitucional... com seus princípios constitucionais de legitimação, vai além de qualquer forma de seu enquadramento no direito positivo. O que está em jogo aqui não é um fundacionalismo normativo que apunhala o direito positivo pelas costas. Em vez disso, o fardo da simbolização que o desobediente põe sobre si mesmo indica o fato de que a decisão sobre o que é legal e sobre o que não o é não é nem determinado binariamente nem definitivamente decidido institucionalmente, mas que é em princípio fundamentalmente aberto. Assim, desobediência civil implica e visa à abertura precisamente da dimensão que, segundo Luhmann, deveria permanecer fechada: a da codificação.[46] (FRANKENBERG, 1992: 29)

46. "It cannot be minimized according to the positive/negative model. Nor is it simply 'communication about the law' and as such a case of 'practice generating paradox in the law'. For unlike Antigone, the disobedient typically are not concerned with proving the transgressed norm to be unlawful. (...) The discussion is not strictly about positive law but about the bases for the legitimacy of government decisions, administrative measures, or majority decisions. More concretely, it is about the normative basis for stationing nuclear weapons or, in the past, for slavery. The transgressed norms are typically the 'medium' for the symbolic transport of the protest. And as long as civil disobedience, as a public, nonviolent, normatively justified, and reined-in, and hence as a *discursive* protest, remains 'suspended between legitimacy and legality,' it signals 'the fact that constitutional democracy... with its legitimating constitutional principles goes beyond any form of their embodiement in positive law. What is at play here is not a normative foundationalism that stabs positive law in the back. Rather, the burden of symbolization that the disobedient take upon themselves points to the fact that the decision over what is legal and what is not is neither determined binarily nor definitively decided institutionally but that it is in principle fundamentally open. Thus, civil disobedience implies and aims at an openness in the very dimension that, according to Luhmann, must be closed: that of codification." (*op. loc. cit.*)

A compreensão desta dinâmica conflituosa entre protesto e democracia é fundamental para o desenvolvimento de um constitucionalismo democrático entre nós, especialmente em momento de precarização de direitos fundamentais, porque ela nos remete à compreensão dos processos de abertura das fronteiras entre mundo da vida e sistema jurídico, entre protesto como denúncia e como interpretação constitucional, onde se reconhece na desobediência civil ou em outras formas de protesto, como as ocupações, o papel central de remeter ao núcleo dos subsistemas jurídico e político reivindicações que são simultaneamente de atendimento a demandas e de atendimento a direitos, denúncias de violação da lei e atribuição de sentido a ela, e onde a separação possível, meramente analítica, entre os *momentos* jurídico e político do ato de protesto não inibe sua natureza multifacetada de reivindicação e de interpretação jurídica não profissional a um só tempo: a desobediência contrasta permanentemente o alheamento do sistema legal do conjunto de mecanismos de participação política e interpretação jurídica informal que transitam ou deveriam transitar pela esfera pública não impedida, de tal sorte que a interpretação não profissional se articula geneticamente com a participação política e se converte em um direito à participação e à interpretação:

> É, portanto, pela via da participação político-jurídica, aqui traduzida como o alargamento do círculo de intérpretes da constituição, que se processa a interligação entre os direitos fundamentais e a democracia participativa. Em outras palavras, a *abertura constitucional* permite que cidadãos, partidos políticos, associações, etc. integrem o círculo de intérpretes da constituição, democratizando o processo interpretativo – na medida em que ele se torna aberto e público – e, ao mesmo tempo, concretizando a constituição.
>
> (...)
>
> Concretizar o sistema de direitos constitucionais, portanto, pressupõe uma atividade interpretativa tanto mais intensa, efetiva e democrática quanto maior for o nível de abertura constitucional existente. Neste sentido, é exatamente porque não se prescreve o regime da aplicabilidade imediata da maioria das normas relativas aos direitos fundamentais que se espera a decisão política da comunidade histórica no sentido de efetivamente participar do grupo de intérpretes da constituição. (CITTADINO, 1999: 19)

Evidentemente, isso não iguala nem abstrata nem concretamente a atuação de intérpretes profissionais e não profissionais, que jogarão ainda papéis diversos e atuarão de modo inteiramente distinto, mas rompe com o monopólio da interpretação profissional, em regra vinculada aos órgãos do Estado, para dizer o que é a Constituição e o que é o Direito. O rompimento deste monopólio leva-nos às elaborações de Peter Häberle, para quem os intérpretes não profissionais do Direito, que ele chama de *intérpretes em sentido amplo*, através de suas ações e intervenções sociais ajudam a definir os contornos do que é ou não compatível com a Constituição, e os possíveis sentidos que ela encerra, de modo que cidadãos, grupos, a opinião pública, constituiriam em sua visão *forças produtivas de interpretação*, atuando ao menos como *pré-intérpretes* ou *disponibilizadores de materiais hermenêuticos* para os intérpretes profissionais (HÄBERLE, 1997: 14). Esta interpretação passa a ser concebida não mais apenas como uma função fechada nos âmbitos sistêmicos do Estado, já que a Constituição e seu conteúdo passam a ser vistas como um processo público, com conteúdo indeterminado e passível de constantes reinterpretações.

Em um momento de grave normalização das violações a direitos humanos e de crescimento das variadas formas de violência estrutural, no Brasil e no mundo, poucos desafios podem ser mais complexos e urgentes no constitucionalismo contemporâneo do que articular interpretativamente formas de integração e de oxigenação da Constituição e dos fundamentos do Estado Democrático de Direito com a energia legitimadora do protesto, da mobilização social e do respeito à vida e à dignidade de todos.

BIBLIOGRAFIA

AGAMBEN, Giorgio. **Estado de exceção**. 2. ed. São Paulo: Boitempo, 2004, p. 13;

BECKER, Howard. **Métodos de pesquisa em ciências sociais**. 2. ed. São Paulo: Hucitec, 1994;

CARDOSO, Fernando Henrique. Íntegra do discurso pronunciado na posse de Íris Resende e Eliseu Padilha respectivamente nos cargos de Ministro da Justiça e Ministro dos Transportes. 2. ed. **Jornal do Brasil**, Rio de Janeiro, 23 mai. 1997, p. 3;

CEFAÏ, Daniel. "Comment se mobilise-t-on ? L'apport d'une approche pragmatiste à la sociologie de l'action collective". **Érudit/Sociologie et Societés**, Volume 41, numéro 2, pp. 245-269, automne 2009;

CHIMANOVITCH, Mário. "À espera dos bárbaros: país permanece sem estratégia antiterror". Folha de São Paulo, São Paulo, 24 mar. 2013, Ilustríssima, p. 05;

CITTADINO, Gisele. **Pluralismo, direito e justiça distributiva: elementos da filosofia constitucional contemporânea**. Rio de Janeiro: Lumen Juris, 1999;

DIANI, Mario. "The concept of social movements". **The sociological review**, v. 40, n. 1, pp. 01-25, 1992;

FERNANDES, Bernardo Mançano. "A ocupação como forma de acesso à terra". Trabalho organizado para apresentação no XXIII Congresso Internacional da Associação de Estudos Latino-Americanos, Washington–DC, 6 a 8 de setembro de 2001, disponível em http://tinyurl.com/l7ruqc5, acesso em 20/06/2013;

_____; WELCH, Clifford Andrew; GONÇALVES, Elienai Constantino. **Políticas fundiárias no Brasil: Uma análise geo-histórica da governança da terra no Brasil**. Governança da Terra no Século XXI: Sessões *Framing the Debate*, n. 2, Roma: International Land Coalition, 2012. Disponível em http://www.lagea.ig.ufu.br/ rededataluta.html, acesso em 25/06/2013;

FRANKENBERG, Gunter. Disorder is possible: An essay on systems, law and desobedience. *In* **Cultural-political interventions in the unfinished project of Enlightment**. Editado por Axel Honneth, Thomas McCarthy, Claus Offe e Albert Wellmer. Cambridge, Massachusetts: MIT Press, 1992, pp. 17-37;

GARCIA, José Carlos. **De sem rosto a cidadão: a luta pelo reconhecimento dos sem-terra como sujeitos no ambiente constitucional brasileiro**. Rio de Janeiro: Lumen Juris, 1999. Também disponível, na versão original da dissertação de mestrado, em http://nasfronteirasdaconstituicao.blogspot.com.br/2013/08/para-quem-nao-conseguiu-o-livro-aqui-o.html, acesso em 19/02/2018;

_____. **"Baderna" entre amigos: movimentos sociais, inimigos da Constituição?** Trabalho de conclusão da disciplina Teoria Constitucional Contemporânea (Doutorado em Direito) – Pontifícia Universidade Católica do Rio de Janeiro (mimeo.), 2009. Disponível em http://nasfronteirasdaconstituicao.blogspot.com.br/2018/03/blog-post.html, acesso em 05/03/2018;

_____. **Nas fronteiras da Constituição: o MST entre reivindicação, protesto e cidadania**. Tese apresentada ao Programa de Pós-Graduação em Direito da PUC-Rio como requisito parcial para obtenção do título de Doutor em Direito. Orientadora: Gisele Cittadino. Rio de Janeiro: Pontifícia Universidade Católica do Rio de Janeiro (mimeo.),

2013. Disponível em http://nasfronteirasdaconstituicao.blogspot.com.br/2013/11/tese-nas-fronteiras-da-constituicao.html, acesso em 03/03/2018;

_____. **Juízes não são combatentes da corrupção, mas garantes da não corrupção.** 2016a. Disponível em https://www.conjur.com.br/2016-abr-05/jose-garciajuizes-nao-sao-combatentes-corrupcao-garantes-lei, acessado em 03/03/2018;

_____. "Le Brésil au carrefour de la démocratie". **Esprit**, v. 426, pp. 32-35, 2016b;

_____ e AZEVEDO, Rodrigo Ghiringhelli de. **Fibrilação democrática: sobre o impeachment e o futuro que se descortina**. 2016. Disponível em https://www.sul21.com.br/opiniaopublica/2016/05/fibrilacao-democratica-sobre-o-impeachment-e-o-futuro-que-se-descortina-por-por-jose-carlos-garcia-e-rodrigo-ghiringhelli-de-azevedo/ e https://www.cartamaior.com.br/?/Editoria/Politica/Fibrilacao-democratica-sobre-o-impeachment-e-o-futuro-que-se-descortina/4/36088, acesso em 03/03/2018;

GOHN, Maria da Glória. **Teorias dos movimentos sociais: Paradigmas clássicos e contemporâneos**. 7. ed. São Paulo: Loyola, 2008;

HÄBERLE, Peter. **Hermenêutica constitucional – A sociedade aberta dos intérpretes da Constituição: Contribuição para a interpretação pluralista e "procedimental" da Constituição**. Porto Alegre: Sérgio Antônio Fabris, 1997;

HABERMAS, Jurgen. **The theory of communicative action.** Boston: Beacon Press, 1996. v. 2 (b);

______. **Direito e democracia entre faticidade e validade.** Rio de Janeiro: Tempo Brasileiro, 1997 (a). v. 1;

______. "Uma conversa sobre questões da teoria política: Entrevista de Jurgen Habermas a Mikael Carlehedem e René Gabriels". **Novos estudos CEBRAP**. São Paulo, n. 47, pp. 85-102, mar. 1997 (b);

NAVARRO, Zander. Democracia, cidadania e representação: Os movimentos sociais rurais no estado do Rio Grande do Sul, Brasil, 1978-1990. *In* **Política, protesto e cidadania no campo: As lutas sociais dos colonos e dos trabalhadores rurais no Rio Grande do Sul**, organizado por Zander Navarro. Porto Alegre: Editora da Universidade/UFRGS, 1996, pp. 62-105;

PENISSAT, Étienne. "Les occupations de locaux dans les années 1960-1970: processus sociohistoriques de 'réinvention' d'un mode d'action". **Genèses**, n. 59, juin 2005, pp. 71-93;

SANTOS, Boaventura de Souza. "Os fascismos sociais". 07/11/2010. Disponível em https://norbertobobbio.wordpress.com/2010/11/07/os--fascismos-sociais/. Acessado em 25/03/2016;

SCHERER-WARREN, Ilse. Redes para a (re)territorialização de espaços de conflito: Os casos do MST e MTST no Brasil". **Interface**. V. 1, pp. 105 - 124, Jan. 2009. Disponível em http://interfacejournal.nuim.ie/?p=941;

SIGAUD, Lygia. "A forma acampamento: notas a partir da versão pernambucana". **Novos Estudos CEBRAP**, n. 58, pp. 73-92, nov. 2000;

_____. "As condições de possibilidade das ocupações de terra". **Tempo Social - Revista de Sociologia da USP**, v. 17, n. 1, pp. 255-280, jun. 2005;

STÉDILE, João Pedro; FERNANDES, Bernardo Mançano. **Brava Gente: A trajetória do MST e a luta pela terra no Brasil**. São Paulo: Fundação Perseu Abramo, 1999;

TARROW, Sidney. **O poder em movimento: Movimentos sociais e confronto político.** Petrópolis: Vozes, 2009;

WEBER, Max. **Economia y sociedad**. México: Fondo de Cultura Econômica, 1996.

NORMAS CONSTITUCIONAIS DE PROTEÇÃO AO TRABALHO

Amador Paes de Almeida[1]

Proclamados os Direitos do Homem e do Cidadão, observou-se a consagração, pela maioria dos países, dos chamados direitos sociais, a que Mirkine Guetzévitch denomina obrigações positivas do Estado. Tais obrigações, todavia, longe estavam de consagrar a completa libertação do trabalhador, que só viria muito depois, como consequência da chamada Revolução Industrial.

Os conflitos sociais, a que se acrescentará o papel fundamental de forças absolutamente antagônicas, como a Igreja Católica ("Rerum Novarum", de Leão XIII) e os socialistas (do socialismo utópico de Proudhon ao materialismo histórico de Marx e Engels), culminariam por levar ao abandono do individualismo, sintetizado no célebre fórmula "laissez aller, laissez faire", substituindo-o pelo Estado intervencionista.

O Poder Público não se limita a enfatizar a independência jurídica do indivíduo, mas, ao revés, procura criar as condições necessárias para assegurar-lhe efetiva independência social.

O trabalho assume relevo, como uma das principais fontes de riqueza, merecendo, por isso mesmo, singular solicitude do Estado.

A 31 de janeiro de 1917, a Constituição mexicana estabelecia, pela primeira vez, normas constitucionais de proteção ao trabalho, limitando a jornada laboral em oito horas, vedando o trabalho insalubre às mulheres e aos menores de dezesseis anos. Estabelecia, como predecessor do repouso semanal remunerado, um dia de descanso, para cada seis dias de trabalho. Assegurava à gestante, nos três meses anteriores ao parto, trabalho que não exigisse considerável esforço físico. Fixava o salário mínimo, capaz de satisfazer às necessidades normais do trabalhador, reconhecendo as

---

1. Desembargador Federal do Trabalho (SP), professor titular de Direito do Trabalho da Faculdade de Direito Mackenzie, membro da Academia Paulista de Letras Jurídicas (cadeira n. 07), do instituto Latino-Americano de Direito do Trabalho, autor de várias obras jurídicas.

"paredes" (greves) como legítimo instrumento de reivindicações, objetivando a harmonia dos direitos do trabalho e do capital.

Segue-se-lhe a Constituição russa, de 10 de julho de 1917, consagrando a ditadura do proletariado, com a socialização dos meios de produção e de troca. Pela ditadura do proletariado, extingue-se a ordem burguesa, pondo-se fim ao que Marx denominou "trabalho alienado".

Menos radical, a Constituição de Weimar, de 11 de agosto de 1919, colocava o trabalho sob a proteção do Estado, assegurando a liberdade de associação para a defesa e melhoria das condições de vida do trabalhador. Instituía, outrossim, um sistema de seguro de vida para a proteção da maternidade e previdência contra as consequências econômicas da viuvez, da velhice, da invalidez e dos acidentes. Preconizava, como precursora da universalização da legislação de proteção ao trabalho, regulamentação internacional, tendente a dotar a classe operária do mundo de um mínimo geral de direitos sociais.

No Brasil, uma arcaica estrutura social, calcada no conservadorismo, resistiria denodadamente às novas tendências sociais, até o advento da Constituição Federal de 16 de julho de 1934, quando se estruturou a ordem econômica e social, conforme os princípios de justiça e as necessidades da vida nacional, como, aliás, enfatizava o art. 115.

Como o fator de equilíbrio entre o trabalho e o capital, o Estado brasileiro promovia o amparo social do trabalhador, estabelecendo o princípio da isonomia salarial, fixando o salário mínimo, estabelecendo a jornada diária de trabalho em oito horas, assegurando o repouso hebdomadário e as férias anuais remuneradas, a indenização nas despedidas imotivadas, a assistência médica e sanitária, a previdência, reconhecendo, inclusive, as convenções coletivas, magnífico instrumento de progresso das condições materiais do trabalhador.

Registro especial merece o art. 122, criando a Justiça do Trabalho:

> "Para dirimir questões entre empregadores e empregados, regidas pela legislação social, fica instituída a Justiça do Trabalho, à qual não se aplica o disposto no Capítulo IV do Título I".

De curta duração foi a Constituição Federal de 1934, substituída, pouco depois, pela Carta de 10 de novembro de 1937, outorgada à Nação por Getúlio Vargas.

O trabalho era, então, elevado à condição de dever social:

> "A todos é garantido o direito de subsistir mediante o seu trabalho honesto, e este, como meio de subsistência do indivíduo, constitui um bem que é dever do Estado proteger, assegurando-lhe condições favoráveis e meios de defesa".

Mantidas as conquistas sociais estabelecidas na Constituição de 1934, conquanto adotasse, em determinados dispositivos, denominação diversa (contrato, em lugar de convenção coletiva; licença anual, em lugar de férias), a Constituição de 1937, pela primeira vez entre nós, fazia expressa menção à greve (as Constituições anteriores eram omissas), considerando-a, juntamente com o *lockout* (suspensão de atividades por parte dos empresários, com objetivo de descumprir leis trabalhistas ou obter aumentos de preços), recursos antissociais, nocivos ao trabalho e ao capital e incompatíveis com os superiores interesses da produção nacional.

Mantinha a Justiça do Trabalho:

> "Art. 139. Para dirimir os conflitos oriundos das relações entre empregadores e empregados, reguladas na legislação social, é instituída a Justiça do Trabalho, que será regulada em lei e à qual não se aplicam as disposições desta Constituição relativas à competência, ao recrutamento e às prerrogativas da justiça comum".

Obs.: O Decreto-Lei n. 1.237, de 2 de maio de 1939, veio organizar a Justiça do Trabalho, com os seguintes órgãos e tribunais:

1 – Juntas de Conciliação e Julgamento e os Juízes de Direito;

2 – Os Conselhos Regionais do Trabalho;

3 – O Conselho Nacional do Trabalho, na plenitude de sua composição, ou por intermédio de sua Câmara de Justiça do Trabalho.

Ressalte-se, pela sua significação, a aprovação, em 1º de maio de 1943 (Dec.-Lei n. 5.452), da CONSOLIDAÇÃO DAS LEIS DO TRABALHO, que, embora com inúmeras alterações, permanece em vigor.

Estruturado sob forte influência do corporativismo fascista, o Estado Novo, responsável pelos destinos do País, não sobreviveu à derrocada do nazifascismo, caindo por força de um movimento militar, eclodido em 29 de outubro de 1945.

Instalada a Assembleia Nacional Constituinte, era promulgada, em 18 de setembro, a Constituição Federal de 1946, inspirada nos mais puros ideais da democracia social.

Objetivando a segurança da instituição, encerrava a Constituição Federal de 1946 alto conteúdo social, fazendo com que o Brasil, na expressão textual de Mario de La Cueva, "regresase a los mas puros principios democráticos".

Mantinha o salário mínimo, capaz de satisfazer, conforme as condições de cada região, as necessidades do trabalhador e de sua família. Proibia distinção salarial para um mesmo trabalho, por motivo de idade, sexo, cor, nacionalidade ou estado civil, fixando salário superior para o trabalho noturno.

Atendendo a uma das mais significativas bandeiras dos movimentos operários, a que a própria Igreja Católica aderira, estabeleceu a participação obrigatória e direta do trabalhador nos lucros da empresa.

A jornada normal do trabalho era fixada em oito horas. O repouso semanal remunerado era garantido ao trabalhador, também nos feriados civis e religiosos.

As férias anuais remuneradas, a higiene e a segurança do trabalho, a proibição do trabalho em indústrias insalubres às mulheres e aos menores de dezoito anos, eram outros direitos assegurados na Carta Magna.

Acrescente-se a estas conquistas do trabalhador brasileiro o direito à gestante de um período de repouso remunerado antes e depois do parto, a estabilidade e a indenização, o reconhecimento das convenções coletivas, a assistência sanitária e hospitalar, a previdência social.

Destarte, reconhecia-se o direito de greve e a livre associação profissional ou sindical, atingindo a Constituição Federal de 1946 o seu ponto culminante, em matéria de Direito Social, integrando a Justiça do Trabalho ao Poder Judiciário.

As grandes transformações político-sociais operadas no mundo, após a II Guerra, a incompatibilidade dos regimes capitalista e comunista, com a divisão do mundo em dois blocos antagônicos, acabariam por refletir-se no Brasil, culminando com o movimento de 1964.

Com função constituinte inequivocamente delegada pelo Governo Revolucionário, o Congresso Nacional promulgava, em 24 de janeiro, a Constituição Federal de 1967, alterada, posteriormente, pela Emenda Constitucional n. 1, de 17 de outubro de 1969.

Conquanto mantido o Congresso Nacional, com os atos institucionais promulgados pelo Executivo, centralizado nas mãos dos militares – os generais presidentes – o regime era, inegavelmente, autoritário. Com as constantes intervenções nos sindicatos, censura aos jornais, a que se acrescenta o radicalismo da esquerda (assaltos a bancos, sequestros de embaixadores, guerrilhas), o movimento militar de 1964 constituiu-se em período pouco promissor para os trabalhadores – excetuada, faça-se justiça, a criação do Fundo de Garantia do Tempo de Serviço (FGTS), permitindo ao trabalhador constituir, ao longo da relação empregatícia, economia de extrema utilidade na aposentadoria, na velhice e, inclusive, pecúlio para a aquisição da casa própria, aspiração, ainda hoje, de milhões de trabalhadores brasileiros.

1 - A CONSTITUIÇÃO FEDERAL DE 1988 E OS DIREITOS SOCIAIS

Com o fim do regime militar e redemocratização do País, foi promulgada a *Constituição Federal de 5-10-1988*, que trouxe, no seu bojo, significativas alterações, dentre as quais cumpre destacar o *salário mínimo familiar*.

Assegurou, outrossim, a irredutibilidade do salário (salvo o disposto em convenção ou acordo coletivo), instituindo, destarte, proteção do salário, constituindo crime sua retenção dolosa pelo empregador.

O serviço extraordinário passou a ser remunerado, no mínimo, com um acréscimo de cinquenta por cento sobre a hora normal.

Ao empregado, quando da concessão das férias, foi assegurada, além da remuneração normal, uma gratificação de um terço.

À empregada gestante foi concedida estabilidade remunerada de cento e vinte dias.

O 13º salário passou a ser pago com base na remuneração integral.

A carga semanal de 48 horas foi reduzida para 44 horas e, em se tratando de trabalho realizado em turnos ininterruptos, a jornada diária de 8 horas foi reduzida para 6 horas.

A prescrição para reclamar direitos trabalhistas foi elevada para cinco anos, observado o limite de dois anos após a extinção do contrato de trabalho.

A estabilidade no emprego foi extinta (contrariando vasta corrente de sindicalistas), só subsistindo o *fundo de garantia do tempo de serviço* (criado no regime militar, em 1966).

Profunda alteração ocorreu na disciplinação das associações sindicais, antes ungidas ao Governo, e que, na sistemática adotada pela Constituição de 1988, é absolutamente livre, como enfatiza o inciso I do art. 8º:

"A lei não poderá exigir autorização do Estado para a fundação de sindicato, ressalvado o registro no órgão competente, vedadas ao Poder Público a interferência e a intervenção na organização sindical".

A Constituição Federal de 1988, como facilmente se constata, dá ênfase especial aos direitos dos trabalhadores urbanos e rurais, mantendo o princípio da irredutibilidade, integridade e intangibilidade do salário, atenta à sua natureza alimentar.

Na sua função disciplinadora, estabelece as regras mínimas a serem observadas por patrões e empregados, não sem deixar ampla margem à negociação direta, quando, desvinculando por inteiro os sindicatos do Estado, assegura-lhes papel preponderante na defesa dos direitos e interesses coletivos e individuais da categoria, nas esferas judicial e administrativa, proclamando, outrossim, o amplo reconhecimento das convenções e dos acordos coletivos, não sem olvidar a importância da arbitragem – "frustrada a negociação coletiva, as partes poderão eleger árbitros" (art. 114, § 1º).

A Constituição vigente, no art. 7º, assegura aos trabalhadores, entre outros, os seguintes direitos:

Proteção contra dispensa arbitrária

O dispositivo constitucional em apreço não consagra a estabilidade, mas, ao revés, institui *indenização compensatória* na ocorrência de despedida arbitrária. Outrossim, coloca no mesmo plano a dispensa arbitrária e a dispensa sem justa causa (José Ajuricaba da Costa Martins, *LTr*, 53-2/138, 1989).

Nos termos da Instrução Normativa n. 1, de 12-10-1988 (*DOU*, 21-10-1988):

> "... constitui direito do trabalhador a relação de emprego protegida contra a despedida arbitrária ou sem justa causa, nos termos da lei complementar que a definirá e estabelecerá a indenização compensatória, dentre outros direitos.
>
> Enquanto isso, na ocorrência de despedida arbitrária ou sem justa causa, o art. 10 das Disposições Transitórias já determinou que o valor da indenização corresponderá a 40% (quarenta por cento) sobre o montante dos depósitos do FGTS, da correção monetária e dos juros capitalizados, dos depósitos não efetuados, inclusive dos decorrentes de verba salarial devida na rescisão.

> Quanto aos empregados que não tenham o referido depósito do FGTS, aplica-se, em ocorrendo a rescisão contratual, o quanto determina a CLT, relativamente à indenização, bem como as disposições previstas no art. 32, § 2º, da CLPS e art. 2º da Lei n. 2.959/56".

O art. 10 das Disposições Transitórias da Constituição Federal declara que, até a promulgação da lei complementar a que se refere o inciso I do art. 7º, a proteção nele referida fica elevada para quatro vezes a porcentagem prevista no art. 18, § 1º, da Lei n. 8.036, de 11-5-1990 (Lei do FGTS) – "na hipótese de despedida pelo empregador sem justa causa, depositará este, na conta vinculada do trabalhador no FGTS, importância igual a 40% do montante de todos os depósitos realizados na conta vinculada durante a vigência do contrato de trabalho, atualizados monetariamente e acrescidos dos respectivos juros".

O valor da multa mencionada foi elevado para cinquenta por cento, pela Lei Complementar n. 110, de 29-6-2001, que criou a *contribuição social* de 10% sobre o montante de todos os depósitos devidos, referentes ao FGTS, durante a vigência do contrato de trabalho.

A contribuição em apreço pressupõe a adesão do titular à renúncia de valer-se do Poder Judiciário para discussão de complementos de atualização monetária relativos a junho de 1987, ao período de 1º de dezembro de 1988 a 28 de fevereiro de 1989, a abril e maio de 1990 e a fevereiro de 1991.

A Convenção n. 158 da OIT, que, no art. 4º, condiciona a dispensa do empregado à causa justificada com a capacidade ou a conduta do trabalhador, ou, ainda, com as necessidades de funcionamento da empresa, foi denunciada pelo Governo brasileiro em 20-11-1997, não vigendo, pois, entre nós.

Vale lembrar que a lei complementar, prevista como norma infraconstitucional reguladora da matéria, não foi, até esta data, ultimada pelo Congresso Nacional.

Fundo de Garantia do Tempo de Serviço

A Constituição de 1988 trouxe alteração profunda com relação aos direitos sociais, pondo fim à *estabilidade decenal*. Observado o direito adquirido, nenhum empregado, no sistema atual, adquire estabilidade (salvo as estabilidades especiais, como a do dirigente sindical, a do cipeiro etc.).

O sistema único é o do Fundo de Garantia do Tempo de Serviço, o que equivale a dizer que todos os empregados, atualmente, são necessariamente optantes, ou seja, ingressam no emprego automaticamente no sistema do FGTS (TST, RR 71.435, 1ª T., Ac. 3.996, Rel. Min. Indalécio Gomes Neto, *DOU*, 26-11-1993, p. 25725).

A legislação infraconstitucional que cuida da matéria é a Lei n. 8.036, de 10-5-1990, regulamentada pelo Decreto n. 99.684, de 8-11-1990, a Lei n. 8.046, de 9-1-1992 (que dispõe sobre a publicação de informações relativas ao fundo), e circulares, portarias e resoluções.

Salário mínimo

A elevação do salário mínimo à categoria de direito constitucional, no Brasil, ocorreu com a Constituição Federal de 1934, que assim dispunha no seu art. 121, § 1º:

> "*b*) salário mínimo, capaz de satisfazer, conforme as condições de cada região, as necessidades normais do trabalhador".

Segue-se-lhe a Constituição de 1937 (art. 137):

> "*h*) salário mínimo, capaz de satisfazer, conforme as condições de cada região, as necessidades normais do trabalhador e de sua família".

Observa-se, aqui, extraordinário avanço social com relação à Constituição de 1934, com a inclusão da *família do trabalhador*. Pela primeira vez, reconheciam-se, pelo menos nas disposições constitucionais, as necessidades básicas, fundamentais não só do empregado, mas, inclusive, de sua família.

O texto constitucional foi praticamente adotado pelas constituições posteriores (1946, art. 157, I; 1967, art. 158, I, alterado para o art. 161, I, na EC n. 1, de 1969).

É de observar que a CLT, com a redação dada ao art. 76, já dispunha:

> "Salário mínimo é a contraprestação mínima devida e paga diretamente pelo empregador a todo trabalhador, inclusive ao trabalhador rural, sem distinção de sexo, por dia normal de serviço, e capaz de satisfazer, em determinada época e região do País, as suas necessidades normais de alimentação, habitação, vestuário, higiene e transporte".

Não se considerava, como se percebe, senão as necessidades pessoais do trabalhador, não havendo qualquer menção à sua família. Explicitava, porém, a legislação ordinária, o que se deveria entender por necessidades normais: alimentação, habitação, vestuário, higiene e transporte.

A Constituição de 1988 deu inequívoca amplitude ao salário mínimo, incluindo entre as necessidades básicas do trabalhador e de sua família, moradia, alimentação, educação, saúde, lazer, vestuário, higiene, transporte e previdência social.

Objetivo ideal, que os fatos desmentem, por total ausência de vontade política dos nossos governantes.

Outrossim, estabelece ainda o texto constitucional sob análise as seguintes regras: a) o salário mínimo deve ser fixado em *lei*, o que, em princípio, afasta a hipótese de sua fixação unilateral, por ato isolado do Executivo, pressupondo, necessariamente, a manifestação do Congresso Nacional, medida que seria salutar se tivesse este último a independência por todos desejada; b) o salário mínimo foi *nacionalmente unificado*, pondo fim à dolorosa experiência de salários desiguais (prática que se pretende ressuscitar), provocando intensa migração do nordeste para o sul, em razão do atrativo nominal de alguns reais a mais; c) às necessidades básicas, contempladas no art. 76 da CLT, acrescentou-se a educação e o lazer; d) medida salutar, e infelizmente ignorada pelo Executivo, é a dos *ajustes periódicos*, fundamentais à preservação do poder aquisitivo; e) e, finalmente, a proibição de sua vinculação a obrigações sem conteúdo salarial ou alimentar (STF, ADIn MC 1.458, TP, Rel. Min. Celso de Mello, 23-5-1996, *DJU*, 20-9-1996, p. 34531).

Piso salarial

Na lição objetiva e clara de Eduardo Gabriel Saad:

> "... a expressão '*piso salarial*' é conhecida de há muito na esfera do direito coletivo do trabalho. Designa a menor remuneração permitida em uma dada categoria profissional ou, o que não é muito frequente, numa empresa ou num grupo delas"[2].

O *piso salarial* é, na verdade, uma *criação dos sindicatos nas negociações coletivas*, como bem observa José Carlos Arouca[3].

---

2. *Constituição e Direito do Trabalho*, LTr, p. 99.
3. *A Nova Constituição e os Trabalhadores*, publicação do Sindicato dos Trabalhadores nas Indústrias da Construção Civil de São Paulo, p. 84.

De início, considerado inconstitucional pelo Supremo Tribunal Federal, é agora consagrado pela Constituição Federal.

O piso salarial é, portanto, um salário superior ao salário mínimo, sendo fixado, normalmente, em acordos e convenções coletivas.

A leitura do dispositivo constitucional deixa patente estar o piso salarial condicionado *"à extensão e à complexidade do trabalho"*, que, entretanto, não mereceu do constituinte qualquer conceituação, o que levou José Carlos Arouca, na oportunidade da promulgação da Carta Magna, a afirmar:

> "Mas o reconhecimento dos pisos pela Constituição não permite a sua aplicação imediata, eis que se vinculam à extensão e complexidade do trabalho. Difícil aferir-se o que vem a ser extensão do trabalho, já que não se confunde com a duração da jornada. A complexidade poderá ser tanto a penosidade como a exigência de capacitação técnica.
>
> Em suma, ficando na dependência de lei ordinária que dará o conceito de extensão e complexidade do trabalho, o piso corresponderá a salário profissional ou categorial"[4].

E é, efetivamente, o que ocorreu. Sem qualquer vinculação à extensão e à complexidade do trabalho, o piso salarial, consagrado pela Constituição Federal, é o salário fixado em acordos e convenções coletivas e pelo Poder normativo da Justiça do Trabalho:

> "*Competência Normativa da Justiça do Trabalho. Piso Salarial.* A Constituição da República, no seu artigo sétimo, inciso quarto, estabelece um princípio programático, no sentido de um reajuste periódico dos salários, de modo a lhe preservar o poder aquisitivo, como também, no inciso seguinte, prevê, dentre os direitos dos trabalhadores, piso salarial proporcional à extensão e à complexidade do trabalho. Por outro lado, a Lei n. 8.222/91 prevê, expressamente, a possibilidade de se estabelecer em sentença normativa pisos salariais, o que está conforme o art. 114, § 2º, da Carta Magna..." (TST, Ac. 1.291, Proc. n. 68.938, Dissídios Coletivos, Rel. Min. Indalécio Gomes Neto, *DJU*, 17-12-1993).

A Lei Complementar n. 103, de 14 de julho de 2000, autoriza os Estados e o Distrito Federal a instituírem piso salarial, por força do disposto no parágrafo único do art. 22 da Constituição Federal.

---

4. Op. cit., p. 84.

Em conformidade com o art. 1º da Lei Complementar nominada, ficam os Estados e o Distrito Federal autorizados, mediante lei de iniciativa do Poder Executivo, a instituir o piso salarial de que trata o inciso V do art. 7º da Carta Magna, para os empregados que não tenham piso salarial definido em lei federal, convenção ou acordo coletivo.

O piso salarial instituído pelos Estados e Distrito Federal não pode ser estendido aos servidores públicos municipais.

Décimo terceiro salário

De longa data, era costume dos bons empregadores, quando, obviamente os lucros permitissem, gratificar seus empregados, por ocasião das festas natalinas. A gratificação em apreço era facultativa, não sendo uma imposição legal.

Posteriormente, como tal gratificação assumisse proporção generalizada e habitualidade manifesta, não podia mais ser ignorada, seja pela Justiça do Trabalho (considerando-a parte integrante da remuneração), seja pelo legislador, culminando com a promulgação da Lei n. 4.090/62, denominada "*gratificação de Natal*": "No mês de dezembro de cada ano, a todo empregado será paga, pelo empregador, uma gratificação salarial, independentemente da remuneração a que fizer jus".

A gratificação mencionada, na verdade um 13º salário, correspondia a 1/12 (um doze avos) da remuneração devida em dezembro, por mês de serviço, do ano correspondente.

Contudo, sob o ponto de vista constitucional, foi a Carta Magna de 1988 a primeira a elevar o 13º salário a tal patamar.

A Constituição atual assegura o direito ao 13º salário com base na remuneração integral, ou no valor da aposentadoria, "acolhendo, dessa forma, o entendimento jurisprudencial de que o cálculo da Gratificação de Natal haverá de corresponder ao que efetivamente percebe o empregado habitualmente e não apenas no salário-base", na expressão de Pedro Paulo Teixeira Manus[5].

A forma de pagamento do 13º salário observa as disposições ordinárias: Lei n. 4.090/62; Lei n. 4.749/65; Decreto n. 57.155/65; Lei n. 5.480/68; Decreto n. 63.912/68.

---

5. *Direito do Trabalho na Nova Constituição*, Atlas, 1989, p. 27.

O 13º salário é devido aos empregados urbanos e rurais, inclusive ao empregado doméstico.

Adicional noturno

O trabalho realizado em período noturno é sempre mais desgastante que o trabalho executado no período diurno, com manifestos reflexos físicos e até psíquicos, já que estabelece, inclusive, um desequilíbrio nos costumes da família, privando, em muitas oportunidades, o convívio do trabalhador com seus filhos.

Por isso que o assunto foi objeto de disciplinação constitucional; em *1937*, dispunha o art. 137 da referida Carta Magna que: "*j*) o trabalho à noite, a não ser quando efetuado periodicamente por turnos, será retribuído com remuneração superior ao diurno".

O princípio foi mantido nas Cartas que a sucederam, *1946* (art. 157, III); *1967* (art. 158, IV); *Emenda Constitucional de 1969* (art. 165, IV) – "salário ao trabalho noturno superior ao diurno".

A CLT tem, igualmente, disposição a respeito, recepcionada pela Constituição vigente, *ex vi* do disposto no art. 72, estipulando o adicional noturno (acréscimo de 20%, pelo menos, sobre a hora diurna), reduzindo a hora noturna para 52 minutos e trinta segundos, considerando, outrossim, como trabalho noturno aquele levado a efeito das 22 horas de um dia, às 5 horas do dia seguinte.

A Constituição Federal de 1988, no seu art. 7º, IX, mantém o princípio, estabelecendo "*remuneração do trabalho noturno superior à do diurno*", observados os percentuais declinados na legislação infraconstitucional, salvo percentuais mais elevados fixados em acordo ou convenção coletiva.

Participação nos lucros

O Direito do Trabalho foi, sem sombra de dúvida, o primeiro ramo do Direito a contribuir, de forma efetiva, para a visão institucional da empresa – unidade econômica destinada à produção e circulação de bens ou serviços; agrupamento de pessoas e bens destinados à exploração de uma atividade econômica organizada; atividade econômica estruturada na trilogia *empresário*, *capital* e *trabalho*.

Como já observava Waldemar Ferreira, "a empresa é um organismo vivo, no interior do qual, empregador e empregados se unem em comunidade de produção e procuram, por sua atividade comum, atingir o mais alto nível econômico e o maior rendimento"[6].

Para a empresa conjugam-se os interesses lucrativos do empresário, de subsistência dos empregados e seus familiares, do Estado, em decorrência dos tributos indispensáveis à consecução de seus fins. Daí dizer José Cretella Jr. ser a empresa "pública ou privada, uma organização de produção dirigida a um fim: capital e trabalho conjugados no mesmo sentido"[7].

Vista a empresa como uma comunidade, nada mais justo que se admita aos empregados participação nos lucros, até porque tal participação se constitui não só num meio eficiente de integração do trabalhador no seio empresarial, como, inclusive, em forma eficiente de incrementar a produtividade.

A primeira Carta Magna a cuidar da questão foi a de *1946*, que, no seu art. 157, IV, assim dispunha:

> "A legislação do trabalho e a da previdência social obedecerão aos seguintes preceitos, além de outros que visem à melhoria da condição dos trabalhadores:
>
> (...)
>
> IV – participação obrigatória e direta do trabalhador nos lucros da empresa, nos termos e pela forma que a lei determinar".

Dependente de norma infraconstitucional para a regulamentação, tal participação jamais foi concretizada.

Com o advento da Constituição Federal de 1967, o princípio foi mantido com a consagração, em termos constitucionais, da cogestão – "com participação nos lucros e, excepcionalmente, na gestão, nos casos e condições que forem estabelecidos". A regra foi mantida com a Emenda Constitucional de 1969.

A Constituição vigente, por sua vez, mantém o princípio com uma alteração fundamental – a participação nos lucros desvinculada da remuneração –, afastando, assim, a tendência jurisprudencial que insistia em ver, na participação mencionada, um *plus* salarial que, uma vez concedido, passava a integrar o patrimônio do empregado e insuscetível de alteração unilateral do empregador, a teor do que dispunha a Súmula 251 do TST:

6. *Instituições de Direito Comercial*, Freitas Bastos, 1947, t. 2, p. 45 e s.

7. *Empresa Pública*, Bushatsky, 1973, p. 23.

"A parcela participação nos lucros da empresa, habitualmente paga, tem natureza salarial, para todos os efeitos legais", súmula essa cancelada por meio da Resolução n. 33, de 27-4-1994.

Com inegável propriedade observou Arion Sayão Romita:

> "A Constituição corrige a orientação jurisprudencial de atribuir natureza salarial aos valores pagos pelo empregador a título de participação nos lucros.
>
> Louvável, sem dúvida, é a iniciativa do constituinte, porque a incorporação compulsória desses pagamentos ao salário desestimula o empregador a conceder o benefício. As importâncias recebidas pelo empregado sob a rubrica – participação em lucros ou resultados – não se incorporam aos salários dos empregados, por decisão constitucional que, em boa hora, retificou a tendência jurisprudencial a considerá-las parcela integrante da remuneração"[8].

Na acurada observação de Sólon de Almeida Cunha,

> "é importante ressaltar que, ao desvincular a participação nos lucros e resultados da remuneração, a Constituição Federal tornou possível a sua concretização. Assim, os encargos sociais não pesam sobre as participações concedidas, além de não haver incorporação destas, ainda que reiteradamente pagas, ao salário"[9].

Em consequência da nova disposição constitucional, portanto, fica a participação nos lucros e resultados totalmente desvinculada da remuneração:

> "Gratificação Periódica – PL (Participação nos lucros). Integração ao Salário – artigo 7º, inciso II, da Constituição Federal de 88.
>
> Nos termos do art. 7º, inciso II, da Constituição Federal de 1988, que garante aos trabalhadores a participação nos lucros, tal verba é desvinculada da remuneração, não se refletindo no décimo terceiro salário, férias, FGTS e aviso prévio" (TST, RR 134.608, 2ª T., Ac. 5.599, Rel. Min. Hylo Gurgel, *DJU*, 13-10-1995).

Inicialmente regulamentada por sucessivas medidas provisórias (MP n. 794/94; MP n. 860/95 etc.), foi, finalmente, a participação nos lucros ou resultados disciplinada pela Lei n. 10.101, de 19-12-2000, instituindo

8. *Os Direitos Sociais na Constituição e Outros Estudos*, LTr., 1991, p. 73.

9. *Os Direitos Individuais do Trabalho*: impacto sofrido ante a eficácia jurídica da Constituição Federal, nos dez anos de sua vigência, Tese de Doutoramento, 1998, p. 186.

a negociação entre empregados e empresas, ou o acordo ou convenção coletiva, como instrumento para se estabelecer a referida participação, assim dispondo o seu art. 2º:

> "A participação nos lucros ou resultados será objeto de negociação entre a empresa e seus empregados, mediante um dos procedimentos a seguir descritos, escolhidos pelas partes de comum acordo:
>
> I – comissão escolhida pelas partes, integrada, também, por um representante indicado pelo sindicato da respectiva categoria;
>
> II – convenção ou acordo coletivo".

Na frustração das medidas mencionadas, facultado é às partes utilizarem-se da mediação e arbitragem, escolhidos de comum acordo entre as partes.

Jornada de oito horas diárias

A limitação da jornada de trabalho foi, inquestionavelmente, uma das mais significativas reivindicações dos trabalhadores, ao longo do tempo, o que levou Mario de La Cueva a afirmar que "o direito do trabalho surgiu com duas aspirações dos trabalhadores: a redução da jornada de trabalho e o aumento dos salários; são as medidas fundamentais para melhorar as condições dos trabalhadores"[10].

De início, a jornada de trabalho se estendia de sol a sol. O liberalismo, na época, sustentava a liberdade dos indivíduos, negando qualquer intervenção do Estado:

> "El derecho civil, con su principio de la autonomía de la voluntad, hizo posible la extensión ilimitada de la jornada de trabajo y fue el liberalismo quien más enconadamente se apuso a su reglamentación: el hombre es libre; ¿Como prohibirle que trabaje durante diez, doce o catorce horas? ¿No equivale esa prohibición a impedirle que obtenga una ganancia lícita? La limitación de la jornada traerá consigo la reducción de las posibilidades de ganancia y es, por tanto, incompatible con la libertad natural del hombre".

Concluindo, o notável juslaboralista observa: "Así, con hábiles razones, saliendo en defensa de los mismos trabajadores, consiguió el liberalismo, durante el siglo pasado, detener la reglamentación"[11].

---

10. *Derecho Mexicano del Trabajo*, México, Porrúa, 1949, t. I, p. 621.
11. Op. cit., p. 622.

A instituição da jornada limitada viria pôr um ponto final a tais abusos, encontrando seus fundamentos, como observa Arnaldo Sussekind, "na *natureza biológica*, eis que visa a combater os problemas psicofisiológicos oriundos da fadiga e da excessiva racionalização do serviço; no *caráter social*, por isto que possibilita ao trabalhador viver, como ser humano, na coletividade a que pertence, gozando os prazeres materiais e espirituais criados pela civilização, entregando-se à prática de atividades recreativas, culturais ou físicas, aprimorando seus conhecimentos e convivendo com sua família; na *índole econômica*, porquanto restringe o desemprego e acarreta, pelo combate à fadiga, um rendimento superior na execução do trabalho"[12].

Com ampla e imparcial visão dos problemas sociais, observava o Papa Leão XIII, em sua consagrada Encíclica *Rerum Novarum*:

> "Não é justo nem humano o exigir do homem tanto trabalho a ponto de fazer, pelo excesso de fadiga, embrutecer o espírito e enfraquecer o corpo. A atividade do homem é limitada como a sua natureza. O exercício e o uso aperfeiçoam-na, mas é preciso que de quando em vez se suspenda para dar lugar ao repouso. Não deve, portanto, o trabalho prolongar-se por mais tempo do que as forças o permitem".

Instituída, pela primeira vez, na Inglaterra (1847), a limitação da jornada de trabalho em 10 horas diárias, seguindo-se-lhe a França (1848), e assim sucessivamente, somente com o Tratado de Versalhes (1919) e a criação da Organização Internacional do Trabalho (OIT) teve início o que se pode denominar de internacionalização do Direito do Trabalho.

No Brasil, a rigor, somente a partir de 1930 é que foram proclamadas as primeiras leis trabalhistas, limitando a jornada de trabalho no comércio e na indústria, adotando-se a jornada diária de 8 horas.

No âmbito constitucional, foi a Constituição Federal de 1934 a que, pela primeira vez, entre nós, proclamou a jornada diária de trabalho em 8 horas:

> "Art. 121. A Lei promoverá o amparo da produção e estabelecerá as condições do trabalho, na cidade e nos campos, tendo em vista a proteção social do trabalhador e os interesses econômicos do país.
>
> § 1º A legislação do trabalho observará os seguintes preceitos, além de outros que colimem melhorar as condições do trabalhador:

12. Arnaldo Sussekind et al., *Instituições de Direito do Trabalho*, 2. ed., Freitas Bastos, 1961.

> (...)
>
> *c*) trabalho diário não excedente de oito horas, reduzíveis, mas só prorrogáveis nos casos previstos em lei".

Seguiu-se-lhe a Constituição Federal de 1937 (art. 137, *i*) – "dia de trabalho de oito horas, que poderá ser reduzido, e somente suscetível de aumento nos casos previstos em lei".

Recepcionada pela Carta Magna mencionada, no dia 1º de maio de 1943, era promulgada a Consolidação das Leis do Trabalho que, no seu art. 58, dispõe: "A duração normal de trabalho, para os empregados em qualquer atividade privada, não excederá de oito horas diárias, desde que não seja fixado expressamente outro limite".

As Constituições de 1946 e 1967 (com a Emenda de 1969) mantiveram limite idêntico – 8 horas diárias, de segunda-feira a sábado (desconsiderado o domingo, como repouso semanal), importando, pois, em uma jornada semanal de 48 horas.

A atual Carta Magna, mantida a jornada diária em 8 horas, inovou, reduzindo o labor a 44 horas semanais.

Com isso, alterou-se o divisor mensal de 240 para 220 horas:

> "A partir de cinco de outubro de oitenta e oito, com a modificação trazida pela atual Constituição da República, a jornada de trabalho passou a ser de quarenta e quatro horas semanais (artigo 7º, inciso XIII). Multiplicando-se pelas cinco semanas, tem-se como divisor, então, duzentas e vinte horas e não mais duzentas e quarenta, como era anteriormente" (TST, RR 137.321, 5ª T., Ac. 790, Rel. Min. Armando de Brito, *DJU*, 31-3-1995).

A redução da jornada semanal, contudo, não implicou redução salarial, como bem observa Sólon de Almeida Cunha:

> "Assim, podemos concluir que a redução de jornada semanal, de 48 horas para 44, imposta pelo art. 7º, inc. XIII da Constituição Federal:
>
> 1. não gerou redução nominal nos salários dos empregados;
>
> 2. trouxe o divisor de 240 horas/mês para 220 horas/mês; e
>
> 3. não afetou o art. 62 da Consolidação das Leis do Trabalho"[13].

13. Op. cit., p. 34.

Mas a Constituição Federal vigente não inovou apenas na redução da jornada semanal. Inovou, igualmente, quando admitiu "a compensação de horários e a redução da jornada, mediante acordo ou convenção coletiva de trabalho".

É bem verdade que o art. 59 da CLT já admitia tal compensação – "a duração normal de trabalho poderá ser acrescida de horas suplementares, em número não excedente de 2 (duas), mediante acordo escrito entre empregador e empregado, ou mediante contrato coletivo de trabalho".

A expressão *contrato coletivo*, como se sabe, foi alterada para *convenção coletiva* (Dec.-lei n. 229/67).

O termo *acordo escrito* utilizado no *caput* do art. 59, a nosso ver, deve ser interpretado em consonância com a disposição constitucional que deixa claro tratar-se de *acordo ou convenção coletiva*, afastado, por via de consequência, o acordo individual de empregado e empregador, sem a assistência ou intervenção sindical.

Com efeito, no âmbito do Direito social, orientou-se o constituinte pela inegável valorização dos Sindicatos, revestindo-os de legitimação para representar os trabalhadores nas mais diversas circunstâncias (art. 8º, VI, da Carta Magna).

Fica, assim, afastada a possibilidade de acordo escrito individual como forma de compensação. Assim entendeu o TST com a Súmula 85, alterada, porém, pelas Resoluções n. 121/2003 e 129/2005, que adotou nova redação, agora admitindo o acordo individual escrito:

> "I. A compensação de jornada de trabalho deve ser ajustada por acordo individual escrito, acordo coletivo ou convenção coletiva. (ex--Súmula 85 — primeira parte — Res. 121/2003, *DJ*, 21-11-2003)
>
> II. O acordo individual para compensação de horas é válido, salvo se houver norma coletiva em sentido contrário (ex-OJ n. 182 — inserida em 8-11-2000)".

Jornada de seis horas em turnos ininterruptos de revezamento

Trabalho realizado em turnos ininterruptos é aquele que se desenvolve sem solução de continuidade, mediante o revezamento dos trabalhadores.

Na objetiva análise de Valentin Carrion:

> "A duração de seis horas é a jornada normal para os turnos que, sem solução de continuidade, se sucedem, substituindo-se no mesmo

posto de trabalho. Nada altera o fato de que seja toda a empresa ou apenas a seção que assim funcionem. (...) E não se aplica aos turnos fixos, porque o sentido consagrado da expressão trabalho em revezamento sempre implicou a permanente alteração em rodízio da prestação laboral. A determinação quis proteger o empregado sujeito a regime de trabalho que contraria o relógio biológico do ser humano, sem lhe permitir a adaptação a ritmos cadenciados estáveis"[14].

Dois são os requisitos indispensáveis para a concessão do benefício - jornada de 6 horas:

a) trabalho em turno de revezamento;

b) serviço ininterrupto.

Note-se que a concessão de intervalos para alimentação, como não poderia deixar de ser, não descaracteriza o sistema ininterrupto, o mesmo ocorrendo com a concessão do repouso semanal, benefício estendido a todos os trabalhadores.

No mesmo sentido, dispunha a Orientação Jurisprudencial n. 78 da Seção de Dissídios Individuais (SDI) do TST:

"Turnos ininterruptos de revezamento. Jornada de seis horas.

A interrupção do trabalho dentro de cada turno ou semanalmente, não afasta a aplicação do art. 7º, XIV, da CF/88".

E, coroando tal entendimento, dispõe a Súmula 360 (ex-OJ n. 78) da mesma Corte de Justiça:

> "Turnos Ininterruptos de Revezamento – Intervalos Intrajornada e Semanal.
>
> A interrupção do trabalho destinada a repouso e alimentação, dentro de cada turno, ou o intervalo para repouso semanal, não descaracteriza o turno de revezamento com jornada de 6 (seis) horas previsto no art. 7º, XIV, da CF/1988".

Repouso semanal

A Constituição Federal de 1934 (art. 121, § 1º, *e*) foi a primeira Carta Magna brasileira a admitir o direito do trabalhador ao repouso semanal - "*repouso hebdomadário, de preferência aos domingos*". A Constituição de

14. *Comentários à Consolidação das Leis do Trabalho*, 23. ed., São Paulo: Saraiva, 1998, p. 101.

1937, no seu art. 137, *d*, manteve o direito, com a seguinte redação: "o operário terá direito ao repouso semanal aos domingos e, nos limites das exigências técnicas da empresa, aos feriados civis e religiosos, de acordo com a tradição local".

Contrariamente à Constituição de 1934, a Carta de 1937 estendia o direito ao repouso também aos feriados civis e religiosos.

Observe-se, entretanto, que as Constituições mencionadas não falavam em repouso semanal *remunerado*, mas apenas em repouso semanal.

Foi a Constituição Federal de 1946 a primeira a assegurar a *remuneração do repouso*, dispondo, no seu art. 157, VI, que têm direito os obreiros ao "repouso semanal remunerado, preferencialmente aos domingos e, no limite das exigências técnicas da empresa, aos feriados civis e religiosos, de acordo com a tradição local".

A CLT, por sua vez, no capítulo dedicado à *duração do trabalho*, dispõe, no art. 67:

> "Será assegurado a todo empregado um descanso semanal de 24 (vinte e quatro) horas consecutivas, o qual, salvo motivo de conveniência pública ou necessidade imperiosa do serviço, deverá coincidir com o domingo, no todo ou em parte.
>
> Parágrafo único. Nos serviços que exijam trabalho aos domingos, com exceção quanto aos elencos teatrais, será estabelecida escala de revezamento, mensalmente organizada e constando de quadro sujeito à fiscalização".

Em 5-1-1949, foi promulgada a Lei n. 605, dispondo sobre o repouso semanal remunerado e o pagamento de salário, nos dias feriados civis e religiosos, regulamentada pelo Decreto n. 27.048, de 12-8-1949.

A Constituição de 1967 (com a Emenda n. 1/69) manteve a mesma redação da Carta anterior – "repouso semanal remunerado e nos feriados civis e religiosos, de acordo com a tradição local".

A atual Constituição, não fazendo qualquer menção aos feriados civis e religiosos, dispõe apenas sobre o repouso semanal.

É óbvio, porém, que, recepcionando a Lei n. 605/49, subsiste o direito à remuneração dos feriados civis e religiosos.

De todo conveniente lembrar que a Convenção n. 14, da Organização Internacional do trabalho (OIT), a respeito do repouso semanal:

"Dispõe que todo trabalhador, no curso de cada período de 7 dias, deve ter um descanso que compreenda, no mínimo, vinte e quatro horas consecutivas, descanso que, sempre que possível, deve coincidir com o domingo".

Horas extras com acréscimo

Nenhuma das Constituições anteriores cuidou do assunto, mesmo porque a matéria já era disciplinada pela legislação ordinária, *ex vi* do disposto no art. 59, § 1º, na CLT, havendo disciplina própria para a jornada extraordinária do ferroviário (art. 241), da mulher (art. 376) e do menor (art. 413).

A elevação do adicional para 50%, sem dúvida, foi uma tentativa do constituinte de inibir a prestação de horas extras constantemente utilizadas por vasta parcela de empresas, com visível prejuízo para a saúde dos trabalhadores e desestímulo à contratação de maior número de empregados.

A Constituição Federal vigente, ao estabelecer o percentual de 50% de adicional por horas extras trabalhadas, a nosso ver, não faz distinção alguma em hora suplementar pactuada entre empregados e empregadores (por acordo ou convenção coletiva) e a hora suplementar denominada excepcional (força maior ou serviços inadiáveis). Num caso ou outro, o adicional é aquele fixado no texto constitucional, consagrando velho refrão de que onde o legislador não distinguiu, lícito não é, ao intérprete, fazê-lo.

Ressalte-se que a Lei n. 9.601/98, acrescentando o § 3º ao art. 59 da CLT, criou o "*Banco de Horas*", em que as horas trabalhadas em um dia podem ser compensadas com a diminuição da jornada em outro dia.

Férias anuais com gratificação de um terço

A primeira Constituição brasileira a cuidar das férias do trabalhador foi a de 1934, consagrando, no seu art. 121, § 1º, *f*, o direito de todo empregado "*às férias anuais remuneradas*".

Historicamente, no alvor da República, o Ministério da Agricultura, Comércio e Obras Públicas, em 17-1-1890, instituiu férias anuais remuneradas, de quinze dias, a seus funcionários e aos ferroviários da Estrada de Ferro Central do Brasil.

Em 24-12-1925, sancionava-se a Lei n. 4.582, instituindo igual direito aos empregados de estabelecimentos comerciais, industriais e bancários do Distrito Federal (Rio de Janeiro).

A partir de então, com a criação do Ministério do Trabalho, outras providências legislativas foram tomadas, estendendo-se tal direito a outras categorias profissionais.

Em 1934, a Carta Magna universaliza tal direito, benefício reiterado na Constituição de 1937, estipulando, no seu art. 137, *e*, que, "depois de um ano de serviço ininterrupto em uma empresa de trabalho contínuo, o operário terá direito a uma licença anual remunerada".

Com a promulgação da Consolidação das Leis do Trabalho, no dia 1º de maio de 1943, todo o Capítulo IV (arts. 129 a 153) foi dedicado às férias anuais.

O princípio foi mantido nas Constituições de 1946 e 1967, reiterado na atual Constituição, com uma significativa inovação – *a gratificação de um terço do salário*, instrumentalizando o trabalhador com um *plus*, que lhe assegure o gozo das férias sem o comprometimento do salário, destinado às suas despesas normais.

Licença à gestante

Somente a partir de 1934 (art. 121) foi a gestante objeto de preocupação do constituinte brasileiro, prevendo o § 1º, *h*, "assistência médica e sanitária ao trabalhador e à gestante, assegurado a esta descanso, antes e depois do parto, sem prejuízo do salário e do emprego...".

O princípio foi mantido nas constituições que se lhe seguiram, "assistência médica e descanso sem prejuízo do emprego".

O descanso da gestante estabelecido no art. 392 da CLT era de doze semanas: quatro antes do parto, oito após.

A atual Constituição elevou esse prazo para *cento e vinte dias*, assegurados os salários e a manutenção do emprego.

Trata-se, na verdade, de *benefício previdenciário*, custeado por contribuições dos empregadores sobre a folha de pagamento.

Prorrogação da licença-maternidade. Facultativa – mediante incentivo fiscal

A Lei n. 11.770/2008, regulamentada pelo Decreto n. 7.052, de 23-12-2009, instituiu o "Programa Empresa Cidadã", que admite, em caráter facultativo, que o empregador, pessoa jurídica, prorrogue a licença-maternidade por sessenta dias, mediante incentivo fiscal (Título III, Cap. III – Da Proteção do Trabalho da Mulher, Seção 6 – licença-maternidade).

Licença-paternidade

A CLT já cuidava do assunto, dispondo, no seu art. 473, que o empregado poderia faltar ao serviço, sem prejuízo do salário "por 1 (um) dia em caso de nascimento do filho, no decorrer da primeira semana".

A Constituição atual elevou a ausência legal em licença remunerada.

A medida tem sido considerada, por críticos mais severos, absolutamente paternalista, embora sua adoção objetive, como facilmente se verifica, assistir a esposa ou companheira e o nascituro.

Tratando-se de dispositivo dependente de legislação complementar, estabelece o § 1º do art. 10 das Disposições Transitórias da Constituição que:

> "Até que a lei venha disciplinar o disposto no art. 7º, XIX, da Constituição, o prazo da licença-paternidade a que se refere o inciso é de cinco dias".

Estes cinco dias são corridos, condicionada a sua concessão a comunicação, ao empregador, do nascimento, e posterior prova do mesmo, com a respectiva certidão de nascimento.

A licença em apreço é remunerada.

Proteção ao mercado de trabalho da mulher

A disposição tem um claro objetivo – incrementar o emprego às mulheres, integrando-as no mercado de trabalho, mediante incentivos aos empresários. Observe-se que alguns incentivos já existiam, como, por exemplo, o pagamento do salário-maternidade pela Previdência Social.

Os incentivos mencionados na disposição constitucional sob comento serão estabelecidos por lei ordinária.

Por outro lado, fundamental acentuar que o art. 5º, I, da Constituição vigente declara que "homens e mulheres são iguais em direitos e obrigações...".

Em consequência, foram revogados, pela Lei n. 7.855, de 24-10-1989 (publicado no *DOU* em 25-10-1989), os arts. 374, 375, 378, 380 e 387, todos relacionados com o trabalho da mulher, dispositivos que, a propósito de protegê-la, discriminavam-na, criando embaraços à sua contratação pelos empregadores.

Outrossim, a Lei n. 10.244, de 27-6-2001, revogando o art. 376 da CLT, que vedava a prestação de horas extras por mulheres, vem no manifesto propósito de ampliar o seu campo de trabalho.

Aposentadoria

A Constituição de 1937, no seu art. 137, *l*, assegurava ao trabalhador "a instituição de seguros de velhice, invalidez, de vida e para os casos de acidentes do trabalho".

A Constituição de 1946 manteve o benefício, dispondo o art. 157, XVI – "previdência, mediante contribuição da União, do empregador e do empregado, em favor da maternidade e contra as consequências da doença, da velhice, da invalidez e da morte".

A Carta Magna de 1967 (com a EC n. 1/69), no art. 165, XVI, assegurava aos trabalhadores "previdência social nos casos de doença, velhice e morte...", instituindo, no inciso XIX, "aposentadoria para a mulher, aos trinta anos de trabalho, com salário integral".

A atual Constituição, no art. 7º, XXIV, fala, tão somente em "aposentadoria", deixando sua disciplinação para a legislação infraconstitucional: Lei n. 8.213/91 (Planos de Benefícios da Previdência Social); Lei n. 9.477/97 (FAPI – Fundo de Aposentadoria Programada Individual e Plano de Incentivo à Aposentadoria Programada Individual).

Convenções e acordos coletivos

A Constituição Federal elevou à categoria de disposição constitucional o que já era consagrado pela legislação ordinária, a teor do que dispõem os arts. 611 a 625 da CLT[15].

Como se sabe e proclama o art. 611, nominado, convenção "é o acordo de caráter normativo, pelo qual dois ou mais Sindicatos representativos de categorias econômicas e profissionais estipulam condições de trabalho aplicáveis, no âmbito das respectivas representações, às relações individuais de trabalho".

O acordo coletivo, ao revés da convenção coletiva, tem abrangência mais restrita, estendendo-se exclusivamente aos empregados de uma ou mais empresas que celebrem condições específicas com o sindicato representativo da categoria (art. 611, § 1º, da CLT).

---

15. A primeira Constituição brasileira a mencionar o reconhecimento das convenções e acordos coletivos foi a de 1934 (art. 121, *f*).

As convenções e acordos coletivos têm natureza normativa e são, por isso mesmo, fontes formais do Direito do Trabalho (STF, RE 77.650).

Seguro contra acidente de trabalho e indenização

A primeira Constituição que, entre nós, cuidou da matéria foi a de *1937*, que, no art. 137, *m*, determinava a "instituição de seguro de velhice, de invalidez, de vida e para os casos de acidente do trabalho". A Constituição de 1946, no seu art. 157, XVII, estipulava a obrigação "da instituição de seguro, pelo empregador, contra acidentes do trabalho". A Carta Magna de 1967, no art. 158, XVII, estabelecia o "seguro obrigatório pelo empregador contra acidentes do trabalho. A Emenda n. 1/69, por sua vez, mais explícita, instituía "previdência social nos casos de doença, velhice, invalidez e morte, seguro-desemprego, *seguro contra acidentes do trabalho...*".

O seguro contra acidente do trabalho é custeado pelo empregador – é o denominado *seguro obrigatório*, a cargo da Previdência Social.

O dispositivo constitucional sob comento deixa claro que, se o seguro obrigatório é de responsabilidade do INSS, a indenização, na ocorrência de dolo ou culpa do empregador, é de responsabilidade exclusiva deste último.

Em tais condições, como conclui Sólon de Almeida Cunha, "além do seguro contra acidente do trabalho, que gera indenizações pela Previdência Social, o empregador passou a ser responsável pela indenização complementar em caso de dolo ou culpa". É, aliás, o que proclama a Súmula 229 do STF – "a indenização acidentária não exclui a do direito comum, em caso de dolo ou culpa do empregador".

Discriminação contra deficientes físicos

Os mesmos princípios que vedam a desigualdade salarial em razão da cor, da etnia, da religião ou do sexo e da nacionalidade, subsistem em relação aos empregados portadores de deficiência física.

Observe-se que a Lei n. 8.213, de 24-7-1991, estabelece, no seu art. 93, critérios para a admissão de empregados portadores de deficiência física:

> "A empresa com 100 (cem) ou mais empregados está obrigada a preencher de 2% (dois por cento) a 5% (cinco por cento) dos seus cargos com beneficiários reabilitados ou pessoas portadoras de deficiência, habilitadas, na seguinte proporção:

I – até 200 empregados 2%;

II – de 201 a 500 .... 3%;

III – de 501 a 1.000 .... 4%;

IV – de 1.001 em diante .... 5%".

Outrossim, a mesma lei, no seu art. 118, estabelece a estabilidade do empregado acidentado no trabalho, pelo prazo de um ano, após a cessação do auxílio acidentário, independentemente de percepção do auxílio-acidente.

A Lei n. 9.029, de 13-4-1995, proíbe a exigência de atestados de gravidez e esterilização, e outras práticas discriminatórias, para efeitos admissionais ou de permanência da relação jurídica de trabalho.

O Decreto n. 3.956, de 8-10-2001, promulgou a Convenção Interamericana para a eliminação de todas as formas de discriminação contra as pessoas portadoras de deficiência.

Nos termos do art. 1º, I, da referida Convenção, "deficiência significa uma restrição física, mental ou sensorial, de natureza permanente ou transitória, que limita a capacidade de exercer uma ou mais atividades essenciais da vida diária, causada ou agravada pelo ambiente econômico e social".

Distinção entre o trabalho manual, técnico e intelectual

Trata-se de norma de proteção quanto à discriminação salarial. Como bem observa José Carlos Arouca,

> "a norma, em princípio, volta-se para a valorização do trabalho, sem que, no entanto, determine que haja um nivelamento salarial para toda e qualquer atividade, ou seja, será plenamente possível que o trabalho técnico tenha melhor remuneração que o manual. Mas a exigência de igualdade entre os profissionais respectivos faz com que, entre estes, prevaleça o critério de identidade de salários"[16].

Trabalho do menor

Mais realistas e, inequivocamente, mais condizentes com a realidade brasileira, as Constituições de *1934* (art. 21, *d*), de *1937* (art. 137, *j*) e a de *1946* (art. 157, IX) estabeleciam a proibição de trabalho aos menores de *quatorze anos*.

A redação original do dispositivo constitucional sob exame, antes da alteração da Emenda Constitucional n. 20/98, também limitava a proibição

16. Op. cit., p. 28.

ao trabalho aos menores de quatorze anos[17], alterando-se o limite para dezesseis, por recomendação da Organização Internacional do Trabalho.

A CLT cuida do trabalho do menor no Capítulo IV, Título III – "Da Proteção ao Trabalho do Menor". O limite fixado no art. 402, de doze anos, obviamente foi revogado pelo dispositivo constitucional sob comento, que o elevou para dezesseis anos, salvo aprendizado metódico, quando é fixado o limite de quatorze anos.

O trabalho noturno, insalubre ou perigoso, continua vedado ao menor de dezoito anos, subsistindo, assim, as regras dispostas nos arts. 403 e 404 da CLT, manifestamente recepcionados pela Carta Magna vigente.

Trabalhador avulso

Avulsos, como se sabe, são trabalhadores sem vínculo empregatício que, agrupados em sindicatos específicos, executam suas funções por escala das suas respectivas entidades, junto aos armazéns gerais, cais do porto, tais como os portuários em geral, estivadores, carregadores etc.

Valentin Carrion conceitua o trabalhador avulso como "aquele que presta serviços a inúmeras empresas, agrupado em entidade de classe, por intermédio desta e sem vínculo empregatício"[18].

O trabalhador avulso é escalado pelo próprio sindicato; o trabalho, normalmente, consiste em tarefas preestabelecidas: carregamento ou descarregamento de caminhões ou navios; a remuneração é paga pelo próprio sindicato que, por sua vez, cobra os serviços dos armadores e outros que utilizam tais operadores.

A Medida Provisória n. 595, de 6 de dezembro de 2012, substituiu os sindicatos pelos denominados *operadores portuários*, responsáveis pela gestão da mão de obra do trabalho portuário avulso.

Aos trabalhadores avulsos são concedidos, pela Constituição, todos os direitos dos trabalhadores com vínculo empregatício, sem que estejam, todavia, ungidos aos tomadores dos serviços – "Inexiste vínculo empregatício entre os trabalhadores avulsos e os armadores, pois seus serviços a estes não têm continuidade, eis que duram, somente, enquanto seus

17. A redação original assim dispunha: "XXXIII – proibição de trabalho noturno, perigoso ou insalubre a menores de dezoito e de qualquer trabalho a menores de quatorze anos, salvo na condição de aprendiz".

18. Op. cit., p. 32.

navios estão atracados no porto, carregando ou descarregando" (TST, RR 12.616/90-6, Rel. Min. José Ajuricaba).

DA ORGANIZAÇÃO SINDICAL

I – Autonomia sindical

Um dos aspectos relevantes e mais significativos da atual Constituição Federal foi a concessão, aos sindicatos, de inteira autonomia, desprendendo-os da tutela estatal, a rigor, a responsável maior pelas constantes intervenções dos governantes, em época não distante.

Observada a unicidade sindical, os interessados podem, livremente, constituir seus sindicatos, representativos da categoria profissional (sindicatos dos empregados), ou da categoria econômica (órgãos representativos de empregadores), exigindo-se, unicamente, o seu registro no órgão competente.

Não especificando qual o órgão para registro (fundamental para a configuração da pessoa jurídica – art. 45 do CC), concluiu o STF pela competência do Ministério do Trabalho:

> "Liberdade e unicidade sindical e competência para o registro de entidades sindicais (CF, art. 8º, I e II): recepção, em termos, da competência do Ministério do Trabalho, sem prejuízo da possibilidade de a lei vir a criar regime diverso ... controle jurisdicional da ilegalidade e do abuso do poder, incluída a omissão ou o retardamento indevidos" (STF, MI 1.448-SP, Ac. TP, Rel. Min. Sepúlveda Pertence).

No mesmo sentido, a Seção de Dissídios Coletivos (SDC) do TST – Orientação Jurisprudencial n. 15:

> "Sindicato. Legitimidade *ad processum*. Imprescindibilidade do registro no Ministério do Trabalho. A comprovação da legitimidade *ad processum* da entidade sindical se faz por seu registro no órgão competente do Ministério do Trabalho, mesmo após a promulgação da Constituição Federal de 1988".

II – Unicidade sindical

Contrariando a tendência dos juslaboralistas e, até mesmo, recomendação da OIT, o constituinte manteve o sistema da unicidade sindical, em lugar do pluralismo, ou seja, a criação de múltiplos sindicatos para uma mesma categoria profissional.

A preocupação do constituinte foi, sem dúvida, a de evitar a pulverização dos sindicatos profissionais, considerando os aspectos socioeconômico-culturais do País, da sua imensidão territorial e as desigualdades regionais.

A unicidade é princípio comum aos sindicatos, federações e confederações.

Os sindicatos, contudo, não podem ter base territorial inferior a um município, facultada a criação de sindicatos que extravasem esse limite, admitido, porém, o desmembramento.

III – A substituição processual pelo sindicato

A Constituição Federal vigente deu, inequivocamente, papel preponderante às entidades sindicais, ressaltando-se, entre outras atribuições, a legitimidade ampla da substituição processual.

Com efeito, a redação dada ao inciso III do art. 8º da Carta Magna, significando a legitimação dos órgãos sindicais para a propositura de dissídios individuais, amplia sensivelmente as hipóteses de substituição processual na esfera trabalhista, ressaltando-se, para os fins da exigência da lei (CPC, art. 6º), que a Constituição Federal é, como se sabe, a lei das leis.

E é essa Lei Magna que dispõe, no art. 8º, III, sob comento:

> "... ao sindicato cabe a defesa dos direitos e interesses coletivos e individuais da categoria, inclusive em questões judiciais ou administrativas".

Observe-se que a redação dada ao dispositivo constitucional nominado, afastando qualquer dúvida, em lugar da expressão "*representar*" (utilizada no art. 513 da CLT), fala na *defesa dos direitos e interesses individuais*, expressão de sentido amplo, que, por certo, não só abrange a representação propriamente dita, mas, também, a substituição processual.

A menção a *direitos individuais* deixa patente a legitimidade dos sindicatos para a propositura de dissídios individuais, único remédio jurídico para a defesa desses mesmos direitos na esfera judicial.

Os direitos individuais a serem preservados judicialmente só podem ser os dos integrantes da categoria, considerados individualmente, ou seja, do *sujeito sindical individual.*

Com a propriedade que todos lhes reconhecem, lembram Nelson Nery Jr. e Rosa Maria A. Nery:

"Interesses individuais da categoria são aqueles que cada membro da categoria, sindicalizado ou não, possui como direito subjetivo. Pela Constituição Federal, 8º, III, tem o sindicato legitimidade para, como substituto processual, defender esses direitos em juízo"[19].

Por isso que afirmamos que a atual Constituição Federal consagra, no âmbito da Justiça do Trabalho, de forma ampla e ilimitada, e não mais como excepcionalidade, a possibilidade de as entidades sindicais proporem dissídios na defesa dos direitos individuais dos integrantes da categoria profissional e não apenas dos associados, pondo-se fim à restrição contida no art. 872, parágrafo único, da CLT.

No mesmo sentido, Evaristo de Moraes Filho[20] e Pedro Paulo Teixeira Manus[21].

Releva notar que o STF, no julgamento do Mandado de Injunção n. 347-5, em sessão plenária de 7-5-1993, posicionou-se pela substituição processual ampla do sindicato, em qualquer ação judicial de interesse dos trabalhadores.

IV – Contribuição sindical

Os autores indicam quatro espécies de contribuições sindicais: a *legal*, estabelecida para todos os trabalhadores (art. 548, *a*, da CLT), a *assistencial*, instituída em assembleia geral da respectiva categoria, vedada, pelo Precedente Normativo n. 119, do TST, a sua inserção em acordos, convenções ou sentenças normativas:

"Contribuições sindicais – Inobservância de preceitos constitucionais. A Constituição da República, em seus arts. 5º, XX, e 8º, V, assegura o direito de livre associação e sindicalização. É ofensiva a essa modalidade de liberdade cláusula constante de acordo, convenção coletiva ou sentença normativa estabelecendo contribuição em favor de entidade sindical a título de taxa para custeio do sistema confederativo, assistencial, revigoramento ou fortalecimento sindical e outros da mesma espécie, obrigando trabalhadores não sindicalizados. Sendo nulas as estipulações que inobservem tal restrição, tornam-se passíveis de devolução os valores irregularmente descontados".

19. *Código de Processo Civil Comentado*, 5. ed., Revista dos Tribunais, p. 262.
20. *Congresso Latino-Americano de Direito do Trabalho*, Campinas, 11-8-1990.
21. *Direito do Trabalho*, 5. ed., Atlas, p. 283.

A *mensalidade*, paga espontaneamente pelos associados, e a *confederativa*, prevista no art. 8º, IV, da Constituição Federal, considerada por renomados juslaboralistas não autoaplicável, foi, contudo, proclamada como autoexecutável pelo STF – Recurso Extraordinário n. 287.227-0. Tal contribuição, entendemos, deve ser paga por todos os trabalhadores, independentemente da sua condição de associado ou não.

V – Liberdade de associação

Em que pese o sistema de sindicato único, a Constituição Federal proclama a inteira liberdade do trabalhador vincular-se, ou não, ao seu sindicato.

A Constituição Federal vigente afasta, pois, a sindicalização compulsória.

VI – Participação do sindicato na negociação coletiva (convenções ou acordos)

As convenções e acordos coletivos, disciplinados nos arts. 611 a 625 da CLT, tal como já dispunha a legislação ordinária, terão, necessariamente, a participação dos sindicatos. As convenções e acordos coletivos são formas de negociações de caráter normativo aplicáveis, no âmbito das respectivas representações, às relações individuais do trabalho.

Na lição de Valentin Carrion,

> "a distinção fundamental entre o contrato individual de trabalho e a convenção coletiva *lato sensu*, é que, enquanto o primeiro cria a obrigação de trabalhar e a de remunerar, a convenção coletiva prevê direitos e obrigações para os contratos individuais em vigor ou que venham a celebrar-se; como se diz, é mais uma lei do que um contrato, tem a vantagem de descer a minúcias e, melhor que a lei, adaptar-se às circunstâncias específicas das partes, do momento e do lugar"[22].

A Constituição Federal, no inciso sob comento, fala de participação obrigatória dos sindicatos nas negociações coletivas, a nosso ver não distinguindo entre convenção e acordo coletivo, ambos espécies de autocomposição, como resultado de negociações coletivas – a convenção, de caráter mais amplo, e o acordo restrito a uma ou mais empresas.

22. Op. cit., p. 449.

Assim, há de ser interpretado o art. 617 da CLT, que só admite a celebração de acordo, diretamente pelos empregados de uma empresa, quando, esgotado o prazo de oito dias, não haja manifestação do respectivo sindicato, em igual prazo da Federação, silente, outrossim, a Confederação, no mesmo prazo.

A Constituição vigente, incontestavelmente, buscou a valorização das entidades profissionais na elaboração de normas que disciplinem as relações individuais de trabalho, com as suas respectivas peculiaridades.

VII – Participação do aposentado nas organizações sindicais

Evitando a discriminação do aposentado e até mesmo com o propósito manifesto de aproveitar sua experiência e conhecimento dos problemas da categoria, assegurou o constituinte sua participação (votar e ser votado) nas organizações sindicais, desde que filiado.

VIII – Estabilidade sindical

Os dirigentes sindicais, normalmente, em mais de uma oportunidade, veem-se obrigados a tomar posições em flagrante antagonismo com os empregadores – razão por que se instituiu, em favor dos mesmos, a estabilidade, que lhes assegura o direito ao emprego, salvo a prática de falta grave, ensejadora da dispensa por justa causa.

A estabilidade em apreço já era assegurada pela legislação ordinária, *ex vi* do disposto no art. 543, § 3º, da CLT:

> "Fica vedada a dispensa do empregado sindicalizado ou associado, a partir do momento do registro de sua candidatura a cargo de direção ou representação de entidade sindical ou de associação profissional, até 1 (um) ano após o final de seu mandato, caso seja eleito, inclusive como suplente, salvo se cometer falta grave devidamente apurada nos termos desta Consolidação" (redação da Lei n. 7.543/86).

A apuração da falta grave do dirigente sindical far-se-á por *inquérito judicial*, nos termos da Súmula 379 do TST.

Não especificando a Constituição Federal o número de dirigentes sindicais e seus suplentes, entendemos em vigor a disposição contida no art. 522 da CLT – "a administração dos sindicatos será exercida por uma diretoria constituída, no máximo, de sete e, no mínimo, de três membros e de um conselho fiscal composto de três membros, eleitos esses órgãos pela assembleia geral".

As disposições do art. 8º, acima comentadas, são aplicadas, também, às organizações sindicais rurais e às colônias de pescadores.

DIREITO DE GREVE

As Constituições Imperial de *1824* e as Republicanas de *1891* e *1934* foram absolutamente omissas sobre o direito de greve.

A Constituição de *1937*, editada sob o regime do Estado Novo, em 10 de novembro de 1937, declarava-a, no seu art. 139, recurso antissocial, nocivo ao trabalho e incompatível com os superiores interesses da produção nacional.

Leis foram elaboradas no sentido de punir criminalmente os que participassem de qualquer movimento grevista, como o Decreto-lei n. 431, de 18-11-1938, e o próprio Código Penal, promulgado em 7-12-1940 (Dec.-lei n. 2.848), estabelecia pena a quem participasse de qualquer movimento de suspensão ou abandono coletivo de trabalho.

Com a queda do Estado Novo, já em pleno regime democrático, era aprovado o Decreto-lei n. 9.070, de 15-3-1946, reconhecendo e disciplinando o direito de greve e seu exercício pelos trabalhadores brasileiros.

O decreto-lei em apreço, com controvérsias acerca da sua constitucionalidade, vigeu, entre nós, por dezessete anos, disciplinando o exercício da greve, reconhecida, aliás, pela Constituição de *1946*, no seu art. 158.

Em 1º de junho de 1964, já no denominado regime militar, era promulgada a Lei n. 4.330, que, curiosamente, permitia a greve nas atividades acessórias e fundamentais, obrigando os grevistas a manterem *turmas de emergência* para a conservação de máquinas que exigissem assistência permanente.

Nas atividades essenciais, declinadas no art. 12, as autoridades deveriam guarnecer e fazer funcionar os respectivos serviços.

Na prática, a faculdade do Ministério do Trabalho de intervenção nos sindicatos, com nomeação de interventores, culminou por esvaziar o movimento sindical e, consequentemente, na redução sensível das greves.

A Constituição de 1988, no art. 9º, proclama o direito de greve; conquanto não vede a greve nos serviços essenciais, assim considerados aqueles indispensáveis à comunidade, dispõe o § 1º do referido artigo que lei ordinária definirá os "serviços ou atividades essenciais e disporá sobre o atendimento das necessidades inadiáveis da comunidade".

A regulamentação do direito de greve é objeto da Lei n. 7.783, de 28-6-1989.

Disposições constitucionais conexas com a greve: arts. 37 (EC n. 19/98) e 142, § 3º, IV (EC n. 18/98 e EC n. 45/2004).

REPRESENTAÇÃO DOS TRABALHADORES NAS EMPRESAS

A Constituição Federal, sobre a representação dos trabalhadores, diz o seguinte:

> "Art. 11. Nas empresas de mais de duzentos empregados, é assegurada a eleição de um representante destes com a finalidade exclusiva de promover-lhes o entendimento direto com os empregadores."

O dispositivo constitucional em apreço é demonstração inequívoca do reconhecimento, pelo constituinte, da natureza institucional da empresa – atividade econômica organizada para a produção e circulação de bens ou serviços, para a qual se conjugam os interesses dos empresários, dos trabalhadores e do próprio Estado.

Dependente de regulamentação, a representação dos empregados constituir-se-á em magnífico veículo de comunicação com os empregadores e, por certo, contribuirá e muito para o aperfeiçoamento dos meios de produção.

O art. 543 da CLT tem pertinência com a matéria.

Estes são, inequivocamente, os mais relevantes direitos sociais assegurados na Constituição Federal vigente.

A REFORMA TRABALHISTA DE 2017: O PASSO MAIS OUSADO DA "MODERNIZAÇÃO CONSERVADORA"

Maurício Godinho Delgado[1]
Guilherme Guimarães Feliciano[2]

Em 13 de julho p.p., em disputada cerimônia no Palácio do Planalto, o Presidente da República sancionou a Lei n. 13.467/2017, que aprovou a chamada "Reforma Trabalhista". Na prática, pavimentou-se, em pouco menos de um ano, uma verdadeira rodovia legislativa, entrecortando a Consolidação da Lei do Trabalho, do início ao fim, e impactando agressivamente a "paisagem" celetária. Promoveram-se quase duzentas alterações na legislação em vigor, ora com supressões, ora com acréscimos, ora – sobretudo – com modificações. E, no espírito da lei trabalhista, imprimiu-se profunda inflexão semântica.

Mas algo é a lei. Outr'algo é o sistema jurídico, que pressupõe a compreensão sistemática das leis, em consonância com a Constituição da República e com os tratados internacionais de que o Brasil seja parte (daí hodiernamente se falar, na dicção original de HÄBERLE – fundada, entre nós, no dispõe o art. 5º, § 1º, CF e no que registra, p. ex., o RE n. 466.343-1/SP –, em "Estado constitucional cooperativo").

A Reforma Trabalhista foi apresentada, debatida e aprovada sob o signo da modernidade. O estudo metódico revela, porém, que não se deu propriamente qualquer "modernização" digna de nota. Houve, ao revés, notórios retrocessos, nos campos material e processual. À identificação desses retrocessos dedica-se, fundamentalmente, a presente coletânea.

---

1. Ministro do Tribunal Superior do Trabalho. Mestre e Doutor pela Universidade Federal de Minas Gerais. Professor da Faculdade de Direito do Centro Universitário do Distrito Federal (UDF).

2. Juiz Titular da 1ª Vara do Trabalho de Taubaté/SP. Presidente da Associação Nacional dos Magistrados da Justiça do Trabalho (ANAMATRA – biênio 2017/2019). Doutor e Livre-Docente pela Universidade de São Paulo. Professor da Faculdade de Direito da Universidade de São Paulo (USP).

E convém de logo compreender, ainda que *"a vol d'oiseau"*, de que retrocessos se trata. Para tanto, redigimos esta breve introdução (que recupera, em parte, textos já publicados pelos autores).

Para quem conhece a insuperável *Germinal*, de Émile Zola, as passagens a seguir são bem familiares. Em *Germinal*, Zola apresenta uma descrição vívida *das condições de trabalho da classe operária do século XIX, reconstruindo a placitude desumanizante a que eram reduzidas as comunidades de carvoeiros da época, representadas, no romance, por minas do* norte da França, como Marchienne e Montsou. Seu texto espelha bem as tendências da sua época (1885): naturalismo, realismo crítico, darwinismo, marxismo, positivismo comtiano.

Pois bem.

A certa altura, num diálogo entre as personagens Etienne e Maheu, lê-se o seguinte diálogo:

> – A companhia é rica?
>
> – É, sim. Tem milhões e milhões, nem dá para contar. São dezenove galerias, treze para exploração e seis para bombeamento de água e ventilação. Dez mil operários, concessão que se estende por sessenta e sete aldeias, extração de cinco mil toneladas por dia, uma estrada de ferro que liga todas as galerias, oficinas e fábricas! Ah! Dinheiro é o que não falta.

Em outra passagem, bem adiante, lê-se a descrição de uma realidade muito distinta, refletindo a percepção comum de Etienne, Rasseneur e Souvarine:

> O operário não podia aguentar mais, a revolução não tinha feito mais que lhes agravar as misérias. A partir de 89, os burgueses é que se enchiam, e tão avidamente que nem deixavam o resto no fundo do prato para o trabalhador limpar. Quem poderia demonstrar que os trabalhadores tinham tido um quinhão razoável no extraordinário aumento da riqueza e bem-estar dos últimos cem anos? Zombaram deles ao declará-los livres. Livres para morrerem de fome, isso sim, do que, aliás, não se privavam. Não dava pão a ninguém o votar em malandros que, eleitos, só queriam locupletar-se, pensando tanto nos miseráveis como nos suas velhas botinas.

E noutro momento, sob a cruenta tensão entre o forte e o fraco, o mesmo Étienne indaga-se:

> Teria Darwin razão, o mundo não seria mais que um campo de batalha, com os fortes comendo os fracos para a melhoria e a continuidade

> da espécie? Essa questão o perturbou, [...] Mas uma ideia iluminou suas dúvidas: em seu primeiro discurso, retomaria sua antiga explicação da teoria. Se fosse preciso que uma classe destruísse a outra, não seria o povo, cheio de vida, que devoraria a burguesia, enfraquecida de tanto luxo?

Riqueza, pobreza, distribuição de renda, direitos trabalhistas, lei do mais forte... O que tem a ver com a nossa realidade?

Vejamos.

A Lei n. 13.467/2017 derivou do Projeto de Lei n. 6.797/2016, que o Governo Federal encaminhou para a Câmara dos Deputados em 23/12/2016 e que conheceu, nas mãos do relator na Câmara (Deputado Federal Rogério Marinho), um *boom* horizontal e vertical (de cerca de quinze laudas, no projeto original, chegou-se a quase duzentas laudas, no relatório Marinho). Entrará em vigor após a *"vacatio legis"* de cento e vinte dias (logo, e 11/11/2017). A sua finalidade declarada foi a de promover uma revisão profunda da legislação trabalhista e processual trabalhista no Brasil; "reforma" (ou "deforma"), disseram alguns, e "modernização", disseram outros. Essa última expressão é emblemática, no atual contexto, se considerarmos a recente evolução político-legislativa brasileira e, a partir dela, a cosmovisão do filósofo ALISSON MASCARO[3]:

> Quando a hora do interesse social chegou, o Brasil mudou o seu padrão econômico, e, em vez de ofertar então as migalhas agora juridicamente previstas, abandonou definitivamente o modelo intervencionista, cuja parte de mínima correção de desigualdades sociais teria início. O Brasil passou a ser neoliberal. De Fernando Collor, passando principalmente por Fernando Henrique Cardoso, chegando a Lula, por meio de políticas de altos juros, o princípio que norteia o plano econômico, político e social é o de quebrar as garantias da estrutura do bem-estar social, renunciando, ainda, à política de intervencionismo estatal. [...]
>
> O Estado, no plano político, que se previu em constante reforma no sentido de uma maior democratização, estagnou-se em políticas pequenas e frágeis. Ao mesmo tempo, no nível jurídico, a benefício da marcha-ré, foi preciso começar o processo de desmonte da estrutura constitucional, porque esta era intervencionista e palidamente socializante, e os tempos neoliberais abominam até essa palidez.

3. MASCARO, Alysson Leandro. *Lições de Sociologia do Direito.* 2ª ed. São Paulo: Quartier Latin, 2009. pp.191-193.

> Portanto, no nível jurídico, era preciso quebrar fundamentalmente a Constituição Federal. Vale dizer que ela não logrou produzir os efeitos sociais previstos. Não teve tempo para isso, e nem estrutura suficiente. O Estado nacional, agora instrumentalizado apenas pela burguesia internacionalizante, encaminha a quebra dos direitos sociais. [...]
>
> A lógica do neoliberalismo brasileiro é a seguinte: o Brasil, a princípio, deve se conformar em ser periferia do mundo capitalista e, portanto, lhe resta apenas, economicamente, explorar suas vantagens competitivas. A única vantagem que o Brasil teria é agromineral, a soja e o minério de ferro, por exemplo. Assim sendo, volta a antiga mentalidade de fazer do Brasil uma plataforma de produtos primários para a exportação, sem a concretização de um mercado interno.
>
> De tal modo, passam a orientar a política econômica e social do Brasil, novamente, os mercados internacionais ou então os burgueses do Brasil que atuam para o mercado internacional. O novo modelo capitalista foi genericamente chamado de *anti-Vargas*. **Trata-se, então, da mais recente etapa da modernização conservadora**. A abertura do Brasil ao plano econômico internacional se dá por baixo, resignada e adstrita a produtos primários. Além disso, mantém intocados os quinhentos anos de exploração cruenta que têm na escravidão e no sangramento do trabalho as suas mais visíveis lembranças. (*g.n.*)

Eis, portanto, o viés de "modernização" realmente colimado pela reforma: *modernização conservadora*. Repúdio ao intervencionismo estatal, mesmo se voltado à garantia de mínimos existenciais. Geração de superávits primários como regra de ouro da economia. Proteção social cada vez mais afeiçoada à assistência e à caridade. Cozeu-se, nesse caldo, a Lei n. 13.467/2017. Vejamos como.

A reforma trabalhista seria consumada, originalmente, por meio de medida provisória editada pelo Presidente da República (embora por tudo duvidosos, na espécie, os requisitos constitucionais da necessidade e da urgência, *ut* artigo 62, *caput*, CF). Adiante, à mercê da contrariedade externada por várias centrais sindicais, a Presidência entendeu por bem encaminhar para o Poder Legislativo federal o projeto de lei acima referido, atentando para o disposto no artigo 22, I, da Constituição. A tramitação, porém, deu-se em regime de urgência, com assustador pragmatismo por parte dos principais interlocutores situacionistas em atividade no Parlamento. "*O Brasil tem pressa*", dizia-se a todo tempo. Teve muita pressa, mas pouco juízo. Realizaram-se inúmeras audiências públicas em diversas comissões regimentais, é verdade; mas o tempo revelou não serem mais que "*mise en scène*" oficial. Afinal, da apresentação do relatório Marinho à sanção pelo Presidente da República – e apesar de todas as inconstitucionalidades, inconvencionalidades e impropriedades denunciadas nas audiências e fora delas –, não se alterou *uma vírgula sequer* no texto em discussão. A Lei n. 13.467/2017 foi aprovada tal qual fora redigido o substitutivo de Rogério Marinho, sem qualquer alteração sensível. O próprio Senado Federal, pelo relator ali designado (Senador Ricardo Ferraço), *abdicou* ineditamente de sua função revisora: conquanto se reconhecessem publicamente os vícios formais e materiais do projeto, preferiu-se aprovar o texto como remetido pela Câmara dos Deputados, para que a Presidência da República providenciasse, depois, vetos pontuais e adequações temáticas por via de medida provisória. Os vetos jamais vieram. Mas o Brasil tinha "pressa".

A Lei n. 13.467/2017 trouxe diversas "novidades" que devem merecer atenta consideração dos juristas e operadores do Direito. E, já por isso, os capítulos seguintes cuidarão de abrigar linhas hermenêuticas críticas para as mais relevantes alterações legais. No âmago ideológico da reforma, entretanto, sempre esteve a ideia da *prevalência do negociado sobre o legislado*, ainda que em prejuízo das classes trabalhadoras. Conferir-se-ia maior autonomia – logo, maior poder – às entidades sindicais. Mas ainda aqui andou mal.

Pelo texto sancionado (artigos 611-A e 611-B da CLT), as convenções e os acordos coletivos de trabalho, que são os negócios jurídicos coletivos de caráter normativo previstos no artigo 611 da CLT (pelos quais "*categorias econômicas e profissionais estipulam condições de trabalho aplicáveis, no âmbito das respectivas representações, às relações individuais de trabalho*"), ganham força de lei – e, pelo texto legal, prevalecem sobre quaisquer outras leis – nos seguintes casos:

- livre pactuação da jornada de trabalho, observados os limites constitucionais (art. 7º, XIII, CF);
- participação nos lucros e resultados da empresa (abrindo-se ensancha para se subentender, implicitamente, a possibilidade – expressamente prevista na redação original do PL n. 6.797/2016 – de pagamento quando a empresa divulgar seus balancetes trimestrais ou no limite dos prazos estipulados em lei para tais balancetes, mas sempre em "*não menos que duas parcelas*"[4]);

4. O pagamento de "parcelas" de participação nos lucros e resultados da empresa, com periodicidade mensal ou bimestral, sob justificativas as mais diversas (que vão de recomposição inflacionária até a configuração de mútuo patronal), tem sido considerado um artifício "negocial" para a dissimulação de verbas genuinamente salariais, com o efeito de elidir os reflexos nas demais verbas trabalhistas e também as incidências legais (FGTS,

- intervalo intrajornada (respeitado o "*minimum minimorum*" de trinta minutos);
- adesão ao "programa seguro-emprego", da Lei n. 13.189/2015, que derivou do "programa de proteção ao emprego" (PPE) do governo anterior;
- estabelecimento de plano de cargos e salários e, bem assim, a identificação dos cargos de direção e confiança;
- regulamento de empresa;
- banco de horas anual;
- teletrabalho, trabalho intermitente e regime de sobreaviso;
- a remuneração por produtividade;
- modalidade de registro da jornada de trabalho;
- enquadramento do grau de insalubridade;
- prorrogação de jornada em ambientes insalubres, "*sem licença prévia das autoridades competentes do ministério do trabalho*";
- prêmios de incentivo em bens ou serviços;
- troca do dia de feriado; e
- representação dos trabalhadores no local de trabalho.

No discurso oficial, sairiam fortalecidos a democracia, o diálogo social, o movimento sindical e os direitos trabalhistas. Discordamos.

IRPF, INSS). Incide, portanto, a regra do art. 9º da CLT. Nesse sentido, v., p. ex., TST, RR n. 2455100-80.1999.5.09.0006, 2ª Turma, rel. Min. JOSÉ SIMPLICIANO FONTES DE F. FERNANDES, j. 31.8.2005. *"In verbis"*: *"Havendo previsão legal impossibilitando a antecipação da participação nos lucros e resultados da empresa (artigo 3º, § 2º, da Lei 10.101/2000), não há como reconhecer como tal, verba paga mensalmente pelo empregador, ainda que via empréstimos aos trabalhadores, mesmo porque não comprovado o acerto de contas alegado pelo Réu. Trata-se de verba habitual e de natureza salarial. Devidos os reflexos"*. Com efeito, a Lei n. 10.101/2000, na redação da Lei n. 12.832/2013, dispôs textualmente que "[é] *vedado o pagamento de qualquer antecipação ou distribuição de valores a título de participação nos lucros ou resultados da empresa em mais de 2 (duas) vezes no mesmo ano civil e em periodicidade inferior a 1 (um) trimestre civil"*. Não parece adequado supor que, à míngua de autorização constitucional expressa – ao contrário, o art. 7º, XI, utiliza a expressão *"conforme definido em lei"* –, a negociação coletiva possa realmente neutralizar ou burlar essa norma legal de garantia.

O artigo 7º, *caput*, da Constituição estabelece que o seu rol de direitos sociais *"stricto sensu"* compreende *"os direitos dos trabalhadores urbanos e rurais,* ***além de outros que visem à melhoria de sua condição social****"* (*g.n.*). Dito de outro modo, o chamado *princípio da norma mais favorável* tem *status* constitucional no Brasil, de modo que, ao menos no caso brasileiro, *as convenções e acordos coletivos do trabalho têm função eminentemente "protetora"*: sua finalidade básica é *melhorar a condição do trabalhador* (alteração "*in mellius*"). Parafraseando Jean-Jacques JAVILLIER, prevalece a ordem pública social, pela qual o *"sempre mais"* jurídico conduz ao "*sempre melhor*" *social*. Daí que, a rigor, a negociação coletiva deveria servir para *elevar* a condição social dos trabalhadores: essa é, constitucional e historicamente, a sua função social.

É basicamente por isto, aliás, que o inciso XXVI do mesmo artigo 7º estatui o "reconhecimento" das convenções e acordos coletivos de trabalho (i.e., do "negociado"): para que esses instrumentos normativos possam prever condições sociais **superiores** àquelas derivadas dos direitos sociais mínimos descritos no artigo 7º. *Excepcionalmente*, é verdade, a negociação coletiva poderá reduzir o nível de proteção para baixo do mínimo legal, mas sempre com a devida *contrapartida social* (porque se trata de negócio jurídico coletivo assimilado à transação - de concessões *recíprocas* –, não às renúncias) e nas exclusivas hipóteses do texto constitucional: *jornada* (art. 7º, XIII, *in fine*), *salário* (art. 7º, VI, *in fine*) e *turnos ininterruptos de revezamento* (artigo 7º, XIV, *in fine*). Somente nesses casos.

Não há, portanto, previsão constitucional para a flexibilização *"in pejus"*, via negociação coletiva, do gozo das férias (art. 7º, XVII, c.c. art. 134/CLT), da modalidade de registro de ponto (art. 74/CLT), da participação nos lucros e resultados fora dos padrões legais (art. 7º, XI, 1ª parte, c.c. Lei n. 10.101/2000, art. 3º, §§ 2º e 4º), do banco de horas (art. 59, § 2º, CLT), das modalidades de trabalho remoto (art. 6º, par. único, CLT), da definição dos cargos e funções de direção e confiança (arts. 62, II, e 224, § 2º, CLT), e ainda menos do intervalo intrajornada (art. 71/CLT)[5], do enquadramento dos graus de insalubridade (art. 193/CLT e NR-15),

5. O próprio TST reconhece a estrita vinculação entre as questões de jornada e intervalo com a tutela da segurança e da saúde do trabalhador, *ut* Súmula n. 437, II – apesar da heresia jurídica inserta no art. 611-B, par. único (*"Regras sobre duração do trabalho e intervalos não são consideradas como normas de saúde, higiene e segurança do trabalho para os fins do disposto neste artigo"*), que representa um retrocesso de cerca de *duzentos e quinze anos*, considerando-se que a correlação entre jornada e saúde já constava

da prorrogação de jornada em ambientes insalubres ou da remuneração por produtividade[6].

Seria, a propósito, admissível que dois bancários, com idênticas atribuições e registrados sob mesma denominação de cargo, porém vinculados a dois bancos diversos, estivessem submetidos a *jornadas distintas* (seis horas para o primeiro, oito horas para o segundo), basicamente porque um dos bancos logrou celebrar acordo coletivo de trabalho "identificando" aquele cargo como de confiança (art. 611-A, V, c.c. art. 224, § 2º, CLT), enquanto o outro não teve mesma sorte? Ou, ainda mais gravemente, supondo que ambos recebam mais que o equivalente a duas vezes o teto de benefícios do RGPS e tenham formação universitária (art. 444, par. único, CLT), seria razoável que esses dois bancários se submetessem a jornadas diversas apenas porque, sob subordinação patronal, um deles viu-se instado a assinar *acordo individual* que reconhece o exercício de função de confiança, enquanto o outro não o fez? Parece claro que não. Malfere-se visivelmente o princípio constitucional da isonomia (artigo 5º, *caput*, CF). É, ademais, um uso impróprio das negociações coletivas, em fraude aos direitos e garantias derivados da Constituição (art. 7º, XIII) e da lei (art. 224/CLT), incidindo a regra do art. 9º da CLT.

Com efeito, bem adverte João de Lima TEIXEIRA FILHO[7] que a funcionalidade das negociações coletivas guia-se por dois pressupostos básicos: em primeiro lugar, aquele segundo o qual "*quão mais rígida é a organização sindical, mais tormentosa é a negociação coletiva*"; e o segundo,

---

de uma das primeiras leis trabalhistas da História universal (o *Peel's Act* de 1802, cuja denominação correta era *"Health and Morals of Apprentices Act"*, e que limitou a doze horas a jornada de aprendizes nas fábricas têxteis de algodão).

6. A remuneração por produção ou por produtividade não deve sequer ser admitida, em algumas situações, a bem da dignidade da pessoa humana e do resguardo da saúde e da integridade física e mental do trabalhador. É o que ocorre, p. ex., no corte de cana-de-açúcar. Veja-se, por todos, TRT 15ª Reg., Processo n. 0001117-52.2011.5.15.0081, Ministério Público do Trabalho *v.* Usina Santa Fé, rel. Des. Hélio GRASSELLI, j. 3.10.2013, disponível em *http://portal.andes.org.br/imprensa/noticias/imp-ult-258638761.pdf*. Ao tempo do primeiro julgado, pelos números médios, o cortador de cana-de-açúcar no interior do Estado de São Paulo cortava diariamente doze toneladas de cana, caminhava 8,8 quilômetros, desferia 133.332 golpes de facão, fazia 36.630 flexões e giros de corpo e perdia oito litros de água, tudo para manter o seu ganho por produção, o que era certamente desumano. À mercê dessa realidade, o TRT 15 manteve decisão de primeiro grau que *proibiu* a remuneração exclusiva dos cortadores de cana por tonelagem diária.

7. SUSSEKIND, Arnaldo; MARANHÃO, Délio; VIANNA, Segadas; TEIXEIRA, Lima. ***Instituições de Direito do Trabalho.*** 22ª ed. São Paulo: LTr, 2005. v. II. p. 1193-1194.

aquele segundo o qual "*quão mais fortes e representativos são os sindicatos, menor é a necessidade de intervenção legislativa*". Daí que, a valer a máxima assim vertida - como, cremos, há de valer -, a ideia vazada na Lei n. 13.467/2017, quanto à prevalência do negociado sobre o legislado para aquém dos mínimos legais trabalhistas (e para além do que textualmente autorizou a Constituição), poderia ser socialmente aceitável se, a rigor, o atual quadro sindical brasileiro apontasse para o predomínio de sindicatos fortes e representativos. É sabido e consabido, porém, não ser esse o caso. A uma, a organização sindical brasileira é extremamente *rígida* (vide os incisos II e IV do art. 8º da CF). E, a duas, a unicidade sindical construiu, no Brasil, uma estrutural sindical geralmente frágil e pouco representativa (ressalvando-se, claro, as exceções que a prática forense revela). Basta ver os números: apesar da unicidade, o Brasil tem, atualmente, mais de 15.000 sindicatos profissionais[8] (ou 17.000, considerando-se também os patronais), muitos dos quais criados somente para arrecadar a contribuição sindical obrigatória do artigo 8º, IV, da Constituição; e, com tamanha atomização, alcança pouco mais de 17% (dezessete por cento) dos trabalhadores ocupados. Desses todos, cerca de 50% (cinquenta por cento) jamais negociou um acordo ou convenção coletiva de trabalho em toda a sua existência. Já na Alemanha, em que prevalece a pluralidade sindical, os sindicatos não chegam à centena, mas são muito mais pujantes e representativos. Não bastasse, bem se sabe que, em diversas bases territoriais, perpetuam-se sindicatos fisiologicamente alinhados com o segmento patronal, sem qualquer compromisso real com a classe laboral que tencionam representar; é o fenômeno do *sindicalismo amarelo.*

Existem, por evidente, sindicatos fortes e representativos no Brasil. Mas não são, seguramente, a maioria. Pensando nas múltiplas realidades que se disseminam pelos rincões do país, não se pode realmente esperar que os sindicatos brasileiros consigam geralmente promover, sob a égide da Lei n. 13.467/2017, negociações coletivas de que derivem *ganhos* para o patrimônio jurídico do trabalhador, atendendo ao vetor normativo explícito do art. 7º, *caput, in fine,* da Constituição. Dar-se-á o contrário disto. E com agravos evidentes, considerando-se que a extinção da contribuição sindical obrigatória - que tinha de vir em algum momento, a bem da autonomia sindical - não observou qualquer transição razoável.

8. Confira-se a esse respeito, no campo jornalístico, *http://oglobo.globo.com/economia/com-mais-de-250-novos-sindicatos-por-ano-brasil-ja-tem-mais-de-15-mil-entidades-8237463.*

Retoricamente, argumentam com o empoderamento e a "maioridade" das entidades sindicais; pragmaticamente, enfraquecem-nas financeiramente, o que significa fortalecer a ponta oposta da relação.

Daí porque, seja pela literalidade constitucional, seja ainda pela condição hodierna do sindicato no Brasil, todas aquelas hipóteses "*in pejus*" do negociado sobre o legislado, estando além das hipóteses constitucionais de autorização, servem basicamente para transformar a negociação coletiva em um caminho azeitado para a precarização das relações de trabalho e para a degradação de direitos sociais típicos.

De outro turno, a Lei n. 13.467/2017 também cuidou de *desconstruir* meticulosamente a jurisprudência assentada do Tribunal Superior do Trabalho, no que parecia "avançar" demais. Foi assim, p. ex., com as horas "*in itinere*" (art. 5º, I, "*b*", da Lei n. 13.467/2017), com a necessidade de prévio diálogo com o sindicato para a validação das dispensas massivas (art. 477-A da CLT) e com a ultratividade das normas coletivas (art. 614, § 3º, *in fine*, da CLT). Cogitemos dessa última.

A Súmula n. 277 do TST hoje diz que "[a]*s cláusulas normativas dos acordos coletivos ou convenções coletivas integram os contratos individuais de trabalho e somente poderão ser modificadas ou suprimidas mediante negociação coletiva de trabalho*". Consagrou, portanto, a chamada *ultratividade* das cláusulas normativas dos acordos e convenções coletivas de trabalho – que seguem valendo mesmo após o prazo pactuado para a vigência desses acordos e convenções –, até o momento em que, sob nova negociação, as partes interessadas disponham de outro modo. É fato que os efeitos da súmula estão "suspensos" por decisão proferida nos autos da ADPF n. 323, conquanto se saiba que súmulas do TST não são fonte formal do direito e, portanto, não dimanam efeitos normativos. A ação foi ajuizada pela Confederação Nacional dos Estabelecimentos de Ensino e obteve medida liminar cautelar exarada pelo Ministro Gilmar Ferreira MENDES. Recuou-se, no particular, em relação ao próprio PL n. 6.797/2016 que, na sua redação original, possibilitava textualmente que as próprias categorias definissem os limites temporais de validade da norma ou instrumento coletivo de trabalho da categoria (e, portanto, a sua eventual ultratividade).

As consequências dessa inovação são indeléveis. As conquistas de uma negociação coletiva pretérita não tardarão a cair, pelo mero decurso de tempo, ao menor sinal negativo da economia; e, para tanto, bastará que as empresas ou os sindicatos patronais *recusem-se* a negociar novo acordo ou convenção e, subsequentemente, *recusem-se* a submeter o litígio à Justiça do Trabalho. Afinal, reza o artigo 114, § 2º, da Constituição, que, "[r]*ecusando-se qualquer das partes à negociação coletiva ou à arbitragem, é facultado às mesmas,* **de comum acordo,** *ajuizar dissídio coletivo de natureza econômica, podendo a Justiça do Trabalho decidir o conflito, respeitadas as disposições mínimas legais de proteção ao trabalho, bem como as convencionadas anteriormente*". Sem o "comum acordo", portanto, a Justiça do Trabalho não poderá decidir; e a mora beneficiará os resistentes, porque os efeitos do acordo ou da convenção coletiva expirada já não serão sentidos. Terá de haver, aqui, uma discussão de base constitucional, já que a nova sistemática solapa as "*disposições convencionadas anteriormente*", que, pela Constituição, deveriam ser "*respeitadas*". E caberá, por outro lado, repensar o rol de reivindicações no âmbito das negociações coletivas, porque, a despeito do silêncio legal, é correto entender que, havendo acordo ou convenção coletiva de trabalho que expressamente preveja a ultratividade das normas coletivas até a renegociação da matéria, essa cláusula deverá ser respeitada, *apesar* da "vedação" constante do art. 614, § 3º, *in fine*, da CLT (vedação que, para todos os efeitos, deve se entender referida à interpretação judicial – como ocorria com a Súmula 277 –, porque a lei não pode obstar a negociação coletiva "*in mellius*", se não há questão de ordem pública envolvida). É que o espírito indutor da Lei n. 13.467/2017 não é outro, senão este: o da prevalência do negociado sobre o legislado.

Por tudo isso, afinal, iniciávamos com excerto do *Germinal*. A "genética" do Direito do Trabalho sempre revelou – e sempre revelará – a sua função tuitiva. A concepção mesma da existência de mínimos sociais assegurados pela ordem jurídico-positiva (como, p. ex., o salário mínimo, as garantias remuneratórias, os repousos semanais e anuais, os intervalos intra e entrejornadas, os limites de jornada, os direitos ligados a estados sociais de elevada vulnerabilidade, a redução dos riscos inerentes ao trabalho, a proteção contra a dispensa arbitrária ou sem justa causa etc.) não é exatamente nova. Nos atuais moldes, derivou do próprio modo capitalista de produção (e, em particular, das estruturas de trabalho erigidas sob modelo fordista-taylorista). O Direito do Trabalho, como o conhecemos, é neto bastardo das revoluções liberais e filho legítimo – ora desejado, ora repelido – das revoluções industriais. Veio a lume para justamente conferir alguma *equipotência* nas relações entre empregadores e trabalhadores hipossuficientes. Ou, o que é o mesmo, veio a lume para evitar, na feliz expressão de Étienne (acima), que *o mundo do trabalho se converta em um campo de batalha darwinista, no qual prevaleça sempre a condição do mais forte*. Mais: são os direitos trabalhistas constitucionais e legais, configuradores do nosso patamar civilizatório mínimo, os que afinal asseguram a obrigatória distribuição de parte sensível da riqueza gerada pela produção/circulação de bens e serviços para os trabalhadores que a (con)criam. O Direito do Trabalho jamais "revolucionará" o capital. Mas é instrumento idôneo para humanizá-lo progressivamente. Para isso, porém, não pode ser desnaturado.

Quando a maior parte daqueles direitos mínimos volta ao campo da livre negociação – ainda que coletiva –, faltando-nos ainda uma organização sindical universalmente pujante e representativa, descem-se alguns degraus na escada da civilidade. Onde a lei já não garante mínimos, os seus padrões voltam a ser disputados pela força. E, não raro, em condições de assimetria.

Quis-se desenhar o futuro a partir da visão do passado. Essa é a síntese perfeita dos ímpetos mais recônditos da Lei n. 13.467/2017. Mas o texto não é a norma. A norma será construída, a partir do texto, pelos diversos *stakeholders* do mundo do trabalho.

Colaborar para tal construção crítica: eis o objetivo deste artigo.

CAPÍTULO II

DA ORGANIZAÇÃO DOS PODERES

O PODER LEGISLATIVO E O SUPREMO TRIBUNAL FEDERAL

Lenio Luiz Streck[1]
Martonio Mont'Alverne Barreto Lima[2]

> *"O poder legislativo é o coração do Estado, o poder executivo é o cérebro, que dá o movimento a todas as partes. O cérebro pode cair em paralisia e o indivíduo prosseguir vivendo. Um homem fica imbecil e vive, mas assim que o coração cessar suas funções, o animal está morto. Não é pela lei que o Estado subsiste, mas pelo poder legislativo"* Rousseau. [3]

1 - CONSIDERAÇÕES PRELIMINARES NECESSÁRIAS: O NASCIMENTO DO VOTO E A "SUPERAÇÃO" DO PRECONCEITO CONTRA AS "MASSAS INCULTAS"

Em seu trabalho "Democracia ou Bonarpartismo", Domenico Losurdo[4] se dedica a observar a trajetória da tormentosa luta pelo sufrágio universal, especialmente nos últimos duzentos anos das aventuras das sociedades ocidentais. Em outras palavras: o que nos parece hoje prosaico – o direito de que todos podem votar e ser votados – nem sempre assim foi. A história exibe a dura realidade dos fatos concretos a comprovarem o

---

1. Doutor e Mestre em Direito (UFSC/Universidade de Lisboa), Pós-doutor pela Universidade de Lisboa. Professor Titular da UNISINOS, Professor permanente da UNESA-RJ, de ROMA-TRE (Scuola Dottorale Tulio Scarelli), da Faculdade de Direito da Universidade de Coimbra e da Faculdade de Direito da Universidade de Lisboa. Membro catedrático da Academia Brasileira de Direito Constitucional e Ex- Procurador de Justiça do Estado do Rio Grande do Sul. Advogado parecerista.
2. Martonio Mont'Alverne Barreto Lima é Doutor em Direito pela Universidade de Frankfurt, professor Titular da UNIFOR e, atualmente, Procurador-Geral do Município de Fortaleza.
3. ROUSSEAU, Jean-Jacques, *Do Contrato Social ou Princípios do Direito Político*, São Paulo, Hemus, 1981, p. 96.
4. *Democracia ou Bonapartismo – Triunfo e Decadência do Sufrágio Universal*. RJ/SP. Ed, URFJ/UNESP, 2004.

sangue, a violência e o elevado preço pago para que, por exemplo, mulheres pudessem votar e ser votadas. Como diria Jorge Luis Borges "não há nada como a morte para melhorar as pessoas".

A tese central desta obra de Losurdo, explicitada logo no prefácio do Autor à edição brasileira, é a rediscussão de que o liberalismo teria "por um impulso puramente interno" produzido uma democracia "cada vez mais rica e mais ampla". Losurdo insiste, com maestria, na tese contrária. Para ele, o liberalismo resistiu, enquanto lhe foi possível, à ampliação da democracia, ao aumento de seus participantes, e principalmente, à dilatação das atribuições dos órgãos compostos por aqueles que, agora, podiam participar dos processos decisórios das sociedades. Os clássicos do liberalismo transbordam erudição a comprovarem sua disposição firme de enfrentar o assunto com os melhores momentos de suas melhores cabeças, sempre no sentido de deixarem claro que "política não é assunto de todos".

Recorrendo às obras e discursos de gente com Hamilton (para quem o povo "nem é a voz de deus (...), e é turbulento e inconstante"), até aquela de Arthur Schlesinger Jr. (para este, a inclusão dos negros como eleitores nos Estados Unidos na primeira metade do séc. XX, "sem considerar sua inteligência e capacidade", consistiria num atentado ao "melhor da herança anglo-saxã"), Losurdo[5] demonstra que o *front* da disputa sobre a universalização do sufrágio não se localizava somente nas ruas, nos jornais ou nos debates da imprensa: estava, sobretudo, amparado por uma competente rede de suporte intelectual. E, neste ambiente, o mais importante era impedir o acesso ao voto dos que não possuíam cultura e instrução para tal. Aqui, a inspiração remonta eras mais passadas, com as formulações de Edmund Burke (com sua "multidão suína", que precisa trabalhar para sobreviver, faltando-lhe o tempo para estudos) e Walter Bagehot, (com a seleção natural para as coisas da política). *Com a derrota destas ideias, o liberalismo obrigou-se a incorporar as incultas multidões nos processos decisórios.*

Restava, portanto, um flanco a ser atacado pelos liberais: o produto destas "maiorias loucas", agora representadas no poder legislativo. Nada como algum tipo de controle sobre a produção legislativa. E, se tal controle puder ser preventivo, resolve-se o desafio da estabilidade institucional de qualquer sociedade, a ter nas mãos de poucos homens cultos o bom destino da estabilidade econômica, política e social, tão necessárias ao

5. Ob.cit. pp. 24/52.

bom governo. Nada melhor do que colocar quem não foi eleito para dizer, mesmo sem o texto votado "ir para as ruas", que ele não é constitucional.

2 - O CONTROLE ABSTRATO PREVENTIVO DA CONSTITUCIONALIDADE

No momento, parece ter retomado fôlego a antiga ideia de um controle preventivo - judicial - da constitucionalidade. Por tal mecanismo, em *terrae brasilis*, o Supremo Tribunal Federal poderia declarar inconstitucionais, ainda durante o processo legislativo, atos que viriam a ser sancionados pelo Presidente da República ou os decretos legislativos, expedidos sem a sanção presidencial. Este singelo (*sic*) mecanismo, utilizado em outros países, como em Portugal, poderia, na opinião de alguns de seus importantes defensores, "neutralizar desvios no exercício inadequado do poder regulamentar" ou ainda, com a introdução de tal medida "evitaríamos inúmeras ações se o STF já pudesse definir sua validade"[6].

Proporíamos como direções ao debate sobre este tema duas perspectivas: *primeira*, aquela que se vincula à teoria de democracia atual e o que poderia significar, para o conceito de democracia e sua realidade brasileira, a adoção desta medida; *no segundo instante* (porém jamais secundário!) uma abordagem sob as determinações a respeito do assunto, expressadas no texto de nossa Constituição Federal. E assim o fazemos aceitando a justa provocação - vinda a público poucos meses atrás por meio de um dos respeitáveis e honrados membros do Supremo Tribunal Federal - de que a comunidade jurídica brasileira reage mal à atividade daquela Corte. Com razão, lembrou este Ministro que, nos Estados Unidos, proliferam textos sobre as decisões da Suprema Corte quase ao mesmo tempo em que são proferidas. Desta forma, a mesma Suprema Corte está, positivamente, sempre atenta às repercussões do que decide, porque sabe que é vigiada de perto. Concordamos com o Ministro e esperamos que estas breves reflexões possam desencadear outros debates, noutros rumos, com outras perspectivas.

3 - CONTROLE JUDICIAL PREVENTIVO E DEMOCRACIA

Não nos parece outro entendimento capaz de subsidiar a ideia da instituição de um controle abstrato preventivo da constitucionalidade no

6. De acordo com publicação de 21.01.2010 do CONJUR: Poder regulamentar cresce debate sobre controle prévio de leis – Marília Scriboni.

Brasil senão aquela da desconfiança em relação ao Poder Legislativo. Aliás, esta abunda em trabalhos acadêmicos, em discursos proferidos em grandes salas e grandes antessalas de monumentais eventos jurídicos realizados anualmente no País. Aliás, a produção democrática do direito cada dia é levada menos em conta em nosso país, bastando, para tanto, examinar o modo como os Tribunais "passam por cima" das leis (bem recentemente, o STJ, sem uma justificativa em nível de jurisdição constitucional, fez soçobrar o dispositivo do Código Penal que estabelece que a prescrição somente se conta depois de transitada a sentença condenatória para o Ministério Público; ou os Tribunais da federação, inclusive parcela do STJ, que negam validade ao artigo 212 do CPP, que estabelece o sistema acusatório na inquirição de testemunhas). Talvez o argumento – não confessado – é de que o Parlamento não sabe "fazer leis".

Voltando às salas de aula e aos auditórios: uma multidão de juristas a discursar a respeito de uma eventual má qualidade da representação política que chega a cada legislatura e Brasília e nas assembleias estaduais; todos recebem aplausos e são "apoiados" de todas as formas. Sempre nos restou complexa a seguinte pergunta: mas como desaprovamos aqueles que nós mesmos elegemos? Somos *outsiders* da política? Complexa a resposta, mas não absolutamente impossível. A esmagadora maioria dos presentes a aplaudirem de pé tais discursos e seus autores não representam mais do que vinte por cento do povo brasileiro e, na verdade, guiam-se pelo puro costume fácil de criticar a política e os políticos pelo simples criticar. Não foi sem sentido que Maria Rita Kehl[7] sustentou, em conhecido e polêmico artigo, o preconceito que se tem com resultados de processos políticos decisórios quando as "maiorias loucas" podem se manifestar. Por este entendimento, um Congresso Nacional composto por aqueles que pouco ou nada entendem de constitucionalidade, técnica legislativa etc., são propensos à produção legislativa desenfreada e, mais grave, desrespeitosa à Constituição. Desta forma, um controle preventivo, emanado do Supremo Tribunal Federal, poderia corrigir estas distorções.

Na verdade, esta ideia esconde duas formas de se atingir a democracia com um só cajado. Primeiramente, revela o quanto nosso legislativo é suspeito aos olhos de muitos dos que são responsáveis pela produção da cultura jurídica nacional. Não se enxergar que legislativo algum do mundo, em período algum, deixou de se envolver em toda sorte de escândalos, de oportunismos, de cinismos e de sofismas traduz uma análise

7. Kehl, Ma. Rita. *Dois Pesos.....* SP, O Estado de São Paulo, de 02.10.2010.

superficial sobre o funcionamento da democracia. Deixar de ver a fática realidade de que o legislativo brasileiro tem sido um dos mais atuantes do mundo – acumula as funções de legislar de fiscalizar e de julgar – sendo ele o responsável por uma consolidada democracia, que construiu uma das assembleias constituintes mais abertas do mundo, enfrentou o *impeachment* de um Presidente no escorreito limite da legalidade, tendo passado por escândalos de toda ordem sob todos os governos, corresponde a ignorar com preconceito o que o voto dos pobres, dos incultos também ajudou a produzir.

O que se faz necessária é a compreensão de que a aparente confusão a imperar nos parlamentos é parte da política, já que política democrática é conflito. A heterogeneidade das tensões sociais lá representadas bem denuncia o quão heterogênea é a sociedade que a produziu. Não cabe ao poder constituído questionar o que foi questionado quando do momento constituinte. Se elegemos bem ou mal, que paguemos por isso, ou usufruamos o bônus da felicidade da boa escolha. Para os momentos excepcionais, a Constituição previu as regras de exceção, esta dentro do direito constitucional. Ao deparar-nos com parlamentares de atividade incompatível com o elevado cargo que exercem, temos leis e regulamentos a poderem afastá-los. Recorramos à legalidade constitucionalizada (lembremos Elias Diaz) e aceitemos que, em quatro anos, teremos a oportunidade de correções das escolhas que fizemos. Merece ser ressaltado que nenhuma sociedade democrática deixa de atirar pedras à política e a seus políticos. Nenhuma delas, ao que se tem notícia, rejeita a democracia ou decide que a solução é o enfraquecimento de seus legislativos. Se se toma como exemplo as sociedades parlamentaristas, esta afirmação adquire conotação mais decisiva, uma vez que neste sistema o parlamento é ao mesmo tempo o governo. Se o parlamentarismo levou a duas guerras mundiais somente no séc. XX, foi o mesmo sistema, pela virtude e fortuna (e também por todos os defeitos) de seus dirigentes parlamentares, que garantiu ao mundo o mais longo período de paz ininterrupto de que se tem notícia.

Permitir, como o fazem alguns países, que os atos ainda em tramitação no poder legislativo sofram controle judicial, equivale a permitir ingerência decisiva sobre a política. Dito com outras palavras: significa o enfraquecimento do poder legislativo, do voto direto e secreto, com igual valor para todos. Reivindica-se a infalibilidade para um poder constituído, mais preparado, mais "prudente", para a correção daquilo que um poder eminentemente político é capaz de realizar. Este conjunto de pensamento não é recente no Supremo Tribunal Federal, de idêntica maneira que também não o é sua antípoda, sempre no próprio Supremo Tribunal Federal, lembre-se[8]. Se o fortalecimento da democracia não se dissocia do papel do poder legislativo – afinal, é este quem elabora as leis para todo, a introdução de um controle judicial preventivo atrai para o cenário judicial os embates que deveriam se desenvolver na arena dos parlamentos. É provável que se teria mais governabilidade; porém é certo de que teríamos menos democracia.

4 – CONTROLE PREVENTIVO E SUA INCONSTITUCIONALIDADE

Por esta dignidade histórica que acompanha o poder legislativo, é que a Constituição Federal representa um texto concebido a partir da racionalidade. Neste sentido, a separação de poderes existe no âmbito de um **controle judicial da constitucionalidade sobre atos normativos e não sobre o "vir-a-ser" de atos normativos.** Deixemos, pois, que o texto da Constituição nos diga algo...! Enquanto uma discussão localiza-se no âmbito do poder legislativo, não é ela nada mais que um projeto de lei, projeto de decreto legislativo, projeto de emenda à constituição etc.; instrumentos, em qualquer dos casos, sem vigência, sem validade e sem eficácia. Ao ingressarem, tais atos, no "mundo dos vivos" (o que se dá com a sanção e promulgação/publicação), aqui, sim, começa o controle da constitucionalidade a cabo do poder judiciário. Antes, não!

---

8. Segundo o jornal "O Estado de São Paulo, de 20.09.1988, assim se manifestou o então Ministro Moreira Alves: "O papel do Judiciário a partir de agora será de extrema importância para a aplicação da Constituição, principalmente com a elevação do STF à condição de seu guardião. Com o tempo serão corrigidas as imperfeições que o texto apresenta (...)".

   No sentido oposto, o Min. Paulo Brossard, ao se posicionar sobre a impossibilidade de o judiciário conhecer de questões políticas, afirmou: "O Presidente pode cercar-se de elementos corruptos e incapazes (...). O Paço do Governo pode converter-se numa praça de negócios. O opróbio pode atingir o ponto de a suprema autoridade exigir pecúnia das potências estrangeiras ou receber propinas em retribuição a atos que pratique (...). Este painel terrível pode ser o retrato do país e obra de um governante (...). O Supremo Tribunal Federal não é superior aos demais. Cada qual, no âmbito de suas atribuições específicas e privativas, profere a palavra derradeira, ainda que não seja a mais sábia (...). Em verdade, nenhum poder tem o monopólio do saber e da virtude; os poderes acertam e erram, acertam mais do que erram, felizmente, mas também erram. É da natureza humana. E o que decide em último lugar erra ou acerta irremediavelmente. O certo ou desacerto serão definitivos. Esta verdade, singela e trivial, não deve ser esquecida. Nem os homens, nem as suas instituições, são perfeitas e infalíveis". (Supremo Tribunal Federal. *Impeachment*. Brasília, 1996, pp. 157/158/162).

Não há, desse modo, como se encontrar, em todo o texto da Constituição, qualquer comando autorizador da introdução do controle preventivo abstrato da constitucionalidade. Aliás, é assim que o STF, quando instado, vem decidindo. E deve continuar assim.

E vejamos quão importante é a democracia e a essa concepção aqui defendida (de *check and balances* e do que mais se queira chamar). Tão inconstitucional seria a introdução de um controle preventivo de constitucionalidade – e isso somente seria "possível", paradoxalmente, com a aprovação do próprio parlamento – que o próprio STF poderia declarar essa emenda inconstitucional (em controle de constitucionalidade não preventivo, é claro!). Ou seja, quando dizemos que não há espaço para o controle preventivo de constitucionalidade em nosso ordenamento, queremos dizer que isso se deve ao conteúdo da nossa Constituição compromissória, que, ao reservar para a fiscalização de constitucionalidade tão-somente o controle sucessivo (não preventivo), fê-lo porque esse é o modo de preservar a democracia. Trata-se daquilo que se chama de "vedações implícitas ao poder de emendar". Numa palavra: o próprio Poder Legislativo, ao aprovar o modo de controlar a constitucionalidade, já deixou assentado, ainda que implicitamente, que isso não poderia ser alterado. E por quê? Porque o Poder Constituinte jamais faria um haraquiri institucional.

DIREITOS EM DIÁLOGO: A LEGITIMIDADE DAS DECISÕES DO SUPREMO TRIBUNAL FEDERAL NA SOCIEDADE ATUAL

Luiz Eduardo Camargo Outeiro Hernandes[1]

1. INTRODUÇÃO

As transformações do Estado e do direito na sociedade contemporânea trouxeram reflexos na legitimação da autoridade do Estado moderno. A legitimidade democrática das decisões da jurisdição constitucional é objeto de amplo debate internacional, cujo transplante para o sistema constitucional brasileiro não se mostra tarefa simples.

Fala-se em crise de legitimidade decorrente do Estado pós-moderno, cujo direito se desenvolvente em um ambiente de pluralidade de fontes de direitos, em uma sociedade cada vez mais complexa e horizontal. É nesse contexto que surge a importância do tema a ser desenvolvido no presente artigo: Direitos em diálogo: A legitimidade das decisões do Supremo Tribunal Federal na sociedade atual.

O artigo apresenta uma contribuição para o debate científico sobre o tema. Procurar-se-á demonstrar que, para se alcançar a legitimação democrática do exercício da jurisdição constitucional pelo STF na sociedade atual, exige-se que se concretize a legitimidade dialógico-deliberativa no método de decisão judicial na Suprema Corte brasileira.

Para tanto, a pesquisa foi elaborada do ponto de vista metodológico do pragmatismo[2] do exercício da jurisdição constitucional em uma corte constitucional. Por meio de raciocínios dedutivo e indutivo, em

---

1. Mestre em Direito pela Universidade Católica de Brasília (2017). Atualmente é pesquisador do Centro Internacional de Direitos Humanos de São Paulo (Academia Paulista de Direito). Procurador da República. Cocoordenador do livro Direito Penal Econômico: Temas Essenciais Para a Compreensão da Macrocriminalidade Atual pela Editora Juspodivm.
2. MENDES, Conrado Hubner. **Constitutional Courts and Deliberative Democracy**. Oxford: Oxford University Press, 2013, p. 8.

uma dimensão analítico conceitual, objetiva-se analisar de forma crítica o conceito de legitimidade em cortes constitucionais. A pesquisa adotará a metodologia concernente ao levantamento bibliográfico por meio da consulta a livros, revistas, periódicos e outras fontes de mesmas espécies, que ajudarão a sustentar e esclarecer os aspectos teóricos da temática, sempre buscando a análise crítica da literatura atual.

A motivação consiste no fato de que a sociedade atual passa por profundas mudanças e essas mudanças não deixaram de ser percebidas pelo direito, pela conformação estatal e especialmente, pela análise crítica da legitimação das decisões do STF, enquanto órgão responsável por defender a Constituição, quando analisa as constitucionalidades das leis e dos atos normativos questionados frente a ordem constitucional vigente. Justifica-se o trabalho em epígrafe porque a cooperação no âmbito da jurisdição constitucional possibilita oportunidade para o diálogo entre os atores sociais e institucionais, dando ensejo ao fortalecimento da legitimidade da atuação judicial por parte do STF.

Além primeira seção constituída pela introdução, o trabalho se desenvolverá em quatro seções essenciais. Na segunda seção, será estudado o debate constitucional acerca da legitimação democrática das decisões dos tribunais constitucionais no sistema constitucional e se verificará a adequação do seu transplante para o sistema constitucional brasileiro. Na terceira, analisar-se-á o direito no Estado pós-moderno e na sociedade horizontal. Já a quarta seção tratará da legitimação das decisões do Supremo Tribunal Federal na sociedade atual. Por fim, concluir-se-á o artigo, demonstrando que a decisão judicial é legitimada não exclusivamente pelo procedimento, como também pelo diálogo recíproco, pela participação em cooperação e pela possibilidade de integração da decisão final a ser proferida no exercício da jurisdição constitucional pelo STF.

2. A LEGITIMAÇÃO DEMOCRÁTICA DAS DECISÕES DOS TRIBUNAIS CONSTITUCIONAIS NO SISTEMA CONSTITUCIONAL: TRANSPLANTE DE UM DEBATE CONSTITUCIONAL?

A noção de legitimidade aplicada ao Direito Constitucional compreende a três concepções: a legitimidade jurídica, a legitimidade sociológica e a legitimidade moral. A legitimidade jurídica ou legal é aquela em que a legitimidade e a ilegitimidade são avaliadas como normas jurídicas. Já a legitimidade sociológica é aquela em que a Constituição, ou a reivindicação de autoridade jurídica legal, é legítima na medida em que, de fato, é aceita como merecedora de respeito ou obediência. Por sua vez, a legitimidade é entendida em termos morais quando há uma justificação moral para as reivindicações de autoridade investidas em nome da lei[3].

As noções jurídica, sociológica e moral da legitimidade conformam as preocupações com as condições necessárias para o exercício da autoridade incumbida dessa missão, determinando, muitas vezes, a interdependência dos conceitos. Por exemplo, a legitimidade jurídica da Constituição pode depender mais da sua aceitação sociológica atual do que da mera ratificação formal. Da mesma forma, a legitimidade jurídica da interpretação constitucional também pode depender da sua aceitação sociológica atual[4].

Nesse contexto, conforme ensina Paulo Bonavides:

> "E com base nesse imperativo, devemos inferir que a legitimidade da justiça constitucional repousa também em grande parte na acuidade do juiz em orientar-se nas suas sentenças e nas suas diligências hermenêuticas, pela adesão do corpo político aos valores representados e incorporados na Constituição. Não havendo tal adesão ou aprovação, exaure-se com certeza o manancial donde fluem os elementos morais, éticos, cívicos e patrióticos do dever de fidelidade que garante a causa pública e a ordem constitucional e traça-lhe a linha de continuidade e estabilidade que é a pauta de solidez do regime e das instituições"[5].

Os questionamentos acerca da legitimidade do exercício da jurisdição constitucional pelos tribunais constitucionais decorrem desta ser uma restrição à democracia representativa, na medida em que retira do ordenamento jurídico os efeitos de leis elaboradas pelos representantes eleitos e que foram declaradas incompatíveis com a Constituição, o que faz surgir a necessidade de justificar a natureza democrática dos tribunais constitucionais investidos dessa função[6].

---

3. FALLON JR., Richard H. Legitimacy and the Constitution. **Harvard Law Review**, n. 6, v. 118, abr. 2005, p. 1787-1853, p. 1790-1791.

4. FALLON JR., Richard H. Legitimacy and the Constitution. **Harvard Law Review**, n. 6, v. 118, abr. 2005, p. 1787-1853, p. 1791-1972.

5. BONAVIDES, Paulo. Jurisdição constitucional e legitimidade (algumas observações sobre o Brasil). **Estudos Avançados**, n. 51, v. 18, São Paulo, mai./agost. 2004, p. 127-150, p. 132.

6. BRITO, José de Sousa. Jurisdição constitucional e princípio democrático. In: *BRITO*, J. S. et al. **Legitimidade e legitimação da justiça constitucional**. Coimbra: Coimbra, 1995, p. 39.

Nesse contexto, "[...] a legitimidade dos tribunais constitucionais é, antes de tudo, pura e simplesmente, a legitimidade da própria Constituição"[7]. Não existindo Constituição legítima, também não existirá jurisdição constitucional legitima e exercício legítimo da função[8]. Desse modo, os julgamentos da legitimidade do exercício da jurisdição constitucional podem ser opostos contra a própria Constituição[9].

O debate acerca da legitimidade do exercício da jurisdição constitucional por um Tribunal Constitucional, ou de um órgão incumbido dessa missão, como o Supremo Tribunal Federal no Brasil, desenvolve-se sob perspectivas diversas. Essas podem assumir caráteres formais, substanciais ou mistos. A distinção entre a legitimidade formal e a legitimidade material está fundamentada na distinção entre normas substanciais e normas procedimentais. As normas substanciais, ou primárias, estabelecem direitos e deveres aos cidadãos, ao passo que as normas procedimentais, ou secundárias, estipulam os métodos, ou procedimentos, a serem utilizados para se decidir quanto ao conteúdo das normas substanciais (primárias)[10].

Em termos gerais, a legitimidade procedimental do exercício da jurisdição constitucional induz a uma democracia procedimental (democracia como procedimento[11]), em que o cidadão consente (seja por um acordo explícito, ou mesmo implícito) quanto aos procedimentos de longo prazo que está submetido[12]. Identifica-se como uma forma de tomada de decisões[13], na qual se garantem a igualdade de direitos de participação e de influência nos procedimentos, ou processos, de decisão, sem que

---

7. VILLALÓN, Pedro Cruz. Legitimidade da justiça constitucional e princípio da maioria. In: *BRITO*, J. S. et al. **Legitimidade e legitimação da justiça constitucional**. Coimbra: Coimbra, 1995, p. 86.
8. BONAVIDES, Paulo. Jurisdição constitucional e legitimidade (algumas observações sobre o Brasil). **Estudos Avançados**, n. 51, v. 18, São Paulo, mai./agost. 2004, p. 127-150, p. 132.
9. FALLON JR., Richard H. Legitimacy and the Constitution. **Harvard Law Review**, n. 6, v. 118, abr. 2005, p. 1787-1853, p. 1802.
10. MICHELMAN, Frank I. **Brennan and Democracy**. New Jersey: Princeton University Press, 1999, p. 17.
11. MICHELMAN, Frank I. **Brennan and Democracy**. New Jersey: Princeton University Press, 1999, p. 10.
12. SULLIVAN, Kathleen M. Epistemic Democracy and Minority Rights. **California Law Review**, n. 3, v. 86, mai. 1998, p. 445-451, p. 445.
13. FREEMAN, Samuel. Constitutional Democracy and the Legitimacy of Judicial Review. **Law and Philosophy**, n. 4, v. 9, 1990/1991, p. 327-370, p. 335.

haja qualquer restrição ao conteúdo substancial do resultado produzidos, ressalvados aqueles exigidos pela própria noção de democracia como procedimento[14].

Do ponto de vista procedimental, a Constituição preocupar-se-ia com a equidade processual na resolução de disputas individuais e a garantia da ampla participação nos processos decisórios[15]. Nesse prisma, a jurisdição constitucional seria legítima apenas para as tutelas da equidade processual e dos direitos de participação enquanto necessários para a plena realização da democracia, o que inclui a remoção de barreiras à participação das minorias[16].

Por outro lado, importante corrente procedimentalista sustenta que a legitimidade do direito positivo deriva de um processo de formação da opinião e da vontade pública, envolvendo partícipes de discursos racionais[17]. A Constituição fixa as bases procedimentais por meio das quais os cidadãos podem cooperativamente alcançar condições justas e equitativas de vida, em conformidade com o direito de autodeterminação. As garantias das condições processuais da elaboração democrática da lei asseguram a legitimidade do direito. Por essa razão, a jurisdição constitucional deve proteger o sistema de direitos que possibilita a autonomia privada e pública dos cidadãos[18].

Essa concepção procedimentalista determina que o direito somente se faz legítimo quando os cidadãos não são apenas destinatários finais das normas, mas também seus co-autores[19]. Assim, o Tribunal Constitucional se transforma em espaço público deliberativo, no qual a interpretação e a aplicação da Constituição são expostas aos argumentos e aos contra-argumentos do debate, propiciando as construções racionais das

14. BARRY, Brian. Is *Democracy Special? In: LASLETT, Peter; FISHKIN,* James S. (eds.) ***Philosophy, Politics and Society***, 5th series. Oxford: Blackwell, 1979, p. 155-156.

15. ELY, John Hart. ***Democracy and Distrust*: A Theory of Judicial Review**. Cambridge: Harvard University Press, 1980, p. 87.

16. ELY, John Hart. ***Democracy and Distrust*: A Theory of Judicial Review**. Cambridge: Harvard University Press, 1980, p. 135.

17. HABERMAS, Jurgen. **Direito e Democracia: entre facticidade e validade**. 2a. ed. Trad. Flavio Beno Siebeneichler. Rio de Janeiro: Tempo Brasileiro, 2003, v. II, p. 319.

18. HABERMAS, Jurgen. **Direito e Democracia: entre facticidade e validade**. 2a. ed. Trad. Flavio Beno Siebeneichler. Rio de Janeiro: Tempo Brasileiro, 2003, v. I, p. 326.

19. SARMENTO, Daniel; SOUZA NETO, Cláudio Pereira de. **Direito Constitucional:** teoria, história e métodos de trabalho. Belo Horizonte: Fórum, 2012, p. 224.

decisões. Funda-se uma jurisdição-participativa no âmbito da jurisdição constitucional.

O exercício do poder se desenvolve por meio de procedimentos legalmente institucionalizados de deliberação democrática e de tomada de decisão, em que os procedimentos e os pressupostos comunicativos da opinião democrática e da formação de vontade funcionam como os guias mais importantes para a racionalização discursiva das decisões oficiais, submetidas aos limites da lei. Assim, a racionalização significa mais do que mera legitimação[20].

Do ponto de vista formal, poderia se sustentar que o Supremo Tribunal Federal possuiria legitimidade democrática em razão do procedimento de escolha de seus membros. Trata-se de um procedimento complexo em que participam o Presidente da República e o Senado Federal, culminando nomeação de um cidadão com notável saber jurídico e reputação ilibada. Porém, essa não se mostra suficiente, pois se trata apenas de uma legitimação democrática indireta.

Da mesma forma, as expressas previsões do Supremo Tribunal Federal e de suas missões na Constituição Federal tratam-se de fatores formais de legitimação democrática indireta, já que decorrem da obra do Poder Constituinte Originário. Destarte, as críticas ao autor, criador ou construtor, poderiam ser transportadas para a sua obra, para o seu resultado ou para a sua construção.

Um aspecto da legitimidade formal democrática do Supremo Tribunal Federal é a legitimidade procedimental das suas decisões, ou seja, a forma pela qual o Tribunal decide os casos submetidos à sua jurisdição constitucional. A decisão final é proferida por meio de um método racional e justificado por argumentos e fundamentos legítimos que encontram conformidade com os valores acolhidos pelas normas Constitucionais.

As fundamentações ou justificativas para a legitimidade democrática do Supremo Tribunal Federal no exercício da jurisdição constitucional, quando extraídas exclusivamente do texto constitucional, não deixam de ser argumentos formais e procedimentais. Assim, teóricos sustentam ser necessário avançar para fundamentações substanciais da legitimidade democrática do exercício da jurisdição constitucional.

20. HABERMAS, Jurgen. *Three Normative Models of Democracy,* **Constellations,** n. 1, v. I, 1994, p. 1-10, p. 9.

Por isso, em oposição à fundamentação procedimental, os substancialistas sustentam que o debate não pode ser simplificado em termos estritamente formais, na medida em que, como descrito acima, a legitimidade do exercício da jurisdição constitucional por tribunais constitucionais é um julgamento da própria Constituição, na medida em que é concretizada via interpretação constitucional pelo Tribunal Constitucional, ou pelo órgão constitucionalmente competente, como o Supremo Tribunal Federal.

De forma abrangente, a legitimidade substancial do exercício jurisdição constitucional conduz a uma democracia substancial (democracia como direito[21] ou como justiça), em que há uma preocupação quanto ao conteúdo substancial do resultado produzido pelo processo de decisão. Focam-se os conteúdos prescritivos das normas fundamentais, ou das decisões judiciais, em contra posição à fonte da autoridade que as prescreveram. Preocupa-se com o que foi objeto de prescrição normativa em detrimento da forma como foram prescritas. Trata-se de um constitucionalismo de resultados e de uma legitimidade como substância[22], que coloca o indivíduo no centro do sistema[23].

A legitimidade substantiva da jurisdição constitucional se baseia no fato de que as prescrições substanciais fundamentais previstas na Constituição podem ser desafiadas por leis posteriores e o papel da jurisdição constitucional é proteger e preservar àqueles preceitos constitucionais fundamentais ameaçados, ou mesmo violados, pelas maiorias circunstâncias.

A legitimidade democrática em termos substanciais do exercício da jurisdição constitucional possui um primeiro fundamento no acesso do cidadão ao Tribunal. Quanto mais amplo for o acesso à jurisdição constitucional ao cidadão, titular do poder constituinte, maior será a legitimação do exercício da jurisdição constitucional pelo Tribunal. Assim, quanto mais perto do cidadão estiver o juiz constitucional maior será o grau de sua legitimidade[24]. Na concepção de democrática-substancial, a participação

---

21. MICHELMAN, Frank I. **Brennan and Democracy**. New Jersey: Princeton University Press, 1999, p. 10.

22. MICHELMAN, Frank. **Democracy and Positive Liberty**. Disponível em <http://bostonreview.net/archives/BR21.5/michelman.html> Acesso em: 08 nov 2017, p. 5-6.

23. DWORKIN, Ronald. **Taking Rights Seriously**. Cambridge: Harvard University Press, 1977, p. 172.

24. BONAVIDES, Paulo. Jurisdição constitucional e legitimidade (algumas observações sobre o Brasil). **Estudos Avançados**, n. 51, v. 18, São Paulo, mai./agost. 2004, p. 127-150, p. 132.

é entendida como a possibilidade genuína do cidadão de fazer diferença, de ter voz, de influir, nas decisões, considerando que o cidadão é membro igual na sociedade[25].

Por sua vez, forte indicativo de que a legitimidade democrática do exercício da jurisdição constitucional pelo Supremo Tribunal Federal não se esgota no formalismo procedimental é função de defesa da Constituição que esse tribunal desempenha e do seu papel contra-majoritário, isto é, de proteção aos direitos das minorias contra a maioria estabelecida.

Quando as constituições declaram limites ao poder da maioria, isso significa que as decisões não devem refletir a vontade da maioria necessariamente. A função de proteção da Constituição pressupõe a responsabilidade e o dever de desafiar a vontade popular majoritária quando as garantias da Constituição estão em jogo[26].

Mas essa responsabilidade é mais presente quando os juízes são convidados a analisar e exercer o controle de constitucionalidade da legislação promulgada pelo Legislativo. Os juízes então reivindicam um direito e um dever de impedir o que os representantes da maioria considerem algo constitucionalmente apropriado e no interesse da comunidade como um todo[27], em nome da proteção dos valores constitucionais, da proteção da Constituição, ou ainda, dos direitos das minorias.

O papel contramajoritário e de defesa das minorias da jurisdição constitucional não passa a salvo de críticas, entretanto, inclusive por substancialistas, na medida em que, ao agir dessa forma, a Corte Constitucional atua contra os próprios critérios tradicionais da democracia e da soberania popular, que distingue a democracia de outros sistemas políticos, considerando que o princípio da maioria sobrevive por necessidade lógica[28].

Desse ponto de vista, seria um erro supor que a legitimidade do exercício da jurisdição constitucional pode ser mensurada por meio de conceitos extraídos das teorias da democracia ou morais. Isso porque a

25. DWORKIN, Ronald. Equality, Democracy, and Constitution: We the People in Court. **Alberta Law Review**, n. 2, v. 28, 1990, p. 324-346, p. 338.

26. DWORKIN, Ronald. Equality, Democracy, and Constitution: We the People in Court. **Alberta Law Review**, n. 2, v. 28, 1990, p. 324-346, p. 325.

27. DWORKIN, Ronald. Equality, Democracy, and Constitution: We the People in Court. **Alberta Law Review**, n. 2, v. 28, 1990, p. 324-346, p. 325.

28. DAHL, Robert A. Tomada de decisões em uma democracia: a Suprema Corte como uma entidade formuladora de políticas nacionais. **Revista de Direito Administrativo**, Rio de Janeiro, v. 252, p. 25-43, mai. 2009, p. 30.

jurisdição constitucional pode encontrar resistência na presença de maiorias formadas por legisladores determinados e persistentes em implementar um política pública de grande porte[29], o que pode gerar questionamentos acerca da sua própria legitimidade[30]. Por essa razão, o papel da Corte Constitucional é garantir os padrões comportamentais básicos (direitos fundamentais, deveres, liberdades e restrições) necessários para a operação da democracia[31].

Apesar do profundo debate entre as correntes substancialistas e procedimentalistas a respeito da legitimidade do exercício da jurisdição constitucional, o simples transplante das conclusões de ambas as teorias para a realidade da Constituição Federal de 1.988 não é imune à critica. Isso em razão de que as teorias partem de concepções distintas de democracia, que refletem no próprio entendimento sobre o que é a Constituição e em última a análise, no papel e no fundamento da legitimidade democrática da jurisdição constitucional[32].

Uma visão puramente procedimental levaria o Tribunal Constitucional a ignorar os valores contidos na própria Constituição, sendo certo que o texto constitucional em vigor é amplamente substantivo e consagrador de valores materiais[33]. Transformaria os direitos fundamentais postos na Constituição como meros procedimentos. No entanto, a Constituição de 1.988 consagra extenso rol de direitos fundamentais, que não necessitam ser implementados a partir de cláusulas abertas, como a do devido processo legal, incidindo diretamente nas relações sociais.

A Constituição também contempla diversas políticas públicas que exigem implementações em casos de configurações de omissões inconstitucionais, o que legitima a determinação judicial de implementação

29. DAHL, Robert A. Tomada de decisões em uma democracia: a Suprema Corte como uma entidade formuladora de políticas nacionais. **Revista de Direito Administrativo**, Rio de Janeiro, v. 252, p. 25-43, mai. 2009, p. 32-33.

30. DAHL, Robert A. Tomada de decisões em uma democracia: a Suprema Corte como uma entidade formuladora de políticas nacionais. **Revista de Direito Administrativo**, Rio de Janeiro, v. 252, p. 25-43, mai. 2009, p. 40.

31. DAHL, Robert A. Tomada de decisões em uma democracia: a Suprema Corte como uma entidade formuladora de políticas nacionais. **Revista de Direito Administrativo**, Rio de Janeiro, v. 252, p. 25-43, mai. 2009, p. 42.

32. ACKERMAN, Bruce. **We the people: foundations**. Cambridge, Massachusetts: Harvard University Press, 1991, v. 1, p. 7-16.

33. SARMENTO, Daniel; SOUZA NETO, Cláudio Pereira de. **Direito Constitucional:** teoria, história e métodos de trabalho. Belo Horizonte: Fórum, 2012, p. 226.

da política pública constitucionalmente prevista, deixando a procedimentalização da sua concretização à cargo da autoridade incumbida de implementá-la.

Mesmo as prescrições mais processuais, ou procedimentais, estabelecidas pelo texto constitucional não podem ser adequadamente interpretadas e aplicadas sem uma valoração substantiva, com base nos direitos fundamentais do cidadão[34]. Sempre é necessário apreciar os valores materiais fundamentais na elaboração de qualquer forma processual, uma vez que é inegável a influência do direito material no processo, sob pena deste ser considerado um fim em si mesmo. Ao receber a influência de valores substanciais, o próprio processo se torna intrinsecamente substantivo e da mesma forma, a Constituição[35].

É oportuno registar o que há de comum entre as visões substancialistas e procedimentalistas da legitimação do exercício da jurisdição constitucional: a preocupação com a participação do cidadão na construção da decisão no âmbito da jurisdição constitucional. Portanto, é o enfoque na participação que aproxima ambas as teorias e traça um denominador comum, apesar das profundas diferenças quanto ao sentido, alcance e o resultado dessa participação do cidadão na tomada de decisão.

3. O ESTADO PÓS-MODERNO, O DIREITO E A SOCIEDADE HORIZONTAL

A noção de Estado pós-moderno consolida o conjunto de transformações que vem sofrendo a ordenação estatal na atualidade. Essa ideia pós-moderna de Estado busca evidenciar a evolução e a diversidade dos modelos estatais contemporâneos[36]. O modelo do Estado moderno compreende as características da racionalização da ordenação política, da institucionalização do poder, do monopólio do uso da força e da unidade ordem estatal. Já o modelo do Estado pós-moderno é fruto de uma sociedade complexa, não ordenada em termos estritamente racionais, intercultural e plural.

---

34. TRIBE, Laurence H. The Puzzling Persistence of Process-Based Constitutional Theories. **The Yale Law Journal**, n. 6, v. 89, maio 1980, pp. 1063-1080, p. 1067.
35. TRIBE, Laurence H. The Puzzling Persistence of Process-Based Constitutional Theories. **The Yale Law Journal**, n. 6, v. 89, maio 1980, pp. 1063-1080, p. 1070-1071.
36. CHEVALLIER, Jacques. **O Estado pós-moderno**. Trad.Marçal Justen Filho. Belo Horizonte: Fórum, 2009, p. 21.

O direito do Estado moderno é fundado na racionalização do processo de produção normativa, na qual o Estado é detentor do monopólio da força e única fonte do direito. O direito moderno é um sistema normativo em unidade, coerente e completo. É um sistema de normas jurídicas em que essas passam a existir, adquirem validade, produzem efeitos jurídicos e são legitimadas a partir de uma mesma fonte de autoridade do poder. Trata-se de um ordenamento jurídico coerente, na medida em que suas normas não são realmente incompatíveis entre si. Caracteriza-se por ser uma ordem jurídica completa, pois pretende solucionar toda a realidade normativa no interior do próprio ordenamento.

Apresenta-se o direito no Estado moderno como um sistema normativo do tipo piramidal. A unidade, a coerência e a completude de ordenamento jurídico são sustentadas por uma hierarquia rígida que condiciona a existência, a validade e a eficácias das normas jurídicas às compatibilidades destas com as normas jurídicas postas nos planos hierarquicamente superiores do ordenamento jurídico.

Por sua vez, o direito no Estado pós-moderno não concentra a juridicidade do direito unicamente no Estado, o que faz surgirem um pluralismo de fontes do direito e uma multiplicidade de normas jurídicas concorrentes e aparentemente conflitantes. Essa pluralidade de fontes do direto provocou a crise da racionalização do processo de produção do direito, do monopólio da força por parte do Estado e da unidade da fonte do direito no Estado moderno, abalando a coerência e a pretensão de completude do sistema normativo do Estado moderno.

As crises da racionalização do processo de produção do direito, monopólio da força por parte do Estado e unidade da fonte do direito no Estado moderno são problemas inter-relacionados. Isso porque "fontes do direito" são os processos por meio dos quais as normas jurídicas legitimamente produzidas adquirem existência e obrigatoriedade em um determinado ordenamento jurídico. Nesse contexto, a validade de uma norma depende do respeito aos processos de produção das normas jurídicas autorizados como fontes em certo ordenamento[37]. Por essa razão, é necessário uma estrutura de poder capaz de especificar o conteúdo das

37. NORBERTO, Bobbio. **O Positivismo Jurídico: Lições de filosofia do direito**. Compiladas por Nello Morra. Trad. e notas Márcio Pugliesi, Edson Bini e Carlos E. Rodrigues. São Paulo: Editora Ícone, 1995, p. 161.

normas jurídicas e garantir o respeito ao cumprimento destas[38]. Em termos formais, essa estrutura de poder é reconduzida à única fonte legítima de criação do direito. A crise do direito no Estado moderno é um abalo na própria legitimidade do Estado como fonte unitária da criação do direito.

No Estado pós-moderno, há um sistema jurídico plural em que as normas jurídicas não são produzidas a partir de uma única fonte de autoridade de poder legitimada. Os aparentes conflitos normativos são solucionados pelo diálogo e pela cooperação recíproca. Configura-se um sistema aberto que não busca responder toda a realidade normativa no interior do próprio ordenamento, mas se comunica com os demais sistemas normativos concorrentes.

A rígida hierarquia formal abre espaço para um pluralismo ordenado, desprovido de rigidez hierárquica, porém harmônico[39]. Fala-se em um sistema jurídico composto por camadas ou níveis constitucionais complementares, de âmbito internacional e nacional, entrelaçados e interdependentes, que não podem ser compreendidos independentemente do outro[40], [41]. Em outra perspectiva, sustenta-se a ocorrência de um transconstitucionalismo pluridimensional, envolvendo ordens jurídicas diversas, por meio de um entrelaçamento multiangular entre ordenamentos jurídicos[42].

Da sociedade contemporânea, amplamente caracterizada, surgem conceitos associados à forma como são vivenciados os efeitos daquelas mudanças que produzem movimentos para a compreensão maior do constitucionalismo e do papel do Estado em um mundo globalizado: "constituição plural" e "constitucionalismo plural"[43], "constituciona-

38. REALE, Miguel. **Lições preliminares de direito**. 27a. ed. ajustada ao novo código civil. São Paulo: Editora Saraiva, 2002, 141.

39. DELMAS-MARTY, Mireille. **Les forces imaginantes du droit II: le pluralisme ordonné**. Paris: Seuil, 2006, p. 9; DELMAS-MARTY, Meirele. **Por um direito comum**. Trad. Ermantina de Almeida Prado Galvão. São Paulo: Martins Fontes, 2004, p. 238.

40. PERNICE, Ingolf. Multilevel Constitutionalism and the Treaty of Amsterdam: European Constitution-Making Revisited? **Common Market Law Review.** 1999; 36:703-750, p. 722.

41. PERNICE, Ingolf. Multilevel constitutionalism in the European Union, **WHI Paper** 5/02, 2002, p.4. Disponível em: <http://www.rewi.hu-berlin.de/WHI/papers/whipapers502/constitutionalism.pdf>. Acesso em: 12 abr. 2017.

42. NEVES, Marcelo. Do diálogo entre as cortes supremas e a Corte Interamericana de Direitos Humanos ao transconstitucionalismo na América Latina. **Revista da Informação Legislativa** n. 51, n. 201, 2014, p. 193-214, p. 207.

43. MADURO, Miguel Poiares. **A constituição plural. Constitucionalismo e União Europeia.** Cascais: Principia, 2006, p. 9.

lismo sem Estado"[44], "interconstitucionalidade"[45], "Estado Constitucional Cooperativo"[46] e transconstitucionalismo[47].

Esse Estado pós-moderno e o direito que dele advém desenvolvem-se em uma sociedade horizontal. Na sociedade em que vivemos, a identidade, o poder, a influência e a autoridade tendem a se tornar cada vez mais horizontais. A identidade, o poder, a influência e a autoridade são difundidos entre pessoas que possuem certo plano de igualdade. No sistema horizontal, a autoridade vertical enfraquece e ao mesmo tempo, os grupos sociais e o indivíduo ganham força e mais autonomia[48].

A globalização promove transferências de competências de níveis nacionais para ordens internacionais e, com isso, abrem-se "vazios de legitimação"[49]. Com isso, o direito na sociedade horizontal ganha contornos de um direito transnacional, que transcende as normas internas dos Estados[50].

Essas mudanças decorrentes da complexidade do Estado pós-moderno e do direto afetam a legitimidade do STF. Portanto, são necessárias análises das interações possíveis entre os aspectos estudados nesse artigo para a contribuição para o debate acerca da legitimação democrática do STF na sociedade atual.

4. A LEGITIMAÇÃO DAS DECISÕES DO SUPREMO TRIBUNAL FEDERAL NA SOCIEDADE ATUAL

Em uma sociedade complexa, global e em rede como a que compartilhamos hoje, as decisões da jurisdição constitucional não se traduzem como

44. TEUBNER, Gunther. A Bukowina global: sobre a emergência de um pluralismo jurídico transnacional. **Impulso: Revista de Ciências Sociais e Humanas**, Piracicaba: Unimep, v. 14, n. 3, 2003, p. 10-11.

45. CANOTILHO, José Joaquim Gomes. **"Brancosos" e a interconstitucionalidade: itinerários dos discursos sobre a historicidade constitucional**. Lisboa: Almedina, 2006, p. 266.

46. HÄBERLE, Peter. **Estado constitucional cooperativo**. Trad. Marcos A. Maliska e Elisete Antoniuk. Rio de Janeiro: Renovar, 2007, p. 4.

47. NEVES, Marcelo **Transconstitucionalismo**. São Paulo: Martins Fontes, 2009, p. 129.

48. FRIEDMAN, Lawrence M. Some Thoughts on the Horizontal Society. **Diritto & Questioni Pubbliche**, n. 4, 2004, p. 229-240, p. 229.

49. HABERMAS, Jurgen. **A constelação pós-nacional: ensaios políticos**. Tradução de Márcio Seligmann-Silva. São Paulo: Littera Mundi, 2001, p. 80, 91.

50. FRIEDMAN, Lawrence M. Some Thoughts on the Horizontal Society. **Diritto & Questioni Pubbliche**, n. 4, 2004, p. 229-240, p. 229.

vetores principais para a construção concreta dos direitos constitucionais. Os grupos sociais, o exercício da cidadania e mesmo o cidadão agindo por conta própria, desempenham igual importância na definição dos direitos constitucionais. A participação cidadã possui grande poder na edificação da Constituição. Em última instância, eles são catalisadores da mudança constitucional, isto é, constituem-se como os motores das elaborações dos direitos constitucionais[51].

Muitas mudanças constitucionais ocorrem fora dos tribunais e acabam sendo recepcionadas pela jurisdição constitucional e especialmente, pelo STF. Ainda que a Constituição preveja mecanismos formais para a sua mudança, mutações constitucionais podem ocorrem sem que haja uma emenda formal à Constituição. A Constituição possui direitos e garantias fundamentais postas como cláusulas abertas e que são sujeitas a interpretações. Essas interpretações se alteram à medida em que surgem novas circunstâncias fáticas, que, por sua vez, originam-se fora dos organismos da jurisdição constitucional em razão de ações de grupos sociais ou de cidadãos em particular.

A Constituição não é uma obra estática, mas um trabalho vivo em andamento. A Constituição vive em cada um de nós e no interior dos grupos sociais que criamos para salvaguardar os valores constitucionais e para avançar nas conquistas de direitos e garantias constitucionais. Juízes de Cortes Supremas são mais propensos a reconhecer mudanças constitucionais quando refletem a opinião pública. Isso demonstra que a Constituição se desenvolve por meio de uma variedade de caminhos legais e políticos que não são formalmente constitucionais[52].

A Constituição não reflete o passado ou as visões dos juízes constitucionais investidos em um particular momento histórico. A Constituição representa os valores de um povo em uma relação dinâmica com os valores contemporâneos da sociedade. Nesse sentido, são os cidadãos e os grupos sociais que alimentam e mantém vivos os valores constitucionais.

As pessoas se sentem mais livres para escolherem quem são e para formarem relacionamentos em um plano de igualdade horizontal hoje em

51. COLE, David. **Engines of liberty: the power of citizan activists to make constitucional law**. New York: Basic Books, 2016, p. 6.
52. COLE, David. **Engines of liberty: the power of citizan activists to make constitucional law**. New York: Basic Books, 2016, p. 10-12.

dia[53]. Nesse contexto, fortalecem-se as autodeterminações dos cidadão e dos grupos sociais, com o consequente enfraquecimento da autoridade vertical. Esse enfraquecimento culmina na crise de legitimidade das autoridades na sociedade pós-moderna, que não deixou de ser percebida também na jurisdição constitucional e especialmente, no STF.

Uma possível medida para a mitigação da crise de legitimidade democrática do STF é a legitimação pelo diálogo. Não basta a legitimidade procedimental, como respeito do devido processo constitucional no âmbito da jurisdição constitucional no STF. É necessário transformar a jurisdição em um verdadeiro "microcosmo democrático". Para tanto, as participações dos cidadãos e dos grupos sociais na tomada de decisão se fazem imprescindíveis. Essa participação deve se caracterizar como possibilidade de influir, colaborar, cooperar e integrar a decisão a ser proferida no horizonte da jurisdição constitucional.

Nessa perspectiva, é oportuno mencionar dois modelos de decisões judiciais reconhecidos: o modelo dialógico e o modelo de execução ou impositivo (***enforcement model***). O primeiro é centrado na tomada de decisão horizontal aberta ao diálogo. Já o modelo de execução é focado na tomada de decisão local, independente e definitiva, privilegiando a finalidade e a certeza sobre o diálogo, cujos órgãos jurisdicionais não se comportam como mediadores ou parceiros em um diálogo ativo, mas responsáveis locais pela autoridade da lei , como autoridades finais em seu âmbito espacial[54].

No modelo de execução, os órgãos jurisdicionais atuam como emissores e executores porque declaram os direitos e emitem comandos, ordens e mandatos, que vigoram e podem ser executados, ou exigidos, em caso de descumprimento. No modelo dialógico, os juízes e tribunais desempenham as funções de formadores, de facilitadores e mediadores de diálogos dinâmico e interativo, que dependem das participações de todos os interessados[55].

Por essa razão, é fundamental a preocupação em possibilitar as participações dos cidadãos e dos grupos sociais envolvidos e interessados,

---

53. FRIEDMAN, Lawrence M. Some Thoughts on the Horizontal Society. **Diritto & Questioni Pubbliche**, n. 4, 2004, p. 229-240, p. 229.
54. HARDING, Sarah K. Comparative Reasoning and Judicial Review. **Yale Journal of International Law**, v. 28, n. 2, p. 409-464, 2003, p. 424.
55. FRIEDMAN, Barry. Dialogue and Judicial Review. **Michigan Law Review**, v. 91, n. 4, p. 577-682, fev. 1993, p. 668.

não tão somente para que estes possam apresentar seus argumentos e se contraporem ao quanto pretendido, ou mesmo, para que possam aceitar o quanto pleiteado, mas também para serem interlocutores integrantes do processo decisório na esfera na jurisdição constitucional exercida pelo STF. Ao assim proceder, o exercício da jurisdição constitucional pelo STF alcança legitimidade dialógica, aproximando-se daqueles dos quais o poder emana.

A legitimação pelo diálogo busca patrocinar aos envolvidos no exercício da jurisdição constitucional efetivas participações no ato decisório, promovendo um diálogo entre todos os partícipes, de forma que a decisão final seja o resultado desse debate participativo. Estabelece-se uma relação dinâmica e mutuamente reforçadora no contexto da jurisdição constitucional.

O diálogo é uma implicação necessária das relações estruturais fixadas pela Constituição, sendo um valor constitucional a ser assegurado pela jurisdição constitucional. O diálogo se desenvolve entre os atores em torno da interpretação e aplicação da Constituição, em uma contínua troca de opiniões entre os órgãos jurisdicionais e as entidades interlocutoras sobre o significado do texto constitucional[56].

Ao franquear uma efetiva participação pelo diálogo entre os mais diversos atores sociais, a jurisdição constitucional se qualifica como efetivo instrumento de promoção da cidadania, protegendo os múltiplos interesses e valores envolvidos. Os entes deixam de ser apenas "partes" antagônicas em um litígio processual e passam a ser vistos como agentes que buscam mutuamente a pacificação de uma crise jurídico-constitucional. Nesse contexto, cria-se na jurisdição constitucional um "microcosmo democrático" por meio da participação e da deliberação.

A crise constitucional é posta perante a jurisdição constitucional e pautada no STF em busca de solução via diálogo cooperativo e não mais pela simples postura passiva dos atores como "partes em litígio"[57], que relegam ao juiz o exclusivo dever de decidir o objeto do processo. Em

---

56. FRIEDMAN, Lawrence M. The Constitutional Value of Dialogue and the New Judicial Federalism. **Hastings Constitutional Law Quarterly**, v. 28, n. 1, p. 93-144, 2000, p. 118 e 125.

57. Ainda que o conceito de parte processual não seja o mais adequado no contexto do exercício da revisão judicial, não deixa de existir um certo antagonismo entre aqueles que questionam a constitucionalidade da norma e aqueles que a defendem no modelo atual.

diálogo cooperativo, o STF transforma-se em autoridade persuasiva, isto é, aquela que atrai a adesão em vez de obrigá-la[58].

As legitimações democráticas do exercício da jurisdição constitucional e do STF exigem a efetiva participação democrática pelo diálogo, pela deliberação, aproximando-se os interesses envolvidos nos processos objetos e subjetivos de constitucionalidades, possibilitando aos atores sociais a efetiva contribuição para a decisão judicial.

O procedimentalismo deve dar espaço a um ambiente de negociação e troca recíproca, pois o diálogo é a troca recíproca de significados entre duas ou mais entidades, separadas pelo espaço físico e mental, por meio da linguagem[59]. Desse modo, a decisão judicial legitimar-se-á pelo diálogo, pela participação, em um processo democrático.

Destarte, franqueia-se a legitimação democrática por meio do diálogo-deliberativo, transformando o exercício da jurisdição constitucional no STF num processo dialógico-deliberativo. Isso porque as aberturas à participação, à cooperação e à integração, tornam processos objetos e subjetivos de constitucionalidades em espaços públicos deliberativos, nos quais os atores dialogam e deste diálogo, chegam à deliberação.

Os agentes sociais são convidados a dialogarem e a participarem da construção da decisão. Antes exclusivamente impositiva, a jurisdição constitucional se abre ao diálogo e à decisão deliberativa das participantes. Dessa forma, a decisão judicial se legitima não exclusivamente pelo procedimento, mas também pelo diálogo recíproco, participação dos atores sociais em cooperação, promovendo-se o exercício da cidadania.

A legitimação pelo procedimento é complementada pela legitimação pela participação, diálogo, cooperação e integração. Essa visão exige um compromisso entre os atores processuais e uma mudança de postura de todos os participantes de um processo em que se delibera acerca da constitucionalidade de normas jurídicas, sob pena de não ser atingida a solução da crise constitucional.

A legitimidade dialógica franqueia uma maior promoção da cidadania, permitindo que os diretos e garantias fundamentais pretendidas sejam reconhecidas na ordem constitucional pelo STF. Assim, o exercício da jurisdição constitucional pelo STF, em ambiente de diálogo-deliberativo,

58. GLENN, Patrick H. Persuasive Authority. **McGill Law Journal**, v. 32, n. 2, p. 261-298, p. 263.

59. GRUDIN, Robert. On dialogue: An essay in free thought. Boston: Houghton Mifflin, 1996, p. 11.

legitima democraticamente a decisão a ser proferida. Em um tribunal colegiado como o STF, pretendem-se menos votos e mais tribunal. Por conseguinte, o STF será mais democrático, e mais legítimo em suas decisões, na medida em que haja maior participação, cooperação e possibilidade de integração das decisões pelos participes da jurisdição constitucional.

5. CONCLUSÃO

O presente trabalho buscou demonstrar a que, para se alcançar a legitimação democrática do exercício de jurisdição constitucional pelo STF na sociedade atual, exige-se que se concretize a legitimidade dialógico-deliberativa no processo de decisão judicial na Suprema Corte brasileira. Para tanto, constatou-se que as decisões judiciais não se legitimam apenas pelo procedimento.

Além disso, verificou-se a possibilidade de ser adicionada nova perspectiva a essa dinâmica, possibilitando novos horizontes na legitimação democrática das decisões da jurisdição constitucional. Essa contribuição se concretiza na legitimação dialógico-deliberativa. Assim, a abertura ao diálogo qualifica o STF como um espaço público deliberativo.

Por conseguinte, conclui-se a legitimação pelo dialógico-deliberativo um novo horizonte para a questão da legitimidade democrática das decisões judiciais no âmbito da jurisdição constitucional, sendo que a decisão judicial se legitima não apenas pelo procedimento, mas também pelo diálogo recíproco, participação das partes em cooperação e possibilidade de integração da decisão final a ser proferida no exercício da jurisdição constitucional pelo STF.

6. REFERÊNCIAS BIBLIOGRÁFICAS

ACKERMAN, Bruce. **We the people: foundations**. Cambridge, Massachusetts: Harvard University Press, 1991, v. 1.

BARRY, Brian. Is *Democracy Special? In: LASLETT, Peter; FISHKIN,* James S. (eds.) ***Philosophy, Politics and Society***, 5th series. Oxford: Blackwell, 1979.

BRITO, José de Sousa. Jurisdição constitucional e princípio democrático. In: *BRITO*, J. S. et al. **Legitimidade e legitimação da justiça constitucional**. Coimbra: Coimbra, 1995.

BONAVIDES, Paulo. Jurisdição constitucional e legitimidade (algumas observações sobre o Brasil). **Estudos Avançados**, n. 51, v. 18, São Paulo, mai./agost. 2004, p. 127-150.

CANOTILHO, José Joaquim Gomes. **"Brancosos" e a interconstitucionalidade: itinerários dos discursos sobre a historicidade constitucional**. Lisboa: Almedina, 2006.

CHEVALLIER, Jacques. **O Estado pós-moderno**. Trad.Marçal Justen Filho. Belo Horizonte: Fórum, 2009.

COLE, David. **Engines of liberty: the power of citizan activists to make constitucional law**. New York: Basic Books, 2016.

DAHL, Robert A. Tomada de decisões em uma democracia: a Suprema Corte como uma entidade formuladora de políticas nacionais. **Revista de Direito Administrativo**, Rio de Janeiro, v. 252, p. 25-43, maio 2009.

DELMAS-MARTY, Mireille. **Les forces imaginantes du droit II: le pluralisme ordonné**. Paris: Seuil, 2006.

______. **Por um direito comum**. Trad. Ermantina de Almeida Prado Galvão. São Paulo: Martins Fontes, 2004.

DWORKIN, Ronald. Equality, Democracy, and Constitution: We the People in Court. **Alberta Law Review**, n. 2, v. 28, 1990, p. 324-346.

______. **Taking Rights Seriously**. Cambridge: Harvard University Press, 1977.

ELY, John Hart. ***Democracy and Distrust*: A Theory of Judicial Review**. Cambridge: Harvard University Press, 1980.

FALLON JR., Richard H. Legitimacy and the Constitution. **Harvard Law Review**, n. 6, v. 118, abr. 2005, p. 1787-1853.

FREEMAN, Samuel. Constitutional Democracy and the Legitimacy of Judicial Review. **Law and Philosophy**, n. 4, v. 9, 1990/1991, p. 327-370.

FRIEDMAN, Barry. Dialogue and Judicial Review. **Michigan Law Review**, v. 91, n. 4, p. 577-682, fev. 1993.

FRIEDMAN, Lawrence M. Some Thoughts on the Horizontal Society. **Diritto & Questioni Pubbliche**, n. 4, 2004, p. 229-240.

______. The Constitutional Value of Dialogue and the New Judicial Federalism. **Hastings Constitutional Law Quarterly**, v. 28, n. 1, p. 93-144, 2000.

GLENN, Patrick H. Persuasive Authority. **McGill Law Journal**, v. 32, n. 2, p. 261-298.

GRUDIN, Robert. **On dialogue: An essay in free thought**. Boston: Houghton Mifflin, 1996.

HÄBERLE, Peter. **Estado constitucional cooperativo**. Trad. Marcos A. Maliska e Elisete Antoniuk. Rio de Janeiro: Renovar, 2007.

HABERMAS, Jurgen. **A constelação pós-nacional: ensaios políticos**. Tradução de Márcio Seligmann-Silva. São Paulo: Littera Mundi, 2001.

______. **Direito e Democracia: entre facticidade e validade**. 2a. ed. Trad. Flavio Beno Siebeneichler. Rio de Janeiro: Tempo Brasileiro, 2003, v. I.

______. **Direito e Democracia: entre facticidade e validade**. 2a. ed. Trad. Flavio Beno Siebeneichler. Rio de Janeiro: Tempo Brasileiro, 2003, v. II.

______. *Three Normative Models of Democracy,* **Constellations,** n. 1, v. I, 1994, p. 1-10.

HARDING, Sarah K.Comparative Reasoning and Judicial Review. **Yale Journal of International Law**, v. 28, n. 2, p. 409-464, 2003.

MADURO, Miguel Poiares. **A constituição plural. Constitucionalismo e União Europeia**. Cascais: Principia, 2006.

MENDES, Conrado Hubner. **Constitutional Courts and Deliberative Democracy**. Oxford: Oxford University Press, 2013.

MICHELMAN, Frank I. **Brennan and Democracy**. New Jersey: Princeton University Press, 1999.

______. **Democracy and Positive Liberty**. Disponível em: <http://bostonreview.net/archives/BR21.5/michelman.html> Acesso em: 08 nov. 2017.

NEVES, Marcelo. Do diálogo entre as cortes supremas e a Corte Interamericana de Direitos Humanos ao transconstitucionalismo na América Latina. **Revista da Informação Legislativa** n. 51, n. 201, 2014, p. 193-214.

______. **Transconstitucionalismo**. São Paulo: Martins Fontes, 2009.

NORBERTO, Bobbio. **O Positivismo Jurídico: Lições de filosofia do direito**. Compiladas por Nello Morra. Trad. e notas Márcio Pugliesi, Edson Bini e Carlos E. Rodrigues. São Paulo: Editora Ícone, 1995.

PERNICE, Ingolf. Multilevel Constitutionalism and the Treaty of Amsterdam: European Constitution-Making Revisited? **Common Market Law Review**, v. 36, pp. 703-750, 1999.

______. Multilevel constitutionalism in the European Union, **WHI Paper** 5/02, 2002. Disponível em: <http://www.rewi.hu-berlin.de/WHI/papers/whipapers502/constitutionalism.pdf>. Acesso em: 12 abr. 2017.

REALE, Miguel. **Lições preliminares de direito**. 27a. ed. ajustada ao novo código civil. São Paulo: Editora Saraiva, 2002.

SARMENTO, Daniel; SOUZA NETO, Cláudio Pereira de. **Direito Constitucional:** teoria, história e métodos de trabalho. Belo Horizonte: Fórum, 2012.

SULLIVAN, Kathleen M. Epistemic Democracy and Minority Rights. **California Law Review**, n. 3, v. 86, mai. 1998, p. 445-451.

TEUBNER, Gunther. A Bukowina global: sobre a emergência de um pluralismo jurídico transnacional. **Impulso: Revista de Ciências Sociais e Humanas**, Piracicaba: Unimep, v. 14, n. 3, 2003.

TRIBE, Laurence H. The Puzzling Persistence of Process-Based Constitutional Theories. **The Yale Law Journal**, n. 6, v. 89, maio 1980, pp. 1063-1080.

VILLALÓN, Pedro Cruz. Legitimidade da justiça constitucional e princípio da maioria. In: *BRITO*, J. S. et al. **Legitimidade e legitimação da justiça constitucional**. Coimbra: Coimbra, 1995.

O *OMBUDSMAN* E O MINISTÉRIO PÚBLICO BRASILEIRO

Enrico Rodrigues de Freitas[1]

1 - INTRODUÇÃO

O presente trabalho tem por escopo realizar uma análise sobre a inserção das funções de *Ombudsman* pelo legislador constituinte de 1988 no âmbito das atribuições do Ministério Público brasileiro. Para tanto, contudo, há que se fazer inicialmente uma breve apresentação do desenvolvimento histórico da instituição *Ombudsman*.

De início, sucintamente, diga-se que o *Ombudsman* se configura em instituição criada em 1809 na Suécia a qual foi posteriormente adotada pela Finlândia (1919), quando esta, ao final da 1ª guerra mundial se viu independente da Rússia.

Na sequência do fim da 2a guerra mundial, o *Ombudsman* veio a ser instituído também na Dinamarca (1953) e Noruega (1962). Todavia, essa inserção do *Ombudsman* na Dinamarca não se deu sem significativas alterações e reduções do papel anteriormente estabelecido ao *Ombudsman* Sueco.

Entre outras mudanças, a inserção do *Ombudsman* na Dinamarca implicou em redução dos poderes de atuação, em especial a da não atribuição de função de Ministério Público presente nas instituições de *Ombudsman* da Suécia e Finlândia[2].

Ressalte-se que nesses quatro países escandinavos, o *Ombudsman* teve como função precípua a de exercer uma função de órgão de controle

---

1. Procurador da República. Procurador Regional dos Direitos do Cidadão – RS. Mestre em Direito pela Universidade Roma 2 – Tor Vergata.

2. Anote-se, contudo, que especificamente na Suécia paulatinamente ocorreu uma significativa redução da atuação de acusação criminal, decorrente seja da redução das tipificações criminais imputáveis aos servidores públicos, seja na adoção de uma política de utilização do instrumento criminal pelo *Ombudsman* em casos mais significativos. Sobre o ponto, entre outros, veja-se NAPIONE, Giovanni. L'Ombudsman, Giufré Editore, 1969, p. 95.

externo da administração, com atuação independente e informal, de forma garantir ao cidadão uma proteção contra abusos e injustiças decorrentes de atos tidos como de *má administração*.

Na sequência de sua inserção na Dinamarca e usando esse modelo (com atribuições mais restritas que as estabelecidas na Suécia e Finlândia), em um fenômeno denominado de *Ombudsmania*[3], veio a ser adotado em inúmeros ordenamentos nacionais, dos quais podem ser indicados entre tantos outros países: Alemanha[4] (1956), Nova Zelândia (1962), Guiana Britânica (1966), Inglaterra (1967), Irlanda do Norte (1970), Israel (1972), França (1973).

Essa multiplicação de instituições de *Ombudsman* é apreciada como decorrência seja do crescente aumento das funções do Estado no pós segunda guerra mundial, seja como decorrência da ineficácia dos meios tradicionais de controle da administração[5].

Sua disseminação global indica hoje uma presença em mais de 90 países, contando com mais de 170 instituições, conforme indica o site do *International Ombudsman Institute* (IOI)[6]; esse alargamento de instituições nacionais não deixou de impor a adoção de inúmeras peculiaridades decorrentes de sua inserção em modelos nacionais, e ainda, em uma estrutura supranacional como a União Europeia[7].

Ademais, nesse processo de expansão, a sua denominação passou a contar com variações, como ocorreu em França com a instituição de um

---

3. Conforme CARDOSO, José Lucas. A Posição Institucional do Provedor de Justiça – O Ombudsman entre a Assembleia Parlamentar a Administração Pública e o Cidadão, Coimbra, 2012, p. 10, o termo *ombudsmania* foi cunhado por Patrice Garant (1973).
4. Restrito a uma atuação sobre a administração militar.
5. Conforme Correia, Fernando Alves. Do Ombudsman ao Provedor de Justiça (separata do número especial do Boletim da Faculdade de Direito de Coimbra, "Estudos em Homenagem ao Professor Doutor José Joaquim Teixeira Ribeiro"), Coimbra, 1979, 05; ainda, entre outros, González-Ares, José Agustín. El Valedor do Pobo, Valencia, 2005, p. 33; Armas, P. C. El «Defensor del Pueblo» en iberoamérica. Una perspectiva comparada, in UNED. Teoría y Realidad Constitucional, núm. 26, 2010, 435-436.
6. Segundo afirmado no site The International Ombudsman Institute (IOI), established in 1978, is the only global organisation for the cooperation of more than 170 independent Ombudsman institutions from more than 90 countries worldwide. (acessado em 09 de abril de 2017).
7. Provedor de Justiça Europeu instituído em 1992 – denominação conforme referido no site oficial da instituição (https://www.ombudsman.europa.eu/pt/home.faces).

Ombudsman não parlamentar[8] (*Médiateur de la République*), um sistema de *Ombudsman* local na Itália (*Difensore Civico*) ou ainda de um *Ombudsman* dotado de um "filtro parlamentar" a intermediar a interação com o cidadão como previsto na Inglaterra (*Parliamentary Commissioner*).

A importância de sua presença no âmbito nacional foi de há muito sentida, contando no âmbito europeu desde meados da década de setenta do século passado, de um reforço para a criação de estruturas nacionais de *Ombudsman*, como atesta, por exemplo, a Recomendação nº 757 de 29 de janeiro de 1975, do Conselho de Europa, conforme sua parte conclusiva:

> 10. Recommande au Comité des Ministres d'inviter les gouvernements des Etats membres qui n'ont pas encore adopté cette institution d'étudier la possibilité de désigner tant au niveau national qu'au niveau régional et/ou local, des personnes assumant des fonctions correspondant à celles des Ombudsmän et commissaires parlementaires existants.

Frise-se que adoção de qualquer instituição em um país requer, necessariamente adaptações e acomodações, seja considerando aspectos legais, de tradição jurídica e política, ou ainda de contextos políticos e históricos específicos.

Em especial, quando se considera a criação de uma estrutura como a do *Ombudsman*, voltada a um controle da administração, essa "*nacionalização*" acarreta em sua inserção em estruturas constitucionais preexistentes, as quais impõem uma observância de peculiaridades e necessidades locais.

Na obra coletiva *The Ombudsman Citizen's Defender* (1968) coordenada por Donald Rowat, essa necessidade de adaptações locais foi acentuada por Paavo Kastari[9]: *Naturally such an instituition cannot simply be transferred from one country to another. It must be moulded to fit the legal system and traditions of each particular country, and this is rarely an easy task.*

8. Lembrando-se que a França em 2008, em substituição ao *Médiateur de la République* instituiu o *Défenseur des droits* (*Loi constitutionnelle n° 2008-724 du 23 juillet 2008 de modernisation des institutions de la Ve République"*.
9. KASTARI, Paavo. Finland's Guardians of the law – The Chancellor of Justice and the Ombudsman, in The Ombudsman Citizen's Defender, Londres, 1968, coordenação de Donald Rowat, p. 58.

Todavia, ao lado de inúmeras e necessárias adaptações em nível local[10], pode-se perceber que essa instituição obteve, com sua introdução em Portugal e após em Espanha, logo ao fim de regimes totalitários, uma alteração que resultou em atribuição diversa e mais ampla daquela tradicionalmente dirigida ao *Ombudsman*, destacando-o da condição de órgão "comissionado" do parlamento, uma vez que lhe foi atribuída a função de controle de atos do **próprio** parlamento, através de ações voltadas à análise de constitucionalidade das normas[11].

Essa nova atribuição de controle dos atos parlamentares passa a caracterizar o *Ombudsman* ibérico não mais somente como órgão de controle da administração (deficiência e má administração), mas também como **órgão de garantia**[12]. Na esteira de sua inserção na península ibérica com essas novas atribuições, o *Ombudsman* acabou por chegar na América Latina já com essa nova feição de órgão de garantia.

Ressalte-se que em Espanha, ademais das ações de verificação de constitucionalidade, acabou-se por atribuir ao *Defensor del Pueblo* espanhol também a possibilidade de um certo nível de judicialização das questões que lhe são postas, sem, todavia, transformá-lo em um órgão judicante[13].

A decorrente introdução do *Ombudsman* na américa latina pode ser exemplificativamente assim indicada: Puerto Rico (1977), Guatemala (1985), Brasil (1988), México (1990), El Salvador (1991), Colombia (1991), Costa

---

10. Armas, op. cit., p. 436: *Como tal, parece claro que entre los factores desencadenantes de la prosperidad del Ombudsman en tantos países tuvo mucho que ver su adaptación a las diversas características jurídico-políticas de cada país sin perder por ello su propia esencia.*

11. Veja-se Correia, op. cit., p. 64.

12. Conforme Pinedo, Miguel Donayre. Tesis Doctoral Víctimas de la guerra civil, de la dictadura y del conflicto armado interno: el rol del Defensor del Pueblo en España, Guatemala y Perú, Universidad de Alcalá, Alcalá de Henares, julio 2015, 109. (): *El Provedor de Justiça innova al no ser únicamente un organismo de control si no que también es un instrumento de garantía. Esa misma resignificación del Ombudsman portugués también sucede en España (el proceso de transición puede ser una de esas razones de la resignificación). El aporte de la configuración del ombudsman de la península es uno de los atractivos y razones para su importación a tierras americanas.* Nesse mesmo sentido, fundamental, ainda CANOTILHO José Joaquim Gomes e MOREIRA, Vital, Constituição da República Portuguesa Anotada, Volume I, 4.ª edição revista, Coimbra Editora, 2007, p. 440-444.

13. VILLENA, Francisco Astalroa. El Defensor del Pueblo en España, Palma, 1994, p. 39-40: *El hecho de que el Defensor del Pueblo esté legitimado para interponer los recursos de inconstitucionalidad y de amparo no supone ningún atisbo de jurisdicionalidad en su naturaleza, ni, menos aún, de potestad coercitiva. Carece de ella porque es un supervisor de la actividad administrativa, no un controlador propriamente dicho.*

Rica (1992), Paraguai (1992), Honduras (1992), Peru (1993), Argentina (1993), Bolívia (1994), Nicarágua (1995), Equador (1996) e Venezuela (1999).

Importante destacar ainda que a criação do Provedor de Justiça em Portugal, a quem podemos assinalar o caráter de pioneirismo dessa transformação realizada no *Ombudsman* escandinavo, posteriormente adotado com a denominação de *Defensor del Pueblo*, em Espanha[14], denominação que assumiu um caráter predominante entre os países de língua hispânica na América Latina[15], ou ainda a Procuradoria Federal dos Direitos do Cidadão, denominação que acaba por assumir no plano federal no Brasil com sua introdução dentro do Ministério Público Federal, ocorre em um contexto histórico de encerramento de ciclos ditatoriais marcados por um desrespeito aos direitos humanos e aos direitos constitucionais, e sua instituição vem posta como um resultado de um processo de (re) democratização.

2 - CONCEITUAÇÃO TRADICIONAL DE *OMBUDSMAN*

Sabida é a dificuldade de conceituação de qualquer instituição mormente se essa se encontra presente em uma infinidade de países; uma conceituação do *Ombudsman*, que possa albergar todas as suas facetas históricas e nacionais parece ser uma tarefa impossível.

Atividade mais próxima da possibilidade parece ser aquela descritiva dessa instituição, indicando seus elementos essenciais.

Já na década de 60, Donald Rowat alertava para a necessidade de uma adequada caracterização do *Ombudsman*, dada a sua eventual desnaturação pela crescente busca por diversas instituições de também se definir como *Ombudsman*[16], em razão da respeitabilidade obtida por essa instituição.

14. Mesmo em Espanha essa instituição, nas comunidades autônomas adota outras denominações, a exemplo: Valedor do Pobo – Gallicia, Sindíc de Greuges – Comunitat Valenciana, Procurador del Común de Castilla, Diputado del Común, Justicia de Aragón.

15. Procuraduría de los Derechos Humanos (Guatemala), Comisión Nacional de los Derechos Humanos (México), Procuradoria Federal dos Direitos do Cidadão (Brasil), Office de la Protection de los Derechos Humanos, entre outros, bem como a denominaçao de *Ombdusman* em diversos países.

16. Rowat, op. cit, p. XXIV: *Through its growing public popularity, however, there is a sense in wich the Ombudsman idea may become its own worst enemy. Any kind of new complaint or appeal officer in any kind of organization is now likely to be mistakenly dubbed an Ombudsman in order to gain popular support for his activities. It is becoming all too easy to lose sight of the three essential features of the original Ombudsman systems.*

Na sequência desse alerta sobre a possível banalização do uso do termo *Ombudsman*, Donald Rowat apresenta as características que entende como sendo absolutamente essenciais para caracterizar qualquer instituição como *Ombudsman*, indicando três elementos básicos[17]:

> These are:
>
> 1. The ombudsman is an independent and non-partisan officer of the legislature, usually provided for by the constitution, who supervises the Administration;
>
> 2. he deals with specific complaints from the public against administrative injustice and maladministration; and
>
> 3. he has the power to investigate, criticize and publicize, but not to reverse, administrative action.
>
> To avoid public confusion in discussing the Ombudsman idea, the use of the term 'Ombudsman' should therefore be restricted only to institutions which have this unique combination of characteristics. Otherwise, the vital importance of one or other of these characteristics may be forgotten when so-called Ombudsman plans are being proposed.

Em síntese, nessa definição, são características de uma instituição de *Ombudsman*: previsão da instituição na constituição ou em lei, com atuação independente, atribuindo-lhe poder de investigação, de crítica e de publicidade, para exercer uma função de supervisão e controle da administração contra ilegalidades e injustiças decorrentes da *má administração*, sem uma função de revisor do ato administrativo, em uma atuação baseada na informalidade e gratuidade.

17. Não menos importante é a definição apresentada por MORTATI, Costantino. Istituzioni di Diritto Pubblico, Padova, 1976, II, p. 697: *Si tratta di un organo che, come il nome indica, è collegato col parlamento, chiamato ad eleggere il titolare (o forse più esattamente il membro estraneo al parlamento, ma inserito in una commissione permanente di inchiesta) attraverso votazioni a maggioranza qualificata, così da garantirne l'indipendenza dai partiti di governo, e pertanto dotato di autonomia nell'esercizio delle funzioni affidategli, consistenti nel controllo dell'operato dei preposti alla p. a., a cominciare dai ministri, su segnalazione dei cittadini lesi dai comportamenti dei medesimi, o anche d'ufficio, con l'obbligo, oltreché di riferirne al parlamento, di procedere a denunzia di quelli fra essi suscettibili di dar vita ad illeciti disciplinari o penali, ed inoltre di facilitare il promuovimento delle azioni di annullamento o di risarcimento, da parte di coloro che risultino lesi nei loro diritti o interessi senza però mai sostituirsi agli organi dell'amministrazione attiva o della giurisdizione, ma solo agevolando l'adempimento dei compiti loro spettanti.*

Ao lado destas definições, podem ser ainda indicados os critérios estabelecidos pelo ***International Ombudsman Institute*** (IOI)[18] para que uma instituição possa ser considerada a se associar como membro na condição de *Ombudsman*[19]:

> (2) Toda institución pública con jurisdicción internacional, nacional, regional o local podrá convertirse en miembro con derecho a voto siempre que:
>
> a) demuestre de forma sustancial haber logrado el objetivo y principios consagrados en el Artículo 2 de conformidad con la Constitución o legislación estatal, regional o local;
>
> b) reciba e investigue quejas formuladas por los individuos contra las prácticas administrativas de las autoridades o empresas públicas; y
>
> c) sea funcionalmente independiente de toda autoridad pública sobre la que tenga jurisdicción.

E o citado artigo 2° desse estatuto, assim dispõe:

> Artículo 2
>
> Objetivo y Principios
>
> (1) El objetivo del IIO, cuyas actividades no tendrán ánimo de lucro, será contribuir a
>
> * el respeto de los derechos humanos y las libertades fundamentales;
>
> * la adhesión al principio del Estado de Derecho;
>
> * la democracia efectiva;
>
> * la justicia administrativa y la equidad procesal en las organizaciones públicas;
>
> * la mejora de servicios públicos;
>
> * la implantación de gobiernos transparentes y responsables; y
>
> el acceso a la justicia para todos.
>
> mediante la promoción del concepto y de la institución de Ombudsman, y de su desarrollo en todo el mundo.

18. Para um melhor conhecimento das funções da *International Ombudsman Institute* (IOI), consulte-se a página www.theioi.org/es/noticias/noticias-de-actualidad.

19. Art. 6° dos Estatutos da *International Ombudsman Institute* (IOI).

Também relevantes os critérios estabelecidos pela ***Federación Iberoamericana del Ombudsman*** (FIO) em seus estatutos e que podem assim ser sintetizados[20]:

1. Ser una institución con perfil básico de ombudsman;
2. Con independencia funcional;
3. Con facultades de promoción y defensa de los Derechos Humanos;
4. Con rango constitucional o comparable normativamente.

Mesmo considerando as diversas características que podem ser atribuídas para definir uma instituição como *Ombudsman*, há que se ressaltar o reconhecimento acerca da *diversidade de instituições* e de que estas obedecem também a particulares aspectos nacionais, conforme destacado na *Declaración de Wellington*[21]:

3. Destaca que la diversidad de instituciones de ombudsman es un reflejo de la diversidad de los países y regiones en las que las oficinas de ombudsman prestan servicios.
4. Considera que en todo el mundo están emergiendo distintos modelos de legislación y responsabilidad que apuntalan las oficinas de ombudsman y que reflejan acuerdos y culturas constitucionales concretos.

Descritivamente, pode-se sintetizar que atualmente podem ser apontados como elementos essenciais a caracterizar uma instituição como *Ombudsman*:

---

20. – Artigos 1° e 2° dos Estatutos da Federación Iberoamericana del Ombudsman (FIO): *"Capítulo I Naturaleza Artículo 1. Constitución. La Federación Iberoamericana de Ombudsman es la agrupación que reúne a Defensores del Pueblo, Procuradores, Proveedores, Raonadores (Razonador), Comisionados y Presidentes de Comisiones Públicas de Derechos Humanos de los países Iberoamericanos de los ámbitos nacional, estatal, regional, autonómico o provincial. También formarán parte de esta Federación los Ombudsman municipales de acuerdo a lo establecido en los artículos 2 y 8 del presente Estatuto. Artículo 2. Miembros. Los organismos integrantes de la Federación podrán ser Ombudsman nacionales, estatales, provinciales y regional-autonómicos, con independencia de la denominación que reciban en cada país, siempre y cuando reúnan el perfil básico del Ombudsman y cuenten con facultades de promoción y defensa de los Derechos Humanos. Asimismo, deben estar previstos en la Constitución de su Estado o haber sido creados por una ley específica aprobada por el órgano legislativo competente."*

21. A *Declaración de Wellington* foi realizada no âmbito da *International Ombudsman Institute* (IOI), em votação unanime dos presentes em sua Assembleia Geral, em 13 de novembro de 2012.

- Independência;
- Esteja previsto na constituição em lei ou tratado;
- Exerça função de supervisão e controle da administração contra injustiças e má administração;
- Possua poder de investigação, de crítica e de publicidade;
- Não possua a função de revisor do ato administrativo.

Esses elementos indicam aquelas condições mínimas que servem a caracterizar uma instituição como *Ombudsman*, sempre considerando a existência de peculiaridades nacionais ou ainda de características específicas a um grupo maior de instituições, as quais serão tratadas subsequentemente.

Refira-se aqui que os estatutos tanto da *International Ombudsman Institute* (IOI), como da *Federación Iberoamericana del Ombudsman* (FIO) indicam ainda como um dos elementos essenciais para se configurar um associado, a condição de exercer uma função de *promoção e defesa dos direitos humanos*, função essa que será abordada na sequência, no âmbito da caracterização do modelo ibero-americano.

3 - SUPERAÇÃO DO CONCEITO TRADICIONAL DE *OMBUDSMAN*

A disseminação mundial do *Ombudsman*, naquilo que foi considerada uma *ombudsmania*[22], não se fez acompanhar de uma adequada análise dos impactos decorrentes de sua inserção em sistemas constitucionais diversos.

Em especial a sua inserção na Ibero-América impõe a análise de uma eventual superação daquele conceito tradicional de *Ombudsman*, posto essencialmente para o modelo Escandinavo.

Aqueles conceitos e definições debatidos em especial na década de 60, quando da sua multiplicação em incontáveis instituições em diversas nações, não parecem mais dar conta das transformações ocorridas, em especial daquelas presentes no âmbito ibero-americano.

Essa transformação da instituição, e a existência de dois modelos pode ser claramente sentida no âmbito dos debates sobre o estabelecimento do conceito de *cidadania europeia* e do confronto de propostas para a instituição do *Provedor de Justiça Europeu* em 1992, a seguir sintetizados

22. Veja-se sobre esse termo a nota 3.

A criação de um *Ombudsman* supranacional[23], resultou de um debate em que foram postas duas propostas consistentes em dois diversos modelos de *Ombudsman*, com escopos e meios distintos de atuação.

A base da proposta espanhola, que indica o seu relevante papel na instituição do *Ombudsman Europeu*[24], pode ser verificada do documento *Hacia una Ciudadania Europea (Propuesta oficial de España, octubre de 1990)*[25], em que defendeu a necessidade de complementação dos Tratados para que passassem a regular o conceito de cidadania europeia (*status civitatis*), superando o conceito de *estrangeiro privilegiado*.

E como consequência da instituição do conceito de cidadania europeia, propunha a Espanha que esse acordo se desse em torno a um estabelecimento de um conjunto de direitos, liberdades e obrigações do cidadão da *União Europeia*. Referido documento apresentava ainda entre os lineamentos fundamentais para o desenvolvimento e estabelecimento dessa cidadania, a questão da tutela dos cidadãos, indicando como necessária a previsão de mecanismos que facilitassem a sua operabilidade, referindo-se diretamente à criação do *Ombudsman Europeu*[26].

---

23. **Cuja necessidade e preocupação com sua criação** já era sentida na Comunidade europeia pelo menos desde a primeira metade da década de 70, como atestam, por exemplo, os questionamentos de Lord O'Hagan à *Comissão Europeia* sobre o tema (*question 562/74 to the European Commission on "accessibility of the European Commission"* e *question 663/74 to the European Commission on a "Community ombudsman"*), ou ainda no que foi apontado na *Resolution on the appointment of a Community Ombudsman by the European Parliament, 11 May 1979 (Official Journal 1979 C 140, 153);* essa necessidade foi externada em documentos da década de 80 e ainda do início dos anos 90, até sua criação **em 1992 através do art. 138E do Tratado de** Maastrich.
24. Conforme BIERING, Peter, The Danish Proposal to the Intergovernmental Conference on Political Union, in The European Ombudsman Origins, Establishment, Evolution, Luxembourg, 2005, 46: *"Two Member States in particular, Spain and the United Kingdom, responded positively and actively supported the proposal during the Intergovernmental Conference. For Spain, the primary motivation was that the Spanish Government itself had included a proposal to establish a "mediator" in its 21 February 1991 initiative on citizenship of the Union. Spain considered it necessary to establish a number of mechanisms to protect the rights relating to citizenship of the Union. Article 9 of the Spanish initiative therefore contained a proposal concerning the establishment and strengthening of co-operation between national "mediators" in the Member States, but also opened the way for the possibility of appointing a European Ombudsman."*
25. Constante da Revista de Instituciones Europeas, 1991, 18, I, 333-338.
26. Quanto à criação do Ombudsman Europeu, consta nesse documento: *e) La tutela de los ciudadanos (...) El ciudadano europeo, que ya goza hoy de un derecho de petición ante la Comissión de Peticiones del parlamento Europeo y que igualmente tiene acceso*

Como decorrência, por ocasião da reunião do *Conselho Europeu*, ocorrida em Roma em 14 e 15 de dezembro de 1990, foi afirmada, no âmbito da União Política, em referência à criação do *Ombudsman Europeu*[27]: (a) a necessidade de reforçar o papel do *Parlamento Europeu* no que concerne à legitimidade democrática, através de diversas medidas, entre elas a *<<codification des droits de pétition et d'enquete concernant les affaires communautaires>>*; (b) analisar a possibilidade de instituir mecanismo para defesa e proteção dos direitos dos cidadãos no âmbito comunitário, indicando diretamente a possibilidade de criação de um *Ombudsman*.

Aos debates que precederam a efetiva instituição da *cidadania europeia*, e especificamente quanto à criação do *Provedor de Justiça Europeu*, já em 1992, pelo ***Tratado de** Maastrich*, duas propostas foram objeto de debate: uma apresentada pela Espanha e outra pela Dinamarca.

A proposta espanhola[28] previa a criação de uma rede de *Provedores de Justiça* no plano europeu, com a designação de um *Provedor de Justiça Europeu* para cada Estado membro a *completar la actuación de los Mediadores nacionales con un "Ombudsman" que actuaría a un nivel europeo*, com a missão de *asistir a los ciudadanos de la Unión en defensa de los derechos reconocidos en su favor por el presente Tratado ante las autoridades administrativas de la Unión y de sus Estados miembros, así como de hacer valer tales derechos ante las instancias judiciales, por sí mismo o en apoyo de los interesados.*[29]

---

al Tribunal de Justicia en determinados casos, podría ver reforzada la protección de sus derechos en relación con la actuación de la Unrían mediante la presentación de peticiones o quejas ante un "Ombudsman" europeo que actuaría para la proyección de los derechos especificos del ciudadano europeo, coadyuvando en la tutela de los mismos. El «Ombudsman» de los ciudadanos europeos podría actuar a través de los distintos "Ombudsman" o equivalentes en los distintos Estados miembros.

27. Conclusões da Presidência do Conselho Europeu, Roma em 14 e 15 de dezembro de 1990.

28. *Propuesta de texto articulado sobre ciudadanía europea presentado por la delegación española a la Conferencia Intergubernamental sobre Union Política, (20 de febrero de 1991).*

29. Todavia, conforme assinala GONZÁLEZ, Carlos J. Moreiro. The Spanish Proposal to the Intergovernmental Conference on Political Union, in The European Ombudsman Origins, Establishment, Evolution, Luxembourg, 2005, 37, um dos problemas da proposta espanhola seria de não conter nenhuma referência ao seu Estatuto, à forma de nomeação, eleição, autonomia funcional ou ainda como funcionaria como instituição. No mesmo sentido P. BIERING, The Danish Proposal, op. cit., 46-47.

Já a proposta apresentada pela Dinamarca[30], que resultou por se constituir na base do texto consagrado no tratado, indicava uma instituição com formato semelhante àquele previsto para o *Ombudsman* escandinavo[31] vinculando sua atuação à ideia de "*deficiências*" e "*má administração*"[32].

A proposta espanhola apresentava ao *Ombudsman* europeu a função de garantidor dos direitos reconhecidos, prevendo ainda uma atuação dos *Provedores de Justiça* em âmbito **judicial**, na defesa dos direitos dos cidadãos europeus.

Por razões diversas, inclusive em decorrência da resistência apresentada pelo próprio *Parlamento europeu* em razão de uma visão de um eventual enfraquecimento de seu papel[33] em caso de instituição de um

30. Conforme o "*Danish memorandum*", apresentado à *Conference of the Representatives of the Governments of the Member States*, em 21 de fevereiro de 1991 (Bruxelas), que, entre outras propostas de emendas aos tratados da *Comunidade Europeia*, continha proposta de criação do *Ombudsman Europeu*.

31. Conforme GONZÁLEZ-ARES, op. cit., p. 99-100. Também BIERING, op. cit., 45: "*The proposal this time contained a more elaborate system of regulation based on the Danish Ombudsman Act, the intention being to copy the Danish Ombudsman system, according to which the Ombudsman is appointed by the Parliament.*"

32. GUZZETTA, Giovanni e MARINI, Francesco Saverio. Diritto Pubblico Italiano ed Europeu, Torino, 2011, p. 407; ainda ESPOSITO, Claudia. Linee di confronto tra l'ombudsman europeo ed il defensor del pueblo latino americano, Frónesis Vol. 18, No. 2 (2011), p. 226: *Il Mediatore, possiede, dunque, il potere di ricevere da parte di qualsiasi cittadino dell'Unione o di qualsiasi persona fisica o giuridica che risieda o abbia la sede sociale in uno Stato membro o da parte di un membro del Parlamento europeo, le denunce che segnalino presunte situazioni di cattiva amministrazione nell'azione delle istituzioni o degli organi comunitari.*

33. Houve resistência inclusive à própria criação de um *Ombudsman europeu*, bem como tratativas para vinculá-lo demasiadamente ao parlamento com proposta de limitação à apresentação de queixas diretas, conforme BIERING, op. cit., p. 47-49: *The most controversial issue during the negotiations concerned the link between the European Parliament and the Ombudsman. The European Parliament was not either particularly enthusiastic about the establishment of a European Ombudsman. It considered that an ombudsman would take attention away from its Committees of Inquiry and the Committee on Petitions, and could lead to duplication in this respect. Among the Member States, there was a fear that the European Parliament would never appoint an ombudsman if it was so unfavourably disposed towards the establishment of such an institution. It was also feared that even if Parliament appointed an ombudsman, his powers and economic and administrative circumstances could place him in a position of dependency, which Parliament could exploit in order to put pressure on him or to "starve him into submission". (...) In deference to the scepticism of the European Parliament, several Member States proposed, during the Intergovernmental Conference, that any complaint to the Ombudsman be channelled via MEPs. British MEPs were very influential here, given that this*

Ombudsman nos termos da proposta espanhola, prevaleceu ao fim a concretização de *Ombudsman* vinculado ao formato estabelecido sobre o *modelo* escandinavo, baseado na proposta apresentada pela Dinamarca.

O *Ombudsman europeu,* previsto na Parte VI do Tratado sobre o Funcionamento da União Europeia-TFUE, que trata das Disposições institucionais e financeiras, dentro do Título I (Disposições institucionais), Capítulo 1 (As instituições), Seção 1 (O Parlamento europeu)[34], acabou por caracterizar sua atuação a queixas que lhe sejam apresentadas e referentes a casos de *deficiências* e *má administração*[35] na atuação das instituições, órgãos ou organismos da *União Europeia,* contando como instrumentos de atuação: o envio de relatórios ou recomendações para solução do problema[36].

Utilizando-se esse debate ocorrido no âmbito das discussões que levaram à instituição do Provedor de Justiça Europeu como exemplo, verificam-se hoje dois modelos de *Ombudsman*, um baseado essencialmente na ideia de órgão de controle da administração e ligado à concepção tradicional do modelo escandinavo (deficiência e má-administração) e outro baseado em uma concepção de um órgão de garantia vinculado ao que podemos denominar de modelo ibero-americano de *Ombudsman*, vinculado à ideia de garantidor de direitos fundamentais.

4 - O MODELO IBERO-AMERICANO DE *OMBUDSMAN*

O modelo ***escandinavo*** de *Ombudsman* é configurado como uma instituição com função de controle externo sobre a administração, controle esse essencialmente limitado a ilegalidades e injustiças e causadas por uma má administração, condição que o caracteriza como ***órgão de controle.***

structure was already the one in place in the United Kingdom, where the Parliamentary Ombudsman handles only those complaints which have come to him via a member of the UK Parliament.

34. O regramento do *Ombudsman Europeu* se dá pelos seguintes artigos do *Tratado sobre o funcionamento da União Europeia* (TFUE): art. 20 (2, d), art. 24, art. 227 e art. 228; bem como no art. 43 da *"Carta dei Diritti Fondamentali dell'Unione Europea"*. Importante documento também referente ao desenvolvimento das funções do Ombudsman europeu é o *Estatuto do Ombudsman europeu.*

35. Entre outras situações: comportamento abusivo, discriminação, abuso de poder, omissão de informação ou recusa de prestar informações, atrasos desnecessários, não respeito aos procedimentos.

36. Art. 2° (1) do Estatuto do *Ombudsman europeu.*

Ao lado de eventuais peculiaridades nacionais, como já afirmado, algumas características, presentes em um grupo amplo de instituições formadas a partir da instituição do Provedor de Justiça em Portugal, e em diversos casos como produto dos debates de redemocratização (a exemplo de Portugal, Espanha, Argentina e Brasil), indicam a existência de outro modelo de *Ombudsman* para o qual o conceito ou descrição posta na década de 60 do século XX não mais se mostra adequada, modelo esse que aqui denominamos de *modelo ibero-americano.*

Essa superação conceitual foi muito bem posta por José Lucas Cardoso[37], o qual assinala que "*alastrada a ombudsmania aos cinco continentes do planeta, decorridas que são quase quatro décadas de funcionamento do Provedor de Justiça em Portugal e tendo em conta que o Ombudsman foi, em qualquer dos sistemas políticos, criado por acção dos órgãos legislativos em enquadramento doutrinário prévio, é chegado o momento de proceder à abordagem qualitativa da figura e reflectir acerca de alguns aspectos teóricos implicados*".

O modelo ibero-americano, que originou-se do *Ombudsman* escandinavo, pelas características históricas e conjunturais, tanto de Portugal e Espanha, como também na América Latina, em um contexto de ruptura com um passado ditatorial recente[38], aportou ao sistema de controle uma preocupação que acabou por caracteriza-lo como um ***órgão de garantia***, dado que passou a promover e defender outros interesses e direitos, ao

37. Conforme CARDOSO. op. cit. p. 12.

38. Conforme ESPOSITO, op. cit., 222: *Anche in Portogallo (dove, come in Spagna, lo stato democratico è stato conquistato dopo anni di dittatura), si concede al Provedor de Justiça il potere di ricorrere, su istanza di singoli cittadini o di gruppi, al Consiglio della Rivoluzione affinché esso sancisca l'incostituzionalità di una legge, di un decreto o di un regolamento e dall'esperienza emerge che spesso i ricorsi del Provedor vertono su normativi anteriori alla nuova Costituzione o comunque su materie inerenti ai diritti fondamentali. L'esperienza di un lungo regime autoritario, accomuna i paesi della penisola iberica con quelli del centro e sud America, e spiega la vocazione di tutela dei diritti umani propria dell'ombudesman criollo a differenza di quello scandinavo, con il defensor del pueblo spagnolo e portoghese che assumono il ruolo di "anello di congiunzione" di questa catena evolutiva.*; ainda, Armas, op. cit., p. 437-438: *Pero vayamos por partes. Comencemos por esbozar algunas singularidades del Ombudsman en España. En este sentido, conviene recordar, de entrada, que su origen proviene del propio contexto constituyente —el célebremente conocido como proceso de la transición.En dicho periodo se llevará a cabo la elaboración, entre otras cosas, del sistema de garantías de las libertades y derechos de la ciudadanía, y es en el seno de tales debates donde se vislumbrará la posibilidad de introducir la figura del Ombudsman como un claro exponente que podrá servir como complemento en la defensa de los derechos de los ciudadanos.*

lado da manutenção das clássicas características previstas para o *Ombudsman* como órgão de controle.

Essas novas funções agregadas ao *Ombudsman* ibero-americano não lhe conferem, contudo, uma natureza de instituição completamente diversa, uma vez que mantém em suas características aquelas já existentes para o *Ombudsman* escandinavo, acrescendo-lhe funções que lhe asseguram uma natureza, embora diversa, ainda radicada na instituição do *Ombudsman*[39].

Assim, na Ibero-América o *Ombudsman* em suas várias denominações (Provedor de Justiça, Procurador Federal dos Direitos do Cidadão, *Defensor del Pueblo*), passa a exercer uma função de promoção e defesa dos direitos constitucionais fundamentais e de garante da ordem democrática e da própria Constituição, dos direitos humanos, e ainda de direitos difusos e coletivos.

A própria função de promoção e defesa dos direitos humanos, condição que per si já o deslocaria de uma condição de plena identidade com o modelo escandinavo, uma vez que historicamente essa função não se encontra entre aquelas características do *Ombudsman* daquele modelo, funções ausentes seja entre as clássicas definições de *Ombudsman*, seja entre as disposições prevendo o *Ombudsman* até a metade da década de 70[40].

---

39. Veja-se a *Declaración de Wellington,* que indica a presença de um componente ao lado de uma característica conservativa da natureza original do *Ombudsman:* ***CONSIDERANDO*** *que la idea de ombudsman se ha mostrado excepcionalmente flexible e innovadora, manteniéndose al mismo tiempo fiel a sus principios fundamentales de independencia, objetividad y justicia.*

40. Ainda conforme ESPOSITO, op. cit. p. 230-231: *Orbene, posto che entrambi i modelli di ombudsman sono, senza dubbio un mezzo di tutela non giurisdizionale di diritti, bisogna passare all'analisi della natura degli stessi, per comprendere se in questo campo esiste una differenza tra i due modelli. La funzione di protezione del Defensor del Pueblo latino si esercita principalmente sui diritti umani, tra i quali si annoverano, oltre ai classici diritto alla vita, alla libertà, alla salute, al lavoro, alla giustizia, quelli inerenti alle minoranze etniche, all'ambiente sano, al rispetto della privacy, ecc. Quindi si fa riferimento a diritti riconosciuti nelle Carte Costituzionali, nonché nei trattati internazionali e nelle leggi nazionali, sia individuali, che collettivi, appartenenti non soltanto ai cittadini, ma in generale a tutti gli esseri umani. La funzione principale dell'ombudsman europeo, al contrario, è nella protezione del cittadino dagli atti di cattiva amministrazione che ledono i loro diritti, attraverso un'attività di controllo, in alcuni casi anche costituzionale, che permette di trovare un equilibrio tra i poteri pubblici, nonché di garantire la conformità al diritto da parte degli organi della P.A. evitando, come immediato riflesso, che i diritti dei cittadini siano lesi dal cattivo uso del potere amministrativo. Come si nota, i diritti umani non sono contemplati come campo d'azione direttamente attribuito all'ombudsman, ma*

Refira-se, todavia, que essa função de promoção e defesa dos direitos humanos foi gradualmente sendo assumida pelo *Ombudsman*, iniciando-se com Portugal e Espanha; na sequência, com a instituição de inúmeros *Ombudsmen* na América Latina, considerando o contexto semelhante de ruptura com um histórico autoritário, bem como de uma inserção dessa instituição por meio do modelo já moldado na península ibérica, a sua instituição na Ibero-América já ocorre agregada dessa função (obviamente sem um caráter de exclusividade).

Ademais, a atuação do *Ombudsman* na defesa e promoção dos direitos humanos, contudo, não pode ser entendida como sua única e exclusiva função; essa atuação também não o caracteriza somente como uma *Instituição Nacional para Proteção e Promoção dos Direitos Humanos*, nos termos dos *Princípios de Paris* (aprovados pela Assembleia Geral das Nações Unidas em 20 de dezembro de 1993)[41], embora possa atuar de forma concorrente e complementar na proteção e promoção dos direitos humanos[42], posto que lhe foram atribuídas outras funções, em especial a proteção de direitos fundamentais.

Essa inserção de proteção dos direitos humanos entre as atribuições do *Ombudsman* na Ibero-América também acaba por resultar em uma influência entre aquelas instituições já existentes. Assim, mesmo entre os *Ombudsmen* escandinavos, essa função de defesa dos direitos humanos

---

solo indirettamente, qualora vengano danneggiati dagli atti illeciti o impropri della P.A. In tale aspetto vi è l'essenza stessa della differenza tra l'ombudsman europeo e il Defensor del Pueblo, da ciò deriva la propensione del primo verso un'attività di mediazione tra organi dello stato e popolo, e del secondo verso l'attività di investigazione e risoluzione delle violazioni dei diritti umani.

41. *Fundamental para a distinção BECO,, Gauthier de National Human Rights Institutions in Europe, in Human Rights Law Review, 2007, V. 7 (2), p. 331ss: This article will only deal with the latter, since the ombudsman's domain does not cover the entire human rights field owing to the fact that it often focuses exclusively on national standards, and does not relate to the promotion and protection of human rights in general. In contrast to ombudsmen, which have a mediatory role rather than the general role of shaping national human rights policies, NHRIs have a more preventive role. In addition, ombudsmen lack the necessary links with civil society that are typical for national institutions.*

42. Conforme a *Declaración de Wellington*: *11.* Reconoce *el hecho de que algunas instituciones de ombudsman funcionan también como Instituciones Nacionales de Derechos Humanos (INDH), y en los lugares en los que no es el caso,12.* Anima *a fomentar la colaboración entre el ombudsman y las INDH en el ámbito nacional, entre asociaciones de ombudsman y las INDH en el ámbito regional, y entre el IIO y el Comité de Coordinación Internacional de Instituciones Nacionales para la Protección y Promoción de los Derechos Humanos (CIC).*

vem influenciando sua atuação e sendo parcialmente absorvida, conforme se pode observar do fato de que na totalidade das instituições analisadas (Suécia, Finlândia, Noruega e Dinamarca), todas elas agem como Mecanismo Preventivo Nacional (NPM), com as função de implementar as obrigações decorrentes do Protocolo Facultativo à Convenção da ONU contra a Tortura-OPCAT, realizando assim um papel de promoção e defesa dos Direitos Humanos. Relevante também dessa influência é a inserção desse papel como caracterizador do papel de *Ombudsman* nos estatutos da *International Ombudsman Institute* (IOI).

Todavia, embora hoje se possa indicar, mesmo que restritamente, a presença de uma função de defesa dos direitos humanos presente em grande parte dos *Ombudsmen*, pode ser referido que esta característica ainda não se apresenta em todas estas instituições: tanto o *Parliamentary Commissioner* (Reino Unido) como o *Difensore Civico dela Toscana* (Itália), e no plano supranacional o *Provedor de Justiça Europeu* não contam como sua função proteção dos direitos humanos, restando sua atuação vinculada a um ato que represente ainda e somente uma situação de *deficiência* e *má administração*.

Ademais dessa função de proteção e garantia dos direitos humanos, é possível perceber que, originariamente em Portugal e Espanha, o *Ombudsman* assume um papel que, acentuado em Ibero-América pode ser considerado como de **garantia**, quando passa a agir, inclusive com novos meios de atuação, na defesa e proteção dos direitos difusos e coletivos, e especialmente dos direitos constitucionais fundamentais e de garante da ordem democrática e da própria Constituição.

Em consideração a essa nova feição do *Ombudsman* em ibero América, veja-se o pensamento de Ela Wiecko Wolkmer de Castilho:

> Os Procuradores dos Direitos do Cidadão não querem ser apenas ombudsmen, na feição tradicional, restritos ao encaminhamento de notificações e de representações a outro órgão nos casos de não atendimento. Querem e podem, arrimados em outras disposições existentes na Constituição e na LC n. 75, interferir ativamente na prevenção das omissões e irregularidades da administração pública e responsabilizar diretamente os administradores, no exercício de suas outras funções. Por sua vez, os cidadãos desejam soluções céleres e efetivas. É importante ter em conta que o ombudsman e outras figuras similares, como o defensor del pueblo ou o provedor de justiça, não são instituições imutáveis. Ao contrário, alteram-se, adaptam-se às novas exigências da sociedade. No Brasil, o modelo de procedimento previsto na LC n.

> 75/93 não se consolidou na prática, porque projetado para conflitos de natureza individual entre partes identificadas ou identificáveis de imediato. Desde os anos 1980, a natureza coletiva das demandas ou dos demandantes contra a Administração Pública assumiu significativa relevância e exige procedimentos diferenciados.[43]

Caracteriza-se assim, o *Ombudsman* ibero-americano por exercer as funções de protetor e garante dos direitos fundamentais e da própria Constituição, como ***órgão de garantia***. Veja-se sobre esse ponto o magistério de CANOTILHO[44]:

> "A inserção constitucional do Provedor de Justiça na parte geral dos direitos fundamentais mostra claramente que ele é essencialmente um **órgão de garantia dos direitos fundamentais** (de todos e não apenas dos direitos, liberdades e garantias) perante os poderes públicos, em geral, e perante a Administração, em especial".

Em decorrência desse novo papel conferido ao *Provedor de Justiça* em Portugal e ao *Defensor del Pueblo* em Espanha[45], foram conferidos

43. CASTILHO, Ela Wiecko Volkmer de. A Procuradoria dos Direitos do Cidadão, in Modalidade de Ouvidoria Pública no Brasil, terceira coletânea, coordenação de Antonio Semeraro Rito Cardoso e outros, João Pessoa, 2012, p. 122. Conforme ainda PINEDO, op; cit., p. 109: *"El Provedor de Justiça innova al no ser únicamente un organismo de control si no que también es un instrumento de garantía. Esa misma resignificación del Ombudsman portugués también sucede en España (el proceso de transición puede ser una de esas razones de la resignificación). El aporte de la configuración del ombudsman de la península es uno de los atractivos y razones para su importación a tierras americanas."*; ainda nesse mesmo sentido GONZÁLEZ-ARES, op. cit., p.123: *"La constitucion, al definir al defensor del pueblo como un defensor de los derechos de los ciudadanos comprendidos en el titulo I(art. 54), rompe el esquema tradicional del Omnudsman, volcado fundamentalmente en la fiscalizacion de la actuacion administrativa."*.

44. Conforme CANOTILHO e MOREIRA, op. cit., I, 440.

45. Conforme COSTENLA, Carlos. No quedó en el olvido: el "poder negativo", in Revista Generale de Legislación y Jurisprudencia, 2014, n° 1 (janeiro-março), p. 14: *"La referencia al Defensor del Pueblo suele quedar entreverada con la institución del Ombudsman, de origem escandinavo. Hemos señalado muchas veces que sin negar el parentesco, producto de rasgos y perfiles que los asemejan, la figura del Defensor del Pueblo, regenerada a través de las constituciones de Portugal de 1976 y de España de 1978, dio nueva vida a la magistratura que en forma explícita o soterrada, sigue un hilo conductor que la conecta al Tribuno de la Plebe creado hace dos mil quinientos años. (...) porque si bien puede afirmarse que el Ombudsman escandinavo forma parte de un sistema constitucional emo-liberal sustentando en la democracia representativa, el Defensor del Pueblo está creado a partir del reconocimiento explícito o tácito de las debilidades e insuficiencias*

novos meios de atuação. Consoante já aqui assinalado na análise destas instituições, lhes é conferido o manejo de Ação de Inconstitucionalidade, inclusive por omissão[46], como é caso de Portugal, e ainda, subsequentemente em Espanha, permite-se uma ampliada atuação perante o poder judiciário, com o manejo de também do recurso de amparo e de **ação de responsabilidade contra as autoridades, funcionários e agentes civis**.

Esse mecanismo foi sucessivamente amplamente inserido no modelo brasileiro, conferindo uma ampla possibilidade de ajuizamento de demandas pelo Ministério Público na condição de sua atuação como *Ombudsman*, conforme o modelo consagrado na Constituição de 1988[47] e posteriormente, no plano federal, reafirmado pela Lei Complementar nº 75/93.

A ampla utilização de ações judiciais, foi subsequente também adotado quando da instituição do *Defensor del Pueblo* em Argentina, fator que também garante uma maior eficácia ao sistema de proteção de direitos constitucionais que lhe foi conferido.

Assim, essa distinta atribuição de funções e inovação de meios de atuação conferida ao *Ombudsman* de modelo ibero-americano, indicam uma instituição com uma configuração diversa, voltada a atuação como órgão de garantia.

Remarque-se, concretamente, a análise dessa atuação com uma função completamente inovadora dentro dos modelos constitucionais modernos,

---

de ese sistema. El modelo ibérico (hasta por la misma ubicación contextual del instituto en la Constitución tanto de Portugal como de España), regenera la relación vital y bidireccional entre el pueblo y el gobierno en la que cada ciudadano debe saber y poder – al mism tiempo – comandar y obedecer, con la garantía del Defensor del Pueblo. Él deberá garantizar la libertad de las personas frente al poder del gobierno, a la vez que la obediencia de los gobernantes a la voluntad del pueblo."

46. O manejo de mecanismo de Inconstitucionalidade por Omissão indica uma atuação de controle de legalidade que ultrapassa aquele controle formal, posto que insere uma visão de controle positivo, destinado a impor uma atuação positiva, com produção de atos normativos a garantir direitos que, pela ausência da norma, restam ineficazes.

47. Embora como referido, na atuação na defesa de interesses difusos e coletivos, esse mecanismo já era usual desde o início da década de 80. Veja-se BÖTTCHER, Carlos Alexandre. Il Tribunato della Plebe e il Ministerio Publico del Brasile, in Revista da Faculdade de Direito da USP. São Paulo, v. 106/107, jan./dez. 2011/2012, p. 60: *La possibilità di esercizio di azione rende il Ministério Público più efficace di altre figure odierne di difensori civici perché gli agenti pubblici hanno coscienza delle implicazioni legali delle loro azioni o omissioni.*

que permitem indicar um papel distinto ao *Ombudsman* ibero-americano[48]; como destacado ainda por Pierangelo Catalano[49]:

> Nell'assenza della publica auctoritas universalis, è certo utile rilevare lo sviluppo internazionale di un istitituto, apparentemente sorto in Svezia all'inizio del XIX secolo. Esso ha assunto nuovi nomi e nuove sostanze nelle realtà iberoamericane: qui si definiscono il "defensor del pueblo", il "procurador de los derechos humanos" e simili. Realtà giuridiche in crescita, sia in America Latina, sia in Africa, sia in altri continenti attraverso la francofonia.
>
> Questa novità costituizionale può dare qualche speranza ai cittadini: la crescita si un istituto che non rientra più nello schema della divisione dei tre poteri. Nel corso della seconda metà del XX secolo, si è passati dall'ombudsman al "Defensor del pueblo" (secondo la terminologia della Costituzione spagnola del 1978). Si è passati da qualche ombudsman del Nord dell'Europa a quasi cento istituzioni nel mondo intero, designate con termini diferenti. Quello che più colpisce è come l'esperienza politica e giuridica latino-americana abbia aumentato l'importanza di questa istituzione per la difesa dei diritti dell'uomo e del cittadino.

---

48. A utilização dessa expressão "Ombudsman iberoamericano", se faz expressamente, dada a multiplicidade de denominações utilizadas a partir de Portugal e Espanha.
49. CATALANO, Pierangelo. Sovranità della Multitudo e Potere negativo: un aggiornamento, in Studi in onore di Gianni Ferrara, Torino, 2005, p. 660. Nesse mesmo sentido LOBRANO, Giovanni. Del Defensor del Pueblo al Tribuno de la Plebe, Roma e America, 14, 2002, p. 163-164: *Pero – y regresamos así al presente – aunque si ninguno se turba, aunque si los juristas y los estadistas no lo ven y/o morian en otra dirección, el Tribunado ha reaparecido en la crisis del medio de la división o separación y del equilibrio de los tres poderes y de los ordenamientos conexos. El fenómeno tribunicio se ha reproducido por sí mesmo, yo diria espontáneamente. Esta es – em mi opinión la verdadera lectura del gran fenómeno de proliferación mundial de defensores cívicos, de mediadores, de defensores del pueblo, que juristas y estadistas reconducen hacia la figura opaca y modesta del'Ombudsman, pero que – como ha sido dicho ya por muchos y muy calificadamente (...). Además con esta lectura – que aquí se empieza a proponer – es posible obviar las contradicciones que aquejan hoy al instituto del Defensor del Pueblo. Se hace necessario entonces saber o recordar que, con el Tribunado/Defensor del Pueblo y con su poder negativo, reaparece el sistema constitucional o mejor – jurídico conexo, reaparece la respublica. (...) En todo caso: retomar el hilo del tribunado no es una operació llana y simple; al contrario, ella es – sin discusión – una operación compleja porque obliga a desmontar la construcción del Estado persona y sustituirla por la del Estado comunidad, y puede además ser una operación dolorosa porque obliga a poner en movimiento conflictos, incluso duros.*

Assim, a atuação hoje desenvolvida pelo *Ombudsman* ibero-americano reflete uma função como ***órgão de garantia***, agindo na defesa e proteção dos direitos difusos e coletivos, dos direitos constitucionais fundamentais e de garante da ordem democrática e da própria Constituição, com meios e instrumentos que garantem mais efetividade que aqueles usuais ao *Ombudsman* escandinavo[50].

Conclua-se assim, que ao lado do modelo escandinavo de *Ombudsman*, surgiu um outro modelo com características próprias e peculiares, dentro do contexto próprio e histórico presente na Ibero-América, a partir do final da década de 70 do século XX, que indicam uma função diversa a essas instituições, que lhe dão uma feição de ***órgão de garantia***.

5 - O *OMBUDSMAN* NO BRASIL

Nesse contexto, a criação do *Ombudsman* brasileiro, em relação às demais instituições ibero-americanas, apresenta a característica específica de sua inserção, ou mais adequadamente de uma síntese, com o Ministério Público, opção essa decorrente dos debates travados durante os trabalhos constituintes que derivaram na Constituição de 1988.

Essa peculiaridade, apresenta por vezes uma particular dificuldade de compreensão da escolha brasileira, tendo em conta essa sua "inserção" em uma instituição já existente[51]. Ademais, essa dificuldade de visibilidade resulta da ausência de emprego de uma denominação já reconhecida mundialmente, a exemplo dos termos "defensor do povo" ou *Ombudsman*[52].

---

50. Ao lado da legitimação para propor ações judiciais, amplamente conferida no caso brasileiro e argentino, vale ressaltar o instrumento de participação popular utilizados no Brasil (audiência pública), ou ainda o Compromisso de Ajustamento de Conduta, que, mais do que aguardar um acatamento futuro de uma recomendação, busca a administração para uma solução concreta de imediata adequação da atuação administrativa, formando-se título capaz de impor uma executividade frente ao Poder Judiciário, com incidência de multa fixada no próprio termo.

51. Nesse sentido BÖTTCHER, op. cit, p. 55, *Infatti, tale organo non viene spesso esaminato in rapporto con il tribunato, come accade invece rispetto ad altre recenti figure costituzionali (defensor del pueblo, difensore civico, mèdiateur). A mio avviso, la mancanza di presa in considerazione dalla dottrina è dovuta al fatto che la denominazione dell'organo rinvia ad altre funzioni in vari ordinamenti giuridici spettanti soprattutto alla procedura penale.*

52. Conforme CASTILHO, op. cit., 105. *Portanto, pode-se afirmar que a Constituição do Brasil, nesse artigo, atribuiu a função do defensor do povo ao Ministério Público. Não utilizou o termo ombudsman nem o de defensor do povo, o que certamente contribuiu para a falta de conformação específica da atividade no âmbito interno e visibilidade externa.*

Todavia, vale realizar uma breve referência ao processo que levou à escolha do constituinte de 1988.

Na segunda metade da década de 80 o Brasil passou por um processo constituinte como forma de dar cabo ao longo período de ditadura militar iniciada em 1964, processo esse que não poderia deixar de ter seus fortes reflexos na atuação do Ministério Público brasileiro ao lhe atribuir as funções de *Ombudsman* (Defensor do Povo).

E essa nova concepção de Ministério Público no Brasil, já vinha sendo estabelecida desde o início da década de 80, com o rompimento da atuação limitada às funções tradicionalmente típicas atribuídas a este órgão, quais sejam – acusação criminal e *custos legis*.

A partir da década de 80, contudo, foram sendo concedidas paulatinamente ao Ministério Público brasileiro atribuições de proteção de interesses difusos e coletivos[53]. Para ilustrar a compreensão estabelecida à época, e que levaram a atribuir ao Ministério Público a defesa desses interesses, é relevante a mensagem n° 123 de 1985, do poder Executivo, ao enviar o projeto de lei que redundou na referida Lei da Ação Civil Pública (7.347/85). Sustentou-se a legitimação do Ministério Público ao fundamento de que:

> (...) existem outros interesses que não são individualizados, pois correspondem a um grupo, a uma comunidade ou à sociedade. Nesses casos, não se vislumbra claramente quem é que poderia, em seu próprio nome, defender esses interesses não individuais. Ao Ministério Público como defensor natural do interesse público deve caber, preferencialmente, a titularidade ativa daqueles interesses não individuais, indisponíveis da sociedade, com a consequência de poder provocar a atividade jurisdicional, na conformidade, aliás, da Lei Complementar n.° 40, de 14 de dezembro de 1981 (Lei Orgânica do Ministério Público) que trata da ação civil pública como função institucional do Ministério Público. Este, portanto, o suposto da sua legitimação processual.

53. São significativas as seguintes disposições legais: Lei n° 6.938, de 31 de agosto de 1981, atribui ao Ministério legitimidade para propor ação de responsabilidade civil por danos causados ao meio ambiente; Lei Complementar n° 40, de 14 de dezembro de 1981, atribui ao Ministério Público legitimidade para promover a ação civil pública, nos termos da Lei; Lei n° 7.347 de 24 de julho de 1985, com o que o Ministério Público passou a atuar, através da ação civil pública, na defesa do meio ambiente, do consumidor, e de bens e direitos de valor artístico, estético, histórico, turístico e paisagístico, podendo, inclusive promover diretamente o inquérito civil.

Paralelamente, o debate sobre a instituição de um *Ombudsman* no Brasil também já vinha sendo travado, em iniciativas anteriores à elaboração da nova carta constitucional de 1988 de constituir no Brasil um *Defensor do Povo*, as quais buscaram dotar o Brasil de instituição tanto voltada à defesa de direitos fundamentais quanto apta a desenvolver o controle da administração pública[54].

A ideia de criação de um *Ombudsman* brasileiro pode retroagir às décadas de 60 e 70 do século XX[55], contando com diversas proposições para sua instituição já no início da década de 80, propostas que também vinham imbuídas da recente instituição das estruturas previstas nas Constituições portuguesa (1976) e espanhola (1978)[56].

Como consequência natural desse debate preexistente, quando se tratou da elaboração da Constituição de 88 e que reestabeleceu como marco normativo um regime de Estado democrático e de direito, surgiu a explícita proposta de criação de um *Defensor do Povo*, a qual constou do art. 56 do *Anteprojeto Constitucional* elaborado pela *Comissão Provisória de Estudos Constitucionais*[57], denominada de *Comissão de Notáveis*[58].

---

54. Entre outras, cite-se as seguintes iniciativas: em 1981 proposta de Emenda constitucional criando o Procurador Geral do Povo; em 1981 proposta de Emenda constitucional criando a Procuradoria Geral do Poder Legislativo; em 1983 proposta de Emenda constitucional criando *Ombudsman*; em 1984 projeto de lei criando a Procuradoria Popular. Uma detalhada análise destas proposições se encontra em Gomes, op. cit., 9ss.; ver ainda MAIORANO, José Luis. El ombudsman en America Latina, in Revista de Informação Legislativa, 23 (out. Dez.), 1986, p. 253.

55. Ver entre outros: LEITE. op. cit. e TÁCITO, Caio. O controle da administração e a nova Constituição do Brasil, in Revista de Direito Administrativo, V. 96, out. Dez. 1967, p. 23ss.

56. As propostas de instituição de um *Ombudsman* encontravam uma base constitucional no art. 45 da Constituição então vigente, que previa o controle externo do executivo pelo parlamento Constituição brasileira de 1967: *art. 45. A lei regulará o processo de fiscalização, pela Câmara dos deputados e pelo senado Federal, dos atos do Poder Executivo e da administração descentralizada.* Sobre esse dispositivo constitucional, ainda em 1967, TÁCITO, op. cit., 28, chega a considerar: *É possível que não tenha sido estranha à nova figura de fiscalização pelo Congresso sôbre os atos administrativos, a inspiração de um tipo de órgão peculiar aos países nórdicos, que tem merecido, recentemente, maior divulgação na literatura científica e mesmo leiga.* Todavia, iniciativas concretas de instituição de um *Ombudsman* no Brasil somente se deram ao fim do regime militar.

57. Decreto do Presidente da República Decreto n° 91.450, de 18 de julho de 1985.

58. Denominação como ficou conhecida.

Já durante os trabalhos constituintes[59], embora no primeiro substitutivo tenha sido mantida a proposição de criação de uma *Defensoria do Povo*[60], já no segundo substitutivo foram suas atribuições agregadas àquelas do Ministério Público[61].

Sem adentrar nos detalhes dos debates que se sucederam[62] em torno da criação de uma instituição singular e denominada de Defensor do Povo ou de sua fusão com o Ministério Público, cabível a transcrição da manifestação do Deputado constituinte e Relator Bernardo Cabral que também sustentou a fusão da *Defensoria do Povo* no Ministério Público:

> **O SR. RELATOR (Bernardo Cabral):**
>
> – Sr. Presidente, Srs. componentes da Comissão de Sistematização:
>
> Devo-lhes uma explicação. Pessoalmente sempre entendi que a figura do **ombudsman** é uma boa figura, com uma rentabilidade muito grande nos países que adotam o chamado defensor do povo. Confesso que a Emenda apresentada pelo eminente conterrâneo do Constituinte José Bisol, o Constituinte Ibsen Pinheiro, me convenceu de que preferível seria que ampliássemos as garantias constitucionais ao Ministério Público. E o Constituinte Ibsen Pinheiro é, inegavelmente, um homem de cujo comportamento ideológico não se pode duvidar. S. Ex.ª me fez a seguinte observação: o instituto do **ombudsman** seria uma **capitis diminutio** para o Ministério Público se este, estruturado devidamente, com a dimensão continental que tem o nosso País, pudesse exercitar sua função, sem a ligação umbilical e subordinado ao Chefe do Poder Executivo. Observem que o substitutivo, pela primeira vez, dá poderes constitucionais ao Ministério Público e, neste passo, substitui com muito mais vantagem e menos despesa e também menos protocolo a figura do defensor do povo. Agora, pelo art. 149 – eu chamaria a atenção de V. Ex.as –, o Ministério Público é instituição permanente, o essencial à função jurisdicional do Estado – já começa aí – incumbindo-lhe

59. Conforme noticia TÁCITO, Caio. Ombudsman o defensor do povo, in Revista de Direito Público, T. 85, jan. a mar. 1988, p. 44.

60. TÁCITO. op. cit., p. 44: *O primeiro substitutivo do Relator Bernardo Cabral, consolidando as contribuições das Comissões Temáticas, reproduziu o preceito* (...).

61. TÁCITO. op. cit., p. 44: *Todavia, no segundo substitutivo do relator, no qual se exprime sua posição pessoal, foi abandonada a instituição da Defensoria do Povo, com as características autônomas e peculiares da indicada proposição, incorporando-se às funções do Ministério Público* (...).

62. E que podem ser consultados em: Assembléia Nacional Constituinte. Comissão de Sistematização. I – Ata sucinta da 32a Reunião extraordinária, de 24 de setembro de 1987. (9b – sistematização.pdf) – encontrável no site da Câmara dos Deputados.

> a defesa da ordem jurídica e do regime democrático e dos interesses sociais, individuais indisponíveis, e a partir daí, assegura-se ao Ministério Público a autonomia funcional e administrativa, além do que passa a ser o seu chefe, o chefe do Ministério Público, eleito pelos seus colegas. Ora, a argumentação expendida pelo eminente Constitucionalista Egídio Ferreira Lima de logo afastaria qualquer preocupação que o Relator pudesse ter na manutenção do texto. Mas eu não poderia, ainda que ouvindo o Constituinte Gastone Righi e V. Ex.ª, poupar-me da obrigação de dar esta satisfação à Comissão de Sistematização, porque o defensor do povo figurou no substitutivo anterior, assim como no projeto que veio das Comissões Temáticas.

Por esta razão, que me parece lógica, jurídica, funcional e efetiva, o Relator fica com o texto e deplora ficar contra a Emenda do Constituinte José Paulo Bisol.

Ressalte-se que ao final, o destaque apresentado pelo deputado constituinte José Paulo Bisol, que propunha o reestabelecimento da previsão de um *Defensor do Povo* em estrutura independente à do Ministério, foi rejeitado por 53 votos contra 31, mantendo-se dentro do Ministério Público brasileiro suas atribuições[63].

Ainda que essa *fusão* do *Defensor do Povo* com o Ministério Público não se tenha dado sem uma forte articulação do próprio Ministério Público brasileiro[64], por outro lado, tampouco deixou de considerar na proposta

---

63. Conforme CASTILHO, op. cit.,p. 104: *"As duas teses foram colocadas em confronto na Assembleia Nacional Constituinte."*; ainda, RIOS, Aurélio Virgílio Veiga e SILVA, Marisa Viegas e. O Papel das Defensorias do Povo da América Latina e do Ministério Público Federal brasileiro na proteção dos direitos humanos e sua interlocução com a OEA, em Impacto das Decisões da Corte Interamericana de Direitos Humanos na Jurisprudência do STF, sob coordenação de Flávia Piovesan e outros), Salvador (Bahia), 2016, p. 258: *Muito embora o ordenamento jurídico brasileiro não preveja de forma explícita a existência de uma Defensoria do Povo (ou do Ombudsman, a figura que inspirou as defensorias), funções similares às dela foram atribuídas ao Ministério Público brasileiro.* (...) *No tocante ao processo de redemocratização brasileiro e à necessidade de garantir a proteção dos direitos humanos dos cidadãos frente à Administração Pública, o desenvolvimento constitucional não fugiu muito daquele ocorrido no resto da América Latina e sul da Europa, com a particularidade de que a figura do Ombudsman foi incorporada não na forma de Defensorías del Pueblo, como no caso dos seus pares ibero-americanos, mas incluída nas funções de uma instituição já existente e consolidada no ordenamento jurídico brasileiro, o Ministério Público, o que pode causar aqui e ali algumas perplexidades.*

64. Castilho, op. cit., 103: *O Anteprojeto Afonso Arinos elaborado pela Comissão Provisória de Estudos Constitucionais, instituída pelo Decreto n. 91.450, de 1985, para desenvolver "pesquisas e estudos fundamentais, no interesse da Nação Brasileira, para futura*

de fusão, entre outras razões, as peculiaridades da dimensão territorial do Brasil[65], a reclamar uma estrutura distinta daquela *unipessoal*[66] prevista para o *Ombudsman* escandinavo (estrutura essa já existente no Ministério Público), bem como o fato de que o Ministério Público já vinha desenvolvendo com destaque a defesa dos interesses difusos e coletivo.

Dessa forma, a opção constitucional brasileira foi a de fundir no Ministério Público a função de *Ombudsman*, embora sem utilizar-se da sua denominação, ao atribuir-lhe as funções que eram destinadas separadamente àquele órgão. Sobre a escolha brasileira, vale ressaltar a observação de Rios e Silva[67]:

> Afinal, a interpretação e incorporação de qualquer princípio internacional ao direito interno deve ser feita numa via de mão dupla. No caso do Brasil, por suas particularidades que o diferem de outras instituições nacionais ibero-americanas, não é somente o país que deve se adaptar aos princípios de Paris estabelecidos pelo Alto Comissariado de Direitos Humanos da ONU, mas esses princípios também devem

---

colaboração aos trabalhos da Assembléia Nacional Constituinte", propôs a criação do Defensor do Povo, à semelhança do Ombudsman sueco. Em divergência, a Carta de Curitiba elaborada, em 1986, no 1º Encontro Nacional de Procuradores-Gerais de Justiça e Presidentes de Associações do Ministério Público, defendia para o Ministério Público a atribuição das funções de defensor do povo.; GAVRONSKI Alexandre do Amaral e MENDONÇA, Andrei Borges de. Manual do Procurador da República – Teoria e prática, Salvador Bahia, 2015, p. 674-675; ainda, sobre a articulação do Ministério Público para receber constitucionalmente as atribuições de *Ombudsman*, ver SOUZA, Luciano Machado de. O Ministério Público e a Defesa da Constituição e da Democracia, Rio de Janeiro, 2013, p. 73.

65. Conforme pronunciamento do Deputado Constituinte Egídio Ferreira Lima, in Assembleia Nacional Constituinte. Comissão de Sistematização. I – Ata sucinta da 32a Reunião extraordinária, de 24 de setembro de 1987. (9b – sistematização.pdf): *Ele é o Ministério Público, que já têm uma estrutura, cobrindo todo este País.*; a necessidade de uma estrutura distinta a ser fixada ao *Ombudsman* brasileiro, já era sentida de há muito no Brasil, sendo fundamental as observações de GALLO, Carlos Alberto Provenciano. Ombudsman parlamentar do direito sueco", in Revista de informação legislativa, v. 13, n. 49, 1976, p. 245: *É de se atentar para a introdução dessa instituição no Brasil. A nosso ver, o cargo desse especial fiscal da lei, guardião dos direitos e garantias dos cidadãos, poderá ser criado no País, desde que se adapte essa figura, tendo em vista o nosso direito constitucional, o direito administrativo, as leis processuais e a organização judiciariade cada Estado da federação. Há de ser levado em consideração também o problema da extensão territorial do Brasil, o que não ocorre com a Suécia. Mas essa situação poderá ser resolvida plenamente, cremos nós, se forem adotados rigorosamente critérios de competência, instituindo-se diversos cargos dessa natureza, de idêntica atribuição a atuar nas diferentes regiões do País.*
66. Ou de composição limitada a 3 ou quatro membros/Ombudsman, como em alguns países.
67. RIOS e SILVA, op. cit., p. 264.

> ajustar-se às escolhas soberanas feitas pelo Congresso Constituinte, inclusive o de dotar o Ministério Público com funções típicas da figura do Ombudsman.

Esta fusão de atribuições, se deu com relevantes e positivos efeitos na situação particular do Brasil[68], seja pelas características de renitência da administração pública a acatar um *magistério de influência*[69], seja pelas peculiaridades federativas e de amplitude territorial brasileira[70].

---

68. Vale destacar a decisão da Suprema Corte brasileira (Supremo Tribunal Federal-STF), de 29 de outubro de 2013, no A. Reg. no Recurso Extraordinário n° 581.352, Relator Min. Celso de Mello, que reconhece a atuação do Ministério Público como de Ombudsman/ Defensor do Povo: *"A atuação do Ministério Público em defesa de direitos e interesses metaindividuais, viabilizada, instrumentalmente, por meio processual adequado (a ação civil pública, no caso), que lhe permite invocar a tutela jurisdicional do Estado com o objetivo de fazer com que os Poderes Públicos respeitem, em favor da coletividade, os serviços de relevância pública (CF, art. 129, II), como se qualificam, constitucionalmente, as ações e serviços de saúde (CF, art. 197), legitima-se, plenamente, em decorrência da condição institucional de verdadeiro* ***"defensor do povo"*** *que è conferida ao "Parquet" pela própria Constituição da República. Nesse contexto, põe-se em destaque uma das mais significativas funções institucionais do Ministério Público, consistente no reconhecimento de que lhe assiste a posição eminente de verdadeiro "****defensor do povo****" (HUGO NIGRO MAZZILLI, "Regime Jurídico do Ministério Público", p. 224/227, item n. 24, "b", 3ª ed., 1996, Saraiva, v.g.), incumbido de impor, aos poderes públicos, o respeito efetivo aos direitos que a Constituição da República assegura aos cidadãos em geral (CF, art. 129, II), podendo, para tanto, promover as medidas necessárias ao adimplemento de tais garantias, o que lhe permite valer-se das ações coletivas, como as ações civis públicas, que representam poderoso instrumento processual concretizador das prerrogativas fundamentais atribuídas, a qualquer pessoa, pela Carta Política."* (grifo nosso)
69. Conforme entrevista com Álvaro Augusto Ribeiro da Costa (primeiro Procurador Federal dos Direitos do Cidadão), in Boletim Cientifico da Escola Superior do Ministério Público da União, 7, abr. a jun. 2003, 155-164: *A discussão sobre se o ombudsman seria compatível ou não com o Ministério Público, com a discussão doutrinária, fujo dela e continuo a achar que no caso brasileiro foi uma boa opção colocá-la dentro do Ministério Público, pelo fato de que a nossa cultura, diferentemente de uma cultura nórdica, não é a de se ver um administrador receber recomendação de um ombudsman e, a partir dessa recomendação, modificar a sua conduta. O administrador não dá a devida importância à recomendação que venha dele. Mas ele pensa, começa a pensar duas vezes, quando ele sabe que o não-atendimento a essa recomendação pode gerar uma ação, seja cível ou até penal; ou, o que mais se teme, uma ação de improbidade. A junção da recomendação, do poder de recomendação, com o poder de dar consequência prática ao que se recomenda, creio que é o que dá maior força ao Ministério Público; isso é fundamental.*
70. Conforme SOUZA, op. cit. p. 73: *Evidenciado que a busca pela solução administrativa deve ser preferida na promoção dos direitos constitucionais, é fato que a organização e a experiência jurisdicional do Ministério Público foram consideradas para incorporação das funções do "defensor do povo". Isso implica, no radical, que a ação extrajudicial inexitosa*

Nesse ponto, sobre a atuação originária de Ministério Público atribuída ao *Ombudsman*, cabe assinalar a reflexão de José Lucas Cardoso sobre os limites presentes nos meios de atuação atribuídos ao *Ombudsman*[71], que parecem demonstrar o acerto, pelo menos no caso brasileiro, da escolha constituinte[72]:

> *Afinal o Ombudsman investiga factos, analisa problemas, propõe soluções e, no momento de passar à acção tendo em conta que não é titular de poderes de autoridade, será legítimo supor que as autoridades administrativas não estão obrigadas a respeitar a actuação do Ombudsman, mesmo que apenas dentro dos estritos limites das competências deste? A questão suscitada é, em certa medida, consequência da introdução de um órgão de controlo da Administração pública em sistemas políticos de configuração diversa do seu habitat natural pois o Ombudsman sueco nasceu dotado de poderes que nos sistemas europeus continentais são próprios do Ministério Público, daí a possibilidade que lhe é reconhecida de agir com alguma eficácia no exercício da sua função de controlo da actividade administrativa, e assim é necessário averiguar se o soft body adoptado no resto do mundo se encontra habilitado a exercer dignamente a sua missão, mesmo desprovido das competências de procuradoria.*

Ademais, no plano federal, a criação da Procuradoria Federal dos Direitos do Cidadão teve por objetivo dar uma especial densidade e visibilidade às funções de *Ombudsman* exercida pelo Ministério Público brasileiro.

Embora se possa dizer que a atuação na defesa da cidadania esteja organicamente disseminada pelos diversos ofícios do Ministério Público brasileiro, inclusive aquelas atribuições de controle da administração tradicionalmente típica atribuída ao *Ombudsman* escandinavo, foi sentida a necessidade de criação de uma figura de caráter **nacional** a atuar no âmbito da proteção dos direitos do cidadão, a qual foi denominada de ***Procurador Federal dos Direitos do Cidadão*** (PFDC). Conjuntamente, foram criadas figuras com abrangência **estadual** denominadas de ***Procurador Regional***

---

possibilitará, desde logo, o acesso à jurisdição pelas vias da ação penal pública, da ação civil pública e das ações constitucionais, tanto para proteção dos direitos difusos como para a própria defesa da Constituição.

71. O qual exerceu as funções de Adjunto do Gabinete do Provedor de Justiça em Portugal de 2002 a 2008.

72. Conforme CARDOSO. op. cit. p. 12.

dos Direitos do Cidadão (PRDC). Essa estruturação visou dar maior concretude e visibilidade ao papel de *Ombudsman* atribuído ao Ministério Público pelo legislador constituinte (ao menos no plano federal), conforme se pode verificar da Mensagem do Procurador-Geral da República, que encaminhou o Projeto de Lei Complementar[73]:

> Explicitando as funções institucionais do Ministério Público, contidas na Constituição Federal, o projeto realça uma delas que, por sua novidade e importância, exigiu abordagem peculiar e inédita: trata-se da defesa dos direitos constitucionais ante os poderes públicos (englobados, aí, os prestadores de serviços de relevância pública). Recorde-se que, por ocasião dos trabalhos da Assembleia Nacional Constituinte, acirrados debates se travaram a respeito da instituição, no país, de figura semelhante ao "ombudsman" escandinavo, chegando-se à conclusão que tal papel, em nossa sociedade, podia e devia ser desempenhado pelo Ministério Público.
>
> A inovação radical que o projeto oferece se situa exatamente neste campo, criando a figura do Defensor dos Direitos do Cidadão[74], para desempenhar as atribuições contidas no inciso II do artigo 129 da Constituição. Cometendo tais atribuições a um integrante da carreira do Ministério Público Federal, escolhido em procedimento do qual participa órgão colegiado da instituição (o Conselho Superior), para exercer mandato de dois anos, a proposta visou cercar o responsável por tão relevante atribuição dos predicamentos e garantias indispensáveis ao bom desempenho do encargo, em benefício da sociedade.

Assinale-se, contudo, que embora tenha sido criada e estruturada a Procuradoria Federal dos Direitos do Cidadão internamente ao Ministério Público Federal, pela Lei Complementar n° 75, de 20 de maio de 1993, essa circunstância não produziu uma visibilidade e reconhecimento imediato como órgão de *Ombudsman* no plano internacional. Esta dificuldade, produzida por uma séria de fatores de política internacional brasileira, foram influenciadas como assinala Rios e Silva[75], em especial pela tardia adesão do Brasil à *Convenção Americana sobre Direitos Humanos*, verificada

73. Mensagem n° 002 de 31 de março de 1989, do Procurador-Geral da República cargo então exercido por Sepúlveda Pertence, o qual encaminhou o Projeto de Lei Complementar n° 69/1989. Pagina 94 do Dossiê digitalizado (Câmara dos Deputados-Brasil).

74. Denominação alterada durante o tramite do referido Projeto de Lei Complementar para *Procurador Federal dos Direitos do Cidadão e Procurador Regional dos Direitos do Cidadão*.

75. Veja-se sobre esse ponto RIOS e SILVA, op. cit. p. 266.

somente em 1992, e o reconhecimento da competência da *Corte Interamericana de Direitos Humanos*, ocorrida em 1998.

Porém, a atuação do Ministério Público como *Ombudsman*, em especial pela Procuradoria Federal dos Direitos do Cidadão e pelas Procuradorias Regionais dos Direitos do Cidadão não se fez tímida, assumindo com efetividade suas funções, com um crescente reconhecimento internacional do seu papel de *Ombudsman*.

Significativo desse crescente reconhecimento internacional da Procuradoria Federal dos Direitos do Cidadão como *Ombudsman* foi sua aceitação como membro da *Federação Ibero-americana de Ombudsman* (FIO)[76], na condição de órgão brasileiro de *Ombudsman*[77].

Ressalte-se ainda a parte conclusiva do <<*Resumen sistemático de las apreciaciones normativas hechas en ocasión de la visita del Consejo Rector de la FIO a Brasilia los días 17 al 19 de junio de 2013*>>:

> V. Resumen
>
> La Procuraduría Federal de los Derechos del Ciudadano – PFDC es el órgano garante de los Derechos Humanos en el Brasil, institución adscrita nominalmente al Ministerio Público Brasilero, más con actuación, independencia y autonomía funcional en lo correspondiente a la Protección de Derechos Humanos. Su misión es defender los derechos constitucionales de la persona humana para garantizar que sean efectivamente respetados por los poderes públicos y por los prestadores de servicios de relevancia pública.
>
> Cuenta con Autonomía e Independencia funcional, pudiéndose colegir que el perfil básico del Ombudsman de promoción y defensa de los Derechos Humanos se encuentran comprendidos ampliamente en las competencias y funciones de la Procuraduría Federal de los Derechos del Ciudadano (PFDC), cumpliéndose además con la previsión normativa de ley específica de aprobada por el órgano legislativo competente.

---

76. Veja-se mais uma vez RIOS e SILVA. op. cit., p. 265.

77. Veja-se a Ata da XVIII Assembleia Geral Ordinária da Federación Iberoamericana del Ombudsman (San Juan, Puerto Rico, 06 de Noviembre de 2013) e o relatório realizado *"Consejo Rector de la FIO"*, resultante de um trabalho de avaliação da PFDC como sendo o Ombudsman brasileiro, com atividade de visita presencial à PFDC de 17 a 19 de junho de 2013, relatório denominado de *"Valoración sobre el ingreso de la Procuraduria Federal de los Derechos del Ciudadano de Brasil a la Federación Iberoamericana del Ombudsman – FIO"*, contendo detalhada descrição, tanto do papel desenvolvido, como de análise de preenchimento das demais condições para ser caracterizado como Ombudsman.

Veja-se dessa forma, que a opção brasileira de fusão do *Ombudsman*, ou na versão proposta, do Defensor do Povo, com o Ministério Público, ao lado de não se demonstrar incompatível com a história e origem da instituição (que exerceu e ainda exerce funções de Ministério Público na Suécia e Finlândia), demonstrou claramente que dado os contextos históricos e da dimensão territorial brasileira, bem como de atribuição de mecanismos efetivos de garantia de eficácia de sua atuação, permite a afirmação de acerto da escolha do constituinte.

6 - CONCLUSÕES

Como conclusão, pode-se afirmar que:

São características do modelo de ***Ombudsman* escandinavo**: previsão da instituição na constituição ou em lei, com atuação independente, atribuindo-lhe poder de investigação, de crítica e de publicidade, para exercer uma função de supervisão e controle da administração contra ilegalidades e injustiças e decorrentes da *má administração*, sem uma função de revisor do ato administrativo, em uma atuação baseada na informalidade e gratuidade, caracterizando-se como ***órgão de controle*** externo da administração;

Dadas as peculiaridades nacionais, de caráter histórico, político e cultural, o *Ombudsman* pode assumir funções e características que permitam sua adaptação nacional sem, contudo, desnaturar sua natureza básica;

Considerando tanto a capacidade de amoldamento do *Ombudsman* às peculiaridades nacionais, de forma a lhe garantir uma melhor e eficaz atuação, bem como as características presentes na instituições originarias do *Ombudsman* (Suécia e Finlândia), que exercem funções de Ministério Público frente aos crimes praticados por servidores públicos, bem como considerando a significativa proximidade entre o *Ombudsman* e o Ministério Público naqueles países em que o Ministério Público passou a exercer uma atuação na defesa de interesses difusos e coletivos (Portugal, Espanha e Argentina), é também possível afirmar que é inteiramente compatível a inserção das funções de *Ombudsman* no âmbito do Ministério Público, como presente no caso brasileiro;

Ao lado do modelo de *Ombudsman* escandinavo, surgiu um modelo de ***Ombudsman ibero-americano***, com características próprias e peculiares, dentro do contexto próprio e histórico; essa instituição, presente inicialmente na península ibérica, a partir do final da década de 70 do século XX, passou a ser adotada na américa latina a partir do início dos anos 80 do século XX. Mantendo as funções e características tradicionais do *Ombudsman* escandinavo, agregou-lhe um uma função de defesa e proteção dos direitos constitucionais fundamentais e de garante da ordem democrática e da própria Constituição, dos direitos humanos, e direitos difusos e coletivos; para essa atuação, foram-lhe assinalados ainda novos meios e instrumentos de atuação; dessa forma, o *Ombudsman* ibero-americano pode ser caracterizado como um ***órgão de garantia.***

CAPÍTULO III

ORDEM ECONÔMICA E FINANCEIRA

DECLARAÇÃO DE INCONSTITUCIONALIDADE DOS INCENTIVOS FISCAIS ESTADUAIS

Hugo de Brito Machado[1]

1 - INTRODUÇÃO

Em face de algumas decisões do Supremo Tribunal Federal, afirmando serem inconstitucionais as leis estaduais que concedem incentivos fiscais relativos ao ICMS, tem sido afirmado que tais decisões devem produzir efeitos retroativos, vale dizer, os contribuintes beneficiados com tais incentivos devem ser submetidos aos ônus correspondentes, sem que possa subsistir nenhum efeito das leis declaradas inconstitucionais. E diversas teses jurídicas têm sido desenvolvidas na defesa dos efeitos retroativos da declaração de inconstitucionalidade.

No plano estritamente jurídico, a questão que se coloca consiste em saber, em primeiro lugar, se a Constituição é, ou não é, suprema em relação a todo o ordenamento jurídico e em segundo lugar, se ela coloca, ou não, a redução das desigualdades econômicas regionais como um objetivo fundamental da República Federativa do Brasil.

Ninguém ousa negar a supremacia constitucional, e qualquer pessoa que se dê ao trabalho de ler a vigente Constituição Federal verá na mesma a redução das desigualdades regionais como um objetivo fundamental de nossa República, preconizado, aliás, em nada menos do que seis dos seus dispositivos. Não obstante, conhecemos manifestação de jurista respeitabilíssimo sustentando que a declaração de inconstitucionalidade dos incentivos fiscais, tem que produzir efeitos retroativos, e só uma decisão unânime do CONFAZ poderá autorizar os Estados a concederem

---

1. Professor Titular de Ciência das Finanças, Direito Financeiro e Direito Tributário da Universidade Federal do Ceará (UFC). Presidente do Instituto Cearense de Estudos Tributários. Membro da Academia Brasileira de Direito Tributário. Advogado. Ex-Juiz Federal, aposentado do TRF da 5 Região e Ex- Procurador da República.

a remissão da dívida dos contribuintes.[2] Assim, neste pequeno artigo pretendemos demonstrar que a tese segundo a qual a decisão que declara a inconstitucionalidade de uma lei produz efeitos retroativos não é pacífica como pode parecer, nem deve ser adotada no caso de que se cuida, pois a solução adequada da questão é aquela que preserve, na medida do possível, os objetivos fundamentais de nossa República, afirmados pela Constituição Federal.

2 - SUPREMACIA CONSTITUCIONAL

A supremacia da Constituição sobre as demais normas que integram o sistema jurídico é indiscutível. É afirmada pela unanimidade da doutrina, até porque no plano das normas tal supremacia está expressa e claramente afirmada, tanto nos dispositivos da Constituição que estabelecem procedimento especial para a aprovação de emendas, com exigência do quorum de três quintos dos votos dos membros do Congresso Nacional, como pelos dispositivos que estabelecem as denominadas cláusulas de imodificabilidade.[3]

Afirmada, assim, como algo indiscutível, a supremacia constitucional, resta saber se o fato de a redução das desigualdades regionais estar colocada no texto da Constituição entre os objetivos fundamentais da República Federativa do Brasil deve ser, ou não, considerado pelos operadores do Direito como uma diretriz importante na interpretação das regras jurídicas. Inclusive daquelas que também estão na própria Constituição. E não temos dúvida de que essa questão comporta solução afirmativa. O fato de estar a redução das desigualdades regionais colocada na Constituição como um objetivo fundamental de nossa República constitui, sim, uma diretriz para o intérprete, e também para o elaborador das regras jurídicas.

3 - REDUÇÃO DAS DESIGUALDADES REGIONAIS

3.1 - Como um objetivo fundamental de nossa república federativa

Logo em seu Título I, ao cuidar *Dos Princípios Fundamentais*, a vigente Constituição Federal coloca entre os objetivos fundamentais da República

---

2. Alcides Jorge Costa, Guerra Fiscal e Modulação dos Efeitos das Decisões do STF, em *Grandes Questões Atuais do Direito Tributário*, Dialética, São Paulo, 2012, vol. 16, págs. 9 a 11.

3. Constituição Federal de 1988, art. 60 e seus parágrafos.

Federativa do Brasil "erradicar a pobreza e a marginalização e reduzir as desigualdades sociais e regionais." [4]

Como se vê, também não é razoável colocar-se em dúvida a existência, em nossa Constituição Federal, de um princípio fundamental preconizando a redução das desigualdades regionais. E não se pode esperar que um empresário resolva instalar uma indústria em uma região pobre para contribuir na realização desse objetivo, quando se sabe que a mesma indústria tem muito maior lucratividade se instalada em um meio economicamente desenvolvido, seja porque estará mais próxima dos centros consumidores, como porque ali dispõe de todo o instrumental adequado para a sua instalação, além de mão de obra especializada. E em muitos casos estará, também, mais próxima do produtor de seus insumos.

Por outro lado, a Constituição Federal alberga vários outros dispositivos sobre as desigualdades regionais, como a seguir se verá.

3.2 - Outros dispositivos constitucionais sobre a redução das desigualdades

Realmente, em pelo menos cinco outros de seus dispositivos a Constituição Federal alude à redução das desigualdades sociais e regionais, pelo que podemos afirmar, com segurança, que este é o objetivo por ela mais insistentemente preconizado. Em seu art. 151, inciso I, diz que é vedado à União instituir tributo que não seja uniforme em todo o território nacional, mas ressalva a concessão de incentivos fiscais que tenham esse objetivo.

No art. 159, inciso I, alínea "c", estabelece que:

> A União entregará:
>
> I – do produto da arrecadação dos impostos sobre renda e proventos de qualquer natureza e sobre produtos industrializados, quarenta e sete por cento na seguinte forma:
>
> (...)
>
> c) *três por cento, para aplicação em programas de financiamento ao setor produtivo das Regiões Norte, Nordeste e Centro-Oeste, através de suas instituições financeiras de caráter regional, de acordo com os planos regionais de desenvolvimento, ficando assegurado ao semi-árido do Nordeste a metade dos recursos destinados à Região, na forma que a lei estabelecer.*

4. Constituição Federal de 1988, art. 3º, inciso III.

No art. 161, inciso II, estatui:

> Art. 161. Cabe à lei complementar:
>
> (...)
>
> II – estabelecer normas sobre a entrega dos recursos de que trata o art. 159, especialmente sobre os critérios de rateio dos fundos previstos em seu inciso I, *objetivando promover o equilíbrio sócio-econômico entre Estados e entre Municípios*;

No art. 165, § 7º, diz:

> Art. 165. Leis de iniciativa do Poder Executivo estabelecerão:
>
> (...)
>
> § 7º. Os orçamentos previstos no § 5º, I e II, deste artigo, compatibilizados com o plano plurianual, terão entre suas funções a de *reduzir desigualdades inter-regionais, segundo critério populacional.*

E ainda, no art. 170, VII, diz:

> Art. 170. A ordem econômica, fundada na valorização do trabalho humano e na livre iniciativa, tem por fim assegurar a todos existência digna, conforme os ditames da justiça social, observados os seguintes princípios:
>
> (...)
>
> VII – *redução das desigualdades regionais e sociais*;

Não pode haver dúvida de que a redução das desigualdades regionais é na verdade o objetivo mais clara e intensamente preconizado pela vigente Constituição Federal. Assim, temos de concluir que uma lei estadual que concede incentivo fiscal para atrair empresas para o território do Estado pode ser, ou não ser, inconstitucional. Será constitucional se realiza o objetivo de reduzir as desigualdades regionais, e inconstitucional se impede essa redução, ou até incrementa a desigualdade. Se um Estado pobre concede um incentivo fiscal para atrair um empreendimento industrial, a lei correspondente tem o objetivo de reduzir as desigualdades e, portanto, realiza um objetivo fundamental de nossa República, preconizado pela Constituição, sendo, portanto, constitucional. Entretanto, se um Estado rico concede incentivo fiscal para atrair um empreendimento industrial, a lei correspondente tem o objetivo de evitar a redução das desigualdades, ou até de aumentar essas desigualdades, sendo, portanto, flagrantemente inconstitucional.

A rigor, a concessão de incentivos fiscais pelos Estados tem sido uma forma desesperada de lutar pela redução das desigualdades. Luta que poderia ser desnecessária se a União Federal concedesse incentivos fiscais para tal fim, como expressamente lhe faculta a Constituição.

4 - FUNÇÃO EXTRAFISCAL DOS TRIBUTOS

4.1 - Extrafiscalidade e livre concorrência

Entre os que se manifestam contra os incentivos fiscais o eminente Professor Alcides Jorge Costa parece ser o mais radical. Além de justificar a exigência de unanimidade nas deliberações do CONFAZ, ele chega a afirmar que os incentivos fiscais são uma ofensa ao princípio da livre concorrência. Em suas palavras:

> "A partir de certo momento e já faz tempo, os Estados desandaram a conceder incentivos e benefícios unilateralmente para atrair investimentos para o seu território. Estes incentivos e benefícios podem constituir-se em poderoso instrumento de concorrência a ser utilizado pelas empresas beneficiárias, com ofensa ao princípio da livre concorrência, consagrado na Constituição Federal (art. 170, IV)." [5]

Com essa doutrina, parece que o eminente Professor nega à própria União a faculdade de conceder incentivos fiscais, posto que qualquer incentivo fiscal é na verdade uma forma de interferir na livre concorrência. Além disto, o eminente Professor esquece que o Constituição, em seu art. 151, inciso I, faculta expressamente à União a concessão de incentivos fiscais para promover o equilíbrio do desenvolvimento socioeconômico entre as diferentes regiões do País, e no próprio art. 170, por ele invocado, além do inciso IV, que preconiza a livre concorrência, alberga o inciso VII, que preconiza a redução das desigualdades regionais e sociais.

4.2 - Extrafiscalidade e redução das desigualdades regionais

É da maior evidência que só é possível, mediante tratamento tributário desigual, promover o equilíbrio do desenvolvimento socioeconômico entre as diversas regiões do País, concedendo-se ao empresário que se instale

5. Alcides Jorge Costa, Guerra Fiscal e Modulação dos Efeitos das Decisões do STF, em *Grandes Questões Atuais do Direito Tributário*, Dialética, São Paulo, 2012, vol. 16, p. 9.

em uma região pobre condições vantajosas para que possa concorrer com empresários instalados em regiões ricas.

Para esse fim preconizamos o estabelecimento, pela União, de alíquotas reduzidas para os impostos federais, especialmente o de importação e o sobre produtos industrializados, para contribuintes situados em regiões pobres. E destacamos como vantagem dessa forma de incentivo o fato de que da mesma não decorre necessariamente redução da receita para a Fazenda Nacional, pois nada impede a elevação de tais alíquotas para contribuintes situados em regiões ricas, de sorte que a arrecadação total desses impostos resulte inalterada.

Do ponto de vista estritamente jurídico, a grande vantagem dessa forma de incentivo fiscal reside em sua indiscutível conformidade com a Constituição Federal, já afirmada, aliás, pelo Supremo Tribunal Federal, como afirmou Hugo de Brito Machado Segundo, ao registrar que:

> "Por conta da ressalva contida no art. 151, I, da CF/1988, o STF tem considerado válida a fixação de alíquotas regionalizadas para o IPI (Lei 8.393/1991 e Decreto 2.501/1998) (1ª Turma, RE 344.331-PR, relª. Min. Ellen Gracie, j. 11.2.2003, DJU 14.3.2003, p.40). [6]

É indiscutível, aliás, o acerto dessa decisão do Supremo Tribunal Federal, em face da ressalva expressa do art. 151, inciso I, da Constituição Federal de 1988, que inegavelmente autoriza a utilização de qualquer tributo federal com o objetivo de promover o equilíbrio do desenvolvimento socioeconômico entre as diferentes regiões do País. Ocorre que a União Federal não tem feito o que lhe faculta esse dispositivo da Constituição, levando os Estados a tentar reduzir as desigualdades com incentivos fiscais do ICMS. Aliás, podemos afirmar, com Delfim Neto, que:

> "A virtual retirada da União da promoção do desenvolvimento regional combinada à redução de recursos fiscais disponíveis, abriu espaço (na realidade, compeliu) os Estados a assumirem a iniciativa de atrair novos investimentos aos seus territórios e, assim, tentar alterar as suas condições de competitividade. Para isso, o instrumento privilegiado (talvez mesmo o único) que os Estados detêm é a concessão de incentivos de ICMS.
>
> Espremidos entre o reclamo de progresso da população que os elegeu, de um lado, e a virtual impossibilidade de aprovação de incentivos

---

6. Hugo de Brito Machado Segundo, *Código Tributário Nacional*, 2ª ed. São Paulo, Atlas, 2009, p. 62.

> no Confaz, de outro, os governadores optaram de forma generalizada pelo primeiro." [7]

Seja como for, certo é que a Constituição Federal de 1988 não proíbe os Estados de concederem incentivos fiscais. Muito ao contrário, ela os autoriza, tanto que coloca como matéria própria da Lei Complementar "regular a forma como, mediante deliberação dos Estados e do Distrito Federal, isenções, incentivos e benefícios fiscais serão concedidos e revogados." [8] E por isto mesmo se coloca a questão de saber se a Lei Complementar nº 24, de 7 de janeiro de 1975, foi ou não recepcionada, e se prevalece, assim, a exigência de unanimidade nas deliberações do CONFAZ que autorizam a concessão de incentivos fiscais pelos Estados.

5 - EXIGÊNCIA DE UNANIMIDADE COMO PROIBIÇÃO AOS ESTADOS

5.1 - Os defensores da exigência de unanimidade

Alcides Jorge Costa, reportando-se à Lei Complementar nº 24/95, assevera que:

> "A deliberação unânime é imprescindível para preservar a autonomia dos Estados. Se a deliberação não fosse unânime, mas por maioria, como pretendem alguns, qualquer Estado ficaria subordinado à decisão dessa maioria, ainda que contrária aos seus interesses. A autonomia dos Estados já não é grande em face da União. Decisões do Confaz por maioria representariam o fim desta autonomia dos Estados em relação à maioria dos outros." [9]

Em defesa da exigência de unanimidade, sustenta ainda esse eminente Professor que os incentivos e benefícios fiscais podem constituir poderoso instrumento de concorrência a ser utilizado pelas empresas beneficiárias, com ofensa ao princípio da livre concorrência.[10]

---

7. Delfim Neto, em Valor Econômico, texto divulgado via Internet, em http:// www.valor.com.br/opinião.
8. Constituição Federal de 1988, art. 146, inciso XII, alínea "g".
9. Alcides Jorge Costa, Guerra Fiscal e Modulação dos Efeitos das Decisões do STF, em *Grandes Questões Atuais do Direito Tributário*, Dialética, São Paulo, 2012, vol. 16, p. 9.
10. Alcides Jorge Costa, Guerra Fiscal e Modulação dos Efeitos das Decisões do STF, em *Grandes Questões Atuais do Direito Tributário*, Dialética, São Paulo, 2012, vol. 16, p. 9.

Ives Gandra da Silva Martins, por seu turno, invocando o art. 151, inciso I, da Constituição Federal de 1988, sustenta que só a União pode conceder incentivos para reduzir as desigualdades regionais. E em defesa da exigência de unanimidade nas deliberações do Confaz sustenta que tal exigência decorre da própria Constituição Federal, sendo uma cláusula pétrea, que nem por emenda pode ser afastada.[11]

5.2 - Invalidade da exigência

Certo é que a exigência de unanimidade nas deliberações do Confaz, autorizadoras da concessão de incentivos fiscais pelos Estados, funciona como verdadeira proibição desses incentivos. Aliás, a Lei Complementar nº 24, de 07/01/1975, estabelece que os incentivos fiscais relativos ao ICM (hoje ICMS), serão concedidos nos termos de convênios celebrados e ratificados pelos Estados.[12] E além de estabelecer que a deliberação que aprova tais convênios seja unânime, admite que os Estados, presentes ou não à reunião na qual se deu a deliberação, não a ratifiquem. [13]

Podemos, portanto, afirmar que a Lei Complementar nº 24/75 não foi recepcionada pela Constituição Federal de 1988, que indiscutivelmente coloca a redução das desigualdades regionais como objetivo fundamental de nossa República, preconiza diversas providências para esse fim, como neste estudo já demonstramos (item 3) e pela mesma razão autoriza os Estados a concederem incentivos fiscais. É que a referida Lei Complementar foi elaborada com o propósito firme de impedir a concessão de incentivos fiscais pelos Estados. Tanto é assim que alberga norma de proteção dos Estados ricos, cujos representantes no Confaz eventualmente podem perder o avião e, por isto, podem não estar presentes na reunião em que se dê a deliberação autorizadora da concessão do incentivo. Exigiu que os convênios sejam homologados e autorizou a não homologação, mesmo para o Estado cujo representante não tenha estado presente à reunião.

É evidente a invalidade do artigo 2º e seu § 2º, bem como do artigo 4º, da Lei Complementar nº 24/75, como bem demonstrado, aliás, na

11. Ives Gandra da Silva Martins, Eventuais Efeitos Prospectivos da Proposta de Súmula Vinculante 69 do STF e Inteligência da Unanimidade Exigida para Estados e Distrito Federal concederem Estímulos Fiscais como Cláusula Pétrea Constitucional, em *Grandes Questões Atuais do Direito Tributário*, Dialética, São Paulo, 2012, vol. 16, págs. 182/201.

12. Lei Complementar nº 24, de 7 de janeiro de 1975, art. 1º.

13. Lei Complementar nº 24, de 7 de janeiro de 1975, art. 4º e seu § 1º.

petição inicial da Arguição de Descumprimento de Preceito Fundamental, promovida pela Procuradoria Geral do Distrito Federal, junto ao Supremo Tribunal Federal, na qual está dito, com inteira propriedade, que:

> "A Lei Complementar nº 24/75 é incompatível com a Constituição Federal na medida em que não rende homenagens à vontade da maioria, razão pela qual viola o preceito fundamentar do Princípio democrático, inscrito no Preâmbulo e em seu artigo 1º. Outrossim, a exigência da unanimidade acaba violando a autonomia necessária dos estados federados, representando uma clara ofensa ao princípio federativo. Por derradeiro, não é razoável num país em que as desigualdades regionais são reconhecidas pela própria Carta Magna, exigir a unanimidade para a concessão de incentivos fiscais." [14]

Ressalte-se, finalmente, que em nenhum outro órgão de deliberação coletiva existe a exigência de unanimidade. Pelo contrário, em todos prevalece o princípio segundo o qual a vontade do órgão consubstancia-se na vontade da maioria dos seus membros. No Congresso Nacional, seja na Câmara dos Deputados seja no Senado Federal, em nenhum caso é exigida unanimidade, e mesmo para emendar a própria Constituição Federal, basta a vontade de três quintos dos respectivos membros. [15]

5.3 - Exigência de unanimidade como forma de proibição

Não temos dúvida de que a exigência de unanimidade na deliberação dos Estados, para que possa ser concedido um incentivo fiscal, é uma forma de proibir a concessão de tal incentivo, e não é razoável admitir-se tal proibição em face dos dispositivos da Constituição Federal, que se reportam às desigualdades regionais. Tal proibição consubstancia um verdadeiro contrassenso, sobretudo em face da omissão na qual tem incorrido a União, que praticamente nada tem feito no sentido da redução de tais desigualdades.

É indiscutível que a questionada exigência de unanimidade é uma forma clara de proibição. Daí a referência, absolutamente insuspeita de Delfin Neto, à uma virtual proibição. [16] Os Estados ricos jamais concordarão com a concessão de incentivos fiscais pelos Estados pobres. E como a União

14. Supremo Tribunal Federal, ADPF nº 0000198 (0773737-91.2009.1.00.0000).

15. Constituição Federal de 1988, art. 60 e seu § 2º.

16. Delfim Neto, em Valor Econômico, texto divulgado via Internet, em http:// www.valor.com.br/opinião.

Federal não adota as providências necessárias à redução das desigualdades regionais, elas permanecem, infelizmente. E não podem ser desconsideradas quando se cogita dos efeitos da declaração de inconstitucionalidade dos incentivos fiscais com os quais alguns Estados pretenderam minimizá-las.

6 - EFEITOS DA DECLARAÇÃO DE INCONSTITUCIONALIDADE

6.1 - Duas espécies de controle

A confusão que tem sido feita na doutrina a respeito dos efeitos da declaração de inconstitucionalidade talvez decorra da falta de atenção para a existência de duas espécies de controle de constitucionalidade das leis em nosso sistema jurídico, a saber, o controle difuso ou por via de exceção e o controle concentrado.

Essas duas espécies de controle de constitucionalidade, como a seguir será demonstrado, distinguem-se precisamente em razão da coisa posta em juízo, ou objeto a respeito do qual a decisão judicial deve versar. E ao examinarmos a questão dos efeitos da declaração de inconstitucionalidade de uma lei, não podemos ignorar a diferença que existe entre as duas formas de controle de constitucionalidade. Nem podemos adotar ideias desenvolvidas em relação a uma, no caso em que se trata da outra forma de controle.

6.2 - Controle difuso ou por via de exceção

No Brasil, embora alguns o vislumbrem em normas anteriores, o denominado controle difuso de constitucionalidade parece ter surgido com a Constituição de 1891, ficando explícito com a Lei nº 221, de 20 de novembro de 1894. Com a Constituição de 1937 foi introduzida a reserva de plenário e a possibilidade de julgamento político para restabelecer lei declarada inconstitucional, pois aquela Constituição estabelecia:

> Art. 96. Só por maioria absoluta de votos da totalidade de seus juízes poderão os tribunais declarar a inconstitucionalidade de uma lei ou ato do Presidente da República.
>
> Parágrafo único. No caso de ser declarada a inconstitucionalidade de uma lei que, a juízo do Presidente da República, seja necessária ao bem-estar do povo, à promoção ou defesa de interesse nacional de alta monta, poderá o Presidente da República submetê-la novamente ao exame do Parlamento; se este a confirmar por dois terços de votos em cada uma das Câmaras, ficará sem efeito a decisão do Tribunal."

O controle difuso, ou controle de constitucionalidade por via de exceção, ou de defesa, resulta da atribuição, outorgada a todos os membros da magistratura, para afirmar a inconstitucionalidade de leis e outros atos normativos e, em consequência, deixar de aplicá-los ao caso concreto sob sua apreciação. A conformidade da lei, ou outro ato normativo, com a Constituição, é posta como uma questão prévia, cujo deslinde deve preceder ao julgamento de uma questão de direito que envolve um conflito em torno de direitos subjetivos.

A declaração de inconstitucionalidade por via de exceção, exatamente porque necessária à decisão adequada de um conflito em torno de direitos subjetivos, que decorrem de fatos já ocorridos, opera efeitos retroativos e apenas entre as partes naquele conflito. E quando se trata de decisão definitiva do Supremo Tribunal Federal, este envia ofício ao Senado Federal, comunicando sua decisão, para que o Senado exercite, então, sua competência para suspender a vigência da lei declarada inconstitucional. E a resolução do Senado, esta sim, produzirá efeitos gerais, vale dizer, efeitos normativos equivalentes aos da revogação da lei. Neste sentido a Constituição Federal de 1946 estabelecia:

> Art. 64. Incumbe ao Senado Federal suspender a execução, no todo ou em parte, de lei ou decreto declarados inconstitucionais por decisão definitiva do Supremo Tribunal Federal.

Na Constituição Federal de 1967, em sua redação originária, não há regra expressa sobre o assunto, mas em sua Emenda nº 1, que se tornou conhecida como Constituição de 1969, a regra do art. 64, acima transcrito, está reproduzida no art. 42, inciso VII.

Em se tratando do controle difuso de constitucionalidade, a razão de ser do efeito retroativo é evidente. Na ação em que ocorre tal controle o que se questiona, repita-se, é pretensão a direito subjetivo das partes. O objeto questionado pressupõe a ocorrência de fato em virtude do qual se pode questionar direito subjetivo. Daí ser indiscutível que a declaração incidental de inconstitucionalidade produz efeitos retroativos.

6.3 - O controle concentrado

Com a introdução em nosso Direito positivo do denominado controle concentrado de constitucionalidade, que é substancialmente diverso do controle difuso, tornou-se complexa a questão dos efeitos da declaração de inconstitucionalidade. O controle concentrado foi introduzido no Brasil pela Emenda nº 6, de 1965, à Constituição Federal de 1946.

A Constituição Federal de 1988 previu na competência do Supremo Tribunal Federal a ação direta de inconstitucionalidade de lei ou ato normativo federal ou estadual, e a Emenda Constitucional nº 3, de 1993, acrescentou a ação declaratória de constitucionalidade de lei ou ato normativo federal, de sorte que atualmente temos duas ações no controle concentrado de constitucionalidade.

Embora tenham a denominação de ações, a rigor nas mesmas não se discute direito subjetivo, mas simplesmente relações de adequação entre normas infraconstitucionais e a Constituição. Diz-se concentrado esse controle porque se concentra em um único órgão, o Supremo Tribunal Federal, a competência para exercê-lo.

A rigor, a atividade que o Supremo Tribunal Federal desempenha nesse controle de constitucionalidade é de natureza legislativa negativa. Ele retira do ordenamento jurídico a lei, ou outro ato normativo, que esteja em conflito com a Constituição Federal. Segundo a doutrina de Kelsen, como adiante se verá, o Supremo Tribunal Federal revoga a lei que esteja em conflito com a Constituição. E como se trata de inovação no plano normativo, os efeitos de sua decisão operam-se, em regra, apenas para o futuro, como de resto ocorre com todas as inovações no sistema normativo. E mesmo quanto à possibilidade de determinação expressa de efeitos retroativos, tem-se de entender que estes somente são admissíveis quando favoráveis ao cidadão em suas relações com o Estado. A este propósito, aliás, já há algum tempo escrevemos: [17]

> "A exclusão de efeitos retroativos deve ocorrer sempre que a declaração de inconstitucionalidade tenha como consequência o restabelecimento de dispositivo legal desfavorável para o cidadão. Em matéria tributária, sempre que tenha como consequência o restabelecimento de dispositivo de lei mais gravosa para o contribuinte.
>
> Aliás, existem situações em que não se pode mesmo admitir o efeito retroativo. Imaginemos que um contribuinte efetuou vendas de mercadorias que, nos termos da lei então vigente, eram isentas de impostos. Fez constar essa circunstância dos documentos respectivos. Algum tempo depois o Supremo Tribunal Federal declara a inconstitucionalidade da norma isentiva. Se entendermos que essa decisão

---

17. Hugo de Brito Machado, *Uma Introdução ao Estudo do Direito*, Dialética, São Paulo, 2000, p. 151.

tem efeitos retroativos teremos de concluir, inexoravelmente, que esse contribuinte praticou o crime de supressão de tributos, previsto no art. 1º da Lei nº 8.137/90, o que constitui verdadeiro absurdo.

Não há dúvida de que a irretroatividade das normas em geral se deve exatamente ao princípio da segurança jurídica. É forma de realização deste. De sorte que a irretroatividade da decisão que declara a inconstitucionalidade de uma lei e, assim, restabelece a vigência do dispositivo que a lei inconstitucional havia revogado, há de ser sempre uma garantia do cidadão. Inadmissível, portanto, a pretensão do Estado de arrecadar tributo que se fez devido com o restabelecimento de lei, em razão de declaração de inconstitucionalidade de lei que estabeleça isenção, ou qualquer tratamento favorável para o contribuinte.[18]

Não se concebe que o Estado, invocando razões de segurança jurídica, pretenda afastar o efeito retroativo da decisão para com isto deixar de restituir tributo que recebeu com fundamento em lei mais tarde declarada inconstitucional. Entretanto, por incrível que possa parecer, a Fazenda Nacional, defendendo-se em ação direta de inconstitucionalidade, já alegou que somente efeito *ex tunc*, vale dizer, efeitos somente a partir da dada da decisão, pode produzir a declaração de inconstitucionalidade de lei que institui ou aumento tributo que o Tesouro arrecadou e já foi aplicado em serviços ou obras públicas. Tal alegação, porém, foi rejeitada pelo Supremo Tribunal Federal."[19]

Em síntese, a declaração de inconstitucionalidade no controle concentrado, porque opera mudança no plano normativo, deve produzir efeitos apenas para o futuro, salvo se na decisão ficar dito expressamente que ela produz efeitos retroativos, e mesmo assim, tais efeitos retroativos somente podem ser admitidos quando favoráveis ao cidadão, nas suas relações com o Estado.

6.4 - Lei inconstitucional segundo Kelsen

Há quem sustente a invalidade da lei inconstitucional, e invoque a Teoria Pura do Direito em apoio a essa tese, pois Kelsen ensinou que: "A afirmação de que uma lei válida é contrária à Constituição... é uma

18. O INSS pretendeu arrecadar contribuições que seriam devidas pelas agroindústrias, com base no art. 22 da Lei nº 8.212/91, restabelecido em decorrência da declaração de inconstitucionalidade do § 2º, do art. 25, da Lei nº 8.870/94, que estabelecera tratamento mais favorável, no caso, para a empresa agroindustrial.

19. ADIn nº 513 – DF, *Revista Trimestral de Jurisprudência* nº 141, p. 739.

contradictio in adjecto: pois uma lei somente pode ser válida com fundamento na Constituição. Quando se tem fundamento para aceitar a validade de uma lei, o fundamento de sua validade tem de residir na Constituição. De uma lei inválida não se pode, porém, afirmar que ela é contrária à Constituição, pois uma lei inválida não é sequer uma lei, porque não é juridicamente existente e, portanto, não é possível acerca dela qualquer afirmação jurídica."[20]

Ocorre que a Teoria Pura do Direito na verdade não oferece fundamento para negar-se a uma lei inconstitucional a produção de efeitos jurídicos. É que, segundo Kelsen, a afirmação, corrente nos estudos jurídicos, de que uma lei é inconstitucional, deve ser entendida no sentido de que a lei em questão pode ser revogada não só pelo processo usual, quer dizer, por outra lei, mas também através de um processo especial previsto na Constituição, que é o de controle de constitucionalidade. "Enquanto, porém, não for revogada, tem de ser considerada como válida; e, enquanto for válida, não pode ser inconstitucional." [21]

É evidente, portanto, que a tese segundo a qual a lei declarada inconstitucional não produziu nenhum efeito válido não tem apoio na doutrina de Kelsen. Muito ao contrário, segundo a Teoria Pura do Direito a declaração de inconstitucionalidade no controle concentrado nada mais é do que uma forma especial de revogação da lei e, assim, há de respeitar o princípio da segurança jurídica no que diz respeito a todas as inovações em um sistema normativo.

6.5 - Profundas controvérsias sobre a questão

Ocorre que a questão de saber se a declaração de inconstitucionalidade produz, ou não, efeitos retroativos, tem sido objeto de profundas controvérsias. Como registra Gilmar Ferreira Mendes, tanto no Supremo Tribunal Federal, como no Congresso, nas ocasiões em que eram discutidas questões relativas ao controle de constitucionalidade, existem fortes controvérsias a esse respeito. Mesmo no que se refere à necessidade de extensão dos efeitos, ou atribuição de efeitos gerais às decisões do Supremo Tribunal Federal que declaram a inconstitucionalidade de leis ou outros

20. Valmir Pontes Filho, *Curso Fundamental de Direito Constitucional*, Dialética, São Paulo, 2001, p.105.
21. Hans Kelsen, *Teoria Pura do Direito*, Armênio Amado – Editor, Coimbra, 1974, págs. 367/368.

atos normativos do Poder Público, surgiram dúvidas, até que em 1977 prevaleceu a orientação segundo a qual o Supremo Tribunal Federal não deve informar ao Senado as declarações de inconstitucionalidade no controle concentrado, ou inconstitucionalidade da lei em abstrato.[22]

Assim, justifica-se que o Supremo Tribunal Federal, em se tratando de declaração de inconstitucionalidade no controle concentrado, diga expressamente se tal decisão produz efeitos retroativos. Se nada disser, entende-se que os efeitos da decisão, que são sempre gerais, operam-se apenas para o futuro.

7 - O DIREITO À INDENIZAÇÃO

7.1 - Revogação da lei de incentivos

Como assevera Kelsen, a declaração de inconstitucionalidade nada mais é do que uma forma especial de revogação da lei. Realmente, em sua Teoria Pura do Direito o eminente jusfilósofo ensina que:

> "Se a afirmação, corrente na jurisprudência tradicional, de que uma lei é inconstitucional há-de ter um sentido jurídico possível, não pode ser tomada ao pé da letra. O seu significado apenas pode ser o de que a lei em questão, de acordo com a Constituição, pode ser revogada não só pelo processo usual, quer dizer, por outra lei, segundo o princípio *lex posterior derrogat priori*, mas também através de um processo especial, previsto pela própria Constituição." [23]

Assim, se a declaração de inconstitucionalidade no controle concentrado nada mais é do que uma forma especial de revogação da lei, devemos então estudar a possibilidade de revogação da lei que concede incentivos fiscais a prazo certo e em função de determinadas condições, como em geral acontece com as leis estaduais já declaradas e que ainda podem ser declaradas inconstitucionais pelo Supremo Tribunal Federal.

22. Gilmar Ferreira Mendes, Controle de Constitucionalidade, Saraiva, São Paulo, 1990, págs. 169 a 216. Especialmente pág. 216, onde o autor registra sua doutrina, segundo a qual "o instituto da suspensão, pelo Senado Federal é pertinente à declaração de inconstitucionalidade *incidenter tantum*. À evidência, não há que se cogitar da extensão de efeitos, senão do pronunciamento vinculativo das partes."

23. Hans Kelsen, *Teoria Pura do Direito*, Armênio Amado – Editor, Coimbra, 1974, pág. 367.

7.2 - Isenção condicionada e a prazo certo

Conforme estabelecido pelo Código Tributário Nacional, salvo de concedida por prazo certo e em função de determinadas condições, pode ser revogada ou modificada por lei, a qualquer tempo. [24] E sobre o assunto já escrevemos:

> "Realmente, no art. 178 do Código Tributário Nacional está feita uma ressalva expressa à regra da revogabilidade da lei que concede isenção tributária. Se a isenção é concedida por prazo certo, ou mediante o atendimento de condições que de algum modo implicam ônus para o interessado, não se admite a revogação." [25]

Sendo assim, coloca-se a questão de saber se diante da revogação da lei, no caso diante da declaração de inconstitucionalidade das leis que concederam benefícios fiscais, o contribuinte prejudicado tem direito à indenização, relativa ao período restante do prazo de vigência do incentivo fiscal que o levou a instalar-se em Estado pobre, arcando com os ônus daí decorrentes.

Hugo de Brito Machado Segundo, em excelente estudo sobre o assunto, firma duas conclusões incensuráveis, a saber:

> "... os Estados-membros, mesmo tendo declarada a inconstitucionalidade das leis em função das quais concederam incentivos fiscais, não deverão exigir dos contribuintes os tributos que deixaram de ser pagos em virtude delas.
>
> Quanto ao período posterior à anulação dos incentivos, dependendo do grau das contrapartidas já atendidas, e do lapso de tempo em que o incentivo ainda poderia ser usufruído, é devido ao contribuinte a correspondente reparação, a ser buscada por meio da ação própria."[26]

É inegável que a opção, feita pelo empresário que se instalou em Estado pobre em razão de incentivos fiscais, implicou ônus que não suportaria instalando-se em Estado economicamente desenvolvido. Assim, em face

24. Código Tributário Nacional, art. 178.

25. Hugo de Brito Machado, *Comentários ao Código Tributário Nacional*, 2ª edição, Atlas, São Paulo, 2009, vol. III, págs. 582/583.

26. Hugo de Brito Machado Segundo, Guerra Fiscal e Efeitos das Decisões do STF, em Valdir de Oliveira Rocha (Coordenador), *Grandes Questões Atuais do Direito Tributário*, Dialética, São Paulo, 2012, vol. 16, pág. 181.

da declaração de inconstitucionalidade que faz desaparecer a lei que o concedeu, a possível ocorrência de prejuízos deve ser apurada, tendo-se em vista especialmente o período ainda restante do prazo de vigência do incentivo.

8 - CONCLUSÕES

Em face das considerações até aqui expendidas, podemos firmar as seguintes conclusões:

1ª) No sistema jurídico brasileiro, a Constituição Federal está no patamar hierárquico superior, de forma que a ela estão subordinadas todas as normas que o integram.

2ª) A vigente Constituição Federal coloca entre os objetivos fundamentais de nossa República a redução das desigualdades econômicas regionais.

3ª) Os tributos em geral podem ser utilizados com função extrafiscal e assim podem ser utilizados como instrumento para a redução das desigualdades econômicas regionais, e por isto mesmo a União está expressamente autorizada a estabelecer tratamento tributário diferenciado aos contribuintes com o objetivo de reduzir desigualdades econômicas regionais.

4ª) A União não tem atuado no sentido de reduzir as desigualdades regionais, embora a Constituição o autorize expressamente, daí porque os Estados se lançaram na tentativa desesperada de reduzir tais desigualdades, promovendo a denominada "guerra fiscal".

5ª) A exigência de unanimidade nas decisões do CONFAZ para aprovação de convênios autorizando a concessão, pelos Estados, de incentivos fiscais destinados a atrair empresas a se instalarem em seus territórios é flagrantemente inconstitucional, porque implica proibir a concessão de tais incentivos, além de estar em flagrante conflito com o princípio majoritário, essencial na democracia. A exigência de homologação, também unânime, de tais convênios, confirma que se trata de uma forma de proibir a concessão de tais incentivos fiscais.

6ª) No Direito brasileiro existem duas espécies de controle da constitucionalidade das leis e atos normativos do Poder Público, a saber, o controle difuso ou por via de exceção e o controle concentrado, e os efeitos da decisão do Supremo Tribunal Federal que declara a inconstitucionalidade são diferentes conforme seja proferida em uma, ou em outra dessas duas espécies.

7ª) A decisão que declara a inconstitucionalidade da lei no controle difuso opera efeitos retroativos, mas apenas entre as partes do processo no qual é proferida, configurando típica atividade jurisdicional.

8ª) A decisão que declara a inconstitucionalidade da lei no controle concentrado opera efeitos gerais, contra todos, configurando típica atividade legislativa porque altera o sistema normativo, pois é uma forma especial de revogação da lei considerada inconstitucional. Essa decisão, tal como ocorre com as leis de um modo geral, em regra produz efeitos somente para o futuro, e só excepcionalmente pode produzir efeitos retroativos, sempre em favor do cidadão e nunca em detrimento deste.

9ª) A decisão que declara a inconstitucionalidade da lei no controle concentrado, para operar efeitos retroativos deve dizê-lo expressamente. Seu silêncio a este respeito, seus efeitos são produzidos apenas para o futuro.

10ª) É absolutamente inadmissível a exigência, pelos Estados, do tributo que deixaram de cobrar em função das leis declaradas inconstitucionais.

11ª) O contribuinte, prejudicado com a declaração de inconstitucionalidade dos incentivos fiscais em razão dos quais instalou-se em um Estado pobre, tem direito à indenização pelos prejuízos decorrentes dessa declaração de inconstitucionalidade, relativamente ao período restante do prazo de vigência do incentivo fiscal abolido.

A ORDEM ECONÔMICA NO ESPAÇO: REFORMA URBANA E REFORMA AGRÁRIA NA CONSTITUIÇÃO DE 1988

Gilberto Bercovici[27]

A Constituição de 1988 incorpora em seu texto o conflito, muitas vezes ignorado pela doutrina jurídica. Esta incorporação do conflito ao texto constitucional, chamando formalmente a atenção sobre estas questões e determinando a necessidade de se encontrar soluções, é particularmente sensível e perceptível no capítulo da ordem econômica (artigos 170 a 192). Não é por acaso que foi no capítulo da ordem econômica em que se travaram os grandes embates políticos e ideológicos nas discussões da Assembleia Nacional Constituinte. Também não por outro motivo que este capítulo foi o mais desfigurado pelo intenso processo de reformas constitucionais neoliberais levado à cabo desde o governo de Fernando Henrique Cardoso. Será justamente na ordem econômica da constituição que os seus críticos encontrarão as "contradições" e os chamados "compromissos dilatórios", além das célebres "normas programáticas", que são o sinônimo de normas que não têm qualquer valor concreto. Ou seja, toda norma incômoda passa a ser classificada como "programática", bloqueando, na prática, a efetividade da constituição e, especialmente, da constituição econômica e dos direitos sociais[28].

Além dos seus princípios estruturantes (artigos 170 a 181), a ordem econômica da Constituição de 1988 engloba dispositivos que tratam também da ordem econômica no espaço. A ordem econômica no espaço está

---

27. Livre – docente em Direito Econômico e Doutor em Direito do Estado pela Universidade de São Paulo (USP). Professor Titular de Direito Econômico e Economia Política da Faculdade de Direito da Universidade de São Paulo.

28. Gilberto BERCOVICI, *Constituição Econômica e Desenvolvimento: Uma Leitura a partir da Constituição de 1988*, São Paulo, Malheiros, 2005, pp. 37-43. A expressão "norma programática" é aqui utilizada propositadamente no sentido difundido por José Afonso da Silva, como a norma que depende de regulamentação posterior, portanto, não passível de ser imediatamente concretizada. Cf. José Afonso da SILVA, *Aplicabilidade das Normas Constitucionais*, 3ª ed, São Paulo, Malheiros, 1998, pp. 135-164.

configurada nas disposições sobre política urbana (artigos 182 e 183) e sobre política agrícola e fundiária e reforma agrária (artigos 184 a 191). Estes artigos versam, essencialmente, sobre a projeção da ordem econômica e seus conflitos no espaço, prevendo reformas estruturais profundas na organização socioeconômica.

O capítulo da ordem econômica constitucional referente à política urbana (artigos 182 e 183), busca institucionalizar o acelerado processo de desenvolvimento urbano no país, cuja principal consequência é o fato da imensa maioria da população brasileira ter se tornado urbana em menos de trinta anos[29]. Dentre as principais inovações trazidas para a política urbana na Constituição estão a "gestão democrática da cidade"[30], a concepção de um "direito à cidade" e das funções sociais da cidade[31], além da identificação do conteúdo da função social da propriedade com o plano diretor, instrumento básico da política de desenvolvimento urbana[32].

---

29. Em sentido contrário, José Eli da Veiga sustenta que a maior parte dos Municípios brasileiros (cerca de 80%), onde vivem 30% da população, são essencialmente rurais, apesar de denominados oficialmente como "cidades". Cf. José Eli da VEIGA, *Cidades Imaginárias: O Brasil é Menos Urbano do que se Calcula*, 2ª ed, Campinas, Ed. Autores Associados, 2003, pp. 31-66. Sobre o debate em torno da Questão Urbana na Assembleia Nacional Constituinte de 1987-1988, vide Nelson SAULE Júnior, *Novas Perspectivas do Direito Urbanístico Brasileiro. Ordenamento Constitucional da Política Urbana. Aplicação e Eficácia do Plano Diretor*, Porto Alegre, Sergio Antonio Fabris Ed., 1997, pp. 25-42.

30. Sobre a "gestão democrática da cidade", vide as considerações de Maria Paula Dallari BUCCI, "Gestão Democrática da Cidade (arts. 43 a 45)" *in* Adilson Abreu DALLARI & Sérgio FERRAZ (coords.), *Estatuto da Cidade (Comentários à Lei Federal 10.257/2001)*, reimpr., São Paulo, Malheiros, 2003, pp. 322-327. Para um exemplo concreto das dificuldades colocadas pelos detentores do poder econômico privado à gestão democrática da cidade, vide Gilberto BERCOVICI, "Referendo Popular sobre Matéria Administrativa – Constitucionalidade", *Revista Trimestral de Direito Público* nº 49-50, São Paulo, Malheiros, 2005, pp. 208-221.

31. Vide Nelson SAULE Júnior, "A Relevância do Direito à Cidade na Construção de Cidades Justas, Democráticas e Sustentáveis" *in* Nelson SAULE Júnior (org.), *Direito Urbanístico: Vias Jurídicas das Políticas Urbanas*, Porto Alegre, Sergio Antonio Fabris Ed., 2007, pp. 47-64.

32. Edésio FERNANDES, "Direito e Urbanização no Brasil" *in* Edésio FERNANDES (org.), *Direito Urbanístico*, Belo Horizonte, Del Rey, 1998, pp. 218-221. Para a crítica à vinculação da função social da propriedade ao conteúdo do plano diretor, que teria sido um expediente para protelar a concretização da função social da propriedade urbana, vide Ermínia MARICATO, "As Idéias Fora do Lugar e o Lugar Fora das Idéias: Planejamento Urbano no Brasil" *in* Otília ARANTES, Carlos VAINER & Ermínia MARICATO, *A Cidade do Pensamento Único: Desmanchando Consensos*, 2ª ed, Petrópolis, Vozes, 2000, pp. 174-175. Curiosamente, ainda segundo Ermínia Maricato, foi durante o período de auge do planejamento urbano no Brasil que as cidades mais cresceram de forma desordenada,

Em relação ao planejamento urbano, uma instituição pouco aproveitada nos últimos anos é a Região Metropolitana, prevista no artigo 25, § 3º da Constituição de 1988[33], que, segundo Eros Grau, é uma "região de serviços", ou seja, é uma área de prestação de determinados serviços públicos, de interesse comum de vários Municípios, devendo, por isso, ser prestados sob uma administração de caráter intermunicipal[34]. O caráter constitucional da Região Metropolitana, de acordo com Alaôr Caffé Alves, é funcional, tendo em vista a organização, planejamento e execução das funções públicas de interesse comum. A propósito, a titularidade destes serviços públicos comuns não pode ser atribuída, de maneira exclusiva, a nenhum dos entes federados envolvidos, mas a ambos, o que exige a cooperação entre Estado e Municípios, que pode ser melhor promovida com a Região Metropolitana[35]. No tocante ao planejamento, característica importante da Região Metropolitana: a ação planejadora está ligada à realização dos serviços públicos de interesse comum. O planejamento metropolitano, isto é, a elaboração de um plano urbanístico para a prestação dos serviços comuns, segundo Eros Grau, é voltado, essencialmente, para a ordenação urbana[36].

---

revelando o desencontro entre o discurso do planejamento urbano e a real produção do espaço urbano. Cf. Ermínia MARICATO, "As Idéias Fora do Lugar e o Lugar Fora das Idéias: Planejamento Urbano no Brasil" *cit.*, pp. 136-144.

33. Artigo 25, § 3º da Constituição de 1988: *"Os Estados poderão, mediante lei complementar, instituir regiões metropolitanas, aglomerações urbanas e microrregiões, constituídas por agrupamentos de Municípios limítrofes, para integrar a organização, o planejamento e a execução de funções públicas de interesse comum"*. Sobre a definição de Região Metropolitana e sua concepção constitucional, vide especialmente Alaor Caffé ALVES, "Regiões Metropolitanas, Aglomerações Urbanas e Microrregiões: Novas Dimensões Constitucionais da Organização do Estado Brasileiro", *Revista da Procuradoria-Geral do Estado* – Edição Especial em Comemoração dos 10 Anos da Constituição Federal, São Paulo, setembro de 1998, pp. 14-22.

34. Eros Roberto GRAU, *Direito Urbano: Regiões Metropolitanas, Solo Criado, Zoneamento e Controle Ambiental, Projeto de Lei de Desenvolvimento Urbano*, São Paulo, RT, 1983, pp. 41-46. Sobre a importância dos serviços urbanos, vide Ricardo Toledo SILVA, "A Regulação e o Controle Público da Infra-Estrutura e dos Serviços Urbanos no Brasil" *in* Csaba DEÁK & Sueli Ramos SCHIFFER (orgs.), *O Processo de Urbanização no Brasil*, reimpr., São Paulo, EDUSP, 2004, pp. 263-309.

35. Alaor Caffé ALVES, "Regiões Metropolitanas, Aglomerações Urbanas e Microrregiões: Novas Dimensões Constitucionais da Organização do Estado Brasileiro" *cit.*, pp. 27 e 35-48.

36. Cf. Eros Roberto GRAU, *Direito Urbano cit.*, pp. 44-46. Para a história do planejamento urbano no Brasil, vide, ainda, Flávio VILLAÇA, "Uma Contribuição para a História do Planejamento Urbano no Brasil" *in* Csaba DEÁK & Sueli Ramos SCHIFFER (orgs.), *O Processo de Urbanização no Brasil cit.*, pp. 171-241.

A evolução da legislação urbana reflete as contradições e tensões nas relações entre Estado, proprietários, construtores e a população, desempenhando uma função importante na ordenação das cidades e na estruturação do espaço urbano, devendo receber destaque o "Estatuto da Cidade" (Lei nº 10.257, de 10 de julho de 2001), que regulamenta os artigos 182 e 183 da Constituição[37]. Apesar dos avanços legislativos, como o reconhecimento do direito à regularização fundiária (artigo 2º, XIV do "Estatuto da Cidade"), assim como do direito fundamental à habitação (artigo 6º da Constituição), a doutrina brasileira do direito urbanístico caracteriza-se, em sua maior parte, pelo seu formalismo, não tendo se dado conta da real dimensão das relações urbanas e da dinâmica político-econômica do processo de urbanização. Além disto, estes autores costumam se preocupar exclusivamente com a cidade "oficial", ignorando a cidade "ilegal", onde vive a maior parte da população. Como bem afirmam Ermínia Maricato e Edésio Fernandes, legalidade e ilegalidade são duas faces do mesmo processo de produção do espaço urbano, afinal, a ilegalidade é funcional para a cidade legal[38].

O tema central da política urbana é a questão fundiária e imobiliária, a disputa pela apropriação das rendas imobiliárias, ou seja, o conflito em torno da propriedade. Segundo Ermínia Maricato, a invasão de terras urbanas é característica do processo brasileiro de urbanização, segregador e excludente.na ocupação do solo. A ilegalidade é tolerada, deste modo, como uma válvula de escape para um mercado fundiário especulativo[39]. A alternativa a este processo, inclusive constitucionalmente prevista, é o

37. Edésio FERNANDES, "Direito e Urbanização no Brasil" *cit.*, pp. 203-207, 212-214 e 221-228 e Ermínia MARICATO, *Brasil, Cidades: Alternativas para a Crise Urbana*, 2ª ed, Petrópolis, Vozes, 2002, pp. 96-113.

38. Edésio FERNANDES, "Direito do Urbanismo: Entre a 'Cidade Legal' e a 'Cidade Ilegal'" *in* Edésio FERNANDES (org.), *Direito Urbanístico cit.*, pp. 3-11; Ermínia MARICATO, "As Idéias Fora do Lugar e o Lugar Fora das Idéias: Planejamento Urbano no Brasil" *cit.*, pp. 147-152 e 162-165; Edésio FERNANDES, "Do Código Civil ao Estatuto da Cidade: Algumas Notas sobre a Trajetória do Direito Urbanístico no Brasil" *in* Márcio Moraes VALENÇA (org.), *Cidade (i)Legal*, Rio de Janeiro, Mauad, 2008, pp. 52-59. Sobre a questão da habitação social, vide, especialmente, Ermínia MARICATO, *Brasil, Cidades cit.*, pp. 118-119 e 125-151.

39. Edésio FERNANDES, "Direito e Urbanização no Brasil" *cit.*, pp. 213-214; Ermínia MARICATO, "As Idéias Fora do Lugar e o Lugar Fora das Idéias: Planejamento Urbano no Brasil" *cit.*, pp. 152-162 e 184-185; Ermínia MARICATO, *Brasil, Cidades cit.*, pp. 81-94 e Edésio FERNANDES, "Do Código Civil ao Estatuto da Cidade: Algumas Notas sobre a Trajetória do Direito Urbanístico no Brasil" *cit.*, pp. 45-48.

reconhecimento do conflito urbano, com a construção de um espaço de participação social para dar visibilidade aos conflitos sociais, buscando meios democráticos para solucioná-los[40].

Finalmente, em termos espaciais, a ordem econômica constitucional busca ordenar a política agrícola (artigo 187) e a política fundiária e de reforma agrária (artigos 184 a 186 e 188 a 191)[41]. A narrativa liberal da modernização agrária, segundo Juarez Rocha Guimarães, caracteriza-se pela defesa implacável da propriedade, a organização da produção para a maximização de lucros e a inserção direta da agricultura brasileira no mercado mundial. Deste modo, esvazia-se o desenvolvimento agrário, cada vez mais mercantilizado, e voltado à geração de divisas com a exportação de *commodities*. Este foi o percurso seguido no pós-1964, que tornou o campo complementar à modernização urbana, dando origem ao agronegócio (*agribusiness*). A modernização das relações produtivas no campo, com a empresarialização e o agronegócio, no entanto, não alterou o sistema de concentração fundiária. Embora elogiado por representar um setor em que o país tem liderança no mercado internacional, a lógica do agronegócio é a mesma lógica de concentração, exploração e exclusão que caracteriza o modelo agrário brasileiro[42].

A demanda por terra no Brasil, embora os números variem de 1,5 milhão (dados da pesquisa FAO/INCRA) a 3,5 milhões (dados da pesquisa CEPAL/IPEA) de famílias, representa uma necessidade muito superior à capacidade do Estado responder adequadamente, o que representa a

---

40. Ermínia MARICATO, "As Idéias Fora do Lugar e o Lugar Fora das Idéias: Planejamento Urbano no Brasil" *cit.*, pp. 180-181 e Ermínia MARICATO, *Brasil, Cidades cit.*, pp. 71-.74.

41. Os dispositivos sobre a reforma agrária foram os que geraram, talvez, a maior disputa ideológica durante a Assembleia Nacional Constituinte de 1987-1988. Para um testemunho e análise desta disputa, vide José Gomes da SILVA, *Buraco Negro: A Reforma Agrária na Constituinte de 1987/88*, Rio de Janeiro, Paz e Terra, 1989.

42. Juarez Rocha GUIMARÃES, "Do Sentimento à Imaginação Republicana: Em Busca de uma Narrativa para a Reforma Agrária do Século XXI" *in* Heloísa Maria Murgel STARLING; Henrique Estrada RODRIGUES & Marcela TELLES (orgs.), *Utopias Agrárias*, Belo Horizonte, EdUFMG, 2008, pp. 276-279; Antônio Márcio BUAINAIN, "Reforma Agrária por Conflitos: A Gestão dos Conflitos de Terras no Brasil" *in* Antônio Márcio BUAINAIN (coord.), *Luta pela Terra, Reforma Agrária e Gestão de Conflitos no Brasil*, Campinas, EdUNICAMP, 2008, pp. 17-20 e Bernardo Mançano FERNANDES, "Conflitualidade e Desenvolvimento Territorial" *in* Antônio Márcio BUAINAIN (coord.), *Luta pela Terra, Reforma Agrária e Gestão de Conflitos no Brasil cit.*, pp. 210-212. Sobre a política agrária do regime militar, vide, por todos, Wenceslau GONÇALVES Neto, *Estado e Agricultura no Brasil: Política Agrícola e Modernização Econômica Brasileira 1960-1980*, São Paulo, Hucitec, 1997.

origem de muitos dos conflitos pela terra no país. Estes conflitos, no entanto, após a Constituição de 1988, também se acirraram em virtude do fortalecimento dos movimentos sociais de trabalhadores sem-terra e pequenos produtores, que constantemente pressionam o Poder Público para a realização da reforma agrária. É neste sentido que Antônio Márcio Buainain afirma que, no Brasil, a reforma agrária se realiza mediante o conflito[43]. Ao se estruturar desta forma reativa, a reforma agrária no Brasil acabou por se tornar uma política ordinária, cíclica, rotineira, tendo retirado o seu caráter extraordinário, de necessidade de adoção de soluções mais duradouras[44], como determina o texto constitucional.

De acordo com a Constituição de 1988, a reforma agrária atinge os imóveis rurais que não cumprem com a sua função social. A propriedade rural deve cumprir sua função social mediante o atendimento, simultâneo, dos requisitos explicitados no artigo 186 da Constituição: I) aproveitamento racional e adequado; II) utilização adequada dos recursos naturais disponíveis e preservação do meio ambiente; III) observância das disposições que regulam as relações de trabalho e IV) exploração que favoreça o bem-estar dos proprietário e dos trabalhadores. Estes requisitos devem ser atendidos simultaneamente. O cumprimento de um ou alguns dos requisitos não basta para considerar o cumprimento da função social da propriedade rural. O artigo 186 da Constituição de 1988 especificou, assim, o sentido constitucionalmente conferido ao princípio da função social da propriedade, já previsto nos artigos 5º, XXIII e 170, III, dotando-o de conteúdo positivo mais preciso[45].

---

43. Antônio Márcio BUAINAIN, "Reforma Agrária por Conflitos: A Gestão dos Conflitos de Terras no Brasil" *cit.*, pp. 41-61. Para uma análise sobre a conflitualidade e a questão agrária, vide Bernardo Mançano FERNANDES, "Conflitualidade e Desenvolvimento Territorial" *cit.*, pp. 175-182.

44. Cf. José de Souza MARTINS, *Reforma Agrária: O Impossível Diálogo*, reimpr., São Paulo, EDUSP, 2004, pp. 127-131.

45. Gustavo TEPEDINO, "Contornos Constitucionais da Propriedade Privada" *in* Carlos Alberto Menezes DIREITO (org.), *Estudos em Homenagem ao Professor Caio Tácito*, Rio de Janeiro, Renovar, 1997, p. 314; Eros Roberto GRAU, "Parecer" *in* Juvelino José STROZAKE (org.), *A Questão Agrária e a Justiça*, São Paulo, RT, 2000, pp. 198-200; Luiz Edson FACHIN, "A Justiça dos Conflitos no Brasil" *in* Juvelino José STROZAKE (org.), *A Questão Agrária e a Justiça cit.*, p. 284; Gustavo TEPEDINO & Anderson SCHREIBER, "Função Social da Propriedade e Legalidade Constitucional: Anotações à Decisão Proferida pelo Tribunal de Justiça do Rio Grande do Sul (A.I. 598.360.402 – São Luiz Gonzaga)", *Direito, Estado e Sociedade* nº 17, Rio de Janeiro, Departamento de Direito da Pontifícia Universidade Católica do Rio de Janeiro, agosto/dezembro de 2000, pp. 50-51 e Carmen Lúcia Antunes ROCHA,

A utilização adequada dos recursos naturais, a preservação do meio ambiente e a observância da legislação trabalhista são, portanto, requisitos essenciais para o cumprimento da função social da propriedade. Nem poderia ser diferente, pois a valorização do trabalho humano é fundamento da ordem econômica constitucional (artigo 170, *caput*) e a defesa do meio ambiente é também princípio desta mesma ordem econômica (artigo 170, VI). A Constituição nada mais faz no artigo 186 que projetar espacialmente os fundamentos e princípios da ordem econômica na regulação da propriedade rural.

Deste modo, a função social da propriedade rural está vinculada à tutela do meio-ambiente, prevista também no artigo 225 da Constituição. Caso a propriedade seja explorada em detrimento da preservação do meio-ambiente, estará sendo utilizada em prejuízo de toda a sociedade, o que é constitucionalmente inadmissível[46].

No tocante ao respeito à legislação trabalhista, devo ressaltar a importância da valorização do trabalho humano, como corolário da dignidade da pessoa humana, como fundamento da ordem econômica constitucional (artigo 170, *caput*) e do valor social do trabalho como fundamento da República (artigo 1º, IV)[47]. A República Federativa do Brasil está fundada, entre outros, na dignidade da pessoa humana e no valor social do trabalho. A proteção constitucional da propriedade só pode se realizar enquanto respeitadora e garantidora destes fundamentos. Propriedade na qual não se respeita a legislação trabalhista, ou na qual se atenta, na exploração da mão de obra, contra a dignidade da pessoa humana, como no caso da propriedade rural em que se emprega o inadmissível trabalho escravo, não tem proteção constitucional, pois não cumpre com sua função social.

A observância dos requisitos do artigo 186 da Constituição, portanto, é essencial para que a propriedade rural cumpra sua função social e que tenha

---

"O Princípio Constitucional da Função Social da Propriedade", *Revista Latino-Americana de Estudos Constitucionais* nº 2, Belo Horizonte, Del Rey, julho/dezembro de 2003, pp. 584-585 e 590.

46. Carmen Lúcia Antunes ROCHA, "O Princípio Constitucional da Função Social da Propriedade" *cit.*, p. 589. Sobre a proteção do meio-ambiente como um dever fundamental, vide José Joaquim Gomes CANOTILHO, "Estado Constitucional Ecológico e Democracia Sustentada" *in* Sérgio Sérvulo da CUNHA & Eros Roberto GRAU (orgs.), *Estudos de Direito Constitucional em Homenagem a José Afonso da Silva*, São Paulo, Malheiros, 2003, pp. 104 e 107.

47. Vide Eros Roberto GRAU, *A Ordem Econômica na Constituição de 1988 (Interpretação e Crítica)*, 12ª ed, São Paulo, Malheiros, 2007, pp. 198-200 e Carmen Lúcia Antunes ROCHA, "O Princípio Constitucional da Função Social da Propriedade" *cit.*, pp. 589-590.

direito à proteção constitucional. Estes requisitos, como prescreve o próprio texto constitucional, devem ser observados simultaneamente, não parcialmente, para configurar a realização do preceito constitucional da função social da propriedade rural. Deste modo, o imóvel rural que desrespeita a legislação ambiental e trabalhista, de acordo com o disposto no artigo 186, II, III e IV da Constituição de 1988, não cumpre sua função social, sendo passível de desapropriação para fins de reforma agrária, nos termos do artigo 184.

Em relação à propriedade produtiva, prevista no artigo 185, II[48] da Constituição, a discussão é mais complexa. José Afonso da Silva, por exemplo, entende que a Constituição garante um tratamento especial para a propriedade produtiva, estabelecendo uma proibição absoluta de desapropriação para fins de reforma agrária[49]. Discordo deste posicionamento, afinal o próprio conceito de "propriedade produtiva" da Constituição de 1988 não é puramente econômico. A produtividade protegida pelo texto constitucional não é apenas a produtividade econômica, mas esta no que significa de socialmente útil, no que contribui para a coletividade, em suma, no que efetivamente cumpre de sua função social.

Analisando o texto constitucional anterior, Celso Antônio Bandeira de Mello já destacava que a função social da propriedade não comporta apenas conteúdo econômico, associado exclusivamente à produtividade, mas tem seu conteúdo vinculado a objetivos de justiça social, buscando uma maior igualdade material e a ampliação das oportunidades para todos[50]. Se a Carta de 1969 tinha esta interpretação, com muito mais razão deve-se entender o aproveitamento racional e adequado, previsto no artigo 186, I da Constituição de 1988, como produtividade e utilidade social[51].

---

48. Artigo 185 da Constituição de 1988: *"São insuscetíveis de desapropriação para fins de reforma agrária: I – a pequena e média propriedade rural, assim definida em lei, desde que seu proprietário não possua outra; II – a propriedade produtiva. Parágrafo único – A lei garantirá tratamento especial à propriedade produtiva e fixará normas para o cumprimento dos requisitos relativos a sua função social"*.

49. José Afonso da SILVA, *Curso de Direito Constitucional Positivo*, 17ª ed, São Paulo, Malheiros, 2000, p. 794. Esta argumentação é reproduzida literalmente no comentário à Constituição publicado por este autor. Vide José Afonso da SILVA, *Comentário Contextual à Constituição*, São Paulo, Malheiros, 2005, p. 747.

50. Celso Antônio BANDEIRA DE MELLO, "Novos Aspectos da Função Social da Propriedade no Direito Público", *Revista de Direito Público* nº 84, São Paulo, RT, outubro;dezembro de 1987, pp. 43-45.

51. Carmen Lúcia Antunes ROCHA, "O Princípio Constitucional da Função Social da Propriedade" *cit.*, pp. 585-589.

A função social da propriedade, cujo conteúdo essencial está determinado pelo artigo 186, deve ser observada por todos os tipos de propriedade de bens de produção[52] garantidos pela Constituição de 1988. Não há propriedade, enquanto bem de produção, que escape ao pressuposto da função social[53], nem mesmo a propriedade produtiva do artigo 185, II. Afinal, a própria Constituição de 1988 determina que a propriedade produtiva deve cumprir sua função social, ao determinar a função social da propriedade como um dos princípios da ordem econômica (artigo 170, III) e, ao prever, no parágrafo único do mesmo artigo 185, que a lei deverá fixar normas para o cumprimento dos requisitos relativos à função social da propriedade produtiva. E estas normas não podem, de forma alguma, contrariar o disposto no artigo 186 da mesma Constituição.

Não basta, portanto, que a terra seja produtiva para ser garantida constitucionalmente. A propriedade, mesmo produtiva, tem que cumprir sua função social. A propriedade rural está garantida constitucionalmente contra a desapropriação para fins de reforma agrária se for produtiva e cumprir sua função social. A produtividade é apenas um dos requisitos da garantia constitucional da propriedade[54]. A propriedade produtiva é insuscetível de desapropriação por cumprir as exigências constitucionais, ou seja, desde que cumpra sua função social[55].

---

52. Para a distinção entre bens de consumo e bens de produção, vide Fábio Konder COMPARATO, "Função Social da Propriedade dos Bens de Produção", *Revista de Direito Mercantil, Industrial, Econômico e Financeiro* nº 63, São Paulo, RT, julho/setembro de 1986, pp. 72-73 e 75-76.

53. Gustavo TEPEDINO, "A Nova Propriedade (O Seu Conteúdo Mínimo, Entre o Código Civil, a Legislação Ordinária e a Constituição)", *Revista Forense* nº 306, Rio de Janeiro, Forense, abril/junho de 1989, p. 76 e Luiz Edson FACHIN, "A Justiça dos Conflitos no Brasil" *cit.*, pp. 284-287.

54. Gustavo TEPEDINO & Anderson SCHREIBER, "Função Social da Propriedade e Legalidade Constitucional: Anotações à Decisão Proferida pelo Tribunal de Justiça do Rio Grande do Sul (A.I. 598.360.402 – São Luiz Gonzaga)" *cit.*, pp. 51-53 e Carmen Lúcia Antunes ROCHA, "O Princípio Constitucional da Função Social da Propriedade" *cit.*, pp. 580-581 e 583-584.

55. Cf. Gustavo TEPEDINO, "Contornos Constitucionais da Propriedade Privada" *cit.*, p. 316. Vide também Gustavo TEPEDINO, "A Nova Propriedade (O Seu Conteúdo Mínimo, Entre o Código Civil, a Legislação Ordinária e a Constituição)" *cit.*, p. 76 e Gustavo TEPEDINO & Anderson SCHREIBER, "Função Social da Propriedade e Legalidade Constitucional: Anotações à Decisão Proferida pelo Tribunal de Justiça do Rio Grande do Sul (A.I. 598.360.402 – São Luiz Gonzaga)" *cit.*, pp. 52-53. Vide também Gilberto BERCOVICI, "Função Social da Propriedade Agrária – Possibilidade de Desapropriação para Fins de Reforma Agrária de

No Brasil, a reforma agrária é impossível de ser realizada sem o pagamento de indenização aos proprietários. A preocupação principal do Estado, então, é a necessidade de adquirir a maior quantidade de terras possível pelo menor preço e em condições as menos desvantajosas possíveis, buscando a formação de um estoque de terras. Além disto, o Estado deve buscar meios alternativos, previstos constitucionalmente, para a obtenção de terras para a reforma agrária[56], como a aquisição por meio da utilização do Imposto Territorial Rural (artigos 153, VI e 153, § 4º) ou a expropriação de terras em virtude do combate à produção e tráfico de entorpecentes (artigo 243), além da, ainda bloqueada no Congresso Nacional, proposta de emenda constitucional que permitiria a expropriação das terras em que houvesse exploração do trabalho escravo.

É muito comum o questionamento sobre a viabilidade econômica da reforma agrária. A este respeito, José Eli da Veiga destaca dois efeitos gerados pela reforma agrária: o efeito produtivo e o efeito distributivo. Por mais economicamente inviável que possa se tornar uma política de reforma agrária, é impossível refutar o efeito redistribuidor da transferência de propriedade[57], o que torna a reforma agrária uma das principais políticas de distribuição de renda de que dispõe o Estado brasileiro sob a Constituição de 1988. Além disto, a reforma agrária significa também a expansão da cidadania para o campo[58].

Não bastassem os efeitos de ampliação da cidadania e de redistribuição de renda, a reforma agrária significa, ainda, segundo José de Souza Martins, a recuperação do controle sobre o território por parte do Estado, com a restrição ao direito de domínio da propriedade. Este processo, lento, de recuperação do poder estatal sobre o território se iniciou com a Revolução de 1930 (Código de Águas e Código de Minas, nacionalização do subsolo, primeira previsão constitucional da função

---

Propriedade Rural que Não Cumpre Todos os Requisitos do Art. 186 da Constituição de 1988", *Revista Trimestral de Direito Civil* nº 31, Rio de Janeiro, julho/setembro de 2007, pp. 259-266.

56. José de Souza MARTINS, *Reforma Agrária cit.*, pp. 125-126.

57. José Eli da VEIGA, *O Desenvolvimento Agrícola: Uma Visão Histórica*, São Paulo, 2ª ed, EDUSP, 2007, pp. 214-217.

58. Leonardo AVRITZER, "Terra e Cidadania no Brasil" *in* Heloísa Maria Murgel STARLING; Henrique Estrada RODRIGUES & Marcela TELLES (orgs.), *Utopias Agrárias cit.*, pp. 150-163. Sobre a necessidade da reforma agrária para o fortalecimento da democracia na América Latina, vide Alain de JANVRY, *The Agrarian Question and Reformism in Latin America*, 4ª ed, Baltimore/London, John Hopkins University Press, 1990, pp. 255-268.

social da propriedade[59]). Com a Constituição de 1988, o âmbito de controle territorial da União se ampliou também para as terras indígenas (artigo 231), terras tradicionalmente ocupadas por descendentes de quilombolas (artigo 68 do Ato das Disposições Constitucionais Transitórias) e terras utilizadas pela produção e tráfico de drogas (artigo 243). A reforma agrária está situada neste processo de retomada do domínio territorial por parte do Estado nacional, um componente da consolidação da soberania nacional, além de estar inserida na questão social. A reforma agrária demonstra a precedência do Estado sobre a propriedade, retirando os direitos territoriais do particular e os entregando à coletividade. A função social da propriedade, assim, também significa uma função política da propriedade[60].

O problema da Constituição de 1988 e de suas disposições e políticas de distribuição de terras, reforma urbana e reforma agrária é de concretização constitucional. A prática política e o contexto social favorecem uma concretização restrita e excludente dos dispositivos constitucionais. Não havendo concretização da Constituição enquanto mecanismo de orientação da sociedade, ela deixa de funcionar enquanto documento legitimador do Estado. Na medida em que se amplia a falta de concretização constitucional, com as responsabilidades e respostas sempre transferidas para o futuro, intensifica-se o grau de desconfiança e descrédito no Estado, seja como poder político, ou como implementador de políticas públicas. Surgem, neste contexto, movimentos e mecanismos "não oficiais" de solução de conflitos de interesse, como o MST (Movimento dos Trabalhadores Sem Terra) e o Movimento dos Sem Teto, como reação à falta

---

59. Vide Gilberto BERCOVICI, "Tentativa de Instituição da Democracia de Massas no Brasil: Instabilidade Constitucional e Direitos Sociais na Era Vargas (1930-1964)" *in* Ricardo Marcelo FONSECA & Airton Cerqueira Leite SEELAENDER (orgs.), *História do Direito em Perspectiva: Do Antigo Regime à Modernidade*, Curitiba, Juruá, 2008, pp. 380-384 e Gilberto BERCOVICI, "Estado Intervencionista e Constituição Social no Brasil: O Silêncio Ensurdecedor de um Diálogo entre Ausentes" *in* Cláudio Pereira de SOUZA Neto; Daniel SARMENTO & Gustavo BINENBOJM (coords.), *Vinte Anos da Constituição Federal de 1988*, Rio de Janeiro, Lumen Juris, 2009, pp. 725-728.

60. José de Souza MARTINS, *Reforma Agrária cit.*, pp. 122-124. Sobre a necessidade de um discurso agrário alternativo, desenvolvimentista, que busque a democratização da propriedade, conforme previsto no texto constitucional de 1988, vide Juarez Rocha GUIMARÃES, "Do Sentimento à Imaginação Republicana: Em Busca de uma Narrativa para a Reforma Agrária do Século XXI" *cit.*, pp. 280-285.

de legalidade (no sentido de concretização das normas constitucionais)[61], cujas reivindicações são perfeitamente legítimas: não pedem nada mais do que o cumprimento efetivo da Constituição da República.

61. Vide Mario G. LOSANO, *Il Movimento Sem Terra del Brasile: Funzione Sociale della Proprietà e Latifondi Occupati*, Reggio Emilia, Diabasis, 2007, pp. 130-185 e Delze dos Santos LAUREANO, *O MST e a Constituição: Um Sujeito Histórico na Luta pela Reforma Agrária no Brasil*, São Paulo, Expressão Popular, 2007, pp. 73-123, 160-165 e 199-225.

ANOTAÇÕES

ANOTAÇÕES

ANOTAÇÕES

ANOTAÇÕES

ANOTAÇÕES

ANOTAÇÕES

ANOTAÇÕES

EDITORA
JusPODIVM
www.editorajuspodivm.com.br

Impresso por:

Docuprint

Dek Comércio e Serviços LTDA.
CNPJ 01.036.332/0001-99